プラトン著作集

ゴルギアス

田中美知太郎
加來彰俊

岩波書店

まえがき

わたしたちのプラトン著作集は、その第二册目として、今度は「ゴルギアス」を出すことにした。前回の「パイドロス」と共通する問題としては、辯論術(レトリック)を主として取扱っているが、それの關係するところは、今日の社會においていわゆるマス・コミュニケーションが及ぼしているような、その社會的、道徳的效果についてであると言うことができるであろう。對話人物カルリクレスによって代表される過激な主張は、ニイチェとの結びつきによって、比較的よく知られているが、しかしこの對話篇に取扱われている人生問題は、そのような特定の思想傾向との關係を越えて、ひろく今日のわれわれの疑惑につらなると言うことができるだろう。否、それはわれわれ自身が不斷に當面している問題だと言わなければならない。わたしたちのこの譯書が、讀者とプラトンとの問題のこの共有を實現して、いっしょに考えることの一助ともなるならば、何よりだと思う。

「ゴルギアス」については、最近のドッヅの注釋書が出るまで、今世紀には注釋書らしいものがほとんど出ていないので、十九世紀の各種研究書につづくものとして、わたしたち自身のこの研究を最新の、そしてこれまでの研究の綜合としての意味をものにしたいというのが、わたしたち自身の願いであった。加來君の注釋の仕事も、大體においてそのような綜合性を實現するための、地味な努力から成っていると言うことができるだろう。ドッヅの注釋書が出ることを知ったのは、この書物がもう印刷にかかって、その校正が出てからのことであると記憶する。わたしたちはしばらくその出版を待つことにして、岩波書店には迷惑な話であるが、校正をそのままにしておかねばならなかった。

しかしドッヅの書物は、豫告ばかりで、一向に本物が出ないので、大へん困ったことになった。とうとう岩波書店を介して、ドッヅ教授とオクスフォード大學出版部に手紙を出し、その校正刷を送ってもらうことにした。さいわい兩者の好意で、その校正刷を見せてもらうことができた。わたしたちの譯書は、途中においてではあるが、ドッヅの原文批判上の成果をはじめ、解釋上の新しい見解などを、一通りはわたしたち自身の立場において、すべてこれを攝取することができたのを仕合せに思っている。しかしわたしたちの仕事は、あくまでもわたしたち自身の仕事であって、全く獨立の意味をもつものであることは言うまでもない。わたしたちが日本の研究者たちのために、特に必要だと思われるものを、餘分につけ加えなければならないのも、「パイドロス」の場合と同じである。
本書の出版は、豫定よりもだいぶ後れてしまったが、これは前記ドッヅの注釋書を待ったためでもあり、また加來君の健康上の理由もあって、ようやく今になったわけである。引きつづいて「チマイオス」もしくは「パイドン」を出したいと思うのであるが、今度こそはもっと早く出すようにしたいと思う。

一九六〇年六月二十日

田中美知太郎

凡例

本書を作成するにあたっては、すでに刊行されたプラトン著作集『パイドロス』(昭和三十二年、岩波書店刊)において採られた方針を、全面的に踏襲した。すなわち本書も、プラトンの『ゴルギアス』の飜譯書であるとともに、同時にまたそれの註釋書、もしくは研究書としての役割をも果そうとするものである。このような二重の意圖にもとづいて、本書の構成も、「譯文」を中心に、その前後におかれた「序說」と、「註解」および「研究用註」とから成り立っている。
一、飜譯の底本には、だれか特定の人の校本を用いることなく、有力寫本の讀み方を基礎に、諸家の校本や註釋を參考にして、譯者がその間に取捨選擇を行なった。この點についての詳細は、「研究用註」の凡例をみられたい。
一、この譯文には、フィシャーの校本(一七七〇年)において試みられ、その後の多くの校本や譯本でも廣く用いられている章別——全體を八十三章に分ける——は、內容的には不自然な區分と思われるところも少なくないので、これを採用しなかった。その代りに、譯者の解釋によって、適當と思われるところに段落をおいた。すなわち、この對話篇全體は、大別して、ゴルギアス對ソクラテス、ポロス對ソクラテス、カルリクレス對ソクラテスの三つの對話から成り立っており、そのほかに最初の序幕にあたる部分と、最後に結びとしてミュートスがつけ加えられているのであるが、それらの間は二行あけて、***印を附した。また、上述の三つの對話の中でも、問答の內容が新しい段階へ發展するとみられるところでは、同じように二行あけて、大きな段落には***印を、小さな段落には*印を附し、さらにそれぞれの内部においても、議論が一段落すると思われるところでは、一行をあけておいた。
一、譯文の中における括弧の使用は、（ ）と「 」――ただし一箇所（四五一C）では、「 」の代りに『 』を用いる――の二種類だけに限られた。前者は、原語の意味が一つの譯語では充分に傳えられないような場合、說明的重譯を行なうために、あるいは、語源論やギリシア語獨特の表現がなされていて、譯文だけでは前後の意味のつながりがはっきりしないような場合とか、または特に原語を示す必要があると思われるような場合、その原語をカナ書きで示すために、あるいはまた、原文にはないけれども、最小限に意味の補足が必要であると思われるような場合、その補足を行なうために用いられた。他方、後者は、引用文や對話の中の對話を示す以外にも、その括弧によってかこまれた語句を特に强調しようとする場合に使われた。
それ以外の傍點、縱線、點線もすべて譯者が適宜に使用したものである。
一、譯文の上欄には、慣例に從って、ステファヌス版『プラトン全集』の頁數と、各頁內のＡＢＣＤＥの段落を記入したが、これは原文と譯文では文章の構造がちがうので、嚴密な一致は望めないにしても、できるだけの正確を期するようにした。
一、譯文そのものについて一言すれば、飜譯が原文に忠實でなければならないことは勿論であるが、しかしその忠實とは何であり、そして飜譯とはそもそもどうあるべきかということが、まず反省されなければならないであろう。言うまでもなく、直譯や逐語譯が忠實な飜譯ではないはずだからである。いな、よき飜譯とは、原文の眞意を完全に傳えながら、そしてできることなら一語の過不足もなしに原文と正確に對應しつつ、しかも譯文は譯文としての獨立性を保持して、その譯された國語の文章としても立派に通用するものでなければならないと思う。そのへんのことについては、譯者としても一應の自覺をもってこの仕事を始めたつもりなのであるが、しかし實際には、飜譯しながら、たえず原文が氣にかかり、譯文の背後にいつも原文が二重映しになって、「それでは正確ではないのではないか」という內心の聲に惱まされ、その聲に引きずられて、結局、日本語としてよきものを選ぶという決斷がつかなかったところが多いことを、正直に告白せざるをえない。しかもそのような迷いは、校正の段階においても最後まで續いて、何度も書き加えたり削ったりするようなことを、校正という制約の中でくり返したために、その結果は、譯文の中に多くの生硬な表現を殘すことになったのではないかと恐れている。

なおまた、直接對話の形式をとっているこの對話篇において、ソクラテスの相手となる三人の人物は、生國も年齡も、氣質や性格もそれぞれ異なっている上に、同一人物との問答內においても、議論の進行につれて語調は變化しているのであるから、その差異や變化を言葉づかいの上で充分區別して表現することが必要なのであるが、その點については、譯者としてはかなりの苦心を拂ったつもりであるけれども、果してそれが成功しているかどうかは、識者の批判を待つよりほかはない。
一、「註解」は、普通一般の讀者のために、譯文の中に出てくる固有名詞やその他の重要語句について、譯文を通讀する上の豫備知識として最小限に必要と思われる範圍內で、簡單に解說したものである。これは譯文の中に*印によって示され、その譯文の頁數と譯語の見出しのもとに、あとに一括して附せられる。
一、「研究用註」は、主として專門の硏究者を對象にして作られた。そのためにこれは、「譯文」や「註解」からは一應切りはなして橫組みにし、また原文と對照して讀まれることを豫想して、見出しにはステファヌス版の頁數とABCDEの段落、およびその各段內の行數(これは一般に廣く利用されているバーネットの校本のものを用いる)、そしてギリシア語原文を掲げた。この「研究用註」では、飜譯にあたって採用した原文の讀み方とその讀み方を選んだ理由、諸種の寫本や校本の讀み方の比較檢討、文法上の説明、語句の解釋や事柄の解説、用語例の引用や參考文獻の指摘などがなされる。この目的のために、今日までに公けにされた『ゴルギアス』に關する校本や註釋書のうち、手にはいるかぎりのものは全部參考にした。ただ、プラトンの他の多くの對話篇については、それぞれ綿密周到な註釋書がつぎつぎと新しく公刊されているのに、どういうわけか、この『ゴルギアス』については、もう半世紀以上も前にロッヂとネストレの註釋書が出版されてより――しかしそれらはどちらも、學生が教室で使うための參考書以上の程度を出ないように思われるのであるが――今日に至るまで、本格的な註釋書は一つも書かれていないのである。そのために譯者としては、止むをえず、前世紀の前半から中頃までに出たハインドルフ、アスト、スタルバウム、トンプソンなどの古い註釋書に頼らねばならなかったのであるが、しかしそれらの書物から非常に多くのものを學ぶことができたのは幸いであった。そして譯者がここでなしたことは、正直にいえば、それら諸學者の見解を比較檢討しながら、そのなかで最も妥當と思われるものを選んで、これをできるだけ忠實に要約紹介したにすぎないのである。『ゴルギアス』に關する研究の現状がこの段階にあるかぎり、また譯者の現在の力量では、それが精一杯の仕事であった。しかしこのような仕事でも、それがこれまでの研究成果を整理して、將來の研究のための一礎石として役立つことができるなら、譯者としては一應満足しなければならないと考えたわけである。ところが、本書が二回目の校正を終えた段階において、はからずも、E・R・ドッヅ氏のすぐれた註釋書の校正刷が、同氏の御厚意とオクスフォード大學出版部の特別な計らいによって、譯者の手もとにはいった。そしてそれを一讀して、もし最初からこの書物を利用させてもらうことができたなら、どんなに仕合せであったろうと嘆じなければならなかったのである。しかしこの段階において、その書物を充分に利用させてもらうことは、全部の組替えをするのでなければ到底不可能だったので、まことに不本意ながら、原文の讀み方の異なるところなど必要不可缺の點について、行數を移動しない程度で最小限に參照させてもらうよりほかはなかった。その點讀者の諒承を乞うとともに、この場所を借りて、ドッヅ氏に厚く謝意を表したいと思う。なお、この「研究用註」については、そちらの方にも別に凡例をつけたから、詳しいことはそれについて見られたい。
一、「序說」は、この對話篇の主題や構成、登場人物、プラトンがこの作品を執筆するにいたった根本の動機やその年代、また、この作品に表明されている思想內容がプラトンの生涯において持つ意義などについて、全般的な解說を試みたものである。ただその際、譯者としては、この種の書物の序說に通常見られるような、それらの項目についての單なる羅列的な解說になるのを避けて、特に一つの角度からこの作品に照明をあて、全體に一本の筋を通して敍述するという方法をとってみた。しかしこのような敍述方法は、反面、光のあたらない部分も當然でてくるわけであって、問題の取扱いに公正を缺き、一面に偏する結論を生んだかもしれない。つまりここでは、特に政治の面だけが重視されて、この作品で取扱われている他のいくつかの主要な問題、例えば正義や不正と幸福の關係とか、快樂と善の區別に關することとか、あるいはまたミュートスの問題などについては、ほとんど觸れることができなかったし、またその政治の問題にしても、ここではそれをプラトン自身の生き方の問題と結びつけて、そのかぎりにおける彼の現實政治批判を取扱っただけであり、これを彼の作品全體からみて、もっと廣い視野で彼の政治觀全體を論ずる餘裕もなくなった。この點に關しては、この序說のもつ制約もあったけれども、ひとえに讀者の寬恕を乞いたい。
一、ギリシア文字のカナ書きにあたっては、$\Phi X \Theta$と$\Pi K T$を同じように書き、また單母音の長短は、固有名詞においては原則として區別しなかった。
一、「辯論術について」という副題は、かなり古くからあったらしいのであるが、それはすでに紀元後一世紀に編集されたプラトン全集にも本題と並べて用いられており、そしてその後中世寫本の全體を通じて、この副題は踏襲されているので、本書にもそれを併記することにした。

最後に、本書がここにこうして何とか世に出るに至ったのは、ひとえに恩師田中美知太郎先生のおかげにほかならない。ギリシア語に關することはもとより、古典文獻の取扱い方も、また學問に志す者が持つべき根本の心構えも、その全部を譯者は先生から學んできたのであるが、ことに、この仕事が譯者に割りあてられてからは、先生は數多くの貴重な書物を快よく貸しあたえられるなど、終始溫かく激勵してくださり、そして譯文ができ上ってからは、原稿のときにも、校正の段階においても、幾度となく目を通され、そのたびに細かい點にいたるまで注意してくださったのであった。しかし、これほどにも親切にしていただきながら、譯者の才能の貧しさと努力の不足のゆえに、結局、このような貧弱な仕事しかできないで、先生の信頼に答えることができず、その廣大な學恩を裏切ることになったのではないかと、ひたすら恐れるばかりである。

なお、田中先生以外にも、本書ができ上るまでには、同學の先輩や友人諸兄から直接間接に多くの援助をいただいた。その中でも特に、鈴木照雄、藤澤令夫の兩氏には校正刷を讀んでもらい、いろいろと有益な教示を受けたし、また「研究用註」の校正にあたっては、引用文の照合その他の面倒な仕事について、山野耕治氏に多大の勞苦をおかけした。合せてここに心からお禮を申しあげたい。

さらに、本書の原稿が最初に出版社に渡されてからほぼ二年近くにもなるが、その間、譯者の怠慢で一部の原稿がおくれたり、校正刷には再三手を入れたりして、古莊信臣氏や石崎津義男氏をはじめ岩波書店の方々に、また實際に印刷にあたられた方々にも、ひとかたならぬ迷惑をおかけした。この場所を借りて、これらの方々にも厚く謝意を表したい。
かくして本書は、師友をはじめ多くの人々の厚意と援助によって、全くの難産の末に、今やっと生まれ出たのであるが、本書の持つ缺點が譯者一人の負うべきものであることは言うまでもない。さらに廣く世の識者の批判と教示を仰いで、それによってわが國におけるプラトン研究が一歩でも前進することを、譯者は心から願っている。

一九六〇年六月

加來彰俊

目次

序説

一

紀元前四二七年、ちょうどプラトンが生れた年の夏、辯論家のゴルギアスは、その身はすでに老齢の域に達していたにもかかわらず、シシリイ島東部にあった祖國レオンティノイ市から、同盟國アテナイへ派遣された救援依頼の外交使節團の首席代表として、祖國の難を救うために、海を越えてギリシア本土のアテナイ市へ乘り込んで來た。

すでにその四年前から、ギリシア人の世界では、アテナイとスパルタとをそれぞれの盟主と仰ぎながら、多數の都市國家が、民主制をとるものと、寡頭制をとるものとの二大陣營に分れて、世にペロポンネソス戰爭と言われる、その後なお二十三年ばかりつづくことになった、一種の世界大戰がはじまっていたのである。西地中海にあるシシリイ島も、その戰火を免れることはできなかった。この地方でもすでにそれ以前から、アテナイの支援を頼みとするイオニア系の諸都市と、スパルタ側に組みするドリス系の諸都市との間の、對立と抗爭はつづいていたのであるが、それは今や公然たる戰爭狀態にはいっていた。なかでも、エウボイアのカルキスの人たちによって建設された植民都市レオンティノイは、それのすぐ近くに位置して、ほとんどシシリイ島全體の指導權を掌握し、ドリス系諸都市の盟主となっていたシュラクサイ市のために、日に日に壓迫を受けて、今は全く孤立無援、隸屬の日も間近かに迫っていたのである。この國家存亡の危機にのぞんで、レオンティノイ市は、まず救援を母國エウボイアに仰ぐとともに、さらに使節を同盟國アテナイにも送り、前四三三年に改定締結されていた同盟條約の履行を要求し、世に聞えたアテナイの優勢な艦隊を派遣してもらうことによって、この難局を切り拔けようと考えたわけである。

しかしながら、開戰以來、萬事に消極的な作戰をとりつづけてきたかに見えるアテナイにたいして、このことを說得するのは、容易な業ではないと思われたであろう。當時においては、同盟條約そのものは、必ずしもその履行を義務づけるものではなかったからである。もとよりレオンティノイの人々は、説得の根據には事缺かないと考えたかもしれない。たとえばそれは、次のように説くこともできたはずである。——もしアテナイが、レオンティノイをこのままに見捨てるようなことをすれば、シシリイ島全體がたちまちにシュラクサイの支配に服するだろうことは、火を見るよりも明らかである。そしてその次には、敵の攻撃は南イタリアへ向けられることになるであろう。そうなれば、そこにあるアテナイの友邦都市、なかんずく、レオンティノイとともにアテナイと同盟條約を結んでいて、アテナイが西地中海作戰の前進基地としていたレギオンの都市も、また、アテナイが極力援助をして、この地方における經濟活動の有力な根據地として、近年建設したばかりのツゥリオイの都市も、やがてすぐに敵側の手中に落ちるだろうことは必定である。かくしてもし、シュラクサイが西地中海における覇權を全く確立してしまえば、その次には、アテナイとあまり遠くないその母國コリントス市へ、有力な援助を送るだろうことは確實と見なければならないから、そうなれば、アテナイにとっても直接の脅威となるはずである。もともとこの大戰そのものが、アテナイとコリントスとの、西地中海における商業上の覇權爭いから起ったことではないのか。それなのにいまアテナイが、この事態の重大性を認識せずに、ただこれを座視するばかりならば、それはさらに次のような恐るべき結果をも招くことになるであろう。すなわち、敵國コリントスの友邦であるシュラクサイに、もし西の海の制海權をほしいままにさせるとすれば、穀物その他の援助物資は何の抵抗もなしに、この地方からペロポンネソス半島へ輸送されることになるから、それだけますますスパルタ側は、食糧生産などに要する勞力を節約することによって、アッチカ地域における軍事行動をより活潑に行ってくるにちがいない……と、そんな風に論ずることもできたであろう。そしてまたそのような説得の理由なら、ほかにもまだいくらでも見出すことができると、レオンティノイの人々は考えたかもしれない。

しかしながら、一般的にいっても、說得の根據や理由がたとえどれほどあるにもせよ、またそれがどんなに正當なものであるにもせよ、それだけでは必ずしも說得に成功するとはかぎらないであろう。道理だけでは、ひとはなかなか納得しない場合が多いからである。說得が成功するのには、それを行う人の人柄を第一として、話の仕方の上手下手が大いに關係があり、そしてそれには、特別の技術的な訓練が必要とされるであろう。ところで、まさにそのような說得の技術、いわゆる辯論術は、後に述べるように、シシリイ島の特殊な政治情勢とも關聯して、この地ではすでに早くから高度の發達をみていたのである。シュラクサイ出身のコラクスやテイシアスにつづいて、ゴルギアスの名聲はその面でもつとに高かったものと想像される。いま、祖國の危難に際して、レオンティノイの人々が、この辯論術の大家ゴルギアスをアテナイに外交使節として派遣するにあたり、彼の技術に期待するところのものは、まことに大きかったと言わなければならない。

ゴルギアスはアテナイの國民議會(民會)に臨み、多數のアテナイ市民を前にして、アテナイが積極的な西進政策をとるべきことの急務を、まことに雄辯に說いた。しかし、これを傳えている歷史家(ディオドロス)の報告[1]は、ゴルギアスがそのときに行った實際の演說內容にはほとんど觸れずに、むしろ彼の話しぶりがアテナイ人には全く耳新しいものであって、彼らをすっかり驚嘆させたということを記述するに止めている。それはおそらく、そのときのアテナイ人自身が、彼の話の內容によりも、むしろ演說ぶりの方に、より以上の關心を示したからでもあっただろうか。とにかく、その時の演說もまた、われわれが彼の他の現存作品から類推することができるように、豐富な比喩や美辭麗句を縱橫に驅使したものであり、その上、語句の配列や文章全體の構造にも、彼獨得の技巧が凝らされていたものと想像されるのである。すなわち、いまあげた歴史家によれば、彼は對句法を用いたり、同じ長さの同じような構造の文章を積み重ねたり、また語尾を同じ音になるように揃えたりしたということである。また、他の人(ピロストラトス)[2]によれば、彼は人々の意表に出た言い方をし、氣勢はげしく說き、重大なことは莊重な調子で述べたが、かと思うと、突然に言葉を切って、それを巧みに別の事柄に結びつけたり、あるいは修飾と威嚴のために詩の言葉を借りたりした、ということが言われている。そしてこのような話しぶりには、並みいるアテナイの政界の指導者たちも、また將來の大志に燃えていたクリチアスやアルキビアデスなどの若者たちも、ひとしく驚嘆し、感動したということが傳えられている。

（1） Diodorus Siceltus, XII. 53. 1～5(=Diels, A 4), cf. *Hipp. Mai.* 282 B.
（2） Philostratus, *Vitae Sophistarum*, I. 9. 2(=Diels, A 1).

とにかく、ゴルギアスは見事に說得に成功し、その大任を果したのである。そして二十隻よりなるアテナイの艦隊は、直ちに西の海へ派遣されることになった。けれども、その後のレオンティノイ市の運命は、ゴルギアスの努力にもかかわらず、不幸な結末に終らなければならなかった。というのは、レオンティノイはあまりにもシュラクサイの近くにありすぎたがために、そこへ直接にアテナイの艦隊が赴くのは危險が多かったので、艦隊は南イタリアのレギオンにとどまって、その附近を中心とした小規模の、しかも防衛的な行動しかとらなかったのであるが、これに反して、シュラクサイ側の政治的な策動は成功し、結局、その四年の後、前四二三年には、レオンティノイ市には寡頭派による革命が起り、民主制は倒されて、ついにレオンティノイはシュラクサイの軍門に下り、それの一城砦と化してしまったからである。

この政變以後、ゴルギアスの政治的な立場はきわめて困難なものとなり、おそらく亡命者として、祖國を後にしなければならなかったであろう。彼はいまや一介の辯論術の教師として、ギリシアの各地を放浪しながら、その餘生を送ることになる。なかでも、北部ギリシアのテッタリアの地にあるラリッサの町が、彼の比較的長く定住したところであり、彼のその後の活動の主なる舞臺となったようである。[1] しかしその都市は、この大戰の間を通じて、大體、アテナイと友好的な外交關係を保っていたから、彼はいくたびかアテナイにも姿を現わすことができた。本書に見られるソクラテスとの對話も、彼のそのようなアテナイ訪問の一つの機會に[2]、行われたものとして假作されているのであろう。彼は今は、よそ者の職業教師であるにすぎないが、しかしアテナイ人の胸中には、彼のあのときの愛國心に燃えた雄辯の思い出が消えずに殘っていたから、彼はこの土地でもつねに高い尊敬を受け、彼の講義は非常な人氣を呼んだようである。古人（オリュンピオドロス）の傳えるところによると、「ゴルギアスが演説をしてみせた日々を、アテナイ人はお祭りと呼んで[3]」、これを歡迎したということである。そして生れのよい富裕な青年たちは、高い報酬を惜しみもしないで、先を爭って彼の指導を受けたと言われている。しかし、いったいどういう理由によって、いまは一人の亡命外國人にすぎない彼が、なおそれほどまでの高い尊敬を受け、非常な人氣を博したのであろうか。また何の目的があって若者たちは、多額の授業料を拂ってまで、彼のもとに出入りすることを望んだのであろうか。むろんそれは、彼が辯論家として傑出していたからであり、また彼のように、自分たちもすぐれた辯論家になりたいと思ったからにちがいない。しかし、ひとがすぐれた辯論家になり、立派な演説ができるということは、いったい、どういう意味を持つことなのであろうか。果してわれわれは、彼の専門とする辯論術（レートリケー）を、たんにいわゆる雄辯の術とか、あるいはまた修辭の術として考えるだけでよいのであろうか。いな、彼が誇りにしている辯論術には、何かそれ以上のものがあったのではないか。しかしそれは何であったのか。

（1） cf. *Meno* 70 B.
（2） **劇年代** (dramatic date)——この對話は、前五世紀の終り何年頃に行われたものとして想定されているのであろうか。それはこの對話篇のあちらこちらに散見される、當時の歴史的事件や人物などへの言及から推定するよりほかはないのであるが、しかしそれらの材料が示す年代は、ほぼ二十年間の範圍にわたっていて、そのどれかに決定することは困難であり、したがって結論としては、この對話篇の劇年代は「不定」であると言わざるをえないように思われる。
以下、個々の材料について檢討してみることにする。まず、この劇年代の範圍を限定する二つの基本的な箇所がある。その一つは、四七三Eの「去年(πέρυσι)のことだったが、ぼくは抽籤で政務審議會の一員に選ばれて云々」というソクラテスの言葉である。そしてここに言われていることを、例のアルギヌゥサイ島沖海戰における不仕末の責任を問われて、アテナイの八人の將軍が違法にも一括裁判にふせられたときの、ソクラテスのとった態度に關聯させて考えることが、もし許されるとすれば、それは前四〇六年のことであるから、この對話の年代はその翌年の四〇五年ということになるであろう。もう一つは、五〇三Cの「近年(νεωστί)亡くなったあのペリクレス」という語句である。ペリクレスが死んだのは、前四二九年であり、そして本文の冒頭に言われたように、ゴルギアスが祖國レオンティノイ市の外交使節團の首席代表としてアテナイへ最初に來たのは、前四二七年のことであるから、そうすると、この對話は少なくとも四二七年以後、それに近い年代に行われたものと推定されるわけである(ただ、これもすでに本文の中で言われたように、ゴルギアスが辯論術の教師として活躍したのは、彼の祖國亡命後であったとすれば、この劇年代は四二三年以後とする方がより正しいかもしれない)。以上の二つの年代が、この對話篇の中に言及されているもののなかでは、最もはっきりした根據をもつものであり、しかもそれぞれこの劇年代の兩方の限界を示すものである。

そこで學者の意見も、前者の四〇五年説をとるものと、後者の四二七年頃説をとるものとの二つに分れて、それぞれ自説に有利な辯明がなされているわけである。すなわち、前説を採る人たちは、大體において、後説の根據になっている「近年」を、プラトンの不正確さにきしたり('hardly accurate', Lamb p. 455 n.)、そこにプラトンのアナクロニズムを認めたり

(Thompson p. 123 n. cf. Athenaeus, *ὅτι πολλὰ ὁ Πλάτων παρὰ τοὺς χρόνους ἁμαρτάνει.*)、あるいはこの語に獨自の解釋を下したり(五〇三C2の「研究用註」を參照)することで、これを深く問題にすることなく、簡單に切り捨てようとしている。

　他方、後者の四二七年頃説を採る人たちは、前説の根據になっている「去年」の事件を、必ずしもアルギヌゥサイ島沖海戰に關聯するものと見る必要はないとして、その證言の力を弱めることに努力している。つまり、この對話が四〇五年に行われたとすれば、それはペロポンネソス戰爭の終る前年にあたるわけであり、そしてこの事件においてソクラテスのとった態度は怒りと憤激を招いたのであって、決して笑ってすまされる程度のものではなかったのであるが、この對話篇にはどこにもそのような危機感を感じさせる雰圍氣はなく、むしろ政治も經濟もごく平常な狀態にあったように描かれている。それにこの説を採れば、この事件で死刑となった將軍の一人アリストクラテスが、すぐ前(四七二A)では、まだ生存中の人であるように言われていることが最も矛盾することになろう。そこで、政務審議會員には一生に二度まで選ばれることができたのだから、ソクラテスがここで(四七三E)言及しているのは、四〇六年の事件より以前の、われわれに知られない事件に關してであろうと解釋し(cf. Burnet, *Euthyphro, Apology & Crito* pp. 130, 133)、また次にあげるようなこの對話篇の中の他の多くの箇所も、むしろこの四二七年頃説の方に有利であることを主張するのである(e. g. Lodge, pp. 21—22; Taylor, *Plato*, p. 104)。

　すなわち、右にあげた二つの箇所のほかに、この對話篇の中で、劇年代を推測させるのは、次のような箇所である。まず、四七二Aに證人として申請されているニキアスは、この時生存していて、彼の政治生活の絶頂にあったと思われるのであるが、この人物は、周知のように、四一五年にシシリイ島に遠征し、四一三年にその地で死んだのであるから、對話の年代は少なくともそれ以前でなければならないであろう。なおまた、五一九Aに語られているアルキビアデスの將來に對する豫言的な言い方も、彼の政治經歴全體からみて、彼が祖國へ歸ることを許された四〇七年以後になされたものと考えるよりも、むしろ彼が熱心にシシリイ島遠征を主張して、その指揮官として出陣しながら、敵側に走った四一五年以前になされたものと考える方が、より自然であろう。それにソクラテスが彼を自分の愛人であると言うことができた(四八一D、四八二A)のも、おそらくその年代までのことであったと思われる。同樣に、カルリクレスの愛人と言われているピュリランペスの子のデモスが、當時評判の美男子としてアテナイ人の間に人氣があったことは、アリストパネスの『蜂』(九八行)にも語られているが、その作品の上演年代は四二二年なのである。そこで、以上のような證言を採用すれば、この對話の年代としては、第二説の四二七年以降、それに近い年代であると推定する方がよさそうに見える。

しかしながら、この對話篇の中にはなお、これらと相反する證言もあるわけである。すなわちまず、四七〇D―四七一Dには、アルケラオスがマケドニアの支配者となったことが、「昨日、一昨日の出來事」として語られているのであるが、それはツキュディデス(二巻一〇〇節)によれば、四一四年以前ではありえなかったのである。さらにまた、四八四E―四八六Dには、エウリピデスの劇『アンティオペ』から多くの引用がなされているのであるが、この作品が四〇八年頃に上演されたものであるということは、諸家の大體一致した意見なのである。そこで、これらの箇所に言われていることは、むしろ第一の四〇五年説の方を有利にするわけである。

さて、このように見てくると、この對話の年代を推測させる箇所はいろいろあるけれども、しかしそれらを統一的に解釋して、そこから正確な劇年代を引き出すことは、まず不可能であると言わなければならないであろう。それ故に、プラトンは「文學上の、あるいは思想上の理由によって」、この年代を「漠然とした不定の時期」に定めたのであり(Croiset pp. 100―101)、そしてそれによって彼は「詩人としての最大限の自由を確保しているのだ」(Apelt pp. 9―10)、という風な見方も生れてくるわけなのである。
(3) 四四七A3の「研究用註」を參照。

――ゴルギアスはいま何度目かに、若い弟子のポロスを伴って、アテナイに滯在している。彼は新進政治家カㇽリクレスの家に寄寓しながら、今しがたもある公共の建物の廣間において(1)、自分の持つ辯論の技倆を多數の聽衆に披露しおえたところなのである。さてそれが一段落したので、カㇽリクレスは席を立って外へ出ると、ちょうどそこへソクラテスが、彼の古くからの忠實な仲間であるカイレポンとともに、急いでやって來るのに出會う。このような状況設定のもとに、この對話篇の舞臺の幕は上るのである。

カルリクレスは、ソクラテスを見るといきなり、來るのがおそすぎたことを皮肉たっぷりに言うのであるが、ソクラテスにゴルギアスと話してみたいという熱意があるのを認めると、彼らを案内して、またもとの廣間に引き返す。ゴルギアスはまだそこに居た。一、二の熱心な聽衆の質問に、彼は答えていたのかもしれない。室内には、さきほどの彼の見事な辯論ぶりがかもし出した、感動と興奮の空氣がみなぎっている。その中へ、ソクラテスとカイレポンは入って行く。そしてまずカイレポンが、あらかじめソクラテスによって指圖された質問を胸に祕めながら、ゴルギアスに問いかける。しかし、弟子のポロスが出しゃばって口を入れたために、しばらくは、ポロスとカイレポンとの間で言葉のやりとりがなされるが、いよいよソクラテスが腰を上げて、ゴルギアスを相手に問答を始めることによって、この對話篇は第一幕に入るのである。ソクラテスがゴルギアスに出會って、直接に問いただしてみたかったのは、ほかでもない、「彼の持っている技術には、いったいどんな力があるのか、また彼が世に公言して教えているのは、どんなことなのか」（四四七C）という點だったのである。

（1）**對話場所**――この對話がどこで行われたかを、プラトンははっきり明示していないが、本文では一應、どこか公共の建物を考えておいた（cf. Cron, *Beiträge* pp. 25—35; Thompson p. 4 n.; Lodge pp. 19—20; Nestle p. 17; Apelt p. 169 n. 3; Ritter, *Platon* I. p. 391; Taylor, *op. cit.* p. 106）。しかしこれに對して、「カルリクレスの家」をこの對話の場所と考える人たちも多い（新しいところでは、Lamb p. 250; Taylor p. 106 n. 2（一案）; Croiset p. 100 など）。そこで、いまかりにカルリクレスの家を對話の場所とすれば、この對話篇の序幕にあたる部分の情景は、次のように想像することになるであろう。すなわち、ソクラテスたちは、ゴルギアスの話を聞くために、カルリクレスの家に行こうとして急いでいる。そしてまだそこへ着かないうちに、その途中の道路上でカルリクレスに出會う。ゴルギアスの演説はカルリクレスの家でなされていたのであるが、それが一段落したので、カルリクレスは家を出て、外を歩いていたところなのである。さて、彼はソクラテスたちに出會い、彼らがゴルギアスの話を聞きに來たのだということを知ると、彼らを伴って自分の家へ引返し、そして再び彼の家でこの對話はなされるという次第である。

ただこの解釋で多少疑問になるのは、カルリクレスの家はゴルギアスの逗留の場所であったが、それが果してまた、ゴルギアスがそのとき演說した場所でもあったかどうか、したがって、この對話が行われた場所でもあったかどうか(あとの二つが同じ場所であったことは、四四八A、四五八Bから知られる)、という點である。というのは、もしそうだったとすれば、カルリクレスの「そうか、それなら、もし君たちがぼくの家へ來るつもりがあれば、云々」(四四七B)の言葉が、少しおかしくなるように思われるからである。なぜなら、ソクラテスたちは明らかにゴルギアスの話を聞くために來ているのであって、しかも彼の演說はカルリクレスの家で行われることをすでに知っていたのだとすれば、それに對してカルリクレスがいまのように言うのは、少し不自然なように見えるからである。むしろ、その演說は、カルリクレスの家以外のどこか公共の場所で行われたのであって、ソクラテスたちは今はそれに間に合わなかったのであるが、ゴルギアスは自分の家に逗留しているのだから、もし希望なら、またいつか自分の家に來てくれさえすれば、彼の話を聞けるだろうとカルリクレスは言ったのだ、という風に解釋する方がより自然ではあるまいか。しかしこの對話は、また後の機會にカルリクレスの家で行われたのではなく、すぐこの場所で、前の演說にひきつづいて行われたことになっているのである。しかしながら、前述の「カルリクレスの家」說が、全然不可能であるとは言えないかもしれない。

二

この對話篇の第一幕では、ソクラテスはゴルギアスを相手に、辯論術の本性を究明している。しかし、辯論術そのものが直接に議論の對象となっているのは、この第一幕と、それにつづいてゴルギアスの弟子ポロスが登場し、新たにソクラテスに問答を挑むことになる、第二幕の始めの部分までであって、それは分量の上からいえば、この對話篇全體の約四分の一程度を占めるにすぎない。それ以下の第二幕の大部分と、そして最後にカルリクレスが登場して、ソクラテスとはげしく渡り合うことになる第三幕においては、辯論術のことは時折思い出したように言及されるだけであって、議論は主として道德や政治に關する事柄、あるいは人間の幸福や生き方の問題をめぐって行われている。とすると、この對話篇の眞のテーマは何であるかということが、まず最初に、われわれの考察の課題になるであろう。

プラトンの作品を四部ずつにまとめて編集した、紀元後一世紀のトラシュロスは、この對話篇に、本題と並べて、「辯論術について」(*περὶ ῥητορικῆς*)という副題を併せ用いており、(1) そしてこの副題は、その後中世寫本の全體を通じて踏襲されてきたのであるが、しかし辯論術をこの作品の本來のテーマと見ることには、すでに古代末期の新プラトン學派の人たちの間においても、かなり異論があったようである。なぜならそれは、「部分によって全體を特色づけることになるからだ」と、彼らは言うのである。(2) しかしながら、他方、辯論術をたんなる形式上の主題とみ、これを表向きのテーマにすぎないとして、そしてこの對話篇の眞の意圖は、たとえば、その新プラトン學派の註釋家の一人であるオリュンピオドロスが言うように、「國家社會の一員として、われわれが幸福になるようにするはずの、道德上の諸原則について論ずることにある」(3)とか、あるいはこれを簡單にして、やはり同じ學派の無名氏の書物のなかで言われているように、「幸福の倫理的な基礎について論ずることにある」(4)とか、あるいはまた、現代の多くの學者が主張するように、(5) 人生の正しい生き方は何かということが、この作品の根本の課題であるという風に考えるとしても、そのことと辯論術とのつながりを明らかにするのでないかぎり、このような解釋もやはり、さきの場合と同様に、部分によって全體を推すことになる、という非難を免れえないであろう。

それならば、この對話篇には一貫せる筋の統一はなく、話題はそのときどきの議論の進行にまかせて、あれからこれへと移り變っているのであろうか。だが果して、辯論術の本性について論ずることと、政治や道徳、あるいは人生の生き方や幸福について論ずることとは、一見そうみえるほどに、無縁なことなのであろうか。なるほど辯論術は、第一義的には、それについての書物が標題としていたように、[6]「言論（文章）の技術」(λόγων τέχνη) であることに間違いはないけれども、もしそれが、この對話篇においても、ちょうど『パイドロス』の第二部で取扱われているように、「どのようにすれば上手に話をしたり、また上手に文章を作ったりすることができるか」(二五九E)、というような觀點から問題にされているのであれば、それらの事柄について論ずるのと、政治や道徳などについて考察するのとは、直接には關係のないことであると言わなければならないかもしれない。しかし、この對話篇で問題にされているのは、そのような單なる言論文章の技術としての、辯論術それ自體ではなく、つまり、いわば雄辯や修辭の術として考えられるようなものではなくて、むしろそれは、廣く議會や裁判の場に應用されて、實は一種の政治の術となっているところの辯論術なのである。そしてこのことは、第一幕のソクラテスとゴルギアスの問答において、辯論術の本性がたずねられたときに、すでに明らかにされていたことなのである。すなわち、そこではまず、ゴルギアスの職業が辯論術の教師であることが確められた後で、その辯論術とは何についての技術であるかが問われている。そしてこれに對しては、「言論について」(四四九E)の技術であると答えられるのであるが、しかし、ほかの學問技術にしても、それぞれその對象となっているものの言論に關係があるのだとすれば、とくに辯論術だけをほかの學問技術から區別して、これを言論の技術と呼ぶ理由はどこにあるのか、また、辯論術の取扱う言論の對象になっているものは、およそ存在するもののうちの、何なのであるかが、その次に問われることになる。そしてこのような追求の結果、結局、辯論術とは、法廷や國民議會などにおいて、人々を說得する術であること(四五二E)、したがって、それが取扱う言論の對象は、何よりも特に、法廷における人の行爲の正邪であり(四五四B)、また國家社會の政策全般に關するものであること(四五五B以下)が明らかにされている。そして第二幕の始め(四六三D)において、ソクラテスが最終的に辯論術の本性を規定しているところでは、それははっきりと「政治術のにせもの」(エイドーロン)であると言われているのである。「にせもの」であるかどうかは今は問わないとしても、とにかく以上見られたところからして、この對話篇で取扱われている辯論術が、一種の政治の術として考えられていることは、間違いないと言ってよいであろう。後の章(五章)で詳しく述べるつもりであるが、當時のギリシアの民主制社會においては、ひとが世に出て公けに活動し、立身榮達をとげるためにも、また一身一家の利益と安全を守るためにも、辯論術は缺くことのできない道具であり、また最も有效な武器だったのである。かくしてもし辯論術が、當時、ひとが市民(ポリテース)として世に處するのにぜひ身につけておかなければならない大切な技術であり、その意味でそれは一種の政治の術(ポリチケー)として考えられていたのだとすれば、そしてこの對話篇で取扱われている辯論術とは、まさにそのようなものであったとすれば、この三幕の劇を通じて、その主題は首尾一貫していると言うことができるであろう。つまり、第二幕以下でなされているところの、權力に關する議論も、正不正と幸福の關係についての討議も、また放埒な生活と節制の生活の優劣をきめるための、快と善の區別に關する議論も、さらに政治のあり方や人生の生き方についての考察も、これらはすべて、いま言われたような意味での辯論術を主題にしながら、その主題のいわば變形や展開であるとみなすことができるであろうと思われる。(7) そしてこの對話篇全體の構造は、そのような辯論術に對する哲學の側からの批判と、またこの批判に反論して、辯論術の側からなされる應酬と挑戰とが、交互に組み合わされることによって、成り立っているわけなのである。この點について、われわれは次に、この對話篇に登場する人物の紹介もしながら、もう少し作品の内容に立ち入って、檢討してみることにしよう。

(1) Diog. Laert. III. 59.
(2) オリュンピオドロスの『ゴルギアス註釋』(*In Platonis Gorgiam Commentaria*, prooim. 4, Norvin) を見ると、この對話篇の目的は、本文に記したように、「辯論術について」論ずることにあるとするもののほかに、「正と不正について」、あるいは「デーミウルゴス(神)について」論ずることにある、という風に考える人たちがあったことが知られる。しかし彼はこのような解釋をすべて、⟨ἀπὸ μέρους τὸ ὅλον χαρακτηρίζουσι⟩とか、⟨ἀπὸ μέρους τὸν σκοπὸν ἐκλαμβάνουσι⟩という風に言って退けている。なお、次の註(4)にあげられる、無名氏の『プラトン哲學入門』(*Prolegomena in Platonis Philosophiam* ch. XXII—C. F. Hermann, *Plato Dialogi* VI. p. 215) のなかにも、——その典據はおそらくプロクロスの註釋にあったと思われるが——この對話篇の目的は、「不正を行うのと、それを受けるのと、どちらがよいかについて」論ずることにあるとする人たちに對して、オリュンピオドロスと大體同じ立場で批判がなされている。
(3) Olymp. l. c. '*φαμὲν τοίνυν, ὅτι σκοπὸς αὐτῷ περὶ τῶν ἀρχῶν τῶν ἠθικῶν διαλεχθῆναι τῶν φερουσῶν ἡμᾶς ἐπὶ τὴν πολιτικὴν εὐδαιμονίαν.*'
(4) Anonymus, *Prolegom.* l. c. '*ἐν δὲ τῷ ὅλῳ διαλόγῳ περὶ τῶν ἠθικῶν ἀρχῶν τῆς εὐδαιμονίας* (sc. *διδάσκει*).'
(5) cf. e. g. Nestle, Einl. p. 20; Pohlenz, *Aus Platos Werdezeit*, p. 151; Wilamowitz, *Platon* I^2, p. 234; Taylor, *op. cit.*, p. 106; Festugière, *Contemplation*, p. 382 etc. なおこの點についての前世紀の代表的な學者の見解は、スタルバウム(Einl. pp. 31—35 n.)によって要約紹介されている。
(6) cf. *Phaedr.* 266 D, 271 D; Arist. *Rhet.* I. 1. 1354 a 12.
(7) この對話篇のすぐれた飜譯者であるコープ(Introd. pp. xxi—xxxi)も、ここで扱われている辯論術が狹義の言論文章の技術ではなくて、廣く政治の道具となっているそれであることを明らかにした上で、そのような辯論術が本書の一貫せるテーマであることを主張しているように見える。
なおドッヅは、最近公刊された註釋書(*Plato Gorgias*, Introd. pp. 2—4)のなかで、本書のテーマを辯論術と幸福の二つであると考え、それら二つのテーマが本書全體のなかでどのようにからみ合い、反復されているかを巧みに圖式化している。ただ、辯論術以外についての議論がすべて幸福をテーマにしたものであると言ってよいかどうかには、問題があるように思われるけれども、もしそれを認めるなら、彼自身も後にこの二つのテーマの間には密接なつながりがあることを力説しているのであるから、その幸福のテーマをさらに辯論術のテーマのなかに還元すれば、全篇の筋の統一はさらに一層確保されることになったのではないかと思われる。

哲學の側からの批判者として、全篇の主役をつとめるのは、言うまでもなくソクラテスである。この作品に登場する彼は、もはや人生の盛りもすぎて、老齢に近い年頃[1]かと思われる。彼の生涯や人となりについては、いまさらここで説明する必要はないであろう。彼の問答の運びのうまさや論理的な思考力の强靱さ、いつもの空とぼけ(エイローネイア)と機智やユーモアに富んだ話しぶり、ものの眞實をどこまでも追求してやまない執拗さと終始一貫した無知の自覺の態度、死もまたゆるがすことのできない、正義の勝利にたいする不動の確信など、人間ソクラテスの姿を、われわれはこの作品だけからでも充分に伺い知ることができるであろう。ただここでは、この作品に現われるソクラテスには、それまでの他の多くの初期作品に現われる彼と比べて、いくつかの點で重要な變化が見られることを注意しておくにとどめよう。
なるほど、ゴルギアスを相手とする第一幕では、彼はいつものように質問者として、話題となっている事柄について、それの何であるかをしつこく訊ね、その正確な定義を要求しながら、しかも充分な結論に達しないで議論をやめており、それはわれわれの見なれているいつものソクラテスなのである。けれども、第二幕以下になると、彼は單なる質問者の地位に満足することなく、自分の方からすすんで語り出し、その語調もこれまでにないきびしいものへと變っている。そしてそれとともに、自分の説に對する確信はいよいよ深く、またそれを積極的に主張するに至っている。それは時として彼に、人々を新しい生活へ誘う說教師の風貌をあたえ、また最後に彼があの世の裁判と賞罰の應報について語るときには、彼は何か預言者のようにさえ見えるのである。次に、これと關聯したことであるが、彼の話し方にも變化が認められる。彼は對話を始めるにあたって、いつものように一問一答による短い話し方を提案し、相手方が得意とする長廣舌を封じておきながら（四四九B、四六一D）、しかもその彼自身が、後には再三にわたって、自分を忘れて長廣舌に耽り、時にはまた、自分一人で自問自答の形で長い議論をしているのである。そのために彼は、大道演說家であるとさえ非難されるぐらいである。これに對しては、もとより彼はそのときどきにおいて、その止むを得ない理由を辯明しているのだけれども、しかしこのようなことは、いわゆる「ソクラテス的對話篇」においては見られなかった特色である。さらに、彼のする話の內容にも變化が認められる。つまり、一般に歷史上のソクラテスに歸せられている命題、たとえば、「德は知識である」（四六〇A—C）とか、「人はだれもすき好んで惡事を行うものではない」（五〇九E、四六八B以下）とかいうような命題に加えて、おそらくは、プラトン自身の思想の發展を示すと思われる、さらにいくつかの新しい主張が、たとえば、知識と信念の區別（四五四C—D）とか、政治と哲學の一致（五二一D）とかいうような考え方などが、ソクラテスの口を通して語られている。[2] このようなソクラテスは、むろん歷史上のソクラテスそのままではなく、プラトンの心のなかで次第に成長し、新しい變貌をとげてきたところの、いわゆる「プラトンのソクラテス」であり、それはある程度までは、プラトンその人の姿でもあったと言ってよいであろう。[3] そしてその語調のきびしさや、話しぶりの變化には、後で述べられるように、プラトンがこの對話篇を執筆した根本の動機や、またその當時の彼の心境などが、大きく影響しているように思われるのである。

なお、ソクラテス側の人物としては、彼の若い時からの仲間で、ものごとに熱中し、時に常軌を逸する傾向のあるカイレポンがいるが、この人物は、序幕でしばらくの間前座の役をつとめたのちは、あとはほんの二回だけ(四五八C、四八一B)、しかも簡單な言葉をさしはさむだけなので、ここでは彼についての特別な説明はいらないと思う。[(4)]

(1) ソクラテスがこの時何歳ぐらいであったかは、第一章の終り近くにつけられた「劇年代」についての註で見られたように、この對話が行われた年代が不定であるために、はっきり決めがたい。かりに劇年代の兩方の限界をとって、その時のソクラテスの年齢を算定すれば、前四二七年には彼は四十二歳ぐらいであり、また前四〇五年には六十四歳ぐらいという數字が出る。ただ四六一Cの彼の發言(「われわれの方は年が寄ってしまっているから、いつ何時躓いて倒れることがあるかも知れんが、そんな時には、君たち若い者が傍にいて、云々」)からみれば、彼はゴルギアスとともに、ポロスやカルリクレスに比べると、相當の老人である(父親になれるほどに)ということを自覺しているから、彼はこの時かなりの年齢であったと推測してよいだろう。その點では、この劇の年代を前四二七年近くにおいて、彼を四十歳すぎの年齢と見るのは、無理であるように思われる。正確な根據はないけれども、われわれはむしろ五十代の半ばから六十歳に近いソクラテスを考えておきたい。
(2) 以上述べられたような、この對話篇におけるソクラテス像の變化については、ドッヅ(pp. 16—17, 20—21)の所説を參照。しかしその一部はすでにヴィラモーヴィツ(*op. cit.* I² p. 232)によっても指摘されていたことである。
(3) cf. Quint. *Inst. Orat.* II. 15, 26 '...dicta a Socrate, cujus persona videtur Plato significare quid sentiat.'
(4) カイレポンがプラトンの對話篇のなかに劇人物として現われるのは、この作品を除けば、『カルミデス』の始めの箇所だけである。そしてそこでも、ここの場合と同樣に、彼はソクラテスのために問答相手を紹介するだけの小さな役割を演じているにすぎない。彼がデルポイへ出かけて行って、アポロンの神から受けた神託のことや(『辯明』二一A)、また、やせて蒼白い顏をしたこの人物が、蝙蝠とか夜の子とかという綽名をつけられて、アリストパネス(『雲』一〇四、一四四—一五六、五〇三—四、八三一、一四六五行、『蜂』一四〇八行、『鳥』一二九六、一五六四行など)や、その他の喜劇作家(エウポリス、斷片一六五、二三九、クラティノス、斷片二〇二など)の嘲笑の的とされていることは、周知の通りである。

他方、ソクラテスの相手役となって、辯論術のために論ずるのは、ゴルギアスとポロスと、そしてカッリクレスの三人である。彼らは一人ずつ順番に登場して、前の人が議論に敗れたところでバトンを受けつぎながら、ソクラテスに立ち向っている。(1)

最初に登場するゴルギアスは、すでに見られたように、もうかなりの高齢(2)であり、辯論術の教師として高い名聲と廣い尊敬を受けていて、その道の大家らしい貫錄と品位を備えた、洗練された老紳士である。彼は自分の持つ技術の能力について、特にそれが政治の領域で發揮する偉力について、時には尊大と思われるほどに誇らしげに語り、また虚榮と見えるまでの自慢をするが、しかしその技術の不正な使用に關しては、これを戒めるだけの心得を忘れてはいない。ただ職業上の成功と名聲が、彼に自己滿足をもたらし、その技術の本質についての反省を曇らせているようである。そこで、その點をソクラテスはきびしく追求するのであるが、このソクラテスの質問にたいしては、彼は大體において、終始誠實な態度で受け答えをしており、最後に、自分の主張に自己矛盾があることを指摘されても、威嚴を保持したままで、素直に引き退っている。そして自分の役割が終った後でも、彼の弟子や支持者がソクラテスの議論を充分に理解しなかったり、あるいは、それに腹を据えかねて不平を鳴らしたりするような場合には、彼の方で代って答えてやるとか、または、その者をなだめて調停者の役目をつとめるとかして、よしそのような議論をつづけることが、自分の職業上の見地からは、明らかに不利であることが分っていても、この對談が最後まで行われることを希望し、ソクラテスの批判に耳を傾けるだけの雅量を示している。だから、他方ソクラテスとしても、このようなゴルギアスに對しては、相當の敬意を拂い、批判の内容はきびしいけれども、言葉づかいの上では、かなり鄭重な態度で應對しているように見える。

（1）プラトンの對話篇のなかで、このような構造を持つものは、フリートレンダー (P. Friedländer, *Platon* II. p. 246) が指摘したように、『國家』第一巻だけである。そこでは正義を話題にして、ケパロス、ポレマルコス、トラシュマコスがつぎつぎにソクラテスの問答相手となっている。そこで、このような人物設定の面でも、また正義というテーマの上でも、さらに議論の内容(特にトラシュマコスに見られるような)からみても、『國家』第一巻と『ゴルギアス』との密接な關係が推測されるわけである。cf. Wilamowitz, *op. cit.* I² p. 211.
（2）ゴルギアスの年齢の決定には、ソクラテスの場合に比べて、二重の困難がある。つまりさきに言われたように、この對話篇の劇年代の不定ということに加えて、彼の年代そのものについても、古來から二説あるからである。すなわち、その一つは、スイダスの辭典にあげられているポルピュリオスの説 (Suidas, s. v. Γοργίας=Diels, A 2) で、彼のアクメー(?)を第八〇回オリンピック大會期(前四六〇／五七年)におこうとするものである。もう一つは、アポルロドロスの『クロニカ』(F. Gr. Hist. 244 F 33)や、オリュンピオドロスの註釋書 (prooim. 9, Norvin=Diels A 10) のなかに言われているもので、ゴルギアスは第八四回オリンピック大會期(前四四四／四一年)に『自然について』という一書を著したというのである。傳統的な年代の決め方からすれば、他に有力な手がかりがない場合、これがまたゴルギアスのアクメーとなるわけである。
　ところで、ゴルギアスはきわめて長命であったと言われ、多くの人たちが(ポルピュリオス (Diels A 2) もアポルロドロス (A 10) もオリュンピオドロス (A 10) も、またその他の人たちも)、彼は一〇九歳まで生きたとしている(ただし、一〇八歳説 (A 13)、一〇七歳説 (A 12)、一〇五歳説 (A7) などもある)。そうすると、彼の生涯は、前説によれば、前五〇〇／四九七—三九一／三八八年ということになり、後説では、前四八四／八一—三七五／七二年ということになるであろう。これら兩説のどちらを選ぶべきかは、にわかには決めがたいが、ただパウサニアス (VI. 17. 9=Diels A 7) のなかに、ゴルギアスは晩年、テッタリアのペラエの獨裁者イアソンの寵を受けた、という意味の記録がある。もしこれが事實だとすると、イアソンは前三八〇年から三七〇年頃まで獨裁者の地位にあったのだから、ゴルギアスの死は少なくとも前三八〇年以後のことでなければならない。そうすると、われわれは前二説のうち、後者の方を選ばなければならないであろう。そしてこれはさらに、次のプルタルコスの證言 (*Vit. X or.* p. 832 F=Diels A 6) とも矛盾しないであろう。つまり彼は、ゴルギアスはラムノスのアンチポンよりも少し若かったと言い、そして後者は第二ペルシア戰爭の時(前四八〇年)に生れたとしているからである(諸家の見解はロッヂ(p. 3)にあげられている。なお、Freemann, *Companion* p. 354; M. Untersteiner, *The Sophists* p. 97 n. 2を參照)。

さて、以上の考察によって、ゴルギアスの生年を一應前四八五年から四八〇年頃とみれば、ソクラテスとの年齢差は、ほぼ一五年ないし一〇年ぐらいとなるから、この對話篇に現われるゴルギアスを、われわれは大體七十歳代の人として考えておきたい。


つづいて二番手に登場するポロスは、シシリイ島のアクラガスの生れで、早くからゴルギアスの門に學び、辯論術の熱烈な信奉者である。この對話篇に現われる彼は、まだ若い青年であるが、辯論術の修業はかなり積んでいて、それに關する書物もすでに公けにしている(1)(四六二B)。けれども、一問一答で議論することの方は訓練ができていないと見えて、どうかするとすぐに演說口調になり、話題になっている事柄について、簡潔で的確に質疑應答する能力はないようである。それに彼は、その名前が示すごとく(ポロスという語には「仔馬」の意味がある)、大へんそそっかしくて、非常に性急なところがあり、そのために何事でも早呑込みして、すぐに分った者になろうとするから、しばしば事柄の半分だけを把えて、的のはずれた答え方をし、そのたびにソクラテスにからかわれている。なお彼は、青年の生意氣さのためか、または躾けの惡さのためか、それとも輕薄な性格のためか、議論の途中で無遠慮に嘲笑の笑い聲をたてたり、あるいは子供だましの脅迫をしたりなどもしている。

ところで、このポロスがソクラテスの批判にたいして答えているのはただ、辯論術が現實社會で持っている絶大な偉力を强調することによって、何がなんでも辯論術はすばらしいものであると、ひたすらその術を讃美し、これを謳歌するだけなのである。まるで彼は、讃美さえすれば、それだけで充分な辯明になりうると、思っているかのようである。すなわち彼は、よし辯論術が何と批判されるのであろうと、辯論家たちは實際に諸國で大いに尊敬されているし、彼らはその術によって獨裁者の權力にも匹敵するほどのものを持っている、と言うのである。つまり「辯論家たちは、ちょうど獨裁者たちがするように、これと思う者をだれでも死刑にしたり、財產を沒收したり、あるいは好き勝手に誰をでも國家から追放したりしている」(四六六C)、というのが彼の言い分なのである。その際彼は、師のゴルギアスがその術の不正な使用に關して示した道德的抑制を、何のためらいもなく捨て去っている。そしてそのように、何でも自分の思い通りにすることのできる權力者の生活こそ、彼には無條件に人生最高の幸福だと思われているのである。その意味において、當時、陰謀と暗殺によって、マケドニアの王位を奪いとったアルケラオスは、彼にとってはまことに羨望すべき存在だったのである。そのやり方の正、不正は彼の問うところではなかった。彼が見たのは、權力を持てる者が勝利を占め、不義不正な者が富み榮えている現實の姿だったのである。

しかし、このようなポロスの考え方に對して、ソクラテスはまず、ひとが何でも自分の思い通りにするということと、欲する通りにするということとを、はっきり區別するように要求する。というのは、人間が本來望み欲することは善なのであるから、「欲する通りにする」ということは、そうする人にとって、つねにためになる善いことなのであるが、しかし「思い通りにする」ことの方は、必ずしもそうではないからである。なぜなら、ひとが自分ではよいと思ってしていることが、實際にはためにならぬ惡いことである場合も多いからである。ところで、ひとが本當に自分のためになることをする能力を持つ場合にのみ、これを權力者であるとか、有力者であると呼ぶべきだとすれば、何でも自分の思い通りにすることのできる人を、われわれは直ちに、有力者であるという風に言ってはならないであろう。このような論法によってソクラテスは、死刑でも追放でもその他何でも自分の好き勝手に行う獨裁者を、ポロスの言うように單純に、有力者であるとは認めないのである。いな、獨裁者が思慮や分別を缺いているかぎり、彼は一國の中で一番非力な者であり、最も微力な人間であるとさえ言うのである。したがってまた、そのような獨裁者は、羨望に價いするどころか、反って哀れな存在であり、不幸な人間であるというのが、ソクラテスの答えなのである。それでは、ひとが自分の思い通りにして、しかもその結果が自分のためになるのは、どういう場合であるかというと、それは正義に從ってなす場合であるとソクラテスは言う。つまり、正義に從って行動する人が幸福であり、不正な人は不幸であるというのが、ソクラテスの一貫したテーゼなのである。そして彼はさらに、不正を行うよりも、不正を受ける方がまだしもましであること、また不正を行いながら裁きを受けないのは、ありとあらゆる害惡のなかでも最大のものであることを主張するのである。しかし、このようなソクラテスの主張が、理論よりも事實の方を尊重し、眞理によりも世の多くの人たちの意見に從おうとするポロスには、全くの驚きであり、逆説にしか見えないのは當然である。そこでポロスは、これを反駁することは子供にでもできるぐらいに考えて、さきに言われたアルケラオスの例を持ち出したり、または子供だましの脅し文句を並べてみたり、あるいは相手の話の途中で輕蔑の笑い聲をたてたりなどして、手をかえ品をかえて、いろいろと反駁を試みるのであるが、しかしポロスの心の底にはどこかに、まだ世間並みの健全な道德意識が殘っているために、彼は不正を行うのは醜いということを認めるものだから、それが彼の說の弱點となって、結局、ソクラテスの言い分を認めさせられてしまうのである。

（1） ポロスの生涯や活動については、詳しいことは分らない。彼についての一應の資料は、Radermacher, '*Artium Scriptores*' pp. 112—14 に集められている。なお彼の美文調の文體は『パイドロス』（二六七C）にも揶揄されているが、それについては四四八Cの「研究用註」を參照。

しかしながら、第三の登場人物カルリクレスにおいて、われわれは、ポロスの心の奥底にひそんでいた「權力への意志」が、いまやはっきりした自覺のもとに、しかも一定の理論的な根據に支えられながら、公々然と主張されるのを見るであろう。このカルリクレスは、前二者が外國から來ている辯論術の職業教師であるのとはちがって、れっきとしたアテナイの市民であり、詩や文學の素養も深く、また辯論術の修業もつんで、その上に豊富な現實體驗を持つところの、實際政治家なのである。彼の人となりや生涯については、プラトンがこの對話篇で述べていること以外には、全く知られない。そこで多くの學者は、彼を誰かほかの實在の人物の假面と見なそうとしたり[1]、あるいはプラトンが自由に創作した全くの架空の人物と考えようとしているが[2]、しかし一般的にいって、プラトンの對話篇のなかに、純粋に架空の人物が現われたり、あるいは誰か實在の人物が假名で登場したりすることは、ほかにあまり例がないように思われる[3]。それに、このカルリクレスの場合については、彼の屬する「區」の名前ははっきり明示されているし(四九五D)、また彼の同志と言われる他の三人の人物(四八七C)についても、そのうちの少なくとも二人までは、ほかの證據によってその實在性が保證されるし[4]、さらに、當時評判の美少年デモスが――この人物はおそらくプラトンの身内の一人だったと想像されるのであるが――彼の愛人として語られたりしている(四八一D)點などから判斷して、彼もやはり實在實名の人物であったと考える方が、より自然な解釋であるように思われる。むろん、後でも言われるように、歴史上實際のカルリクレスが、この對話篇に述べられている通りの考えをもった人物であったかどうかは疑わしいけれども、この注目すべき人物について、この作品以外には何の記錄も殘されていないということだけで、彼の實在性を疑うことはできないであろう[5]。しかしそれはそれとして、この作品に現われる彼は、政界に乘り出したばかりの人物として扱われている(五一五A)。ただしそのことは、彼がこの時にやっと成年をすぎたばかりの年齢であった、ということを意味しないであろう。むしろ彼は、働きざかりの壯年期にあったと考える方が、彼の言動全體から受ける自然な印象であるように思う。なお彼は、外國人ゴルギアスの保護者のような立場にあって、ゴルギアスを自分の家に逗留させているのであるから、相當な金持ちであったと推測してよいかもしれない。それに、彼の言葉のはしはしから洩れる、一般大衆や生産に從事する技術者たちに對する輕蔑的な口吻から判斷して、彼はよい家柄の生れの人だったようにも見える。[6] しかしそれらのことは直ちに、彼を貴族(寡頭)派にぞくする人物だったと決めることにはならないであろう。むしろ反對に、彼は民主派にぞくする政治家だったのではないかと推測させる證據の方が有力である。[7] とはいうもののしかし、以上のことは要するに、われわれがこの對話篇だけから推測したものであって、歴史上の正確なことは何も分らない、と言うよりほかはないのかもしれない。

(1) 假名説を主張する人たちは、カルリクレス(Callicles)を次のような人物の假名あるいは假面とみなそうとしている(括弧内はその提唱者)。——アリスチッポス(Schleiermacher)、クリチアス(Cron, Menzel)、カリクレス(Charicles、三十人政權の一人)(Bergk, Th. Gomperz, Deummler, Maier)、アルキビアデス(Apelt)、イソクラテス(Sudhaus)、ポリュクラテス(Humbert)、テラメネス(Draheim)など。——Untersteiner, *op. cit.* p. 344 n. 40; Dodds, *op. cit.* p. 12 參照。
(2) 架空人物説を主張するのは、比較的新しいところでは、次の人たちである。Festugière, *op. cit.* p. 386; Jager, *Paideia* (Eng. trans.) I. p. 324; Cornford, *The Republic of Plato*, Introd. xviii; Id. *The Unwritten Philosophy*, p. 53; Croiset, Notice, p. 92; Gauss, *Handkommentar*, II. i. p. 59 etc.
(3) cf. I. Bruns, *Das literarische Porträt der Griechen*, p. 239; R. Hirzel, *Der Dialog*, I. p. 176; J. Burnet, *Greek Philosophy*, pp. 120—21.
(4) 四八七Cの「テイサンドロス」「アンドロン」「ナウシキュデス」に關する「註解」を參照。
(5) 學會一般の傾向としても、實在實名説の方が有力であるように思われる。cf. Bonitz, *Platonische Studien*, p. 20 n. 15;

Pohlenz, *op. cit.* p. 142 n. 1; Ritter, *op. cit.* p. 402 f.; Wilamowitz, *op. cit.* p. 211 n. 1: Taylor, *op. cit.* p. 116; Kranz. *Rh. Mus.* xciv (1951) p. 231 n. 2; Dodds, *op. cit.* pp. 12—13 etc.
(6) ヴィラモーヴィッツ(p. 211)は、カルリクレスが父の名前でなしに、區の名前をつけて呼ばれている(四九五D)という理由で、彼はよい家柄の出ではないとしているが、しかしそこでは冗談半分に公式の云い方が用いられたので、われわれはむしろ五一二C—Dの記述の方を信頼すべきであろう。
(7) たとえば、五一五Eにおいて彼は、民主派の大立物であったペリクレスに對するソクラテスの批判を、それは「耳のつぶれた(スパルタびいきの)連中」から聞いたことであろう、という風に輕くはねつけている。

ところで、われわれはさきほど、カルリクレスの考え方のなかに、いわゆる「權力への意志」が全くむき出しの形で現われているのを見ると言った。というのは、さきのポロスの場合にはまだ、「心には思っていても、口に出してはあえて言おうとしなかった」ような事柄が、今やあからさまに語られることになるからである。そしてカルリクレスはそれを、當時流行の考え方であったところの、自然(ピュシス)と法律や習慣(ノモス)とを對立させる理論によって基礎づけながら、弱肉强食、優勝劣敗の原則を、「自然の正義」の名のもとに、公然と主張するのである。すなわち、法律や習慣の上では、平等に持つことが正しくて、ひとよりも餘計に取るのは不正であり、また、不正を行うのは不正を受けるよりも醜いとされているのであるが、しかし彼に言わせれば、その法律や習慣とは、弱者、つまり多數者が、强者に對抗して、自分たちの利益を守るために定めた、かりの約束事にすぎないのであって、自然本來においては、逆に、强者が弱者よりも餘計に取るのが正しいのであり、また不正を受ける方が不正を行うよりも、より醜惡であるとされるのである。

さらにまた、正義や節制などの世の道德なるものも、彼に言わせれば、いわゆる「奴隷の道德」なのであって、これは欲望を充分に満足させることのできない人たちが、その無能を恥じて、これを蔽い隠すために言い出した、體裁のよい美名にすぎないのである。しかし、自然本來における正しいこと、美しいことというのは、どんな欲望であろうと、これを抑制することなく、欲望はできるだけ大きくなるままに放置しておいて、いつでも、また何をもってでも、これの充足をはかることにあるのであり、そしてそれのできるというところに、眞の意味での人間の卓越性、つまり徳はあるのだと彼は言うのである。

カルリクレスの説く强者の倫理は、大體以上のような内容のものなのであるが、彼はさらにそれに加えて、ソクラテスの送っている哲學の生活に對しても、はげしい非難を浴びせかける。彼の言い分では、哲學というものは、若い年頃に、教養のための範圍内で、ほどほどにそれに觸れておくのは結構であるけれども、ひとがそれ以上の年齢になってもまだ、哲學をつづけるなら、その人は、人間として心得ておくべきことを、何一つ心得ないでしまい、身の破滅を招くことになるのは必定である。そのような人間は、たとえてみれば、いい年をしながら、子供の眞似をして、片言をいったり、遊戲をしたりしているのと同然であって、それは滑稽であるばかりか、そんな奴は毆りつけてやっても足りないほどの氣持を覺える、というのである。そこで彼は、ソクラテスがいま行っているような、社會の片隅にかくれて、三、四人の青少年を相手にぼそぼそとつぶやくだけの、哲學の生活にはもういい加減に切りをつけて、それよりも、かの詩人ホメロスが、男子一生の榮譽を輝かすところとしてあげている、人の集る一國の中央に出てきて、國家社會のために、自由に大聲で堂々の發言をするように勸めるのである。で、もしソクラテスがこの勸告に從わないで、相變らず哲學の研究に耽り、無駄話や馬鹿話をつづけているようなら、いつなんどき、誰からどんな恥辱を受けるかも分らないし、また無實の罪で法廷へ連れ出されたとしても、身を守る手だてを知らないから、茫然としてなすところなく、告發者の意志次第では、死刑になるかもしれないぞと、カルリクレスは警告するのである。

しかし、このようなカルリクレスのはげしい挑戦と非難にたいしても、ソクラテスは少しもひるむことなく、これを悠然と受けとめながら、カルリクレスの主張の一つ一つについてするどい反駁を加えていく。すなわちまず、カルリクレスの言う强者や優者とは、どういう人間のことであるかを問い、その定義の曖昧さを暴露する。ついで、彼の讃美する放縱な生活がいかに慘めなものであるかを、節制の生活と對比しながら、巧妙なたとえ話を使って明らかにする。なおそれと關聯して、快と善とは同じものではありえないということを論理的にも證明した上で、快は決して人生の目的とはならないこと、人間が幸福となるためには、節制や正義の德が缺くべからざるものであること、そしてこの德を各人の魂に植えつけて、國民一人一人をすぐれた人間にすることが、眞の政治家の任務であることなどを教え、さらにまたカルリクレスの警告に對しては、ひとが自分自身を守りうる最上の方法は、その人自身が立派ですぐれた人間になること以外にはないのであって、善き人が惡しきことを受けるはずは本來ないのだということを、說ききかせるのである。

そこで、最初は自信にあふれ、氣負い立っていたカルリクレスも、このようなソクラテスのきびしい追求によって、形勢が一歩一歩自分に不利となるにつれ、簡單に前言をひるがえしたり、「何のことやら分りません」と空とぼけてみたり、「そうだとしておきましょう」と投げやりに答えたり、あるいは對話することを全く拒否したりして、百方手をつくして防戰につとめるけれども、ついにはソクラテスの强力な論理の前に屈服を餘儀なくされるのである。かくして、いわば三番勝負の最後の一番にも勝ったソクラテスは、最後に、哲學にたずさわっている自分こそ、現代の人のなかではただ一人、本當の意味で國家公共のために働いているのだと斷言し、そして自分の送っている哲學の生き方こそ、あの世においてもまた有利であることを、ミュートスを用いて説明した上で、一種の「哲學のすすめ」を結びの言葉にして、この對話の幕を閉じるのである。

三

さて、以上見られたような登場人物の組合せによる、この對話篇全體の構圖は、まさに『パイドロス』の譯者[1]が、時代の通念を寄せつけない批判的な精神と、強靱な思索力とによって、自己の内にきずき上げたような教養にのみ、眞の意味での「思想」の名を與え、他方、一時代の比較的多數の人に、それほど嚴密な反省を介することなく、漠然と信奉されている考え方のほうを、かりに「思潮」と名づけることによって、「思想と思潮の對置」と呼んだところのものにほかならないであろう。すなわち、一方は、辯論家のゴルギアスやポロス、そして現實政治家のカルリクレスによって代表される、この時代一般のものの考え方と、他方は、これを批判する形で明らかにされるソクラテスの哲學との、對立と抗争が、この對話篇の基本的な骨組みとなっているわけである。しかし、それら三段にわたる對立と抗争のなかでも、第三幕のソクラテスとカルリクレスとの間におけるそれが、何といっても、全篇の中心をなすものであることに異議はないであろう。そしてこの兩者の間の最も根本的な争點は、ソクラテスがカルリクレスに問いかけて、

「それこそ立派な大の男のすることだという、辯論術を修めて民衆の前で話をするとか、また君たちが現在やっているような仕方で政治活動をするとかして、そういう風にして生きるべきか、それとも、このぼくが行っているような、知慧を愛し求める哲學の中での生活を送るべきか、そのどちらにすべきであるか」（五〇〇C）

と訊ねている、その「人生いかに生くべきか」という點にあることも間違いないであろう。(2) そしておそらくプラトンとしても、この作品を執筆するにあたって、この第三幕における政治と哲學の對決を描くことを、最大の狙いとしたであろうことは、容易に想像されるところなのである。ただ作家としてのプラトンは、そのような政治と哲學の對決へ話を持って行くための準備として、まず第一幕で、辯論術の大家であり、斯界の第一人者であるゴルギアスを登場させ、彼の口から辯論術の一般的な性格、特にそれの持つ政治的な性格を明らかにさせることから始めたのである。次いで第二幕では、その辯論術が當時の社會において、特に若い世代の間で、どんなに熱烈に歡迎されていたか、しかしそれを歡迎する若い人たちの道徳意識はどのようなものであったかを、ゴルギアスの若い弟子ポロスを使って代辯させる。かくして、辯論術は、現實には政治の術として受取られていること、そしてそのようなものとしての辯論術が、當時の青年たちに立身榮達の手段として、何らの道徳的反省もなしに、無條件で讃美されている實態を明らかにした上で、いよいよ第三幕において、その辯論術を身につけ、しかも實際の政治活動に乘り出している人物のカルリクレスを登場させて、彼をソクラテスと嚙み合せることにより、この作品の本來の課題である政治と哲學の對決へ、プラトンは議論を進めて行ったものと見られるのである。

(1) 田中、藤澤譯『パイドロス』序說四—五頁、一三頁。
(2) cf. Bonitz, *op. cit.* p. 33 'Die Frage: Ist Philosophie im Platonischen Sinne, oder ist politische Rhetorik in ihrem damaligen Zustande eine würdige Lebensaufgabe? bezeichnet den Kern und Zweck des ganzen Dialogs.'

しかしながら、プラトンのこのような構想は、登場人物のそれぞれを、その歷史上實際の姿よりも、ある程度歪めることになったのではあるまいか。いな、もう少し正確に言うと、プラトンは彼らの人物像なり考え方なりを、それらがこの作品全體の構想の枠ぐみの中にうまくはまり込むように、かなり一般化して、これらを類型的に仕上げているのではないか、と想像されるのである。なぜなら、次の章で詳しく述べるつもりであるが、第一幕に現われるゴルギアスは、一般によく知られている文章家、修辭家としての彼ではなくて、歴史上の彼がほとんど行わず、また尊重もしなかったと思われる、法廷辯論や議會辯論を、格別に重視する人として描かれているからである。したがって、この作品の中で述べられているゴルギアスの見解は、もとより歴史上のゴルギアスの主張がその基礎にはなっているとしても、しかしそれ以上にこれは、その時代の辯論家たちに共通の見解であり、そしてゴルギアスは、斯界の第一人者であるという資格で、このような時代の一般的見解を代辯するために、プラトンによってここに呼び出されているのではないかと思われるわけである。

それはまた彼の弟子ポロスについても、ある程度同じように言えるのではなかろうか。というのは、この作品に登場する彼の人物描寫には、全般的にみて、プラトンのかなり意地の悪い戯畫化の作用が働いているように見えるのであるが、ことに彼が、無條件に權力を讚美したり、世の道徳に對して單純な不信や懷疑の念を表明したりしているのを見ると、これは辯論術の職業教師であり、またはあろうとして、師ゴルギアスの文體を模倣し、語句の選擇や配列に人一倍腐心している歴史上のポロスの意見であると考えるよりも、むしろもっと一般的に、前五世紀末の戰爭と革命の時代に生れて、良風美俗はすたれ、道義の頽廢した世相のなかで成長した、若い世代一般に共通の考え方であり、ポロスはただ、このような時代の風潮を無批判、無反省に受け入れている若者たちの代辯者として、利用されているにすぎないのではないかと想像されるのである。

それでは、問題の人物カルリクレスはどうなのであろうか。先ほども言われたように、彼については、その歴史上の正確なことは分らないわけであるけれども、彼が少なくとも實在實名の人物であったということだけは、間違いないとみてよいであろう。しかし、彼の實際の人となりや考え方は、プラトンがこの作品で述べている通りのものであったのではおそらくなく、むしろプラトンは、この人物像にも多くの潤色を加え、これを當時のきわめて現實的で、利己的な政治家の一つの極端なタイプにまで、仕上げているのではないかと推測されるのである。そして彼の說く「ピュシスとノモス」論にしても、またそれにもとづいてなされる「自然の正義」論さえも、彼の獨創的な思想ではなくて、ソフィストたちによって主張されていた當時流行の考え方を、[1]彼に受賣りさせているだけであろうし、また哲學に對する彼のはげしい批判も、それと類似のものが他の對話篇にもしばしば語られているところからみて、[2]當時世間一般に行われていた哲學に對する非難を、彼の口を通して述べさせているだけであろう、と思われるのである。

それ故にまた、このカルリクレスなる人物は、時代の思想傾向が血肉化して生れた、たんなる想像上の人物であるという、架空人物說が主張されることにもなるわけであるが、しかしこの點についてはむしろ、實在のカルリクレスに時代の思潮を代辯させているのだと考える方が、より自然な解釋ではあるまいか。他方また、カルリクレス假名說を採る人たちは、ここに描かれているカルリクレスの言動のなかに、たとえば、アルキビアデスとか、クリチアスとか、あるいはその他の當時の新進政治家たちの誰かを彷彿させるものがあるから、カルリクレスの假面の下に、誰かそれらの人物の一人がかくされているのだと想像し、カルリクレスというのはたんなる假名にすぎないと主張するわけだけれども、しかしこの點もそんな風に考えなくても、それらの人物たちから多くのものが借りられて、實在のカルリクレス像の上に、外から加えられているのだと考えることもできるであろう。これを要するに、彼の相手役であるソクラテスが、すでに言われたように、歷史上のソクラテス像をはみ出して、プラトンの心の中で次第に成長し、新しい變貌をとげてきたところの、いわゆる「プラトンのソクラテス」であり、それはある程度までは、プラトン自身の姿でもあったと見ることができるなら、これに敵對するカルリクレスとは、プラトン自身が、自分の周圍の世界において、あるいはまた自分の心の内部においてさえも、これに抵抗し、これと戰い、そしてこれを克服しなければならなかったような、そういう現實政治家の一つの典型的な像として、描かれているのではないかと思われるのである。(3)

(1) 四八二E4の「研究用註」を參照。
(2) 四八四C4の「研究用註」を參照。
(3) 登場人物が「歴史上の人物の個性的な枠を越えて、いろいろな思想傾向や人生觀の典型的な代表者」とされていることは、すでにネストレ(pp. 17—19)が指摘しているところである。すなわちゴルギアスは、歴史上實際の人物であるよりも、むしろ「辯論家そのもの」になっており、またカルリクレスはゴルギアス以上に「一つの世界觀の典型的な代表者」とされている、と彼は言う。ただしポロスだけは例外で、「事實に密着して」描かれているとしているが、しかしポロスだけを特に例外と考えなければならぬ理由はないと思う。
なお特にカルリクレスに關しては、「プラトンのなかに一つの可能性としてあったもの、そしてもしソクラテスがいなかったならば、プラトンはおそらくそうなったであろうようなもの—實現されなかったプラトンを、このカルリクレスは代表していると人は信じたくなる」とドッヅ(p. 14)は言うのであるが、それならば、レンシイ(G. Rensi, *Frammenti d'una filosofia ecc.*, Modena, 1937, pp. 35—7)が言うように、「この『ゴルギアス』におけるソクラテス對カルリクレスの爭いは、二人の別々の人間の間における爭いではなくて、一つの精神のなかのそれであり、すなわち、カルリクレスとソクラテスは、同一の知性のなかの二つの傾向もしくは見解である」という風に考えることも可能となるであろう。

ところで、以上述べられたような全篇の統一的解釋や、登場人物についての説明が、もし認められるとすれば、それにもとづいてわれわれは、プラトンがこの對話篇を執筆するにいたった根本の動機や意圖を推測することができるかもしれない。すなわち、プラトンはこの作品において、たんにその時代一般の「思潮」とソクラテスの「思想」との對立を、外から客觀的に眺めて、これを冷静な眼で記述しているだけではなく、この作品にはむしろ、プラトン自身の個人的な生き方の問題が採り上げられており、そしてそこで演じられているのは、ある意味では、彼の内面の世界でのドラマでもあったのではないか、ということである。というのは、實際の政治家として直接に國家公共のために働くか、それとも、知を愛し求める哲學の道に進むかという、あのカルリクレスに對するソクラテスの問いは、まさにプラトンが自分自身に對して訊ねなければならなかったものであり、そして、カルリクレスとソクラテスとの間における政治と哲學の對決は、實は、プラトン自身の心の内部で行われた戰いでもあったと思われるからである。

その意味では、われわれはこの作品を、プロヂコスの『青年ヘラクレスの選擇』(1)になぞらえて、『青年プラトンの選擇』として考えてみることができるかもしれない。つまり、「人生いかに生くべきか」を思い迷っているプラトンの前に、辯論家のゴルギアスやポロス、そして現實政治家のカルリクレスがつぎつぎに姿を現わす。彼らはそれぞれ、辯論術の能力を誇示し、その效用を讃美し、そしてその術を修めて政治活動に入るようにプラトンに勸める。それは「短かくて易しい道」であり、その道を進む者には、權力や榮光や富などの一切が約束され、また樂しい快樂の生活が待っていると説く。ところがそこに、もう一人の人物ソクラテスが現われて、彼らの言い分を一つ一つ吟味しながら、辯論術の本性をあばき、それが卑しい迎合の術にすぎないことを明らかにし、そして眞の政治家の任務は何であるかを示す。また權力も名聲も財貨も、結局は、それらを所有する人自身の精神がすぐれているのでなければ、何の役にも立たないことを教える。さらに彼らのすすめる快樂の生活がいかに惨めなものであるかを示して、魂の秩序や調和を破壞する放埒な生活よりも、正義と節制を中心とする德の生活を送るように勸める。それはたしかに「長くて険しい道」であるだろうけれども、この道を行く者にのみ眞の幸福は約束されるとソクラテスは言うのである。

すると、これを聞いて前者の人たちは、ソクラテスの言うことは世の現實を全く無視した空論であり、彼の言う通りにしたのでは、人々から不正や侮辱を加えられても、これに報復することもできないだろうし、また、無實の罪で法廷へ連れ出されたとしても、身を守る手だてを知らないから、ついには死刑にされてしまうかもしれないぞと、警告するのである。しかしこれに對してソクラテスは、不正を行うことに比べれば、不正を受ける方がまだしもましであること、また不正を行いながら裁きを受けないのは、不幸のなかでも最大のものであることを明らかにし、さらに、人間の心すべきことは、どれほどの時間を生きながらえるかということではなくて、どうしたらよく生きることができるかということであり、そして、人が立派ですぐれた人間になっておれば、それが自分自身を守るための最上の方策であって、立派なよい人間が害されるということは本來ありえないのだ、ということなどを證明してみせるのである。……

兩者の間で交わされるこのような言い争い(アゴーン)は、一方では現實の政治の道へ惹かれながらも、他方では同時にソクラテスの言行を反省しつつ、プラトンが自分自身と交わした心の對話であり、彼の自問自答であったと見ることもできるであろう。そしてかなり長い期間にわたるこのような内面の戦いの後で、プラトンはついに、年少の頃から抱きつづけてきた政治への志を斷ち、ソクラテスの教導に従って、哲學の生活の方へ踏みきることになったと思われるのであるが、この作品は、彼のそのような政治から哲學への轉向を宣言した、いわば一種の轉向聲明書であったとも考えられるであろう。

周知のように、彼は晩年、『第七書簡』(三二四C—三二六B)のなかで、若き日のことを回顧しながら、彼が政治から哲學へ轉向するに至った事情を、率直に語っている。そしてそこでは主として、四〇四年の三十人政權の行動と、三九九年のソクラテスの處刑という二つの事件を中心にして、それらの體驗が彼に現實政治に對する失望を味わせ、國家公共の仕事に直接携わりたいという彼の希望も、結局は斷念せざるを得なくなった經過が綴られているのである。しかし、彼にその轉向を促したものは、そのような外的な事件だけではなかったであろう。ソクラテスの生存中の行動や教えも、彼の考え方に大きな影響をあたえ、それが彼を積極的に哲學の生活の方へ誘う原因になったとも考えられるからである。そしてその點については、たとえば、『饗宴』の後半に語られているアルキビアデスのソクラテス讃美演説から、われわれはある程度の想像をすることができるかもしれない。すなわち、その演説のなかでアルキビアデスは、ソクラテスとの交際から受けた精神的感化がいかに强烈深刻なものであったかを告白し、そして「自分にはまだ缺けるところが多いくせに、その自分のことは放っておいて、アテナイのことを行おうとしているのだ」(二一六A)ということを、ソクラテスによって否應なしに認めさせられたことを語っているのである。なおこの點については、『アルキビアデス第一』にも、無教養のままで國事にたずさわろうとしているアルキビアデスの思い上りが、ソクラテスによって徹底的に叩かれているのを、(2)われわれは見るであろう。ところで、これらの作品に語られているアルキビアデスの體驗は、ある意味ではまたプラトン自身の體驗でもあったと考えて差支えないであろう。ただアルキビアデスはソクラテスに背いて、彼のもとから立ち去ってしまったけれども、プラトンは忠實に師のもとに留まったのである。

けれども、それらの他のどの作品からよりも、われわれはこの『ゴルギアス』から、プラトンが哲學の道を選んだことについての、彼の本當の辯明を聞くことができるのではないだろうか。つまり彼はこの作品のなかで、ソクラテスの生き方や考え方を、現實政治家のそれとするどく對置させながら、これをもう一度再檢討して、そしてその正しさを確認し、その眞理を證明することによって、あらためてソクラテスのために辯明を行っているのであるが、それは同時にまた、ソクラテスの生き方を選んだ自分自身のための辯明でもあったと考えられるからである。したがってその意味では、この作品は、表向きには、いわば第二の「ソクラテスの辯明」という形にはなっているけれども、しかしそれと同時に、あるいはそれ以上に、これは「プラトンの辯明[3]」でもあったと言うべきであろうと思われる。

（1） Xen. *Mem.* II. 1. 21—33.
（2） プラトンの兄グラウコンが、ここのアルキビアデスと同じような目にあわされているのを、われわれはクセノポンの『思い出』三卷六節の中に見ることができる。
（3） この言葉は、シュライエルマッヘル（Einl. p. 15, 3. Aufl.）以來、トンプソン（p. xvii）、ネストレ（p. 24）、ラム（p. 256）、ドッヅ（p 31）など多くの學者によって使われている。

ところで、政治生活を斷念したことにたいするこの「プラトンの辯明」が、反面ではまた、現實政治にたいするはげしい攻撃ともなっていることは、もとより當然であろう。プラトンが祖國アテナイの社會や政治のあり方に直接言及して、これに鋭い批判を加えているのは、數多くの對話篇のなかでも、この『ゴルギアス』以外にはほとんど見られないことなのである。ことにこの作品では、前五世紀の偉大な政治指導者たち、アテナイの自由と獨立を守るために戰ったミルティアデスやテミストクレスに對して、またアテナイをギリシア世界のいわゆる「帝國」にまで仕上げたキモンやペリクレスに對して、彼らはすべて政治家としては落第であり、無能であったという手きびしい批判が下されているのであるが、この作品と前後して書かれたと思われる他の對話篇では[1]、彼らがすぐれた政治家であったことは一應認められているだけに、この作品のもつ批判のきびしさには、一層注目すべきものがあるのである。それはつまりこの作品が、それが書かれた當時のアテナイの現狀にたいする、プラトンの直接の抗議と警告の書物でもあったからではないだろうか。

敗戰後のアテナイは、再建された民主政治がその十年目の誕生を祝う頃までには、つまり前三九〇年代の半ばすぎ頃までには、敗戰による痛手をほとんど回復していた。そして戰後新たに生じたスパルタとペルシアとの敵對關係のなかにあって、アテナイはペルシアの援助を仰ぎながら、ギリシア諸國家の間で再び强國の地位に返り咲いていた。ことに第二のテミストクレスと呼ばれたコノンの指導によって、敗戰の日にスパルタ軍の笛の音に合せて破壞された、アテナイとペイライエウスを結ぶあの長い城壁は再建され、またペイライエウス港の要塞化もなしとげられ、そして新しい艦隊もつくられて、人々はかつてのアテナイ帝國の再現を夢みるほどにもなっていたのである。しかしながら、このような戰後の祖國の歩みは、果して正しい方向へ向って進んでいるのであろうか。いな、それはかつてと同じ道を歩み、同じ過ちをくり返そうとしているだけではないだろうか。祖國の前途にたいするこのような憂慮と不安が、プラトンの目を過去に向けさせ、アテナイの黃金時代と呼ばれた前五世紀の社會や政治のあり方を、根本的に反省することを彼に强いたのであろう。そしてその反省から、アテナイ帝國を作りあげ、指導してきたところの政治家たちに對する、あのきびしい批判は生れたのであろうが、その批判はまた、彼が目の前に見ている祖國の現狀や、それを指導している現實の政治家たちに對しての、歷史の教訓として語られているように思われるのである。

ところでその批判の內容は、一言でいえば、ソクラテスが法廷(『辯明』三六C)で語っていたことに歸着すると言えるであろう。すなわちそれは、彼ら五世紀の政治家たちが、ものごとの本末輕重を見誤り、國家社會そのものよりも、たんにそれに附屬するだけのものの方を優先して、その方にばかり氣を使っていた、ということなのである。つまり彼らは、海外に領土を擴大したり、植民都市を建設したり、あるいは船渠や軍船や城壁などで國內を充たしたりすることにのみ意を用いて、國家社會のうちに道義を確立し、國民ひとりひとりを立派なすぐれた人間にするという、政治家本來の任務を忘れていた、ということなのである。しかし、たとえば、ひとの身體の場合でも、眞の健康がどういうものであるかを知らずに、何でも欲望の命ずる通りにしながら、ただむやみやたらにご馳走をつめこんで、その身體を肥らせれば、それが果してその身體のためになることであろうか。いな、そのような節度を缺いた飽食は、いつかは必ず病氣をおこし、その結果は、その人が以前から持っていた肉づきまでも、その上に失わせてしまうのが落ちであろう。あの政治家たちが國家のためになしていたことも、これと同じようなことであったと言えるであろう。つまり彼らは、本當の政治家、國家の醫者だったのではなく、たんなる料理人や給仕人にすぎなかったのである。むろん、國家の料理人や給仕人としてなら、彼らは國民の欲望を充分に滿足させることができたし、その點ではたしかに、戰後の政治家などが足もとにも寄れないほどの、すぐれた才能と手腕の持主であった。そして前五世紀のアテナイは、彼らの奉仕と努力によって膨脹發展し、ギリシア最大の富强の國となった。けれども、それは見かけの繁榮にすぎなかったのであり、社會の內實は膿み腐っていたために、結局祖國は、四〇四年の敗戰の憂き目をみなければならなかったのである。それならば、敗戰の眞の責任者は彼らであり、それに比べれば、アルキビアデスなどの責任は、ほんの副次的なものにすぎぬと言わねばならないであろう。

にもかかわらず、その近い過去のにがい經驗はすっかり忘れられて、いま再び政治家たちは、軍備の擴張に狂奔し、國民もまたそれによって國家の榮光はかえり來るものと思っているかのようである。しかしこれでは、祖國はかつてと同じ轍を踏むことになりはしないであろうか。プラトンは、このような祖國の現狀を默視できなかったにちがいない。その憂慮と不安が、一つの歴史の教訓として、この對話篇におけるペリクレスたちに對する批判を、ある意味では不當と思われるぐらいに、はげしいものにしたのではないかと想像されるのである。むろんプラトンの批判は、現實の政治家たちの行動だけに向けられているのではない。およそ國家國民の善を考慮しないで、ひたすら大衆におもねり、ただ快樂の提供だけを目的にしているような、音樂家や劇作家などのいわゆる文化人の活動全體も、きびしく非難されているのである。そしてこれと對照的に、國民ひとりひとりの魂ができるだけすぐれたものとなるように配慮したソクラテスこそ、本當の意味で國家社會のために働いた人であり、彼だけが一人その時代では眞の政治家であったと斷言されることになるのである。この逆說の眞意については、後にあらためて考察するとしても、とにかくプラトンは、ソクラテスの哲學のなかに祖國再建の原理を見出したのであろう。そしてその原理にもとづいて、いわば一箇の娛樂社會に墮していた當時のアテナイを根柢から建て直すべきことの急務を、彼はこの作品のなかで說いているようにみえるのである。

(1) cf. *Prot.* 319 E sqq., *Meno* 93 C sqq., *Alcib.* I. 118 C.

ところで、本書の執筆意圖についての以上の推測に、もし大きな誤りがないとすれば、われわれはこれにもとづいて、この作品が書かれたおおよその時期を推定することができるであろう。しかしこの點については幸いにして、他のいろいろな觀點からも檢討された結果、古くから大方の學者の意見はほぼ一致しているように見えるので、ここでは簡單にその結論だけを述べるに止めておこう。すなわち、プラトンの全作品を彼の生涯のそれぞれの時期に應じて、大まかに初期と中期と後期の三つの群に分けるとき、この『ゴルギアス』が初期作品群にぞくし、しかもそのなかでも比較的あとの方に位置するものであることは、今日では大體承認されていると言ってよいであろう。(1) ただ、その絶對年代に關しては、これをはっきり決めるべき客観的證據がないから、學者の主觀によって、それぞれその推定された年代の間には、多少の開きがあるけれども、われわれは一應、前三九〇年頃、プラトンが最初のシシリイ島旅行へ出かける前、つまり彼の三十代の終り頃に、この作品は書かれたものと考えておきたい。(2)

しかしわれわれはもう一度始めにかえって、この對話篇で取扱われている辯論術とは何であるか、ということから考え直してみることにしよう。

(1) **相對年代**——前世紀後半以來の、いわゆる「文體統計學」による研究成果は、ほぼ一致してこの結論を支持している。リッター (*op. cit.* I. pp. 254—55)、ロス (D. Ross, *Plato's Theory of Ideas*, p. 2)、田中、藤澤譯『パイドロス』序說一〇—一一頁などに揭載されている、プラトンの著作の順序に關する諸家の說の一覽表を參照。
しかし、それ以前から行われていた、對話篇の內容を相互に比較檢討して、プラトンの思想の變遷や發展を調べ、それによって著作の順序を決定する方法によっても、(それはたしかに恣意的なやり方にはちがいないけれども)、この『ゴルギアス』に關するかぎりは、一、二の例外を除いて、ほとんどすべての學者が、文體硏究から得られたのとほぼ同じ結論に達しているのは注目してよい。cf. Ritter, *op. cit.* pp. 230—31.
なお、この作品がソクラテスの生前に書かれたとする人は、今日ではもはやないようだけれども、しかしソクラテスの處刑直後に書かれたとする說は、まだいくらか行われている (cf. e. g. Lodge, Introd. p. 32; Taylor, *op. cit.* p. 103; Max Wundt, *Zeitschrift für philosoph. Forschung* IV, 1949, pp. 29 sqq.)。なるほど、この作品の內容や調子には、『辯明』や『クリトン』に類似したものがあり、そして特に終りの方で、アテナイの政治家たちがきびしく批判された後で、それがソクラテスの死の豫言と結びつけられていることは、この作品がソクラテス處刑直後のプラトンの憤りと怒りによって書かれたとも推測させるが、しかしすでに本文の中で言われたように、この作品に現われるソクラテスは、他のいわゆる「ソクラテス的對話篇」に現われる彼と異なること、またその思想内容にもプラトンの後の考え方を示すものが多く含まれていることなどから判斷して、この作品が決して初期作品群のはじめの方に位置するものでないことは明らかであると思われる。この點については、ドッヅ(pp. 18—22)が、いまあげたような一般的理由のほかに、この對話篇の内容を他の初期對話篇の一つ一つ、つまり『辯明』、『クリトン』、『プロタゴラス』、『大ヒッピアス』、『エウチュプロン』、『ラケス』の内容と比較檢討して、これらの作品よりも『ゴルギアス』の方が後に書かれたものであることを論證しているが、それは大體そのまま認められてよいだろうと思われる。同様に、『カルミデス』も、この作品より前に書かれたものとしてよいだろう。ただ、『エウチュデモス』もそうであったかどうかは、まだ檢討の餘地があるように思われる。

なお、この作品の文體は未熟であり、冗漫でだらだらしているから、これは「徒弟時代」の作品であるというテイラー(p. 103)の批評が、充分な理解を示すものでないことも、ドッヅ(p. 5)の指摘している通りであろう。
(2) **絶對年代**——この作品の執筆年代を、プラトンが最初にシシリイ島旅行へ出かけた年代の近くにおくことは、今日では大體承認されているけれども、しかしその年代を正確に何年であるという風に限定することができないのは勿論、それを旅行の前におくか、後におくかということさえも、はっきりとは決めがたいように思われる。トンプソン(Introd. pp. xvi sqq.)が指摘したように、この作品に述べられているプラトンの政治觀には、『第七書簡』で語られている「政治と哲學の一致」という考え方を暗示するものがあり、そしてそれはプラトンがシシリイ島旅行へ出發する前、彼の「ほぼ四十歳の頃」に到達した考え方であったとすれば(cf. *Epist.* VII. 326 B)、この作品はその旅行前に書かれたものと一應は推測できるであろう(トンプソンは前三九五年頃(p. xiv)、あるいは三九五—八九年頃(p. xx)とする)。しかし他方、この作品のあちらこちらに散見される、その旅行の影響と見られるべきもの——たとえば、シケリア方言の使用(四五〇B九)、エピカルモスの詩句の引用(五〇五E)、ディオニュシオス一世のポートレイトと見られるような記述(五〇九C—五一一A)、ミタイコスの書物「シケリア料理法」への言及(五一八B六)、その他ピュタゴラス學派の思想(五〇七E—五〇八A)や寓話(四九二D—四九三D)の紹介など——を證據にして、この作品は旅行後に書かれたと見る人たちもかなりある(たとえばネストレ(p. 23)は前三八五年頃とする。cf. Frank. *Platon und die sogenannten Pythagoreer*, p. 90; Stenzel, *Platon der Erzieher*, p. 92; Geff-

cken, *Hermes*, lxv, 1930, pp. 14 sqq. etc.)。しかし、これらの事柄は必ずしも旅行の影響によるものと見なくてもよいのではないかと思われる。cf. G. C. Field, *Plato and his contemporaries*, p. 74.
なお、『第七書簡』以外にも、プラトンと同時代の他のいろいろな人々の書物と關聯づけて、この作品の執筆年代を推定する試みが行われている。そしてそのなかでも特に、よく問題にされるのは、ソクラテスの死後數年經って、ポリュクラテスという辯論家が公けにしたパンフレットとの關係である。これはアニュトスの口を通して語らせたソクラテスに對する一種の「告發狀」の形式になっていたと言われるが(cf. Isoc., *Busiris*, 4)、現存しないので、その正確な内容は分らない。けれども、クセノポンの『思い出』(一、二、九以下)や、また後四世紀のローマの辯論家リバニウスの『ソクラテスの辯明』などによって、その大體の內容は推測されている(cf. A. H. Chroust, *Socrates, Man and Myth*, ch. 4)。ところで、特にゲールケ(Gercke, Einl. zur Ausgabe des Gorgias xliii—L)によって、『ゴルギアス』はこのパンフレットに對する應酬として書かれたものである、ということが主張されてより、このパンフレットの年代を基準にして、『ゴルギアス』の年代を推定することが、主としてドイツの學者によって廣く行われるようになった。すなわち、そのパンフレットには、例のコノンによる「長壁」の再建(前三九四—一年)に言及した箇所があるから(cf. Diog. Laert. II. 39)、そのパンフレットが公けにされた年代は、少なくとも前三九四年以降、おそらく前三九三年から三九〇年頃までのものと見て、『ゴルギアス』はそれ以後の作品とするわけである(鹿野氏もその譯書『ゴルギアース』の「解說」二〇頁で、結論として、その年代を前三八九年か三八八年頃と見ておられる)。しかし、このような推理の前提となるゲールケの解釋には、いろいろと難點があることをポーレンツ(pp. 164—7)は指摘して(cf. Dodds, pp. 28—29)、逆に、『ゴルギアス』の方が先に書かれていて、それがポリュクラテスの攻擊を招いたのだという風に解釋し、前者の年代を前三九四年頃、後者のそれを前三九三—二年頃と推定している。同樣にまた、ヴィラモーヴィッツ(II. pp. 95—105)も、本文四八四Bにあるピンダロスの詩句の誤った引用ということを手がかりにして、『ゴルギアス』を前三九四—九〇年頃の作、ポリュクラテスのパンフレットは前三八八年頃の作と考えている。たしかに、この兩者の間には何らかの關係があったかもしれないが、どちらを先、どちらを後と決めることは、解釋者の主觀によるところが多く、これだけからは確實な結論は生れないように思われる。

さらに、このパンフレット以外にも、イソクラテスの『ソフィスト駁論』や『ヘレネ』、あるいはアンチステネスの『アルケラオス』やアイスキネスの『アルキビアデス』なども採りあげられて、これらの作品と『ゴルギアス』との關係がいろいろ論議されているけれども、しかしそこからも何ら確實な結論は得られないようである。

なお、ドッヅ(pp. 24 sqq.)は、『メネクセノス』を『ゴルギアス』の附錄であるという風に假定して(つまり、ちょうど悲劇の三部作につけ加えられたサテュロス劇のようなものと考えて)、『メネクセノス』が前三八六年以前のものではありえぬということから(三八七年の「大王の和約」への言及がある)、『ゴルギアス』の年代は前三八七—五年頃であるという提案をしているが、しかしこれも結局は、一つの假定にもとづいた推定と言うよりほかはないであろう。

四

のちにアリストテレスは、『レトリカ』第一巻第三章のはじめにおいて、辯論術の應用分野を次の三つに大別している。すなわちその一つは、議會用(または政治用)のものであり、一つは、法廷用のものであり、いま一つは、辯論家が自分の辯論能力を人々に誇示してみせるためだけのもの、つまり演技用(エピデイクティコン)とでも名づくべきものである。[1] 彼はこの分類をなすにあたって、その根據をまず、辯論の聞き手、つまり聽衆の種類においている。というのは、およそ辯論は基本的には、話し手と、話の内容と、そして聞き手の三つの要素から成り立つのであるが、辯論の性格を決定するのは、結局、聞き手であると考えられるからである。なぜなら、話し手が誰であるかということが、辯論の性格を決定するのではなく、また話の内容も、そのときの話の聞き手がいかなる種類の人間であるか、ということに依存すると思われるからである。そこで殘るところは、聞き手ということになるのであるが、もしその聞き手が、辯論のたんなる觀覽者あるいは見物人(テオーロス)であるときは、その辯論は第三の演技用のものとなるし、これに反してその聞き手が、何らかの意味で辯論の判定者あるいは裁き人(クリテース)であれば、そしてその裁くのが將來起ることに關する場合であれば、その辯論は第一の議會用(あるいは政治用)のものであり、また過去に起った事柄に關する場合であれば、それは第二の法廷用のものである、とアリストテレスは言うのである。とはいってもしかし、このように主として聞き手の種類ということだけで辯論の性格がすべて決定されるというのも、あるいは言いすぎかもしれないから、アリストテレスも次に、これら三種類の辯論の相互の差異を論ずるにあたっては、その聞き手の種類ということに加えて、さらになお、それぞれの場合の話し方の基本的な特徴と、話題の關係する時間と、そして辯論の意圖や目的という、三つの觀點をも加えながら、要約すれば、大體次のように説明している。すなわち、話し手が、政務審議會や民會などにおいて、あるいはまた私的な會合においてでも、そこに集っている市民たちを前にしながら、將來の問題について、あることのなされるべきか否かを、その善惡、つまり利害禍福を主眼におきながら、これをなすように勸告したり、またはなさないように阻止したりするのが、第一にあげられた政治辯論なのである。次に、話し手が、過去になされた行爲に關して、裁判官たちを前にしながら、その行爲の正邪、つまり理非曲直を問題にして、相手側を攻撃したり、または自分自身や味方の者を辯護したりするのが、第二の法廷辯論である。これらに對して、第三の演技用辯論とは、話し手が、將來のことの利害にも、また過去の行爲の正邪にも直接の關心を抱くことなく、どちらかといえば、主として現在の事柄に關して、その美醜、つまりそれが立派であるか、下らないことであるかという點に着目しながら、たんなる見物人もしくは觀覽者を前にして、賞讃したり、または非難したりするところのものだと言われている。

(1) *Rhet.* 1. 3. 1358 b 7—8 *τρία γένη τῶν λόγων τῶν ῥητορικῶν, συμβουλευτικόν, δικανικόν, ἐπιδεικτικόν.*——第一の種類の

ものをここでは「議會用」ないしは「政治用」と譯したが、本來なら、もっと廣く「勸告用」とでも譯すのが正しいであろう。この種の辯論が、たんに公共の場合だけではなく、私的に行われる場合も、アリストテレスは含めて考えているからである(b9 *οἱ ἰδίᾳ συμβουλεύοντες καὶ οἱ κοινῇ δημηγοροῦντες*)。ただアリストテレスも、そのすぐ前では、國民議會で行われる場合を例にあげているし(b4 *οἷον ἐκκλησιαστής*)、そしてそれがこの種の辯論のなかでは最も重要なものと思われるので、上述の譯語を採用した。また第三の種類のものは、普通「儀式用」という風に譯されており、そしてそれはたしかに冠婚葬祭の折に行われる挨拶や演説などを含むものであるけれども、ここでは原語の持つもとの意味を生かして、「演技用」と譯しておいた。*ἐπίδειξις* の語が、ソフィストや辯論家たちが自分たちの能力や技倆を示すために行った辯論について、術語的に用いられていたことについては、四四七A6の「研究用註」を參照。

これら三種類の辯論について、これをゴルギアスの場合にあてはめながら、それぞれ具體的な例をあげて、もう少し説明を加えてみよう。われわれが第一章のはじめに見てきたような、外交使節としてアテナイにやって來たゴルギアスが、民會の場で行った辯論は、すでに言われたように、それの正確な内容は明らかでないけれども、またその内容よりもむしろ演説ぶりの方が、人々の注目を惹いたようであったけれども、それは本質的には、第一にあげた政治辯論の部類にぞくするものであることは、論を俟たないであろう。また、現存する彼の作品の中には、オリュンピアの祭禮の折りに行われた彼の演説の斷片(七、八)が含まれているが、もしこの演説が、ピロストラトスの傳えるように[1]、ギリシア諸國民の間の和平を説いて、一致團結して仇敵ペルシアにあたるべきことを勸めたものであったとすれば、これも政治辯論の中に入れて考えてよいかもしれない。

（1） Philostratus, *op. cit.* I. 9. 5(=Diels, A 1).

次に、第二の法廷辯論であるが、これこそ實は、辯論術がそこから生れた母胎であり、また後の時代までそれが辯論術の用いられた主要な領域だったのである。第一章でもちょっと觸れられたように、辯論術の起源はシシリイ島にあったのであるが、それはこの地の人たちが多年にわたる獨裁制を倒して、民主政體をうち樹てたときに(前四六〇年代、シュラクサイをはじめ諸都市において)、それまで久しく沒收されていた個人の財産の回復をめぐって、法廷上の爭いが多くなり、それには辯論の特別な考慮が必要とされたところから、そのための細かい技術上の工夫が發展して、それはすでにゴルギアスが世に出る頃までには、一箇の整備された體系にまで仕上げられていた。そしてその辯論術の創始者としては、シュラクサイの人コラクスやテイシアスの名があげられており、彼らはすでに『技術』とか『言論の技術』とかいう名を冠した、法廷辯論用の一種の教科書を著していたと傳えられているのである。(1) そしてそれ以來、後の時代まで、辯論家として名の通った人たちのほとんどすべてが、多かれ少なかれ、この種の法廷辯論家として身を立てながら、あるいはいろいろなケースを想定して、これに應ずる假想の辯論をつくり、これを法廷辯論の手本として書物のなかで示したり、あるいはまた實際に、裁判に臨む當事者に代って、法廷辯論の代作を請負ったりしていたのである。後にも述べるように、歴史上のゴルギアスは、この種の法廷辯論に對しては、あまり好意を寄せてはいなかったように思われるけれども、しかしこの對話篇においては、自分の職業が辯論術の教師であることを認めたのちに、ソクラテスがさらに質問して、辯論術の用いる言論の對象となるものは何かと訊ねると、これに對してゴルギアスは最初、それが正邪に關するものであるとだけ答えている(四五四E—四五五A)のは注目してよいだろう。むろんその後(四五五B以下)では、ソクラテスの巧みな誘導尋問によって、ゴルギアスは辯論術の用いられる分野を擴大して、われわれが第一の種類としてあげたような、廣く政治的な分野全體をも含むものとするのだけれども、少なくともその最初においては、ゴルギアスも法廷辯論を辯論術の用いられる本來の領域として考えていたことは、明らかであるように見える。
（1） Cicero, *Brutus* 46. なお、この點については、田中、藤澤譯『パイドロス』序説一七頁の註（2）を參照。

さらにまた第三の種類のものとしては、この『ゴルギアス』の對話が行われる直前にも、ゴルギアスはすでに一席、この種の見事な辯論を披露してみせたことが暗示されているのであるが、同じくゴルギアスについて他の例を探してみるなら、たとえば、彼の『ヘレネ讃』（斷片一一）は、この種の演技用辯論の見本として考えることが許されるであろう。それは周知のように、パリスに誘惑されてトロイアに奔り、トロイア十年の戰爭の原因を作ったところの美女として、古來しばしばその不貞を非難されてきたヘレネのために、ゴルギアスは一席辯じて、彼女が決して咎められるべきではないことを、あらゆる角度から證明してみせる議論なのであるが、それは彼自身も最後で言っているように（二一節）、一種の「戲れ」（パイグニオン）なのであって、それによってゴルギアスは、自分の辯論の力量を人々に誇示してみせようとしたにすぎなかったであろう。

ところで、この種の演技用辯論は普通、公開の席で多數の聽衆を前にしながら、辯論家が一人で行う長廣舌（マクロロギア）なのであるが、これに反して私的な會合とか、宴席の談論などで、一人對一人の一問一答の形で、短い話し方（ミクロロギア）を用いながら、言論の勝負を争ったところの、かの問答競技と呼ばれるようなものも、[1] ある意味では、この種の演技用辯論の部類に含めてよいのかもしれない。ゴルギアスが果してどの程度まで、このような短い話し方による一問一答の能力に秀でていたかは、怪しいように思われるけれども、そして彼の弟子ポロスにいたっては、その點では全く無能であることが暴露されている（四四八D）のだけれども、しかしゴルギアス自身に言わせるなら、彼は長い話も短い話も、どちらも自由自在にできることを自慢していたし（四四九C）、そして何なりとひとの好きなこと

を質問するがよい、どんなことにでも自分は答えてみせると豪語していた(四四七C)のである。(2)

（1） その好個の實例を、われわれは『エウチュデモス』のなかに豐富に見ることができる。
（2） 四四七C5の「研究用註」を參照。

以上、ゴルギアスの場合だけにかぎって、それぞれ簡單な實例をあげながら、アリストテレスが述べている辯論術の三つの應用分野について説明してきたのであるが、これはまことに要を得ていて、便利な分類であるから、後の時代にはこれが定説となり、次第に公式化されるに至ったのである。しかしながら、他の事柄についてもそうだけれども、この分類に關しても、これをアリストテレス一人の獨創に歸するのは當らないように思われる。というのは、すでにプラトンは『パイドロス』(二六一A—D)のなかで、例の「辯論術とは言論による魂の一種の誘導である」ということを述べた後で、そのことはたんに法廷とか、その他公けの集會における場合にかぎられるのではなく、私的な會合における場合も含まれるし、また扱われる事柄の大小輕重を問わないという意味のことを、對話人物のソクラテスに語らせているのであるが、問答相手のパイドロスがこれに異議をはさんで、辯論術の用いられるのは、主として裁判と、それから議會演説の場合だけにかぎられるのではないかと反問すると、これに對してソクラテスは、すでに見られたのと大體同じような、辯論術の用いられる三つの領域の區別を行っているからである。つまりその一つは、法廷で原告と被告とが正と不正に關して言い爭う場合であり、一つは議會の演説で國家社會の禍福利害(善惡)を問題とする場合であり、いま一つは、「エレアのパラメデス」が用いたような場合であるとされている。ところで、この最後にあげられている場合であるが、ここで「エレアのパラメデス」と言われているのは、エレア派のゼノンを指すことは疑いなく、そしてそのゼノンとは、周知のように、エレア派の論理を一つの學問的な方法として確立した人であって、その方法がのちに問答法(ディアレクティケー)として發展したわけであるから、これをさきの「私的な會合の場合」という言葉とも合せて考えるなら、この箇所で言われている辯論術の應用分野は、さきの分類では第三の演技用辯論、そのうちでも特にあとからつけ加えられた問答競技用のものを意味していると推測して、おそらく誤りではないと思われるのである。(1)

(1) 田中、藤澤譯『パイドロス』註解、二五七頁「パラメデス」の項目、および二五九頁「エレアのパラメデス」の項目を參照。

さて以上によってわれわれは、プラトンやアリストテレスの指示に從いながら、辯論術の應用分野を大きく三つに分けて、それぞれの大體の特色を見てきたわけであるが、いったい、歴史上のゴルギアスは、これらのうちのどの分野において最もすぐれていたのであろうか。むろん歴史上のゴルギアスに、このような分類が明確に意識されていたとするのは、問題があるだろうけれども、前一世紀の修辭學者、ハリカルナッソスのディオニュシオスによれば、ゴルギアスが行った辯論は、その大部分が演技用辯論であって、法廷辯論は一つもなく、また政治辯論にぞくするものもごく僅かであったと言われている。(1)なるほど、前に言われたように、彼が『オリュンピアで行った演説』は政治辯論と考えられるべきものかもしれないし、また『パラメデスの辯明』(一一a)も、その形式だけからみれば、ひとつの全く模範的な法廷辯論であると言うことができるかもしれない。しかしこれらの辯論も含めて、われわれに知られているかぎりの彼の辯論や演説は、(2)すべてみな本質的には、エピデイクティコス・ロゴスであったと考える方がより自然な解釋ではなかろうか。少なくとも、現存する斷片から判斷するかぎりでは、そこには純粋な政治辯論は見られないし、また法廷辯論に對しては、彼はきわめて低い評價しかあたえていなかったということも傳えられているからである。(3) このことはあるいは、彼の辯論家としての活動が、亡命生活のなかで行われたという事情にもとづくのかもしれない。あるいはまた、彼はシュラクサイ派の辯論家たち、つまりコラクスやテイシアスなどの法廷辯論を專門とする人たちの陣營にはぞくさないで、アクラガス出身の哲學者で、辯論術の祖とも言われている、(4) エンペドクレスの弟子であったということに起因することなのかもしれない。その理由は何であったにしろ、とにかく歴史上のゴルギアスは、演技用辯論の大家であり、つまり一般に認められているように、彼の本領は文章家、修辭家たるところにあったと考えられるのである。(5)

ところが、この對話篇に登場するゴルギアスは、いま言われたのとは全く反對に、むしろ政治辯論や法廷辯論を重視し、しかもその面のみを強調する人として描かれている。これは何を意味するのであろうか。それは前の章で言われたように、プラトンがこの對話篇を執筆した意圖にかかわりがあるように思われる。つまり、この『ゴルギアス』で取扱われている辯論術は、上手に話をしたり、見事な文章を書いたりするための、たんなる文章修辭の術として考えられているのではなく、それは最初からきわめて政治的な性格を持つものとして見られているということ、そして、そのような一種の政治の術となっている辯論術を批判するために、プラトンは斯界の第一人者ゴルギアスを舞臺に登場させながらも、その際、彼の歴史的な像には深く拘泥することなく、むしろ彼を時代の辯論家の一典型として描いているように見られる、ということなのである。

(1) Planud. ad Hermog. V 548 Walz (Diels B 6) *Διονύσιος ὁ πρεσβύτερος ἐν τῷ δευτέρῳ Περὶ χαρακτήρων περὶ Γοργίου λέγων τάδε φησιν. 'δικανικοῖς μὲν οὖν οὐ περιέτυχον αὐτοῦ λόγοις, δημηγορικοῖς δὲ ὀλίγοις καὶ τισι καὶ τέχναις, τοῖς δὲ πλείοσιν ἐπιδεικτικοῖς.'*

(2) 以上までにあげたもののほかには、『ものの非存在について』(斷片三) という論文や、『デルポイでの演説』(斷片九、内容は全く不明)、『エリスの人々を讃える演説』(斷片一〇)、『アテナイの戰歿勇士のための追悼演説』(斷片五、六) などがある。
(3) 彼は法廷辯論家を蛙に見たてて、「蛙は水の中で鳴くが、法廷辯論家は水時計に向ってわめく」(斷片三〇) と言ったということである。
(4) Diog. Laert. VIII. 57, IX. 25.
(5) ゴルギアスをたんなる辯論家、文章家とみないで、獨創的な哲學者、體系的な思想家にしようとする試みは、古くから行われているが、今日でもやはり、たとえばネストレ(W. Nestle, *Vom Mythos zum Logos*, pp. 306—332)やウンタースタイネル(M. Untersteiner. *The Sophists*(Eng. trans. by K. Freeman)ch. IV—IX)などの一部の學者によって試みられている。たしかに『メノン』(七六C)の中では、彼がエンペドクレスの自然哲學的な理論を知っていたことが暗示されているし、また彼の『ものの非存在について』という論文は、彼がエレア派の論理に通じていたことを證據だてている。しかしその論文の中に、彼の眞面目なニヒリズム思想を讀みとったり、また『ヘレネ讃』や『パラメデスの辯明』から、彼の認識論や存在論や形而上學その他の學問體系を再構成しようとするような試みは、やはり一つの行きすぎであろう。

さてそれはとにかくとして、辯論術の應用分野は、いま見られたように、大きく三つに分けられるのであるが、しかし辯論術そのものの機能は、そのいずれの分野においてであろうと、つねに同一であると考えなければならないであろう。さきの『パイドロス』におけるプラトンの言葉を借りれば、それは「言論による魂の一種の誘導」ということであった。またアリストテレスも、辯論術は、ほかの學問技術のように、何かそれ自體の特定の對象をもつのではなく、ほとんどすべての對象にかかわりながら、「それぞれの場合において、可能な説得の手だてを見てとる能力である」(『レトリカ』一巻二章)という風に規定している。むろん、これらの定義は、嚴密にいえば、こまかい區別をして考えなければならないであろうが、しかしその志向するところは、大體同じであると言えよう。つまり辯論術は、たとえそれがどのような分野において用いられるのであろうと、その本質は人を説得することにあるのであり、したがって辯論術とは、要するに、「説得の術」(ars persuasionis) であると言ってよいであろう。そしてこれがまさに、この『ゴルギアス』における辯論術の定義でもあったわけである。つまりこの對話篇ではまず、ゴルギアスは辯論家であり、そして人々を辯論の心得ある者にすることのできる人である、ということが明らかにされた後で、それではその辯論術とは何であるかが問われるのであるが、結局のところ、それは「説得をつくり出すもの (πειθοῦς δημιουργός) であって、その仕事の全部と、それの眼目とは、そのことに歸着するのだ」(四五三A)ということを、對話人物のソクラテスはゴルギアスに認めさせているのであり、そしてまたゴルギアスの方としても、辯論術には、聽衆の心に説得をもたらすこと以上の能力があるのではないということを、何の異議もなく受け入れているのである。事實、この「説得をつくり出すもの」という言い方は、この問答の後でもかなり意識的にくり返されていて、當時、これが辯論術の一般的な定義として廣く通用していたであろうことは、充分に想像されるのである。(1)

(1) 四五三A2の「研究用註」を參照。

かくして辯論術は説得の術であり、そしてひとはその術によって、「法廷においては陪審員たちを、政務審議會においてはその議員たちを、民會では民會に出席する人たちを、またその他、およそ市民の集會であるかぎりの、どんな集會においてでも、(言論によって)説得することができる」(四五二E)というのが、ゴルギアスの言い分だったのである。しかも彼によれば、まさにそうすることによって、ひとは「人生の最高最善のもの」(四五一D)を手に入れることができるとしたわけなのである。むろん、何を人生の最高最善のものと考えるかは、人それぞれによって異論のあることであり、ある人は健康がそれであると言い、他の人は富がそれであるという風に言うかもしれない。だから、これら健康や富をつくり出す専門家たち、つまり醫者や實業家などが、自分たちの技術こそ人生の最高最善のものを生み出すのだと、異議を申立てはしないかとソクラテスは訊ねるのであるが、これに對してゴルギアスは自信たっぷりに、辯論家は說得力をもつことで、それらの専門家たちを、あたかも奴隷のように自分の下に隷屬させて、彼らの作り出すものはすべて自分の用に供させることができるからだと答えている。すなわち辯論術は、「他のありとあらゆる技術の力を一手に收めて、自分のもとに從えているのだ」(四五六A)と彼は言うのである。そしてこれと同じようなことは、『ピレボス』のなかでも、「說得の技術は他のあらゆる技術よりもはるかにすぐれているのであって、それは强制によらないで、すべてのものを自發的に自分の下に隷屬させるからである」(五八A—B)ということが、ゴルギアスがつねに語っていた言葉として紹介されているのである。

以上要するに、この對話篇で取扱われている辯論術とは、ひとがそれによって自分の辯論能力を人々に誇示してみせるためだけの、演技用のものとして理解されているのではなく、つまり、それはたんなる「言論の技術」として、上手に話をしたり、見事な文章を書いたりするための、いわゆる雄辯の術や修辭の術の段階に止まるものではなく、むしろそれは、議會や法廷などにおける政治的用途を目ざしたものとして考えられているのだということ、したがってまた、よし辯論術の本質がそれらいずれの場合においても人びとを說得することにあるのだとしても、その目的はたんに、議論に勝って聽衆の拍手喝采を得るというような單純なものではなくて、むしろ、「自分自身のためには、人間としての自由を保つとともに、また同時に他人を、めいめい自分の國において支配する」(四五二D)ということがその目的になっているのだということ、この二點をわれわれは明らかにすることができたわけである。そしてゴルギアスの教える辯論術も、少なくともこの對話篇でみるかぎりは、まさに以上述べられたような一種の政治の術として世に受取られていたが故に、彼の講義は非常な人氣を博したのであり、また富裕で良家の子弟たちは先を爭って彼の門に出入りしたのであることを、われわれは知ることができたのである。

五

しかしながら、本來「言論の技術」にすぎない辯論術が、廣く政治の術として受取られるに至ったのには、當然その背後に、それを可能にするような政治の體制があったからにほかならない。その政治の體制とは、一言でいえば、古代ギリシアに獨特の民主政治だったのである。そこでわれわれは次に、アテナイの民主政治の實態について、ことにそれの支柱となった三つの基本的な政治制度、つまりそこにおいて辯論術の偉力は最も發揮されるとゴルギアスが語ったところの、政務審議會と國民議會と陪審法廷の三つの制度の組織や機能について、ごく簡單な粗描を試みながら、辯論術が政治の術となりえた所以を明らかにしてみたいと思う。

アテナイの民主政治の起源が、ソロンの立法(前五九四年)にあることは、周知の通りである。すべての市民は法の前に平等(イソノミア)であるという、民主政治の根本理念は、彼によってはじめてうち樹てられたし、またその理念を實現するための、上述の三つの政治制度も、彼の行った一連の政治改革のなかに、その萌芽を認めることができる。しかしアテナイにおいて民主政治が眞に確立したのは、それから約一世紀のちの、クレイステネスの改革(前五〇八年)によってであると言わねばならないであろう。そして彼の改革によって生れた諸制度は、ペルシア戰爭の試煉をへて、その後いくたびか部分的な修正を加えられながら、前五世紀の半ば、ペリクレスの時代に入って完成されるのであるが、しかし基本的な點においては、彼のつくった諸制度が、次の四世紀においてもそのまま維持されたとみてよいだろう。

ところで、そのクレイステネスの政治改革の中心は、何といっても、在來の血縁團體である氏族を基盤とする政治體制を改めて、單なる地域團體である「區」(デモス)を新しい政治體制の土臺にしたところにあるであろう。彼の改革によって、アッチカ全土は百數十の區[1]に分けられ、男子は滿十八歳になれば、資格審査をへて、そのどれかの區に登錄され、市民權を附與されることになった。爾來、人の名前は、少なくとも公式の場合には、從來のように父の名前とともにではなく、區の名前をその上に冠して、たとえば、「アロペケ區の人ソクラテス」とか、「アカルナイ區の人カルリクレス」とかいう風に(四九五D)呼ばれることになったのであるが、それが市民としての身分を示す證據でもあったわけである。そしてこの區民であるという資格だけで、原則的には、すべての市民が平等な政治上の權利を保證されることになり、かくして、從來の貴族制においては家柄や財產に對する「區の優位」(デモクラティア)が確立し、「(區民)大衆の勝利」という意味をもつデモクラシーは、名實ともに實現されるに至ったのである。

(1) 「區」の數については、Busolt-Swoboda, *Griechische Staatskunde*, p. 873 n. 5; C. Hignett, *A History of the Athenian Constitution*, p. 134; Oxford. Class. Dic. s. v. *Demoi* などを參照。

ところで、これらの區は、海岸と都市と田舍の三つの地域において、それぞれ十の小部族(トリッテュス)にまとめられ、さらにそれら三つの地域から抽籤で一つずつの小部族が取り出されて、三つの小部族でもって一つの部族(ピュレー)が構成された。すなわち逆に言えば、クレイステネスは、在來の氏族を構成單位とする四部族制に代えて、全國民を十の部族に分けることを試み、各部族は相互に血緣關係のない異なる地域から選び出された三つの小部族から成り、そしてその小部族はそれぞれその下にいくつかの區を含むような政治體制を作りあげたのである。そしてこの政治體制の上に立って、ソロンが廣く國民全體の意志を政治に反映させるために設けていた四百人議會の代りに、クレイステネスは新たに五百人から成る政務審議會(ブーレー)を設けた。これに改めた理由は、ソロンの四百人議會では、その四百人の選出母胎が、在來の氏族を基盤とする四部族であって、各部族から百人ずつを選び出すものであったから、その議會はやはり門閥や財產のある特權貴族によって占められることが多く、そして部族間の對立抗爭も止むことがなかったからである。そこで新しい制度では、十の部族がそれぞれ五十人ずつを、自己にぞくする區の中から、その市民數に應じて、抽籤によって選び出し、これが集って五百人を構成するようにしたわけである。この五百人の人たちは、祭日を除いて每日會合し、後に述べるように、國事の全般を處理したのであるが、ただその人數が多いことであるから、實際の運營においては、一年を十期に分けて、その期間(三十五日ないし三十六日)ごとを抽籤順に、各部族五十人ずつが順番に執行委員(プリュタネイス)となり、その委員長は一晝夜で交替することになっていた。ところで、この議員の任期は一年で、しかも同一人の再選は一度しか(それも連續的ではなしに)許されなかった上に、區民であるという資格だけで、三十歲以上の市民ならだれでも、抽籤によって選ばれるわけであるから、市民の數も少なかった當時においては、希望さえすれば、ほとんどすべての市民が、少なくとも一生の間に一度は、この審議會の一員となって、實際に國政の樞機に參與することができたであろうと推測されるのである。公人としての活動を極力避けていたソクラテスも、一度は、アロペケ區民として、アンチオキス部族から選ばれ、この審議會の一員となり、ペロポンネソス戰爭末期に起った一つの政治的事件の處理に、苦慮しなければならなかったことが、本書の中(四七三E)にも暗示されているのである。

それでは次に、この政務審議會の職務内容について、簡單に觸れておこう。ただし、以下に述べることは、前五世紀の半ば以降の、アテナイの民主制が完成の域に達した頃のそれであって、クレイステネスの時代においてはまだ、その多くが執政官(アルコン)の權限にぞくし、またこれに關しては、一種の元老院であったアレイオス・パゴス審議會の發言權も强大であったと思われる。さてその政務審議會とは、一言でいえば、今日の中央政府にあたるものであったと言ってよく、その職務内容の主なものは、要約すれば、次のようなものであったと考えられる。すなわちまず、全市民の集會である國民議會(民會)に提出すべき議案をあらかじめ審議して、そこで討議さるべき原案(プロブーレウマ)を作成する仕事である。つまり、民會で決議され、布告されるすべての法令は、原則として、まず前もってこの審議會において審議され、豫備的な決定を經ておかなければならなかった。そして民會で決議された事項が、この審議會の責任において執行されたのである。むろん、民會の討議にかけるに及ばない些細な事柄で、直ちに處理しなければならないものについては、あるいはまた決議の執行に關する細かい事柄についても、委ねられた權限内で審議會は布告を出すことができたと思われる。このような職務遂行のために審議會は、それに從屬する多くの官職を指揮監督しながら——これらの官職に就く役人もまた、軍事に關するものや特殊のものを除いては、各部族から抽籤で選出され、その任期も多くは一年で、また同一官職への再任は許されなかったのであるが——國政の全般にわたって政務を總攬したのである。すなわちそれは、外交に關しては、他國から來た使節を迎え、これと下交渉をし、また外國へ派遣する使節には指圖を與えるなど、外交事務の一切を處理した。また軍事に關しても、國土の防衛狀況、壯丁の人員確保、馬匹や艦船の整備などの軍備の問題全般に注意を拂った。またその他、稅の徵收や公金管理などの國家財政の面においても、神殿その他の公共の建物の建築や維持に關しても、さらに國家の祭禮や宗教行事についても、審議會は強い指導權と監督權をもっていた。なおその上、これらの官職にある者の職務不履行や背任、および不正行爲などに關しては、ある程度の警察權や司法權をも行使したのである。かくして、およそ國政に關する事柄で、審議會の與り知らぬことは殆んどなかったと言ってよく、國政の運營は事實上、この機關によって左右されていたのである。

しかし政務審議會についてはこれぐらいに止めて、われわれは次に、アテナイの民主制を支えていた、他の二つの政治制度の方へ眼を移すことにしよう。それは國民議會、略して民會(エックレーシア)と呼ばれるものと、もう一つは、民衆法廷または陪審法廷(ディカステーリオン)である。さきの審議會が國家の最高の行政機關であったとすれば、民會は最高の立法機關であり、陪審法廷は最終の司法機關であったと言えるかもしれない。ただし、アテナイの民主政治においては、近代の民主政治に見られるような、いわゆる三權分立の原則が嚴重に守られていたのではなく、民會は、行政の各方面にわたっても、うるさいほどの直接の干渉を加えたし、また特に國家の安危にかかわる政治犯罪については、民會は同時に法廷でもあったのである。他方、陪審法廷もまた、種々の手段を通じて、立法や行政に對して強い拘束力と統制權をもっていた。それはおそらく、民主政治の發展の過程において、民衆の發言權が次第に高まるにつれ、以前はアルコンやアレイオス・パゴス審議會に所屬していた權限が、順次に民會や陪審法廷に移譲された結果であると思われる。そしてこのように大きな權限を民會や陪審法廷が持つに至ったのは、言うまでもなく、人民(市民)が國家の主權者(*κύριος*)であるという、民主制の根本原則にもとづいている。しかも周知のように、アテナイの民主制は、直接民主制であった。市民は十八歳で成年に達すれば、そして普通はその後二年間の兵役義務を果せば、だれでも民會に出席して、國事を討議することを許された。實際には、市內やその周邊に居住する數千の市民が出席したにすぎないと思われるが、しかしそこで議決された事項は、全市民の名において布告されたのである。この民會は、審議會によって召集され、會場にはピュニクスの丘が用いられるのが普通であった。その日取りや會期などについては、審議會に一任されたが、その開催度數は、臨時のものを除いて、一つの部族が執行部をつとめている間に四回、したがって年に都合四十回開かれるのが、後の慣例となったようである。

それでは、民會の權限と機能は具體的にどのようなものであったろうか。アリストテレス(『政治學』四卷一四章)は、民主制の最も進んだ段階においては、すべての市民がすべての事柄について相寄って評議し、役人はただ豫備的な決定を下すだけで、最終的な決定權は市民の集會である民會にあるという意味のことを述べて、そしてその民會の評議事項の主なるものとして、次のようなものを數え上げている。すなわちそれは、戰爭や平和に關すること、同盟の締結や破棄、法律の制定、死刑、追放、財產沒收の刑を課すること、および役人の選出や彼らの執務報告の審査である。これらのうち最後の二つは、少なくとも前五世紀後半以降のアテナイの民主制においては、民會の權限や機能にはぞくさないで、役人が任期終了後に提出する執務報告は、同じく國家の公金を取扱ったときに出す會計報告とともに、その審査は陪審法廷で行われたし、また役人の選出も民會では特殊な官職だけに限られたようであるけれども、始めにあげられた三つないし四つの事項は、明らかに、アテナイの民會で取扱われた最も重要な評議事項であった。すなわち、第一の宣戰、講和、および同盟の締結や破棄に關しては、それに附隨する外交や軍事に關する事柄とともに、それの最終決定權は民會の手中にあった。つまり民會は、政務審議會の準備にもとづいて、外國の使節を議場へ迎えて相手の言い分を直接に聞いたり、また外國へ送る使節を任命してこれに使命を附與し、そして歸國の際には交涉經過を報告させたりしたが、さらに軍事についても、各部族から一人ずつ出ている軍事委員(ストラテーゴス)の意見を參考にして、平時においては軍備一般について討議し、戰時においては指揮官を任命して、これに作戰規模その他の軍事行動のごく細かい點まで指示し、時によっては、指揮官の責任を問うてこれを處罰もしたのである。次に、民會の持つ立法の機能であるが、これは先に言われたように、原則としては、政務審議會によってあらかじめ審議された原案――それは審議會に從屬する委員會によって起草されるのが普通であった――について討議するのであるが、しかし民會は決して審議會の原案に對して無條件に盲判を押したのではなく、市民はだれでも自由に修正決議案を出すことができたし、[1]また時に應じては、審議會に對して必要な原案の提出を命ずることもできたのである。そして討論の後、擧手または投票によって議決された事項は、法令ないしは布告(プセピスマ)として公布された。第三に民會は、ある種の司法權をも行使した。一般に司法の機能は、次に述べる陪審法廷に委ねられていたのであるが、特に政治的な犯罪、たとえば、國制變革の陰謀、賣國、違法提案などについては、これに對する市民の彈劾(エイスアンゲリア)を受付け、また神事冒瀆、公務不履行、人民への裏切りなどの告訴(プロボレー)をも取上げて、これらについて有罪無罪の判決を下した。そして普通の場合は、これを法廷に廻して罪科を決定させたのであるが、しかし時には民會自身が直接に前述のごとき死刑その他の刑を宣告することもあったのである。なお民會は、行政の面においても、政務審議會を中心とする諸官職の行動を嚴重に監視し、多くの統制を加えた。つまり、すでに見られたような軍事外交に關することはもとより、その他にも特に、國家の祭祀や宗教に關すること、あるいは食糧管理や財政支出などについては、最終的な決定權を握っていたのである。かくして全市民の意志の直接の反映である民會の權限は、ほとんど無制約的であったといってよく、いわゆる國家の「一般意志」は、この機關を通じて充全に表明されていたと言って過言ではないであろう。

(1) 四五一B7の「研究用註」を參照。

最後に、われわれは陪審法廷の組織と役割について一言しておくことにしよう。アリストテレスも言うように、「民衆は法廷の投票權の主となるときに、國制の主となる」(『アテナイ人の國制』九章一節)のであるが、この民衆による法廷の構成ということこそ、アテナイの民主制の最大の特色であり、それによって市民大衆の主權は眞に確立したと言うことができるであろう。だから、アリストパネスの『蜂』の主人公ピロクレオンは、陪審員として働くことを誇りにしながら、「われわれの持っている權能は、この世のいかなる王の權力にも劣らぬものではないか」(五四九行)と自慢したり、また、「どうだ、これでもわたしの持っている權力は、ゼウスの神が持っているそれに匹敵するとは言えないかね」(六二〇行)と豪語することができたのである。しかしこの司法權も、かつては一部特權階級の役人の手に握られていた。ソロンがはじめて一般大衆にも裁判に關與することを許して、市民による法廷(ヘーリアイア)を創設したけれども、その權限はごく限られていたようである。この民衆法廷が規模を擴大し、强大な權限を持つようになったのは、エピアルテスによってなされたアレイオス・パゴス審議會の權限縮小(前四六二年)以來のことであったと思われる。その改革以後は、市民は三十歳に達すれば、完全な市民權を有し、國庫に特別の債務がないかぎり、だれでも志願して、抽籤によって陪審員、つまり裁判官になりえた。そして前五世紀においては少なくとも、毎年、各部族から六百人ずつ、計六千人[1]の陪審員が選出されて、彼らは所定の法廷へ配屬されたのである。そして事件が公法上のものであれば、たとえばソクラテスの裁判に見られるように、五百人(または五百一人とも言われる)の陪審員で構成される法廷で裁かれるのが普通であったが、しかし重大な事件の場合には、法廷を合同して、千人以上の陪審員の前で裁かれることもめずらしくはなかったようである。本書(五一六A)で言及されているペリクレスの裁判は、千五百一人の法廷において行われたと言われ、また四〇四年の革命の時には二千人の法廷のことが傳えられ、そしてアンドキデスは六千人の法廷のことさえ記録している。[2] むろん、法廷の事務に關する事柄は、一種の豫審とか調書の作成などのことも含めて、係りの役人が行うわけであるけれども、公判廷においては、原告、被告ともに、當事者自身が自分で——ただし女、子供、奴隷、外國人の場合には代理人が——辯論するのでなければならなかった。したがって辯論に自信のない者は、辯論代作人(ロゴグラポス)に書いてもらったものを暗誦することになる。その際むろん、雙方に辯護人(シュネーゴロス)の發言は許されたし、また必要があれば、當事者同士が互いに相手方に對して直接の訊問をしたり、證人調べをしたりすることもできた。ところで陪審員たちは、兩者の辯論を默って聞いているだけであり、そしてそれが終れば直ちに有罪か無罪かを投票によって決定し、さらに量刑の定めのない場合には、再び雙方からなされる求刑の辯論を聞いて、そのどちらかに票を投ずるだけなのである。判決はアテナイ市民全體の意志を示すと考えられ、最終的なものであって、上告、再審の餘地はなかった。

(1) この數は、特別の提案(ἄδεια その他)を審議するときの、國民議會(市民總會 δῆμος πλῆθος)の定足數でもあり、國民の總意を示すものと考えられた。
(2) Plut., *Pericl.* 32; Lys., *C. Agor.* 35; Andoc., *de Myst.* 1. 17.

以上によってわれわれは、アテナイの民主政治の實態を、特に政務審議會と國民議會と陪審法廷の三つの制度を中心にして、ごく簡單に粗描してきたのであるが、しかしこの簡單な粗描からも、われわれは容易に、辯論術が政治の術となりえた所以を理解することができるだろうと思う。なぜなら、そのような政治體制のもとにおいては、家柄や財産などはもはや何らの政治的な特權を保證するものではなくなり、すべての人間が、市民であるという資格だけで、政治的には平等な權利を持つことになったのであるが、そのなかにおいて、ひとが頭角を現わし、世に名をあげるためには、新しい資格、つまり辯論に秀でるということが、缺くべからざる絕對の條件となったからである。まことにゴルギアスが言うように(四六五A)、民會やその他の政治的な集會において、數百ないしは數千の市民を前にしながら、國家の大事について「提案し、そしてその動議を通すのは、辯論の心得ある者」でなければできないことだったのである。事實、當時の民會はまるでソフィストの集りであって、人々は國政について評議するよりも、彼らの演説を聞くたのしみのために出席していたという意味のことが、ツキュディデス(三卷三八章四節)のなかにも語られているのである。他方また、いま言われたようなアテナイの司法制度では、辯論の能力だけが、ひとが自分の生命や地位や財產を守ることのできる、唯一の手段であった。『大ヒッピアス』の終り近く(三〇四A—B)で、ソクラテスとの一問一答に敗れたソフィストのヒッピアスは、ソクラテスの議論を「馬鹿話や無駄話」ときめつけながら、それよりも「はるかに立派で、多大の價値のあること」、つまり、「自分自身と自分の財產と友の保全」とをもたらすような辯論の修得に努めるように、ソクラテスに忠告しているのであるが、本書のなかで[1]カルリクレスがソクラテスに再三勸告していることも、言葉の調子ははるかにきびしいけれども、內容的にはそれとほぼ同趣旨のことだったのである。

(1) 四八六A—D、五一一A、五二一C、五二二C。

かくて、このような社會體制のもとにおける、人々の要求を充たすべく登場してきたのが、一群のいわゆるソフィストと呼ばれる人たちだったのである。彼らは「德の敎師」であると稱していたのであるが、それはむろん、道德の何たるかを敎える者という風な、狹い意味に解さるべきではないであろう。德(アレテー)という概念は、ギリシア人の間では、もっと廣い意味をもっていた。それは本來、人間でもその他の動物でも、または身體でも道具でも、それらのものの持つ優秀性、卓越性、あるいは有能性を示す言葉であった(五〇六D)。つまり、人間の德についていえば、それは人間をしてすぐれた者たらしめるところの、その所以のものにほかならなかったのである。だから、彼らソフィストの主張するところは、『辯明』のなかで言われているように、「人間として、また國家社會の一員として、ひとがすぐれた者となるためのもの」（二〇B）を授けてやるということであり、そしてそれは具體的には、『プロタゴラス』のなかでソフィストのプロタゴラスが述べているように、「身內の事柄については、最もよく自分の一家をととのえる道をはかり、また國家公共のことについては、これを行うにも論ずるにも、最も有能有力の者となるべき道をはかることの上手」（三一八E—三一九A）にする、ということであった。[1] 月並みな言い方をすれば、それはこの世で成功する道、立身榮達の法を教えてやるということにほかならなかった。それでは、そのために彼らはどのような方法をとったかといえば、それは結局、「人を言論に秀でた者にする」（『プロタゴラス』三一二D）ということ以上を出でなかったように思われる。しかし、それであるいは充分だったのかもしれない。言論に秀でるということが、さきにも言われたように、立身出世のための最上の方法だったからである。その限りにおいては、ソフィストというのも、その正體は辯論家であるにすぎなかったと言えるであろう。事實、ソフィストと稱するほとんどすべての人たちが、實質的には、辯論術を教えることによって渡世していたからである。だから、この事實を自覺していたゴルギアスは、他の人たちのように公然と、「ソフィスト」であるとか、「德の教師」であるとかいう風に名乘ることはしないで、またそのように名乘って德を教えることを約束する者があれば、これを輕蔑して、自分はたんなる辯論術の教師にすぎないし、自分の教えることはただ、ひとを話の上手な者にするだけのことである、という風に謙遜していたと傳えられている（『メノン』九五C）。しかしながら、彼が辯論術を教えることによって意圖したものが、結局は、「人々を支配すること」（四五二D）にあったのだとすれば、そうして、その「人間を支配することができる」というところに、彼がもし人間の卓越性（徳）を認めていたのだとすれば（『メノン』七三C）、彼の謙遜な言い方も決して額面通りに受取るわけにはいかないであろう。ソクラテスが法廷（『辯明』一九E）で述べているように、彼もまたまぎれもない正眞正銘の「徳の教師」だったのである。その點では同樣に、他の辯論家たちにしても、必ずしもその全部がそうだったのではないけれども、その多くがソフィストであったと言うことができるかもしれない。實際、この對話篇のなかで指摘されているように、「ソフィストと辯論家とは、同じ領域において、同じ問題を扱いながら、混同されるから、彼ら自身もお互い自分たちをどう取扱ってよいか分らないし、また世間一般の人たちにしても、彼らをどう區別して取扱ってよいか困る」（四六五C）というのが、當時の實情だったのである。とにかく彼らは、あたかも商人のように、時代の需要を機敏に察知して、アテナイの市場を中心に荒稼ぎしていたわけなのである。

（1）　なお本書五二〇E、『メノン』九一A—B、『國家』六〇〇Dなどを參照。

かくしてわれわれは、辯論術が、いかなる時代的背景のもとに、何を約束するものとして熱心に求められていたかを、一應明らかにすることができたであろう。もとより辯論家は、その辯論の術でもって、たとえば、藥をのむのをいやがったり、手術を受けるのを拒んだりしている病人に對して、もし醫者が彼を說得できないでいる場合には、醫者に代ってその患者を納得させることもできたであろう。彼はたしかに、何事についてでも、無知な大衆を相手にする場合であれば、他のどんな專門家と競爭しても負けることなく、說得に成功したであろう。しかしながら、辯論術の力が最も發揮されて、輝かしい成功を收めることができたのは、何よりも特に國民議會やその他の政治的な集會において、辯論家が國家の重大な政策について發言し、自己の提案を言論の力で押通すというような、政治辯論の領域においてであったと思われる。ゴルギアスが例にあげているように（四五五D—E）、アテナイを海軍國にするための、外港ペイライエウスの港灣の施設とか、船渠の設備とか、軍艦の建造とか、さらにはまたその港とアテナイとを結ぶ大城壁の構築とかは、すべてみなテミストクレスの提案によって、あるいはその一部は、ペリクレスの勸告にもとづいて生れたものなのであって、決して大工その他の個々の職人たちの技術だけから生れたものではない、というのも間違いない事實だったからである。そしてこのサラミスの海戰の勝者テミストクレスについては、彼は少年の頃からすでに辯論術の必要を悟り、他の子供たちが遊んでいるときにも、ひとり彼らから離れて、ひそかに辯論の稽古にはげみ、仲間の誰かを假りの敵と見たてては、これを攻撃する演説をつくったり、あるいは逆に辯護の演説をしてみたりして、將來の政界への雄飛に備えていた、ということが傳えられている。(1) またペリクレスが、多年にわたってほとんど獨裁者のようにアテナイを支配することができたのには、彼の天性高邁な性質や博大な學識のほかに、辯論家としての彼の卓絶した能力が大いにあずかっていたことは、よく知られている事實なのである。(2)

(1) Plut., *Themist.* 2.
(2) *Phaed* . 269 E—270 A.

かくしてひとは、辯論術を修めることによって、テミストクレスやペリクレスのように、一國を支配することもできたのである。ゴルギアスの教える辯論術とは、實は、「そのような性質のものであり、またそれだけの力を持つもの」であった。それならば、ソフィストの術が政治の術であると言われた(『プロタゴラス』三一九A)のと同樣に、辯論術もまた政治の術であったと言われなければならないであろう。しかもそれは、ゴルギアスの若い弟子ポロスに言わせれば、民主制の社會において、ひとを一種の獨裁者にするほどのものだったのである。そしてこのことは何も彼ら辯論術の教師たちの宣傳だけではなく、當時一般の人々がまさに辯論術に期待していたところのものなのであった。

しかしながらプラトンは、このような時代一般の風潮に抗して、世に行われている辯論術が決して眞の政治の技術ではなく、それは政治術の「にせもの」(エイドーロン)にすぎないことを斷言して憚らなかった。それでは、それはどんな根據にもとづいて言われたのであろうか。彼は辯論術と眞の政治の技術とをどこでどう區別し、またどういう理由で前者を後者のにせものであるとしたのか。そしてまたプラトンの考える眞の政治の技術とは、一體どういうものであったのか。

六

それではまず、プラトンの辯論術に對する批判は、この作品ではどういう仕方で行われているか、ということから調べてみよう。第一幕の、辯論術は何であるかをめぐって行われたゴルギアスとソクラテスの問答が、結局、ゴルギアスの主張に自己矛盾があるということで終った後に、傍でその成行きを見守ってきた弟子のポロスは、師の窮状を默視できなくなり、いきなり話の中へ割り込んで、新たにソクラテスに問答を挑むことによって、この對話篇は第二幕に入ることになる。ところで、その際、ポロスはまず、問答においては、答え手になるよりも問い手になる方を有利とみて、「それでは、あなたは辯論術をどんな技術であると考えているのか」と、ソクラテスに向って逆に問いかけて行くのであるが、この質問を受けて立ったソクラテスは、それまでのゴルギアスとの對談では、多少愼しみ深く控え目にしていたのに、今度は、若い弟子のポロスが相手となると、何の遠慮會釋もなしに、辯論術についての自分の考えを率直に述べることになる。そしてそのソクラテスの答えは、當のゴルギアスやポロスばかりではなく、讀者であるわれわれにもちょっと豫想外のものなのである。というのは、辯論術が一つの技術(テクネー)であることは、これまでのゴルギアスとの問答では、疑いのない自明のことのように語られてきたのに、まさにその點が冒頭から否定されるからである。すなわちソクラテスは、辯論術が技術であることを否定して、それは一種の經驗(エンペイリア)であるとし、そしてその內容は、「ある種の喜びや快樂をつくり出すもの」(四六二C)という風に語るわけである。つまり彼は、ゴルギアスの從事している辯論術が正確にそれにあたるかどうかは知らないと斷りながらも、世の辯論術が行っているのは、「何か技術の名に價いするような仕事ではなく、機を見るのに敏で、押しがつよくて、人びととの應對に生れつきすごい腕前をもっている(人間の)魂が、行うところの仕事であり、そしてその仕事の眼目となっているものは」、ちょうど食客や幇間たちの行動に見られるような、「迎合やへつらい(コラケイア)である」から、それはまた迎合の術の一種であるとも言うわけである。したがって、辯論術がそのようなものであるかぎり、それは決して眞の政治の技術ではなくて、むしろ「政治術の一部門の影のようなもの」(*πολιτικῆς μορίου εἴδωλον*, 四六三D)、つまり、にせの政治術の一つであるというのが、この對話篇において、プラトンがソクラテスの口を通して辯論術に對して下している結論なのである。しかしながら、ここに言われているところの、技術と經驗ないしは熟練(トリベー)の區別とは、一體どういうことを指しているのであろうか。またどういう理由で、辯論術は迎合の術の一種であると言われているのであろうか。

技術と經驗の關係については、この對話篇の始めにおいて、ポロスは、自分の著書の中から引用しながら、「人類のもつ數多くの技術は、經驗のなかから、その經驗を通して發見されてきたものなのだ。なぜなら經驗は、われわれの生活が技術の指針に從って進むようにさせるが、これに反して無經驗は、行きあたりばったりの偶然にまかせるからだ」(四四八C)という風に語っていた。つまり彼は、經驗を技術がそこから生れてくる母胎とみて、兩者の關係を連續發展の形で考えていたのである。[1]ところが、このポロスの考え方が今や全面的に否定されて、兩者ははっきり區別され、その關係はむしろ對立的に把えられることになるのである。そしてこの兩者を區別する基準としてあげられているのは、整理してみれば、次の二つの點であると言うことができるであろう。つまりその一つは、一言でいって、理論の裏づけがあるか否かということである。すなわち技術とは、それが取扱う對象の本性についても、またそれがとり行う一切の處置の根據についても、よく研究していて、理論的な説明(ロゴス)を與えることのできるものであるが、これに反して經驗の方は、ものの本性や原因を究明することなく、ただこれまでのところは、こういう場合にはこうであったというだけの、記憶を手がかりにして、全く無理論、無計算に、たんに勘にもとづいた當推量をするだけのものである、ということである。第二の點は、目的や意圖の相違に關することである。つまり技術は、つねに對象の善を目ざしているものであるが、經驗の方は、どうしたならその對象の氣に入るか、ということにのみ專心して、つまり對象の快を狙うだけであって、そうすることが果してそのものにとって本當に善いことになるかどうかには、全く無關心なものである、ということである。[2]

(1) アリストテレスも、『形而上學』一巻一章――そこにいまのポロスの言葉も簡潔な形で引用されている――や、『分析論後書』二巻一九章において、感覺から記憶、記憶から經驗、經驗から學問(知識)や技術が生れるという風に、連續發展の形で考えている。なお、技術と經驗の關係については、田中美知太郎『善と必然との間に』所收の論文「技術」に詳しく論じられている。
(2) 四六五A、五〇〇E―五〇一A參照。

プラトンのあげている實例によって、このことをもう少し具體的に説明してみよう。彼はまず、人間の生活を精神的な面と身體的な面との二つに分けて、それぞれ精神(魂)と身體とのために配慮し、世話をする二つの技術の存在を考える。そして、身體を對象とする技術には、總括的な名前を與えていないけれども、精神を對象とするものの方には、政治術(ポリティケー)——人をすぐれた市民(ポリテース)にする技術——という名稱を與えている。ところで、これら兩者のどちらの世話をするにしても、良好な狀態にあるのをそのまま維持し、この狀態をますます增進させるものと、惡い狀態に陷ち入っているのを匡正して、もとの健康な狀態にまで回復させるものと、つまり積極的な働きをするものと、消極的な役割に止まるものとの、二通りのやり方が區別されるから、彼はさらに、精神を對象とする技術である政治術を二分して、前者のようにするものを立法術と名づけ、後者のようにするものを司法(裁判)の術と名づける。他方、身體を取扱う技術についても、同じ觀點から、これを二分して、前者にあたるものは體育術であり、後者にあたるものは醫術であるとする。そしてこれら四つの技術はいずれも、さきに言われたように、それぞれ精神や身體の本性についての理論的な知識を備え、とり行う處置についてはその理由を說明することができ、またその對象の最善を目ざして世話をしているものなのである。

ところがこれに反して、取扱う對象についてよく研究もせず、したがって何らの理論的な知識も持たずに、ただ多年の經驗や熟練によって得られた勘やコツを頼りにして、また、そうすることがその對象にとって果して善いことになるかどうか、つまり、爲になるか害になるかということは全く度外視して、もっぱらその對象の氣に入ることばかりを狙いながら、しかも表面では、最善のことを心得ているかのように振舞うものが、いま言われた四つの技術のそれぞれに對應して存在していると言われる。たとえば、身體の場合についていえば、醫術に對する料理法がそのようなものなのである。というのは、料理人は一般に、身體の本性について科學的な知識を持っているわけでもなければ、またどの食物、どの飲物が本當に身體のためになるかを考えるのでもなく、ただどのようにしたなら人々の味覺を滿足させることになるかという、快樂の點だけを念頭におきながら、多年の經驗にたよって調理しているだけだからである。しかもプラトンの言うように、もしひとが病氣をしているような場合には、そして特にその病人が子供であるとか、あるいは大人であっても、子供同樣に思慮の足らない者であるとかすれば、醫者が健康のためを思ってあたえる忠言や良藥よりも、料理人のすすめるご馳走や甘言の方が、おそらくずっと病人の氣に入るであろうことは、間違いないのである。それはまた、體育術に對する化粧法や美容法の場合でも、同樣であると言えよう。ひとは體育術で鍛えることによって得られた、內面から輝き出る自己本來の美しさよりも、美容法や化粧法、あるいは服飾法などの助けを借りて、白粉や紅や、髮形や衣裝などによってごまかした、外面的な借りものの美の方を喜ぶことが多いからである。しかしながら、そのような化粧法や料理法は、すでに何度も言われたように、對象の善を問題にしないで、ひたすら快や見ばを追求するものである以上、それらはひとの氣に入ることを目あてとした、迎合やへつらいの術であることは明らかであると言わねばならないであろう。

そこでまた精神に關する技術についてもプラトンは、そのようなたんなる經驗や熟練にすぎないところの、手練手管の存在を認めて、立法の技術に對してはソフィストの術を、また司法(裁判)の技術に對しては辯論術を、それぞれ、迎合の術として規定したのである。つまり辯論術とは、精神を對象とする技術である、「政治術の一部門(司法の技術)の影のようなもの」にすぎないと言われるわけである。それはちょうど身體の領域において料理法が占めている役割を、精神の領域において果すところのものだからである。けれども、すでに言われたように、ソフィストと辯論家とはしばしば混同されて、區別がつかないことが多いとすれば、ここで規定されているように嚴密に、辯論術を政治のなかの司法の部門だけに限る必要はないのではないかと思われる。なるほど辯論術は、もともと法廷辯論に起源するものであり、そしてそれが後の時代まで辯論術の用いられた主要な分野であったのだから、この規定はこれで正しいのだろうけれども、前の章で見られたように、いわゆる立法や行政の分野における辯論術の效用も、司法の分野におけるそれに劣らず、大きなものだったのである。それならば、辯論術は、政治の技術全體のにせものであるという風に言い直しても、別段差支えはないであろう。しかしそれはとにかくとして、世の辯論術がどのような理由で技術の名に價いするものではなく、たんなる經驗や熟練にすぎないのか、またそれが迎合の術の一種であると言われるのは、どういう根據にもとづいてであるか、その點を先にあげた二つの基準に照らしながら、もう少し詳しく検討してみることにしよう。

　辯論家の任務が人々を説得することにあることは、すでにたびたび言われてきた。むろん、ほかの學問技術に携わる人であっても、自分の専門分野に關する事柄についてなら、それぞれ説得する人であると言うことができるかもしれない。なぜなら、彼らは自分の専門とすることについては教えることができるし、そしてその教えるということもまた、説得の一種だからである。しかしながら、辯論家のもたらす説得は、よし實際には、主として法廷や議會などにおいて、人の行爲の正邪や、國家社會の利害にかかわるものであったとしても、しかし原則的には、あらゆる領域のあらゆる事柄に關して可能なはずであった。しかもそれは、ゴルギアスの自慢したところによれば、たんに素人を競争相手とする場合だけではなく、どんな分野のどの専門家を競争相手にする場合でも、その専門家よりは辯論家の方が、もっと説得力があるというのであった。むろん、話の聞き手が、ちょうどその道の識者であるような場合には、いかにゴルギアスであっても、説得することはむつかしかったであろう。その道の識者を前にして、しかも彼らが専門としている當の事柄について、素人の辯論家が彼ら識者を說得するということは、ほとんど不可能に近いと思われるからである。だから、辯論家が說得に成功するのは、話の聞き手が、少なくともその時話題になっている事柄については、知識のない人である場合にかぎられるであろう。もしこの條件さえ守られるなら、話の主題が何であろうと、また競爭相手がほかの分野ではどんなにすぐれた大家であろうと、辯論家の方がより說得力があると言って差支えないわけである。

しかしながら、あらゆる事柄を主題にして、しかもほかの專門家たちにひけをとらずに、素人の辯論家の方が說得に成功するのだとしたら、その場合の說得とは、一體どういう性質のものなのだろうか。それはソクラテスが明らかにしているように、ほかの專門家たちが、それぞれ自分の扱っている事柄について知識をもち、それにもとづいて人人に事の眞實を敎えながら、これを理解させるという仕方で說得するのとは異り、辯論家は、そのような知識を持たずに、たんに人々をしてそうであると思わせ、信じさせるという仕方でのみ說得するにすぎないであろう。つまりその說得とは、「知識の伴わない、たんなる信念だけをもたらすもの」（四五四E）であり、そして辯論家は、「自分でも自分の話している事柄については何も知らないでいながら、同じように物事を知らない人たちの前でなら、知っている者よりも、もっと知っているのだと思われるようにする」（四五九D）、というだけのことであろう。だからまた辯論家は、「事柄そのものについては、それが事實どうであるかを少しも知る必要はないのであって、ただ物事を知らない人たちに對してだけ、知っている者よりも、もっと知っているのだと見えるようにする、何かそういう說得のからくりを見つけ出しておけばいい」（四五九B—C）、ということにもなるであろう。それならば、ゴルギアスが自慢しているように、ひとはほかの學問技術のことは知らなくても、ただこの辯論術一つだけを學んでおけば、それで他の專門家たちに少しもひけを取ることはないのであるから、大へん便利なことになるにはちがいない。けれども、このような辯論術は、一種の詐術であり、あるいは『エウチュデモス』(二八九E)に語られているように、「まじない師の術の一種である」と言われても、止むをえないことになるであろう。

むろん辯論家は、話題となっている事柄について、何も知らないでいるよりも、むしろできるだけ多くの知識を持っていて、それによって説得するに越したことはないし、また、眞實を知らないでいるよりも、知っている方が、同じ欺くにしても、欺きやすいというのもたしかに事實であろう。しかし、諸事萬般にわたって、それぞれその道の專門家に負けないほどの知識を持つということは、たとえソフィストのヒッピアスのように、學藝百般に通じた人であったとしても、それはできない相談であると言わなければならないであろう。それにまた、たとえ眞實のことを知っていたにしても、それだけで説得ができるというわけのものではない、と言われるかもしれない。いなむしろ、『パイドロス』のなかに[1]語られている、辯論術の大家たちの言い分によれば、よし眞實のことであっても、もしそれが人々の眼に眞實らしく見えないことであれば、それは口に出してはならないのである。説得する上において大切なのは、眞實(τὸ ἀληθές)ではなくて、むしろ眞實らしさ(τὸ εἰκός)であり、つまり、大衆にどう思われるかということ(τὸ τῷ πλήθει δοκοῦν)の方であって、それこそが本當に人々を信じさせる力を持ったもの(τὸ πιθανόν)なのである。だから、辯論にあたっては、何にもせよ、眞實らしさを追求すべきであって、眞實そのものの方は、大抵の場合、見捨てておいてもよい、ということになるだろうし、したがってまた、辯論家たらんとする者は、人を信じさせる力を持ったもの、つまり眞實らしさの方に留意すべきであって、事實がどうであるかの眞實には、少しもかかわる必要はない、と言われることにもなるわけである。

（1） cf. 259 E—260 A, 267 A, 272 D—E.

さて、もしこの通りだとすれば、世の辯論術は、われわれが技術であるための資格要件の第一にあげたものを、完全に缺いていると言わなければならないであろう。なぜならそれは、事柄そのものについての知識を、普通は持たないばかりか、反ってこれを無用視しているからである。そしてただ過去の多くの事例を記憶することによって、こういう場合にはこう言えば、人々に受け入れられるだろうとか、ああいう時にはああ言えば、人々の納得を得るだろうとかいう風に、ひたすら大衆の思惑(ドクサ)を忖度して、當推量にもとづいた話をするだけであり、したがってまた、その時にそのような話をするのはなぜかという根據や理由についても、理論的な説明を与えることができないからである。しかしながら、辯論術がこのような段階にあるかぎり、それは技術の名に價いするものではなく、たんなる經驗や熟練にすぎないと言わなければならないであろう。

さらにまた世の辯論術が、技術であるための第二の資格要件、つまり對象の善を目ざすものであるという條件をも缺いていることは、明らかであるように見える。というのはむろん、聽衆の氣に入ることを話すのでなければ、説得はむずかしいであろうし、それが本當に聽衆のためになるかどうかということは、説得という目的のためには、二の次にされなければならないだろうからである。なぜならこの場合にも、さきほどの場合と同様に、たとえ本當にためになることであっても、もしそれが人々の氣に障ることであれば、それは口に出してはならないからである。だから、さきに言われたことに合せて言えば、辯論にあたっては、何にもせよ、人々の氣に入ること、快を目ざすべきであって、善そのものの方は、大抵の場合、見捨てておいてもよい、ということになるだろうし、したがってまた、辯論家たろうとする者は、人を信じさせる力を持ったもの、つまり氣に入ることの方に心をくばるべきであって、それが本當に人々のためになるかどうかという點は、無視してもよいというのが、さきの命題につづいて、辯論家の心得るべき第二の事柄となるであろう。しかし、もしこの通りだとすれば、そのような辯論術が迎合の術であると言われるのは、まことに當然だとしなければならないであろう。

七

さてそれでは、このような辯論術が眞の技術となり、本當の政治の術となるためには、それはどうなければならぬかということも、上に述べられたことからして、おのずから明らかであるといえよう。すでに何度も言われたように、およそ何の技術にもせよ、それが技術であるためには、まず第一に、取扱う對象の本性や原因についてよく究め、これに關して理論的な説明を與え得るものでなければならないのであるから、辯論の技術にしても、もしそれが本當に技術であろうとするなら、まず、それが用いる言論の對象となるべき事柄について、またその言論をもたらすべき人間精神の本性について、それらの眞實を知ることから始めなければならないであろう。『パイドロス』の第二部は、まさにこのような技術の資格要件の第一の觀點に立って、技術としての辯論術のあり方を究明したものなのである。

すなわちそこではまず、「一般にひとは、それぞれの事柄について、それの何であるかをはっきり知るのでなければ、その人は決して技術の心得ある人にはなれないだろう」(二六二B)という言葉にはじまって、技術の心得ある辯論家ならば、議論の對象となる一つ一つの事柄について、その眞實を知り、そしてそれが分ったなら、これを單一な形相のもとにまとめて綜合したり、また逆に、もはや分けることのできないところまで種類別に分割したりすることによって、その事柄の本質が何であるかを明確に定義すべきであること、他方また、言論の向けられるべき人間の精神

(魂)についても、いまと同じ綜合と分割の方法によって、その本性は何であるか、また人間の魂はどれもみな單一で同様な性格のものであるか、それともそれは幾種類かに分けられるものであるか、さらに、それはどのような作用によってどのような反應の仕方をするものであるか、などの點を明らかにすべきであること、そしてそれらの點を明らかにした上で、どのような魂にはどのような話を、いつすれば一番説得しやすいかを、はっきりした根據に立って理解すべきであること、というような原則がくり返し述べられているわけである。[1] そしてアリストテレスの『レトリカ』もまた、その大體は、この『パイドロス』で述べられた原則の線にそって、これを個々に具體的に、つまり辯論の種類とそれぞれの對象、人間の性格や感情、等々の點について詳述したところのものである、という風に見ることができるであろう。

(1) cf. *Phaedr.* 270 D—E, 273 D—E, 271 A—B. 277 B—C.

しかし今は、辯論術が技術であるための、もう一つの資格要件について、つまりそれは取扱う對象の善を目ざすものでなければならぬという點について、検討してみることにしよう。というのは、この對話篇における辯論術批判は、主としてこの第二の觀點に立って行われているからである。なるほど、『パイドロス』の譯者が指摘しているように、[1] この對話篇では、批判の基準として、さきの第一の觀點、つまり「純粋に方法上の事柄」と、これから見ようとする第二の觀點、すなわち「目的や意圖に關すること」とが、からみ合って用いられているというのは、ある程度事實であるし、そしてもし、この對話篇における辯論術批判の意圖が、たんなる經驗や熟練としての辯論術から、技術としての辯論術を區別するということだけにあるのだとしたら、第一の方法上の諸條件に限って考察するのが本筋であるという風に言われるのも、たしかに正しいであろう。そして事實、われわれが前の章で見てきたように、この對話篇の第一幕で辯論術の本性が追求されていたときには、どちらかといえば、この第一の觀點が中心になっていたし、また他の對話篇においてプラトンが技術と經驗とを區別するときにも、そのような方法上の條件だけに限って考察しているのである。(2) にもかかわらず、この對話篇の第二幕以下において、辯論術が本格的に批判されるときには、第二の觀點の方がむしろ表面に出ているのは何故であろうか。それはすでに言われたように、この對話篇で批判されているのが、いわゆる「言論の技術」としての辯論術それ自體ではなく、むしろ政治の術として受取られ、利用されている辯論術だからである。すなわち、ここでの問題は、たんに「上手に話をしたり、また見事な文章を作ったりするための術」としての辯論術が、それ自體、一つの眞正な技術となるためには、それはどのような方法上の諸條件を具備すべきか、という點にあるのではなく、世間一般に廣く政治の術として受取られ、利用されている辯論術が、もし本當にその名に價いするものとなろうとするなら、それはどうなければならぬか、という點にあるわけである。それゆえにこの對話篇では、辯論術批判の基準として、善を志向するものという條件が加えられることになったのであり、またもっぱらその點を中心にして、批判がなされることにもなったのだと思われる。むろん、技術であるための必要條件としてなら、何も善を目ざすものという項目を加えることはなかったであろう。なぜなら、技術そのものは、對話人物のゴルギアスも言う通り(四五七A)、本來、善惡無記のものであり、善惡は、技術の本質にぞくすることではなく、むしろ技術の使用にかかわることだからである。だから、技術の資格要件の一つとして、善を目ざすものという條件を持ち出したのは、ある意味では、プラトン一箇の獨斷であり、證明されえない要請であると言うことができるかもしれない。(3) しかし、それをなお敢えてプラトンが主張する理由は、くり返して言えば、ここで問題になつているのが、言論の技術としての辯論術それ自體が、どうしたなら本物の技術になるか、ということにあるのではなくて、むしろ、それが眞正の政治の技術として使用されるためには、それはどうあらねばならぬか、ということを考えたからであると、理解するよりほかはないと思われるのである。つまり要するに、『ゴルギアス』と『パイドロス』とでは、同じ辯論術が批判されていても、その內容は異なった角度から把えられているのであり、したがってその批判の基準も、おのずから別のものとならざるを得なかったわけである。これをただ、前者においては、その批判は「道德的」であるのに對して、後者においては、それが「科學的」に行われているのだというだけでは、充分な説明にはならないのではないかと思われる。

なおこの點に關しては、この對話篇のなかで、辯論術が技術ではなくて、經驗であると言われたその最初の箇所(四六二C)においても、その經驗とは、「ある種の喜びや快樂をつくり出すもの」という風に限定されており、そしてそれ以後においても、この經驗の語は、純粹に方法上の概念としてよりも、むしろ、いま言われたような意味內容を含むものとして用いられており、それ故に多くの場合は、迎合という語がそれに置き換えられて使用されているということ、すなわち、言いかえれば、この對話篇全體を通じて、はっきりと理論性の有無という觀點から、技術と經驗の區別が語られているのは、ほんの二箇所(四六五A、五〇〇E—五〇一A)だけであって、むしろ善と快の區別を基準にした、技術と迎合という對比によって、あるいは迎合という語のみによって、批判がなされている場合[4]の方が普通であるということも、注意されてよいだろうと思われる。

(1) 田中、藤澤譯『パイドロス』序說二九頁以下參照。
(2) cf. *Phaedr.* 260 E, 270 B; *Phileb.* 55 E—56 A.
(3) むろん技術というものを、その本來の存在理由にさかのぼって、これをたんなる學問的知識から區別し、ためになる知識として規定するなら、その本質に善を志向するということが含まれるのは當然であろう。プラトン自身も、たとえば、『國家』のなかで、「技術とは本來、それぞれのものにとってのためになることを探し、これをもたらすことを目的としたものである」（三四一D）という風に言っている。
（4） 四六三A—B、四六四B—C、四六六A、五〇一B—C、五〇二D、五〇三A、五一三D、五一七A、五二二D、五二七C。

かくしてプラトンは、この善を目ざすものであるか否かという觀點に立って、世の辯論術のみならず、音樂や演劇などのあり方もきびしく批判した上で、技術としての辯論術のあり方、あるいはそれの正しい用い方については、次のように語るのである。つまり法廷辯論に用いられる場合であれば、それは一般になされているように、ひたすら犯罪を辯護して、何としてでも刑罰を免れるように、言葉巧みに論ずるための手段となるべきではなくて、むしろ反對に、ひとたび不正を犯してしまったのであれば、それを犯したのが誰であろうと、その者をすすんで告發し、そしてその犯行を暴露して、しかるべき處罰を受けさせ、それによってその者の精神的更生が得られるようにするための道具となるべきである、というわけなのである（四八〇C以下）。これはたしかに一つのパラドクスであり、カルリクレスが言うように、世の現實はまさにその逆であると言わなければならないであろう。しかしこれが、眞の法廷辯論家の任務だとプラトンは主張するのである。

同様にまた、民衆に呼びかけることを仕事とする政治家にしても、「もし彼が眞の意味の辯論家、すなわち技術の心得のある、すぐれた辯論家なら、どんな話をし、どんな行動をとる場合でも、彼はつねに國家國民の最善を念頭におきながら、國民ひとりひとりの心のなかに、正義その他の德が生れ、それらと反對の惡德は取り除かれるように努めるはずであり」（五〇四D—E）、つまり、一人一人の人間が一層すぐれた者となるように、ちょうど醫者が身體の世話をするのと同じ仕方で、精神(魂)の世話のために奮闘努力するのでなければならない、と言われるわけである(五一三E、五一五C)。これに反して、國民大衆にいわば給仕人や召使のごとくに使えて、その機嫌をとることに專念し、それが本當に國民のためになることかどうかは考えることなしに、ただ民衆の欲することなら何であろうと、これを提供することによって、ひたすらその欲望を充たそうとする人間、そういう人間は決して眞の政治家ではないと言われるのである。なぜなら、政治家とは、本來、國民の下僕であるべきではなく、むしろ醫者でなければならない、というのがプラトンの主張だからである。
プラトンが對話人物ソクラテスの口を借りて、アテナイの前五世紀の偉大な政治指導者たち、テミストクレスやキモンを、またミルティアデスやペリクレスを、彼らはすべて政治家としては落第であり、無能であったと痛罵することができたのは、まさに以上述べられたような觀點に立ってであった。そしてこの人たちと對比してプラトンは、この對話篇の終り近くで、對話人物のソクラテスに、
「アテナイ人のなかで、眞の意味での政治の技術に手をつけているのは、ぼく一人だけだとはあえて言わないとしても、その數少ない人間のなかの一人であり、しかも現代の人たちのなかでは、ぼくだけが一人、ほんとうに政治らしい政治の仕事を行っているのだと思っている」(五二一D)
と言わせているのである。そしてこのソクラテスとは、法廷における「辯明」からも明らかなように、アテナイ市民の一人一人の精神ができるだけすぐれたものとなるように、その德に向って彼らの魂の面倒をみることを、神から托された彼一生の使命として語っていたのである。けれどもまた、そのソクラテスは、ダイモンの禁止に從って、一生涯、私人として行動し、市民の義務として止むを得ない場合以外は、公共の仕事に携わることを極力避けていた人な

のである。しかるにその彼が、いまプラトンによって眞の政治家だと言われるのは、一體どういうことなのであろうか。プラトンは、ペリクレスを始めとして、かの高名なアテナイの政治指導者たちを、彼らが指導し教導してきたところの、まさにその國民によって、彼らは追放されたり、その他の處罰を受けたりしたのだという理由でもって、非難しているようである。つまり、ちょうど家畜の管理人たちが、温順な動物を引き取っておきながら、飼育の結果は、反ってこれを、自分たちに嚙みついたり、角で突いたり、また足で蹴とばしたりするような、粗暴なものにしてしまったとすれば、そういう管理人は、管理人としては無能であると言わなければならないように、彼ら人間の牧者である政治家たちも、國民大衆を以前よりも善良なものにしなかったがために、そういう不幸な目にあわされたのであるから、彼らは政治家としては無能であったのだと、結論しているように見える。しかしそれなら、ソクラテスにしても、彼が一身一家の利害を省みずに、精神の面倒をみてやっていたところの、まさにその市民たちによって、彼は法廷へ連れ出され、死刑に處せられたのであるから、いまの論法に従うなら、ソクラテスも同様に、無能な教育家であり、彼を眞の政治家であるなどとは言えないはずであろう。その點では、ソクラテスも、さきの政治家たちも、全く同じだと思えるのに、前者は賞讃され、後者は非難されているのは、一體どういうわけなのであろうか。對話人物のカルリクレスが一言洩らしているように（五一五Ｅ）、これをプラトンの黨派心から、つまり急進的な民主政治に對する彼の反感から説明することは[1]、あまりにも皮相な解釋であると言わねばならないであろう。非難されているのは、民主派の政治家たちばかりではない。「正義の人」と呼ばれたアリステイデスを除いては[2]、前五世紀のアテナイを實質的に指導した政治家たちのほとんどすべてが、寡頭（貴族）派であると民主派であるとを問わず、批判の俎上にあがっているからである。プラトンの批判は、もっと深い根柢から、しかも彼自身の内面の動機に根ざして、政治そのものの本質へと向けられているように思われる。それではプラトンは、眞の政治のあり方をどのように考えていたのか。

(1) cf. V. de Magalhaes-Vilhena, *Socrate et la légende platonicienne*, ch. V.
(2) アリステイデスが高く評價されていることは事實であるが(五二六B)、しかし彼がこの對話篇で要求されている意味での眞の政治家であったと、プラトンが考えていたかどうかは疑わしい。五二六B2の「研究用註」を參照。

いったいプラトンは、眞の政治家とは教育家であるべきだ、というようなことを言おうとしているのであろうか。なるほど教育の仕事は、政治のなかの重要な部門を占めるべきものにはちがいないけれども、しかしそれが果して政治家の本來の任務となるかどうかは、大いに疑わしいと思われるであろう。いな、われわれにはむしろ、個人の道徳的向上をつかさどる教育の仕事と、國家社會全般の支配統制をめざす政治の仕事とは、ほとんど無縁に近いもののようにさえ見えるのである。それならば、このプラトンの主張も、例のあまりにも理想主義的な、空理空論にすぎないと言わねばならないのであろうか。むろんしかし、このプラトンの主張を正しく理解するためには、彼が生きていた古代ギリシアの都市國家(ポリス)の實態と、そのなかで營まれた市民生活の實狀とを、充分に心得ていなければならないのであって、それを直ちにわれわれ現代に生きる者の立場で、つまりわれわれにおける國家と個人の關係から理解しようとするのは、早計であると言われるかもしれない。われわれにおいては、いわゆる政治活動をすることと、一般の市民として日常の行動をすることとは、全く切り離されているけれども、古代ギリシアの都市國家においては、特にそれが民主制をとる場合であればなおさらに、市民(ポリテース)としての活動をすることが、とりもなおさず政治活動すること(ポリテウエスタイ)であり、市民の生活は國家公共の生活を離れては、本質的にはほとんど考えられなかったと言っても、それほど言いすぎではないからである。したがって、個人のよき生き方を問題とする「エチカ」

(倫理道徳)は、そのまま「ポリチカ」(政治)につながるのであり、両者は不即不離のものとして考えられていたわけなのである。だから、その意味では、市民の一人一人を道徳的によりすぐれた人間にするということが、政治の要諦であると考えられたとしても、それは別に驚くことではなかったのかもしれない。

しかしながら、そのように都市國家という背景のもとで考えるときに、このプラトンの主張はよりよく理解されるのだとしても、だからといって直ちに、彼の主張そのものが、そのような背景の理解だけで、明らかにされたとは言えないであろう。しかしこの點については、また別に、いま言われたような政治觀、つまり個人の一人一人を道徳的に完成して、そしてそのようにして完成された個人の集合によって、理想の社會をつくろうとするのは、むしろ歴史上のソクラテスの考え方であって、プラトンの政治觀はそれとは別のものであり、つまり彼は、あるがままの人間を受け入れながら、それぞれの人間がその資質に應じて最善の機能を發揮できるような、そういう國家組織(國制)をつくることの方を考えていたのだ、という風に解釋する人たちもあるのである[1]。けれども、ソクラテスとプラトンとをそのように截然と區別して、前者は個人を中心にして考え、後者は國家組織に重點をおいて考えたのだという風に、單純に割り切ってよいものかどうか、それははなはだ疑問であるように思われる。なるほどプラトンは、後にはそのような方向へも考えを發展させたことは事實であるとしても、しかしその始めにおいては、ソクラテスの考え方を確認するところから出發したにちがいないし、そしてそのソクラテスの生き方のなかに、プラトンは眞に國家公共のために働く人の姿を、つまり本當の政治家のあり方を見たと考えるべきではなかろうか。

(1) cf. Cornford, *The Unwritten Philosophy*, pp. 58 sqq.

そこでわれわれとしては、ソクラテスこそ眞の政治家であるというプラトンの言明の眞意を理解するために、『辯明』のなかで語られているソクラテスの言動を振り返って、そこからもう一度考え直してみることにしたいと思う。そしてその『辯明』のなかでも特に、ソクラテスが、例のデルポイの神託の謎を解くために、まず一人の高名な政治家を訪ねて、彼と問答を交わしたときのことを思い出してみることにしよう。そのときソクラテスの發見したのは、周知のように、その政治家が、他の點では賢い人間であったにもかかわらず、實は、一番肝心なこと、善美のことがらについては、全く無知であり、しかもその無知を自覺しないで、反って自分ではそれを知っているかのように思い込んでいる、ということなのであった。ソクラテスが見抜いたその一番肝心なことについての無知というのは、おそらく、政治の眞の目的が何であり、それは如何にして實現されるかについて、その政治家が本末顚倒の思い違いをしている、ということであったろう。というのはつまり、後の箇所(三六C)でも言われているように、彼ら現實の政治家たちが、國家それ自體よりも、たんに國家に附屬するだけのものの方を優先して、その方にばかり氣を使い、國民一人一人をできるだけすぐれた人間にするという、一番重要な仕事をなおざりにしていたからであろう。このことをさらに、この對話篇のなかで述べられていることによって、もう少し具體的に說明してみるなら、彼ら政治家たちは、城壁や船渠や、軍船や貢租などによって國内を充たすなら、それが國家を偉大にする道であると單純に信じて、ただもうむやみやたらに國家を膨脹させようとするだけであって、國民の心のなかに正義や節制の德を植えつけるという、政治家本來の任務を忘れていたからであろう(五一七B—五一九A)。あるいはまた彼らは、政治というものを、たんに權力を目あてとした人を相手の掛引きだけのものと考えて、「自分たちの個人的(ないしは黨派的)な利益のために、國家公共のことは無視しながら、國民大衆をまるで子供扱いにして」いたからであろう(五〇二E)。しかるにその彼らは、眞の權力とはどういうものであるかを知らず、また何がほんとうに國家社會のためになり、一身一家の利益になるかも理解していなかったのである。そこで、『辯明』のソクラテスは、このような政治家たちの根本的な思い違いを暴露し、また他の人たちの無知をも明らかにした上で、さらにすすんで積極的に、知を愛し求めること、つまり哲學することの必要を說いて、次のように勸告して廻ったと言われているのである。すなわちその勸告とは、一言でいえば、德に留意するようにということであった。つまり、一人一人の人間が自分の精神をできるだけすぐれたものにし、そして思慮のある者となるように、ということだったのである。なぜなら、精神がすぐれていてこそ、權力も財產も、地位も名聲も、そしてその他の善きものも、はじめて本當の意味でひとの役に立つ善きものとなるのであって、その逆ではないというのが、ソクラテスの確信だったからである。『ゴルギアス』における政治批判の骨子も、煎じつめれば、結局、この『辯明』に語られていることに盡きるといって過言ではないであろう。

ただ『ゴルギアス』においては、そのソクラテスの考えが、プラトン自身の反省と考察によって、より廣い視野で、またより深い根柢から、證明され、確認されているわけなのである。すなわち、いまの德の問題についていえば、それまでの初期對話篇においてプラトンは、個々の德目を主題にえらんで、それの何であるかを問い、また德目相互の關係について吟味してきたのであるが、この對話篇では、それらの考察の結果をある程度綜合するとともに、これをさらに、身體や道具などのすぐれたあり方とも比較し、また天地自然の構成原理にもなぞらえることによって、德とは魂の內的な秩序や調和であるという風に規定し、そしてこれが人間の幸福の根本的な條件であることを立證しているわけである。

また、現實政治を批判する根據となった快と善の區別についても、この問題がプラトンによって眞正面から取り上げられて考察されたのは、この對話篇が始めてであると言ってよいだろう。ただここでは、快苦そのものについての生理學的ないしは心理學的な分析とか、あるいは肉體的快樂以外の精神的快樂や、苦痛を前提としない純粋な快樂などについての考察は、まだ行われてはいないけれども、しかし快と善、苦と惡が同一のものではあり得ないということは、論理的には一應證明されていて、その證明は、カルリクレスの主張するような通俗の快樂主義を否定するのには、充分であったと言えるであろう。

さらに、「不正を行う方が、不正を受けるよりも、より醜いことであり、またより惡い(害になる)ことである」というソクラテスの命題は、それはすでに『クリトン』(四九B)のなかでも述べられていたことではあるが、しかしそこでは、不正を行うのは、それを行う人の魂を害するという形で、ごく簡單に説明されていたにすぎないのに、この對話篇においては、その命題は美醜の概念の分析を通して、詳細に論證されることになるのである。そしてまたその論證によって、『辯明』の終り近くで語られていた、「善き人には、生きているときも、死んでからも、惡しきことは一つもない」(四一D)というソクラテスの信念も、確固とした基礎を與えられるのであるが、そのことはさらに、この作品の最後に附け加えられている、あの世の裁判と賞罰の應報についてのミュートスによっても、補強されているのである。そして『辯明』のソクラテスは、「あの世のことについてはよく知らないから、その通りにまた知らないと思っている」(二九B)といい、あの世に本當の裁判官がいるということについても、一つの言い傳え、一つの希望として語っていたにすぎないのであるが、それが今や、たんなる「老婆の作りごと」ではなしに、「本當の話」(ロゴス)として語られることになるのである。

このようにしてプラトンは、『ゴルギアス』のなかにおいて、ソクラテスの命題の一つ一つを證明し、それの正しさを確認しているわけである。たしかに、それらの命題はどれも、たんにポロスやカルリクレスばかりではなく、世の大多數の人にとっても、全くの逆說と見えたであろう。しかしそれが決して逆說ではなく、文字通りの正說であることを人々に證明しようとしたのが、この作品におけるプラトンの仕事だったのである。むろんしかし、その證明はこの『ゴルギアス』で完了したのではなく、それはある意味でプラトンの一生を通じて行われつづけたと言えるかもしれない。たとえば、本書のテーマの一つである正と不正の問題についても、それは再び『國家』のなかで取り上げられて、正しい人が本當に幸福であるかどうか、つまり正義の德は、それからもたらされる評判や名聲などを切り離しても、果してそれだけで人の利益になることかどうかという形で、もう一度始めから徹底的に考察されていることは周知の通りである。また快と善の關係についても、さきに言われたような、それの綿密詳細な分析は、後期作品の『ピレボス』まで待たなければならないであろう。なお、死後の人間の運命に關することについても、本書のミュートスでは、裁判と賞罰のことがごく簡單に語られているにすぎないが、『パイドン』や『國家』のミュートスでは、さらにそれに加えて、魂の不死ということを前提にしながら、あの世における魂の遍歷とその體驗、新しい生活の選擇、魂の生れかわりなどのことが、詳しく語られることになるのである。

けれども、ソクラテスの命題の正しさは、この『ゴルギアス』において一應證明されていると言ってよいであろう。そしてその證明によって、プラトンはあらためてもう一度ソクラテスのために辯明を行っているのであるが、それはすでに言われたように、ソクラテスの生き方を選んだ彼自身のための辯明でもあったのである。この對話篇は一種の「哲學のすすめ」で終っているのであるが、その結び近くに、ソクラテスはカルリクレスに向ってこう言っている。

「ぼくたちはそのようにして共に德を修めてから、その上で始めて、もしそうすべきだと思われるなら、政治の仕事に乘り出すことにしよう」(五二七D)

と。この言葉はおそらく、政治か哲學かについての、かなり長い期間にわたる内面の戦いの後で、プラトンが自分自身の生き方について下した結論でもあったのではなかろうか。そしてそれ以後のプラトンは、この對話篇で確立されたロゴスを「人生の道案内人として」（五二七E）、ソクラテスの説いた「その本當の哲學を讃えながら」（『第七書簡』三二六A）、新しい人生を生きることになったのであろう。そしてこの生き方こそ、本當の意味で國家公共のために盡くすことになるのだという自覺が、ソクラテスを眞の政治家であると彼に言わせることになったのだと推測されるのである。そこから、『國家』（四七四D）や『第七書簡』（三二六A）に語られている、あの有名な「政治と哲學の一致」という考え方へ至るまでは、あとほんの一歩のことであったと言えるであろう。

のちに新プラトン派の學園で、プラトンの對話篇のいくつかが定期的に講義されたとき、まずプラトン哲學の入門書として『アルキビアデス第一』がとり上げられ、次いで二番目にこの『ゴルギアス』が講義されたと言われている。(1) 彼ら新プラトン派の人たちが、プラトンの對話篇をこの順序で讀まねばならないとした理由は、充分に納得のいくものではないけれども、しかしこの順序で——そしてその次には、彼らの言うように『パイドン』ではなく、『國家』という順序で讀むということとそのことは、プラトンの現實政治にたいする考え方の變化を知るための、一番正統な方法であるように思われる。

（1） cf. Anonym. *Proleg. in Plat. Phil.* xxvi (Hermann, pp. 219—220), Olymp. *In Plat. Gorg. Comm.* prooim. 6 (Norvin pp. 4—5).

ゴルギアス

——弁論術について——

登場人物

カルリクレス
ソクラテス
カイレポン
ゴルギアス
ポロス

紀元前五世紀の終り近く
アテナイのある公共の建物の廣間において

四四七A カルリクレス　やあ、ソクラテス、爭いごとや喧嘩のかかりあいなら、そうすべきだということですがね。
ソクラテス　え？　それではいわゆる「あとの祭」で、ぼくたちはおくれて來たっていうわけかね？
カルリクレス　そうなんですよ。それも、大へん優雅な祭にねえ。というのは、ほんのついさっきゴルギアスが、いろいろと見事な辯論ぶりを、われわれにみせてくれたんですからね。
ソクラテス　だがね、カルリクレス、そういうことになったのは、ここにいるこのカイレポンの責任なんだよ。この人のために、ぼくたちはアゴラ*で、やむなく手間をとらされたもんだからね。
B カイレポン　いや、そんなことは何でもありませんよ、ソクラテス。ぼくがまたその償いはつけますから。というのもぼくは、ゴルギアスには懇意にしてもらっているのです。だから、今がよければ今でも、またなんなら、次の機會にでも、ぼくたちはその辯論ぶりをみせてもらうことにしましょう。
カルリクレス　ほう、すると、どうだっていうのかね、カイレポン。ソクラテスさんは、ゴルギアスの話が聞きたいのかね。
カイレポン　まさにそのためにこそ、ぼくたちはここにこうして來ているのだよ。
カルリクレス　そうか、それなら、もし君たちが、ぼくの家へ來るつもりがあればね……。ゴルギアスは、ぼくのところに逗留しているのだし、それで君たちは、その辯論ぶりをみせてもらえるだろうから。
ソクラテス　いや、これはどうもありがとう、カルリクレス。しかし、果してあの人には、ぼくたちと一問一

C
答で話をしてくれるつもりがあるだろうか？　というのもぼくは、あの人が持っている技術には、いったいどんな力があるのか、またあの人が世に公言して教えているのは、どんなことなのか、それをあの人の口から直接に聞いてみたいのだがね。で、それ以外の、辯論ぶりの方は、君のいうように、また次の機會にでも、みせてもらうことにしよう。
カルリクレス　いや、それは、當の本人に訊ねてみるに越したことはありませんよ、ソクラテス。なぜなら、そのことだって、あの人のみせどころの一つだったのですから。とにかく、今しがたもあの人は、その場に居合せた者のだれでも、何なりと好きなことを、質問するように命じていたんだし、そしてどんなことにでも、答えてやろうと言っていたんだから。
ソクラテス　ああ、これはほんとに、いいことを言ってくれた。——さあ、それでは、カイレポン、あの人にひとつ訊ねてもらいたい。
カイレポン　何を訊ねましょうか？
D
ソクラテス　何者かということをだ。
カイレポン　とおっしゃると、それはどういうことでしょう？
ソクラテス　たとえばだね、かりにもしあの人が、履きものを作る人だとすれば、むろん、自分は靴屋であると、君に答えてくれるだろうと思うが、まあそんなところだよ。それとも、ぼくの言うことが、わからないかね。
カイレポン　いいえ、わかります。それでは、訊ねてみることにしましょう。

** どうぞ、ゴルギアス、いってみてください。ここにいるこのカㇽリクレスの話だと、ひとがあなたにどんな質問をするとしても、あなたはそれに答えてやると公言しておられる、ということですが、それは本当でしょうか。
四四八A **ゴルギアス** ああ、本当だとも、カイレポン。というのは、今しがたもちょうどそのことを、公言していたばかりだからね。それにまた、こう言ってもいいのだよ。長い年月の間、いまだかつて誰一人、何一つとして目新しいことを、わたしに質問した者はなかったのだ、とね。
カイレポン そうしますと、ほんとうにあなたは、造作もなく答えてくださるんでしょうね、ゴルギアス。
ゴルギアス 君はそれを試してみてもいいのだよ、カイレポン。
ポロス いや、ゼウスに誓って、それは全くそのとおりだとも。だがね、カイレポン、もしよければ、ぼくを試してみてはどうかね。それというのもぼくには、ゴルギアスさんはもうすっかり疲れておられるように、見受けられるからだ。さっき、くわしい話をたくさんされたばかりだからね。
カイレポン え？ なんだって？ ポロス。それでは君は、ゴルギアスさんよりももっと上手に、答えられるとでも思ってるのかね。
B **ポロス** しかしそんなことが、どうして問題になるんだろう。とにかく、君にさえ満足のゆくように答えることができれば、それでいいじゃないのかね。

カイレポン　いや、それならそれでもかまわないよ。さあ、それでは、せっかく君が望むことだから、ひとつ答えてもらうことにしようか。
ポロス　さあ、質問してごらん。
カイレポン　よし、それでは、質問させてもらおう。――いまかりにゴルギアスさんが、その兄弟のヘロディコス*と同じ技術の知識をもっている人だとしたら、われわれはこの人を何と呼んだら、正しいのだろうか。その場合はむろん、その兄弟の人と同じ名前で、呼ばなければならないのではないか。
ポロス　それは全くそうだ。
カイレポン　したがって、この人はお醫者であると言えば、それで適切な言い方をしたことになるだろう。
ポロス　そうだ。
カイレポン　ではまたかりにこの人が、アグラオポンの子のアリストポンや、彼の兄弟(のポリュグノトス*)と同じ技術に心得のある人だとしたら、われわれはこの人を何と呼んだら、間違いないのだろうか。
C
ポロス　それはむろん、肖像畫家とだ。
カイレポン　ところで實際には、この人はどんな技術について知識のある方なのかね。從ってまた、われわれはこの人を何と呼べば、間違いない呼び方をすることになるだろうか。
ポロス　カイレポンよ、人類のもつ數多くの技術は、經驗のなかから、その經驗を通して發見されてきたものなのだ。なぜなら經驗は、われわれの生活が技術の指針に從って進むようにさせるが、これに反して無經驗は、行きあたりばったりの偶然にまかせるからだ。ところで、それら技術のそれぞれ別々のものを、それぞれの人が、それぞれの仕方で身につけているわけだが、しかし、一番すぐれた技術を身につけているのは、一番すぐれた人たちである。で、ここにおられるゴルギアスさんにしても、その一番すぐれた人たちの一人であって、技術のなかでも、一番立派なものを持っておられるのだ。*
D ソクラテス　うむ。これはなるほど、ゴルギアス、演説に對しては、ポロスはなかなか立派に準備ができ上っているようですね。でも、今はそれだけではだめなのです。なぜって、カイレポンに約束したことを、彼は果していないのですから。
ゴルギアス　というと、それはいったい、どうしてですかね、ソクラテス。
ソクラテス　質問されていることには、彼は全然答えていないように、ぼくには見えるのですがね。
ゴルギアス　それでは、もしよければ、あなたがこの人に訊ねてみては?
ソクラテス　いや、それよりもですよ、あなた自身が、答えてやろうという氣持になってくださるのならねえ。ぼくはむしろ、あなたにお訊ねできれば、その方がずっとうれしいのです。というのもポロスは、彼のいまの話しぶりから察しても、一問一答で話をすることよりは、むしろいわゆる辯論術の方に、精を出してきたのだということが、ぼくにははっきりとわかりましたからね。
E ポロス　とおっしゃるわけは、どういうことでしょうか、ソクラテス。
ソクラテス　どういうわけって、それはこうなんだよ、ポロス。カイレポンが訊ねているのは、ゴルギアスさんは何の技術について知識のある方か、ということだのに、君はまるで、誰かがそれの悪口でも言ってるかのように、この人の技術を賞めるばかりで、その技術がいったい何であるかを、答えてはくれなかったからだよ。

ポロス　だからそれは、一番立派な技術だと答えたじゃありませんか。
ソクラテス　うん、それはたしかに答えてはくれたよ。しかしだれも、ゴルギアスさんの持っておられる技術が、どんな性質のものであるかを訊いてやしないのだ。そうではなくて、それは何であるか、そしてゴルギアスさんを何と呼んだらいいのか、その點を訊ねているのだ。さきほどカイレポンが、君のために例をあげて質
四四九A 問していたときには、君は彼に對して適切に、しかも短い言葉で答えていたのだが、ちょうどそのとおりに今も、その技術とは何であり、そしてわれわれはゴルギアスさんを何と呼んだらいいのか、それを言ってみてくれたまえ。いや、それよりもむしろ、ゴルギアス、どうか、あなた自身で言ってみてください、あなたは何の技術について知識のある人であり、それであなたを何と呼んだらいいのかを。
ゴルギアス　辯論術のです、ソクラテス。
ソクラテス　そうすると、あなたを辯論家と呼べばいいわけですね。
ゴルギアス　そうです、それもすぐれた辯論家だとね、ソクラテス。もしもあなたに、ホメロスの言いぐさではないが、*「われこそは……」と誇りにしているところの名前で、わたしを呼んでくれる氣持があるのでしたらね。
ソクラテス　いや、それはその氣持はありますとも。
ゴルギアス　それなら、そう呼んでください。
B ソクラテス　それではまたあなたは、ほかの人たちをも辯論家にすることができるのだと、こうわれわれは言ってもいいのでしょうね。

ゴルギアス　それは事實、ここだけではなくて、よその土地においても、わたしの公言していることなのです。
ソクラテス　では、どうでしょうか、ゴルギアス。いまわたしたちが話し合っているような風に、一方は質問し、他方はそれに答えるというやり方を、これから先もつづけてもらって、ポロスもちょうどやりかけていたような、あのひとりで長い話をすることの方は、また今度の機會まで延ばしていただく、ということにしてもらえるでしょうか。……いや、それはもう約束ずみのことだから、その約束にそむかないで、質問には短く答えることにきめてください。
ゴルギアス　答えのうちには、ソクラテス、どうしても、長い言葉を使わなければならないものも、あるのです。でもまあ、できるだけ短い言葉で、答えるようにしてみましょう。というのも實は、このことだってまた、わたしの主張していることの一つなのですから。つまり、同じことを言うのに、わたしより短い言葉で言える者は、だれ一人あるまいということもね。
C
ソクラテス　ええ、それを今はお願いしたいですね、ゴルギアス。それではどうか、まさにそのことを、つまり短い話しかたの方を、やってみせてください。長い話しかたの方は、また今度の機會にでもしてもらうことにして。
ゴルギアス　ええ、とにかく、やってみることにしましょう。そうすればあなたは、これ以上に短い言葉で話すのを、まだ誰からも聞いたことがないと言われるでしょうからね。

＊

D ソクラテス　さあ、それでは、いいですか、あなたは辯論の技術の識者であり、そしてほかの人をも辯論家にすることができると主張しておられるのだから、それなら、その辯論術というのは、およそ存在するもののうちの、何に關係があるのですか。たとえば、織物術は、着物の製作に關係がありますね、そうでしょう？
ゴルギアス　そう。
ソクラテス　それではまた、音樂の技術も、歌曲を作ることに關係があるのではないですか。
ゴルギアス　そう。
ソクラテス　これは何ともほんとうに、ヘラの女神に誓っていいますが、*ゴルギアス、あなたのそのご答辯には全く感心してしまいますよ。あなたはできるだけ短い言葉で、答えてくださっているんですからね。
ゴルギアス　ええ、たしかに、ソクラテス、わたしとしては、そのことを相當うまくやっているつもりですからね。
ソクラテス　ええ、結構ですとも。さあ、それでは、どうか辯論術についても、その調子で答えてみてください。それは、およそ存在するもののうちの、何についての知識ですかね。
E ゴルギアス　言論についてですよ。*
ソクラテス　と言われると、それはどんな種類の言論のことですか、ゴルギアス。果してそれは、病人はどのように養生すれば健康になることができるか、ということを明らかにする言論でしょうか。
ゴルギアス　それはちがいます。
ソクラテス　してみると辯論術は、少くともあらゆる種類の言論に關係があるわけではないのですね。

ゴルギアス　ええ、むろんそうではないです。
ソクラテス　でもしかしそれは、人びとを話の上手な者にするのですね。
ゴルギアス　そう。
ソクラテス　では、その話す事柄について、思慮のある者にもするのではないですか。
ゴルギアス　それはもちろんです。
四五〇A **ソクラテス**　ところで、どうでしょう、いま話に出ていた醫術は、病人のことについてなら、人びとを思慮のある、話の上手な者にするのですか。
ゴルギアス　それはきまったことです。
ソクラテス　してみると、醫術もまたどうやら、言論に關係があるようですね。
ゴルギアス　そう。
ソクラテス　そしてその言論というのは、病氣についての言論なんですね。
ゴルギアス　たしかに。
ソクラテス　それではまた體育術も、言論に關係があるのではないですか。つまり、身體の状態の良い、惡いについての言論に。
ゴルギアス　全くです。
ソクラテス　さらにまた、その他のもろもろの技術にしても、それは同じことでしょう、ゴルギアス。つまり、
B それらの技術のどれもが言論に關係があるのであり、そしてその言論というのは、ちょうどそれぞれの技術の

對象となっているものを取扱っているわけです。
ゴルギアス　そう見えますね。
ソクラテス　それならばですよ、なぜいったいあなたは、その他のもろもろの技術を、それらはどれも言論に關係があるのに、辯論術とは呼ばないのですか。いやしくもあなたが、言論に關係のある技術なら、何であろうと、これを辯論術だと呼ぼうとしておられるのならね。
ゴルギアス　それはね、ソクラテス、その他のもろもろの技術の場合には、その知識は、言ってみればその全部が、手仕事とか、その他そういった類《たぐい》の行爲に關係があるのだが、これに反して辯論術には、そのような手仕事でなされることは一つもなくて、その技術の活動全體が、またそれが行う仕上げも、言論を通じてなされ
C
るからです。そういう理由でわたしとしては、辯論の技術こそ言論に關係があると主張しているのだが、それに間違いはないはずだと、とにかくわたしとしては言いたいところなのです。
ソクラテス　それではもうこれでぼくには、あなたが辯論術をどのようなものだと主張されようとしているかが、わかったことになるのでしょうかね？　でもすぐに、もっとはっきりと理解できることになるのかもしれません。とにかくまあ、答えてもらうことにしましょう。――われわれはいろいろな技術をもっているのですね、そうでしょう？
ゴルギアス　そうです。
ソクラテス　ところで、これはぼくの考えなのですが、技術全體の中で、その或る種のものにおいては、實際

の行動が主となって、言論は僅かしか必要としないものがあり、またそのなかには、言論を全然必要としないで、その技術の働きは、默っていても遂行されるものがいくらかあるわけです。たとえば、繪を描く技術とか、D 彫刻の技術とか、そのほかにも數多くの技術がそうでしょう。あなたが、辯論術はそれとは關係がないのだと主張しておられるのは、そういった種類の技術のことを言っておられるように思われるのですが、それとも、ちがいますかね。
ゴルギアス　いや、これはほんとうに見事な理解の仕方ですよ、ソクラテス。
ソクラテス　ところが他方、技術の中のもう一方の種類のものは、言論によって全部をなしとげて、そのほかに實際の行動を必要とすることは、全然ないといってよいか、あるいはあるとしても、それはごく僅かな程度にとどまるものです。たとえば、數論とか、計算術とか、幾何學とか、それにまた將棋・雙六の術とか、そのほかにも數多くの技術がそうでしょう。それらの中には、言論と行爲とがほとんど半々の割合になっているものもいくらかあるが、しかし大部分の技術においては、言論の方が優勢を占めています。そして一般にそれらE の技術の活動全體は、またそれらが行う仕上げも、言論によってなされるわけです。辯論術とは、そのような種類の技術にぞくするものであると、こうあなたは言っておられるようにぼくには思われるのですが。
ゴルギアス　それはあなたの言われるとおりです。
ソクラテス　でも、いいですか、斷っておきますけど、少くともいまぼくが例にあげた技術の中のどれかを、あなたは辯論術と呼ぼうとしておられるのだなんて、そんなことをぼくは毛頭考えてはいませんからね。もっとも、あなたは言葉の上では、言論によって仕上げをする技術が辯論術であるという風に言われたのだから、それなら人によっては、その議論に難くせをつけようと思えば、「そうすると、ゴルギアス、あなたは數論を辯論術だと言われるのかね」と、こう受け答えする者だってないとはいいませんけれどもね。しかしぼくは、あなたが辯論術だと言おうとしておられるのは、數論のことでもなければ、幾何學のことでもないと考えているのです。
四五一A **ゴルギアス** そう、その考えは當っていますよ、ソクラテス、そしてその受けとり方も正しいのです。
ソクラテス さあ、それなら、あなたの方も、ぼくの訊ねていたことに答えて、決着をつけてください。というのは、辯論術とはまさに、主として言論を使用する技術の一つなのであるが、しかしそういう技術は、ほかにもまだいろいろとあることだから、何に關して、言論によって仕上げをする技術が辯論術なのか、それを言ってみるようにしてください。たとえば、さきほどぼくが例にあげていた技術の中の、どれについてでもいい
B のだが、誰かがぼくにこう訊ねるとしてみましょう。――「ソクラテスよ、數論の技術とは何か」と。その人に對してぼくは、ちょうどさきほどのあなたの答えのように、それは言論によって仕上げをする技術の一つであると、こう答えるとします。そしてもしその人が、「その技術というのは、何を對象としているものか」と、こう重ねて訊くとすれば、それに對しては、奇數と偶數とを――それぞれの數の大きさが、かりにどれだけのものであるにもせよ――それら奇數と偶數とを取扱う技術である、とぼくは答えるでしょう。
ところでまたその男が、「それなら、計算術とは、どんな技術のことを言うのか」と、こう訊くとすれば、それもまた言論によって全部のことをなしとげる技術の一つであるとぼくは答え、そしてもし、「それは何を對象としているものか」と重ねて訊くなら、それに對しては、ちょうど民會で修正決議案を提出する人たちのよ

C うに、*彼らの口調をまねて、こう答えてやるでしょう。『その他の點においては』、計算術は數論と『同じであるけれども』――というのは、それらは両者とも同じもの、つまり奇數と偶數とを取扱うからだが――しかしこれだけの相異點があるのだ。すなわち計算術というのは、奇數と偶數とが、おのおのそれらだけの間においても、またそれら相互の關係においても、數量の上でいくらになるかを考察するものである、と。
なおまたもし人が、天文學とは何かとさらに訊ねて、それもまた言論によって全部のことをなしとげるものだと答えるとき、「しかし、その天文學の言論というのは、ソクラテス、何を對象としているものか」と問うなら、それに對しては、星や太陽や月の運行について、それらの速度は相互にどうなっているかを考察するのだ、とこう答えてやるでしょう。*
ゴルギアス ええ、あなたのその答は、それで正しいわけなのです、ソクラテス。
D **ソクラテス** さあ、それでは、今度はあなたの方も、正しく答えてみてください、ゴルギアス。というのはつまり、辯論術とはまさに、言論によって全部のことをなしとげ、そしてそれを完成する技術にぞくしているわけですからね。そうではありませんか。
ゴルギアス そのとおりです。
ソクラテス では、その技術は、何を對象としているのですか、さあ、言ってください。辯論術の用いる言論の對象になっているものとは、およそ存在するもののうちの、いったい何なのですか。
ゴルギアス それはね、ソクラテス、人間に關係のある事柄のうちでも、一番重要なもの、しかも一番善いものなのです。

ソクラテス　しかしですね、ゴルギアス、そのあなたの言っておられる一番善いものということだって、人に E よってはいろいろと異論が多くて、決して明白なことではないのです。というのもあなたは、人びとが宴會の席で、次のような歌をうたっているのを、お聞きになったことがあると思う。つまりその歌では、人びとはこう歌いながら、人生の善きものを數え上げているわけです——

健康なのが一番よくて
器量のよいのがその次だ
さて三番目には

この歌の作者が言うところでは——

ごまかしせずに富むことだ

と。*
ゴルギアス　うん、それは聞いたことがありますね。しかし何のために、その歌を持ち出すんですかね。
四五二A **ソクラテス**　ええ、それはまあこういうわけです。いまかりに、この歌の作者が賞めているところの、それらの善きものを作り出す人たち、つまりそれは醫者と、體育家と、そして金儲けの法を心得ている者ということになりますが、その人たちが今すぐにでもあなたの傍に現われてきて、そしてまず醫者が、こう口を切るものとしてみましょう。――「ソクラテスよ、ゴルギアスは君をだましているのだ。なぜかといえば、人間にとって最大の善となるものを取扱っているのは、彼の技術ではなくて、それはむしろ、ぼくの技術だからだ」と。そこでぼくとしては、その人にこう訊ねることにしてみましょう。「しかし、そんなことを言う君自身は、いったい、何者かね」と。「醫者だよ」と、その男はおそらく答えるでしょう。「そうすると、君はいったいどういうつもりかね。果して、君の技術のもたらすものが、最大の善だというわけかね」と、こう訊けば、「もちろんだとも、ソクラテス。健康がそれでなくてどうするものかね。で、人間にとって、健康よりも大きな善が、何かほかにあるとでもいうのかね」と、こうその男は答えるにちがいないです。
B それからまた、醫者の次には、體育家が口を出すとしてみましょう。「いいかね、ソクラテス、それはほんとにぼくだって、びっくりするにちがいないものね、もしもゴルギアスが君に對して、ぼくがぼくの技術から作り出してみせるものよりも、もっと大きな善いものを、あの人自身の技術から、作り出してみせることができるならばだよ」と。そこでその人に向っても、ぼくはまたこう言うでしょう。「しかしそれなら、君、そういう君は、いったい何者かね。そして君の仕事は何だっていうのかね」と。「體育家さ。そしてぼくの仕事というのは、人びとを身體の面で美しく、また強くすることだ」と、こうその男は答えるでしょう。
ところで、體育家の次には、金儲けの法を心得ている者が、あたりの者一同をすっかり見下しながら――と
C ぼくは思うのですが――こう言うとしてみましょう。「まあ、考えてもごらん、ソクラテス、ゴルギアスのところにしろ、あるいは他のどんな人のところにしろ、何か富よりも大きな善いものがあるということが、君に明らかにされるところがあるだろうか」と。そこでわれわれとしてはその人に向って、こう訊ねることになるで

しょう。「それはいったい、どういうことなのかね。果して君が、その富を作る人だっていうわけかね」と。彼はそれを肯定するでしょう。「それは、君がどんな人間だからか」と訊けば、「金儲けの法を心得ている者だから」と。「そうすると、どうだっていうのかね。君は、人間にとっての最大の善は、富であると決めているのか」と、こうわれわれが訊けば、「もちろん」と彼は答えるでしょう。「しかしまあ、こっちをごらんよ。ここにおられるゴルギアスさんは、自分のところにある技術の方が、君の技術よりも、もっと大きな善いものを作り出す原因であると、異議を申し立てておられるのだ」と、こうわれわれが言えば、むろんその次には、その男は
D こう訊ねてくるでしょう。「それでは、その善いものというのは、いったい、何のことかね、ゴルギアスに答えてもらってくれ」と。
さあ、そういうわけですから、ゴルギアス、あなたは、ぼくからだけではなく、この人たちからも質問されているのだと考えて、あなたが人間にとっての最大の善であると言われ、そしてあなたこそ、それを作り出す人であると主張しておられるところの、そのものとはいったい何なのか、それをどうか答えてみてください。
ゴルギアス　それはね、ソクラテス、ほんとうの意味で最大の善であるところのものなのです。つまりそれは、自分自身のためには、人間としての自由を保つとともに、また同時に他人を、めいめい自分の國において支配するという、そういうことの原因となるものなのです。
ソクラテス　するといったい、そのものとは何だと言われるのですか。
ゴルギアス　わたしの言おうとしているのは、言論によって人びとを説得することができるということなの
E です。つまり、法廷においては陪審員たちを、政務審議會においてはその議員たちを、民會では民會に出席す

る人たちを、またその他、およそ市民の集會であるかぎりの、どんな集會においてでも、説得する能力があるということなのです。しかもあなたはその能力をもつことによって、醫者もあなたの奴隷となるし、體育家もあなたの奴隷となるでしょう。それからまたあの金儲けのうまい人だって、實は、他人のために金儲けをしていることがわかるでしょう。つまり自分のためにではなく、辯論の能力があり、大衆を説得することのできる、たとえば、ほら、あなたのために金儲けをしているわけなのです。
四五三A **ソクラテス** 今度こそどうやら、ゴルギアス、あなたが辯論術をどんな技術であると考えておられるかを、一番近いところまで明らかにしてくださったように思われます。それでもしぼくに、多少でも理解ができているとするなら、辯論術とは「説得をつくり出すもの」であって、* その仕事の全部と、それの眼目とは、結局、そのことに歸着するのだと、こう言っておられるわけだ。それともあなたには、辯論術には聽衆の心に説得をもたらすこと以上の能力があるのだと、何かそんな風に言われる理由でもあるでしょうか。
ゴルギアス いや、何もありません、ソクラテス。それはあなたの定義したとおりで充分だと思う。というのは、それがその仕事の眼目ですからね。
ソクラテス ではまあ、聞いてください、ゴルギアス。というのはつまり、いいですか、ぼくとしては、これ
B はぼくがぼく自身に言いきかせていることなのですが、ひとがお互いに話し合いをするのは、その話で問題になっている當のそのことを知りたいと思ってである、という者がもし誰かあるとすれば、このぼくもまたそういう人間の一人だということです。ところで、あなたもまたそういう人であってほしいのですがね。

ゴルギアス　で、それでいったい、どういうことになるんですかね、ソクラテス。
ソクラテス　ええ、それはこれからぼくの方で話してみましょう。ぼくとしては、そのあなたがおっしゃっている、辯論術から生ずる説得というのが、いったいどんな説得であり、またそれはどんな事柄についての説得なのか、いいですか、その點がどうも、ぼくにはもう一つ、はっきりしないものでしてね。とはいってもしかし、ぼくが考えてみて、あなたが言おうとしておられるのは、どんな説得のことであり、また何についての説得であるかということは、それは大體の見當ならつけてはいるのです。でもしかしやはり、あなたが辯論術から生ずる説得とおっしゃっているものが、いったいどんな説得のことであり、またそれは何についての説得で
C あるかを、あなたに訊ねてみることにしたいのです。
それではいったい何のために、自分では見當がついていながら、それでいて自分の方からは言おうとしないで、あなたに訊ねるようなことをするのか。それはなにも、あなたという人にどうこうしようというのではなく、このいまの議論のためにすることなのです。つまりこの議論が、いま問題になっている點を、できるだけはっきりさせる方向に、進んでもらいたいからです。それで、あなたに重ねてお訊ねするわけですが、それはそうするのも當然であると、あなたには思われないかどうか、まあよく見てください。たとえば、かりにぼくがあなたに對して、ゼウクシス*とは、畫家のなかでもどんな人かと訊ねるとします。その場合もしあなたが、彼は肖像を描く人だとぼくに答えてくださるとすれば、それに對しては、肖像のなかでもどんなものを、また何處で描いている人かと、こうあなたに訊ねるのは、これは當然なことではありませんかね。
ゴルギアス　ええ、それはたしかに當然です。

D ソクラテス　その理由は、そもそもこういうところにあるのでしょうか。つまり、ほかにもちがった肖像を、數多く描いている畫家たちが、いるということです。
ゴルギアス　そのとおりです。
ソクラテス　しかしまたかりに、ゼウクシス以外にはだれも、肖像を描く者がいないとすれば、あなたのさっきの答で、もうすでに充分だったのでしょうね。
ゴルギアス　それはもちろんそうです。
ソクラテス　さあ、それなら、辯論術についても、言ってみてください。どうですか、辯論術だけが說得をつくるのだとあなたには思われるのですか、それともまた、ほかの技術だって同じように、それをつくり出すのですか。で、それはこういう意味なのです。どんな人が、どんなことを教える場合でも、その教えることについては、說得をするわけですか、それとも、しないですか。
ゴルギアス　いや、それは、しないということはないね、ソクラテス。むしろ、誰よりも一番說得するのです。
E ソクラテス　それならもう一度、さきほど話に出ていたあの同じ技術にかえって、それらについて議論を進めてみることにしましょう。數論の技術は、そしてまたそれに心得のある人は、およそ數に關することなら何でも、われわれに教えるのではないですか。
ゴルギアス　ええ、たしかに。
ソクラテス　それではまた、說得もするのではないですか。
ゴルギアス　そうです。

ソクラテス　してみると、数論の技術もまた、「説得をつくり出すもの」なんですね？
ゴルギアス　そうらしいです。
ソクラテス　それではもし誰かが、その説得というのは、どんな性質のものであり、またそれは何についての
四五四A 説得であるかとわれわれに訊ねるなら、われわれはその人に對して、それは奇數と偶數とについて、それらがどれだけの大きさのものであるかを、教えて理解させる説得であると、こう答えるでしょう。それからまた、さっき話に出ていたその他の技術についても、それらはすべて「説得をつくり出すもの」であり、そしてその場合の説得というのは、どんなものであって、またそれは何についての説得であるかを、われわれは明らかにしてやることができるでしょう。それとも、できませんかね。
ゴルギアス　いや、できますよ。
ソクラテス　してみると、辯論術だけが「説得をつくり出すもの」ではない、ということになりますね。
ゴルギアス　ええ、それはあなたの言うとおりです。
ソクラテス　さて、それなら、そういう成果をあげるのは、なにも辯論術だけにかぎったことではなく、その他のもろもろの技術だってそうするわけですから、さきほどの肖像畫家の場合と同じように、いまのように言う者に對しては、その次には當然、こう重ねて訊ねることができるでしょう。——辯論術は説得の技術であるとしても、その説得とはいったいどんな性質のものであり、またそれは何についての説得であるか、と。それ
B とも、そんな風に重ねて訊ねることを、あなたは當然だとは思いませんかね。
ゴルギアス　いや、それは當然だと思います。

ソクラテス　さあ、それなら、その質問に答えてください、ゴルギアス、あなたもまたそれを當然だと思われるからには。
ゴルギアス　それなら言うことにしましょう、ソクラテス、それはこういう説得なのです。つまり、さっきも話していたように、法廷やその他のいろいろな集會においてなされる説得であり、また、それは何についての説得かといえば、正しいことや不正なことについてのそれなのです。
ソクラテス　ええ、それは、ぼくとしてもですよ、いいですか、あなたが言おうとしておられるのは、そういう説得のことであり、またそれらのことについての説得であろうということは、それは大體の見當ならついてはいたのです、ゴルギアス。しかしぼくが、このすぐ後で何かこんな風なことを――それはわかりきったことのように思われてはいるけれども、しかしぼくとしてはやはり、重ねて訊ねてみたいことなのだが――何かそのようなことを、あなたに訊ねるとしても、あなたが驚かれないように言っておきましょう。というのは、C くり返すことになりますが、ぼくが質問をするのは、このいまの議論が順序よく終りまでなしとげられるためであって、決してあなたという人にどうこうしようというのではないのです。いや、むしろ、ぼくたちが當て推量して、お互いの言葉を早呑込みする習慣をつけることなく、あなたはあなた自身の見解を、前提に從いながら、あなたの思うとおりに最後まで述べていただこう、というためなんですから。
ゴルギアス　ええ、そしてそれが正當なやり方だと思いますね、ソクラテス。
ソクラテス　さあ、それでは、こういう點についても、考察してみることにしましょう。どうですか、あなたは「學んでしまっている」ということを認めますか。
ゴルギアス　認めます。
ソクラテス　では、どうでしょう。「信じてしまっている」ということは。
D ゴルギアス　ええ、むろん。
ソクラテス　それでは、學んでしまっているのと、信じてしまっているのとは、つまり學識と信念とは、同じことだと思いますか、それとも別のことでしょうか。
ゴルギアス　わたしとしては、別のことだと思いますがね、ソクラテス。
ソクラテス　ええ、そう思ってもらっていいのです。しかしその點は、次のことからもおわかりになるでしょう。つまり誰かがあなたにこう訊ねるとする。「果してゴルギアス、信念には、虚僞のものと、眞實のものとがあるのか」と。あなたはおそらくそれを肯定されるだろうと、ぼくは思いますがね。
ゴルギアス　ええ、肯定します。
ソクラテス　では、どうですか。知識が、僞りであったり、また眞であったりするでしょうか。
ゴルギアス　いや、それは絶對にそんなことはありません。
ソクラテス　してみると、その點からしてもまた、知識と信念とは同じものではないということは、明らかですね。
ゴルギアス　それはあなたの言うとおりです。
E ソクラテス　ところで、學んでしまっている者も、また信じてしまっている者も、說得されていることには變りはないのですね。
ゴルギアス　そのとおりです。
ソクラテス　それでは、よければ、説得には二種類あるとしてみましょうか。一つは、知識の伴わない、信念だけをもたらすものであり、もう一つは、知識をもたらすものであると。
ゴルギアス　ええ、それでいいでしょう。
ソクラテス　それなら辯論術は、法廷やその他のいろいろな集會において、正や不正に關する事柄を取扱うにあたって、いったい、どちらの説得をつくり出すのでしょうか。それは知ることなしに、信ずることだけが生ずる説得なのですか、それとも、知ることになる説得の方ですか。
ゴルギアス　それはむろん、ソクラテス、信ずることになる説得の方でしょうね。
455A
ソクラテス　そうするとどうやら、辯論術というのは、正邪に關して、それを教えて理解させるのではなく、たんに信じこませることになるような、そういう「説得をつくり出すもの」のようですね。
ゴルギアス　そうです。
ソクラテス　したがってまた辯論家というのも、正しいことや不正なことに關して、法廷やその他の集會を教えることのできる人ではなく、ただ信じさせることができるだけの人間なのですね。というのはむろん、あれだけ多く集っている人たちに、しかもそんなに重大な事柄を、短時間のうちに教えるなんていうことは、これはとてもできないことでしょうからね。
ゴルギアス　ええ、それはたしかにできないことです。

*

ソクラテス　さあ、それでは、ぼくたちは辯論術について、果していったいどんなことを言おうとしているのか、B それをもう少し調べてみることにしましょう。というのは、いいですか、實はぼく自身でもまだ、自分では何を言おうとしているのか、よく理解できないでいるのですから。

國家が醫者とか、船大工とか、その他なにかほかの部類の專門家を公務のために雇おうとして*、その銓衡の會議を開くような場合、その時には、どうでしょうか、辯論の心得ある者だからといって、その評議にあずかるということはないでしょうね、そうではありませんか。というのはむろん、それぞれの銓衡にあたっては、その技術に一番明るい人が選ばれるべきだからです。同じようにまた、城壁の構築とか、港灣や船渠の建設に關して、會議がもたれる場合にも、勸告をするのは、辯論家ではなくて、建築家たちでしょう。さらにはまた、敵に對する軍隊の配置とか、陣地の占領とかに關して、指揮官を任命する討議が行われる場合にも、そのときに意見を述べるのは、軍事委員の職にある人たちであって、辯論の心得ある者たちではないでしょう。C それとも、それらのことに關しては、ゴルギアス、あなたはどう言われるのですか。というのも、あなたは自分が辯論家であるし、またほかの人たちをも辯論の心得ある者にすることができると主張しておられるのだから、それなら、そのあなたの技術によってもたらされるものを、あなたの口から聞くのは、これは妥當なことでしょうからね。

そして今はぼくとしても、あなたの利害のことをも眞劍に考慮しているのだと、考えてくださいよ。それというのもおそらく、この部屋の中にいる者たちのうちには、あなたに弟子入りしたいと思っている人だって、あることでしょうからね。そんな人が、ぼくの見るところでは、おそらく數人は、いや、相當の數いるようなのです。もっともその人たちは、多分遠慮をして、あなたにしつこく訊ねるようなことはしないのでしょうけ
D れどもね。だから、ぼくから重ねて質問を受けられるとすれば、それはまたその人たちからも重ねて質問されているのだと、そう考えてください。で、それはこういう質問なのです。――「ゴルギアスよ、あなたのもとで勉強するなら、われわれはいったい何を得ることになるのか。どんな事柄について、われわれは國家に提案することができるようになるのか。それはただ、あの正や不正についてだけのことだろうか。それとも、今しがたソクラテスが話していた事柄についても、提案することができるようになるのだろうか」とね。――さあ、それでは、その人たちに答えてやるようにしてみてください。
ゴルギアス　ああ、いいですとも、それならわたしの方で、ソクラテス、辯論術がもっている力の全部を、包みかくさずに、はっきりとあなたに見せてあげることにしましょう。ちょうどいい具合に、あなたの方から話のいとぐちを見つけてくれたのですからね。というのはつまり、むろんあなたは百も承知だとは思うけれども、
E あそこにあるあの船渠も、アテナイ人のもつ城壁も、また港灣の施設も、それらはすべてテミストクレスの提案にもとづいて生れたものだし、またその一部は、ペリクレスの提案によってできたものであって、決して職人たちの意見によって生れたものではないのです。*
ソクラテス　ええ、それは、テミストクレスについては、そんな風に言われていますね、ゴルギアス。また、ペリクレスの方なら、彼が「中の城壁」*のことでわれわれに勸告していたときに、ぼくも直接、彼から話を聞

いたのです。
四五六A　ゴルギアス　だから、あなたがさきほど話していた人たちの、銓衡かなにかが行われるような場合にも、ソクラテス、あなたも見るとおり、それらのことについて提案し、そしてその動議を通す人たちは、辯論家なのです。
ソクラテス　それを不思議に思っているからこそ、ゴルギアス、さきほどから何度もぼくは、辯論術の力とはいったいどういうものなのかと、訊いているわけなんですよ。そんな風に見てくると、その力の大きいことは、とても人間業ではないようにぼくには見えるのですがね。
ゴルギアス　ああ、あなたが、何もかもわかっていてくれるのでしたらねえ！　ソクラテス。つまり辯論術は、言ってみれば、ありとあらゆる技術の力を一手に収めて、自分のもとに従えているのだということをね。で、
B　その立派な證據をあなたに話してあげよう。わたしとしてはこれまでに何度も、わたしの兄弟（のヘロディコス）や、その他の醫者たちと一緒に、彼らの患者の中で藥をのもうとしなかったり、あるいは醫者に身をまかせて切ったり燒いたりされるのを肯んじないでいる病人のところへ、行ったことがあるのです。そしてそのとき、當の醫者が説得できないでいるのを、わたしの方で説得してやったものです。それはほかでもない、辯論術を用いてなのです。さらにまた、言わせてもらうなら、いまかりに辯論の心得ある者と醫者とが、あなたの望むどの國へでも出かけて行って、民會でなり、あるいはその他のどんな集會においてでなり、彼らのうちのどちらが、公務のために働く醫者として選ばれるべきかを、言論によって競争しなければならないとしてみましょ
C　う。その場合、醫者は全くものの數ではなくて、辯の立つ人の方が、もしその氣になりさえすれば、選ばれる

ことになるでしょう。それはまた、他のどんな専門家を相手にして爭う場合でも同じであって、辯論の心得ある者の方が、他のどんな人よりも、自分が選ばれるように說き伏せることができるはずです。なぜなら、どんな事柄についてであろうと、大衆の面前でなら、辯論の心得ある者が、他のどんな專門家に比べても、より說得的に語ることのできないような問題は、何一つないからです。實際、その技術の力というのは、それほどに大きなものであり、またそのような性質のものなのです。
しかし、だからといってですね、ソクラテス、辯論術を用いるのにも、ほかのどんな格鬪の術を用いる場合
D と、同様な心掛けがなければならないのです。というのは、ほかの格鬪の術にしても、それを學んだからといって、だれかれの見境いもなしに、どの人に向ってでも、これを用いるべきではないからです。つまりボクシングや、パンクラチオン*や、また武器をとって戰うことを學んだので、そこで、味方にも敵にも負けないほどに強くなったからといって、その故に味方の者たちを毆るとか、突き刺すとか、または殺すとかいうことがあってはならないからです。それにまた他方、ゼウスに誓っていいますが、もし人が相撲場に熱心に通って、いい身體つきとなり、拳鬪がうまくなったものだから、そこで自分の父や母を、あるいはその他家族や友人たち
E のうちの誰かを、毆ることがあるとしても、それだからといつて、體育家や武器を扱うことを教える人たちを憎んだり、また彼らを國家から追放していいということにもならないのです。というのは、その人たちがこれらの術を授けたのは、敵や不正を加える者たちに對して、人びとがそれらの術を正しく用いるようにするためであって、つまり、こちらから先に手を出すのではなく、それによって自分たちの身を守るようにするためだ
四五七A ったからです。ところが、習った人たちの方がこれを逆用して、その強さとその技術とを、正しくない仕方で

使っているわけです。決して、教えた人たちが悪いのではないです。またそのことに關して、その技術に責任があるのでもなければ、その技術が悪いのでもないです。そうではなくて、それを正しく用いない人たちが悪いのだとわたしは思う。
そこで、辯論術についても、これと同じことが言えるわけです。つまり辯論家は、どんな人たちを向うに廻してでも、またどんな事柄についてでも、話をすることのできる人間である。だから彼は、大衆の前でなら、
B 要するにどんな問題についてであろうと、ほかの誰よりも說得力があるわけです。しかしながら、たとえそれができることだとしても、だからといって、醫者たちからその名聲を剝ぎとっていいわけのものではないし、またその他の専門家たちに對しても、やはりそうすることは許されないのです。いな、格鬪の術を用いる場合と同樣に、辯論術も正しく用いなければならないのです。しかしまた他方、誰かが辯論の上手な者となり、それでその能力とその技術とによって、不正を行うことがあるとしても、教えた者を憎んだり、國家から追放し
C たりすべきではないとわたしは考える。というのは、教えた方は、これを正しく使用するようにと授けたのだが、習った方が、それを逆用しているからです。だから、その正しくない仕方で使用する者を憎んだり、追放にしたり、また死刑にしたりするのは、これは當然だけれども、教えた人にそんなことをするのは、正當ではないのです。
ソクラテス　ねえ、ゴルギアス、あなたもまた討論には、いろいろと多くの經驗がおありだろうし、そしてそれらの際には、次のような事實を、充分に見てこられたことだろうと思うのです。すなわち、話し合いをする人たちは、どんなことについて話し合おうとしているのであれ、そのことについて、お互いに教えたり、教え

D られたりしながら、雙方の納得のゆくまでその事柄をはっきりさせて、そういう風にしてその對談を終りにするということは、これはなかなか容易にはできないことであって、もし何らかの點で意見を異にし、その一方が、他方の言うことの正當さを認めなかったり、あるいはその言い方は明瞭でないと言ったりすれば、そう言われた方は腹を立ててしまい、それは自分に對する競争心からそう言っているのであって、その議論で問題になっている事柄は少しも探求しようとはせずに、ただ議論に勝ちたいばっかりにそう言っているのだと、こう考えるものです。そしてなかには、結局は、とても見苦しい別れ方をする者だってあるわけです。つまり、悪態のつきっくらをして、その場合に居合せた人たちすらも、どうしてこんな連中の話を聞こうとしていたのかと、自分自身のためにやりきれない氣持になるようなことを、彼らはお互いに言ったり、言われたりしながら、別れるというわけなのです。
E　ではいったい何のために、ぼくはこんな話をするのかというと、それはつまり、いまあなたがおっしゃっていることは、あなたが辯論術について最初におっしゃっていたことと、完全に首尾一貫しているのでもなければ、また調和してもいないようにぼくには思われるからです。そこで、あなたを反駁することになるのを恐れるのですが、それはぼくの話すことが、事柄そのものを目ざして、それが明白になることを狙っているのではなく、あなたという人を目標にして、議論に勝ちたいばっかりにそう言っているのだと、こうあなたが受けと
四五八A られるのではないかという心配なのです。だからぼくとしては、もしあなたもまた、ぼくと同じような人間であるのなら、こころよく最後まであなたに質問をつづけさせてもらうが、さもなければ、これでやめることにしたいと思うのです。

ところで、そういうぼくとは、いったいどんな人間かといえば、もしぼくの言ってることに何か間違いでもあれば、こころよく反駁を受けるし、また他方、ひとの言ってることに何か本當でない點があれば、それもこころよく反駁させてもらうような、とはいってもしかし、反駁を受けることが、反駁をすることに比べて、少しも不愉快にはならないような、そういう人間なのです。なぜなら、その反駁を受けることの方が、より大きな善であるとぼくは考えているからです。それは何といっても、自分自身が最大の害悪から解放される方が、他の人をそれから解放するのよりも、善はそれだけ大きいわけだからです。というのは、いまちょうどぼくた
B ちが論じ合っている事柄について間違った考えをもつことほど、人間にとって害になることは、ほかには何もないと思うからです。
さてそれでは、あなたもまた、いま言ったような、そういう人間であると言われるのなら、ぼくたちは話をつづけることにしましょう。しかしまた、あなたはやめにする方がいいと思われるなら、この話はもうこれまでにして、ここで打ち切ることにしましょう。
ゴルギアス　いや、それはわたしだって、ソクラテス、あなたが示しておられるような、そういう人間であると言っていいのです。しかしそうは言っても、おそらく、ここにいる人たちのことをも考えておくべきだったのでしょう。というのは、實をいうと、あなたたちがここへやって來るよりもずっと前から、わたしはここにいる人たちに對して、たくさんの話をしてやっていたのです。そこで、わたしたちがこれからも話をつづける
C ことになれば、今またおそらく、話をずっと長びかせることになるでしょう。だから、ここにいる人たちの都合も考えてやらなければならないのです。彼らのなかには、何かほかの仕事にでもとりかかりたいと思ってい

る人たちがいるのかもしれないのに、それを引きとめるようなことになってはいけませんからね。
カイレポン　ゴルギアスにソクラテスさん、まあ、ここにいる人たちのこのざわめきを、自分の耳で直接に聞いてごらんなさいよ。あなた方が何かをお話しになるのでしたら、それを聞きたいと思って、この人たちは騒いでいるのですからね。しかしまあ、この人たちのことはそれとして、とにかく、ぼく自身だけのことにかぎってみても、今のような話が、しかもこんな成行きをみせているのに、それを放っておいて、何かほかの仕事をする方がもっとさし迫ったことになるほどの、そんなに暇のない身分ではありたくないですねえ！
D **カルリクレス**　いや、それは、神々に誓って、そのとおりだとも、カイレポン。それにまたぼく自身にしたところで、これまでにも数多くの討論の席に居合せたことはあるけれども、今度ほどに愉快な思いをしたことがかつてあったかどうか、わからないぐらいだものね。だから、少くともぼくに關するかぎりは、よしあなた方が一日じゅう話をつづけられるつもりだとしても、ぼくにはありがたいのですがね。
ソクラテス　いや、それはたしかに、カルリクレス、少くともぼくの方は、何ら差支えはないのだよ、ただゴルギアスさんさえ、その氣になってくださるのならね。
ゴルギアス　そうすると、結局は、ソクラテス、わたしがその氣にならないとしたら、恥ずかしいことになるのですね。だれでも好きなことを質問するようにと公言していたのは、ほかならぬこのわたしだったのですか
E らね。しかしまあそれはとにかくとして、ここにいる人たちにもそうするのがいいということなら、話をつづけることにして、そして何なりと好きなことを質問してみてください。

ソクラテス　ではまあ、聞いてください、ゴルギアス、あなたが話しておられることで、どういう點がぼくには不審に思われるかを。それはきっと、あなたは適切に話しておられるのだろうけれど、それを受取るぼくの方が間違っているのかもしれませんからね。――あなたの主張というのは、もしひとがあなたから學びたいと思えば、あなたはその人を辯論の心得ある者にすることができる、ということなんですね。
ゴルギアス　そうです。
ソクラテス　だからその人は、どんな事柄についてでも、大衆の前では、說得力のある者になる、ということなんですね？　それはもちろん、教えることによってではなく、說き伏せることによってでしょうけれども。
ゴルギアス　ええ、そのとおりです。
四五九A
ソクラテス　實際、あなたは今しがた、こう言っておられたんですからね。健康に關する事柄についても、辯論家の方が醫者よりも、もっと說得力があるだろうと。
ゴルギアス　ええ、それは少くとも、大衆の前ではと、言っていたのですよ。
ソクラテス　では、その、大衆の前でということは、一般にものごとを知らない人たちの前で、ということではないですか。というのはむろん、ものごとのわかっている人たちの前でなら、辯論家の方が醫者よりも、もっと說得力があるはずはないでしょうからね。
ゴルギアス　それはあなたの言うとおりです。
ソクラテス　それではもし、醫者よりももっと說得力があるはずだとすれば、それは知っている人よりももっと說得力があるのだ、ということになりませんか。

ゴルギアス　それはたしかにそうなります。
B ソクラテス　その當人は、醫者ではないのにですね？　そうじゃありませんか。
ゴルギアス　そう。
ソクラテス　ところで、少くとも醫者でない者は、むろん、醫者が知識をもっている事柄については、知識のない者でしょう。
ゴルギアス　それはむろんそうです。
ソクラテス　そうすると、辯論家の方が醫者よりも、もっと説得力があるという場合には、知らない者の方が知っている者よりも、一般にものごとを知らない人たちの前でなら、もっと説得力があるのだ、ということになるでしょう。どうです、こういう結論になりますかね、それとも、これとは何かちがった結論が出るでしょうか。
ゴルギアス　いや、少くともその場合には、そういう結論になりますね。
ソクラテス　いや、それならまた、その他のどんな技術に對してでも、辯論家とそして辯論術とは、いまと同じような關係にあるでしょう。つまり、事柄そのものについては、それがどうあるかを、辯論術は少しも知る必要はないのであって、ただ、ものごとを知らない人たちに對してだけ、知っている者よりも、もっと知って
C いるのだと見えるようにする、何かそういう説得のからくりを、見つけ出しておけばいいわけなのです。
ゴルギアス　うん、それならそれで、大へん便利なことになるのじゃないですかね、ソクラテス、ほかのいろいろな技術は學ばなくても、ただこの一つの技術だけを學んでおけば、それで專門家たちに少しもひけをとら

ないというのであれば。
ソクラテス　ええ、それはまあ、そうすることによって、辯論家がほかの人たちにひけをとるか、あるいはと
らないかということは、もしそれがぼくたちの議論の上からみて、何か意味のあることなら、やがてまたよく
考察することになるでしょう。しかし今は、それよりも先に、こういう點について考察してみることにしまし
D ょう。——果して辯論の心得ある者は、正と不正、美と醜、善と惡についても、ちょうど健康に關することや、
その他ほかの技術の對象となっているものを取扱う場合と、まさに同じような風にするものなのかどうか。つ
まり、何が善で何が惡か、何が美で何が醜か、また正か不正か、それらのこと自體については、何も知らない
のだけれども、しかしそれらのことについての說得のからくりを案出して、そこで、自分は知らないながらも、
同じようにものごとを知らない人たちの前でなら、知っている者よりも、もっと知っているのだと思われるよ
E うにするのか。それとも辯論家は、それらのことについて、ほんとうに知っているのでなければならないのか。
そしてまた、辯論術を學ぼうとする者は、それらのことについての知識をあらかじめ持った上で、あなたのと
ころに來なければならないのか。また、もしそうでない場合には、辯論術の教師であるあなたは、入門者に、
それらのことについては何一つ教えられるわけではないけれども——なぜなら、それはあなたの仕事ではない
のだから——しかし、何も知らない大衆の前でなら、その人が、そのような事柄については、ほんとうは何も
知らないのに、知っている者だと思われるようになさるのであり、また、ほんとうはすぐれてもいないのに、
すぐれた者だと思われるようになさるのだろうか。それともまたそういう場合には、つまりその人がそれらの
ことについての眞實を前もって知っているのでなければ、あなたはその人に辯論術を教えられることは全然で

きないのだろうか。いや、それとも、ゴルギアス、それらの點は、眞相はどうなんでしょうか。さあ、ゼウス
四六〇A に誓って、さっきあなたが言われていたように、包みかくさないで、辯論術の力とはいったいどういうものなのかを、言ってみてください。
ゴルギアス　いや、わたしのつもりでは、ソクラテス、もしその人が、たまたまそれらのことについて知らないでいるのなら、わたしのところから、それらのことをも學ぶことになるだろうね——
ソクラテス　そこでまあ、ちょっと待ってください。これはいいことを言ってくださった。それでは、あなたが誰かを辯論の心得ある者になさるとすれば、その人は正しいことや不正なことについて、必ず知っているのだということになりますね。それは前もって知っているのであろうと、あるいはあなたから教えられて、後から知るのであろうと、そのどちらであろうともですね。
ゴルギアス　ええ、たしかに。
B **ソクラテス**　では、どうですか。大工のことを學んでしまえば、ひとは大工になる。それとも、そうはなりませんかね。
ゴルギアス　それは、なります。
ソクラテス　それではまた、音樂のことを學んだ者も、音樂家になるのではないですか。
ゴルギアス　そうなります。
ソクラテス　また、醫學のことを學んだ者は、醫者になるし、そしてその他のことも同じ理窟で、そうなるのですね。つまり、それぞれのことを學んでしまえば、ひとはその知識が各人をそれたらしめるような、そうい

う者になるのですね。
ゴルギアス　ええ、全くです。
ソクラテス　それではまた、その理窟に従うと、正しいことを學んだ者も、正しい人になるのではありませんか。*
ゴルギアス　それはどうしたってそうなるでしょうね。
ソクラテス　ところで、正しい人は、正しいことを行うのでしょう。
ゴルギアス　そうです。
C **ソクラテス**　それでは必然に、辯論の心得ある者は正しい人であるし、また、正しい人は正しいことを行うのを望んでいる、ということになるのではありませんか。
ゴルギアス　ええ、それはそうなるようですね。
ソクラテス　したがって、少くとも正しい人であるからには、どんな場合にも決して不正を行うことを望まないでしょう。
ゴルギアス　それは當然そうです。
ソクラテス　ところで、辯論の心得ある者は、いまの話からすると、當然、正しい人でなければならないのですね。
ゴルギアス　そうです。
ソクラテス　そうすると、辯論の心得ある者は、どんな場合にも決して不正を行うことを望まないでしょう。

ゴルギアス ええ、そういうことはなさそうですね。
ソクラテス さて、あなたは少し前に、こんな風に言っておられたんですが、それを覚えておられるでしょうか。——拳闘家が拳闘の術を用いて、しかもそれを不正に用いて、そして不正を行うとしても、それを教えた體育家を訴えたり、また國家から追放したりすべきではないが、ちょうどそれと同様に、たとえ辯論家が辯論術を不正に用いることがあるとしても、それを教えた者を訴えたり、また國家から追い出したりすべきではなく、むしろ不正を行う者、つまり辯論術を正しくない仕方で使う者をそうすべきである、と。どうですか、そんなことが言われていたのではなかったですか、それともちがっていたでしょうか。
D
ゴルギアス ええ、それはそう言われていました。
ソクラテス ところが今や、まさにその同じ人、つまり辯論の心得ある者は、どんな場合にも決して不正を行うことはありえないだろう、ということが明らかになったんですね。そうじゃありませんか。
ゴルギアス そうらしいです。
E
ソクラテス それにまた、最初の頃の話では、ゴルギアス、辯論術は言論に關係があるのであり、それも偶數や奇數についての言論にではなく、正邪についての言論に關係があるのだと言われていたのです。そうではなかったですか。
ゴルギアス そうでした。
ソクラテス ですからぼくは、あなたがそんな風に言われていたあの時には、辯論術というものは——それは少くともいつも正義について論ずるものだとすれば——決して不正なものではありえないだろうという風に、

四六一A 受け取っていたのでした。ところがそのすぐ後で、辯論家は辯論術を不正に使用することもあるだろうと言わ
れたので、それでぼくは驚いてしまって、そしてそれらの言葉は互いに調和しないと考えたものだから、あん
なことを言ったわけでした。——つまり、もしもあなたが、ぼくと同じように、反駁を受けることは得になる
と考えられるのなら、話をつづけるのはいいけれども、もしそうでないとすれば、やめにする方がいいだろう
と。ところで、その後でぼくたちがよく調べてみた結果は、あなたが自分でもごらんになっているように、辯
論家が辯論術を不正に使用して、そして不正を行おうとすることは、不可能であるということに、ぼくたちは
B あらためて意見の一致を見たわけです。さてそうすると、それらのことがいったいどうであるかは、犬に誓っ
ていいますが、ゴルギアス、それを充分に考察するには、とても少々の對談ぐらいではできないことなのです。

⁂

ポロス　なんですって？　ソクラテス。あなたは辯論術について、いまあなたがおっしゃっているように、ほ
んとうにそんな風に考えておられるんですか？　それとも、あなたの考えでは……ゴルギアスさんが、辯論の
心得ある者は、正しいことも、美しいことも、善いことも知っているのだということや、またひとがそれらの
ことを知らないで自分のところへ來た場合は、自分でそれらのことを教えてやるだろうということを、一歩す
すんであなたに對して同意しないでおくことは、體裁惡いと思われたものだから、そしておそらく、その同意
C がもとになって、話の中に何か矛盾した結果が出てきたのでしょうから……それこそまさに、あなたがしてや
ったりと喜んでおられることなのです。それも、あなたが自分でそんな風な質問の出せるように、話の筋を運

んでおきながらですよ。――けれども、弁論家は自分でも正しいことについて知っているし、また他の人たちにもそれを教えるだろうということを、誰が頭っから否定する者があろうと思いますかね。いや、そんなところへ話を持って行くなんて、それはずいぶん不躾けなことですよ。
ソクラテス　ああ、これはあっぱれだよ、ポロス。いや、ほんとに、君、われわれが仲間や息子たちを持っているのは、まさにこれあればこそなのだ。つまり、われわれの方は年が寄ってしまっているから、いつ何時躓いて倒れることがあるかも知れんが、そんな時には、君たち若い者が傍にいて、われわれの生活を言行いずれの面においても立て直してくれるためなのだ。そこで、いまの場合にしても、ゴルギアスさんとぼくとが、こ
D れまでの議論において何か躓いているのだとすれば、君は傍にいるのだから、われわれを助け起してくれたまえ。それが君のなすべき義務だからね。それでぼくの方としても、これまでに同意されてきたことのうちで、もし何かが適切に同意されていないと思われるのであれば、君の望むどんな駒でも置き換えて、指し直していいつもりでいるよ。ただし、君が一つのことだけを、ぼくのために守ってくれるならばね。
ポロス　一つのことって、何でしょうか。
ソクラテス　あの長談議を、ポロスよ、君がひかえてさえくれればだ。君は最初、その手を使おうとしていたのだけれどもな。
ポロス　なんですって？　それならぼくには、言いたいだけのことを言う自由が、ないっていうことになるんですか。
E **ソクラテス**　いや、それはたしかに、君、君はひどい取扱いを受けることになるだろうね、ギリシアの中でも

一番言論の自由があるアテナイへやって來ていて、そこにおいて結局、君だけがひとりその恩恵にあずかれないとすればだよ。しかしまあ、君、立場をかえて考えてみてごらん。君が長談議をしていて、質問には答えようとしないでいるときに、もしぼくの方に君の話を聞かないで、そこから立去ってもよいという自由がないだ
四六二A ろうとすれば、今度は逆に、ぼくの方がひどい取扱いを受けることになるのじゃないかね？ しかしそれはそれとして、もし君が、これまでなされてきた議論に多少でも關心をもち、そして、さっきも言っていたことだが、この議論を立て直してくれるつもりがあるなら、君の思うように論點を置き換えた上で、ちょうどぼくとゴルギアスさんとでしていたように、今度は君が問い手になったり、答え手になったりして、反駁をしたり、また反駁を受けるようにしてくれたまえ。というのはむろん、ゴルギアスさんが心得ておられることは、君にもその心得があると主張するわけだろうからな。どうだね、そうじゃないのかね。
ポロス ええ、それはもちろんそうです。
ソクラテス そうすると、君だってまた、ひとは何なりと好きなことを、君自身に對して質問するようにと、いつの場合でもすすめているのではないかね、答えるすべは心得ているのだというわけでね。
ポロス たしかに、そのとおりです。
B **ソクラテス** さあ、それなら、いまの場合も、質問する方に廻るなり、あるいは答える方になるなり、そのどちらなりと、君の好きな方をしてくれたまえ。
ポロス いや、それはむろん、そうさせてもらいましょう。それではどうか、あなたは答える方になってください、ソクラテス。——ゴルギアスさんは、辯論術のことで答えに窮しているのだとあなたに思われるからに

は、それが何であるかを言うのは、今度はあなたの役目なのです。
ソクラテス　というと、そもそも君の質問は、ぼくがそれをどんな技術であると主張するか、ということなのかね。
ポロス　ええ、そうです。
ソクラテス　技術なんかではないと、少くともぼくには思われるのだがね、ポロス、君には正直なところを言えばだよ。
ポロス　しかしそれなら、辯論術は何であるとあなたには思われるんですか。
ソクラテス　うん、それは、君が書物の中で——ぼくはそれを最近讀ませてもらったのだが——技術をつくる
C と言ってるところのものだよ。
ポロス　というと、それは何のことですか。
ソクラテス　むろん、ある種の經驗のことだ。
ポロス　そうすると、辯論術は經驗であるとあなたには思われるんですか。
ソクラテス　そうなのだ、ただしそれで、君に異論がなければだよ。
ポロス　何の經驗でしょうか。
ソクラテス　ある種の喜びや、快樂をつくり出すもののだね。
ポロス　それなら、辯論術は立派なものだとは思いませんかね、人びとを喜ばせることができるんですからね。

ソクラテス　なんだって？　ポロス。それでは君は、ぼくがそれを何であると主張するかを、ぼくからもう聞
D いてしまったというのかね。そしてそれだから、その次のことを訊いているというわけかね、つまり、それが立派なものだとぼくに思われないか、どうかということを。
ポロス　だって、あなたがそれをある種の經驗だと主張されるのを、ぼくはもう聞いてしまったんじゃないですか。
ソクラテス　それなら、どうだろう、君は喜ばせるということを重んずるようだから、少しばかりぼくを喜ばせてくれるかね。
ポロス　ええ、いいですとも。
ソクラテス　いま、ぼくにこう訊ねてみてくれ。料理法はどんな技術だとぼくに思われるか、と。
ポロス　それでは、訊ねるとしましょう。料理法はどんな技術ですか。
ソクラテス　技術なんかではないよ、ポロス。
ポロス　それならいったい、何ですか。いってください。
ソクラテス　では言おう、ある種の經驗だよ。
ポロス　何の經驗ですか、いってください。
E ソクラテス　では言おう、喜びや快樂をつくり出すもののだね、ポロス。
ポロス　そうすると、料理法と辯論術とは、同じものなんですか？
ソクラテス　いや、決してそうではないが、しかしどちらも、同じ仕事にぞくする一部分なのだ。

ポロス　と言われると、それはどういう仕事のことですか。
ソクラテス　本當のことを言うのは、どうだろうね、むしろ不躾けなことになりはすまいかね。というのも、ゴルギアスさんのためには、ちょっと言うのが憚られるからだ。つまり、この人の仕事を、ぼくは茶化そうとしているのだなんて、そう思われたりしては困るからね。しかしぼくとしては、いいかね、ゴルギアスさんの
四六三A 従事しておられる辯論術が、ぼくの言うそれにあたるかどうかは知らないのだよ。だって、さっきの話からも、この人がいったいそれを何と考えておられるかは、われわれには少しも明らかにならなかったのだから。しかし、ぼくが辯論術と呼ぼうとしているのは、何ら立派なものの部類にははいらない、ある事柄の一部分なのだ。
ゴルギアス　というと、ソクラテス、それはどんな事柄のかね。いってみてください。わたしにはひとつも遠慮はいりませんよ。
ソクラテス　それなら言わせてもらいますが、ゴルギアス、ぼくにはこう思われるのです。それは何か技術の名に値いするような仕事ではなく、機を見るのに敏で、押しがつよくて、人びととの應待に生れつきすごい腕前をもっている魂が、行うところの仕事なのです。そしてその仕事の眼目となっているものを、ぼくとしては
B 迎合(コラケイア)と呼んでいるわけです。その迎合の仕事には、ほかにもいろいろと多くの部門があるのだが、料理法もその一つであるように思われます。それは一般に技術であるように思われてはいるけれども、しかしぼくに言わせるなら、技術ではなくて、經驗や熟練であるにすぎません。そして辯論術も、それの一部門であるとぼくは呼んでいるのだが、さらにまた化粧法も、それからソフィストの術もそうなのです。つまりそれら

は、四つの事柄に應じて、四つの部門をつくっているわけです。
そこで、もしポロスに聞きたいという氣持があるのなら、聞かせてあげることにしよう。というのは、辯論
C 術は、迎合のなかのどのような部門であるとぼくが主張するかを、彼はまだ聞いてしまっているわけではない
のだから。いや、その點については、ぼくがまだ何も答えてはいないのだということに、彼は氣がついていな
いのである。それだのに彼は、ぼくがそれを立派なものだと考えているのではないかと、訊き返しているので
すからね。しかしぼくとしては、まず、辯論術とは何であるかを答えないうちは、それをぼくが立派なものだ
と考えるか、それとも醜いものだと考えるかを、彼に答えるようなことはしないつもりです。なぜなら、それ
は正しいやり方ではないからね、ポロス。しかし、もし君がぼくの考えを知りたいのなら、辯論術とは、迎合
のなかのどのような部門であるとぼくが主張するかを、訊ねてみたまえ。
ポロス それでは訊ねてみますから、さあ、答えてください。それは、どのような部門なのですか。
D **ソクラテス** では果して、ぼくが答えたなら、君はわかってくれるだろうか？　というのも辯論術とは、ぼくに言わせるなら、政治術の一部門の影のようなものなのだがね。
ポロス で、それで、どうなんですか？　それは立派なものだと言われるんですか、それとも、醜いものだと言われるんですか。
ソクラテス もちろん、醜いものだよ。――というのは、劣悪なものは醜いと、ぼくは呼ぶつもりだからね。――むろんこれは、ぼくの言おうとすることが、君にはもうわかっているものとして、答えなければならないとしたらだがね。

ゴルギアス　いや、ゼウスに誓って、とんでもないですよ、ソクラテス。このわたし自身でさえ、あなたがどういうことを言おうとされているのか、理解できずにいるのですから。
E ソクラテス　ええ、それは當り前ですとも、ゴルギアス。まだ何一つはっきりしたことを、ぼくは話していないのですから。ところがこのポロスときたら、(なにしろその名前のごとくに)若くて性急なものでしてね。*
ゴルギアス　しかしまあ、この人のことは放っておいて、わたしにいってみてください。あなたが辯論術は、政治術の一部門の影のようなものだと言われるのは、それはいったいどういう意味なのですか。
ソクラテス　いや、それならぼくの方で、とにかく辯論術がぼくにはどんなものに見えるかを、打ちあけてお話してみることにしましょう。で、もしそれがぼくの言うとおりでない場合は、反駁は、ここにいるこのポロスがしてくれるでしょう。
四六四A ——あなたはもちろん、身體というもの、それから魂というものを、お認めになると思いますが。
ゴルギアス　それはもちろん認めます。
ソクラテス　それではまた、それらのどちらにも、何か良い状態というものがあるとは思いませんかね。
ゴルギアス　それはあると思う。
ソクラテス　それなら、どうですか。實際はそうでないのに、ただそう思われているだけの良い状態というものは？　たとえば、それはこういうことです。身體の調子が良いと思われている人たちはたくさんいるわけだが、しかし實際には、それが良い状態にないことは、醫者とか體育家のある者とかは別として、一般の人には容易に氣づくことのできないような場合があるでしょう。

ゴルギアス　それはあなたの言うとおりです。
ソクラテス　つまり、ぼくの言おうとしているのは、身體や魂が、實はちっとも良い狀態にはないのにもかかわらず、そうであるかのように思わせるようにするものが、身體の場合にも、また魂の場合にも、あるということなのです。
B ゴルギアス　それはそのとおりです。
ソクラテス　さあ、それでは、できることなら、もっとはっきりとぼくの言おうとしていることを、あなたにわかってもらうようにしてみましょう。——對象はその二つなのだから、それに對して二つの技術があるわけです。すなわち、魂のための技術は、これを政治術と呼び*、他方、身體のための技術は、それにはそうすぐとは一つの名稱をあたえることはできないけれども、しかし身體の世話をするという點では、一つのものであって、それには二つの部門があると言ってるわけです。つまりその一つは、體育術であり、もう一つは、醫術である。ところで、政治術のなかで、體育術に相當するものは立法術であり、また醫術に相當するものは司法である。
C それらどちらの組の技術も、それぞれ同じ對象を扱うのだから、たしかに互いに共通する點があるのだが、つまり醫術は體育術と、また司法は立法術と共通するところがあるのだが、しかしそれにもかかわらず、ある點では相互に異ってもいるのである。
かくてこれらの技術は、數において四つであり、そしていつも最善をめざして、前者の組は身體の、後者の組は魂の世話をするものなのであるが、このことを迎合の術は嗅ぎつけて——という意味は、はっきりと認識してというのではなく、當て推量をしてということなのだが——自己自身を四分し、いま言われた技術のそれ

それの部門の下にこっそりもぐり込んで、自分が装った姿どおりのものであるかのようなふりをしているので
D ある。そして最善ということにはまるっきり考慮を拂わないで、そのときどきの一番快いことを餌にして、無智な人びとを釣り、これをすっかり欺いているから、その結果、それが一番値打ちのあるものだと思われているわけである。さて、そんな次第で、醫術のもとには料理法がもぐり込んでおり、身體にとっての一番よい食べ物を知っているかのようなふりをしているから、そこで、子供たちの前とか、あるいは子供同様に思慮の足らない大人たちの前で、もし料理人と醫者とが、食べ物のよい悪いについては、どちらがよく知っているか、
E それは醫者か、それとも料理人か、ということを爭わなければならないとしたら、醫者の方は、餓え死にするよりほかはないことになるでしょう。
さて、これこそぼくが迎合と呼んでいるところのものなのです。そしてそういう風なことは醜いと主張して
四六五A いるのだよ、ポロス。――というのは、これは君に對して言うことだからね。――なぜなら、それは最善を無視して、快いことだけを狙っているからなのだ。また他方、それは技術ではなくて、むしろ經驗であると主張しているのだ。*なぜなら、それは自分の提供するものが本來どんな性質のものであるかについて、何ら理論的な知識を持たず、したがって、それぞれのものについての原因を述べることができないからである。しかしぼくとしては、およそ沒理論的なものなら、そのようなものを技術とは呼ばないよ。だがもし、それらのことについて君に異論があるなら、質問を受けて答えることにしたいと思う。
さて、醫術のもとには、いまも言ったように、料理法という迎合がしのび込んでいるが、他方、體育術のも
B とには、同じようにして、化粧法がしのび込んでいる。それはずるくて、ごまかしがうまく、また生れの卑し

い、自由人らしからぬものなのだが、形や色や、肌の滑らかさや衣裝でもってごまかすから、人びとに借りもの美をわがもののようにさせて、體育術によって得られる自己本來の美をないがしろにさせることになるのである。
C さて、長談議にならないように、あとは數學者たちの流儀にならって、君に言ってみたいと思う。――というのも、おそらくもう君は、ついて來れるはずだからね。――つまり、化粧法が體育術に對する關係は、ソフィストの術が立法術に對する關係と同じであり、また料理法が醫術に對する關係は、辯論術が司法(裁判)の術に對する關係と同じである。* しかしながら、さっきも言われたように、それらの間には、元來はそのような區別があるのだけれども、他面ではまた、それらは近い關係にもあるから、ソフィストと辯論家とは、同じ領域において、同じ問題を扱いながら、混同されるのである。そこで彼ら自身としても、お互いに自分たちをどう取扱ってよいかわからないし、またその他世間一般の人たちにしても、彼らをどう取扱ってよいかわからない
D のである。それにまた實のところ、かりにもし魂が身體の監督をするのではなく、身體が直接に自分で自分の監督をして、そうしてまた、料理法と醫術とが魂によって檢査され、區別されるのではなく、身體が自分だけで自分の氣にいるものでもって計測して、それで判定を下すのだとしたら、大方はアナクサゴラスの言っているようなことに*なるだろうからね、ポロス君。――というのは、君はそれらの説には通じているはずだからな。――つまり、醫術にぞくすることも、健康に關することも、また料理法にぞくすることも區別されないで、『すべてのものはいっしょくたに』、同じところにごちゃごちゃにおかれることになるだろうからだ。
さてぼくが、辯論術をどんなものであると主張するかを、君は聞いたわけだ。つまりそれは、魂の領域で、

E 料理法に相當するものであり、それはちょうど料理法が、身體の領域では辯論術に相當するものであるのと同じである。ところでぼくは、君には長い話をすることを許さないでおいて、自分ではかなり話を長くしてしまっているというのは、これはどうもおかしなやり方だったかもしれない。でもぼくの方は、大目に見てもらってもよい理由があるのだ。というのは、ぼくが短く話していたときには、君はそれを理解することができなかったのだし、ぼくのあたえた答も、君はどうにも全く取りさばくことができなくて、詳しい説明を求めたから
四六六A だ。だから、もしぼくの方でも、君は答えてくれているのに、それをどう取りさばいてよいかもてあましているようなら、君も話をひきのばすがいいよ。しかし、もてあまさなければ、ぼくのするままにさせておいてほしいのだ。それが當然のことだからね。そこで今の場合も、君がなんとかぼくのその答を取りさばけるものなら、取りさばいてみたまえ。
ポロス　それでは、あなたの主張というのは、どうなんですか。辯論術は迎合であるとあなたには思われるのですか。
ソクラテス　いや、ぼくとしてはたしか、迎合の一部門であると言ったはずだがね。しかし君は、その年でいて、もう覺えてはいないのかね、ポロス。そんなことでは、この先また何をしでかすことになるだろうねえ！
ポロス　それでは果して、すぐれた辯論家たちが、迎合する人たちのように、國々において下らない者と認められている、とこうあなたには思われるんですか。
B **ソクラテス**　それは、質問として訊いているのかね？　それとも、何かの話でも始めるところかね。

ポロス　もちろん、質問しているのです。
ソクラテス　そう、それなら、下らない者としてどころか、まるっきり認められてもいないように、ぼくには思われるね。
ポロス　え？　どうして認められていないのですか？　彼らは國々において、一番有力なのではないですか。
ソクラテス　いや、そんなことはないよ、もしも、君の言う有力であるということが、その有力である人にとっては、何かためになる善いことだという意味ならばだよ。
ポロス　ええ、それはもちろん、その意味です。
ソクラテス　それなら、辯論家たちは、その國の人たちの中では、一番非力であるようにぼくには思われるね。
ポロス　なんですって？　彼らは、ちょうど獨裁者たちがするように、誰であろうと、欲するがままに死刑にするし、財産も沒收するし、また思いのままに、誰をでも國家から追放するのではないですか。
C
ソクラテス　しかしね、犬に誓っていうけれど、ポロス、君の言っているその一つ一つのことについて、果して君は、自分でそんなことを言い出して、君自身の意見を述べているのやら、それとも、ぼくに質問をしているのやら、その點がどうも、ぼくにははっきりとしないのだがね。
ポロス　いや、それはむろんぼくとしては、あなたに質問しているのです。
ソクラテス　そう、それならそれでいいとも、君。そうすると、君は同時に二つのことを、ぼくに質問しているのだね。
ポロス　どうして、二つですか。

ソクラテス　君はさっき、何かこんな風に言ってたんじゃなかったのかね？——「そもそも辯論家たちは、
D ちょうど獨裁者たちがするように、誰であろうと、欲するがままに死刑にするし、財産も没收するし、また思いのままに、誰をでも國家から追い出すのではないか」と。
ポロス　ええ、それはそう言ってました。
ソクラテス　それなら君にいうが、その質問は二つなのだ。そこでその兩方に對して、君に答えることにしよう。つまりぼくとしては、ポロス、さっきも言っていたように、辯論家たちも、また獨裁者たちも、國々においては一番微力な者であると主張するのだ。なぜなら彼らは、彼らがほんとうに欲していることを、いわば何
E 一つしていないからだ。もっとも、自分たちに一番よいと思われることは、何でもしているのだろうけれどもね。
ポロス　大いに有力であるとは、そのことを言うのじゃないですか。
ソクラテス　いや、そうではない、少くともポロスの主張ではね。
ポロス　え？　ぼくの主張ですって、そうではないっていうのが？　とんでもありませんよ、ぼくはたしかにそうだと主張しているのです。
ソクラテス　いや、それは……まあ、何に誓ってもいいけれど、とにかく君は、そうは主張していないのだ。大いに有力であるとは、その有力である人にとっては、善いことであると君は言っていたんだから。
ポロス　ええ、それはそのとおりですからね。
ソクラテス　では、もしひとが、正氣でなしに、自分に一番よいと思われることは何でもしているとすれば、

それを善いことだと君は思うかね。それをしも君は、大いに有力であるというのかね。
ポロス　いいえ、それはそうは言いません。
四六七A **ソクラテス**　それなら、君はぼくを反駁して、辯論家たちは正氣であるし、また辯論術は迎合ではなくて、技術であることを證明すべきではないかね。さもなくて、もしぼくを反駁されぬままに放っておくなら、國々において、何でも自分の思い通りにする辯論家たちや、また獨裁者たちは、そうすることによって、何一つ善いことを得ているわけではない、ということになるのだ。しかし有力とは、君の主張からすると、善いことなのだ。けれども、正氣でなしに思い通りのことをするのは、君も認めているように、ためにならぬ悪いことである。それとも、そうではないのかね。
ポロス　それはそうです。
ソクラテス　それではどうして、辯論家たちや、あるいは獨裁者たちが、國々において、大いに有力であることができるだろうか。もしこのソクラテスが、ポロスによって反駁されて、彼らは欲することをしているのだということを、認めるのでないかぎりはだよ。
B **ポロス**　この人ったら……
ソクラテス　うん、認めてはいないのだよ、彼らが欲することをしているのだとはね。さあ、ぼくを反駁してみたまえ。
ポロス　あなたはさっき、彼らは自分たちに一番よいと思われることは、何でもしているのだということに、同意されたんじゃないですか。

ソクラテス　うん、それは今でも同意する。
ポロス　それなら、欲することをしているのじゃないですか。
ソクラテス　いや、それは認めない。
ポロス　自分たちの思う通りのことはしているのに、ですか？
ソクラテス　うん、それは認める。
ポロス　ほんとに、あきれたことをおっしゃるんですね、そしてまた度外れなことを、ソクラテス。
ソクラテス　いや、悪口はよしてもらいたいね、おお、好漢ポォロス君よ。——君の言葉づかいをまねて、君に呼びかけようとすれば、こうでも言えばいいのかね。* しかしまあ、それはそれとして、もし君がぼくに質問
C をつづけることができるなら、ぼくの言ってることは間違いだということを示してみたまえ。だが、それができないようなら、今度は、君は答える方になってくれないか。
ポロス　ええ、いいですとも、答える方に廻りましょう。あなたがいったいどんなことを言われるつもりか、それが知りたくもありますからね。

*

ソクラテス　それでは、君にはどちらだと思われるかね。人びとが欲するのは、何であれ、彼らがそのときどきにすることと、そのことなのだろうか。それとも、そうするのはまさにそのためであるところの、その目的となっているものの方だろうか。たとえば、醫者からもらう薬をのむ人たちは、彼らが現にしていること、つま

り藥をのんで苦しい思いをすること、そのことを彼らは欲するのだろうか。それとも、藥をのむのはそのためであるところのこと、つまり健康になることを欲するのだろうか、君にはどちらだと思われるかね。
ポロス それはむろん、健康になることの方です。
D **ソクラテス** それではまた、海を渡って貿易する人たちや、その他の金儲けの仕事にたずさわる人たちも、彼らがそのときどきにすること、それが彼らの欲することではなく——なぜなら誰が、航海をしたり、危険を冒したり、また苦勞をしたりすることを欲するものがあろうか——そうでなくて、むしろ彼らの欲するのは、彼らの航海の目的となっていること、つまり金持ちになることだと思う。なぜなら、富を目的に彼らは航海するのだからね。
ポロス たしかに。
ソクラテス それなら、すべてどんな場合についてでも、それはそのとおりではないのか。つまりひとが、或ることのために或ることをする場合、現にしている當のことが彼の欲することではなく、そのためにするところの、その目的となっているものを彼は欲するのだ。そうではないかね。
ポロス そうです。
E **ソクラテス** さて、およそ世に存在するものの中で、善いものであるか、悪いものであるか、もしくはその中間、つまり善くも悪くもないものであるか、それらのどれかでないようなものが、果して何かあるだろうか。
ポロス それはどうしたって、それらのどれかでなければなりませんよ、ソクラテス。
ソクラテス それでは、知慧や、健康や、富や、その他そういったものは善いものであるし、それらと反對のものは悪いものである、とこう君は言うのではないか。
ポロス　ええ、そう言います。
ソクラテス　また、善くも悪くもないものとしては、どうだね、次のようなものをあげるのかね。つまり、時
四六八A　には善いものとなるが、時には悪いものとなり、また時にはそのどちらにもならないもの、たとえば、坐るとか、歩くとか、走るとか、航海するとかいうこと、それからまた例えば、石とか、材木とか、その他そういったようなもの——そういうもののことを言うのではないかね。それとも君が、善くも悪くもないものと呼ぶのは、それらとはちがった何か別のもののことだろうか。
ポロス　いえ、それらのもののことです。
ソクラテス　それでは次に、こういう點はどうだろうか。人びとがそれら中間のことをなすときは、それは善いことのためにそうするのだろうか。それとも反對に、中間のことのために、善いことをするのだろうか。
ポロス　それはむろん、善いことのために、中間のことをするのです。
B　ソクラテス　してみると、われわれが歩くのも、それは善を求めてであって、つまりその方がよいと思うから歩くのであり、反對にまた立止っているのも、同じ目的のため、つまり善のために立止っているのだ。そうではないかね。
ポロス　そうです。
ソクラテス　それでは、もしわれわれが誰かを死刑にするとすれば、その死刑にするのも、また追放にしたり、財産を没收したりするのも、それはそうする方が、しないよりも、われわれのためになると思うから、そうす

るのではないか。
ポロス　全くです。
ソクラテス　したがって、すべてこれらのことをする人たちは、善のためにこれをするのである。
ポロス　そうです。
ソクラテス　ところで、こういう點については、すでに意見が一致していたのではないかね。つまり、われわれが或ることのためにすること、そのことがわれわれの欲することではなく、われわれがそうするのはまさに
C そのためであるところの、その目的となっているものの方を欲するのだということは。
ポロス　たしかに。
ソクラテス　そうするとわれわれは、ひとを斬り殺したり、國家から追放したり、財産を沒收したりすることを、ただそれだけを單純に欲するのではなく、もしそれがわれわれの利益になるのなら、そうすることを欲するが、しかし損害になるようなら、欲しないのだ。なぜなら、君も認めているように、善いことをわれわれは欲するのであって、善くも惡くもないことは欲しないし、まして惡いことを欲するということはないからだ。どうだね、そうではないのか。ぼくの言うことは本當だと思うかね、ポロス。それとも、間違っているのかね。……どうして答えてくれないのかね。
ポロス　本當です。
D ソクラテス　それでは、そういう點については、ぼくたちの意見は一致しているものとして、それでもし誰かが——それは獨裁者でも、または辯論家でも、どちらでもかまわないが——だれかある人を死刑にするとか、

國家から追放するとか、財産を没収するとかするなら、それはそうする方が自分のためになると思ってするわけだが、しかしほんとうはそれがより悪いことである場合でも、むろんその男は、自分の思う通りのことはするのだろう。そうではないかね。
ポロス　そうです。
ソクラテス　それでは果してまた、欲することをもすることになるのだろうか、もしそれがほんとうは悪いことだとするならばだよ。……どうして答えてくれないのかね。
ポロス　いや、その場合は、欲することをするのだとは思われません。
ソクラテス　それなら、そのような人間が、彼の住むその國において、大いに有力であるということがあり得るだろうか、もしも、その大いに有力であるということが、君の同意に従って、何か善いことだとするならばだよ。
E
ポロス　いえ、あり得ません。
ソクラテス　してみると、ぼくの言っていたことは本當だったわけだね。ひとは一國のうちにおいて、自分の思う通りのことをしていても、それでもって大いに有力であるということにもならなければ、また、自分の欲することをしているということにもならない、と言っていたのはだよ。
ポロス　まるでもうあなたといったら、ソクラテス、この國において、あなたには、あなたの思う通りにする自由があるよりも、むしろそれのない方がいいとでもいったような口ぶりですねえ！　それにまた誰かが、自分の思うがままに誰をでも死刑にしたり、財産を没収したり、牢獄につないだりするのを見るとしても、あなたは一向に、その人を羨ましがることはないかのようですねえ。
ソクラテス　君の言うのは、正義に従ってそうしている人の場合かね？　それとも、不正な仕方でそうしている場合かね。
四六九A **ポロス**　それはどちらにしたって、両方の場合とも羨ましいのじゃないですか。
ソクラテス　口を慎しむがいいよ、ポロス。
ポロス　いったい、どうしてでしょう？
ソクラテス　どうしてって、羨むに値しない連中を羨むことはないし、不幸な人たちをも羨むことはないからだ。いなむしろ、そういう連中は憐れんで然るべきだからね。
ポロス　なんですって？　いまぼくの言ってる人たちのことを、あなたはそんな風に考えておられるんですか。
ソクラテス　それ以外にないじゃないかね。
ポロス　それなら、自分の思う通りに誰をでも死刑にし、しかもその死刑にするのが正義にかなっている場合でも、そうする人は不幸であり、また哀れであると思われるんですか。
ソクラテス　いや、その場合は、そうは思わないよ。しかし決して、羨ましくはないね。
ポロス　でも、あなたはさっき、不幸であるとおっしゃったんじゃないですか。
B **ソクラテス**　うん、それは、君、不正な仕方で死刑にした者がそうなんだよ。その上また、そういう人は哀れでもあると言うのだ。けれども、正義に従って死刑にした人だって、羨むには足りないよ。
ポロス　ほんとうは、不正な仕方で死刑になる者の方が、哀れであり、また不幸なんでしょうがねえ。
ソクラテス　いや、不正な仕方で死刑にする者よりも、まだましだとも、ポロス。また、正義に従って死刑になる者よりも、まだましなのだ。
ポロス　どうしていったい、そういうことになるんですか、ソクラテス。
ソクラテス　どうしてって、それはつまり、不正を行うのは、害悪の中でもまさに最大のものだからだ。
ポロス　え？　それが最大の害悪なんですか？　不正を受ける方が、もっと大きな害悪ではないのですか。
ソクラテス　いや、とんでもない。
ポロス　するとあなたは、不正を行うよりも、むしろ不正を受ける方を望まれるのですね？
C
ソクラテス　ぼくとしては、そのどちらも望まないだろうね。だがもし、不正を行うか、それとも不正を受けるか、そのどちらかがやむをえないとすれば、不正を行うよりも、むしろ不正を受ける方を選びたいね。
ポロス　そうするとあなたは、獨裁者の力をもつことを、のぞまれないのですね。
ソクラテス　うん、のぞまないね、もしも君がその獨裁者の力をもつということで、ぼくと同じ意味のことを言おうとしているならだよ。
ポロス　いえ、ぼくが言おうとしているのは、さっきと同じことですよ。つまり一國のうちで、自分の思う通りに何でもしてよい自由があるということです。死刑にするなり、追放にするなり、またその他どんなことでも自分の考えどおりに行ってですね。

D ソクラテス　仕合せな人だよ、君は。それなら、今度はぼくの方で話してみるから、君は議論によってぼく
を押えてくれたまえ。いまかりにぼくが、人の出盛っているアゴラで、短刀を小脇にしのばせながら、君に向
ってこう話しかけるものとしてみよう。――「ポロスよ、ぼくにはいま、ある素晴らしい力、獨裁者の力のよ
うなものが具ったばかりなのだ。その證據に、君がいま目の前に見ているこの人たちの中で、誰かは今すぐに
でも死んでしまうべきだとぼくが思えば、そう思われた者は誰であろうと、立ちどころに殺されてしまってい
るだろうからね。またもしこの人たちの中で、頭をぶち砕かるべきだと思われる者があれば、直ちにぶち砕か
れてしまっているだろうし、着物がひき裂かるべきだと思われるなら、それはひき裂かれてしまっているだろ
E うからね。――それほどにぼくは、この國では大いに有力な者となっているのだ」とね。さて、君がそれを信
じない場合は、隠し持った短刀を出して君に見せるとする。そうすれば、君はそれを見て、きっとこんな風に
言うことだろう。――「おお、ソクラテス、そんな風にすれば、誰だって、大いに有力となれるだろう。だっ
て、その方法を用いれば、君がこれと思うどんな家でも、火をつけて焼くことができるし、またアテナイ人の
所有する船渠でも、そこに入っている三段櫓の軍船でも、それから公私すべての商船でも、焼くことができる
のだから」とね。
しかし、これでみると、大いに有力であるというのは、自分の思い通りにするという、そのことではないことになるね。それとも、君にはそのことだと思われるのかね。
ポロス　いえ、少くともいまのような意味でなら、そのことではないです。
470A **ソクラテス**　それならなぜ、そのような力はいけないというのかね、その理由を、君は言うことができるかね。

ポロス　ええ、できます。
ソクラテス　ではいったい、なぜかね？　いってみたまえ。
ポロス　なぜって、そんな行動をする者は、必ず罰せられるにきまっているからです。
ソクラテス　ところで、その罰せられるということは、悪いことではないのか。
ポロス　全くです。
ソクラテス　そうすると、おどろいた人だね、もう一度また君には、こう見えることになったのだよ。つまり、自分の思い通りにするということは、もしそれがそうする人にとって、ためになるという結果を伴うのであれば、それは善いことであるし、そしてそういう風にするのが、どうやら、大いに有力であるということのようだ。しかし、もしそうでなければ、その思い通りにするということは、悪いことであり、したがって微力であるということなのだ。
B　それでは、次の點も考察してみようではないか。さきほどから言われている、人びとを死刑にするとか、追放にするとか、また財産を沒收するとか、そういうことをするのは、時にはよいことだけれども、時にはそうでないということは、どうかね、その點では、ぼくたちの意見は一致しているのではないかね。
ポロス　ええ、一致しています。
ソクラテス　では、その點はどうやら、君からもぼくからも認められているのだね。
ポロス　そうです。
ソクラテス　それなら、どういう場合に、そんなことをするのはよいことであると、君は主張するのかね。君はどこにその線を引こうとするのか、それを言ってみてくれたまえ。
ポロス いや、あなたの方で、ソクラテス、それに答えてください。
C **ソクラテス** よし、それなら、ぼくから聞く方がよいというのであれば、ぼくの方で言うことにしよう、ポロス。すなわち、ひとがそれらのことを正義に従ってなす場合は、よいのであり、反對に、不正な仕方でなすときは、惡いのだ。
ポロス あなたを反駁するのは、ほんとに難しいことですものねえ！ いや本當をいえば、子供だって、あなたを反駁できるのじゃないですか？ あなたの言っておられることは、眞實ではないということはですよ。
ソクラテス うん、それなら、その子供に、ぼくは大いに感謝するだろう。しかし君にだって、同じぐらいの感謝はするのだがね、もし君がぼくを反駁して、無駄話から解放してくれるならばだよ。とにかく、さあ、親しい人に親切にすることを厄介がらないで、反駁してくれたまえ。
ポロス ええ、いいですとも、ソクラテス。あなたを反駁するのには、何も昔の事柄を持ち出す必要は少しも
D ないのですから。あなたをすっかり反駁して、多くの人たちが不正を行っていながら、幸福であるということを證明するのには、あの昨日、一昨日の出來事で充分なんですからね。
ソクラテス というと、その出來事というのは、どのようなことかね？
ポロス むろんあなたは、ペルディッカスの子の、ほら、あのアルケラオスが、マケドニアを支配しているのを、*見ておられるでしょう。

ソクラテス　さあね、見てはいないにしても、とにかく、話には聞いているね。
ポロス　それなら、あなたはどう思われますか、あの人は幸福でしょうか、それとも不幸でしょうか。
ソクラテス　それはわからないよ、ポロス。だって、あの人とはまだつき合ったことがないのだから。
E ポロス　なんですって？　つき合ってみたなら、わかるかもしれないが、それ以外の方法では、あの人が幸福であることは、即座にはわからないとおっしゃるんですか。
ソクラテス　ゼウスに誓って、それはわからないよ。
ポロス　それではもちろん、ソクラテス、ペルシアの大王*が幸福であることもわからないとおっしゃるんでしょうね。
ソクラテス　そうなのだ。それでしかも、ぼくの言うことに間違いはないはずだよ。というのは、教養と正義の點で、彼がどんな状態にあるかをぼくは知らないのだから。
ポロス　え？　なんですって？　幸福の全體は、そのことにかかっているんですか？
ソクラテス　そう、ぼくに言わせるなら、そういうことになるね、ポロス。なぜかといえば、立派ですぐれた者が、男でも女でも、幸福であるし、反對に、不正で邪悪な者は不幸である、というのがぼくの主張だからね。
四七一A ポロス　そうすると、いまのそのアルケラオスは、あなたの說によると、不幸だというわけですか？
ソクラテス　うん、それは君、もしも彼が不正な人間ならばだよ。
ポロス　いや、それはもちろん不正な人間ですとも、どうしてそうでないってことがあるもんですか。少くとも彼には、彼が現在占めている王の位に、つく資格なんか全然なかったのです。彼は、父ペルディッカスの

兄弟である、アルケタスの奴隷だった女から生れた身分の者なのですからね。だから當り前なら、アルケタス
の奴隷となってしかるべきものだったのです。そこでもし、彼に正しいことを行う意志があったのだとすれば、
アルケタスに奴隷として仕え、そしてそれで、あなたの說に從えば、幸福になっていたんでしょうがねえ。と
ころが實際には、最大の不正を犯してしまったものだから、驚くばかりに不幸な者となってしまっている、と
B いうわけなのです。とにかく彼ときたら、まず第一に、自分の主人であり、また伯父でもあるところの、當の
その人(アルケタス)を、ペルディッカスが彼から奪い取った王位を返してやるからという口實で呼びにやって、
その人とその息子のアレクサンドロス——つまり自分の從兄弟で、年もほぼ同じぐらいだったのですが——そ
の二人を客として迎え、したたか醉わせてから、馬車の中へ放りこみ、夜中に連れ出して、咽喉笛をかき切り、
兩方ともを亡きものにしてしまったのです。しかも、そういう不正なことをしたのだから、この上もない不幸
な者となってしまっているのに、自分ではそれと氣がつかないで、またそれを後悔もしないで、それどころか、
C その後しばらくたつと、今度は、自分の兄弟——つまりペルディッカスの正嫡の子で、まだ七歲になったばか
りの子供だったのですが、そして當り前なら、王の位はその子のものになりかけていたのですけど——その子
を育てあげて、その上で王の位をその子に返してやるという、正義にかなった行爲をすることで、幸福になろ
うとは望まないで、反って、井戸の中へ突き落して、溺死させておきながら、その子の母のクレオパトラに向
っては、鵞鳥を追いかけているうちに、はまり込んで死んでしまったのだと言ったものです。——さて、そん
な次第で、現在、あの人は、マケドニアに住む人たちの中では、最大の不正を行ってしまっているのだから、
マケドニア人全體の中でも一番不幸な者であって、世に言われるように、一番幸福な者なんかでは決してない

D わけです。そこできっと、あなた方アテナイ人の中にも、あなたを始めとして、アルケラオスになるぐらいなら、むしろ誰でもいいから、ほかのマケドニア人になる方を、いいとする者があるでしょうねえ！
ソクラテス　この話の始めにも、ポロスよ、ぼくは君を褒めて、君は一問一答で話をすることの方は、なおざりにしてしまったようだけれども、辯論術の方では、なかなか立派な教育を受けているように思われると、言ったはずだったね。それで今もこれが、子供でもそれを用いれば、ぼくをすっかり反駁することができるだろうっていう、その議論なのだね、そうではないのかね。そしてその議論でもって、ぼくは今君のために、君の思うところでは、すっかり反駁されてしまっている、というわけなのだね。それはつまりぼくが、不正を行っている者は幸福ではないと主張するからなのだが。しかし、君、それはいったいどんな根據にもとづいているのかね。それにぼくは、君の主張していることの何一つをも、君に同意してはいないのだのに。
E **ポロス**　いや、それは、あなたに同意しようという氣持がないからですよ。しかしあなたが、ぼくの言ってるように考えておられることは、これは間違いないですけれどもね。
ソクラテス　君は仕合せな人だよ。レトリックの方法で、君はぼくを反駁しようとかかっているのだが、それはちょうど、法廷において反駁しているつもりになっている人たちがするのと、同じことなのだからね。というのはあそこでも、一方の側の人たちが、自分たちの申立てる陳述について、数多くの、しかも名の通った人びとを證人として持ち出すのに、相手側の方は、だれかくだらない證人を一人しか、あるいはその一人さえも持ち出せないような場合には、前者は後者を反駁したつもりになるものだからだ。しかし、この種の反駁は、
四七二A 眞理という點では、何の値打ちもないのだよ。なぜなら、ひとは時によると、数多くの、しかもひとかどと思

われている人たちによって、僞りの證言をされて苦杯をなめることだってあるからだ。そこで今の場合にしても、君の話している事柄について、ぼくの言うことは間違いであると、ぼくに反對して證言する人たちを、君がもし持ち出そうと思うなら、アテナイの人たちも、よその國の人たちも、ほとんどすべての者が、そのことを君に贊成してくれるだろう。なんなら、ニケラトスの子のニキアスや、また彼とともに彼の兄弟たちが、君のために證人となってくれるだろう。彼らの聲望のほどは、ディオニュソスの神域に列をなして立っているあの鼎が、彼らの奉納したものであることからも知られるはずだ。またなんなら、スケルリアスの子のアリスト
B クラテスも、證人に立ってくれるだろう。ピュティオス・アポルロンの社にある、あの見事な獻納品は、これまた彼の寄進したものなのだ。それにまたなんなら、ペリクレスの一族全體が、あるいは、この土地のなかで君が選びたいと思う、ほかのどの一族でも、君のために證人となってくれるにちがいないのだ。*
しかしぼくとしては、たとえ一人ではあっても、君に同意しないつもりでいる。というのは、君は論證の力でぼくを同意せざるをえないようにしているのではなく、ぼくに對して僞りの證言をする人たちを數多く持ち出すことによって、ぼくの本來の持ち物、つまり眞理から、ぼくを追い出そうとかかっているからなのだ。しかしぼくとしては君自身を、たとえ一人ではあっても、ぼくの言うことに同意してくれる證人として立てることをしないうちは、ぼくたちの話し合っている事柄については、何一つ語るに足るほどのことも、ぼくはなし
C とげてはいないのだと思っている。しかしそれはまた君の場合でも同じであって、もし君が、あの今あげたようなその他の證人たちをすべてお拂い箱にして、ただの一人であってもこのぼくが、君のための證人となるのでなければ、君によってもまた何事もなしとげられてはいないと思うのだ。

なるほどそれは、君や、またその他の世の多くの人たちが考えているような、そういう反駁の方法もあるにはあろう。しかしそれとは別に、ぼくはぼくで考えているような、反駁の方法もあるのだ。だから、それら二つの方法を相互に並べてみて、それらにはどこか互いに異る點が出て來るかどうかを、調べてみることにしよう。というのは實際、ぼくたちが意見を異にしている問題たるや、決して些細なことではなくて、むしろ、それについて知っているのは大へん立派なことであるが、知らないのでは全く不面目なことになる、といってもよいほどのことなんだからね。というのもその問題とは、要するところ、誰が幸福であり、また誰が幸福でないか
D を、知っているか、それとも知らないでいるか、ということに歸着するのだから。早い話が、まず第一に、いま話題になっていることでいえば、もし君が、アルケラオスは不正な人間だけれども、幸福であると考えているなら、君は、人間は不正を行い、そして不正であっても、仕合せであることができると考えているわけだ。どうだね、君はそう信じているものと、ぼくたちは考えておいていいのではないかね。
ポロス　ええ、それでいいです。
ソクラテス　しかしぼくは、それは不可能であると主張するのだ。この點が、ぼくたちの意見の食違っている一つなのだ。まあ、それはそれでおこう。しかしそれなら、不正を行っていても、裁きを受け、罰に處せられるなら、それでひとは幸福になるのだろうか。
ポロス　いいえ、とんでもありません。そんなことにでもなれば、一番不幸になるでしょうからね。
E **ソクラテス**　しかし、そうすると、不正を行っている者が、裁きを受けなければ、君の説だと、幸福になるのだね？

ポロス　そうです。
ソクラテス　だが、ぼくの考えでは、ポロスよ、不正を行っている者や、不正である者は、どっちみち不幸なのだ。しかし、不正を行っていながら、裁きも受けず、罰にも処せられないなら、その方がもっと不幸であり、それに比べると、神々や人間たちによる裁きを受けて、罪の償いをするなら、その者の不幸はまだしも少いのである。
四七三A ポロス　なんて奇妙なことを、言おうとされるんでしょうね、ソクラテス。
ソクラテス　いや、それは君にだって、ねえ君、ぼくと同じことを言うようにさせてみせるよ。君を友人と考えればこそ、そうさせたいのだけれどもね。——ところで、今のところは、それらの點で、ぼくたちの意見は食違っているのだ。それではまあ、君も考えてみてくれ。ぼくはさきほどの話の中で、不正を行う方が、不正を受けるよりも、もっと悪い（害になる）ことだと言ったように思うが。
ポロス　ええ、たしかに。
ソクラテス　ところが君は、不正を受ける方が、もっと悪いことだと言ったのだ。
ポロス　そうです。
ソクラテス　また、不正を行っている人たちは、不幸であると言ったのは、ぼくの方であって、そこで、君のためにすっかり反駁されたわけだ。
ポロス　ゼウスに誓って、そのとおりでした。
B ソクラテス　それは、君の考えでは、そうかもしれないがね、ポロス。

ポロス　ええ、それでしかも、ぼくの考えに間違いはないのですから。
ソクラテス　だろうね。ところで、君はまた別に、不正を行っている人たちが幸福であるのは、彼らが裁きを受けない場合である、とこう言ったのだ。
ポロス　たしかに、そう言いました。
ソクラテス　だがぼくは、彼らは一番不幸であり、それに比べれば、裁きを受ける人たちの不幸は、まだましであると主張するのだ。どうだね、この點も反駁してくれるかね。
ポロス　いや、それを反駁するのは、前のあれよりも、もっと難しいでしょうねえ！　ソクラテス。
ソクラテス　いや、難しいどころではないよ、ポロス、むしろそれは不可能なのだ。なぜなら、眞理は決して反駁されないのだから。
ポロス　というと、それはどういうことなんですか？　それなら、いまかりにひとが不正を犯していて、つま
C り獨裁者になろうと陰謀を企てていて、逮捕されたとしてみましょう。そして逮捕された上は、拷問にかけられたり、去勢されたり、兩眼を燒きとられたり、そのほかにも數々のありとあらゆるひどい暴行を、自分自身が受けるとともに、また自分の妻子たちが受けるのも見た上で、最後には、はりつけにされたり、火炙りの刑にされたとしてごらんなさい。それでもその方が、もし彼が逮捕を免れて、獨裁者の地位につき、その國の支配者として、何でも自分の欲する通りにしながら、その國の市民たちのみならず、よその國の人たちにまでも
D 羨望される者となり、幸福者だとされて、一生を送り通す場合よりも、もっと幸福なんでしょうかねえ？　どうです、これでもまだあなたは、今のそのことを反駁するのは、不可能だとおっしゃるのですか。

ソクラテス　今度はまた、お化けでおどそうっていうんだね、ポロス、君の氣のいいのには全く參るよ。しかも、反駁はしていないのだ。さっき、證人を出したばかりだのにね。しかしまあ、それはそれとして、君の言葉を少しばかり思い出させてもらおうか。――「不正なしかたで、獨裁者になろうと陰謀を企てていて……」と、こう君は言っていたね？
ポロス　ええ、そう言っていました。
ソクラテス　それならそのどちらも、つまり、不正なしかたで獨裁者の地位をかちえた者も、また逮捕されて裁きを受けている者も、そのどちらについても、一方が他方よりも、より幸福であるということは決してないだろう。なぜなら、二人とも不幸なのだから、その不幸な二人のなかには、より幸福な者はありえないだろうからだ。しかし、より不幸な者ということになれば、それは逮捕を免れて、獨裁者となっている者の方がそう
E だろう。……君のそれは、何かね？　ポロス。君は笑っているのかね？　それがまたもう一つの、反駁の方法だっていうわけかね、ひとが何かを言い出せば、反駁はしないで、あざ笑うというのがだよ。
ポロス　あなたはもう、すっかり反駁されてしまっているのだとはお思いになりませんかね、ソクラテス。世の誰もが認めないような、そんな風なことをおっしゃるに至ってはですよ。まあその證據に、ここにいる人たちの誰にでも、訊いてごらんなさいよ。
ソクラテス　ポロスよ、ぼくはあいにく、政治家の部類にははいらないのでね。それで去年のことだったが、ぼくは抽籤で政務審議會の一員に選ばれ、そしてぼくの部族が執行部の役を勤めることになり、ぼくはその議
四七四A 長として、ある議案を票決に附さなければならないことがあったのだが、そのときぼくは、票決に附する術を

知らなかったもので、人びとの嘲笑を招いたのだったよ。* だから今の場合も、ここにいる人たちの票決を採るように、ぼくに命ずることはしないでくれたまえ。それよりは、君にはもうあれらのやり方以上によい反駁ができないのなら、さっきぼくが言ってたように、今度は代って、ぼくに反駁の役をまかせて、そうして、反駁とはこうあるべきだとぼくの考えているような、そういう反駁を、君は味ってみることにしてくれたまえ。と
B いうのもぼくは、どんな話をするにしても、それについての證人を、一人だけは立てることができるからだ。つまりその證人とは、ぼくの話相手となっている當のその人のことだ。そして多くの人たちには目もくれないわけだ。つまりぼくは、ひとりの人の票を得ることは知っているが、多くの人たちとは話もしないのだ。そこで今度は代って、君はぼくの質問に答えながら、反駁を受けようというのであれば、それなら、まあ見てごらん。というのも、ぼくとしてはこう思っているからなのだ。――それはなにもぼくだけではなく、君にしても、またその他の人たちにしても、不正を受けるよりは不正を行う方が、また裁きを受けるよりは受けない方が、より悪いことであると考えているのだ、とね。
ポロス　しかし、ぼくは反對に、それはなにもぼくだけではなく、その他の世の何びとにしたって、そうは考えていないと思うんですがね。それなのにあなたは、不正を行うよりも、むしろ不正を受ける方を選ばれるのでしょうか？
ソクラテス　そう、それは君にしたって、またそのほかの誰にしたって、その方を選ぶだろうね。
ポロス　いや、とんでもないです。それはなにもぼくだけではなく、あなたにしても、またほかのどんな人にしても、その方を選ぶ者はいないでしょう。

C ソクラテス　では、もうこれ以上は、君はどうしても答えてくれないというのかね。
ポロス　いいえ、いいですとも、答えてあげましょう。それに、あなたがいったいどういうことをおっしゃるものか、それが知りたくもありますからね。

*

ソクラテス　さあ、それでは、君が知るためにも、言ってくれたまえ。ぼくはもう一度始めから、君に訊ねて行くという風にしてみるからね。——君にはどちらが、より悪い（害になる）ことだと思われるかね、ポロス、不正を行う方かね、それとも、受ける方かね。
ポロス　それはむろん、不正を受ける方です。
ソクラテス　それならしかし、どうだろうか。より醜いのは、どちらかね。不正を行う方かね、それとも、受ける方かね。答えてくれたまえ。
ポロス　それは、不正を行う方です。
ソクラテス　それではまたその方が、より悪いことでもあるのだ、いやしくもそれが、より醜いのであれば。
ポロス　いや、決してそんなことはありません。
D ソクラテス　ああ、それでわかったよ。君はどうやら、美しいことと善いこととは同じではなく、また悪いことと醜いことも同じではないと考えているらしいね。
ポロス　ええ、もちろん同じではありません。

ソクラテス　しかしそれなら、次のことは、どう考えるかね。立派で美しいものをすべて、例えば身體でも、色でも、形でも、聲でも、また風俗習慣でも、それらのものを君は何の標準にも照らすことなしに、それぞれの場合に美しいと呼ぶのかね。たとえば先ず、身體をとりあげてみれば、君が立派な美しい身體を、美しいものであると言うのは、それは有用性の點で、つまりそれぞれの身體が何かに對して役に立つとすれば、その點で美しいと言うのではないかね。それともまた、ある種の快樂の點で、つまりその身體が眺められるときに、眺める人たちを喜ばせるなら、その點で美しいと言うのではないかね。どうかね、身體の美しさについて語る場合に、何かそれら以外の點が考えられるかね。
ポロス　いいえ、考えられません。
ソクラテス　それではまた、その他のどんなものについてでも、それは同じであって、つまり形でも色でも、それらのものに君が美しいという名をつけて呼ぶ場合は、それはある種の快樂のためか、それとも有益さのためか、もしくはそれら兩方のためではないかね。
ポロス　ええ、そうです。
ソクラテス　それは聲でも、またすべて音樂に關係のあるものの場合でも、同じことではないかね。
ポロス　そうです。
ソクラテス　さらにまた、法律や風俗習慣の方面のことにしても、およそ立派で美しいものは、むろん、いま言われたそれらの點、つまり有益なものであるか、快的なものであるか、それともそれら兩方のものであるかという、それらの點を拔きにしてはあり得ないだろう。

E

四七五A ポロス　ええ、あり得ないと思います。
ソクラテス　それではまた、學問の立派さだって、同様ではないかね。
ポロス　ええ、全くです。それに、いまあなたが試みておられる定義の仕方だって、ほんとうに見事なものです、ソクラテス、その見事である（美しい）ということを定義するのに、快と善とによってなさっているのはですよ。
ソクラテス　それなら、醜いということは、その反對のもの、つまり苦痛と害惡とによって、定義されるのではないかね。
ポロス　それは必然にそうなります。
ソクラテス　そうすると、二つの美しいもののうちで、その一方がより美しい場合には、それはそのものの方が、いま言われた二つの點のどちらかにおいて、またはその兩方においてまさっているから、それでより美しいのだね。つまり快樂の點で、あるいは有益さの點で、もしくはその兩方の點でまさっているから、そうなのだね。
ポロス　たしかに。
B ソクラテス　しかしまた反對に、二つの醜いもののうちで、その一方がより醜い場合にも、それはそのものの方が、苦痛の點で、あるいは害惡の點で、（もしくはその兩方の點で）まさっているから、それでより醜いのだろう。どうだね、これは必然にこうなるのではないかね。
ポロス　そうなります。

ソクラテス　よし來た！　さあ、それでは、不正を行うのと、不正を受けるのとについて、今しがたはどんな風に言われていたのかね。不正を受けるのはより悪いことであるが、しかし不正を行う方がより醜いことであると、こう君は言っていたのではないかね。
ポロス　ええ、そう言っていました。
ソクラテス　それなら、不正を行う方が、不正を受けるよりもより醜いのであれば、その方がより苦痛なことであり、それでその苦痛の點でまさっているから、より醜いのか、それとも害惡の點で、もしくはその兩方の點でまさっているから、そうなのか、そのどれかであることになるのではなかろうか。このことも必然にこうなるのではないかね。
ポロス　それはもちろんそうなります。
C
ソクラテス　それではまず最初に、こういう點について調べてみることにしよう。果して不正を行う方が、不正を受けるよりも、苦痛の點でまさっているのか。つまり、不正を行う人たちの方が、不正を受ける人たちよりも、もっと多く苦しんでいるのか。
ポロス　いや、少くともその點は、ソクラテス、絕對にそんなことはありません。
ソクラテス　してみると、少くとも苦痛の點では、まさっているのではないのだね。
ポロス　ええ、決して。
ソクラテス　それなら、苦痛の點においてではないとすると、もはや兩方の點でまさることはできないだろう。
ポロス　ええ、できないようです。

ソクラテス　それでは、残るところは、もう一方の點において、ということになるね。
ポロス　ええ。
ソクラテス　つまりそれは、害悪の點で、ということだね。
ポロス　そうらしいです。
ソクラテス　そうすると、不正を行う方が不正を受けるよりも、害悪の點でまさっているのなら、その方がより悪いということになろう。
ポロス　それはむろんそうなります。
ソクラテス　さて、不正を行う方が不正を受けるよりも、より醜いということは、世の多くの人たちによってのみならず、さっきはまた君によっても認められていたのだ。どうだね、そうではなかったのかね。

D

ポロス　そうでした。
ソクラテス　ところが今や、その方がより悪いことでもあるということが、明らかにされたのだ。
ポロス　そうらしいですね。
ソクラテス　それなら君は、そのより悪くて、より醜いことの方を、そうであることのより少いものよりも、むしろ選ぶのだろうか？　さあ、躊躇をしないで、答えてくれ、ポロス。君がそれに答えたからといって、何もほんとうの害を受けるわけではないのだから。いや、君は男らしく、ちょうど醫者に身をまかせるときのように、ロゴスに身をゆだねて、答えてくれたまえ。そしてぼくの訊ねていることを肯定するなり、または否定するなりしてくれ。

E ポロス　いや、それはもちろん、より醜悪なものの方を選びはしませんよ、ソクラテス。
ソクラテス　しかし、世の中には誰かほかに、そちらの方を選ぶ人がいるだろうか。
ポロス　いや、いないと思います。少くともいまの議論に従うかぎりはですよ。
ソクラテス　そうすると、ぼくの言っていたことは本當だったわけだね。それはなにもぼくだけではなく、君にしても、また世の中のほかの誰にしても、不正を受けるよりは、むしろ不正を行う方を選ぶ者はいないだろうと、言っていたのはだよ。なぜなら、まさにその方がより惡いことなのだから。
ポロス　そうらしいです。
ソクラテス　それでは、ほら、わかるだろう、ポロス、このぼくの反駁を、前の君の反駁と並べてみるなら、それらの間には全然似たところがないということが。いや、君には、ぼくを除いて、ほかの人たちが全部、同意してくれているが、しかしぼくには、君がただの一人ではあっても、同意して證人となってくれるなら、そ
四七六A
れでもう充分なのだ。そしてぼくとしては、ただ君の票だけを得れば、ほかの人たちのことはどうでもかまわないわけだ。
さて、この點については、これで片づいたことにしておこう。で、その次には、ぼくたちの意見が食違っていた、第二の點について考察をすすめることにしよう。つまりそれは、不正を行っている場合に、裁きを受けるのは、果して君の考えていたように、害惡のなかでも最大のものであるのか、それともまたぼくの考えていたように、裁きを受けない方がもっと大きな害惡であるのか、という點なのだ。で、それはこんな風にして考

察することにしよう。——不正を行っている場合に、裁きを受けるのと、正義に従って懲らされるのとは、同じことであると君はいうかね。
ポロス　ええ、同じことです。
B **ソクラテス**　それなら君は、とにかく正しいことは、それが正しいことであるかぎり、そのすべてが必ずしも美しいことではないという風に言うことができるかね。それで、よく考えた上で、答えることにしてくれ。
ポロス　いや、考えるまでもなく、それはすべて美しいことだと思います、ソクラテス。
ソクラテス　それではさらに、こういう點も考えてみてもらおう。もしひとが何事かをするとすれば、そのする人によってされるところのことが、必ずまた何かなければならないのか。
ポロス　ええ、なければならないと思います。
ソクラテス　果して、そのされることというのは、するものがするのと同じ内容のこと、また同じ性質のことをされるのかね。たとえばそれは、こういうようなことだ。もしひとが毆るとすれば、何かが必ず毆られるのか。
ポロス　ええ、必ず毆られます。
ソクラテス　そしてもしその毆る人が、激しく、あるいは速く毆るとすれば、毆られる方も、そういう風に毆られるのか。
C **ポロス**　そうです。
ソクラテス　してみると、毆られる者が受けとるところのものは、毆る者の行う行爲に相應するわけだね。
ポロス　全くです。

ソクラテス　それではまた、ひとが(治療のために焼鏝を使って)焼くとすれば、何かが必ず焼かれるのではないかね。
ポロス　もちろんです。
ソクラテス　そしてもしその焼き方が、激しいか、あるいは苦痛となるものであれば、焼かれるものは、焼くものが焼くような、そういう焼かれ方をするのか。
ポロス　そのとおりです。
ソクラテス　ではまたひとが(メスを振って)切る場合でも、同じことが言えるのではないかね。つまり、何かが切られるのだから。
ポロス　そうです。
ソクラテス　そしてもしその切口が、大きいか、深いか、または苦痛となるものであれば、切られるものは、
D 切るものが切るような、そういう切られ方をするのか。
ポロス　そう見えます。
ソクラテス　それでは、いままでのことをひとまとめにすると、さきほども言われたように、あらゆる場合について、するものがするようなそういう性質のことを、されるものはされるのである、ということになるが、それを君は同意してくれるかどうか、まあ見てくれたまえ。
ポロス　いや、それは同意します。
ソクラテス　では、それらのことは同意されているものとして、裁きを受けるというのは、何かをされることと

かね、それとも、することかね、どちらだろう?
ポロス　それはきまったことです、ソクラテス、されるのです。
ソクラテス　では、されるのであれば、それは誰かする人によってそうされるのではないか。
ポロス　もちろんです、それは懲らす人によってです。
ソクラテス　ところで、しかるべく懲らす人は、正義に従って懲らすのだね?
ポロス　そうです。
E **ソクラテス**　それは、正しいことをすることによってかね、それとも、そうではなしにかね。
ポロス　正しいことをすることによってです。
ソクラテス　そうすると、懲らされる者は、裁きを受けることによって、正しいことをされるのではないか。
ポロス　そう見えます。
ソクラテス　ところで、正しいこととは、美しいことだと認められていたはずだが。
ポロス　たしかに。
ソクラテス　そうすると、それら両者の間において、一方、正しいことをする人の方は、美しいことをするのだし、他方、それをされる人、つまり懲らされる人の方は、美しいことをされるわけだ。
ポロス　そうです。
四七七A **ソクラテス**　それでは、もしも美しいことをされるのだとすると、善い(ためになる)ことをされるのではないかね。というのも、美しいこととは、快いことか、有益なことか、(それともその両方か)、それらのどれかなのだから。（しかしむろん、懲らされることは快いことではないだろうから）。
ポロス　それは必然にそうなります。
ソクラテス　してみると、裁きを受ける人は、善いことをされるのだね。
ポロス　そう見えます。
ソクラテス　したがって、利益を受けるわけだね？
ポロス　ええ。

ソクラテス　果してその利益というのは、ぼくが考えているような利益のことだろうか。つまり、正義に従って懲らされるなら、その人は魂の上でよりよい人間になるという？
ポロス　でしょうね。
ソクラテス　すると、裁きを受ける人は、魂の悪徳から解放されるのだね？
ポロス　ええ。
B
ソクラテス　それでは、最大の悪から解放されるということになるのかね。――しかしまあ、それはこんな風に考えてみたまえ。財産の状態では、君が人間の悪と認めるものは、貧乏以外に何かあるかね。
ポロス　いえ、ありません、貧乏がそうです。
ソクラテス　また身體の狀態では、それは何かね。虛弱や、病氣や、醜さや、その他そういったものを悪であると言うのだろうか。

ポロス　ええ、そうです。
ソクラテス　それではまた魂の場合にも、何か悪い狀態があると君は考えているのではないか。
ポロス　それはもちろんです。
ソクラテス　では、君がその惡い狀態と呼ぶものは、不正とか、無學とか、臆病とか、その他そういったもののことではないのか。
ポロス　全くです。
C
ソクラテス　それなら、財産と身體と魂との——それらは三つなのだから——三つの惡い狀態、つまり、貧乏と病氣と不正とを、君はあげたことになるのではないか。
ポロス　そうです。
ソクラテス　では、それら三つの惡い狀態のうちでは、どれが一番醜いのだろうか。不正や、そして要するに魂の惡德が、そうではないのか。
ポロス　それは大いにそうです。
ソクラテス　それで、一番醜いのなら、また一番惡い(害になる)のだね？
ポロス　とおっしゃると、ソクラテス、それはどういうことでしょう？
ソクラテス　どういうことかって、わかってるじゃないか　一番醜いものは、いつの場合でも最大の苦痛を、あるいは最大の損害を、もしくはその兩方ともをもたらすから、それで一番醜いのだ。それは前に同意されていたことから出てくるのだ。

ポロス　ええ、それはたしかにそうです。
ソクラテス　ところで、不正や、そして一般に魂の惡德は、どれもすべて一番醜いものであるということは、これは今しがたぼくたちによって認められたばかりではないかね。
D **ポロス**　それは認められました。
ソクラテス　それなら、魂の惡德は、非常に苦痛なことであり、それでその苦痛の點でまさっているから、いま言われた三つの惡い狀態のなかでは、一番醜いのであるか、それとも有害さの點で、もしくはその兩方の點でまさっているからそうなのか、そのどれかであることになるのではないか。
ポロス　それはどうしてもそうなります。
ソクラテス　それでは果して、不正であることや、また放埓、臆病、無學であることの方が、貧乏していることや病氣していることよりも、もっと苦しいことなのだろうか。
ポロス　いいえ、ぼくはそうは思いません、ソクラテス、少くともこれまでの話からですとね。
ソクラテス　してみると、何かとてつもないほどに大きな害や、また驚くばかりの惡によって、魂の惡德はその他のものを凌駕しているから、それでそれらのどれよりも一番醜いわけだ。君の言うように、それは少くと E
も苦痛の點では、まさっているのではないのだから。
ポロス　そう見えます。
ソクラテス　ところでさて、害惡の點でまさること最大のものは、およそ存在するもののなかでも、最大の惡であろう。

ポロス　ええ。
ソクラテス　したがって、不正や、放埒や、その他の魂の惡德は、およそ存在するもののなかでも、最大の惡なのだね？
ポロス　そうらしいです。
ソクラテス　さて、それでは、貧乏から解放してくれるのは、どんな技術かね。それは金儲けの術ではないかね。
ポロス　そうです。
ソクラテス　また、病氣から解放してくれるのは、どんな技術かね。醫術ではないのかね。
四七八A ポロス　きまっています。
ソクラテス　では、惡德や不正から解放してくれるのは、どんな技術かね。……もし、そうすらすらとは行かないようなら、まあ、こんな風に考えてみたまえ。どこへ、またどういう人たちのところへ、身體を患っている人たちを、われわれは連れて行くのかね。
ポロス　それはもちろん、醫者のところへです、ソクラテス。
ソクラテス　では、不正を行っている人たちや、放埒な連中は、どこへ連れて行ったらいいのかね。
ポロス　裁判官のところへ、とおっしゃりたいんでしょう？
ソクラテス　そう、それは裁判を受けさせるためではないかね。

ポロス　それは認めましょう。
ソクラテス　それなら、どうだろう。しかるべき仕方で懲らす人たちは、何らかの正義を用いて懲らすのではないかね。
ポロス　それはむろんそうです。
ソクラテス　してみると、貧乏から解放するのは、金儲けの術であり、病氣から解放するのは、醫術であり、そして放埒や不正から解放するのは、裁判(正義・司法)である。

B

ポロス　そう見えます。
ソクラテス　それでは、それらのうちでは、どれが一番立派で美しいものかね。
ポロス　それらとおっしゃると？
ソクラテス　つまり金儲けの術と、醫術と、裁判のうちではだ。
ポロス　それは、ソクラテス、裁判がはるかにすぐれていますよ。
ソクラテス　そうすると、今度もまたそれが、あるいは快樂を、あるいは利益を、もしくはその兩方ともを一番多くつくり出すのだ、ということになるのではないかね、もしもそれが一番美しいものだとすると。
ポロス　そうです。
ソクラテス　それでは果して、治療されることは快いことかね。そして治療を受ける人たちは、そのときに愉快な氣持でいるのかね。
ポロス　いえ、ぼくにはそうは思われません。

ソクラテス　しかしとにかく、ためにはなるのだね？　そうではないのか。
ポロス　そうです。
C ソクラテス　というのもそれによって、ひとは大きな惡から解放されるからであり、したがって苦痛を忍んでも健康になるのは、有利であるというわけなのだ。
ポロス　もちろんそうです。
ソクラテス　それでは、そういう風にしたならば、つまり治療を受けるなら、ひとは身體に關しては、果して一番幸福になれるのだろうか。それとも、始めから病氣なんかしない場合が、そうなのだろうか。
ポロス　それはむろん、病氣なんかしない場合です。
ソクラテス　うん、そうだね。というのは、思うに、惡からの解放、それが幸福だったのではなく、始めから全然惡をもたないのが、幸福だったのだからね。
ポロス　そのとおりです。
D ソクラテス　では、どうかね。身體にでも魂にでも、惡いところをもっている二人のうちで、治療されてその惡から解放される人と、治療を受けないでそれをそのまま持っている人とでは、どちらがより不幸だろうか。
ポロス　それは治療を受けない人であるように見えます。
ソクラテス　それなら、裁きを受けるということは、最大の惡、つまり惡徳からの解放だったのではないか。
ポロス　ええ、そうでした。
ソクラテス　それというのも裁きは、人びとを正氣にもどし、より正しい者となし、かくして惡徳の醫術となるからであろう。
ポロス　そうです。
ソクラテス　そうすると、一番幸福なのは、魂のなかに悪をもたない人間なのだ。というのもその悪が、悪のなかでも最大のものであることが明らかにされたのだから。
E **ポロス**　むろんそうです。
ソクラテス　ところで、二番目に幸福なのは、その悪から解放される人だろう。
ポロス　そうらしいです。
ソクラテス　で、その人とは、説諭されたり、叱責されたり、裁きを受けたりする人のことだったのだ。
ポロス　ええ。
ソクラテス　そうすると、その悪をもったままでいて、それから解放されない人は、一番不幸な生活を送ることになるのだ。
ポロス　そうらしいですね。
ソクラテス　では、その一番不幸な生活を送る人というのは、まさにこういう人のことではないかね。つまり、最大の悪事を犯し、最大の不義不正を行いながら、しかも、説諭されることも、懲戒されることも、また裁き
四七九A を受けることもないように、うまく立ちまわる者があるとすれば、誰であろうと、まさにそのような人こそ、それなのではないかね。たとえば、君の主張によると、アルケラオスはそれに成功しているのだし、またその他の獨裁者たちや、辯論家たちや、権力者たちにしてもそうだということなのだが。

ポロス　そうかもしれませんね。
ソクラテス　というのも、ねえ君、これらの連中が自分たちのために實際にやりとげていることはといえば、それはちょうどだれかが、大へん重い病氣にかかっていながら、身體についてのその過ちの報いを、醫者によって受けることがないように、つまり、焼かれたり切られたりすることは苦痛だからというので、それをまるで子供のように恐れて、治療されないように、なんのかんのとうまくごまかしているのと、それと大體同じこ
B とだといっていいだろうからだ。どうだね、君にもそう思われないかね。
ポロス　ええ、それはそう思われます。
ソクラテス　それはつまり、その病人には、どうやら、健康とか、總じて身體の優秀性とは、どういうものであるかが、よくわかっていないからのことらしいのだ。それというのも、いまぼくたちによって同意されたことから判斷すると、裁きを免れようとする人たちだって、おそらく、何かこれと似たようなことをしているにちがいないからだよ、ポロス。すなわち彼らは、裁きを受けることの苦痛はよく見抜いているが、しかしそれが有益であるということについては、全く盲目なのだ。そして不健康な身體をもって生きるよりは、魂が健全ではなく、ひびがはいっていて、不正で、不敬虔であることの方が、どれほどもっと不幸であるかということ
C が、わかっていないからなのだ。それだからまた彼らは、何とでもして、裁きを受けないように、そして最大の悪からは解放されないようにと、百方手をつくしているわけだ。つまりそのためには、金錢の用意もし、味方もととのえ、また何とかしてできるだけ説得的に語る者となる方法があるなら、それの工夫も試みてだ。しかしながら、もしぼくたちの同意していたことが眞實だったとすれば、ポロスよ、この議論から生れてくる結

論はどういうことになるかを、君は果して氣がついているかしら？　それとも、どうかね、ぼくたちは一緒に、その結論を出してみることにしようか。
ポロス　ええ、そうするのがよければ、そうしてください。
ソクラテス　それなら果して、不正であることや、また不正を行うことは、最大の悪であるという結論になるのかね。
D **ポロス**　ええ、そうなるようです。
ソクラテス　それからまた、裁きを受けるということは、その悪からの解放である、ということが明らかになったのか。
ポロス　おそらく、そうでしょう。
ソクラテス　しかしそれに反して、裁きを受けないのは、その悪をとどめることなのか。
ポロス　そうです。
ソクラテス　してみると、不正を行うのは、ただそれだけのことなら、悪のなかでも、大きさの點で二番目のものであるが、しかし、不正を行いながら裁きを受けないのは、本來、ありとあらゆる悪のなかでも最大の、そして一番のものなのだ。
ポロス　そうらしいですね。
ソクラテス　それなら、君、ぼくたちの意見が食違っていたのは、そもそもこの點についてではなかったのかね。つまり、君はアルケラオスを、彼は最大の不正を行っていながら、何の裁きも受けていないから、それで

E 幸福であるとしたのだが、しかしぼくは反對に、アルケラオスであろうと、他の何びとであろうと、不正を行いながら裁きを受けない者があるとすれば、その人は當然、他のどんな人たちにもまさって不幸であるはずだし、そしていつの場合でも、不正を行う人の方がそれを受ける人よりも、また裁きを受けない人の方がそれを受ける人よりも、もっと不幸であると考えていたからなのだ。——どうだね、これがぼくによって言われていたことではないかね。
ポロス ええ、そうでした。
ソクラテス それでは、そう言われていたのは眞實であったということが、證明されたのではないかね。
ポロス そう見えます。
四八〇A **ソクラテス** では、その點はそれでいいとして、さてそれで、もし以上述べたことが眞實であるとするなら、ポロスよ、辯論術がもつというあの大なる效用とは、いったい何だということになるのかね。というのも實のところが、いま同意されたことにもとづいていえば、ひとは自分で自分に最大の注意を拂って、不正を行わないようにしなければならないからだ。さもないと、害惡をいっぱい背負いこむことになるのだからね。そうではないのかね。
ポロス 全くです。
ソクラテス だがもし、不正を行ってしまったのなら、それを行ったのが自分自身であろうと、あるいは自分が面倒を見ている誰かほかの人であろうと、その人は自分の方からすすんで、できるだけ早く裁きを受けるこ

とになる場所へ、つまり病氣になったときには醫者のところへ行くように、この場合は裁判官のところへ行か
B なければならないのだ。それも、不正という病氣がこじれてしまって、魂のなか深くまで膿み腐らし、それを
不治のものとすることがないようにと、大急ぎでだね。それとも、ほかにどう言えばいいのかね、ポロス、も
しもさきほど同意されたことが、われわれにはまだ有效であるとすればだよ。どうだね、それはそんな風に言
えば、前の話と調子が合うけれども、それ以外の言い方をしたのでは、合わないにきまっているじゃないかね。
ポロス　ええ、それはほかに何とも言いようがありませんからね、ソクラテス。
ソクラテス　そうしてみると、不正のために辯護するという目的には、その不正を行ったのが自分自身であろ
うと、兩親であろうと、仲間たちであろうと、子供たちであろうと、あるいは祖國が不正を行っている場合で
あろうと、辯論術は、われわれにとって何の役にも立ちはしないのだよ、ポロス。もっとも、ひとがそれを反
C 對の意味に解釋してくれるなら、話は別になるけれどもね。――つまりそれは、誰よりもまず自分自身を告發
すべきであり、それに次いでは身内の者でも、またその他友人たちの中で、それぞれの場合にたまたま不正を
行う者があれば、その人をも告發すべきであり、そしてその非行を包みかくさずに、白日の下に持ち出すべき
であるが、それは裁きを受けて健全な者となるためである。そしてその時には、自分自身にもその他の人たち
にも卑怯な眞似をさせないで、ちょうど醫者に身をまかせて切ったり焼いたりさせるのと同様に、善美のこと
を追求しながら、苦痛は勘定に入れずに、立派な男らしい態度で、眼をつぶって、その裁きに自己を委ねるよ
D うにさせるべきである。すなわちもし、笞刑に値いする不正を行っているのなら、自己を委ねて笞打たせ、ま
た縛られるに値いすることをしているなら、縛らせ、罰金に値いすることなら、罰金を拂い、追放に値いする

ことなら、追放になり、死刑に値いすることなら、死刑になる、というようにしてだね。それにはまず、自分が自分自身の、あるいはその他身内の者の告發人となり、そうしてその非行が明らかとなることによって、最大の悪、つまり不正から解放されるように、というその目的のために辯論術を用いてである、ということなのだ。――どうだね、そういう風にぼくたちは主張しようかね、それとも、そう主張してはいけないのかね、ポロス。
E
ポロス　ええ、それは、少くともぼくには、途方もないことのように思われるんですけどもね、ソクラテス。でも、あなたにとっては、おそらくそれで、前の話と辻褄が合うわけでしょうね。
ソクラテス　そんなことを言うようなら、あの前の話だって、ご破算にしなければならないのではないかね。それとも、あれを認めるなら、この今のことは、それからの結論として、必然に出てくるのではないかね。どうだね、そのどちらかではないかね。
ポロス　ええ、それはとにかくそうですけど……
ソクラテス　ところで、今度は反對に、いまとは逆の場合で、かりにひとが誰かに對して、それは自分の敵にでもいいし、またはどんな人にでもいいが、害を加えなければならないのだとしたら、ただし自分自身は、その敵から不正な目にあわされることはないとしての話であるが――というのは、それは用心すべきことだからね――そうでなく、その敵が、誰かほかの人に對して不正を行っている場合であるが、そんなときには、その敵が裁きも受けず、裁判官のところへも行かないように、ひとは言行いずれの面においても、あらゆる手段を
四八一A
つくして、工作しなければならないわけだ。しかし、もし裁判官のところへ行ってしまったのなら、そのとき

は、その敵が訴訟にうち勝って罰を受けないですむように、いやむしろ、もし彼が大金を持ち逃げしていたとするなら、それを返すことなく、所持したままで、自分のためにも家族のためにも、不正な仕方で、また神々を無視した態度で費い果すように、またもし死刑に値いする悪事を行っていたのなら、できることなら決して死刑にならずに、むしろ悪人のままで不死であるように、しかし、もしそれができないことだとすれば、そう
B いう人間のままで、できるだけ長時間生きながらえるように、そういう風に取計らわねばならないのだ。そのような目的のためになら、ポロスよ、辯論術は役に立つものであるとぼくには思われるのだ。けれども、およそ不正を行う意志のない人間にとっては、それの效用は大したものだとは思われないよ、よし、何かの效用があるとしてもだね。なぜなら、これまでの話の中にはどこにも、それは明らかにされなかったのだから。

＊＊＊

カルリクレス　おい、どうなんだい？　カイレポン。ソクラテスは、あんなことを本氣で言ってるのかね。それとも、冗談かね。
カイレポン　ぼくには、なみなみでないほど、本氣だと思われるがね、カルリクレス。でもそれは、當の本人に訊ねてみるに越したことはないですよ。
カルリクレス　いや、それはむろん、神々にかけても、ぼくの望むところだ。……
C どうか、いってみてください、ソクラテス。あなたはいま本氣なのか、それとも冗談なのか、われわれはいったい、どちらにしたらいいでしょうね？　というのは、もしもあなたが本氣であって、そしてあなたの言わ

れていることがまさに眞實だとすれば、われわれ人間どもの生活は、全くあべこべになっているのじゃないですかね？　そしてどうやらわれわれは、なすべきこととは反對のことばかりしているらしい、ということになるのじゃないですか。
ソクラテス　カルリクレスよ、もしも人びとの氣持が——その內容は人それぞれに異ってはいるとしても——共通なものであるというのではなくて、われわれのなかの一人は、ほかの者たちとは別に、自分だけに固有な氣持をもっているのだとしたら、その人が自分の氣持をほかの人に理解させるということは、これはなかなか
D 容易なことではないだろうね。ところで、ぼくがこんなことを言いだしたのも、實は、ぼくと君とは現在、何か同じような氣持をもっているのだということに、氣がついたからのことなのだ。というのはつまり、ぼくたちは二人であるが、めいめい二人のものに戀しているわけだ。ぼくが戀しているのは、クレイニアスの子のアルキビアデス*と哲學とであり、君はまた君で二人のもの、つまりアテナイの民衆（デモス）とピュリランペスの子のデモス*とに戀しているのだ。
ところで、ぼくのいつでも氣がついていることだが、君はなかなかの剛の者であるにもかかわらず、君の愛人が主張することなら、どんなことであろうと、またそれがどんな風に主張されるのであろうと、君はそれに
E 反對することができないで、上を下へと考えをかえるのだ。つまり民會においては、君が何か意見を述べるときに、アテナイの民衆がそうではないと言えば、君は考えをかえて、彼らの望むことを語るのだし、またピュリランペスの若者である、あの美しいデモスに對しても、やはりそれと似たような弱みを君は見せるのだ。それはつまり君が、愛人の意向や言葉に逆らうことができないからのことである。したがって、君が話をすると

きはいつでも、それら愛人のことを氣にして話をするのだから、その君の話はいかにも途方もないことである
と、驚く人が出て來るかもしれないが、そんな時には、君はその人に對して、もし正直に言おうとするのであ
れば、多分こんな風に言うことだろう。——もし誰かが、まず君の愛人に、そんな話をするのをやめさせるの
四八二A でなければ、やはり君だって決してその話をするのをやめはしないだろう、とね。さてそれなら、ぼくからも
また、これと似たようなことを聞かなければならないのだと思ってくれたまえ。そしてぼくがあんな話をして
いるからといって、驚いていてはいけないのだ。それよりもむしろ、ぼくの愛人である哲學に、あんな話をす
るのをやめさせたらいいよ。なぜって、ねえ君、ここだけの話だけれども、君がいまぼくから聞いていること
は、哲學が話しているのだからね。そしてぼくにとっては、哲學は、もう一人の愛人よりも、はるかにずっと
移り氣なところが少いのだ。というのは、そのいま話したクレイニアスの子の方は、その時どきで言うことが
B ちがうけれども、哲學の方は、いつでも同じ話をしてくれるからだ。ところで、いま君を驚かせている話は、
哲學がしているのであり、しかもその話がなされていたときには、君自身もその場に居合せていたのだ。だか
ら、哲學の方を反駁して、さっきも言っていたことだが、不正を行うのが、そして不正を行いながら裁きを受
けないのが、ありとあらゆる害惡の中でも一番のひどいものである、ということはないのだと證明してみるん
だね。それとも、もし君がそのことを反駁されないままにしておく、というようなことになるとしたら、エジ
プト人の神である犬を誓いに立ててもいいが、君にカルリクレスが、同意しないということになるだろうよ、
カルリクレス、そして一生涯、調子が合わずに暮すことになるだろう。とはいえ、すぐれた人よ、ぼくとして
はこう考えているのだ。ぼくのリュラ琴が調子が合わないで不協和な音をだすとか、ぼくが費用を負擔するこ

C とになる合唱隊がその有様であるとか、また、大多数の人たちがぼくに同意しないで反對するとかしても、その方がまだしも、ぼくは一人であるのに、ぼくがぼく自身と不調和であったり、自分に矛盾したことを言うよりも、ましなのだとね。
カルリクレス ソクラテスよ、あなたは議論となると、まるでもう正眞正銘の大道演説家かなんぞのように、氣負い立たれるようですね。現に今だって、あなたはそんな俗受けのする話をしておられるのだが、それはつまりポロスが、さっきのゴルギアスさんの場合と、同じ羽目に陥ちこんだからのことなのです。自分では、ゴルギアスさんがあなたを相手に、そうした羽目に陥ちこまれたのを、非難していたのだけれどもね。すなわち、ポロスが言っていたのは、何かこんな風なことだったように思う。——辯論術を學びたいと思っている者が、
D 正しいことについての知識をもたないで、ゴルギアスさんのところに來た場合、ゴルギアスさんはその人に、そのことを教えられるだろうかどうかと、あなたから訊かれたとき、ゴルギアスさんは遠慮をしてしまって、もしそれを認めなければ、人びとは感情を損ねるかもしれぬという、世の人一般に見られる人情から、自分は教えるだろうと肯定されたのだ。そこでそれを同意されたがために、自分で自分に矛盾することを言わざるをえぬようにさせられてしまったのだが、あなたはまさにそれを、してやったりとばかりに喜んでいるのだ——とまあ、何かそんな風なことをポロスは言って、そしてあなたを嘲笑していたのだが、少くともぼくの見るところでは、それはその時には、正當なことだったのです。
ところが今は逆に、ポロス自身がその同じ羽目に立ちいたることになったのだ。そこでぼくとしては、不正を行う方が不正を受けるよりも醜いのだということを、彼があなたに容認したという、まさにその點では、彼

E をほめるわけにはゆかないのである。なぜなら、その點を同意したからこそ、今度は彼自身が、話をしている
うちに、あなたによって足枷をかけられて、まるで馬銜《ハミ》をつけられたかのように、口もきけなくさせられてし
まったのだ。それは彼が、心に思っていたとおりを、そのまま口に出して言うのを、遠慮したからなのである。
つまりあなたはほんとうに、ソクラテスよ、眞理を追求しているのだと稱しながら、そんな卑俗の、俗受けの
することに、話をもってゆかれるのだからなあ。それは、自然の本來(ピュシス)においては美しいものではな
く、ただ法律や習慣(ノモス)の上でだけ、そうである*にすぎないものだのに。
ところで、その自然と、法律や習慣とであるが、それらは大抵の場合、互いに相反するものなのである。だ
四八三A から、もしひとが遠慮をして、心に思っていることを、そのまま思いきって口に出すのでなければ、ひとは矛
盾したことを、言わなければならぬようにさせられるのだ。そこで、まさにその點を、つまりその巧妙な手を、
あなたはよく心得ていて、議論の中でずるいことをされるわけだ。つまり、ひとが法律や習慣の面で話をすれ
ば、あなたはそれをこっそりすりかえて、自然の面でのことにして訊き返し、また反對に、自然のことを話せ
ば、それを法律や習慣のことにしたりしてだね。早い話が、たとえばさっきの、不正を行うのと不正を受ける
のとの場合にしても、ポロスは、法律や習慣の面でのより醜いことを話しているのに、あなたはその話を自然
の面でのことにして追求しておられたのだ。というのは、自然の上では、より醜いのは、すべてまたより悪い
ものの方がそうなのだが、つまり不正を受けることの方がそうなのだが、しかし法律や習慣の上では、反對に、
B 不正を行う方がより醜いからである。なぜなら、不正を受けるなんていう、そういう憂き目は、男子たるもの
の受けることではさらになくて、むしろ、生きているよりは死んだ方がましな、何か奴隷といったような者の

受けるべきことだからだ。つまり不正を受け、辱めを蒙っても、自分で自分自身をも、また自分が面倒を見てやっている他の人をも、助けることのできないような者があるとすれば、誰であろうと、そのような人間の受けるにふさわしいことだからだ。
C しかしそれはそれとして、ぼくの思うに、法律を制定するのは、力の弱い人間ども、すなわち多数の人間どもなのである。そこで彼らは、自分たちのため、自分たちの利益のために法律を制定し、そしてそれにもとづいて賞讃をしたり、非難をしたりしているのだ。つまり彼らは、人びとの中でも一層力の強い人たち、そしてより多く持つことのできる人たちをおどして、自分たちよりも多く持つことがないようにするために、餘計に取ることは恥ずべき(醜い)ことで、不正であると言い、また不正を行うとは、そのこと、つまり他の人びとよりも多く持とうとすることだ、と言っているのだ。というのは、思うに、彼らは、自分たちが劣っているものだから、平等に持ちさえすれば、それで満足しているわけなのだ。
D まさにそういう理由で、法律や習慣の上では、世の大多數の人たちよりも多く持とうとすることが、不正であり、恥ずべきことであると言われているのであり、またそうすることを、人びとは不正を行うことだと呼んでいるのだ。だが、ぼくの思うに、自然そのものが直接に明らかにしているのは、優秀な者は劣悪な者よりも、また有能な者は無能な者よりも、多く持つのが正しいということである。そして、それがそのとおりであるということは、自然はいたるところでこれを明示しているのだが、つまりそれは他の動物の場合でもそうだけれども、特にまた人間の場合においても、これを國家と國家の間とか、種族相互の間とかいう、全體の立場で考えてみるなら、それはそのとおりなのである。すなわち正義とは、强者が弱者を支配し、そして弱者よりも多く持つことであるという風に、すでに決定されてしまっているのだ。なぜなら、ほかにいったいどういう正義をかかげて、クセルクセスはギリシアの地に兵を進めてきたのだろうか。あるいは彼の父(ダレイオス一世)がスキュティア人たちのところへ攻め入ったのには、ほかにどんな正義があったというのだろうか。* あるいはま
E た、そういう例なら、ひとはほかにいくらでもあげることができるだろう。いや、それは言うまでもなく、この人たちがそういうことをしているのは、自然——つまり正義の自然本來のあり方に従ってであると思う。それにまた、そうだ、ゼウスに誓っていいが、彼らはたしかに法にも従っているのだ。しかしそれは、自然の法にであって、おそらくわれわれが勝手に制定するような法律にではないだろう。われわれはその法律によって、われわれ自身のなかの最も優れた者や最も力の強い者たちを、子供の時からひきとって、彼らの性格を型通りに作りあげ、ちょうど獅子を飼いならすときのように、呪文を唱えたり、魔法にかけたりしながら、彼らをす
四八四A っかり奴隷にしているわけだ。平等に持つべきであり、そしてそれこそが美しいこと、正しいことだという風に語りきかせてだね。だがしかし、ぼくの思うに、もしかして誰か充分な素質をもった男が生れてきたなら、その男は、すべてそれらの束縛をすっかり振い落し、引き裂き、くぐり抜けて、われわれの定めた規則も術策も呪文も、またすべて自然に反する法律や習慣も、これを踏みにじって、このわれわれが奴隷としていた男は、われわれに反抗して立ち上り、今度は逆にわれわれの主人として現われてくることになるだろう。そしてそこ
B においてこそ、「自然の正義」は輝き出すことになるのだ。ところで、ピンダロス*もまた詩の中で、ぼくの言ってることを證明してくれているように思われる。つまりその詩の中で、彼はこう言っているのだ——

法こそは　萬物の王なれ
死すべきもの　不死なるもの　なべてのものの

と。しかしその法とは、彼の言い分ではこうなのだ――

連れ去るは　非道のきわみなるに
正しとす　腕力の至上をもて
その證據に　ヘラクレスの所業*をあげん
無償にて……なれば

とまあ、およそこんな風に彼は言っているのだ。――というのも、ぼくはその詩を完全に覚えているわけではないからだが。――しかし、その言わんとするところは、大體こういうことなのだ。つまりヘラクレスは、金を拂って買ったのでもなければ、贈物として與えられたのでもないのに、ゲリュオネス*のところから牛を驅り出して連れ去ってしまったというのである。それは彼の考えでは、牛であろうと、その他の財産であろうと、およそ劣者・弱者のものは、すべて優者・强者の所有に歸するというのが、これが自然本來における正義だというつもりだったのである。

C

さて、事の眞相は以上述べたとおりなのであるが、これはあなたにもわかっていただけるでしょう、もしあなたが哲學をもういい加減にやめにして、それよりももっと重要な仕事へ向われるのならね。というのは、いいですか、ソクラテス、哲學というものは、たしかに、いいものですよ、ひとが若い年頃に、程よくそれに觸れておくのならね。しかし、必要以上にそれに時をかけるなら、人間を破滅させてしまうことになるのです。なぜなら、せっかくよい素質をもって生れて來ていても、その年頃を越えてまで哲學をやっていたのでは、立
D 派なすぐれた人間となって、名聲をうたわれる者となるのに、ぜひ心得ておかなければならないことを、どれもみな心得ないでしまうにきまっているからです。つまり、國家社會に行われている法律や規則の心得もなければ、また公私いろいろの取りきめにおいて、人びとと交渉するのに用いなければならない口上も知らず、さらに、人間がどんな欲望をもち、どんなことを喜ぶかも知らない者となるからである。つまりこれを一口でいえば、人さまざまのあり方について、全然心得のない者になるからなのだ。だから、そんなことで、公私いず
E れにもせよ、何らかの行動に出るようなことがあれば、物笑いの種になるだけのことである。それはちょうど政治の仕事にたずさわっている者たちが、逆に、あなた方が日常行っている談話や討論に加わった場合は、笑い物になることだろうとぼくは思うけれど、それと全く同じことなのだ。そこでつまり、エウリピデスの文句*がちょうどあてはまることになる——各人がそれにおいて輝かしき者となり、またそれへと懸命になるもの

それにこそ、日の大半は割きつつも
そこにこそ、わが最上のものは得らる

四八五A というわけなのだ。これに反して、自分の不得手とするところ、そこからは逃げて、それを悪しざまに言い、他方、得意とすることは賞めるものだが、それはわが身可愛さからであって、そうすれば、自分で自分を賞めることになると考えるからなのだ。けれども、一番正しいのは、哲學と政治のその兩方にたずさわることだと思う。哲學には、教養のための範圍内で、ちょっとたずさわっておくのはよいことであるし、若い時に哲學をするのは、少しも恥ずかしいことではない。しかし、もはや年もいっているのに、人がなお哲學をしていると
B なると、これは、ソクラテスよ、滑稽なことになるのです。そしてぼくとしては、哲學をしている連中に對しては、ちょうど片言をいったり、遊戯をしたりしている人間に對する場合と、非常に似た感じを受けるのです。つまり、まだそんな話の似つかわしい小さな子供が、片言をいったり、遊戯をしたりしているのを見る場合は、可愛くなり、これは感じがいいと思う。この子の年頃には、それは似つかわしいし、自由市民の生れにもかなうように思われるのだ。ところがこれに反して、まだほんの小さな兒が、いやにはっきりと話すのを聞いたりすれば、これは興ざめた感じで、耳障りにもなり、奴隷の身分の者ではないかと疑われたりする。だがしかし
C 他方、大の男が片言をいってるのを聞くとか、あるいは遊戯をしているのを見るとかする場合は、それは滑稽で、大の男らしくなく、そんな奴は毆りつけてやってもいいように思われるのだ。つまりぼくとしては、これと同じ感じを、哲學をしている連中に對してもいだいているわけだ。若い年頃の者が哲學をしているのを見れば、ぼくは感心するし、それはふさわしいことだと思う。そうしてそういう人間には、何か自由人らしさがあるように思うのだ。これに反して、哲學をしないような者は、自由市民ではなく、將來においても決して、立

D 派なよい仕事をする見込みの全然ない者だと思う。しかしながら、實際、それ以上の年になっても、まだ哲學をしていて、それから抜け出ようとしない者を見たりするときは、ソクラテスよ、そんな男はもう、毆ってやらなければいけないとぼくは思うのです。なぜなら、そういう人間は、さっきも言ったことだけれど、いかによい素質をもって生れて來ていたところで、もう男子ではなくなってしまっているからです。かの詩人（ホメロス）*が、男子たるものの榮譽を輝かす場所としてあげている、あの一國の中央の、人の集るアゴラを避けて、
E 社會の片隅にもぐりこみ、三、四人の青少年を相手にぼそぼそとつぶやくだけで、その餘生を送り、自由に、大聲で、思う存分の發言をすることもなくなっているからである。

　しかしぼくとしては、ソクラテスよ、あなたに對しては相當好意的なつもりでいるのです。だから、今のぼくの氣持は、さっき言及したあのエウリピデスの劇（『アンティオペ』）の中の、ゼトスがアンピオンに對して抱いていた氣持と*、おそらく同じだといっていいかもしれない。つまりぼくもあなたに對しては、かのゼトスがその兄弟に向って言ってるのと、何か同じようなことを言ってみたいという氣持になっているのです。――「ソクラテスよ、あなたは心にかけなければならないことを、なおざりにしておられる。そして魂のもつかく
四八六A も高貴な本性を、何か若い者向きの装いで飾っておられるのだ。だから、裁判の審議にあたっては、あなたは自分のために、意見を正當に述べることもできなければ、また、まことしやかなことや、人を信じさせるに足ることなどを、聲高に言うこともできないだろう。それにまた、ほかの人のために、思いきった勸告をしてやることもできないだろう」とね。それでいてですよ、親愛なるソクラテス――どうか氣を惡くしないでくださ

いね、あなたに對する好意から言うのですから——あなたは、そういう狀態にあることを恥ずかしいとは思いませんかね。ぼくの見るところでは、あなたにしても、またその他、いつもさらにますます哲學に深入りして行く連中にしても、そういう狀態にあると思われるのですがね。なぜなら、今もし誰かがあなたなり、あるいはほかのそういった連中の誰かなりを逮捕して、何も惡いことはしていないのに、しているのだといって、牢
B 獄へ引っぱって行くのだとしてごらんなさい。いいですか、あなたはそのとき、どうしてよいかわからないで、目を白黑させているでしょうし、また言うべき言葉も知らないで啞然としたまま、開いた口もふさがらないでしょうからね。そして法廷へ上ったなら、あなたの出會う告發人が、たまたま實につまらない、やくざな人間であったとしても、もしその男があなたに死刑を求刑しようと思えば、あなたは死刑になってしまうでしょうからね。とはいえ、ソクラテスよ、どうしてこれが賢明なことだといえるでしょうか。「どんな學問技術にしろ、素質のよい人間を引きとっておきながら、これを劣惡な者にして返すのではね。」つまり、自分で自分自身
C を助けることもできなければ、また最大の危險から自分自身をも、他の何びとをも救い出すこともできず、そして敵のために全財産を剝ぎとられて、何のことはない、一國の中で公民權を奪われた不名譽な生活を送ることになる、というのではね。いや、そんな奴には、少し柄の惡い言い方をしてもよければ、横っ面に平手打ちを食わせてやっても、咎めを受けないですますことができるでしょう。
それなら、さあ、あなた、ぼくの言うことをきき入れて、「反駁するなんてことはやめにして、それよりも實務に關する練達の才を養うようになさい」。そして利口だと評判されるにいたるような事柄に、精を出すのですね。馬鹿話というべきか、無駄口というべきか、「そんな氣の利いたふうなことは、ほかの人たちにまかせて

おいてですよ。そんなことをしていると、鐚《びた》一文も入らない空家で暮すことになるのですからなあ」。そんな
D 些細なことを論駁している連中ではなしに、生活の資も、名聲も、その他の数々のよきものも具えている人たちを、見倣うようにしてですね。
ソクラテス　いまかりにぼくの魂が、黄金でできているとするならばだよ、カルリクレス、人びとが黄金を検査するのに用いる石の一つを、しかも一番上等なのを發見すれば、ぼくは大喜びするだろうとは思わないかね。つまりその石というのは、ぼくがそれへ魂を持って行ったとき、ぼくの魂は立派に世話ができているということを、もしそれが認めてくれるなら、ぼくは満足すべき状態にあるのであって、ぼくにはもうほかの試金石は何もいらないのだということが、よくわかるはずのものなのだがね。
E **カルリクレス**　いったいまた何のために、そんなことを訊かれるのですか、ソクラテス。
ソクラテス　それはこれから、ぼくの方で君に話してあげよう。つまりぼくは、いま君に出會ったことによって、そのような思いもかけない幸運にめぐり會ったと思っているのだよ。
カルリクレス　それはいったい、どうしてですか。
ソクラテス　どうしてって、ぼくにはよくわかっているのだが、もし君が、ぼくの魂の思いなすことについて、ぼくに同意をあたえてくれるなら、そのことはもうそれで、まさに眞理であるということなのだ。という
四八七A のは、魂が正しい生活を送っているか否かを、充分に吟味しようとするなら、ひとは三つのものを――つまり知識と、好意と、そして率直さとを、具えていなければならないと、ぼくは思うのだが、君はそれらを三つと

も、全部具えているからなのだ。つまり、ぼくは數多くの人たちに出會うけれども、彼らは君ほどには賢くな
いから、ぼくを吟味することができないのである。またほかには、賢い人たちはいることはいるけれども し
かし彼らは、君ほどにはぼくのことを心配してくれないから、ぼくに對して本當のことを言おうとしてくれな
いのだ。また、ここに見えている外國からの客人、ゴルギアスさんとポロスとは、賢い人ではあるし、ぼくに
B 對しては好意をもってくださるのだけれど、どちらかといえば率直さがたりなく、必要以上に遠慮をしておら
れるのだ。だって、どうしてそうでないってことがあるものか。とにかくこの御兩人の遠慮深さといったら、
その遠慮のために、彼らのどちらも、大勢の人たちの前で、自分で自分に矛盾するようなことまで、あえて言
うようになってしまわれたほどだからね。しかもそれは、一番重大な事柄に關してそうなのだよ。ところが君
は、ほかの人たちが持っていない、それらの性質を全部具えているわけだ。というのは、君の受けた教育は充
分なものであって、その點はアテナイ人の多くが認めてくれるだろう。またその上、君はぼくに對して好意的
C でもある。それにはどういう證據があるかって？ それはこれからぼくの方で君に話してあげよう。ぼくはち
ゃんと知ってるのだよ、カルリクレス、君たちは四人組んで、知慧の仲間をつくっていたのだということをね。
その四人とは、君と、アピドナイ區の人テイサンドロスと、アンドロティオンの子のアンドロンと、そしてコ
ラルゲイス區の人ナウシキュデスなのだ*。そしていつの時だったかぼくは、君たちが學問的な知慧はどの程度
まで修むべきかということの、相談をし合っているのを耳にしたことがある。そして君たちの間では、何かこ
んな風な意見が勝ちを占めたのを、ぼくは知っているのだ。つまりそれは、嚴密詳細に哲學の研究をすること
D は望むまい、というような意見だったのだ。いな、むしろ、必要以上に利口になりすぎたがために、知らず識

らずのうちに臺なしになっていることのないように、お互いに警戒しようと君たちは忠告し合っていたのだ。さて、ぼくはいま君から、君が君自身の一番親しい仲間の者たちに忠告していたのと、それと同じ忠告をぼくにもしてくれるのを聞くわけだから、君がほんとうにぼくに對して、好意的であるということの充分な證據を、ぼくは持っているわけだ。さらにまた、君が遠慮をしないで、何でも率直に話してくれるような人間だということは、それは君が自分で言ってることでもあるし、さきほどの君の話が、それを裏書きしてもいるのだ。だ
E から、これらの點に關しては、今のところは、明らかに以上の通りなのである。すなわち、もし君が議論の上で何かのことをぼくに同意してくれるなら、そのことはもうそれで、君とぼくとによって充分に吟味されてしまったことになるだろうし、そしてそれをほかの試金石にもって行って調べる必要は、もはやないことになるだろう。なぜなら、君がそのことを承認してくれたのは、君に知慧が不足していたからでもなければ、また君が遠慮をしすぎたからでもないだろうからね。それにまたその承認によって、ぼくを欺そうとしているわけでもないだろうからね。なぜって、君は自分でも言ってるように、ぼくに好意をもつ友人なのだからさ。したがって、君とぼくとの間で意見が一致すれば、もうそれでほんとうに眞理の究極に達したことになるだろう。
ところで、カルリクレスよ、何よりも考察が望ましいのは、君がぼくに對して非難していた、あの問題につ
四八八A いてであろう。つまり、ひとは年老いたると若いとを問わず、どういう風にあるべきか、そしてどんな仕事に、どの程度まで從事すべきか、という點について考察することであろう。というのは、もしこのぼくが、ぼく自身の生活において、何か間違ったことをしているのであれば、これはよく知っておいてもらいたいのだが、ぼくがそんな過ちを犯しているのは、それは故意にそうしているのではなく、ぼくの無學のためだからである。

だから君は、始めにぼくを諭してくれていたときの調子で、今後もぼくを見捨てることなく、ぼくが従事しなければならないのはどんな仕事か、そしてそれをぼくはどういう風にしたら身につけることができるのか、それをぼくに充分わかるように明示してほしいのだ。それでもしぼくが、今は君に同意しておきながら、後になってから、その同意しておいたとおりに行っていないのを、君が見つけたとすれば、そのときにはもう、ぼく
B なんて全く仕様のない馬鹿者だと考えてくれたまえ。そうしてもうそれ以後は、何の値打ちもない者だとして、ぼくを諭すようなことはしてくれなくてもいいよ。
ところで、もう一度始めから、君の考えを要約してみてくれないかね。君にしても、またピンダロスにしても、「自然の正義」とは、どういうことだと主張するのかね。強者は弱者のものを力ずくで奪い、優者は劣者を支配し、そして立派な者は下らない者よりも多く持つという、そういうことなのかね。まさか君は、正義が、何かこれとは別のことだと言うのではあるまいね。いや、それとも、ぼくの記憶に間違いはないのかね。
カルリクレス ええ、それがあのときもぼくの言ってたことだし、今だってそれはそう言いますよ。

*

ソクラテス しかし、どうだろう、君が「優者」といい、「強者」と呼んでいるのは、それは同じ人のことか
C ね？ というのも實は、あのときにもぼくは、君がいったいどういうことを言おうとしていたのか、よく理解できなかったからなのだ。いったい、どちらかしら？ 君が強者と呼んでいるのは、それは力のある人たちのことかね。それで力のない人たちは、力のある人に服従しなければならないっていうわけかね。つまりその意

味であのときにも君は、大國はより強いのだから、すなわちより力があるのだから、それで自然の正義に従って、小國へ侵入するのだと、こう指摘していたように思われるのだが。つまり、「より強い」と、「より力がある」と、そして「より優れている」とは、同じことだという考えでだね。――それとも、より優れてはいるが、しかしより弱くて、また力も劣る、ということがあるのか。あるいはまた、より強くはあるが、しかし、より劣悪である、ということがあるのか。いやそれとも、より優れているのと、より強いのとの定義は、同じこと
D なのかね。どうか、まさにその點を、はっきり規定してくれたまえ。「より強い」と、「より優れている」と、そして「より力がある」とは、同じことかね、それとも別々のことかね。
カルリクレス　いや、ぼくの方で、あなたにはっきり言っておきましょう、それらは同じことなのです。
ソクラテス　それでは、どうだろう、多數の者は一人よりも、自然本來においては、より強いのではないかね。そしてまさにその多數の者が、一人に對抗して、法律を制定しているわけなのだ、君もさっき言ってた通りにだね。
カルリクレス　それはもちろんそうです。
ソクラテス　そうすると、多數の者の定める法規は、強者のそれである、ということになるね。
カルリクレス　たしかに。
E **ソクラテス**　では、それはまた優れた人たちの法規でもある、ということになるのではないかね。なぜなら、君の説によると、強者というのは、優れた人たちのことだろうから。
カルリクレス　そうです。

ソクラテス　だとすると、彼ら多数の者の定める法規は、自然本來において美しいものではないのかね。とにかく、彼らは强者なんだから。
カルリクレス　それは認めましょう。
ソクラテス　さて、それなら、その多数の者である大衆は、そもそもこんな風に信じているのかね。つまり、これもまたさっき君が言ってたとおりだけれども、平等に持つことが正しいのであり、また不正を行う方が不
四八九A 正を受けるよりも醜いのだと。どうだね、そのとおりかね、それとも、ちがうのかね。そして、今度はまた君の方が遠慮をしたために、ここでぼくによって取り押えられることのないように氣をつけてくれたまえ。……大衆の信じていることはそれなのかね、それとも、そうではないのかね。つまり、より多く持つことではなくて、平等に持つことが正しいのであり、また不正を行う方が不正を受けるよりも醜いのだと。さあ、言い惜しみをしないで、答えてくれたまえ。君がもしぼくに同意してくれるなら、ものの見分けの充分につく人が同意してくれたというわけで、ぼくはもうそれで、君から確證を得たことになるだろうから。
カルリクレス　ええ、それは、大衆っていうものは、そんな風に信じていますよ。
ソクラテス　してみると、たんに法律や習慣の上だけではないのだね、不正を行う方が不正を受けるよりも醜
B いとか、また平等に持つことが正しいとかいうのは。それはまた、自然の本來においてもそうなのだね。したがって、君がさきほど言っていたことは、どうやら、本當ではなかったようだ。それにまた君は、法律や習慣と自然とは相反するものであり、そしてまさにそのことをぼくはよく承知していて、議論の中でずるいことをするのだといって——つまり、もしひとが自然の面で話をすれば、ぼくはそれを法律や習慣の方にもってゆき、

また反對に、ひとが法律や習慣の面で話をするなら、ぼくはそれを自然の方にもってゆくのだと言って、ぼくを非難していたのだが、それもどうやら間違いだったようだね。
カルリクレス　（傍白）この人ったら、無駄口をやめることはないだろうなあ……
まあ、いってみてくださいよ、ソクラテス。あなたはそれほどの年をしていて、字句の穿さくをしたり、ま
C た、ひとが言い損いでもすれば、それを目っけものだとするなんて、それで恥ずかしくはないのですかね？
なぜって、ぼくがより強い者であると言ってるのは、より優れた者であるということとは、何か別なことだとでも思ってるのですか。より優れているのと、より強いのとは、同じことだというのがぼくの主張であることは、さっきからあなたに言ってるじゃないですか。それともぼくの言う意味が、奴隷たちだとか、またおそらくは身體が强健であるということ以外には、何の取柄もない種々雑多な連中、そういう連中の屑が集められて、そしてこの連中が言い出すことなら、それがそのまま法規になるのだと、そんなことだとでも思ってるのですか。
ソクラテス　いや、それならそれでいいよ、この上なく賢明なカルリクレス君。そういう意味なのかね、君が言おうとしているのは。
カルリクレス　それはそうですよ、全くのところ。
D **ソクラテス**　いや、それはね、君、ぼく自身だってさっきから、君が「より強い」と言ってるのは、何かそんな意味のことだろうとは推測していたのだよ。それでいてぼくがしつこく訊くわけは、君がどんなことを言おうとしているのか、それをはっきり知りたいという強い欲求が、ぼくにはあるからなのだ。というのは、むろん君は、二人の方が一人よりも優れているのだとか、また君の奴隷たちは君よりも體力强健だからといって、

それで君よりも優れているのだとか、そんな風に考えているのではあるまいからね。さあ、それなら、もう一度始めから、言ってみてくれないか。君がより優れた人たちだと言ってるのは、いったい、どういう意味なのかね。それは、體力強健な人たちのことではないということになったのだからね。それに、驚くべき人よ、もう少しお手柔かにぼくを教えて、先へ導いてくれないかね。そうでないと、君のところで勉強をつづけることができなくなるかもしれないからね。
E **カルリクレス** それは皮肉ですね、ソクラテス。
ソクラテス いや、そうではないよ、カルリクレス、それには、あのゼトスを誓いに立ててもいいのだ。* 君の方こそその人物を借りて、さっきはいろいろとぼくに皮肉を言っていたのだが。しかし、それはそれとして、さあ、言ってみたまえ。君がより優れた人たちだと言ってるのは、それはどんな人たちのことかね。
カルリクレス 立派な人たちのことを、ぼくは言ってるのです。
ソクラテス それごらん。君の方こそ言葉ばかり並べて、その内容については何一つ明らかにしてくれないではないか。それなら、君は言ってくれないだろうかね？ 君の言う優者や強者とは、より思慮のある人たちのことかね、それとも、誰かほかの人たちのことかね、どちらだろう？
カルリクレス いや、ゼウスに誓って、その思慮のある人たちのことを言ってるのです。それは断じてそうですとも。
四九〇A **ソクラテス** そうすると、君の説に従えば、一人でも思慮のある者なら、萬人の思慮のない者たちよりも、より強いということがしばしばあるわけだね。そしてこの思慮のある者が支配し、他の思慮のない者たちは支配されるべきであり、また、支配する者は支配される者たちよりも多く持つべきである、というわけなのだね。というのは、その點が君の言いたいところだと思われるからだが。――そしてぼくは、言葉尻りを追いかけているのではないのだよ。――それは、その一人の者が、萬人の者たちよりも、より強いのであればだがね。
カルリクレス　いや、それがぼくの言おうとしていることなのです。なぜかといえば、より優れているなら、すなわち、より思慮があるなら、その人は下らない連中を支配し、そして彼らよりも多く持つという、そのことが「自然の正義」であるとぼくは思うからです。
B **ソクラテス**　そこでちょっと、待ってくれたまえ。今度はまたこういう場合には、君はいったいどう言うかしら？　いまもしわれわれが、現在のように、同じ場所に大勢集っていて、そして数多くの食べ物や飲み物が、われわれの共有になっているとしてみよう。しかもわれわれのなかには、強健な人もおれば、弱體な人もいるという風に、われわれは多種多様であるとするのだ。ところで、われわれの中の一人は、醫者であるがゆえに、飲食物のことについては、ほかの者よりも思慮があるけれども、しかし當然のことながら、ある人たちよりは強健であるが、他の人たちよりは弱體であるとする。で、そういう場合には、その人は、それらのことについて、われわれほかの者よりも思慮があるのだから、したがって、より優れているし、またより強いのでもなかろうか。
カルリクレス　それは全くそうです。
C **ソクラテス**　それなら果してその人は、より優れた者であるがゆえに、それらの食べ物のなかで、われわれほかの者よりも、多くの分け前にあずかるべきだろうか。それともその人は、支配するということによっては、すべての食べ物を分配してやる責任があるけれども、しかしそれらを消費して、自分の身體のためにこれを使い果すという點では、もし害を受けまいとするのであれば、欲ばってはならないのであって、ある人たちよりはもちろん多いとしても、他の人たちよりは少く取るべきだろうか。そしてもしたまたまその人が、みなの誰よりも一番身體が弱かったとすれば、一番優れた人ではあるにしても、みなの誰よりも一番少く取るべきだろうか。どうだね、カルリクレス、そうではないのかね、君。
カルリクレス　あなたの話といえば、食べ物だとか、飲み物だとか、醫者だとか、つまりはそういう馬鹿話ば
D かりなのです。しかし、ぼくの言ってるのは、そういうことではないです。
ソクラテス　君がより優れていると言うのは、より思慮のある人のことじゃないのかね。どうだね、これは認めるのかね、認めないのかね。
カルリクレス　それは認めます。
ソクラテス　ところで、より優れた人は、より多く持つべきであると、こう君は言ってるのじゃないのか。
カルリクレス　ええ。だがそれは、食べ物のことでもなければ、飲み物のことでもないです。
ソクラテス　ああ、それでわかったよ。でなければ、多分、着物のことだろう。そして、機織りの一番上手な人が、一番大きな着物を持ち、そして一番たくさんに、また一番美しいのを身につけて、歩き廻るべきだろうね。
カルリクレス　なに、着物ですって？　それはどんな着物のことですか？
ソクラテス　でなければ、履物のことだろう。きっと、そのことについて一番思慮があり、そして一番優れた

E 人が、餘計に取るべきだろう。つまり靴作りが、多分、一番大きな履物を、しかも一番たくさん履いて、そこらじゅうを濶歩すべきだろうね。
カルリクレス ああ、今度は履物ですか。それはどんなのをだって言うのですか？ よくもまあ、そんな馬鹿な話ばかりつづけられるものですね。
ソクラテス いや、もしも君の言うのが、そういうことではないとすれば、多分、こういうことかもしれない。たとえば、土地のことについて思慮があり、そして卓越した立派な農夫、その人こそおそらく、種子を餘計に取り、そしてできるだけ多くの種子を、自分の土地に使うべきだろうね。
カルリクレス なんとまあ、いつまでも同じ話ばかりしているんでしょうねえ！ ソクラテス。
ソクラテス いや、それは、話が同じだというだけではないのだよ、カルリクレス、その上また、話されている事柄も同じなのだ。
四九一A **カルリクレス** 神々に誓っていいが、何のことはない、全くの話、あなたはいつだって靴屋だとか、洗い張り屋だとか、肉屋だとか、それに醫者だとかの話ばかりしていて、ちっともやめはしないのです。まるでぼくたちの議論は、その人たちのことを問題としてでもいるかのようにね。
ソクラテス それなら、どんな人たちのことを問題にしているのかね、さあ、君の方で言ってくれたまえ。いったい何を、より強くてより思慮のある人が餘計に持つなら、その餘計に持つことが正しいことになるのかね。それとも君は、ぼくが案を出しても、受けつけてくれないし、またそうかといって、君の方からすすんで話してくれることもないのだろうか。

カルリクレス　いや、ぼくとしては、もうさっきから言ってるはずです。まず第一に、ぼくが强者であると言ってるのは、靴屋のことでもなければ、肉屋のことでもないです。そうじゃなくて、國家公共の事柄に關して、B それはどうしたならよく治められるか、ということに思慮のある者が、もし誰かあるとすれば、その人たちのことなのです。そしてたんに思慮があるだけではなく、その上また勇氣もある人たちのことです。――彼らは、思いついたことはなんでもやり遂げる力をもっているのですからね。――それにまた、精神の柔弱さのために、へなへなになってしまうことのない人たちのことなのです。
ソクラテス　ほら、わかるかね、世にもすぐれたカルリクレス君、君がぼくを非難するのと、ぼくが君を非難するのとは、同じ點においてではないということがね。なぜなら、君はぼくがいつも同じ話をするといって、それでぼくを咎めるのだが、しかしぼくが君を咎めるのは、それとちょうど正反對の理由からなのだ。つまり C 君はいつだって、同じ事柄について同じことを言わずに、ある時には、優者や强者とは、より力のある人たちのことだと定義したし、またある時には、より思慮のある人たちのことだとしたが、今度はまた、何か別なものを持ち出してきているからだ。すなわち、强者や優者とは、勇氣のある人たちのことだと、君によって言われているわけだ。しかし、さあ、君、君が優者や强者と言ってるのは、いったいどんな人たちのことであり、またそれは何についてそうなのか、それを言って、この話に片をつけてしまってくれないかね。
カルリクレス　いや、それはもうぼくとしては、言ってしまったはずです。國家公共の事柄に關して、思慮が D あり、そして勇氣のある人たちのことだとね。なぜなら、その人たちこそ國家を支配するのがふさわしいし、また正義とは、この人たちがほかの人たちよりも、つまり支配する人たちが支配される人たちよりも多く持つという、そのことなんですからね。

＊

ソクラテス　では、どうだろうね。自分たち自身のことは、君、どうなっているのかしら？　果してその支配する人たちは、自分たち自身をなんらかの意味で支配しているのだろうか、それとも逆に、自分たち自身については、支配されたままになっているのだろうか。
カルリクレス　というと、それはどういうことですか。
ソクラテス　どうって、そのひとりひとりが、自分で自分自身を支配しているのか、と聞いているのだよ。それともそんなことは、つまり自分で自分自身を支配するということは、全然不必要なことであって、ほかの人たちを支配すれば、それで足りるのかね。
カルリクレス　その、「自分自身を支配する者」っていうのは？
ソクラテス　いや、それは何もこみいったことではなく、世の多くの人たちが考えているとおりのことなのだ。
E すなわち、自分で自分自身にうち克ち、節制する人のことで、つまり自己の中にあるもろもろの欲望や、それに伴う快楽を支配する者のことなのだ。
カルリクレス　なんてあなたは甘い人なんでしょうねえ！　あなたの言われる節制する人たちとは、なあんだ、あのお人好しのとんま連中のことですかね。
ソクラテス　いや、どうしてそんな人たちのことを言うものかね。ぼくがそんなことを言おうとしているのではないということは、だれだってわからぬ人はないはずだが。
カルリクレス　いやいや、あなたの言っておられるのは、絶對にそれにちがいないです、ソクラテス。けれども、人間、およそどんなものにもせよ、何かに隷屬しているのであれば、どうして幸福になれるものですか。いや、むしろ、次のようなのが、自然本來における美しいこと、正しいことなのです。それを今、ぼくはあなたにざっくばらんに話してみましょう。つまり、正當な生き方をしようとする者は、自己の欲望を抑えるようなことはしないで、それらをできるだけ大きくなるままに放置しておくべきだ。そしてできるだけ大きくなっ
四九二A ているそれらの欲望に、勇氣と思慮とをはたらかせて、充分に奉仕できる者とならなければならない。そうして、欲望の求めるものはいつでも何でも、これの充足をはかるべきである、ということなのだ。しかしこれは、世の大衆にはとてもできないことだとぼくは思う。だから彼らは、それをひけ目に感じて、そうすることのできる人たちを非難するのだが、それはそうすることによって、自分たちの無能を蔽い隱そうとするわけである。そして、放埓はまさに醜いことであると彼らは主張するが、ぼくが前の話の中で言っておいたように、こうして彼らは、生れつきすぐれた素質をもつ人たちを奴隷にしようとするわけなのだ。そうして、自分たちは快樂に滿足をあたえることができないものだから、それで節制と正義の德をほめるのだけれども、それは自分たちに意氣地がないからである。
B けれども、始めっから王子の身分に生れたとか、あるいは自分みずからの力で、獨裁者であれ、權力者であれ、何らかの支配的な地位を手に入れるのに、充分な素質をもつ人たちだったとしたら、およそその人たちにとっては、節制や正義の德よりも、何がほんとうのところ、もっと醜くて、もっと害になるものがありうるだ

ろうか。その人たちには、よきものを享受することが許されているし、しかもそれを妨げる何ものもないのに、
自分たちの方からすすんで、世の大衆の法律や言論や非難を、自分たちの主人として迎え入れるようなことを
C したのではね。いや、彼らは、正義や節制の徳という、その結構なものによって、かえって不幸にされるのだ
ということは、これはどうしても避けられないのではないかね、もしも彼らが、自分たちの味方の者に對して、
敵によりも何ひとつ餘計に分けてやることをしないというのではね、しかも、せっかく自分が支配している國
の中において、そうだとしたならだよ。いや、ソクラテスよ、眞實には——その眞實を、あなたは追求してい
ると主張されているのだが——こうなのです。つまり贅澤や、放埓や、自由は、背後の力さえしっかりしてお
れば、それが人間の徳(卓越性)であり、また幸福なのです。しかしそれ以外の、あれらのものは——それは綺
麗事であり、自然に反した人間の約束事なのだが——そんなものは馬鹿げたことであって、何の値打ちもない
のです。
D **ソクラテス**　ああ、これこそは、よい生れの人でなければできないことだよ、カルリクレス、君のその率直で、
徹底した議論の運び方こそはね。ほかの人たちなら、心には思っていても、口に出しては言おうとしないよう
なことを、君はいまはっきりと述べてくれているのだからね。それでは、ぼくは君にお願いしておくけれど、
どんなことがあっても、そこから退かないようにしてくれたまえ。ひとは如何に生くべきか、ということがほ
んとうに明らかになるためだから。そこでまあひとつ、ぼくに聞かせてくれたまえ。君の主張だと、もしひと
があるべきような者になろうとするなら、もろもろの欲望を抑えてはならず、むしろそれらをできるだけ大き
くなるままに放置しておいて、ともかく何處かから、それらに滿足をあたえる用意をすべきであり、そしてそ

E れが、人をすぐれたものにする所以のもの(徳)であると、こう言ってるのだね。
カルリクレス　そう、それがぼくの主張していることです。
ソクラテス　そうすると、一部で言われているように、何ひとつ必要としない人たちが幸福であるというのは、*間違いだということになるのだね。
カルリクレス　ええ、間違いです。だって、もしそうだとすれば、石や屍が一番幸福だということにもなりかねないですからね。
ソクラテス　しかし、それはそれとしてもだよ、君が言ってるような、そういう意味でなら、(石や屍に劣らず、)生だってまたひどいものなのだがね。というのは、いいかね、エウリピデスが次の詩句で言ってることが、よし眞實だとしても、ぼくは別に驚きはしないだろうからだ。つまり、彼の言ってるのは——

誰か知る、生はすなわち死にして
死はまた生なるやを

四九三A というのだ。*そして、われわれはおそらく、ほんとうは死んでいるのかもしれない、としてもだよ。というのは、ぼくはかつて賢者たちの一人から、實際、こんな話を聞いたことがあるからだ。*——われわれは現在死んでいるのであり、身體(ソーマ)がわれわれの墓(セーマ)である。また、魂の中の、欲望が宿っている部分は、説得にまけて、あれこれと考えを變えるような性質のものである。そこで、或る才智にたけた人が——それは

多分、シケリアの人だったかと思うが、あるいはイタリアの人だったかもしれない——その人が、それについ
てこんな物語りを作ったというのである。すなわち、その部分は、たやすく信じさせられて(ピタノス)、説得
されやすいものであるところから、言葉を少しもじって、その部分に甕(ピトス)という名をつけ、また、思慮
の足らない間抜けな連中(アノエートス)のことを、孔のあいた抜け作(アミュエートス=秘儀にあずかってい
B ない人)と呼んだのである。そうして、その思慮の足らない連中の魂のなかの、欲望が宿っている部分、つま
り、その放埓でしまりのない部分を、貪欲で満ち足りるということがないところから譬えて、孔のあいた甕で
あるという風に言った、というのである。さてそうすると、この人が示そうとしていることは、カルリクレス
よ、君とはちょうど正反對のことになるわけだ。すなわち、ハデス——というのはむろん、見えないところ
(アイデス)という意味だが——そのハデスの國(地下の世界)にいる者たちの中では、この連中、つまり秘儀に
あずかっていない人たちこそ一番不幸であり、そして彼らは孔のあいた甕へ、これまたそういった孔のあいた
もの、篩《ふるい》でもって、くり返し水を運んでいる、というわけなのだ。ところで、その篩というのは、ぼくに話を
C してくれた人が語ったところによると、魂のことだというのである。それでその人は、魂を——といってもそ
れは、思慮の足らない連中の魂のことだけれども——孔のあいたものだとして、篩になぞらえているわけだが、
それは、その魂が信念がないのと、忘れっぽいのとで、何ごともしっかりと持ちこたえる力をもたないからの
ことであろう。
なるほど以上の話には、たしかに、いくらかおかしな點があるかもしれない。だがしかし、もしなんとかぼくにできるものなら、ぼくとしては君に證明してみせて、君が考えを入れかえてくれるように説得したいと思

っている當のことを、その話は明らかにしているのだ。つまり、滿ち足りることのない放埒な生活の代りに、節度があって、いつでもその時どきのあり合わせのもので滿足し、それで充分とするような生活の方を、君が選ぶように說得したいわけなのだ。
D ところで、ぼくはなんとか君を說得することに成功して、それで君は、節度のある人たちの方が放埒な連中よりも幸福であるという風に、ほんとに考えを入れかえてくれているのだろうか。それとも、ほかにもそんな物語りをたくさんしたところで、君はやはり少しも考えを入れかえてはくれないのだろうか、どちらだろう？
カルリクレス　それは、あとで言われた方が本當でしょうね、ソクラテス。
ソクラテス　よし來た！　それなら、もう一つ別のたとえ話を、君にしてみることにしよう。それも今のと同じ陣營から取られたものなのだ。つまり、思慮分別のある人と、放埒な人と、兩者それぞれの生活について、君の言おうとしているのは、こういうことになるのかどうか、まあよく見てごらん。——いま二人の人がいて、そのどちらもたくさんの甕をもっているとしてみよう。そうして、一方の人が持っている甕は、傷のない健全
E なもので、中は充滿しているとする。つまりその一つには酒が、他の一つには蜜が、もう一つには乳が、そしてその他の數多くの甕にも、それぞれ數多くのものが一杯はいっているとしよう。しかし、それらの甕の一つ一つを充たしている液體は、世に稀れなものであり、なかなか手に入れにくく、數々の困難な勞苦を伴ってやっと手にはいるものだとしておこう。さて、その人の方は、一杯にしているわけだから、その上注ぎ入れることもしなければ、そのことで氣をもむようなこともなく、その點に關しては落ちついておられるとするのだ。ところが、もう一方の人にとっては、その液體の方は、前の人の場合も同じように、それを手に入れることは、

四九四A 難しいにはしても、可能であるのだが、しかし肝心の、それを入れる容器の方が、孔があいていたり、ひび割
れがしているものだから、したがって、夜となく晝となく、たえずそれを充たさなければならないし、もしそ
うしなければ、極度の苦痛を味うことになる、ということにしてみよう。——それでは、兩者それぞれの生活
がそのようなものだとするときに、放埒な人の生活の方が、節度のある人の生活よりも幸福であると、果して
君は言うだろうか。どうだね、そんな風にいえば、ぼくはなんとか君を説得して、節度のある生活の方が放埒
な生活よりもすぐれたものであることを、承認させることになるだろうか。それとも、これでもまだ説得する
ことにはならないのかね。
カルリクレス　ええ、説得するまでにはいきませんよ、ソクラテス。なぜって、あの一杯にした人には、も
はや快樂なるものは一つもないのですから。いや、そんなのは、ぼくがさっき言ってたように、まるで石のよ
B うな生活です。一杯にしたからには、もはやその人は、喜びも苦痛も感じていないのですから。しかし、快的
な生活とは、できるだけたくさん流れ込むという、そのことにあるのです。
ソクラテス　そう、それでは、たくさん流れ込むとするなら、出て行くものだってまた、たくさんでなければ
ならないし、したがって、それが流れ出るための孔も、何か大きなものでなければならぬ、ということになる
のではないかね。
カルリクレス　それはたしかにそうなります。
ソクラテス　今度はまた君は、あの貪欲で有名な、「たげり」の生活*のことか何かを言おうとしているのだね、
屍や石の生活のことではなしに。それではまあ、言ってもらうことにしよう。君が快的な生活というのは、た

とえば、飢えていて、その飢えているときに食べるということ、そういうことなのかね。
カルリクレス　そうです。
C **ソクラテス**　それからまた、渇いていて、その渇いているときに飲むということ、そういうこともかね。
カルリクレス　そうですとも。それにまたほかのもろもろの欲望だって、全部持っていて、そしてそれらを充たす力があるのだから、充たして、愉快にしながら、幸福に生きるということを言ってるのです。
ソクラテス　そう、そう來なくては嘘だよ、君！　はじめた時もそうだったのだが、これからもその調子でつづけてもらいたいからね。そして遠慮をして、尻込みすることのないようにしてもらいたいね。しかし、そういうぼくだって、どうやら、尻込みしてはならないようだ。それではまず、こういう點について言ってもらうことにしようか。ひとが疥癬にかかって、掻きたくなり、心ゆくまで掻けるので、掻きながら一生を送り通すなら、それでその人は幸福な生活を送ることができるのだろうか、どうだね。
D **カルリクレス**　なんて突拍子もないことを言い出す人なんでしょうね、あなたは、ソクラテス。何のことはない、あなたは全くの大道演説家ですよ。
ソクラテス　うん、それならばこそだよ、カルリクレス、ぼくはポロスやゴルギアスさんの度肝を抜くことにもなったのだし、また尻込みさせることにもなったのだ。ところが君は、なかなかどうして、たじろぐこともなければ、尻込みすることもないのだ。なにしろ、君は勇氣のある人だからね。しかしそれはそれとして、いまのぼくの質問に、答えることだけはしてくれたまえ。
カルリクレス　それなら、言わせてもらいますが、その掻いている人だって、快的な生活をしていることにはなるでしょう。
ソクラテス　それでは、それが快的な生活だとすると、それはまた幸福な生活でもあるわけではないか。
カルリクレス　たしかに。
E **ソクラテス**　それはただ、頭だけを掻きたいときのことかね？　……それとも、まだもっと何かを君に訊ねてみようか。まあ、よく見てごらん、カルリクレス、もしひとがその頭とか何とかにつながることを、つぎつぎと全部君に訊ねるとすれば、君はそれに對してどう答えるだろうか？　そしてそれらそういった風なことの極點をなすのは、放蕩者の生活なのだが、それこそは全くひどいもので、恥ずべきものであり、また慘めなものではないのか。それとも君は、その連中が、必要とするものを存分に持っていさえすれば、それで彼らは幸福なのだと、あえて言うだろうか。
カルリクレス　そんなところへ話をもって行って、あなたは恥ずかしくはないですかね、ソクラテス。
ソクラテス　というと、ここへ話をもって來たのは、ぼくだというのかね、憚りのない人よ。それともそれは、
四九五A どんな仕方であろうと、愉快にしている者が幸福なのだと、無條件にそう主張して、快樂のなかでもどんなのがよい快樂で、またどんなのが悪い快樂であるかを區別しないような人、そういう人の責任ではないだろうかね。しかしそれはとにかくとして、なおいま一度、言ってみてくれないか。君は、快と善とは同じものだと主張するのかね、それとも、快のなかには善くないものもあると言うのかね、どちらだろう？
カルリクレス　別のものだと主張すれば、ぼくの議論は首尾一貫しないことになるかもしれないから、まあそんなことのないように、ぼくは同じものだと主張しておきましょう。

ソクラテス　君は最初の言葉を裏切るのだね、カルリクレス。それではもう君は、ぼくと一緒になって、事の眞相を充分に究明することはできないだろう。かりにも君が、君自身の意に反したことを言おうとするのであればだよ。
B　**カルリクレス**　それはあなただって、そうしているのですから、ソクラテス。
ソクラテス　いや、それならぼくだって、もしそうしているのなら、それは正當なやり方ではないということになる。それは君の場合だって同じことなのだ。だが、まあ、君、よく注意して見てごらん、何がなんでも愉快にさえしておれば、それが善いことだということには、おそらくならないだろう。なぜなら、もしそのとおりだとすると、あの今しがたぼかして言われた數々の醜いことが、それにまたほかにも數多くのそのようなことが、それからの結論として出てくることは明らかなのだから。
カルリクレス　それは、あなたの考えでは、そうかもしれませんがね、ソクラテス。
ソクラテス　しかし、君はほんとうに、カルリクレス、あくまでもそんなことを固執するつもりかね。
カルリクレス　ええ、もちろんです。
C　**ソクラテス**　それならぼくたちは、君は本氣でそう言ってるものとして、君のその說に檢討を加えてみることにしようか。
カルリクレス　それは大いにやってもらっていいです。

＊

ソクラテス　さあ、それでは、そうしていいということだから、まず、次の點をはっきり區別してもらおう。――知識というものを君は認めるだろうね？
カルリクレス　認めます。
ソクラテス　また、知識(思慮)を伴うところの、ある種の勇氣もあるのだと、君は今しがた言っていたのではないか。
カルリクレス　ええ、言っていました。
ソクラテス　では、君が勇氣と知識とを、二つのものとして語っていたのは、それらが別々のものであるからではないか。
カルリクレス　ええ、たしかに。
ソクラテス　では、どうかね。快樂と知識とは同じものかね、それとも別のものかね。
D **カルリクレス**　むろん、別のものです。そんなことはわかりきってるじゃありませんか、賢明この上ないあなたならね。
ソクラテス　そもそも、勇氣もまた快樂とは別のものかね。
カルリクレス　ええ、もちろん。
ソクラテス　さあ、それでは、以上のことを忘れないでおこうね。アカルナイ區の人カルリクレスは、快と善とは同じものであるが、知識と勇氣とは相互に別のものであり、また、それらは善とも別のものである、とこう言っていたのだということをね。

カルリクレス　うん、ところが、アロペケ區の人ソクラテスは、それらのことをわれわれに同意しないのだ、とね。それとも、彼はそれに同意するのですか？
E ソクラテス　いや、同意しないね。だが、カルリクレスだって同意しないだろうとぼくは思うな、もしも彼が自分で自分自身をしかるべく觀察してみるならばだよ。なぜなら、まあ答えてみてごらん。よくやっている（仕合せな）人たちは、悪くやっている（不仕合せな）人たちとは、反對の狀態にあるのだと、君は考えないかね。
カルリクレス　それはそう考えます。
ソクラテス　では、もしそれらの狀態が相互に反對のものだとすれば、それらについては、ちょうど健康と病氣についての場合と、同じような關係がなければならないのだね？　というのはつまり、ひとは健康でありながら、同時にまた病氣でもある、ということは無論ないだろうし、また健康と病氣とから同時に離れる、ということもないだろうからね。
カルリクレス　というと、それはどういうことですか。
ソクラテス　たとえば、身體の中のどの部分についてでもいいから、それを個々にとり出して調べてごらん。
四九六A ひとは眼を病むことがあるね？　そしてそれには眼病という名前がついているのだね？
カルリクレス　そんなことはわかりきってますよ。
ソクラテス　むろんその人は、その同じ眼について、同時にまた健康でもある、ということはないだろうね？
カルリクレス　それはぜったいにありえません。
ソクラテス　ではその人が、眼病から離れるときには、どうなのかね。果してそのときには、眼の健康からも離れるのであり、そこで結局は、両方の狀態から同時に離れてしまっているのかね。
カルリクレス　いえ、決して。
ソクラテス　というのは思うに、もしそうだとすれば、不可思議で、理窟に合わないことになるのだからね。そうではないかね。
B
カルリクレス　それは大いにそうです。
ソクラテス　だから、そうではなくて、ひとは交互に、それらのどちらか一方を受けとったり、また失ったりするのだとぼくは思うが。
カルリクレス　それは認めましょう。
ソクラテス　それでは、强さや弱さの場合でも、同じことではないかね。
カルリクレス　そうです。
ソクラテス　速さや遲さもかね。
カルリクレス　たしかに。
ソクラテス　果してまた、もろもろの善いことや幸福も、それから、それらとは反對の、悪いことや不幸も、ひとは交互にそれらの一方を受けとり、また交互にそれらの一方から離れるのか。
カルリクレス　それはぜったいにそうでしょう。
C
ソクラテス　そうすると、ひとが同時にそれから離れ、また同時にそれを持つような、何かそういうものを、もしわれわれが見つけ出したとすれば、少くともそれらのものは、明らかに、善と悪とではありえないだろう。

この點については、ぼくたちの意見は一致しているのだね？　それでは、充分よく考えた上で、答えてくれたまえ。
カルリクレス　いや、考えるまでもなく、それには文句なしに同意します。
ソクラテス　さあ、それでは、前に同意されていたことに戻ってもらうことにしよう。飢えているのは快いことかね、それとも苦しいことかね、どちらだと君は言おうとしていたのかね。ぼくの訊いているのは、飢えていることそのことなんだよ。
カルリクレス　それはむろん、苦しいことです。しかし、飢えているときに食べるのは、快いと言ってるのです。
D **ソクラテス**　それはわかってるよ。しかしとにかく、飢えていることそのことは苦しいのだね。そうではないのか。
カルリクレス　そうです。
ソクラテス　では、渇いていることもそうではないのか。
カルリクレス　それは大いにそうです。
ソクラテス　それでは、もっと多くの例について訊ねて行くことにしようか。それとも、一般に缺乏や欲望は、どれもみな苦しいものであることを、君は認めてくれるかね。
カルリクレス　ええ、認めますから、もう訊かないでください。
ソクラテス　では、それはそれでよいことにしよう。ところでしかし、渇いているときに飲むのは快いことであると、こう君は主張しているのだね、そうではないのか。
カルリクレス　そう、それを主張しているのです。
ソクラテス　それでは、君の言っているその言葉の中で、「渇いているときに」というのは、むろん、苦痛を感じているときに、ということではないのか。
カルリクレス　そうです。
ソクラテス　他方また、「飲む」というのは、缺乏を充たすことであって、そしてそれが快楽なんだね？
カルリクレス　ええ。
E ソクラテス　それでは、飲むという面において、ひとは快い思いをしているのだと、こう君は言おうとしているのではないかね。
カルリクレス　たしかに。
ソクラテス　ところでそれは、渇いているときに、なんだね？
カルリクレス　それは認めましょう。
ソクラテス　だからつまり、苦痛を感じているときに、なんだね？
カルリクレス　そうです。
ソクラテス　そうすると、こういう結論になるのだが、君はそれに氣がついているかしら？　つまり君が、「渇いているときに飲む」と言う場合には、それは、苦痛を感じていながら同時に快い思いをしているのだ、と言っていることになるのだが。それともそういうことは、同じ場所と時間とにおいて、両方ともに一緒に生ずるということはないのかね。それは魂においてであろうと、身體においてであろうと、君の好きなように、そのどちらの場合においてでもかまわないけれど。というのは、そのどちらの場合であっても、ちがいはないと思うからだが。どうだね、そういうことになるのかね、それとも、ならないのかね。
カルリクレス　それはそうなります。
ソクラテス　ところでさて、ひとはよくやっていながら、同時にまた悪くやっているということは不可能であると、こう君は主張しているのだ。
四九七A **カルリクレス**　ええ、そう主張しています。
ソクラテス　だがしかし、苦痛を感じていながら、快い思いをしていることは可能であるということに、君は同意したのだ。
カルリクレス　そうらしいですね。
ソクラテス　してみると、快い思いをしているのはよくやっていることではなく、また苦痛を感じているのも悪くやっていることではないのだ。したがって、快は善とは別のものになるわけだ。
カルリクレス　何だかわからんけど、あなたは賢い人ぶって屁理窟をこねているんですね、ソクラテス。
ソクラテス　いや、君にはわかってはいるのだけど、わからないようなふりをしているだけだよ、カルリクレス。さあ、もう少し先まで進んでみてくれ。そうしたら、ぼくをたしなめようとしている君の方が、どんなに
B 賢い人間であるかが、わかるだろう。――われわれ各人は、飲むことによって渇きがやむとともに、それと同

時にまた、快い氣持の方もやんでしまうのではないかね。
カルリクレス　何のことだか、わかりませんね。
ゴルギアス　いやいや、そんな風に言うものではないよ、カルリクレス。われわれのためにも答えてあげなさい。それでこの議論も片づくことになるのだから。
カルリクレス　しかし、ソクラテスといったら、いつでもこのとおりなんですよ、ゴルギアス。些細な、ほとんど取るに足らないようなことを問い返しては、反駁して來るのです。
ゴルギアス　しかし、そんなことは、君には何も問題ではないのではないかね。何にしたって、そのことの大小輕重を決めるのは、君の役目ではないのだから、カルリクレス。さあ、ソクラテスの言うとおりになって、どうであろうと、彼の好きなように反駁させてごらん。
C
カルリクレス　それなら、あなたは、そんな小さな(スミクラ)、そしてけちなことを質問するがいいですよ。とにかく、ゴルギアスさんにはそうするのがいいと思われるのだから。
ソクラテス　君はほんとに仕合せな人だよ、カルリクレス。「小祕儀」(スミクラ)にあずかるよりも先に、「大祕儀」の方にあずかってしまったとはね。* しかしぼくは、それが許されてることだとは思っていなかったよ。それではまあ、君が脱線したそこのところから答えてもらうことにしよう。われわれ各人は、渇いているのと快いのとを、兩方ともに一緒に感じなくなるのではないかね。
カルリクレス　それは認めましょう。
ソクラテス　それではまた、飢えているとか、その他もろもろの欲望と、それらの快樂とは、兩方ともに一緒になくなるのではないか。
カルリクレス　そのとおりです。
ソクラテス　それではまた一般に、苦痛と快楽とは、両方ともに一緒になくなるのではないか。
D **カルリクレス**　そうです。
ソクラテス　ところがこれに反して、善いものと悪いものとは、君が同意していたように、両方ともに一緒になくなるということはないのだ。それともしかし、今となっては、君はそれに同意しないというのかね。
カルリクレス　いや、同意しますよ。で、それでいったいどうなるのですか？
ソクラテス　どうなるかって、それはつまり、ねえ君、善いことは快いことと同じではなく、また悪いことも苦しいことと同じではない、ということになるのだよ。なぜなら、それらはそれぞれ別々のものであるからこそ、一方の快と苦とは、両方ともに一緒になくなるが、他方の善と悪とは、そうではないからだ。だとすれば、快いことが善いことと、または苦しいことが悪いことと、どうして同じものでありえようか。
しかし、なんなら、次のような仕方でも調べてみたまえ。――というのは、そういう風にしてみても、君に
E はやはり首尾一貫した結論はえられないだろうと思うからだ。でもまあ、よく見てごらん。――君が善い人たちを善いと呼ぶのは、それはその人たちにいろいろと善いことが具わっているからではないかね。それはちょうど、美しさが具わっている人たちを美しいと呼ぶようなものだが。
カルリクレス　それはそうです。

ソクラテス　では、どうかね。無思慮で臆病な連中を、君は善い(すぐれた)人たちと呼ぶのかね。いや、そうではあるまい。少くともさっきはそうではなかったのだ。むしろ勇氣があり思慮のある人たちを、君は善い人たちだと言っていたのだ。それとも、君が善い人たちと呼ぶのは、その人たちのことではないのかね。
カルリクレス　それはたしかに、その人たちのことです。
ソクラテス　では、どうかね。分別の足らない子供でも、愉快にしているのを、君はこれまでに見たことがあるかね。
カルリクレス　ええ、あります。
ソクラテス　しかし大人の方は、分別の足らない者が愉快にしているのを、君はまだ見たことはないのかね。
カルリクレス　それは、見たようには思いますがね。しかし、それがいったいどうしたっていうんですか。
ソクラテス　いや、何でもないかもしれない。とにかくまあ、答えてもらおう。
カルリクレス　ええ、見ましたよ。
ソクラテス　では、どうかね。思慮分別がありながら、苦痛を感じたり、また愉快にしたりしているのは？
四九八A
カルリクレス　それも認めましょう。
ソクラテス　ところで、どちらが一層愉快にしたり、また苦痛を感じたりするのかね。それは思慮のある人たちの方かね、それとも無思慮な連中の方かね。
カルリクレス　それはどちらでも、大してちがいはないようにぼくは思いますがね。
ソクラテス　いや、その答でも充分だ。ところで、戦場において臆病な男を、君はこれまでに見たことがあるかね。
カルリクレス　それはもちろん見ましたとも。
ソクラテス　では、どうだったかね。敵が退却して行ったときには、どちらが一層愉快にしていたように君には思われたかね。臆病な連中かね、それとも、勇氣のある人たちかね。
カルリクレス　それは兩方ともそうだったように、ぼくには思われましたがね。しかしまあ、そうでなかったとしても、とにかく、ほとんど同じくらいの程度にそうだったですね。
B
ソクラテス　うん、それはまあどちらでもいいよ。しかしとにかく、臆病な連中も愉快がるのだね？
カルリクレス　それは大いにそうです。
ソクラテス　無思慮な連中だって、どうやら、そうらしいね。
カルリクレス　ええ。
ソクラテス　ところで反對に、敵が攻め寄せて來るときには、臆病な連中だけが苦痛を感ずるのかね、それとも、勇氣のある人たちもそうなのかね。
カルリクレス　それは兩方ともです。
ソクラテス　果してそれは、同じ程度にかね？
カルリクレス　それはおそらく、臆病な連中の方が一層苦痛を感ずるでしょう。
ソクラテス　しかし、敵が退却して行くときには、彼らの方が一層愉快がるのではないかね。
カルリクレス　多分ね。

ソクラテス　それならば、無思慮な連中も思慮のある人たちも、また臆病な連中も勇氣のある人たちも、君の言うところによれば、ほとんど同じくらいの程度に、苦痛を感じたり、また愉快がったりするのではないかね。
C いやむしろ、臆病な連中の方が勇氣のある人たちよりも、一層そうするのではないかね。
カルリクレス　それはそうです。
ソクラテス　ところでさて、思慮があり勇氣のある人たちは、善い（すぐれた）人たちであるし、また臆病で無思慮な連中は、悪い（劣った）人たちなのかね。
カルリクレス　ええ。
ソクラテス　したがって、その意味での善い人たちと悪い人たちとは、ほとんど同じ程度に愉快がるし、またほとんど同じ程度に苦痛を感ずるのだね。
カルリクレス　それも認めましょう。
ソクラテス　それなら果して、善い人たちと悪い人たちとは、ほとんど同じ程度に善い人であったり、またほとんど同じ程度に悪い人であったりするのかね。いや、悪い人たちの方がもっとずっと善い人なのかね。
D カルリクレス　いや、ゼウスに誓って、何のことだかさっぱりわかりませんよ！
ソクラテス　わからんのかね、君は。善い人たちが善いのは、いろいろな善いことがその人に具わっているからであり、また悪い人たちが悪いのも、いろいろな悪いことが具わっているからである、そしてその善いこととは快樂のことであり、また悪いこととは苦痛のことである、というのが君の主張なんだがね。

カルリクレス　それはわかっています。
ソクラテス　それなら、愉快にしている人たちには、彼らが愉快にしているかぎり、善いこと、つまり快樂が具わっているのではないか。
カルリクレス　それはもちろんそうです。
ソクラテス　では、善いことが具わっているのだから、愉快にしている人たちは善い人なのではないか。
カルリクレス　そうです。
ソクラテス　では、どうかね。苦痛を感じている人たちには、惡いこと、つまり苦痛が具わっているのではないか。
カルリクレス　それは具わっています。
E ソクラテス　ところで、惡いことが具わっているから、惡い人たちは惡いのだと君は主張しているのだ。それとも、もはやそうは主張しないのかね。
カルリクレス　いや、それはそう主張します。
ソクラテス　してみると、愉快にしている人は、誰であろうと、善い人であるし、反對に、苦痛を感じている人は、誰でも惡い人である、ということになるのだ。
カルリクレス　たしかに。
ソクラテス　その愉快にしたり、苦痛を感じたりする程度が多ければ多いほど、それだけ多くまたその人たちは善い人であったり、惡い人であったりするわけだね。そしてその程度が少ければ少いほど、それだけ少くまたそういう人であるし、その程度がほとんど同じ位であれば、ほとんど同じ程度にそういう人である、ということになるのだね。
カルリクレス　ええ。
ソクラテス　ところで君は、思慮のある人たちと無思慮な連中とは、また臆病な連中と勇氣のある人たちとは、ほとんど同じ程度に愉快がったり、また苦痛を感じたりするのだと、こう主張しているのではないのか。あるいはまあ、臆病な連中の方がそうする程度はずっと多いのだとか……
カルリクレス　それはそう主張します。
ソクラテス　それでは、いままでに同意されたことからは、どんな結論がわれわれに出て來るのか、それをぼ
四九九A くと一緒になって數えあげてくれないか。というのは、「よいことは二度でも三度でも話すのがよい*」ということだから。そしてまたそれをよく調べてみるのもね。――思慮があり、勇氣のある人は善い人であると、われわれは主張しているのだ。そうではないかね。
カルリクレス　そうです。
ソクラテス　だが、無思慮で、臆病な人は惡い人であると――
カルリクレス　たしかに。
ソクラテス　しかしまた、愉快にしている人は善いのだと――
カルリクレス　ええ。
ソクラテス　だが、苦痛を感じている人は惡いのだと――

カルリクレス　きまっています。
ソクラテス　ところで、いまの意味での善い人と悪い人とは、同じ程度に苦痛を感じたり、また愉快がったりするのだと。しかしおそらくは、悪い人の方がそうする程度はずっと多いのだろうと――
カルリクレス　ええ。
ソクラテス　そうすると、悪い人は善い人と同じ程度に悪いことになるし、また同じ程度に善いことになるのではないかね。あるいはむしろ、悪い人の方が善い人よりもずっと善いことになるのではないか。どうだね、
B こういう結論になるのではないかね。それはまた前に言われたような、ああいう結論*にもなるのだけれどもね、もしもひとが、快いことと善いこととは同じであると主張するならばだよ。どうだね、そういうことは必然ではないのかね、カルリクレス。

***

カルリクレス　いいですか、ソクラテス、さっきからずっとぼくは、一歩を譲りながら、あなたの話を拝聴してきたのですが、それは誰かが冗談で、あなたにどんなことを認めた場合でも、あなたはもうまるで子供のように喜んでしまって、それにしがみついておられるのだということは、百も承知の上でのことだったんですよ。まるであなたといったら、ぼくであろうと、あるいは世の中のほかの誰であろうと、ある種の快楽は善いものであるが、他の種のものは悪いものであるということを、考えていないとでも思っているみたいですものねえ！
ソクラテス　おやおや、これはひどいね、カルリクレス。なんて君は意地の悪い人なんだろう。そしてぼくを

C まるで子供扱いにしているのだね。同じものを時にはこうだと主張し、また時にはああだと主張して、ぼくをすっかりたぶらかしたりしてさ。とはいえ最初の頃は、ぼくはまさか君によって、故意にだまされるようなことになろうとは思ってもいなかったよ。君を友だちのつもりでいたのだからね。ところが今となってみると、ぼくはすっかり嘘をつかれていたわけだ。それではどうやらぼくとしては、昔の諺にあるように、*「現にあるものをうまく利用し」て、君から「與えられているものは受取る」ということにせざるをえないようだね。
ところでそれでは、君がいま言ってるように、いろいろと快樂があるなかで、そのある種のものは善いものだが、ある種のものは悪いものである、というのがどうやら事實らしいね。そうではないのか。
D **カルリクレス**　そうです。
ソクラテス　それなら果して、よい快樂とは有益な快樂のことであり、悪い快樂とは有害な快樂のことかね。
カルリクレス　ええ、たしかに。
ソクラテス　ところで、有益な快樂とは、何か善いことをなす快樂のことであり、それに反して、何か悪いことをなす快樂が、有害な快樂かね。
カルリクレス　そのとおりです。
ソクラテス　それでは、君の言おうとしているのは、果してこういう風な快樂のことだろうか。たとえば、身體の面では、さきほど話に出ていた、食べるとか飲むとかということにおいて生ずる快樂——そもそもそれらの快樂の中で、身體に健康とか、強さとか、その他何か身體の優秀性を作り出す快樂、そういう快樂は、よい快樂であるが、それらとは反對のものを作り出す快樂は、悪い快樂かね。

E **カルリクレス**　それは全くそうです。
ソクラテス　では、苦痛の場合も同様であって、そのある種のものは役に立つが、ある種のものは害になるのか。
カルリクレス　ええ、もちろん。
ソクラテス　それでは、快楽でも苦痛でも、役に立つものの方を選ぶべきであるし、またその方が生ずるようにすべきではないか。
カルリクレス　たしかに。
ソクラテス　しかし、害になるものの方は、そうすべきではないね。
カルリクレス　それはむろんそうです。
ソクラテス　それというのはおそらく、君がもし覚えていてくれるなら、すべてどんなことでも、それは善いことのためになされるべきである、という風にぼくたち、つまりポロスとぼくとには思われていたからなのだ。果して君もまたそんな風に、ぼくたちと同じ考えになってくれるだろうか。すなわち、善があらゆる行為の目的であって、その善のためにその他のすべてのことはなされるべきであるが、その他のことのために善がなさ
五〇〇A れるべきではない、という風にだね。どうだね、君もぼくたちの方に票を入れて、第三番目の賛成者になってくれるかね。
カルリクレス　それはそうしてもいいです。
ソクラテス　そうすると、その他のこと、特に快いことも、それは善いことのためになすべきであって、快い

ことのために善いことをなすべきではないのだ。
カルリクレス　たしかに。
ソクラテス　それでは果して、快いことの中では、どのようなのが善いことであり、またどのようなのが惡いことであるかを選び出すのは、これはすべてどの人にでもできることかね。それともそれには、それぞれの事柄に技術の心得ある人を俟たなければならないのか。
カルリクレス　それはむろん、技術の心得ある人を俟たねばなりません。
ソクラテス　それでは、いまのことのほかに、ぼくがゴルギアスさんやポロスに對して話していたことを、ここで思い出してみることにしよう。というのはつまり、もし君が覺えていてくれるなら、ぼくはまたこんな話
B もしていたのだ。——ものごとを用意し、ととのえてくれる仕事にはいろいろなものがあるが、そのある種のものは、快樂に達するまでのもので、まさにこの快樂だけを用意するけれども、より善いことやより惡いことについては、何も知らないものである。しかし、もう一方の種類のものは、何が善いことであり、また何が惡いことであるかをよく知っているものである。そしてぼくは、その快樂を對象とするものの中に、料理法という、技術ではなしに、經驗をおいたし、他方、善を對象とするものの中に、醫療の技術をおいたのであった。
そこで、友情の神ゼウスの名にかけて、カルリクレスよ、君の方としても、ぼくに對して冗談半分の態度をとるべきではないと考えてくれたまえ。またその場その場の思いつきを、心にもないのに、答えるようなこと
C もしないでくれ。さらにまたぼくの側から話すことも、これを冗談のつもりで受取ってもらっては困るのだ。

なぜなら、君も見ているように、いまぼくたちが論じ合っている事柄というのは、ほんの少しでも分別のある人間なら誰であろうと、そのこと以上にもっと眞劍になれることが、ほかにいったい何があろうか、といってもよいほどの事柄なのだからね。つまりそれとは、人生如何に生くべきか、ということなのだ。すなわち、君がぼくに勸めているような、それこそ立派な大の男のすることだという、辯論術を修めて民衆の前で話をするとか、また君たちが現在やっているような仕方で政治活動をするとかして、そういう風にして生きるべきか、それとも、このぼくが行っているような、智慧を愛し求める哲學の中での生活を送るべきか、そのどちらにすべきであるか、そしてまた、後者の生活法は前者のそれと比べて、一體どこにその優劣はあるのか、ということなのだ。

D

ところでそれには、おそらくこういう風にするのが一番よい方法だろう。つまり、ぼくがさっき試みていたように、まず、それらの生活を區別することである。そしてその區別がついて、その點でお互いの意見が一致したなら、その上で、もしほんとうにそれらの生活が二種類のものだということになれば、どこに兩者の優劣はあるのか、またそれで、兩者のうちのどちらの生活を送るべきか、それをよく調べてみることだ。ところで、おそらくまだ君には、ぼくの言おうとすることがどういうことか、わかってはいないだろうね。
カルリクレス　むろん、わかってはいません。
ソクラテス　いや、ぼくの方で、もっとはっきりと君に話してあげることにしよう。「善」というものがあり、「快」というものがある、そして快は善とは別のものであり、また兩者それぞれを獲得するための、ある種の心得なり、工夫なりがあるのだということ――つまりその一方は、快の狩獵であり、他方は、善のそれなので

あるが――そういうことについては、君とぼくとではすでに意見の一致を見たのだからして……とはいうもの
E のしかし、君はまさにその點をぼくに贊成してくれるのか、それともしてくれないのか、それをまず最初に決
めておいてもらおう。どうだね、贊成してくれるかね。
カルリクレス　それはそのとおりだと認めましょう。
ソクラテス　さあ、それでは、ぼくがこの人たちに對して話していたことだが、あのときぼくの話していたこ
とが本當であったと君に思われたのであれば、どうかその點は、しっかりと同意しておいてくれたまえ。とこ
ろで、あのときの話というのは、こういうことだったように思う。――料理法は技術ではなくて、經驗である
五〇一A とぼくには思われるが、それに反して、醫術の方は技術なのである。というのは、その一方のもの、つまり醫
術の方は、自分が世話をしてやるものの本性をも、また自分が取り行う處置の根據をもよく研究していて、そ
してそれらの一つ一つについて理論的な説明を與えることができるのだが、これに反して、もう一方のものは、
快樂――その快樂を目あてにしてそれの行うすべての世話はなされているのだが――その快樂へと、文字通り
に非技術的な仕方で、向って行くのだ。つまり快樂の本性をも、またそれの原因をも少しも調べてみようとは
しないで、全く無理論に、いわば何の計算もすることなく、ただ熟練や經驗によって、通常よく起ることの
記憶を保存しているだけのものにすぎないのだ。そしてまた實際それによって、快樂を手に入れているわけな
のだ。
B それではまず、以上のぼくの話が、滿足すべきものであると君に思われるかどうか、そしてまた魂に關して
も、何かこれと似たようなやり方をするものがあるのかどうか、それを考えてみてくれたまえ。すなわち、そ

のうちのある種のものは、技術的なものであり、魂に關する最善について、何らかの豫見を持つものであるが、これに反して、もう一方の種類のものは、最善なんかは無視して、これまた身體の場合と同じように、ただ魂の快樂だけを考えていて、どうしたなら魂に快樂がもたらされるか、ということは考えるけれども、快樂の中でも、どれはより善いものであり、またどれはより惡いものであるかということについては、考えてみようともしなければ、また、より善いことになろうが、より惡いことになろうが、ただ氣に入られて喜ばれさえすれ
C ば、それ以外のことには全然、關心のないものなのである。というのもぼくには、カルリクレスよ、そのようなものがあると思われるからなのだ。そしてぼくとしては、そのようなことこそ「迎合」であると主張しているのだ。その對象が身體であろうと、魂であろうと、あるいはまたほかの何であろうと、もしひとがそのものの快樂だけに氣をつかって、より善いことやより惡いことについては、考えてもみないようなものがあるとすれば、そのものについても同じことなのだ。ところで、どうかね、君は以上の點に關しては、ぼくたちと見解を同じくして、ぼくたちの方に贊成の票を投じてくれるかね。それとも、反對するのかね。
カルリクレス　いや、反對しないで、贊成しておきましょう。それであなたの話も片がつくのだし、またここにおられるゴルギアスさんにも喜んでもらえるのならね。
D **ソクラテス**　では、どうだろう。一つの魂を對象とする場合には、いま言われたそういうことがあるが、二つ、ないしは數多くの魂の場合には、そういうことはないのかね。
カルリクレス　いいえ、それは二つでも、數多くでも變りはありません。

ソクラテス　そうすると、一團となって集っている多くの人の魂を、一度に喜ばすことも可能ではないかね、その際、最善なんかは全く度外視してだよ。
カルリクレス　それは可能だと思います。
ソクラテス　それでは、そうするのを仕事としているものには、どんなものがあるかを、君は言うことができるかね。いや、なんなら、むしろぼくの方で訊いてみるから、それに屬すると思われるものは肯定し、また屬さないと思われるものは、否定してくれたまえ。
E それではまず第一に、笛吹きの術を調べてみることにしよう。それは何かそういった性質のものであるように、君には思われないかね、カルリクレス。つまり、われわれの快樂だけを追いかけて、ほかのことは何一つも心にかけないようなものだとは。
カルリクレス　それはそう思われます。
ソクラテス　それではまたその種のものはすべて、たとえば、キタラを奏する術——とはいっても、競演の場合におけるそれなんだが——それもそうではないのか。
カルリクレス　そうです。
ソクラテス　では、合唱隊に稽古をつけたり、ディテュランボスの詩を作るのは、*どうかね。それも明らかに、何かそういう性質のものであるように、君には見えないかね。それとも君は、ディテュランボス詩人であるメレスの子のキネシアス*は、聴衆がそれを聞くことによって一層すぐれた人間になるような、何かそういうこと
五〇二A を語ろうとして、心をくだいているのだと思うかね。いや、それとも、彼が語ろうとしているのはただ、観客

の群を喜ばせるはずのことだけかね。
カルリクレス　それはむろん、あとの方です、ソクラテス、少くともキネシアスに關するかぎりはね。
ソクラテス　では、彼の父のメレスは、どうなのかね。彼がキタラに合せて歌っていたときには、果して最善ということを念頭においていたように思われたかね。それともあの男は、一番快いことにさえも目を向けてはいなかったのか。というのは、彼が歌えば、觀客を不快にしたからだが。いや、それでは、考えてみてくれ。キタラに合せて歌う術のすべてが、またディテュランボスの詩を作ることも、それらは快樂のために發見されているのだとは思われないかね。
カルリクレス　それはそう思われます。
B ソクラテス　それではしかし、あの堂々として素晴らしい詩、悲劇の詩は、いったい何を目ざし、何のために眞劍になっているのかね。それが眞劍に試みていることは、君の見るところでは、次のどちらだと思うかね。つまりそれは、觀客を喜ばせるということだけかね。それともまた、觀客にとって、何かが快いことであり、氣に入られているとしても、それがために、ならぬ惡いことだとすれば、そのことは言わないようにし、他方また、もし何かがたまたま不快なことだとしても、有益であれば、觀客が喜ぼうと喜ぶまいと、それをせりふでも言うし、合唱隊でも歌うように、あくまでも頑張り通すということなのかね。そのどちらの用意を、悲劇の詩はととのえているように思われるかね。
C カルリクレス　それは明らかに、ソクラテス、むしろ快樂の方に、つまり觀客を喜ばせることの方に、すっかり傾いてしまっています。

ソクラテス　それなら、カルリクレス、そういうことこそ迎合であると、ぼくたちは今しがた言っていたのではないのか。
カルリクレス　たしかに。
ソクラテス　さあ、それでは、もしひとがどんな種類の詩からでも、節《ふし》（メロス）とリズム（リュトモス）と韻律（メトロン）とを取り除いてしまえば、あとに残るのは、ただの言葉だけではないかね。
カルリクレス　それはそうにきまっています。
ソクラテス　そうすると、それらの言葉が、群れつどう大勢の民衆に向って、語られているわけではないのか。
カルリクレス　そうです。
ソクラテス　してみると、詩を作るというのは、一種の大衆演説なのだね。
D **カルリクレス**　そう見えます。
ソクラテス　するとそれは、辯論術の技巧をこらした大衆演説だということになるだろう。それとも君には、詩人たちは劇場において、辯論術の技巧を使って話しているように思われないかね。
カルリクレス　それはそう思われます。
ソクラテス　そうすると、ぼくたちは今や、ある種の辯論術——それは成年男子だけではなく、子供も女も、それも自由市民ばかりではなくて、奴隷たちも入りまじっているような、そういう群衆に對してなされる辯論術を發見したわけだ。それは、ぼくたちの少しも尊重しないものではあるけれどもね。なぜって、それは迎合の術であると、ぼくたちは主張しているのだから。

カルリクレス　それはたしかにそうです。
E ソクラテス　さて、それはそれでいいとして、今度はしかし、アテナイの成年市民の集りを相手とする辯論術、それはどうなのかね。またその他、諸國の自由なる市民の集りを相手とする辯論術、それをいったいわれわれはどう考えたらいいのだろうか。辯論家たちはいつも、最善を念頭において、市民たちができるだけすぐれた人間になるようにという、そのことを狙いながら、話をするのだと君には思われるかね。それともまたこの人たちも、市民たちの機嫌をとることの方にすっかり傾いてしまっていて、そうして、自分たちの個人的な利益のためには、公共のことは無視しながら、まるで子供たちにでも對するような態度で、市民大衆につき合い、ただもう彼らの機嫌をとろうと努めるだけであって、そうすることがしかし、彼らを一層よい人間にするのか、あるいはより悪い人間にするのかという、その點については、少しも考慮を拂わないものなのかね。そのどち
五〇三A らだと君は思うかね。
カルリクレス　その質問には、もはや單純には答えられませんよ。なぜなら、話をするのにも、市民たちのためを思ってする人たちもあるし、また他方、あなたの言われるような、そういう連中もあることですから。
ソクラテス　いや、その答でも結構。というのは、もしいまの質問がほんとうに二つの答を許すのだとしたら、そのうちの一方は、おそらく迎合であり、恥ずべき大衆演説（デマゴギー）であろう。それに反して、もう一方のもの、つまり市民たちの魂ができるだけすぐれたものとなるようにしてやり、そして聽衆にとっては、快いことになろうが、不快なことになろうが、いつでも最善のことを語って、終始一貫した態度を守り通すことの
B 方は、これは立派なものだからだ。しかし君はまだ、そういう辯論術を見たことはあるまい。いや、それとも、

もし君が辯論家たちの中で、誰かそういう風にしている人の名前をあげることができるなら、誰がそういう人であるかを、どうしてぼくにも早く打明けてくれないのかね。
カルリクレス いや、それは、ゼウスに誓って、ぼくとしては、少くとも現代の辯論家たちの中には、誰一人として、その名前をあげることのできるものはいないのです。
ソクラテス それなら、どうかね。昔の人たちの中でなら、誰かの名前をあげることができるのかね。アテナイ人は、それ以前はもっと悪い人間だったのだが、その人が民衆の前で話をしだしてからは、その人のおかげで、よりよい人間になったのだと言われるような、誰かそういう人の名前をだよ。ぼくは、誰がそういう人であるのか、知らないでいるのだからね。
C **カルリクレス** なんですって？ テミストクレスがすぐれた人だったということを、あなたは聞いてはいないのですか。それに、キモンやミルティアデスや、それからまた近年亡くなった、あのペリクレス――彼の話はあなたも直接に聞かれたわけだが――その人たちが、すぐれた人間だったということをね。*
ソクラテス うん、それはそうかもしれないね、カルリクレス、もしも、君が前に話していたような、自分の欲望も他人の欲望も、これを充足させるということ、それがほんとうの人間の徳（卓越性）であるならばだよ。しかし、もしそうではなくて、そのあとの議論で、ぼくたちがお互いに同意しなければならなかったように、欲
D 望の中でも、それが充たされるなら人間をよりよくするような、そういう欲望は充たすが、より悪くするような欲望は充たさないということ、これこそがほんとうに、人をすぐれた者にする所以のものであって、しかもそうするのには、何か技術が要るというのであれば、あの人たちの中の誰かが、それのできるすぐれた人であ

ったとは……さあ、どういったらよいのか、ぼくにはよくわからないのだがね。
カルリクレス　いや、それは、あなたの探し方がよければ、見つかるでしょうよ。
ソクラテス　では、その言葉どおりに、ゆっくり腰を落ちつけて、よく調べてみながら、果してあの人たちの中に、誰かそういう人がいたかどうかを、見てみることにしよう。さあ、それでは、すぐれた人、つまり最善を目ざして話をする人は、どんな話をするにしても、ただでたらめに話すのではなくて、何かはっきりした目
E 標を心において、話すのではないかね。それは、ほかのどんな職人たちの場合でも同様であって、彼らは自分たちの作ろうとしているものを心においているのであり、すなわちその一人一人が、ただでたらめに材料を選び出して、これを自分たちの作品にあてはめているのではなく、自分の作り上げようとしているものが、ある一定の形をとるようにとしているわけだ。たとえば、なんなら、肖像畫家でも、家大工でも、船大工でも、その他どんな職人たちでも、その中の誰なりと、君の好きな人をとりあげて見てごらん。いかに彼らの一人一人が、自分の作品のどの部分を定めるのにも、それぞれの部分を一定の秩序にかなうようにしているか、しかも
五〇四A その上、一つの部分は他の部分とぴったり適合したものとなり、また調和するように強制して、かくしてその全體を、秩序づけられた、調整のとれたものに組み立てようとしているか、ということはわかるだろう。
そこでもちろん、その他の職人たちもそうだけれども、特にまたさきほど話に出ていた、身體を扱う人たちである體育家や醫者たちにしてみても、おそらく彼らは、身體の調子を整えて、その全體をきちんと秩序のあるものにするだろう。どうだね、これはこの通りだということをぼくたちは認めるのかね、それとも認めない

のかね。
カルリクレス　それはその通りだとしておきましょう。
ソクラテス　そうすると、秩序があり、調整のとれている家屋は、役に立つよい家だろうし、反對に、無秩序なものは、悪い家だろう。
カルリクレス　そのとおりです。
ソクラテス　それは、船の場合でも同様ではないかね。
カルリクレス　ええ。
B ソクラテス　さらにまた、われわれの身體の場合でも、それは同じだと言っていいのかね。
カルリクレス　たしかに。
ソクラテス　では、魂の方は、どうかね。それは無秩序となることによって、よい魂となるのだろうか。それとも反對に、ある種の秩序と調整とを持つときに、そうなるのだろうか。
カルリクレス　これまでの議論からすれば、それもまた當然認めなければなりますまいね。
ソクラテス　それでは、身體の場合において、その秩序と調整とから生れているものには、どんな名前がついているのかね。
カルリクレス　健康とか強健のことを、多分あなたは言っておられるんでしょう。
C ソクラテス　そうだ。では今度は、魂のなかに、秩序と調整とから生れているものには、どんな名前がついているのかね。それを探し出して、身體のときと同じように、その名前を言ってみるようにしてくれたまえ。

カルリクレス　しかし、どうしてあなたは、自分で言おうとされないのですか、ソクラテス。
ソクラテス　いや、そうするのがよければ、ぼくの方で言うことにしよう。それで君の方は、ぼくの言うことが当っていると思えば、肯定し、さもなければ、それを反駁して、ぼくの言うなりにならないでくれたまえ。というのは、ぼくの思うところでは、身體の秩序ある狀態には「健《すこやかな》」という名前がついており、そしてこれにもとづいて、身體には健康とか、その他の身體上の徳(卓越性)が生れてくるわけだ。どうだね、これはこうなのかね、それともちがうのかね。
カルリクレス　そのとおりです。
D **ソクラテス**　他方また、魂の秩序や調整に對しては、「合法」とか「法」という名前がつけられている。そしてそれによって人びとは、法に従う人にも、また節度のある人にもなるわけだ。ところで、それが正義であり、節制の徳なのだ。どうだね、君はこれを認めるかね、それとも認めないのか。
カルリクレス　そうだとしておきましょう。
ソクラテス　それでは、あのぼくの言う辯論家ならば、すなわち技術の心得のある、すぐれた辯論家ならば、人びとの魂にどんな話をもたらすにしても、いま言われたそういうことを念頭におきながら、話をするのではないかね。それはまたどんな行動をとる場合でも同様であって、何か贈物をするにしても、また何かを取り去るにしても、いつもこういうことを心において贈ったり、取り去ったりするだろう。すなわち、彼の同胞の市
E 民たちの魂の中に、正義の徳が生れて、不正は取り拂われるように、また節制の徳がその中に生れて、放埒は取り拂われるように、そしてその他にも美徳が生れて、悪徳は去って行くように、というそのことにいつも心

を向けながらである。どうだね、君はこれを承認してくれるかね、それともしてくれないのか。
カルリクレス　それは承認しましょう。
ソクラテス　それはそうだものね、カルリクレス。なぜって、身體の場合を考えてみても、もしそれが病氣をしていて、悪い状態にあるのだとすれば、どんなにたくさんの、しかも非常においしい食べ物であろうと、あるいは飲み物であろうと、またはその他の何であろうと――もしそれが何らかの點で身體をより多く益するものでないとしたら、いや反對に、少くとも正しく評價してみれば、それはむしろ益することのより少いものでさえあるかもしれないが――そんなものを、その身體にあたえてみたところで、實際、何の役にも立ちはしないからだよ。どうだね、これはこのとおりかね。
五〇五A **カルリクレス**　そうだとしておきましょう。
ソクラテス　それというのはつまり、人間、身體の状態が悪くては、生きていても何の得るところもないからだと思う。なぜなら、そういう風だと、必ずまた悪い(不幸な)生き方をすることになるからだ。どうだね、そうではないのかね。
カルリクレス　そうです。
ソクラテス　それではまた、もろもろの欲望を満足させるということも、たとえば、飢えているときには欲しいだけ食べるとか、渇いているときには思う存分に飲むとかいうことも、もしその人が健康であれば、醫者は大抵の場合、その人のしたいようにさせておくけれども、しかし病氣をしているときには、その人が欲しいと思うもので充たすことを、いわば絶對に許さないのではないかね。少くともその點は、君も承認してくれるのかね。
カルリクレス　ええ、承認しましょう。
B **ソクラテス**　では、魂についても、ねえ、君、それと同じ扱い方をすることになるのではないかね。すなわち、魂が邪悪な状態にあるかぎり、つまり無思慮で、放埒で、不正で、そして不敬虔なものであるかぎりは、そういう魂は欲望から遠ざけるべきであり、そしてそれがよりすぐれたものになるのに必要なこと以外は、何事も勝手にしないようにさせるべきだ。君はこれを認めるかね、それとも認めないのか。
カルリクレス　それは認めます。
ソクラテス　というのはつまり、おそらくそういう風にするのが、魂そのものにとっては、よりよいことだからであろう。
カルリクレス　たしかに。
ソクラテス　それではその、欲するものから遠ざけるということが、つまり抑制するということではないかね。
カルリクレス　そうです。
ソクラテス　してみると、その抑制されることの方が、君がさっき考えていたような、あの無抑制の放埒よりも、魂にとってはよりよいことになるのだ。
C **カルリクレス**　何のことだかさっぱりわかりませんね、ソクラテス。しかしまあ、誰かほかの人にでも訊いてごらんなさいよ。

ソクラテス　（傍白）ほら、この人はね、がまんができないのだよ、自分のためになることがね。そして自分で、いま話に出ている當のこと、すなわち抑制されることをいやがるのだ。
カルリクレス　ああ、そうですとも。それに、あなたの言っておられることなんか、ぼくにはまるっきり興味がないのです。これまでのことだって、ゴルギアスさんのために答えたまでですからね。
ソクラテス　そうかねえ。それならそれで、ぼくたちはこれからどうしたらいいのかね。この議論は途中で打切りにするのかね。
カルリクレス　それはあなたの方で決めたらいいでしょう。
ソクラテス　しかしだね、作り話だって、中途半端に殘しておくのは、神の意にもとると言われているのだが
D ね。いや、頭なしで歩き廻らないように、頭をつけてから、やめるべきだということだ。だから、このぼくたちの議論も頭(仕上げ)をもつように、殘りのことにも相手になって答えてくれないかね。
カルリクレス　なんてあなたは強引な人でしょうねえ、ソクラテス。だが、ぼくの言い分の方は認めてもらえるなら、この議論はこれでやめにしてほしいのです。それとも、誰かほかの人を相手にして、話をつづけてもらいたいですね。
ソクラテス　それでは、誰かほかに、相手になってやろうという人はありますかね？　というのは、いいかね、諸君、われわれはこの議論を、未完成のままで殘しておきたくはないからだ。
カルリクレス　しかし、あなたが自分ひとりで、この議論を最後まで話してしまうことはできないものでしょうかね？　あなたが自分ひとりで話をしていくとか、あるいは自分で自分に答えていくとかして。

E **ソクラテス**　うん、それではぼくに、エピカルモス*の言ったとおりになれというわけだね。つまり、「以前は二人で話していた」ことを、いまはぼく一人で間に合うようにしろってね。しかしどうみても、それはそうなるよりほかはないのかもしれないね。だが、もしそうすることになるなら、ぼくたちはみな、いま話題になっている事柄について、その眞實は何であり、また何が僞りであるかを、お互いに競い合って知るようにしなければならない、とこうぼくは思うのだ。というのは、それが明らかになることは、ぼくたちすべての者にとっ
五〇六A て、共通に善いことなのだからね。さて、それならぼくは、ぼくにそうであると思われるとおりに、この議論を進めてみることにしよう。それでもし諸君のなかの誰かに、ぼくがぼく自身に同意をあたえていることは、事實に反していると思われるなら、その人は話の中に割り込んで、ぼくを反駁してくれなくてはいけない。それというのも、いいかね、諸君、ぼくとしては、これからぼくが話そうとしていることは、決して知っていて話すのではなく、むしろ諸君とともに共同で探求しようとしているからなのだ。したがって、ぼくに異議を申立てる人の言い分に、何か一理あるということが明らかになれば、ぼくがまず一番に、その人の賛成者になるだろう。とはいうもののしかし、ぼくがこんなことを言うのも、この議論は最後までやりとげられるべきであると、諸君に思われるならばのことであって、もし諸君がそれを望まないとあれば、これはもうこれまでにして、われわれは別れることにしようではないかね。
ゴルギアス　いや、わたしにはまだ決して別れてはならないと思われるがね、ソクラテス。むしろあなたに、
B この議論を最後までつづけてもらわなければならないと思う。で、それはほかの諸君だってそう思っているように、わたしには見えるのだ。というのは、わたし自身のことにかぎってみても、あなたがひとりでその残り

も詳しく話してくれるのを、聞きたいと思っているからです。

ソクラテス　いや、それはもちろんぼく自身としても、ゴルギアス、許されることなら、このカルリクレスとよろこんでもっと話をつづけたいところだったのです。あのゼトスの言い分に對しては、アンピオンの言い分を、この人に報いてやるまではですよ*。ところが、カルリクレスよ、君の方が、この議論をぼくと一緒に最後までやりとげる氣持がないのだから……。しかしまあ、それはそれで仕方がないとしても、とにかく君は、ぼくの話すのを聞いていて、もしぼくの言うことに何か適切でないと思うことがあれば、そのときは、ぼくの發
C 言を押えてくれたまえ。たとえ君がぼくを反駁するとしても、ぼくは君に對して、ちょうど君がぼくに對してしたように、腹を立てるようなことはしないから。いやむしろ、君は最大の恩人として、ぼくの心のなかに書き留められることになるだろう。

カルリクレス　まあいいから、あなた、自分で話して、片をつけてください。

ソクラテス　さあ、それでは、ぼくの方でもう一度始めから、これまでの議論を要約してみるから、聞いていてくれたまえ。

——果して、快と善とは同じものであるか。

——いや、同じものではない。それは、ぼくとカルリクレスとで意見の一致を見たとおりだ。

——では、どちらだろうか。快が善のためになされるべきか、それとも、善が快のためになされるべきか。

——それは、快が善のためになされるべきである。

D ――さて快とは、それが具わってきたときに、われわれが快くなるもののことであり、また善とは、それが具わっているときに、われわれが善い人であるところのものなのか。

――それはたしかにそうだ。

――ところで、われわれが善い人であるのも、またその他、およそ善くあるかぎりのすべてのものが善いのも、それはある種のよさ(徳)が具わってきているからなのか。

――ぼくには、それが必然だと思われるのだがね、カルリクレス。

――しかしたしかに、それぞれのもののよさは、つまり道具でも、身體でも、さらにはまた魂でも、あるいはほかにどんな生きものでも、それらのもののよさは、偶然のでたらめによってではなく、それらの各〻に本來與えられている、秩序と正しさと技術とによって、一番見事に具わってくるのである。これは果してこのとおりかね。

――そう、それはそのとおりだ。

E ――してみると、それぞれのもののよさというのは、秩序によって秩序づけられ、調整されていることなのか。

――ぼくとしてはそれを認めたいのだがね。

――そうすると、それぞれのものに固有なある種の調整が、それぞれのものの中に生れてくるときに、世に存在するそれぞれのものを善くするわけか。

――ぼくにはそう思われる。

――それならば、魂もまた、自己自身の調整をもつものが、それをもたぬものよりも、より善いのか。

——それは必然にそうである。

——ところで、調整をもつ魂は、きちんと整っているのか。

——むろん、それにちがいない。

——だが、整っている魂は、節制があるのだね。

五〇七A ——それはどうしたってそうでなければならない。

——してみると、節制のある魂は善い魂なのだ。ぼくとしては、それ以外に言えないのだよ、親愛なるカルリクレス君。しかし君の方で、もし言うことができるなら、教えてくれたまえ。

カルリクレス　まあいいから、話をつづけてください。

ソクラテス　それでは、つづけることにしよう。つまり、もし節制のある魂が善い魂だとすれば、この節制（思慮）のある魂とは反對の狀態にある魂は、悪い魂なのだ。で、それは無思慮で、放埒な魂のことだったのだ。

——それはたしかにそうだった。

——さらにまた、その思慮節制のある人というのは、神々に對しても、人々に對しても、しかるべき行いをするであろう。というのは、それと反對のことを行うのであれば、思慮があることにはならないだろうからだ。

B ——それは必ずそうでなければならない。

——そこで、人々に對してしかるべき行いをするのであれば、それは正しい行いをするのであり、他方、神々に對してそうであれば、それは敬虔な行いをするのである。ところで、正しい行いや敬虔な行いをする者が、正しい人、敬虔な人であることは當然である。

——それはそのとおりだ。

——さらにまた、その人が勇氣のある人だということも間違いない。なぜなら、追求してはならないことを追求したり、避けてはならないことを避けたりするのは、これは何といっても思慮のある人間のすることではないからだ。いなむしろ、事柄でも人間でも、また快樂でも苦痛でも、避くべきは避け、追求すべきは追求し、また止まるへきところには止まって忍耐するのが、その人のすることだからだ。したがって、カルリクレスよ、
C その思慮節制のある人というのは、いまぼくたちが見てきたように、正しくて、勇氣があって、そして敬虔な人であるから、(それらの基本的な德を全部そなえているという意味で、)完全に善い人なのだ。そして善い人というのは、何事を行うにしても、それをよく、また立派に行うものだ。で、よいやり方をする者は仕合せであり、幸福であるが、これに反して、悪いやり方をする邪悪な者は不幸である、ということは萬々間違いないのだ。ところで、このあとの人というのは、思慮節制のある人とは反對の狀態にある人、すなわち、君が賞めていた放埓な人のことだろう。

さて、ぼくとしては、以上のことは以上のとおりであるとする、そしてそれは眞實であると主張するのだ。

D ところで、もしそれが眞實だとすれば、思うに、幸福になりたいと願う者は、節制の德を追求して、それを修めるべきであり、放埓は、われわれ一人一人にできるだけの速さで、これを避けなければならない。そしてできることなら、懲らしめを受ける必要のひとつもないように努めるべきだが、しかし、もしその必要がおきたのなら、それを必要とするのが自分自身であろうと、あるいは身内のなかの誰かほかの者であろうと、または個人であろうと國家であろうと、もし幸福になろうとするのであれば、その者は裁判にかけられて、懲罰を受

けるべきである。これこそ、ひとが人生を生きる上において、つねに目を向けていなければならない目標であ
ると、ぼくには思われるのだ。そして自己のものも、國家のものも、一切をあげてこの目的に傾注し、いやし
E くも仕合せになろうとするなら、正義と節制の徳がそなわるように行動しなければならないのだ。もろもろの
欲望を抑制されないままに放置しておいて、それらを充足させようと試みながら——それはきりのない禍とな
るのだが——そんな盜人の生活を送るようなことはしないでだ。なぜなら、そのようなことをする者は、他の
どんな人間にも、また神にも、愛される者となることはできないだろうからだ。というのは、そのような者は、
誰とも共同することができないだろうし、そして共同のないところには、友愛はありえないだろうからだ。し
かし、賢者たちはこう言っているのだよ*、カルリクレス、天も地も、また神々も人々も、これらを一つに結び
五〇八A つけているのは、共同であり、また友愛や秩序正しさであり、節制や正義であると。だから、そういう理由で
彼らは、この宇宙の總體を「コスモス(調整)」と呼んでいるわけだ。わかったかね、君、無調整や放埒とは言っ
ていないのだ。ところが君は、賢い人であるにもかかわらず、それらのことにはどうも注意を拂っていないよ
うに思われる。いや、君は、幾何學的な平等*が、神々の間でも、また人間たちの間でも、大いなる力をもって
いることに氣がついていないのだ。それどころか君は、なにがなんでも餘計に持つことに努めなければならな
いと考えている。それはつまり君が、幾何學の勉强をおろそかにしているからのことなのだ。
B まあ、それはそれとしておこう。それでは、いまのこの說を反駁して、幸福な人が幸福であるのは、正義や
節制の徳をもつことによってではなく、また不幸な人が不幸なのも、惡德をもつことによってではないという
ことを證明するか、それとも、もしいまの說が眞實であれば、それから生れる結論は何であるかを調べるか、

そのどちらかをわれわれはしなければならないわけだ。ところで、あの前に言われていたことは、カルリクレスよ、すべてみなそれからの結論だったのだよ。その點については君はぼくに、本氣で言ってるのかどうかと訊ねていたのだけれどもね。それはぼくが、もし何か不正を行っているのであれば、それを行っているのが自分自身であろうと、息子であろうと、仲間の者であろうと、ひとはその者を告發すべきであるし、また辯論術はその目的のために用いるのでなければならない、と言ったからだったがね。それからまた、ポロスは氣恥ずかしさのために承認したのだと君の考えていたこと、つまり、不正を行うのは不正を受けるよりもより醜いことであるだけ、それだけまたより惡いことでもあるということ、そのことも實は本當だったのだ。そしてまた、C ほんとうの意味での辯論家になろうとする者は、だから、正しい人でなければならぬし、正しいことについての知識をもった人でなければならないのだ。この點はまた、ポロスの言っていたところによると、ゴルギアスさんはそれを認めないでは體裁惡いと思って同意されたのだ、ということだけれどもね。

ところで、事情かくの如くであるとすれば、君がぼくに對して非難していることは、いったいどういうことになるのか、それを今度は調べてみることにしよう。それはこんな風に言われているのだが、果してそれは適切な言い方であるのか、どうか。つまりそれによるとぼくは、ぼく自身に對しても、また友だちや身内の者に對しても、助けをあたえることができないし、また最大の危險から救い出すこともできないのであって、それどころかぼくは、ちょうど市民權を剝奪された者たちが、どんな人の意のままにでもなるように、もし誰かが D ——君の使っていたあの無遠慮な言い方をまねるとすれば——横面に平手打ちを食わせようとか、あるいは財産を沒收しようとか、または國家から追放しようとか、さらにはまた極端な場合では、死刑にしようと思うなら、そう思う人の意のまま次第であるのだと、こういうわけなのだがね。そしてそういう状態にあることは、君の説によると、何よりも一番恥辱であるということなのだ。それではしかし、ぼくの説がどういうものであるかというと、これはすでに何度も言われてきたことではあるが、ここでもう一度それをくり返したところで、何ら差支えはないであろう。つまり、ぼくは認めないのだよ、カルリクレス、不正な仕方で横面を張りと
E ばされることが、最大の恥辱であるとはね。また、ぼくの身體なり巾着なりが、切り取られるのが恥辱であるともね。いなむしろ、ぼくでも、またぼくの持物でも、不正な仕方でこれを毆ったり、切ったりすることの方が、もっと恥ずかしいことであり、もっと害になることだと、ぼくは主張するのだ。さらにまたそれと並んで、ものを盗んだり、奴隷に賣ったり、壁を破って家へ押し入ったり、これを要するに、どんなことであれ、ぼくにでも、またぼくの持物にでも不正を行うのは、その不正を受けるぼくにとってよりは、不正を行うその人の方にとって、もっと害になることであるし、もっと恥ずかしいことであるとぼくは主張するのだ。その點は、すでにさきほどの議論の中のあの前の箇所において、*われわれにはそのとおりであることが明らかにされ
五〇九A ているのであって、ぼくに言わせるなら、それはしっかりと抑えられ、縛りつけられているのだといってもいいよ。それも、いくらか亂暴な言い方が許されるなら、鐵と鋼の議論によってそうされているわけだ。——とにかく、以上見たところでは、そう思われるのだからね。そこでその束縛を、君にせよ、あるいは君よりも威勢のいい誰かにせよ、解き放とうとしないのなら、いまぼくが言ってるのとちがった言い方をしたところで、それは適切な言い方になるはずはないのだ。というのは、ぼくとしてはいつでも同じことを言うわけだが、つまりぼくは、それらのことが事實どうであるかは知らないのだけれども、しかしぼくがこれまでに出會った人

たちの中では、それは今の場合でも同じだけれども、それとちがった言い方をして、笑い物とならずにすますことのできる者は、誰もいないからなのだ。

そこで、ぼくとしてはもう一度、以上のことは以上のとおりであるとしておこう。ところで、もしそれがそのとおりであり、そして不正は、それを行う者にとって、害悪のなかでも最大のものであり、また、その最大である害悪よりもさらに大きな害悪は——もしもそういうものがありうるとすればだが——不正を行っていながら裁きを受けないのが、それであるとするなら、ひとはどんな助けを自分自身にあたえることができないときに、ほんとうの意味において笑い物となるのだろうか。それはそもそも、こういう助けではないのかね。つまり、われわれを最大の害悪から防いでくれる助けではないかね。いや、たしかに、その助けを、自分自身にも、また自分の友人や身内の者たちにも、あたえることができないのが一番恥ずかしいことであり、二番目の害悪から守ってくれる助けをあたえることができないのが、二番目に恥ずかしく、三番目からのが、三番目であり、そして以下そのとおりである、ということは萬々間違いないのだ。すなわち、それぞれの害悪の本來の大きさに應じて、それぞれの害悪に對して、これを助けることができるということの立派さも、またそれができないということの恥ずかしさも、きまるわけなのだ。どうだね、これとはちがうのかね、それともこのとおりかね、カルリクレス。

カルリクレス　いや、それにちがいないです。

ソクラテス　それでは、この二つの害悪、つまり不正を行うのと、不正を受けるのとの害悪があるときは、不正を行う方がより大きな害悪で、不正を受ける方の害悪は、それに比べるとより小さなものであると、こうわれわれは主張しているのだ。それなら、人はどんな備えをしたなら、自分を助けることができて、その結果、
D 不正を行わないことから生ずる益と、不正を受けないことから生ずる益と、その兩方ともを持つことになるのだろうか。それは力を備えることによってなのか、それとも、その意志がありさえすればいいのか。つまりそれはこういう意味だ。不正を受けることを望みさえしなければ、それでひとは不正を受けずにすむのだろうか。それとも、不正を受けないようにする力を備えたときに、ひとは不正を受けることはなくなるのか、どちらだろうか。
カルリクレス　それはもちろん、あとの場合です。つまり力を備えたときです。
ソクラテス　それでは、不正を行う方については、どうかね。不正を行う意志さえなければ、それで充分なのかね。つまりそれなら、不正を行うことはないだろうというわけでだね。それともまた、その不正を行わないということのためにも、ある種の力と技術とを備えなければならないのかね。というのは、もしもそれらの技
E 術や力を、學んだり身につけたりするのでなければ、不正を行うかもしれぬという理由からだ。それはどちらだろうか。……さあ、それなら、せめてこの點だけでもぼくに答えてくれないかね、カルリクレス。つまりぼくとポロスとは、前の議論において、誰だって不正を行うことを望む者はなく、不正を行う者はすべて心ならずもそれを行うのだ、ということに意見の一致を見ていたのであるが、ぼくたちがそのように同意せざるをえなかったのは、正當なことであったか、それとも間違っていたのか、君にはどちらだと思われるか、というこ

となのだ。
五一〇A カルリクレス　それはまあその通りだとしておきましょう、ソクラテス、それでこの議論が片づくものならね。
ソクラテス　そうすると、どうやら、そのことのためにも、つまりわれわれが不正を行わないためにも、ある種の力と技術とを備えなければならないらしいね。
カルリクレス　ええ、たしかに。
ソクラテス　それでは、全然不正を受けないか、あるいは受けたとしても、それを最小限に食い止めるための備えとなる技術とは、いったいどういうものなのだろうか。ぼくが考えているのと同じ技術のことを、君もまた考えているのかどうか、まあよく調べてみてごらん。というのは、ぼくにはこんなのがそれであるように思われるからだ。つまり、自分で一國の支配者となるか、あるいはまた獨裁者にもなるか、もしくは少くとも現に存在している政體の同調者となるか、そのどれかになるのでなければならないと思われるのだ。
カルリクレス　それご覧なさい、ソクラテス、あなたが何かいいことを言われさえすれば、ぼくにはどんなに
B あなたを賞める用意があるか、わかるでしょう。いまのあなたの發言は、全くいいものだったとぼくは思いますがね。
ソクラテス　それなら、ぼくが次に言うことも、よいことであると思われるかどうか、よく調べてみてくれたまえ。人と人とが可能なかぎり、一番親しい間柄になるのは、昔の賢い人たちが言ってるように、「似た者が似た者に」*對する場合であると、ぼくには思われるのだが、君にもそう思われないかね。
カルリクレス　それはそう思われます。

ソクラテス　それでは、粗野で教養のない獨裁者が支配者の地位についているところでは、もし誰かがその國において、彼よりもずっとすぐれた人間だったとすれば、むろんその獨裁者は、その人を恐れるだろうし、
C 心底からその人と親しくなることは、決してできないのではなかろうか。
カルリクレス　それはそのとおりです。
ソクラテス　しかしまた、もし誰かがその獨裁者よりもずっと劣った人間だったとしても、その人だってまた決して親しくなることはできないだろう。なぜなら、その獨裁者は彼を輕蔑するだろうし、友だちに對するような眞面目な關心を、彼に拂うようなことも決してないだろうからね。
カルリクレス　それも本當です。
ソクラテス　そうすると、殘るところは、ただ次のような者だけが、語るに足るほどの者として、そのような獨裁者に親しい者となるわけだ。つまりそれは、獨裁者がなす非難と賞讚とに調子を合せながら、彼と似た性格の者となっていて、甘んじてその支配を受け、そしてその支配者の下に隷屬しようとする者があれば、誰で
D あろうと、そういう人間のことなのだ。その人こそ、その國で大いに有力となるだろうし、誰だってその人に不正を加えて、平氣でおられる者はいないだろう。どうだね、そうではないかね。
カルリクレス　そうです。
ソクラテス　そこでもしその國の中で、野心に燃える若い者の誰かが、「どうしたならぼくは大いに有力となれて、誰もぼくに不正を加える者はないようになるだろうか」と心に考えてみたとすれば、彼のとるべき道は、どうやら、こういうことになるらしい。つまりそれは、若い頃からすぐと、喜ぶのも腹を立てるのも、主人が

するのと同じものによってそうするように自分を習慣づけて、そうして、できるだけ主人と似た者になるように用意する、ということなのだ。どうだね、そうではないかね。
カルリクレス　そうです。
E **ソクラテス**　それでは、そうすることによって、不正を受けないことの方は、そして君たちが言うところの、一國の中で大いに有力となるということは、充分に達成されたことになるだろう。
カルリクレス　全くです。
ソクラテス　それでは果して、不正を行わないことの方も、その方法によって達成されるのだろうか。いや、それはとんでもないのであって、もしもひとが、不正である支配者に似た者となり、そしてその支配者の下で大いに有力となるとしたなら、それはとても望めないことになるのかね。いやむしろ、ぼくとしてはこう思うのだ。もしもそういう風だとすると、その人の準備というのは、いまとは全く反對に、できるだけ多くの不正を行い、そして不正を行っていても罰を受けないですますことができる、ということを目的にしたものになるだろうと。そうではないかね。
カルリクレス　そう見えます。
五一一A **ソクラテス**　それならその人は、最大の害惡を背負いこむことになるだろう。主人の眞似をして、それによって得た權力のために、その人の魂は邪惡なものとなり、すっかり損われてしまっているのだから。
カルリクレス　どうしてそんな風になるのかは知らんが、あなたはそのときどきで議論を上下にひっくり返してしまうのですね、ソクラテス。いや、あなたはご存じないけれども、眞似をするその人は、眞似をしないでいるあの者を、もし望むなら、死刑にするだろうし、その持物も奪い取るでしょうがね。
B **ソクラテス**　いや、知っているとも、カルリクレス君、ぼくが聾でないかぎりはね。それは君からも、またポロスからも、さっきからさんざん聞かされていることだし、そしてそのほかにも、この町に住むほとんどすべての人たちから、聞かされていることだからね。しかし今度は、君の方もぼくの言うことを聞いてみてくれたまえ。なるほどその人は、もし欲するなら、死刑にはするだろう。しかしそれは、邪悪な者でありながら、立派なよい人間を殺すことになるのだよ。
カルリクレス　それなら、それこそまさに嘆かわしいことではないですか。
ソクラテス　いや、少くとも、ものの道理のわかっている人間には、そうではないのだ、それは、これまでの議論が示しているとおりだから。それとも、君の考えでは、人間が用意工夫すべきことは、できるだけ長時間
C 生きながらえるということであり、それで、われわれをいつでももろもろの危険から救ってくれる技術――たとえば、君がぼくにそれの修得を命じているところの、法廷において身を全うさせてくれる辯論術、それもその一つなのだが――そういう技術を修得すべきだというのかね。
カルリクレス　ええ、ゼウスに誓って、あなたにそう忠告するのは、決して間違ってはいないのですから。
ソクラテス　では、どうかね、すぐれた人よ。果して泳ぐことの知識も、君には何か崇高なものだと思われるのかね。
カルリクレス　いや、それはもちろん、ゼウスに誓って、そうは思いません。

ソクラテス　でもたしかに、その知識だって、人びとを死から救うのだがね、その知識が必要とされるような、
何かそういうところに人びとが落ちこんだ場合にはだよ。だがもし君がその知識は些細なものだと思うなら、
D ぼくは君にそれよりももっと重要なものをあげてみよう。つまり、航海の技術だ。それはたんに生命だけでは
なく、身體も、財産も、極度の危險から救ってくれるのだ。その點では、それは辯論術と變りはないのだ。し
かもその技術はといえば、控え目で愼しみ深く、そして何か素晴らしいことをやりとげているかのように構え
て、偉ぶることもしないのだ。いな、それは法廷辯論の術と同じだけのことをなしとげていながら、つまり、
もしアイギナ島*からこの土地まで無事に送りとどけたとすれば、それに對しては、ほんの二オボロス請求する
だけだと思うし、またもしエジプトや黑海地方からの場合であれば、それだけの大きな親切に對して、すなわ
E ち、いまも言ったように、當人も、子供たちも、財産も、また女たちも無事に送りとどけて、港へ上げておき
ながら、それに對しては、多く請求したところで、せいぜい二ドラクメまでだと思う*。しかもその技術の所有
者であり、それだけのことをなしとげた、その人はというと、上陸したなら、海岸に沿って自分の船のあたり
をつつましい態度で散歩しているだけなのだ。それというのは、ぼくの思うに、一緒に乗ってきた船客たちを
海の藻屑としなかったことで、彼らの誰には利益をあたえ、また誰には害を加えることになったか、そんなこ
とはわかったものではないということを、彼は反省することができるからなのである。それは船客たちを、身
五一二A 體の面でも魂の面でも、彼らが乗船したときに比べて、少しもよりよい人間にして上陸させたのではないとい
うことを、彼は知っているからである。そこで彼はこう反省しているわけだ。すなわち、船客たちの中の誰か
が、身體の面で、重い不治の病氣にかかっていながら、海に溺れて窒息することがなかったとすれば、その

人は死なかったが故にかえって不幸であり、したがって、自分によって何ら利益を受けてはいないのである。それだのに、もし誰かがひょっとして、身體よりももっと大切なもの、魂において、數多くのしかも不治の病氣にかかっている場合には、この人の方は生きながらえるべきであり、そして海からであろうと、法廷からであろうと、あるいはその他のどんな場所からであろうと、この人を救うなら、それがこの人のためになるだろ
B うなんて、そんなことはありえないというわけなのだ。いなむしろ、邪惡な人間にとっては、生きているのはよりよいことではないということを、彼は知っているのだ。なぜなら、そういう人は必ず惡い生き方をするにきまっているからである。
　そういうわけだから、船の舵をとる船頭は、よしわれわれの身を救っているのだとしても、普通、偉そうにはしないのである。それにまた、兵器製造人だって、君、そうはしないのだ。彼は、船頭は言うまでもなく、將軍にも、またその他のどんな人にも劣ることなく、時にはわれわれを救うことができるのだけれどもね。なぜなら彼は、國家全體を救うことだってあるからだ。まさか君は、彼を辯護士なみだとは思うまいね。それにしてもだよ、カルリクレス、もし彼が、君たちがしてるのと同じように、自分の仕事にもったいをつけて辯じ
C 立てるつもりになれば、それ以外の仕事はまるっきり意味がないとでも言わんばかりに、君たちは兵器製造人になるべきであると論じて、それへと勸めながら、その議論でもって君たちをすっかり壓倒してしまうこともできるだろう。というのは、彼には言うことが充分あるからなのだ。しかし、それでもやはり君は、彼をも、また彼の技術をも、輕蔑しているのだ。そして侮蔑の意味をこめて、彼のことを「兵器屋」という名で呼ぶだろうし、また彼の息子に自分の娘を嫁がせるつもりもなければ、逆に、自分の方に彼の娘を貰うつもりもない

だろう。とはいえしかし、君が君自身の仕事をほめて語っている事柄の中からは、君はいったいいかなる正当な根據を引き出して、その兵器の製造人なり、またその他、ぼくが今しがたあげていた人たちを、輕蔑しようとするのかね。
D いや、ぼくにはわかってるとも、君はその人たちよりももっとすぐれた人間であり、もっとすぐれた家柄の生れだと言いたいのだろう。しかし、そのもっとすぐれているということだが、もしそれがぼくの言うような意味のことではなくて、ひとがたまたまどのような者であるにもせよ、それは問わないで、ただ自分と自分の持物とを安全に保つということ、それがまさにひとをしてすぐれた人たらしめる所以のもの(徳)だとすれば、兵器の製造人なり、醫者なり、またその他、およそ安全に保つということを目的にしてつくられているかぎりの、諸技術に對する君の難くせというものは、全く滑稽なことになるのだよ。だがね、君、よく見てごらん、高貴であるとか、すぐれているとかいうことは、安全に保つとか保たれるとかいうこととは、全く別なことで
E はないのかね。というのは、いったいどれほどの時間を生きながらえるかという、そういうことを、少くとも眞實の男子たる者は、問題にすべきではなく、つまり生命に執着してはならないからである。むしろそれらのことについては神様に一任し、そして死の定めは何びとも免れることはできないだろうという點では、昔からの言いつたえを守る女たちの言葉を信じて、その次に來る問題、すなわち、これから生きるはずの時間を、どうしたなら最もよく生きることができるか、というそのことの方を考えてみるべきだからである。――それは
五一三A そもそも、自分の住んでいる國の政治體制に、自己をすっかり同化させることによってであるのか、それで今の場合にしても、だから、もし君がアテナイの民衆に愛される者となり、この國で大いに有力となろうとして

いるのであれば、君はアテナイの民衆にできるだけ似た性格の者となるべきであるのか、というそのことの方を、考えてみなければならないわけだ。ところで、そうすることが君にとっては、またそれはぼくにとってもだが、ほんとうに利益となることなのかどうか、それはよく注意してほしいのだ。なぜなら、おそろしいことに、君、あの魔法によって月を引きおろす女たち、つまりテッタリアの魔女たちが、その代償として受けたと傳えられるような、そういう災難には、*ぼくたちは逢わないようにしたいからなのだ。というのはつまり、ぼくたちが一國の中で、そのような權力を選び取ろうとすれば、それはぼくたちの一番大切なものを賭けてのことになるだろうからだ。

しかし、もし君が、この國の政治體制に、よりよい方面にであろうと、より悪い方面にであろうと、とにかく似た性格の者となっていないのにもかかわらず、その君を、この國において大いに有力としてくれるはずの、B 何かそういう技術を、世の誰でもが簡單に君に授けてくれるかもしれないと考えているとするなら、その君の考え方は、當を得たものではないとぼくには思われるよ、カルリクレス。というのは、もし君がアテナイの民衆(デモス)に――それにそうだ、ゼウスに誓っていいが、ピュリランペスの子のデモスにも――愛されるような仕方で、何か本物の仕事をなしとげようとしているのであれば、君はたんに彼らの模倣者たるにとどまるべきではなく、眞底から彼らと同様な性格の者とならなければならないからだ。そこで、君を彼らに一番似た性格の者に作りあげてくれる人、その人こそ君を――君は政治家になりたがっているのだから――政治家に、つC まりまた辯論家にしてくれるだろう。というのは誰にしても、自分たちの氣質にかなった調子で話がなされるときには、うれしく思うものだけれども、なじみのない調子で話されると、不愉快に感ずるものだからだ。もっとも、君に何か異論があるというのなら、話は別になるけれどもね、親愛なる人よ。どうだね、以上のことに對して、ぼくたちは何か言うことがあるのかね、カルリクレス。
カルリクレス　どうしてそうなるのかは知らないけれども、あなたの言われることはあたっているように思いますよ、ソクラテス。けれども、ぼくの氣持は、多くの人たちが感じているものと同じなのです。つまり、これですっかり、あなたの言われることを納得したわけではないのです。
ソクラテス　それはつまり、カルリクレスよ、民衆(デモス)への愛着が君の心の中にあって、ぼくに抵抗しているからなのだ。しかしおそらく、もしぼくたちがその同じ問題を何度も調べて、それをもっとよく検討して
D みるなら、君は納得してくれるにちがいないよ。——だがまあ、それはそれとしておいて、身體でも魂でも、それぞれのものを世話をするのに、ぼくたちは二通りのやり方があると主張していたのを、ここで思い出してもらうことにしよう。つまりその一つは、快樂を目あてにして交渉するものであり、いま一つは、最善を目ざして、ご機嫌をとるのではなく、終始一貫した態度を守り通しながら交渉するものである。これが、あのときぼくたちの區別していたことではなかったかね。
カルリクレス　ええ、たしかに。
ソクラテス　そうすると、その一方は、つまり快樂を目ざしているものの方は、卑しいものであり、まさに迎合以外の何ものでもないのだ。そうではないかね。
E **カルリクレス**　そうするのがよければ、そうだとしておきましょう。

ソクラテス　ところが、もう一方のほうは、身體であろうと、魂であろうと、われわれの世話をするものが、できるだけ善くなるようにするのだね。
カルリクレス　ええ、全く。
ソクラテス　それならわれわれは、國家やその市民たちに對して、そもそもこんな風な世話をするように試みるべきかね。つまり市民たちそのものを、できるだけすぐれた人間にするようにしてだね。なぜなら、實際、そのことが缺けていては、前の議論の中でぼくたちが見出したように、ほかにどんな親切をその上にほどこし
五一四A てみたところで、それは何の役にも立ちはしないからだよ。すなわち、莫大な財産でも、人々に對する支配權でも、またはその他のどんな權力でも、これを獲得しようとしている人たちの心掛けが、もしも立派で、よいものではないとすればだね。どうだね、これはこのとおりだとしていいのかね。
カルリクレス　ええ、いいですとも、そうするのがあなたの氣にいるのならね。
ソクラテス　それでは、カルリクレスよ、こう考えてみてくれ。いまかりにぼくたちが、國家公共の仕事にぞくすることを、公人として行おうとしていて、建築關係の仕事、つまり城壁とか、船渠とか、神殿とかの中でも、一番重要な建物の建築にとりかかるように、お互いに勸めているのだとしてみてごらん。そんな場合には、
B どうだろうか、ぼくたちはぼくたち自身をよく調べてみて、まず第一には、ぼくたちにはその技術、つまり建築術の心得があるのか、それともないのか、またもしあるのだとすれば、それは誰から學んだのか、というその點を、お互いに吟味すべきだろうか。どうだね、そうすべきだろうか、それとも、そうする必要はないのかね。

カルリクレス　それはたしかに、そうすべきではないだろうか。
ソクラテス　それではまた第二に、こういう點も調べてみるべきではないだろうか。つまり、ぼくたちはかつて個人的に、誰か友だちのためにでも、あるいはぼくたち自身のものとしてでも、何かの建物を建てたことがあるのかどうか、そしてもしあるのだとすれば、その建物は立派なものであるか、それともまずいものであるか、というその點なのだ。そして調べてみた上で、ぼくたちの先生方は、名の通ったすぐれた人たちであったし、またその先生方とともに、ぼくたちは數多くの立派な建物を建てたのであるが、先生方から離れてからも、C ぼくたちが獨力で建てた建物も、數多くあるのだということがわかったとすれば、つまりぼくたちがそのような狀態にあるかぎり、國家公共の仕事に向って進んで行っても、これはわきまえのないことではないだろう。だがもしこれに反して、ぼくたちが、ぼくたち自身の先生を示すこともできず、また建物の方も、一つもあげることができないか、あるいは數多くあげたところで、それが何ら取るに足らないものであるとすれば、實際、そのような有様でありながら、公共の仕事にとりかかったり、またお互いにそれへ勸めたりするのは、これはむろん、無考えなことであろう。どうだね、以上言われたことは、もっともであると言っていいのかね、それともいけないのかね。D
カルリクレス　いや、それでいいでしょう。
ソクラテス　では、ほかのどんな場合でも同じであるが、特にまたたとえば、いまもしぼくたちが、公務のために働く醫者になろうとしていて、ぼくたちにはその資格が充分あるつもりで、お互いにそれへ勸めているのだとしてみよう。むろんその場合には、ぼくは君に對して、また君はぼくに對して、こんな風に訊ねながら、お互いをよく調べ合うことだろう。——「さあ、それでは、神々に誓って、言ってごらん。しかし、そういうソクラテスその人の、身體の健康狀態はどうなのか。あるいは、これまでに誰でも、それは奴隷であろうと、自由市民であろうとかまわないが、ソクラテスのおかげで、病氣の治った者がいるのか」と。そしてまたぼくの方としても、それと同じようなことを、君について調べるだろうと思う。そして調べてみた結果、ぼくたち
E のおかげで身體のよくなった者は、よその町の人にもこの町の人にも、また男にも女にも、誰一人いないということがわかったとすれば、ゼウスに誓っていいが、カルリクレスよ、人間、考えがないといっても、これほどまでに至っているのは、ほんとうに滑稽なことではないだろうかねえ！　つまり、まだ民間の人として活動している間に、手當り次第にいろいろとやってみて、しかしそのうちには成功することも多くなり、そういう風にしてその技術に充分習熟するに至る、ということのないうちに——それこそいわゆる「陶器づくりの術を習うのに甕から始めようとする*」ということなのだが——自分でもいきなり公けの仕事にとりかかろうとしたり、また同じような狀態にある他の人たちにもそうするように勸める、というそれほどまでに考えがないのではねえ。そういう風な行動をするのは、無考えなことであると君には思われないかね。
カルリクレス　それはそう思われます。
五一五A **ソクラテス**　ところで、話を實際のことに返すと、世にもすぐれた人よ、君は自分が國家の政治に關する仕事にたずさわり出したばかりであり、そしてぼくにもそうするように勸めて、ぼくがそうしないのを非難しているわけだから、それなら、今と同じように、ぼくたちはこんな風に質問して、お互いをよく調べ合ってみるべきではないだろうか。——「さあ、それなら、言ってみたまえ。カルリクレスはこれまでに、市民たちの中の

誰かを、一層すぐれた人間にしたことがあるのか。それまでは邪悪な人間であったのだが、つまり不正で、放埒で、無思慮な者であったのだが、カルリクレスのおかげで、立派なすぐれた人間になった者が、誰かいるのか。それはよその町の人でも、この町の人でも、あるいは奴隷でも自由市民でも、誰でもよいのだけれども」
B と。——さあ、ぼくに言ってごらん。もし誰かが、君をそれらの點で吟味するとすれば、カルリクレスよ、君はそれに對して、いったいどう答えるのだろうか。どの人を君は、君と交際することによって、一層すぐれた人間にしたと主張するのだろうか。……君は返事をしぶっているのかね、君が公人として働こうとする前の、まだ私人として活動している頃になしとげた、何か君の業績というようなものが、もしほんとうにあるのだとすればだよ。
カルリクレス　議論に勝ちたい一心なんですね、ソクラテス。
ソクラテス　いや、勝ちたくて訊いてるのではないよ。そうではなくて、いったいわれわれのところでは、市民の一員として政治の仕事にたずさわるのには、どういう仕方でこれをなすべきであると君は考えているのか、それが本當のところ知りたいからなのだ。それでは君は、國家の政治の仕事にたずさわることになった場合、
C われわれ市民ができるだけすぐれた者になるようにということ以外に、何かほかに氣をくばることがあるのだろうか。いや、それこそがまさに政治にたずさわる人間のなすべきことであるということは、これはもうすでに何度もぼくたちが意見の一致をみてきたことではなかったのか。どうだね、その點では意見が一致していたのかね、それとも一致してはいなかったのかね。答えてくれたまえ。……一致していたのだよ。ぼくが君に代って答えてあげよう。さて、そのことを自分の國のために用意するのが、すぐれた政治家のなすべきことであ

るとするなら、さあ、今や思い出して、君が少し前に話していたあの人たちについて、つまりペリクレスや、キモンや、ミルティアデスや、そしてテミストクレスのことだが、君は今でもやはり、彼らはすぐれた政治家であったと思っているのかどうか、それを言ってみてくれたまえ。 D
カルリクレス それはそう思っています。
ソクラテス それなら、もしも彼らがすぐれた政治家だったとすれば、明らかに彼らのひとりひとりが、市民たちをより悪い人間から、よりよい人間にしたのだ。どうだね、ほんとうにそうしたのかね、それともしなかったのかね。
カルリクレス そう、したのです。
ソクラテス そうすると、ペリクレスが民衆の前で語り始めた、その政治生活の初期の頃には、彼の晩年の頃よりも、アテナイ人はより悪い人間だったのだね。
カルリクレス 多分ね。
ソクラテス いや、「多分」ではなくて、ねえ君、これまでに同意されたことからすれば、それは必然にそうでなければならないのだ。もしもあの人がほんとうにすぐれた政治家だったのならだよ。 E
カルリクレス で、それでいったい、どうなるんですか?
ソクラテス いや、何でもないかもしれない。だがまあ次に、こういう點について答えてみてくれ。アテナイ人は、ペリクレスのおかげで、一層すぐれた人間になったのだと言われているのかね。それとも全く反對に、彼によってすっかり駄目にされたと言われているのかね。というのもぼくとしては、こういうことを聞いているからだ。つまりペリクレスは、公けの仕事に手當を支給する制度*を最初に定めた人なのだが、そのことによって彼は、アテナイ人を怠け者にし、臆病者にし、噂好きのおしゃべりにし、また金錢欲のつよい人間にしてしまったのだとね。
カルリクレス　そんなことは、耳のつぶれた（スパルタびいきの）連中*から聞いていることなんでしょう、ソクラテス。
ソクラテス　しかし、次に言うことは、もはや噂に聞いている程度のことではなく、君にしてもぼくにしても、はっきりと知っている事實なのだ。つまりペリクレスは、最初の頃は大へん人氣があったし、またアテナイ人は、そのとき彼らはより悪い人間だったのだが、ペリクレスに對して、どんな破廉恥な罪をも宣告するようなことはしなかったのだ。ところが、彼らがペリクレスのおかげで、立派なすぐれた人間となってからは、つま
五一六A りあの人の生涯も終る頃になって、アテナイ人は彼に對して、公金費消の罪*があるとして、もう少しのことで、彼に死刑の判決を下すところだったのだ。それはむろん、彼を悪人であると考えてのことだったんだがね。
カルリクレス　だから、どうだっていうんですか。そういうことがあったからというので、ペリクレスは無能な政治家だったというのですか。
ソクラテス　とにかくだよ、驢馬でも、また馬や牛でも、もしそれらの管理人が、いまと同じような風にする者だったとすれば、つまり、それらの動物を引きとったときには、自分を蹴ることも、角で突くことも、また嚙みつくこともなかったのに、それらの世話をした結果は、粗暴なために、そういうことを何でもするものにしたのなら、そういう管理人は、管理人としては無能であると思われるだろうからね。それとも君は、どんな

B 動物の世話をする、どんな管理人であろうと、おとなしいのを引きとっておきながら、引きとったときよりも粗暴なものにしてしまうなら、そういう管理人は、無能であるとは思わないかね。どうだね、そう思うかね、それとも思わないのか。
カルリクレス　それはたしかにそう思います。これも、あなたを喜ばせてあげるために、答えているのですけれどもね。
ソクラテス　それなら、さらに次のことにも答えて、ぼくを喜ばせてくれたまえ。どうかね、人間も動物の一種かね、それともちがうのかね。
カルリクレス　それはもちろんそうです。
ソクラテス　では、ペリクレスが面倒をみていたのは、人間ではなかったのかね。
カルリクレス　人間です。
ソクラテス　そうすると、どういうことになるのかね。さっきぼくたちが同意していたように、人びとは彼のおかげで、より不正な人間から、より正しい人間になったはずではないかね？　もしもあの人がほんとうに、
C 有能な政治家として、人びとの面倒をみていたのならだよ。
カルリクレス　それは全くそうです。
ソクラテス　それでは、ホメロスも言ってることだが[*]、正しい人というものは、おとなしいのではないかね。しかし、君の意見はどうかしら？　そうではないのかね。
カルリクレス　そうです。

ソクラテス　ところが實はあの人は、人びとを、引きとったときよりも、もっと粗暴な性質のものにしてしまったのだ。それもほかでもない、そうなることを一番望まなかったであろう、當の自分自身に對して、そういう手荒らなことをする者にしてしまったのだ。
カルリクレス　なんなら、あなたに同意しましょうかね？
ソクラテス　ああ、そうしてくれ、もしもぼくの言うことが本當だと思われるならだよ。
カルリクレス　では、そうだとしておきましょう。
ソクラテス　それなら、もしもより粗暴な性質のものにしたのなら、より不正で、またより悪い人間にしたのではないかね。
D **カルリクレス**　それでいいでしょう。
ソクラテス　してみるとペリクレスは、いまの議論からすると、政治家としては有能ではなかったわけだね。
カルリクレス　いや、それは、あなたがそれを認めないまでのことですよ。
ソクラテス　いやいや、ゼウスに誓って、君だってまた、これまでに同意していたことからすれば、認めはしないのだよ。――それでは今度は、キモンについて言ってもらうことにしよう。彼を陶片追放にしたのは、彼が世話をしてやっていたまさにその人たちが、彼の聲を十年間聞くまいとして、したことではなかったのかね。また、テミストクレスに對しても、人びとはそれと同じことをして、さらにその後では、財産沒收を含む追放の刑をそれに加えたのではなかったのか。それからまた、マラトンの英雄ミルティアデスに對しては、竪穴《バラトロン》に
E 投げこむという判決を下したのだ。そしてもし政務審議會の議長の干渉がなかったとすれば、彼は當然投げこ

まれていたであろう。* とはいえ、もしこれらの人たちが、君の言うように、すぐれた政治家だったとするなら、決してそういう憂き目にあうことはなかっただろう。とにかく、上手な馭者が、始めの間は馬車から落ちないのに、馬の訓練をし、自分自身も一層上手な馭者となってから、そのときになって落ちるなんていうことは、それは決してありえないことだからだ。そんなことは、馬車を御する場合でも、またその他のどんな仕事の場合でも、ありえないことなのだ。それとも君には、そんなことがあると思われるかね。
カルリクレス　いいえ、あるとは思いません。
ソクラテス　そうするとどうやら、前に言われていたことは本當だったようだね。つまり、ぼくたちの知るかぎりでは、このアテナイの國には、政治家としてすぐれた人間は誰一人もいなかったというのはだよ。ところが君は、少くとも現代の人たちの中には、そういう人は一人もいないことを認めたけれども、しかし昔の人たちの中には、幾人かいたと主張して、そしてさっきの人たちを選び出したのだ。しかしその人たちは、現代の人たちと何ら變りのないものであることが明らかにされたわけだ。したがって、もしその人たちが辯論家であったとすれば、彼らは眞の辯論術を用いていなかったのだし――なぜなら、もし用いていたとするなら、失脚することはなかっただろうからだ――また、迎合としての辯論術も用いていなかったのだ。

五一七A

*

カルリクレス　しかしですよ、ソクラテス、その人たちの中の誰かが――それはあなたの好きなように、誰でもいいけれども――なしとげたほどの仕事を、現代の人たちのうちの誰かが、なしとげるかもしれないなんて、

B とても考えられないのですがねえ。
ソクラテス　いや、これは恐れ入ったね、君。それはぼくだって、あの人たちを國家の召使としてみるかぎりは、何も彼らを非難するつもりはないのだ。いや、その點では、少くとも現代の人たちよりも、もっと給仕が上手であったし、そして國家が欲したものを、國家に提供することができたという點では、ずっと能力があったとぼくは見ている。けれども、欲望の言うとおりにならずに、それの方向を向けかえて、説得なり強制なりによって、市民たちがよりよくなるはずのところへ、その欲望を導いて行くという點では、あの人たちは、現
C 代の人たちに比べて、言ってみれば、何一つちがうところはなかったのだ。そのことこそまさに、すぐれた政治家のなすべき唯一の仕事なのだけれどもね。しかし、船や城壁や船渠や、その他數多くのそういうものを、國家にもたらすことにかけては、あの人たちの方が現代の人たちよりも、ずっと手腕があったということは、これはぼくも君に同意するのだ。
さて、こうしてみると、ぼくと君とはこの議論において、おかしなことをしつづけているわけだ。つまりぼくたちは、こうして話し合っている間じゅう、いつも同じ所へ廻り戻って來て、お互いに何を話し合っているのか、相變らずよく分らないでいる仕末だからね。けれども、とにかくぼくとしては、こういう點については、
D 君は何度も同意してくれたし、それでよく分ってくれていると思うのだ。すなわち、身體でも魂でも、それらを取扱うのには何かこういう二通りのやり方があるのであり、そしてその一方は、召使的なやり方であって、それによってひとは、もしわれわれの身體が飢えているなら、食べ物を、渇いているなら、飲み物を、また寒がっていれば、着物や寢具や履物や、その他身體が欲しがっているものを、供給してやることができるのだ。

――そしてぼくは、君がわかり易いようにと思って、ことさらに同じ例を使って話をしているわけだ。――というのは、それらのものを供給してやることのできる者だという點では、つまり小賣商人であろうと、貿易商
E であろうと、あるいは、まさにそれらのもののどれかを生産する人、すなわち、パン職人でも、料理人でも、靴屋でも、織物工でも、または、なめし皮職人でも、とにかくそのような者だとすれば、彼が身體の世話人であると自分でも思い、また他人にもそう思われたところで、それは少しも不思議ではないからだ。つまり、次の事實を知らない者にはすべてそう思われているからだ。すなわち、いまあげたそれらすべての技術のほかに、體育術や醫術という技術があって、それこそが實はほんとうの意味で身體の世話をするものであり、そしてまたその技術が、あれらすべての技術を支配し、それらの技術が作り出すものを使用してしかるべきものなのである。なぜなら、食べ物や飲み物の中で、どれは身體をよくすることに役立ち、またどれは害になるかを、そ
五一八A の技術は知っているのだけれども、その他のあれらすべての技術は知らないからである。それ故にまたそれらの技術は、つまり醫術や體育術以外の技術は、身體を取扱うにあたっては、奴隷にふさわしい、召使のような、自由市民らしくない態度に出るのであるが、これに反して、體育術と醫術とは、當然、それらの技術の主人となってしかるべきものなのである。
さて、魂の場合にも、それと同じことが言えるということは、一時は君も、ぼくの言おうとしていることがわかってくれていたようだし、そしてぼくがそれをどういう意味で言ってるのかも、心得ているつもりで同意
B していたのだ。ところがそのすぐ後で君は、この國には政治家として立派なすぐれた人間がいたと言うに至ったのである。そこでぼくが、それはどんな人たちのことを指すのかと訊ねたら、君が政治の事柄に關してすぐ

れた人間として持ち出したのは、それはまるで次のような場合の人たちとそっくりだったように思われるのだ。
つまりそれは、かりにもしぼくが體育に關する事柄では、どういう人たちが身體の世話人としてすぐれた人で
あったか、あるいは現在そうであるかと訊ねた場合に、君は全く本氣で、パン屋のテアリオンや、シケリアの
C 料理法のことを書いたミタイコスや、また酒屋のサランボス――つまりその一人は見事なパン菓子を、もう一
人は御馳走を、いま一人は酒を提供してくれる人なのだが*――その人たちが、身體の世話人としては素晴らし
い人であったと、こうぼくに答えるようなものだったのだ。
　さて、もしぼくが君に向ってこう言ったとすれば、君はおそらく腹を立てることだろうね。――君、君は體
育術のことについては、何もわかってやしないのだよ。君が言っているのは召使たちであり、欲望の要求に應
じようとする連中であって、そこで問題になっている事柄については、何一つ善美なことも知らないでいる者
たちなのだ。その連中ときたら、ただもうむやみやたらに詰め込んで、人びとの身體を肥らせ、それで人びと
からは賞讃されているけれども、結局は、人びとが前から持っていた肉づきまでも、その上に失わせることに
D なるのが落ちだろう。ところが人びとの方は、物事にうといものだから、自分たちを病氣にさせ、前から持っ
ていた肉づきまでも失うようにさせたその責任は、その御馳走をしてくれた人たちにあるとはしないで、むし
ろあの時の飽食が――それは健康によいかどうかを考慮しないでなされたものだから――その後かなり時が經
って、彼らに病氣をもたらすことにでもなると、その時たまたま彼らの傍にいて、何か忠告する者があるとす
れば、誰かれの見さかいなしに、その人たちの責任にして、その人たちを非難し、そしてもしできることなら、
何か害を加えようとさえするだろう。これに反して、あの先の人たち、つまりこの災惡の眞の責任者である人

たちの方を、人びとは賞めそやすことだろう。

E そして君もいま現に、カルリクレスよ、これとそっくりのことをしているのだ。つまり、人びとが欲しがっていたものでもてなしながら、人びとに御馳走をした連中、その連中を君は賞めそやしているのだ。そして人びとは、この連中が國家を大きくしたのだと言っている。しかし事實は、あの昔の政治家たちのせいで、國家はむくんでふくれ上り、内部は膿み腐っているのだということに、人びとは氣がつかないでいるのだ。なぜな五一九Aら、あの人たちは、節制や正義を無視して、港灣や船渠や、城壁や貢租*や、つまりそのような愚にもつかぬがらくたもので國家を充たしたからなのだ。そこで、あのいま言われたような病氣の發作が起った場合には、人びとはその責任を、その時傍にいて忠告する人たちに負わせて、この災惡の眞の責任者である、テミストクレスやキモンやペリクレスの方を、人びとは賞めそやすことであろう。そこで要心しないと、人びとは君に向って攻撃してくるかもしれないのだ。それはまたぼくの仲間であるアルキビアデスについても言えることだけれどもね。人びとが新たに獲得したものだけではなく、もともとから持っていたものまでも、その上に失うようBなことになればだよ。君にしても彼にしても、その災惡の眞の責任者ではなくて、おそらくは副次的な責任があるにすぎないだろうけれどもね。

それだのにぼくとしては、理解に苦しむような馬鹿げたことが、今日でも行われているのを見るし、また昔の人たちについてもそういう例を聞いているのだ。というのは國家が、政治家たちの中の誰かを、不正を行っている者として取扱おうとするとき、そうされる人たちは腹を立てて、何というひどい目に會わせるのかと、不平を鳴らすのをぼくは認めるからだ。その人たちの言い分では、國家のために數々のよいことをしてやったの

C に、その國家によって自分たちは不當にも滅ぼされようとしている、というわけなのだ。しかし、これは全く
の嘘である。なぜなら、國家の指導者たる者が、自分の指導しているまさにその國家によって、不當に滅ぼさ
れるなんていうことは、誰一人の場合にも決してありうるはずはないからだ。それはおそらく、政治家と稱し
ている連中の場合でも、またソフィスト（教育家）と稱している連中の場合でも、事情は同じであるといってい
いからだ。というのは、ソフィストたちにしてみても、その他の點では賢いのかもしれないが、こういうおか
しな矛盾を平氣で犯しているからだ。つまり彼らは、德の教師だと公言しながら、弟子たちが、自分たちによ
ってよくしてもらっているのに、謝禮をとどこおらせたり、その他にも拂うべきお禮を拂わなかったりして、
D 自分たちに不正を行うといって、弟子たちを非難することがしばしばあるからなのだ。とはいえ、こういう話
ほど辻褄の合わないことが、ほかにいったいあるものだろうか。弟子たちは、教師によって不正を取り拂って
もらい、正義の德を身につけたのだから、立派な正しい人間となっているのに、彼らがもはや持っているはず
のない、その不正によって、不正を行うのだなんてねえ！　君はこれをおかしなことだとは思わないかね、ね
え君。——
いや、これはどうもほんとうに、ぼくは大道演説をさせられてしまったよ、カルリクレス、君が答えようと
してくれないものだから。
カルリクレス　しかし、あなたという人は、誰かに答えてもらうのでなければ、話をすることのできないよう
な人なのですか？
E **ソクラテス**　いや、それはできそうだね。現に今だって、君が答えようとしてくれないので、ぼくはかなり話

を長くしてしまったのだから。しかしそれはそれとして、ねえ君、友情の神ゼウスに誓って、言ってみてくれたまえ。だれかをよい人にしたと主張しながら、その人は自分のおかげでよくなって、今でもよい人であるのに、それでいて悪い奴だといって、その人を非難するのは、これは辻褄の合わないことだと、君には思われないかね。
カルリクレス　それはそう思われます。
ソクラテス　では、人びとを徳に向って教育するのだと主張している連中が、それと似たようなことを口にしているのを、君は聞いてはいないのかね。
五二〇A **カルリクレス**　それは聞いていません。しかし、何ら取るに足らない連中について、あなたはいったい何を言いたいのですかね。
ソクラテス　それでは、あの先きの人たち、つまり國家の先頭に立って指導し、國家ができるだけよくなるように配慮しているのだと主張しながら、場合によっては向き直って、その國家を一番悪い國だと非難する人たち、その人たちについては、君はいったいどう言いたいのかね。この人たちは、前の人たちとは何かちがうところがあるとでも思うのかね。いや、同じだよ、君、ソフィストと辯論家とはね。あるいはそうでないとしても、ごく近い關係にあって、ほとんど似たり寄ったりのものなのだ。その點は、ぼくがポロスに話しておいた
B とおりである。ところが君は、それを知らないものだから、一方の辯論術の方は、何か至極立派なものだと考え、他方ソフィストの術は、これを輕蔑しているのだ。しかしほんとうは、ソフィストの術の方が辯論術よりも立派であって、それは立法の術が司法の術よりも、また體育術が醫術よりも立派であるのと、それと同じ程

度にそうなのだ。
ところで、ぼくとしてはこれまでこんな風に考えていたのだ。ほかの人たちのことはいざ知らず、民衆に呼びかけることを仕事とする人たちや、ソフィストたちだけは、彼ら自身が教育してやっている當のそのものを、自分たちに悪いことをするものだとして、咎め立てすることを許されないのである。さもなければ、同時にまたその同じ言葉でもって、彼らがよくしてやっていると主張するその人たちを、實は全然よくしてやってはいなかったのだと、自分たち自身をも非難することになるのだから、とね。どうだね、そうではないのかね。
C **カルリクレス**　それはたしかにそうです。
ソクラテス　そこでまた當然、その人たちだけは、もしも彼らの言ってることが本當だったとすれば、決った報酬なしで、自發的に親切な行いをすることもできたはずであろう。というのは、ひとがほかの種類の親切を受けた場合には、たとえば、體育家によって速く走れるようにしてもらった場合だと、そのときもしその體育家が、その人とあらかじめ報酬の額を協定して、速く走れるようにしてやったら、できるだけそれと同時に、その謝禮金を受けとる、ということにしておかないで、自發的にそうしてやったとすると、その人がお禮をし
D ないでしまうことは、おそらくありうるだろうからだ。というのは實際、人びとが不正な行いをするのは、足がおそいということによってではなく、その人たちが持っている不正のためであると思うからだ。そうではないかね。
カルリクレス　そうです。
ソクラテス　だから、もし誰かが、まさにそのもの、つまり不正を取り除いてやるなら、その人には決して、

不正を受けるかもしれぬという心配はないわけだ。いや、その人だけは、その親切を無償で行っても大丈夫なのだ。もしもほんとうに誰かが、人びとをよくすることができるならだよ。そうではないかね。
カルリクレス　それは認めましょう。
ソクラテス　したがって、そういうわけだから、その他のことについて勧告するのなら、たとえば家を建てるとか、その他ほかの技術に關係のあることなら、お金を取って勧告するのは、少しも見苦しいことではないと思えるのだ。
E **カルリクレス**　そうらしいですね。
ソクラテス　しかしながら、どうしたならひとは、できるだけすぐれた人間になれるのか、また自分の家や國家を最もよく治めることができるのか、ということについては、お金を拂うのでなければ勧告することを肯じないというのでは、これは見苦しいことであると信じられているのだ。そうではないかね。
カルリクレス　そうです。
ソクラテス　というのはむろん、その理由はこういうところにあるのだ。つまり、いろいろな親切の中でも、ただこの親切だけが、それによってよくしてもらった人に、よくして返そうという氣持を起させるからだ。したがってもしひとが、その親切でもってよくしてやったので、そのお返しとして、よくされているのだとするなら、その人の親切が本物であったことを示すしるしは、あざやかであるように思われるが、さもなければ、そうではないわけだ。どうだね、これはこのとおりかね。
五二一A **カルリクレス**　そのとおりです。

ソクラテス　それでは、君がぼくに勧めているのは、いったいどちらのやり方で國家の世話をすることなのか、それをどうか、はっきり決めてくれたまえ。つまりそれは、アテナイ人に對して、彼らができるだけすぐれた人間になるようにと、ちょうど醫者のように、終始一貫した態度を守り通すことの方かね、それとも、召使がするようにして、彼らのご機嫌とりを目的につき合おうとする方かね。さあ、どうか、嘘偽りのないところを、聞かせてくれたまえ、カルリクレス。というのも、君はぼくに對して、最初は何事も率直に打明けて話してくれたのだが、その調子で、これからもひきつづき、君は心に思っていることをそのまま言ってくれなければならないからだ。そこで今の場合も上手に、そしてよい生れの人らしく憚らずに、言ってみたまえ。
カルリクレス　それなら言ってあげましょう、召使がするようにすればいいのです。
B ソクラテス　そうすると君は、なんと君ほどの生れのよい人がだよ、ぼくに迎合家になれと勧めているのだね。
カルリクレス　そう、お望みなら、それをミュシア人と呼びかえてもかまわないのですよ、*ソクラテス。というのは、あなたがとにかく、そうしようとしないようなら……
ソクラテス　いや、君が何度も言ってきたことをくり返してくれなくてもいいよ。「その意のある者は、ぼくを死刑にするかもしれない」なんてね。それならぼくの方だってまた、「邪悪な者でありながら、よい人間を……」と言うことになるのだからね。それにまた、「ぼくが何かを持っているとすれば、それも奪い取るかもしれない」とも言わんでくれ。それならぼくの方はまた、こう言い返すことになるのだから。「しかしだよ、奪
C い取ったところで、それらをどう使ってよいかわからないだろう。いや、ぼくから不正な仕方で奪い取ったように、そのようにまた、手に入れてからは、不正な使い方をするだろう。それで、もし不正な使い方をするな

ら、醜い使い方をするだろうし、そして醜い使い方をするなら、害になるように使うことだろう」とね。
カルリクレス　いかにもあなたは、ソクラテスよ、そういう目には一つもあうことはあるまいと、信じておられるかのようですね。まるで、そういうことには局外者であって、そしておそらくは、實につまらない、やくざな人間のために、法廷へ引っぱり出されることなんか、ありえまいというつもりでね。
ソクラテス　そうするとぼくは、カルリクレスよ、ほんとうに馬鹿者だということになるのだね、もしもぼくが、この國では誰にもせよ、いつ何時どんな目にあわないものでもないということを、考えていないとすればだよ。だがしかし、この點だけは、ぼくにはよくわかってるのだ。かりにもしぼくが法廷へ出て行って、君が
D いま言ってるような、何かそういうことについての危険にあうのだとすれば、ぼくをそんなところへ引っぱり出した者こそ、悪い人間だろうということだ。――なぜなら、罪のない者を、誰もよい人間は、そんなところへ引っぱり出すはずはないからだ。――そしてまた、ぼくが死刑になるとしても、それは少しも意外なことではないということだ。なんなら、なぜぼくがそんなことを豫期しているかを、君に話してあげようかね。
カルリクレス　ええ、ぜひ話してください。
ソクラテス　ぼくの考えでは、アテナイ人の中で、眞の意味での政治の技術に手をつけているのは、ぼく一人だけだとはあえて言わないとしても、その數少い人たちの中の一人であり、しかも現代の人たちの中では、ぼくだけが一人、ほんとうに政治らしい政治の仕事を行っているのだと思っている。さて、いつの場合でもぼく

E のする話は、人びとのご機嫌とりを目的にしているのではなく、最善を目的にしているのだから、つまり一番快いことを目ざしているのではないから、それにまた、君が勧めてくれているところの、「あの氣の利いたこと」をするつもりもないから、法廷ではどう話していいものか、ぼくはさぞ困るにちがいないのだ。そこで、ポロスに話しておいたとおりのことが、ぼくにも言われることになるわけだ。つまりぼくは、ちょうど醫者が料理人に訴えられて、小さな子供たちの前で裁かれるような風に、裁かれることになるだろう。なぜなら、まあ、考えてもごらん。そのような人が、それら子供たちの前に引き出されて、そのとき誰かがこう言って彼を訴えるとすれば、それに對して彼は、何と辯明することができるだろうか。――「子供たちよ、ここにいるこの男は、お前たち自身にもいろいろと悪いことをしてきたのだが、お前たちの中の一番小さい者にさえも、切
五二二A ったり焼いたりの治療をして、身體を臺なしにするのだ。それからまた、とてもにがい薬をのませて息をつまらせたり、無理矢理にひもじくしたり渇かせたりしながら、痩せ衰えさせて、お前たちを困らせるのだよ。わたしがお前さんたちに、ありとあらゆるおいしいものを、たくさんに御馳走してあげたのとは、わけがちがうのだからね」と、こう言ったとすればだよ。そういう苦境に追い込まれたときに、その醫者は何と申し開きをすることができるだろうと思うかね。いや、もし彼が事實ありのままを正直に述べて、「ぼくがそういうことをしたのもみんな、子供たちよ、お前たちの健康のためなのだ」と言ったとすれば、そのような裁判官たちは、まあ、どれほど叫び立てることだろうと思うかね。それは大へんなものではないかね。
カルリクレス　ええ、そうでしょう。それはたしかにそう考えなければなりませんとも。
B **ソクラテス**　それでは、その醫者はすっかり困ってしまって、どう言っていいか、わからないだろうと思わな

いかね。
カルリクレス　全くです。
ソクラテス　とはいうものの、ぼくだってやはり、法廷へ出たなら、これと似たような目にあうだろうことは覺悟しているのだ。なぜなら、快樂をぼくは提供してやっているのだと、彼らに向って告げるわけにはゆかないだろうからだ。この人たちが親切や利益と考えているのは、まさにその快樂なのだけれどもね。だがぼくとしては、その快樂を提供する人たちをも、またそれを提供してもらう人たちをも、別に羨ましいとは思わないよ。それにまた誰かが、ぼくのことを、問答で行きづまらせることによって、青年たちを腐敗墮落させるのだとか、あるいは彼らの父兄にあたる人たちに對して、公私いずれにおいても、にがい話をして、惡口雜言するのだとか主張するとしても、ぼくはそれに對して本當のことを言うわけにもゆかないだろうからだ。——「そ
C れらすべてぼくの言っていることは、正しいのだ。そしてそういうことをしているのも、實はほかでもない、君たち自身のためなのだ、裁判官諸君よ」という風にはだね。そしてまたそれ以外にも、何とも言いようがないだろう。だからその結果は、おそらく、成行き次第にまかせることになるだろうね。
カルリクレス　それなら、ソクラテス、ひとがそんな狀態におかれていて、そして自分自身を助けることができないでいても、それでもひとは、一國の中で、立派にやっているように思われるのですか。
ソクラテス　ああ、それは、カルリクレス、君が何度も同意していたあの一つのことさえ、その人が自分の身につけているなら、立派にやっていることになるのだよ。つまり、人々に對しても、神々に對しても、不正な
D ことは何一つ言わなかったし、また行いもしなかったということで、自分自身を助けてきたのならだね。とい

うのは、そういう風にして自分自身を助けるのが、最上のものであるということは、これまでに何度もぼくたちによって同意されてきたことなのだから。そこでもし誰かが、ぼくを反駁して、ぼくは自分自身にも、また他の人にも、そういう助けをあたえることができないのだということを示すなら、そのように反駁されるのが、大勢の人の前であろうと、少數の人の前であろうと、あるいは一人對一人の場合であろうと、それに對しては、ぼくは恥ずかしく思うだろう。そしてその力がないために死刑になるのだとしたら、ぼくはそれを殘念に思うだろう。だがしかし、もしこのぼくが、迎合としての辯論術をもち合わせていないがために死ぬのだとすれば、これは請合っていいけれども、ぼくが動ずることなく死の運命に耐えるのを君は見ることだろう。というのは、
E 死ぬというそのことだけなら、全くの分らず屋で、男らしくない人間でないかぎり、誰ひとりこれを恐れる者はいないからだ。しかし不正を行うことの方は、誰でもが恐れるのだ。なぜって、魂が數々の不正行爲で充たされて、ハデスの國へ赴くのは、ありとあらゆる不幸のうちでも、一番ひどい不幸だからだ。で、もしよければ、ぼくは君に、どうしてそれがそうであるかという、話をしてあげてもいいのだがね。
カルリクレス いや、とにかく、そのほかのことも片をつけてもらったのだから、その點も片をつけてください。

***

五二三A **ソクラテス** ではまあ、聞きたまえ――と、人びとの云い方をまねるわけだが――大へんいい話だよ。君はそれを作り話(ミュートス)と考えるかもしれない、とぼくは思うのだが、しかしぼくとしては、本當の話(ロゴス)

のつもりでいるのだ。というのは、これから君に話そうとしていることは、眞實のこととして話すつもりだからね。
すなわち、ホメロスが言っているように、*ゼウスとポセイドンとプルゥトンとは、彼らの父(クロノス)から天地の支配權を讓り受けた後で、それをお互いに分け持つことになったのだ。ところで、クロノスの治世の頃には、人間についてこういう掟が定められていた。そしてそれは、その後ずっと現在に至るまでもなお、ゼウスを中心とする神々の間において守られているのである。つまりそれによると、人間たちの中でもその一生を
B 正しく、また敬虔に過した者は、死後は「幸福者の島」*に移って、そこにおいて災惡から離れた、全くの幸福な生活を送ることになるが、これに反して、不正で、神々を無視した一生を送った者は、償いと裁きの牢獄——それはつまり「タルタロス(奈落)」*と呼ばれているところなのだが——そこへ行かねばならぬというのである。ところで、彼らの裁判官たちというのは、クロノスの時代には、そしてなお、ゼウスが支配權を握ることになってからもごく最近までは、生きたままで生きた人間を裁いていたのであり、その裁判は、人びとが息絶えんとするまさにその日に行われていたのだ。だから、その裁判には間違いがあったわけだ。そこで、プルゥトンと「幸福者の島」から來た管理人たちとは、共にゼウスのところへ出かけて行って、自分たちのところに
C はどちらにも、來るに値しない連中がよく來て困ると訴えたのだ。すると、これを聞いてゼウスは、こう言ったものだ。「うん、よかろう。それなら、わたしの方で」——と言ったのだ——「そういうことの起らないようにしてやろう。それは、今の裁判のやり方がまずいからなのだ。なぜなら、衣服をまとったままで」——と彼は言ったのだ——「裁かれる者たちは裁かれているからである。つまり、まだ生きている間に裁かれているか

らだ。だから、多くの者たちが」――とゼウスは言葉をつづけたのだ――「邪悪な魂をもちながら、美しい肉
體や、家柄や、富を身にまとっていて、そして裁判が行われることになると、彼らは正しい生涯を送ったのだ
D ということを證言しようとして、彼らのためにたくさんの證人が乘り込んで來るというわけなのだ。そこで裁
判官たちは、それらのものによって度肝を拔かれることにもなるし、またそれと同時に、自分たち自身の方も
衣服をつけたままで、つまり自分たちの魂の前を、眼や耳や身體全體で蔽いながら、裁いているのだ。實際、
それらすべてのものが裁判官たちの邪魔になっている。自分たちが身にまとっているものもそうだし、裁かれ
る者たちのものもそうなのだ。そこで、まず第一には」――まだゼウスの言葉がつづいているのだよ――「裁
かれる者たちが、自己の死を豫知するのをやめさせなければならない。なぜなら、現在はそれを豫知している
からだ。さて、それを彼らにやめさせるようにということは、ほら、知ってるだろう、プロメテウスにすでに
E 言いつけてあることなのだよ。* それからその次には、裁かれる者は、それらの衣裳をすべて脱ぎすてて、裸に
なって裁かれるようにしなければならない。つまり死んでから裁かれるようにすべきだ。それにまた、裁く者
の方も、裸にならなければならない。つまり死んでいなければならないのだ。そしてひとりひとりの人間が死
んだなら、すぐそのときに、すべての身内縁者からは離れ、あの飾りとなるものは全部地上に殘してきたとこ
ろの、その魂だけを、魂だけでもって觀察するようにしなければならないのだ。その裁判が正しいものとなる
ためにはね。さて、わたしには、それらのことは、君たちよりも早くからわかっていたから、わたし自身の息
子を裁判官にしておいたのだ。そのうちの二人はアジアの生れの者で、ミノスとラダマンテュスであり、もう
五二四A 一人はヨーロッパの生れの者で、アイアコスだ。* そこで、これらの者は、死んだなら、あの牧場の中の三叉路

のところで、裁判を行うことになろうが、そこからは二つの道が出ていて、一つは「幸福者の島」に通じているし、他は「タルタロス」に通じているのだ。そしてアジアから來た者は、ラダマンテュスが裁き、ヨーロッパから來た者は、アイアコスが裁くことになろう。しかしミノスには、いまの兩人が何か判斷に苦しむような場合に、最後の斷を下す特權を與えておこう。それは、人間の死後の旅路についての判定が、できるだけ正しいものとなるためなのだ。」

これが、カルリクレスよ、ぼくの聞いていることであって、そして眞實であると信じていることなのだ。そ
B してこの話からは、何か次のような結論が生れてくると、ぼくは推論しているのだ。――すなわちまず、死ということだが、それはぼくの見るところでは、二つのもの、つまり魂と身體とが、お互いから分離するということにほかならない。ところで、ほら、それら二つがお互いから分離した場合には、それらのどちらとも、その人がまだ生きていたときに持っていたのと、殆んど變らない自己の狀態を、そのまま持ちつづけているのだ。つまり身體は、その生れつきのものも、養育の結果によるものも、また外部からの偶然な影響によるものも、
C その全部を、そのままはっきりとどめている。たとえば、誰かの身體が、その人の生存中に、生れつきにせよ、養育のためにせよ、もしくはその兩方によってにせよ、大きかったとすれば、死後もまた、その人の屍體は大きいのだ。また肥っていたとすれば、死後も肥っているし、その他の點においても同様である。そしてまた長髪を蓄えるように心掛けていたとすれば、その人の屍體も長髪であり、さらにまた誰かが、生存中に、鞭うつ必要のある無頼漢であって、身體の表面に、鞭で打たれた跡であれ、あるいはそのほかの傷の跡であれ、それ

が瘢痕となって残っていたとすれば、死後もまたその身體が、それらのものをそのまま持っているのを見ることができる。あるいはまた誰かの手足が、生前に、折れていたとか、ねじ曲っていたとかしたなら、死後もま
D た、それと同じ状態がはっきり認められるのだ。これを要するに、一口で言えば、ひとが生存中に、身體の面で、自分をそのようなものにしておいたところのそれらのことが、全部であろうと、大部分であろうと、死後もまた一定期間は、そのままはっきり認められるのだ。したがってそれは、魂の場合についても同じことであると思われるのだ、カルリクレス。つまり、魂が身體から離れて裸になったときには、それが生れつき持っていたものも、また人がそれぞれの事柄に從事することによって、あとから魂のうちに持つにいたったところのものも、そのすべてが、はっきりその魂の中には認められるのだ。
さて、人びとが死んで、裁判官のところへ着いたなら、つまりアジア出身の者なら、ラダマンテュスのとこ
E ろへ着くと、ラダマンテュスは彼らをひき止めて、そのひとりひとりの魂を觀察する。それが誰の魂であるかは知らずにだ。いや、しばしば、ペルシア大王でも、あるいは他のどんな王や權力者でも、これを取り押えてみると、その魂には、何一つ健全なところがなく、むしろ僞誓や不正のために、その魂はいたるところ鞭でひっぱたかれていて、その傷跡でいっぱいになっているのを見てとるのだ。つまりその傷跡というのは、その人
五二五A のそのときどきの行爲が、彼の魂の上に刻み込んだところのものなのである。それからまたその魂は、噓や法螺のために全體がひん曲っており、そして眞實を無視して育てられたがために、眞直ぐなところは一つもないのを見てとるのだ。さらにまた、何でも自由がきくのと、贅澤と傲慢さと、そして行爲に抑制がきかないこととによって、その魂は釣合いを失い、醜くなっているのを見るのだ。だが、それを見てとると彼は、その魂を

見下げるようにして、眞直ぐに牢獄の方へ送るのである。そしてその魂は、そこへ着いたなら、それ相當の責苦を受けるはずである。
B ところで、すべて罰に處せられる者は、他の者によって正當に處罰されることによって、その本人が今後一層よい人間となり、それで利益を受けることになるか、それともまた、その人がどんな處罰を受けるのであれ、それを見るほかの人たちが恐怖心をいだき、それで一層よい人間になるように、ほかの人たちに對する見せしめとなるか、そのいずれかであるべきものだ。しかし誰でもが、神々や人間たちの課する裁きを受けることによって、利益を受けるわけのものではなく、それは癒やされうる過ちを犯した者だけにかぎるのだ。とはいってもしかし、この世においても、またハデスの國においても、彼らにその利益がもたらされるのは、苦痛と悲
C 歎を通してである。なぜなら、それ以外には、不正から脱却することはできないからだ。だがそれに反して、極端な不正を行って、そしてそのような不正行爲のために不治の者となってしまった人たち、その人たちの中から、いま言われたあの見せしめは生れるのだ。そしてその人たち自身は、不治の者なのだから、もはや全然利益を受けることはないのだが、しかしほかの人たちは、いまの不治の者となった人たちが、その過ちのために、最大の、しかも非常に苦しい、また恐ろしい刑罰を、いついつまでも受けているのを見て、つまり、何のことはない、全くの見せしめとして、かしこ、ハデスの國の牢獄の中に吊り下げられ、不正な人たちの中で、つぎつぎにそこへやって來る者たちに對して、見世物となり、警告とされているのを見て、それによって利益
D を受けるわけだ。アルケラオスだって、その一人になるだろうとぼくは主張するよ、もしもポロスの言ってることが本當ならばだね。それにまたほかの誰であろうと、彼と似たような獨裁者なら、その人もそうなるにち

がいないのだ。しかしさらに、ぼくの思うには、それら見せしめとなる者の大部分は、獨裁者や王や權力者た
ち、つまり國家公共の仕事を行ってきた人たちから生れてくるのである。なぜなら、これらの人たちは、何で
も自由がきくので、最大の、しかも不敬きわまる過ちを犯すからだ。で、その點については、ホメロスもまた
證人となってくれている。*つまりあの人の詩によると、ハデスの國で永劫の罰を受けているのは、王や權力者
E たちであるとされているからだ。すなわち、タンタロスや、シシュポスや、ティテュオスがそれなのだ。*しか
るにテルシテスとか、*あるいはまたその他普通一般の人で、誰か邪悪な者があったとしても、その人が不治の
者として重い刑罰に處せられていると、詩に書いている者は誰もいないのだ。というのも彼には、それだけの
ひどい過ちを犯す自由がなかったからだと思う。それ故にまた、その自由があった人たちよりも幸福であった
五二六A わけだ。いや、實は、カルリクレスよ、その極悪非道となる連中というのも、權力者たちの間から生れてくる
からなのだ。とはいってもしかし、その權力者たちの間においても、立派な人物が生れてくることは一向差支
えないし、そしてたしかに、そうして生れてきた人たちは、大いに感心してもいいのだ。なぜなら、カルリク
レス、不正を行う自由が大いにある中で育ちながら、一生を正しく送り通すということは、むつかしいことで
あるし、したがって、それは大いなる賞讃に價いするからだ。だがそのような人間は、ごく稀れにしか生れて
くるものではない。けれども、この町にも、よその土地にも、そのような人間がかつていたことは事實である。
そして、ぼくの見るところでは、ひとから何を委託されるにしても、それを正しく管理してゆくという、そう
B いう徳の點で、立派なすぐれた人物は、將來も生れてくるだろうと思う。しかしその中でも一人、大へん評判
がよくて、その名聲は、遠くほかの國々のギリシア人たちの間にさえも及んでいた人があった。リュシマコス

の子のアリスティデス*がそれである。しかしながら、権力者たちの大部分というものは、ねえ君、たいていは、悪い人間となるものだよ。
ところで、さっき話していたように、あのラダマンテュスは、だれかそのような者を捕えると、その人について、ほかのことは何一つ知らずに、つまりそれが誰であるかも、また誰の子であるかも知らずに、ただ悪い奴だということだけを見てとる。そしてそのことを見てとると、なおる見込みのある者か、ない者かということを區別するしるしをつけた上で、タルタロスへ送るのである。そしてその者は、そこへ着いたなら、しかる
C べき刑罰を受けることになるのだ。しかしながら、時にはそれとは別に、神を敬い、眞理を友として一生を送った魂を見ることもある。それは普通一般の市民の魂であるか、それとも誰かほかの人の魂なのだが、とりわけそれは、ぼくに言わせるなら、カルリクレスよ、生涯、自己のなすべきことをなして餘計なことに手出しをしなかった、哲學者の魂なのであるが、そんな魂を見ると、彼は感心に思って、「幸福者の島」へ送るのである。そして、アイアコスもまたこれと同じようにしているわけだ。——彼らは兩人とも杖を手にして裁いているの
D である。——ところで、ミノスはというと、ホメロスのオデュッセウス*が、彼を見て——

黄金の笏を手にして、死者に裁きを宣している

と言ってるように、彼だけがひとり黄金の笏を手にして、監督をしながら坐っているのだ。
さてぼくとしては、カルリクレスよ、これらの話を信じているし、そしてどうしたならその裁判官に、ぼくの魂を、できるだけ健全なものとして見せることになろうかと、考えているわけだ。だから、世の多くの人た

ちの評判は氣にしないで、ひたすら眞理を修めることによって、ほんとうにぼくの力にかなうかぎりの立派な
人間となって、生きるように努めるつもりだし、また死ぬ時にも、そのような人間として死ぬようにしたいと
E 思っているのだ。そしてほかの人たちに對しても、誰にでも、ぼくの力の許す範圍内で、そうするように勸め
ているのだが、特にまた君に對しても、君が勸めてくれるのとは反對になるけれども、いま言ったその生活を
送り、その競技に参加するよう勸めたいのだ。この競技は、ぼくに言わせるなら、この世で行われるあらゆる
競技に匹敵するものなのだ。そしてまた、君の前の非難に對しては、こういってお返しをしておこう。——ぼ
くがさきほど話していたような裁判を、君が受けることになり、そしてその判決が君に下ることになれば、君
は君自身を助けることができないだろう。いな、君が裁判官であるアイギナの子(アイアコス)のところへ行っ
たとき、彼が君を取り押えて引っぱって行こうとすれば、君はかしこで、ぼくがこの地でそうするのに劣らず、
開いた口もふさがらないで、目を白黒させているだろう。そして多分、君を毆る者だってあるかもしれないの
だ、それも、横面を不名譽となるような仕方でね。さらにまた、ありとあらゆる仕方で君に侮辱を加えるかも
しれないのだ、とね。
五二七A　ところでしかし、君はおそらく、そんな話は老婆の作り話のようなものだと思って、これを輕蔑するのかも
しれないね。そしてたしかに、もしぼくたちが何とか探して、いまの話よりももっと立派で、もっと眞實なも
のを見つけ出すことができたのなら、それを輕蔑するのは何の不思議もないであろう。ところが實際は、君も
見るとおりに、君たちは三人もそろっていながら、つまり君に、ポロスに、ゴルギアスさんと、いずれも當代
のギリシア人の中では一番の智者でありながら、その君たちが、このぼくのいう生活——それはあの世におい

B ても有利であることが明らかにされたのだが――その生活よりも、何かほかの生活を送るべきだということを、
證明できないでいるのだ。いや、これほどまでも長く話し合っていながら、その他の説はみな反駁されてしま
っているのに、ただこういう説だけが反駁にも揺がないで、止まっているのだ。すなわちそれは、不正を受け
ることよりも、むしろ不正を行うことの方を警戒しなければならない。そして人は何よりもまず、公私いずれ
においても、善い人と思われるのではなく、實際に善い人であるように心がけなければならない。*しかしもし
誰かが、何らかの點で悪い人間となっているのなら、その人は懲らしめを受けるべきである。そしてこれが、
つまり裁きを受けて懲らされ、正しい人になるということが、正しい人であるということに次いで、第二に善
C いことなのである。また迎合は、自分に關係のあるものでも、他人に關係のあるものでも、あるいは少數の人
を相手とするものでも、大勢の人を相手とするものでも、どれもすべて遠ざけるべきである。そして辯論術も
そういう風に、いつでも正しいことのために用いるのでなければならない。そしてそれはその他のどんな行爲
の場合でも同じである、ということなのだ。
だから、ぼくの言うことを聞きいれて、こちらの方について來ることにしたまえ。これまでの議論が示して
いるように、そこへ行けば、君は生きているときも、死んでからも、幸福になれるのだから。そしてもし誰か
が、君を馬鹿者だとして輕蔑するとしても、またもしそうしたいのなら、侮辱するとしても、それはそうさせ
ておきたまえ。いや、そればかりか、あの不名譽な平手打ちをくらわせるとしても、ゼウスに誓っていうが、
君はとにかく平然として、それを受けておけばいいのだ。君がもし德を修めて、ほんとうに立派なすぐれた人
D 物となっているのなら、それによって君は、一つもひどい目にあうことはないだろうからだ。かくしてぼくた

ちは、そのようにして共に徳を修めてから、そのときになって始めて、もしそうすべきだと思われるなら、政治の仕事にたずさわることにしよう。あるいはどのようなことであろうと、それがぼくたちにとってよいことだと思われるなら、そのときになって勧告することにしよう。今よりは、勧告をするのにもっとふさわしい人間となってだね。なぜなら、現在のぼくたちがそうであると見えるような、少くともそんな状態にありながら、それでいてしかも、何かひとかどの人物ででもあるかのように思いこんで、血氣にはやった行動に出るのは、みっともないことだからだ。そのぼくたちたるや、同じ事柄について始終考えが變り、それも些細なことにつ
E
いてならとにかく、一番大切な事柄についてそうだのにね。——それほどまでにもぼくたちは教養を缺いているのだよ。
さて、それなら、今、君たちの説の傍に現れてきたこの説を、道案内人のつもりで使ってゆこうではないかね。その説はわれわれに、生きるのにも、死ぬのにも、正義やその他の徳を修めてからにするという、この生活態度こそ、最上のものであることを示してくれているのだ。だから、さあ、この説について行くことにしよう。そしてほかの人たちにもそれを勧めることにしよう。君が信じていて、ぼくに勧めてくれているところの、あの説にではなしにね。あの説は何の値打ちもないのだから、カルリクレス。

註解

九五頁　「**アゴラ**」「市場」「廣場」などと譯されるが、これらの譯語では原語の意味が充分に通じない恨みもあるので、むしろ原語どおりに「アゴラ」のままにしておく。「アゴラ」というのは、都市の政治、經濟、社交生活の中心をなしていた場所のことで、そこには神殿や官衙をはじめ、公共建築物がたち並び、あちらこちらには美しい彫像も立ち、また涼しい蔭を落す並木も植えられていた。さらにそこには、立派な柱廊(ストア)があって、人びとはその中を歩いたり、その石段に腰を下ろしたりしながら話し合って、社交生活をたのしむことができた。しかしそれだけではなく、この場所はまた商業上の中心地にもなっていて、その周圍にはあらゆる種類の商品を賣る個人商店がたち並び、またあたり一面には田舍からの露店も出て、特に正午前の二、三時間は、買物客——買物は男や男の召使の役目であった——などでごった返した(四六九D參照)。ソクラテスが常にこの場所に姿を現わして、そこを談論の恰好の場所としていたことは、クセノポンの『ソクラテスの思い出』(一卷一章一〇節)、プラトンの『ソクラテスの辯明』(一七C)などによっても知られる。
九八頁　「**ヘロディコス**」　ゴルギアスの兄弟である、このヘロディコスについては、醫者であった(四五六B參照)ということ以外には、詳しいことは分らない。プラトンの對話篇によく出てくる(『プロタゴラス』三一六D、『國家』四〇六A、『パイドロス』二二七D)同名の人物、セリュンブリア(また一說にはメガラ)出身で、獨得の養生法を提唱した醫者のヘロディコスとは別人である。
同　「**アグラオポンの子のアリストポンや、彼の兄弟**(**のポリュグノトス**)」　父アグラオポン(タソス島の人)も畫家であったと言われるが、彼の息子たち、アリストポンとポリュグノトスの兄弟も、ともに畫家となった。特に後者のポリュグノトスは有名で、前五世紀の前半(前四七五—四四五頃)に活躍し、ギリシア繪畫史の第一期を飾る代表的な存在であった。彼はアテナイやその他の都市の公共の建物の壁面に、神話上の物語を主題にして、數多くの人物群を含む壯大な構圖の壁畫を描いたが、その畫中の人物の生き生きとした表情や、威嚴にみちて氣品のある風貌は、それを觀る者をしてひとしく嘆賞させたと言われる。アテナイの「アゴラ」にあった「ストア・ポイキレー」(その柱廊の壁面には、美しい彩色の壁畫が描かれていたので、その名がある)の壁に描かれた「トロイア陷落」や、デルポイの地にあったクニドス人の「レスケー」(公會堂)の壁に描かれた、「オデュッセウスの冥界行」

などは特に有名であった。
九八頁　「**人類のもつ數多くの技術は、云々**」　ポロスは演說口調で答えている。これはおそらく、彼がかつて書物(四六二B參照)の中に書いておいた文章を、ここでそのまま使って、それを口に出して言ったものであろう。譯文でははっきり表われていないけれども、このポロスの言葉には、師ゴルギアスの文體の模倣が見られる。すなわち、文章の長さを釣合わせたり、對句を用いたり、同音異義の語を並列したり、また頭韻法や脚韻法、つまり、語の最初や末尾の形・音をそろえたりする工夫がなされている。したがってまた、そういう技巧ばかりが先に立って、この答は、實は答にはならないのである(詳しくは「研究用註」をみられたい)。なおここに言われている內容については、アリストテレス(『形而上學』一巻一章)もこれを紹介して、次のように言っている。「ポロスが正しく言っているように、經驗は技術を生むが、無經驗は偶然のまぐれ當りをつくるからだ」と。
一〇〇頁　「**ホメロスの言いぐさではないが**」「われこそは……」(直譯は「それであることをわれは誇りとする」)というのは、ホメロスの詩に現われる英雄たちが、自分の生れや血統、また武勇などを、誇りやかに語るときにつけ加えるきまり文句である。『イリアス』六巻二一一行、一四巻一一三行、『オデュッセイア』一巻一八〇行などに見られる。
一〇二頁　「**ヘラの女神に誓って**」　ヘラは、もとはアルゴス地方やサモス島で特に崇拜されていた地方神であったが、神話の上では、クロノスとレアの娘とされ、ゼウスの正妻となる。彼女はつねに夫の行動を監視し、それに文句をつけ、嫉妬し、報復を計る女性として描かれている。家庭婦人の守り神であり、結婚、出產なども司る女神であるから、ちょうど男性がゼウスの神に誓ったように、女性の誓いには多くヘラの名が用いられたのであるが、ここで特にヘラの名前が持ち出されているのには、どういう意圖があるのだろうか。他の箇所における用例をみても、それはたいてい嘆賞の言葉とともに用いられているようである。
同　「**言論について**」　辯論術の創始者コラクスの著書には、「言論の技術」という標題がつけられていたという。つまり辯論術は、當時一般に「言論についての技術」という言い方で呼ばれていた(『パイドロス』二六六D參照)。それを意識において、ゴルギアスは答えているわけである。
一〇六頁　「**民會で修正決議案を提出する人たちのように**」　民會に上程されている議案に對して——それが政務審議會の提出した議案であろうと、または誰か個人の提出したものであろうと——それに對して修正、または附加の條項を含む別の決議案を提出しようとする場合には、前の議案と重複する箇所については、「その他の點については、政務審議會(または誰それ)の案と同じであるが」と言ってすましてしまうのが慣例であった。その言い方をここでもまねたわけである。
一〇七頁　「數論」「計算術」「天文學」　「數論」とは數そのものについて論ずる學問で、その内容は記數法(命數法)から始り、單位となる數の定義、數の種類とその定義(たとえば奇數と偶數、倍數と約數、素數と非素數など)、數の形狀(たとえば正三角形數、正方形數、長方形數、正多角形數など)、ある種の數のもつ特質(たとえば完全數)、さらには比例論や、高級になれば無理數論などをも含むものであった。その研究はピュタゴラス學派によって基礎をおかれたが、前四世紀にはプラトンの創立した學園「アカデメイア」もその研究の一大中心地となった。——これに對して「計算術」とは、今日のいゆる「算術」にあたるもので、加減乘除の四則を內容とするものであったといってよかろう。すなわちそれは、ここで述べられているように、奇數と偶數との間の、もしくは奇數と奇數、または偶數と偶數との間の、つまりあらゆる數の間における、實際上の計算を行うところのものなのである。それに反して「數論」は、奇數と偶數そのものについて考察するわけで、少し後では(四五四A)、その初步的な一例として、これは奇數と偶數について、それらがどれだけの大きさのものであるか、すなわち、どれだけの單位を含むものであるかを、考察するものだと說明されている。
次に「天文學」が全部言論(理論)によってなしとげられると言われていることに對して、今日の讀者の中にはあるいは抵抗を感ずる人があるかもしれない。今日では諸種の道具機械を使っての觀測が天文學硏究の重要な要素となっているからである。しかしながら、天文學の對象が、『國家』(五二八B、E)に述べられているように、「囘轉している立體」または「立體の運動」であるとすれば、天文學は本質的には立體幾何學の次に位すべきものであり、從って他の數學と同列に考えられていいであろう。そしてそのことはある程度まで今日の天文學についても言えるであろう。
一〇八頁　「人びとが宴會の席で、次のような歌をうたっているのを云々」　ここで「歌」と譯されたのは、原語は「スコリオン」である。「スコリオン」というのは、酒の席のあとで餘興にうたわれた歌で、それはわが國の「連歌」に似たような作歌形式をとったのではないかと推測されている。つまり先ず最初の人が、ある主題について、ミルトの枝を手にしながら、一句を作って歌うと、その枝を次の人に手渡して、その先をつづけるように促す。次の人はこれを受けて、前の人の句に合わせながら、次の句を作り、歌う。このようにして次々とまわして、全體の歌が作られ、歌われるわけである(アリストパネス『蜂』一二二二行以下に見られるのはこの實例である)。しかしその形式は必ずしも一定したものではなく、今のように卽興で作られて歌われることもあるが、時にはすでに作られている歌を一句ずつ順番に歌うとか、あるいはまたそれを全員で唱和することもあったようである。この場合は後者の例のように思われる。ここに引用されている「スコリオン」は、古註によると、シモニデス(一說にはエピカルモス)の作であったと言われている(原詩については「研究用註」を見られたい)。なお、人間にとっての善をこの順に數えることは、『メノン』(八七E)、『エウチュデモス』(二七九A)、『ピレボス』(四八D)、『法律』(六三一C、六三八A)などにも見られる。
一一一頁　「**辯論術とは『說得をつくり出すもの』であって**」　この定義はプラトンの創作ではなく、當時すでに廣く世に知られていたものであったと思われる(古人によれば、それはすでにゴルギアスの師である、テイシアスやコラクスの言い出していたことであると言われ、またクインティリアヌス(二巻一五章四節)によれば、イソクラテスの言ったことであるとも言われる)。プラトンは後にはそれを、「言論による魂の一種の誘導である」(『パイドロス』二六一A)という風に言い代えているが、アリストテレスもやはり辯論術を定義して、「それぞれの事柄について可能な說得の手だてを見てとる能力である」(『レトリカ』一巻二章)と言っている。
一一二頁　「**ゼウクシス**」　南イタリアのヘラクレイアの人。前五世紀の後半(ペロポンネソス戰爭期の頃)に活躍し、パラシオスと並んでギリシア繪畫史の第二の時期を代表する有名な畫家であった。彼もまた諸都市を歷訪し、神話上の人物を畫題にして、數々の傑作を描いたが、特に女性像の美しさにかけては彼の右に出るものはなかったと言われている。生き生きとした性格(エートス)を傳える點では、前述のポリュグノトスに劣ったとはいえ、彼の「ペネロペ」像は旣婚婦人の貞節さそのものを表わし、またクロトンの人たちのために描いた「ヘレネ」像は、その都市の最も美しい五人の代表的美女をモデルにして、それぞれから一番美しいところを拔き出して描き上げた、理想的な美人の像であったと傳えられている。また彼の描いた葡萄の房の繪はあまりにも眞に迫っていたので、鳥がそれをついばみに飛び降りてきた、という話はよく知られている。
一一八頁　「**國家が醫者……を公務のために雇おうとして**」　古代ギリシアの多くの都市國家では、公けに選出された醫者を國家は「公務醫員」として雇い、彼は國庫から支給を受けて、一般の患者からは醫藥代を取らずに無料で診療する制度があった。

そこで評判のよい醫者は他國の市民でも高給で雇われることになった。そのような例で最もよく知られているは、ヘロドトス(三巻一三一節)に傳えられているクロトンの人デモケデスである。彼は虐待する父の許を離れてアイギナ島に來住し、その土地で醫者として開業したが、一年のうちにたちまち名醫の名をはせたので、アイギナの國は彼を「公務醫員」として雇い、年俸一タラントンの高給を拂ったが、次の年には彼はアテナイ國家によってさらに高給で雇われ、またその翌年には、サモス島の獨裁者ポリュクラテスが、年俸二タラントンで彼を招聘したと言われている。なお五一四Dを參照。
一一九頁　「あそこにあるあの船渠も、アテナイ人のもつ城壁も、また港灣の施設も云々」　テミストクレスの政策はアテナイを強大な海軍國にすることにあった。彼は前四九三／二年にアルコンの職についたとき、從來からあったパレロン港のほかに、ペイライエウスをアテナイの外港とすることを計畫し、その三つの港灣(カンタロス、ゼア、ミュニキア)の施設をととのえ、そこに軍艦を入れるための船渠を造った。そしてペルシアやアイギナの侵攻に備えて、ペイライエウスの半島全體を城壁で取り圍み、そこを一つの要塞化する工事に着手した。その後ペルシア軍の侵入によって、アテナイ市の古くからある城壁も破壞されたので、その戰爭の勝利(前四七九)の後に、彼はスパルタの反對を押し切って、アテナイ市を取卷く城壁を再建し、またペイライエウスを圍む城壁をも完成した。しかしそれらの城壁だけでは、もし敵が優勢な陸軍をもって侵入してきた場合には、アテナイとその外港との連絡は完全に切斷される恐れがあるので、それから約二十年後(前四六〇頃)、アテナイとペイライエウス、アテナイとパレロンを結ぶ二つの「長い城壁」が築かれることになり、それらは數年間で完成した。前者は「北の城壁」と呼ばれ、後者は「南の城壁」、あるいは「パレロン城壁」と呼ばれた。しかしながら、それでもまだ弱點があった。パレロンとペイライエウスとを結ぶ海岸線は、防備のない沼地のままで海に向ってあいていたからである。そこでこの缺點を克服するために、前四四五年頃、ペリクレスの勸告にもとづいて、それら二つの城壁の間に、アテナイとペイライエウスを結ぶもう一本の城壁が、「北の城壁」と平行に(「パレロンの城壁」とは斜めになる)、約二〇〇ヤードの間隔をおいて、同じく約四哩位の長さにわたって構築されたのである。これが本文に言われている「**中の城壁**」である。その後「パレロン城壁」の方は自然の崩壞にまかされたが、二つの「ペイライエウス城壁」は、ペロポンネソス戰爭の間(前四三一—四〇四)よくその城塞として役目を果した後、前四〇四年のアテナイの敗北で、スパルタ軍のために笛の音に合わせて取り壞わされた。しかしその後間もなく、前三九四年にはコノンによって再建されている。その後の歴史は不明であるが、その遺跡は前世紀にもまだ見られたと言われている。
なおここでソクラテスが、テミストクレスに關することは話で傳え聞いているが、ペリクレスの勸告は直接に自分で聞いたと言っているのは、ソクラテスの生れは前四六九年頃であったという事實から容易に理解されるであろう。テミストクレスやペリクレスの生涯については、後述の三二五—六頁及び三三二—三頁の「註解」を見よ。
一二一頁　「**パンクラチオン**」　拳鬪とレスリングとを混合したような野蠻な競技であって、相手を倒すためにはほとんどいかなる手段も許されていた。今日の「プロ・レスリング」に似たものを想像してみればよいかもしれない。
一三〇頁　「**正しいことを學んだ者も、正しい人になるのではありませんか**」　ソクラテスのいわゆる「德は智(あるいは知識)である」という命題——それは主知主義的な倫理觀であると批評されたり、または知行合一說であるなどと簡單に解釋されているのであるが——それはこの箇所によって正しく理解されることになるであろう。すなわちソクラテスは、たとえば正義について、それが何であるかを單に概念的に知れば、それでもって人は直ちに正しい人になれるのだ、というようなことを主張しているのではない。理論的な認識が、それだけで充分に道德的な實踐の根據となりうるかどうかは、大いに疑問だからである。ソクラテスの言う學ぶとか、知るとかいうのは、ちょうど大工が大工のことを學べば、その知識は身について、それによって家を建てることができるように、道德的な知の場合も、それは身につけられた技能の如きものを意味していたのである。つまり正義について知るということは、つねに正しい行爲を生み、正しい人をつくることができるということでなければならない。したがってまた、そのような技能にも比せられるべき「智」は、ちょうどまさに「德」と呼ばれるところのものなのである。なぜならギリシア人のいう德とは、このような有能性にほかならなかったからである。——田中美知太郎『ソクラテス』(岩波新書)一七四—一七九頁を參照。
一三九頁　「**このポロスときたら、**(**なにしろその名前の如くに**)**若くて性急なものでしてね**」　ポロスという名前には、「仔馬、若駒」の意味がある(アリストテレス『レトリカ』二卷二三章二八節參照)。それにかけて「若くて性急である」と言われたわけである。
一四〇頁　「**魂のための技術は、これを政治術と呼び**」　人間の魂・精神(プシュケー)を對象とする技術が、ここでは政治術(ポリティケー)の名前で總稱されている。後にカルリクレスを相手とする問答において明らかにされるように、ソクラテス(プラトン)

の考えでは、眞の政治の技術とは、人間の精神(魂)ができるだけすぐれた善いものとなるように、つまり、人間が立派なすぐれた市民(ポリテース)となるように、配慮するところのものでなければならない(なぜなら、次に述べられるように、取扱う對象の最善を目ざすのが技術(テクネー)というものなのであるから)。そこで、それを自己の使命として實踐していたソクラテスは、まさにそういう意味で、自分だけがただ一人、當代の人たちの中では、眞の意味での政治の技術にたずさわっている人間だと廣言することができたのである(五二一D參照)。これに反して、世のいわゆる政治術とは、ソクラテス(プラトン)に言わせれば、政治術の「にせもの」(エイドーロン)であるにすぎず、「迎合」「おもねり」「へつらい」(コラケイア)以外の何ものでもないのである。「序說」(六章以下)を參照せよ。


一四一頁　「それは技術ではなくて、むしろ經驗であると主張しているのだ」　技術(テクネー)と、經驗(エンペイリア)ないしは熟練(トリベー)、あるいは迎合(コラケイア)との差異が、この箇所ではっきり語られている。それは後に五〇一A—Bで、もう一度詳しく語られることになるのであるが、その箇所の說明をも參照しながら、これを要約してみれば、その差異は主として次の二點にあることが分るだろう。まず第一に、技術はつねにそれが取扱う對象の「善」を目ざしているものであるが、それに反して經驗は、どうしたならその對象の氣に入られるか、ということにのみ專心して、つまりそのものの「快」を狙うだけであって、そうすることが果してそのものにとってよいことになるか、どうかには全く無關心なものであるということ。

次に、技術は、それが取扱う對象の本性についての、理性的な認識によって得られた知識を基礎としているものであり、したがって、それがとり行う處置についても、その理由なり原因なりを、理論的にはっきり說明することのできるものである。ところが經驗の方は、對象についての理性的な認識を缺き、ただこれまではこうすればこうであった、というだけの記憶を手がかりとして、全く無理論、無計算に、たんに勘(感覺)にもとづいた當て推量をするだけのものであるから、したがってまたそれは、それぞれの場合において、それがとり行う處置についても、またどうしてそうするのかという理由をも、何一つ理論的には說明できないものである、ということである。

以上、二つの觀點から、ソクラテスは、世に行われている辯論術が技術ではないことを證明しようとするのであるが、特に第一の觀點を中心にして辯論術を批判したのが、この『ゴルギアス』であり、そして主として第二の觀點に立っての批判は、『パイドロス』に見られると言ってよいだろう。「序説」七章を参照。


一四二頁　「化粧法が體育術に對する關係は、ソフィストの術が立法術に對する關係と同じであり、云々」　四六四B以下ここまでに述べられてきた、技術と經驗（または迎合）のそれぞれ四つの種類と、それら相互の對應關係とを、ここで要約してみると、次のようになる。

まず、人間のために配慮をする技術は、次のような基準にもとづいて、四分されている。すなわち、第一に、配慮の對象となるもので區別して、人間は魂（精神）と身體とから成り立っていると考えると、(1)魂（精神）を對象とする技術（政治術）と、(2)身體の世話をする技術（それには特別の名稱は與えられていない）とに二分される。次に、配慮の仕方の點で、それを積極的なものと消極的なものとに分けると、つまり、その對象が正常で良好な狀態にあるのをそのまま維持したり、あるいはこの狀態をさらに一層增進させるものと、異常で不良な狀態に陷ち入っているのを、正常で良好な狀態にまで回復させるものとに分けると、魂の部門では、前者にあたるものは(A)立法術であり、後者にあたるものは(B)司法術である。他方、身體の部門では、前者にあたるものは(C)體育術であり、後者にあたるものは(D)醫術である。

ところで、これら四つの技術のもとには、それぞれ次のような迎合の術がもぐりこんでいて、それらはいずれも自分が本物の技術であるかのようなふりをしているのである。すなわち、(A)立法術には、(a)ソフィストの術が、(B)司法術には、b)辯論術が、また(C)體育術には、(c)化粧法が、(D)醫術には、(d)料理法がそれぞれもぐりこんでいるわけである。

以上言われたことを一覧表にして示せば、次の圖のようになるであろう。

	(對象)	(技術)		(經驗または迎合)
人間	(1)精神	政治術	(A)立法術……	(a)ソフィストの術
			(B)司法術……	(b)辯論術
	(2)身體	（身體の世話をする技術）	(C)體育術……	(c)化粧法
			(D)醫術……	(d)料理法

そしてこれらの技術と迎合の術との間には、「幾何學者たちの流儀にならっていえば」、次のような比例式が成り立つと言われて

いるのである。
(A)立法術：(a)ソフィストの術＝(C)體育術：(c)化粧法
(B)司法術：(b)辯論術＝(D)醫術：(d)料理法
しかし同じようにまた、
$A:a=B:b,\ C:c=D:d$
の比例式も成り立つであろう。
同　「アナクサゴラスの言っているようなこと」　アナクサゴラス(前五〇〇頃―四二八頃)は、小アジアのクラゾメナイ出身の自然哲學者。約三〇年間(前四六〇―四三〇頃?)アテナイに滯在し、ペリクレスの側近として、大いに優遇された。しかし晩年には、ペリクレスの政敵のために不敬罪に問われて、アテナイを去り、故郷に近いランプサコスの地で、生涯を終えた。ここで言及されている、「あらゆるものはいっしょくたにあった」(斷片一)という言葉は、彼の書物の開卷劈頭にあったと言われている。彼は、エレア派の批判を入れて、萬物はすべて最初から存在していたので、生成變化はありえないと考えたのであるが、その最初の狀態は、いま言われたように、すべてのものがいっしょくたに混在している、混沌たる世界(カオス)であったが、そこへ「ヌウス」(知性)が入りこんで來て、その世界に渦卷運動を起し、そのために、萬物は分類整理されて、現在のこの秩序ある世界(コスモス)が作られたというのである。しかしながら、萬物の分離は、それぞれのものが全くまじりけのない純粋なものになるまで、完全に行われてしまったわけではなく、ヌウスを除いては、すべてのものにはすべてのものの一部分が含まれている、というのが現狀であると彼は言う。なお、この言葉は『パイドン』(七二C)にも引用されている。
一四七頁　「おお、好漢ポォロス君よ。云々」　原文では、「オー・ロォーステ・ポォーレ」となっていて、「オー」音がくり返されており、またその次も「プロスエイポー・セ・カタ・セ」と「セ」の語が反復されていて、ポロスの文體(上述三〇六頁の「註解」參照)をもじっているのであるが、譯文でそれを充分に表現することはむつかしいように思える。先のポロスのいや味のある言い方に對して、ソクラテスはこんな風にしてしっぺ返しをしているわけである。
一五六頁　「ペルディッカスの子の、ほら、あのアルケラオスが、マケドニアを支配しているのを」　アルケラオスは父ペルディッカス二世の死後、マケドニアの王(前四一三—三九九)となる。彼は軍隊を整備し、道路や要塞を築造する一方(ツキュディデス、二巻一〇〇節)、ギリシア文化の愛好者で、マケドニア文化の向上につとめた。ペルラにあった彼の宮廷には、エウリピデス、アガトン、ゼウクシスをはじめ數多くのギリシアの詩人、文學者、藝術家、音樂家が招かれた。ソクラテスも招待されたが應じなかったということが傳えられている(アリストテレス『レトリカ』二巻二三章七節。ディオゲネス・ラエルティオス　二巻二五節參照)。
彼は本當はペルディッカス二世の正嫡の子ではなく、叔父にあたるアルケタスの女奴隷(名はシミケ)から生れた庶子であって、王位繼承の資格はなかったのであるが、その彼がどのような手段で王位を奪ったかについては、次に四七一A以下で述べられていることが、おそらく事實であったと思われる。そこにあげられている人物の關係を分りやすくするために、系圖で示すと、次のようになる。

┌アルケタス――――――――――アレクサンドロス(從兄弟)
│シミケ(アルケタスの女奴隷)┐
│　　　　　　　　　　　　　├アルケラオス
└ペルディッカスⅡ――――――┘
　クレオパトラ(正妻)――――┴正嫡の子

一五七頁　「**ペルシアの大王**」「大王」といえば、ペルシアの大王をさすのが慣例であった。ペルシア大王は、當時の一般のギリシア人にとっては、この世の幸福の權化であると信じられていた。
一六〇頁　「**ニキアス**」「**アリストクラテス**」「**ペリクレスの一族全體**」　ニケラトスの子のニキアス(前四七〇頃—四一三)は、ペロポンネソス戰爭期(前四三一—四〇四)に活躍したアテナイの有名な政治家で、また將軍でもあった。彼は非常な金持ちではあったが、穩健な保守(寡頭)派にぞくし、また和平論者の中の代表的人物であった。ペリクレスの死(前四二九)後、クレオンその他の急進的な民主派の主戰論者たちに對抗し、スパルタとの和親を志して、前四二一年には一時的な平和條約を結ぶことに成功した(それは彼の名をとって「ニキアスの和約」と呼ばれている)。しかしその後、アルキビアデスなどによる主戰論者が優勢をしめ、シケリア遠征が企てられたとき(前四一五)、彼はそれに極力反對したけれども、國民から推されて遠征司令官の一人となり、彼の決斷のにぶさと責任を恐れる心とが、結局悲慘な敗北をもたらし、ついにシケリアの地で敵に捕えられ、處刑された(前四一三)。

彼は、すでに言われたように、たいへん富裕な市民であったから、ディオニュソス神の祭禮に奉納行事として催された演劇の上演にあたって、それに出演する合唱隊の費用を受持つところの、「コレーゴス」の役(四八二B參照)にたびたび任命された。そして彼が費用を負擔して上演した合唱隊は、競演のたびごとにいつも優勝し、一度も敗れたことはなかったと言われているのであるが、その勝利の記念に賞品として授與された鼎を、彼は慣例に從って、その神に獻納したのである。それらの鼎は、ここに言われているように、ディオニュソスの社の境内に列をなして見事に並んでいたものと思われる(プルタルコス『ニキアス傳』三章參照)。それは彼の敬神の心を示すものであるとともに、他面では、彼やその一族の勢力を物語るものであった。

スケルリアス(またはスケリオス)の子のアリストクラテスについては、その詳しい生涯は不明であるが、「ニキアスの和約」の締結者の、アテナイ側代表の一人にあげられている(ツキュディデス、五巻一九章、二四章)。彼は前四一一年の民主制の變革によってつくられた四百人議會の一員となったが、後にテラメネスなどと組んでこれを打ち倒す計畫に參加している(同上、八巻八九章以下)。前四〇六年のアルギヌッサイ島沖海戰のときには指揮官の一人であったが、後にその時の不手際を問われて、死刑を宣告された(クセノポン『ヘレニカ』一巻七章、次註參照)。ここではアリストパネスの『鳥』(一二五行)に言われているように、急進的な寡頭(保守)派の代表的人物としてあげられているのであろう。

「ピュティオス・アポルロンの社」は、アテナイ市の東南の方向、有名な「オリュンペイオン」(ゼウスの社)と隣り合わせにあったと傳えられている。アリストクラテスが寄進したその見事な獻納品も、おそらくアポルロンの祭りであった「タルゲリア」(アポルロンの誕生を祝って行われた五穀豐穰の祈願祭)の折に催された競演において、彼が費用を負擔して上演した合唱隊の勝利を記念して、授與された賞品ではなかったかと推測される。

「ペリクレスの一族全體」と言われて、ペリクレスその人の名があげられていないのは、この對話が行われたと想定される年代には、彼はすでに故人となっていたからである(それに反してニキアスやアリストクラテスは、まだ生存中の者として扱われている)。しかしペリクレスは、その家族とともに、アテナイの民主派の代表的な存在であった。したがって、ここでポロスの意見に賛成して、彼のために證人となってくれる人たちとしては、アテナイの政界の各派を代表する人物が全部網羅されたわけである。

一六四頁　「去年のことだったが、ぼくは抽籤で政務審議會の一員に選ばれ、云々」　政務審議會（ブーレー）とは、クレイステネスの改革（前五〇八／七）によって生れた民主國家アテナイの最高の行政機關で、それはアテナイの十の部族（ピュレー）から抽籤によって各〻五十人ずつが選び出され、計五百人をもって構成されていた。そして一年を十期に分かち、その一期（始めの四部族は各〻三十六日、後の六部族は各〻三十五日）を、各部族の代表五十人が抽籤の順で交替に執行委員（プリュタネイス）となり、國政のほとんど全般を總攬し、事實上の中央政府の仕事をした。その委員長（エピスタテース）は一晝夜で交替し、前五世紀においては少くとも、彼が政務審議會及び民會の議長の役をつとめた（アリストテレス『アテナイ人の國制』四四章以下參照）。
ソクラテスがここで言及しているのは、例のアルギヌゥサイ島沖海戰（前四〇六）に關聯した事件であろう。その戰鬪においてアテナイの艦隊は勝利をえたのにもかかわらず、指揮官たちの處置がよろしきをえなかったため、多數の人命と艦船とを失う結果になった。そこで後にその失敗の責任が問われて、その時の將軍であった六人の者を一括裁判に附する動議が民會に提出された。當時、政務審議會の執行委員の一人であったソクラテスは（彼がその當日「議長」であったかどうかについては議論がある）、そのやり方が法律に規定されている正規の手續きに違反したものであったから、終始その動議の上程に反對したけれども、結局は空しい反抗に終ってしまった（『辯明』三二Bを參照せよ）。
一八八頁　「アルキビアデス」（前四五〇―四〇四）　父クレイニアスが早く死んだので、ペリクレスの後見の下に育つ。名門に生れ、美男子で、財産はあり、才能も豐かであったが、傲慢で、節操なく、放埒で、まったく一世の「驕兒」と呼ばれるのにふさわしい生涯を送った。すでに若くしてポティダイアの戰（前四三二）やデリオンの戰（前四二四）において勳功をたてたが、クレオン亡きあとは民主派の指導者として、主戰論者の先頭に立ち、ニキアスの反對を押し切ってシケリア遠征を企て（前四一五）、自らも指揮官の一人として出征した。しかしその出發直前に起ったヘルメス像毀損の瀆神事件のことで嫌疑をかけられ、船團がシケリアの地に着くかつかないうちに、事情聽取のため本國に歸還を命ぜられた。しかし彼は政敵の策謀に陥ち入ることを恐れて、スパルタに逃亡し、祖國を裏切った。やがてスパルタの信任も失い、ペルシアの大守ティッサペルネスの許に逃れ、その助けで歸國を計ったが、すぐには成功せず、前四一一年のアテナイの寡頭派の革命で、サモス島に逃れていた民主派の艦隊が彼を將軍に迎えたとき、彼は期待に答えてスパルタの艦隊をうち破り、目ざましい働きをしたので、前四〇七年にやっと本國への歸還が許された。しかしその翌年、彼の不在中に、部下がノティオンの海戰で、失敗したので、再び嫌疑をかけられ、トラキアのケルソネソスの地に隱棲した。前四〇四年、アテナイの敗戰による革命のため、彼はさらにプリュギアに逃れていたところを、刺客のために殺された。

彼とソクラテスとの間の親密な關係については、『饗宴』の中でアルキビアデスが行っているソクラテス讚美演說(二一五A以下、特に二一七A——二一九D)によく描かれている。ソクラテスの死は、この祖國への叛逆者である、アルキビアデスとの特別な關係が、一つの有力な原因になっていることは疑えないであろう。

同「ピュリランペスの子のデモス」 このピュリランペスが『カルミデス』(一五八A)にあげられている同名の人物と、同一人であるとすれば、彼はプラトンの母(ペリクティオネ)の叔父にあたる人であり、またその母が夫の死後再婚したところの人でもある(古代ギリシアでは叔父と姪との結婚はめずらしくなかった)。そしてそこの記述からすると、彼はたびたびアジア大陸に外交使臣として赴き、ペルシア大王の宮廷などに出入りし、その堂々たる體軀とすぐれた氣品とで、人目を惹いたと言われている。プルタルコスの『ペリクレス傳』(一三章)には、彼はペリクレスの仲間であり、ペリクレスの女たちに孔雀の贈物をして、反對派の人々の攻擊を受けたと傳えられている。彼の息子のデモスが、彼とプラトンの母との間に生れた子供であったかどうかは分らない。彼らの間にはアンティポンという名前の子供があったが(『パルメニデス』一二六B)、デモスの方はおそらく、彼と先妻との間に生れた子供ではなかったかと推測される。

デモスが当時評判の美少年であったことは、アリストパネス『蜂』(九七行)の記述などからも知られる。むろんここではソクラテスは、デモスを「民衆」の意味と、ピュリランペスの子の「デモス」との兩方にかけて、皮肉な言い方をしているのである(五一三B參照)。

一九一頁「それは、自然の本來(ピュシス)においては美しいものではなく、ただ法律や習慣(ノモス)の上でだけ、そうである」 自然の本性、つまり自然本來のあり方(ピュシス)と、人間の作爲である法律や習慣(ノモス)とを對立させる考え方は、本來は、自然哲學者たちの研究から生れたものと思われるが、それはやがて政治論や法律論、さらに倫理道德說の分野にまで擴大適用された。そしてそれまで神聖視されていた傳統的な道德や慣習、また法律制度が、海外知識の普及とか度重なる政變や戰爭の結果などによって、絕對性を疑われることになると、それらに對して人々が漠然と抱いていた不信や疑惑に、明確な表現を與えるのに役立つことになった。そしてそれは後には、一群のソフィストたちによって唱えられていた、きわめて現實的で利己的な主張のための有力な武器となったのである(詳しいことは「研究用註」にゆずる。田中美知太郎『ソフィスト』筑摩書房、一七八頁以下參照)。カルリレスもまた當時流行のこの對立概念を利用して、自己の「强者の正義」論に補强を試みようとするわけである。

一九三頁　「クセルクセス」「彼の父(ダレイオス一世)」　クセルクセスはペルシア帝國の王(在位、前四八六―四六五)。バビロニアやエジプトの反亂を平定した後に、父王の遺志をついで、海陸の大軍を整え、ギリシア遠征を企てる(前四八〇)。テルモピュライの戰でスパルタ王レオニダスを敗死させ、アッチカの土地に侵入し略奪したが、サラミスの海戰に敗れて歸國した。
彼の父ダレイオス一世(在位、前五二一―四八六)は、古代ペルシア帝國の基礎を築いた偉大な君主。各地に轉戰し、南はエジプト、リュディアから、東はインド地方まで征服したが、西北の國境から侵入するスキュタイ人をこらすために、前五一二年頃その地に軍を進め、ついにドナウ河地帶まで遠征する。その後、小アジアのギリシア人諸都市が反亂を起したとき、これを援けたギリシアを憎み、ギリシア征討の軍を送る。最初の遠征軍は中途で挫折し、二度目の軍はマラトンの戰(前四九〇)で敗れる。三度目の遠征を計畫しながら、エジプトの反亂を鎭定するために出陣していて死す。

同　「ピンダロス」(前五一八―四三八)　古代ギリシアの生んだ、最もすぐれた抒情詩人の一人。ボイオティアのキュノスケパライの名門の家に生れ、幼にして作詩、作曲を習い、二十歳ですでに、詩人としての名聲をはせた。諸都市を歴訪し、いろいろな形式の詩を作ったが、特に王侯や貴族の求めに應じて作った、四つの(つまりオリュンピア、ピュティア、イストミア、ネメアの四つの大祭における)競技祝勝歌のみが完全な形で現存している。彼は前五世紀の民主主義的な風潮には同情を示さず、古い型の貴族主義者として終始し、その詩は雄大な格調、華麗な言語、複雜な韻律、奇想天外な譬喩、唐突として飛躍する着想、神話傳説に對して過度の豫備知識を要求する晦澁難解な表現などで知られる。
「法(ノモス)こそは萬物の王なれ」と譯した句は、後には諺のようになって、世の習俗(ノモス)の力が非常に强大なものであることを言い表わすのに用いられた(ヘロドトス、三巻三八節。『プロタゴラス』三三七C―D參照)。ここでカルリクレスは、その「法」を「自然の法」の意味にとって、これを自己の「自然の正義」說に利用しようとしているわけであるが、しかし果してそれが、ピンダロスのこの詩における意圖であったかどうかは、疑問である。彼はむしろ、神の意志である「運命の掟」のようなものを考えていたのではないかと思われる。プラトンは『法律』（六九〇B　七一五A）にもこのピンダロスの句を引用している。
一九四頁　「**ヘラクレスの所業**」　ヘラクレスは言うまでもなく古代ギリシアの英雄傳說譚に語られる代表的な主人公である。ここで言及されているのは、彼の所謂「十二の難業」のうちの第十番目に數えられている物語である。その難業の由來と、この第十番目の難業の經過は、大體次の如きものであったと言われる。ヘラクレスは、ゼウスがミュケナイの支配者であったアンピトリュオンの妻アルクメネに生ませた子供であるが、例の如くヘラはこれを嫉妬して、アンピトリュオンの從兄弟にあたるエウリュステウスの方を早く生れるようにして、その人がミュケナイの支配權をつぐようにさせたので、ヘラクレスは生涯その人の許に仕えることになった。ところでヘラの嫉みはその後もつづいて、いろいろとヘラクレスを苦しめるのであるが、特にヘラが送った「狂氣」の女神のために、彼は狂亂に陷ち入り、テバイの王クレオンの娘メガラを妻にして生んだ幾人かの子を、彼は自分の手で殺してしまった。やがて正氣に歸った彼は、自己の犯した罪の恐ろしさを知り、神託に從って、ひたすらエウリュステウスに仕え、贖罪のために彼の命じた「十二の難業」を果すことになるのである。そのうちの十番目の難業が、ここに語られているゲリュオネス（ゲリュオンとも、またはゲリュオネウスとも綴られる）の飼っている牛を連れてくることであった。
同　「**ゲリュオネス**」とは、クリュサオールの子で、ゴルゴンのメドゥサの子孫であり、胴體は一つだけれども、腿から下と、肩から上は三人前の、つまり手足が六本ずつで、頭は三つある怪物であった。彼は世界の西の果の、オケアノスの大洋の中にあるエリュティアという島に、莫大な數の家畜の群を所有して住み、それを牧人のエウリュティオンが管理し、怪犬オルトロスが番をして守っていた。
ヘラクレスは西に向って出發し、多くの土地を經て（ジブラルタル海峽の兩岸の山上にある巨大な石、所謂「ヘラクレスの柱」もこの時の來訪記念に建てられたものだと言われる）、オケアノスの大洋のほとりまで來た。しかし問題は如何にしてこの大洋を渡るかにあった。彼は太陽に弓をひいて、太陽が毎夕それに乘って東へ歸る大きな黃金の盃を借り、これに乘ってその大洋を渡り、その島について、番犬も牧人も、そして最後にはゲリュオネスも殺して、彼の飼っていた牛の群を分捕り、これを驅りたてて連れ歸ってきた、と言われている。
一九五頁　「**エウリピデスの文句**」　この詩句は、次の四八五E―四八六A、および四八六B―Cに斷片的に引用されているものと同じく、エウリピデスの今は現存しない作品『アンティオペ』から取られたものである。一つ先の「註解」を見よ。

一九七頁　「**かの詩人(ホメロス)が云々**」　詩人とはホメロスのこと。『イリアス』九巻四四〇―一行には、こう歌われている。
「むごたらしい戦いにも、會議の場にも一向通ぜぬ
初心《おぼこ》さのまま。そこで誰しも、武士の高い譽れを獲るならわしだが。」(呉茂一譯)

同　「**エウリピデスの劇(『アンティオペ』)の中の、ゼトスがアンピオンに對して抱いていた氣持と、云々**」　エウリピデスの今は失われた悲劇、『アンティオペ』の女主人公アンティオペは、ボイオティアの王ニュクテウスの娘。ゼウスに愛されて身重になったとき、父親の詰問を恐れて、ペロポンネソス半島のシュキオンに逃れ、その土地のエポペウスのところに身を寄せる。父ニュクテウスは怒りと絶望のあまり自刃するが、その際、弟のリュコス(ライオスの幼時に攝政となり、後に約二十年間テーバイの王位についた人)に遺言して、彼女とエポペウスを罰することを命じた。そこでリュコスはシュキオンを攻めてこれを陷し、エポペウスを殺して、アンティオペを捕虜にして連れ歸る。その途中(あるいはシュキオンへの逃亡の途中とも言われる)、彼女はにわかに產氣づき、生れたのがゼトスとアンピオンの雙兒の兄弟であった。しかしこの子供たちはその生れた場所に、つまりキタイロン山中のどこかに捨て去られねばならなかった。土地の牛飼が彼らを發見して取りあげ、親切に育てた。ところでその後のアンティオペは、リュコスの妻ディルケの嫉妬も加わって、虜われの身として二十年ばかりの辛い年月を獄中で過したが、ついにそこを脫出して逃亡し、山中で母親の勞苦も知らずに無事に成長していた二人の子供にめぐり逢うことになる。しかし彼女の後を追跡してきたディルケとその從者たちは、アンティオペを捕えると、これを牡牛の角に縛りつけてむごい殺し方をしようとしたが、そのときの彼女の嘆きの言葉から、子供たちはこれが自分たちの實の母親であることを知り、彼女を助けて、反對にディルケを、母が受けたのと同じ仕方で殺してしまう。そしてリュコスをも殺し(あるいは追放し)、彼に代ってこの兄弟がテーバイの支配者となった。彼らは協同してテーバイの城壁を築いたが、このときアンピオンの彈くリュラ琴の音につれて、石は自然に所定の位置に動いて行ったと言われている。アンピオンはニオベと結婚し、ゼトスはニンフのテーベを妻にしたが、そこからテーバイの名は生れたという。
エウリピデスの劇『アンティオペ』の內容も、大體以上のような筋書きのものではなかったかと推測されている。ここに引用されている場面は、牛飼に拾われて、山中で成長してゆく二人の兄弟の姿を描いた部分であったろう。この兄弟は、性格を全く異に

していた。ゼトスの方は牛飼として、また獵人として、臂力も強く　荒々しい性質で、活動的な毎日を過していた。それに反してアンピオンの方は、ヘルメスから贈られたというリュラ琴を愛し、音樂を好んで、水の流れをも感動させるほどの名手となっていた。二人はお互いに自分の選んだ生き方を自慢し、相手のそれを悪く言って、言い爭っていたのであろうが、ここに引用されている箇所では、ゼトスがアンピオンに向って、その非活動的な生き方を非難しているのである。カルリクレスはこれを借りて、實際の政治活動に從事している自分をゼトスになぞらえ、哲學に耽っているソクラテスをアンピオンに見たてて、忠告をするわけである（エウリピデスの原詩については「研究用註」を見よ）。

二〇〇頁　「**テイサンドロス**」「**アンドロン**」「**ナウシキュデス**」　カルリクレスのこれら三人の仲間については詳しいことは分らない。

テイサンドロスはここに名前があげられているだけである。

アンドロンは、『プロタゴラス』に描かれているカリアス邸の集會に出席し、ソフィストのヒッピアスを取巻いていた連中の一人として、その名前があげられている（三一五C）。彼は前四一一年の四百人議會の一員で、また後にアンティポンの告發者となった人か。彼の息子は、イソクラテスの弟子で、デモステネスの政敵として有名な辯論家アンドロティオンであると信じられている。

ナウシキュデスは、クセノポンの『思い出』（二巻七章六節）やアリストパネスの『女の議會』（四二六行）にあげられている人物と同一人なら、押麥製造で產をなし、たびたび公儀の費用を負擔した人物であったと思われる。

二〇六頁　「**それには、あのゼトスを誓いに立ててもいいのだ**」　先に（四八五E以下）カルリクレスは、自己の說の證人として、エウリピデスの劇『アンティオペ』の中の人物、ゼトスを持ち出し、その人物の言葉を借りて、ソクラテスにさんざん毒づいていたのであるが、ソクラテスはその同じ人物を自分の言葉の誓いに立てることによって、カルリクレスに皮肉な應酬をするわけである。

二一四頁　「**何ひとつ必要としない人たちが幸福であるというのは**」　これは後にキュニコス（犬儒）學派の思想の根本テーゼとなったものである。その派のディオゲネスがアレクサンドロス大王と會見して、所望のものを訊ねられたときに、「何もいらない」と答えたという話はよく知られている。この派の人たちの主張するところは、何ひとつ必要としない人の生活は、神の生活に似ており、したがってそのような生活を營む人は、神の如くに最も幸福な生活を送ることができる、というようなことであったらしい。しかしながら、神はすべてを所有しているのだから、それ故に何も不要であると考えられるけれども、人間の方は、事實大いに不足するところがあるにもかかわらず、神をまねて、何ひとつ不足を感じないように工夫すれば、それで果して實際に不足がなくなり、幸福になれるものかどうか、それは大いに疑わしいと言われるかもしれない。しかし實は、この派の人たちが目ざしているのは、その「何もいらない」とすることから生ずる勞苦(ポノス)の生活を通じて、自己の精神を鍛え、これを強くすることにあったのであろう。そしてそういう精神の强さ(德)だけで幸福には充分である、というのが彼らの主張だったと思われる(詳しくは田中美知太郎『善と必然との間に』所收の論文「最も必要なものだけの國家」を見よ)。これがキュレネ學派の快樂主義に對立するものであったことは明らかである。ここでプラトンはソクラテスをして、カルリクレスのキュレネ學派的な快樂論に對して、キュニコス學派的な考え方を對立させているのだと考えていいかもしれない。
二一四頁　「誰か知る、生はすなわち死にして、死はまた生なるやを」　これはエウリピデスの今は失われた作品、『ポリュイドス』(ナウク、斷片六三九)からの引用であると思われる。『プリクソス』(同上、斷片八三〇)という作品にも、これと同じように、「誰か知る、死と呼ばれているものは生にして、生はまた死なることを」という詩句があったと傳えられている。この詩句は人口に膾炙していたものと見えて、アリストパネスの『蛙』(一〇八二、一四七七行)などにしばしば引用されている。
同　「賢者たちの一人から……聞いたことがあるからだ」　「賢者たちの一人」が誰であるかを、ここで特に詮索する必要はないであろう。オルペウス教・ピュタゴラス學派の人たちの中の誰かを、不定に考えておくだけで十分であると思う。
さらにまた次の、「或る才智にたけた人が――それは多分、シケリアの人だったかと思うが、あるいはイタリアの人だったかもしれない――」と言われている人物についても、それはシケリアのアクラガス出身の自然哲學者エンペドクレスのことであるとか、あるいは南イタリアに根據地をもったピュタゴラス學派のピロラオスのことを指しているのだとか、いろいろに推測されているけれども、證據が十分でないかぎりは、これを特定の人に限定することはできないし、またそうする必要もないと思う。ただし、それが誰であるにもせよ、その人は、前後の文脈からみて、先の「賢者たちの一人」とは別人であると考えなければならないだろう。「われわれは現在死んでいるのであり、身體(ソーマ)がわれわれの墓(セーマ)である云々」というのは、『クラテュロス』(四〇〇

C)、『パイドン』(六二B)、『パイドロス』(二五〇C)、ピロラオス、斷片一五などに言われていることから知られるように、オルペウス教・ピュタゴラス學派の教義であった。それは在來の祖先(死者)崇拜を中心とした祭祀宗教や、詩人たちの物語るオリュンポスの神々の宗教とは別に、靈魂の不滅、來世の思想、善惡の應報、死後の幸福などの考えを軸とした一定の教義をもつところの、前六世紀後半頃より特に盛んになった新興宗教であった。そしてその宗教の教義は、大體次のように要約することができるだろう。——魂は本來、われわれの肉體とは別の、それから獨立した、永遠不滅の神的な實體であって、かつては天上にあって神々と共に淨福な生をたのしんでいたのであるが、罪を犯したために墮落して、地上に墜ち、いろいろな動物の肉體の中に宿ることになった。そしていま魂は、いわば牢獄の中に幽閉されるように、この肉體の中につながれ、葬られているのであり、つまり肉體(ソーマ)が魂の墓(セーマ)となっているのである。したがって、われわれが現在肉體によって營んでいる生は、實は魂そのものにとっては死にほかならず、眞の生とは、魂が肉體を脫して再び天上に歸り、永遠の神に合一することなのである。しかしそのことは肉體の死によって自然にもたらされるのではない。われわれのこの世の生活の如何によって、死後、われわれはあの世でそれに應じた賞罰を受けるのであり、もしわれわれのこの世における生活が正しくないものであったとしたら、われわれの魂は次の世においてもまた別の肉體に宿って不幸な轉生をくり返すことになり、かくして「生成の輪」を永遠に廻らなければならないことになるだろう。——そこでこの宗教は、自分たちの行う祕儀に參加して、一定の戒律を守ることにより、すなわち魂の淨め(カタルシス)を行うことによって、魂がこの輪廻轉生を脫し、淨福な生を送ることができるようにと說きすすめるわけである。ソクラテス、プラトンの哲學に、このオルペウス教・ピュタゴラス學派の教義が大きな影響を及ぼしたことは疑えないように思われる。
なお、「孔のあいた甕へ、これまたそういった孔のあいたもの、篩でもって、くり返し水を運んでいる」というのは、有名なダナオスの娘たちの物語にも關係があるのかもしれない。この五十人の娘たちは、夫と定められたアイギュプトスの五十人の息子たちを婚禮の夜に暗殺したために、ハデスの國でそのような無際限の刑罰を課せられたと傳えられている(『國家』三六三D參照)。
二一七頁　「**たげりの生活**」　「たげり」とかりに譯した原語は「カラドリオン」である。千鳥科(charadriadae)にぞくする鳥であることは間違いないと思われるが、正確にそれが何という名の鳥であるかは、よく分らない。古註には、それはたいへん貪欲な鳥で、「食べるがはやいか排泄する」と言われている。詳しいことは「研究用註」にゆずる。

二二七頁　「**「小祕儀」にあずかるよりも先に、「大祕儀」の方にあずかってしまったとはね**」　カルリクレスの「そんな小さな(タ・スミクラ)……」という言葉を受けて、「小祕儀」(タ・スミクラ・ミュステーリア)と言われたのである。ここで「祕儀」(ミュステーリア)と言われているのは、アッチカ領内にあるエレウシスの土地で行われた大地母神(または穀物神)デメーテルとその娘コレー(ペルセポネー)女神をまつる祭儀のことであり、その「祕儀」は「小」と「大」とに分かれていた。まず春のアンテステリオンの月(現在の二月から三月の頃にあたる)の十九日から二十一日までの間、コレーの冥府からの歸還を祝って、アテナイ市において「小祕儀」がとり行われる。それは豫備的な儀式で、罪や汚れのある者は除外され、犧牲や「淨め」の儀などがなされる。そしてそれに參加した者だけが次の「大祕儀」にあずかることを許された。つまり「大祕儀」の方は、秋の收穫時のボエドロミオンの月(現在の九月から十月の頃にあたる)に、十四日から十九日までアテナイで前祭を行った後に、先の入信者たちはエレウシスまでの「聖道」を、イアッコス(先の二女神とともに三位一體的に祭られる神。行列の掛け聲が神格化したものだともいう)の神像をかつぎながら、行列をつらねて進み、そして二十一日から二十三日までの間、エレウシスの神殿において、コレー女神の受難を追憶する祭儀としてとり行われたのである。そのとき入信者たちは、いくつかの段階をへて、最後には、神殿の內陣奧深く進み、松明の火に照らされたまばゆいばかりの光の下で、聖なる像を拜むことになる。これがいわゆる奧儀の傳授で、これにあずかった者は死後の幸福が約束されたと言われている。
二三三頁　「**よいことは二度でも三度でも話すのがよい**」　これは古註によると、エンペドクレスの「必要なことは二度でも言うのがよい」(斷片二五)という言葉から出たものだと言われている。プラトンはこの諺的な言い方を『ピレボス』(五九E—六〇A)や『法律』(九五六E)などにおいても用いている。
二三四頁　「**前に言われたような、ああいう結論**」　これは、四九四C—Eで論じられたところの、疥癬にかかっている者が幸福であるとか、放蕩者の生活が一番理想的なものであるとかいう結論をさしているものと考えられる。快卽善ではないということについてのソクラテスの證明は、二つの仕方で行われているのであり、いまのいわばレトリカルな議論に對して、四九五E以下この箇所までは、ソクラテスの問答法の見本ともいうべき、論理的な反駁となっている。そしてこの論理的な反駁は、二段に分れていて、前半(四九五E—四九七D)は、直接證明によるそれであり、後半(四九七E—四九九B)は——それはさらに(イ)四九七E—四九八Cと、(ロ)四九八D—四九九Bの二段に分れているのだが——いわゆる歸謬法による間接證明の反駁となっている。なお「研究用註」を參照されたい。
二三五頁　「**昔の諺にあるように云々**」　二つの格言的な言い方が重ねるようにして用いられている。最初の「現にあるもので滿足し、それをうまく利用する」という意味の方は、七賢人の一人であるピッタコスの言葉であったと言われ(ディオゲネス・ラエルティオス、一巻七七節)、またはエピカルモスの言葉であったとも言われている(ピロデモス『惡行について』一〇章一四節)。それは『法律』(九五九C)にも用いられている。次の「人から出されたものは默って受け取る」とか、「もらいものにはけちをつけない」とかいう意味の方は、出所は明らかでないが、『エウチュデモス』(二八五A)や『アルキビアデスII』(一四一C)にも使われている。
二四一頁　「**合唱隊に稽古をつけたり、ディテュランボスの詩を作るのは**」　合唱隊と譯された「コロス」は、また舞踊團でもある。したがってそれに稽古をつけるというのは、祭禮の折に上演するために、歌の指導をするとともに舞踊を敎えることでもある。それはその詩を作った詩人の役目であった。そしてその合唱隊によって歌い踊られる詩の一種がディテュランボスなのである。この詩はもとはディオニュソス神を讚えた歌であったらしいが、後にはその神とは特別の關係がなくなり、廣く神話傳說を主題にして物語的に歌う、一定の形式をもつ合唱隊歌となった(この詩の發展の歷史については「研究用註」で簡單にふれておいた)。
同　「**メレスの子のキネシアス**」(前四五〇頃—三九〇頃)　前五世紀末にアテナイで活躍した有名なディテュランボス詩人。彼の詩は空想にとみ、はなやかな言葉や豐富な比喩に充ち、また煽情的な音樂を伴ったものであったから、古い傳統をもつその詩の品位を傷つけたものとして、當時の喜劇作家たち、とりわけアリストパネスによって、はげしい非難を浴びせられた。彼はひょろ長く痩せていて、素行は惡く、不信心な人間でもあったらしい。彼の父のメレスについては、生涯不明。
二四五頁　「**テミストクレス**」「**キモン**」「**ミルティアデス**」「**ペリクレス**」　これら四人はいずれも前五世紀のアテナイを代表する偉大な政治家であり、また軍人でもあった。
テミストクレス(前五二八頃—四六二頃)は、すでに言われたように(三〇九頁の「註解」を參照)、前四九三年にアルコンの役に就任するや、ペイライエウス港を整備し、それの要塞化に着手した。マラトンの戰(前四九〇)のときには、ミルティアデスの榮光のかげにかくれたが、彼の死(前四八九)後はますます有力となり、アリステイデスなどの政敵を陶片追放によって退けてからは、ほとんど獨裁的な權力を振う。そしてラウリオン銀山の發見(前四八三)によって獲られた富を、慣例どおりに民衆に分配することをせず、百隻の軍艦建造の費用にあてるなど、海軍擴張の政策をいよいよ進めた。前四八〇年、再度のペルシア軍の侵入にあうと、追放者を呼びもどして協力を求め、自らはサラミス灣の海戰を指揮して大勝利を收め、ギリシアの自由と獨立とを守った。その後、アリステイデスと協力して、スパルタの反對を巧妙な外交政策で懷柔しながら、アテナイの城壁を再建した。しかしその反スパルタ政策から、ペルシアに親しんで本國のスパルタ政府と反目していたスパルタ王パウサニアスと結ぶに至り、そのためにペルシアと內通しているとの嫌疑をかけられ、親スパルタ派でペルシア戰爭の遂行を主張するキモンの攻擊を受け、陶片追放に處せられてアルゴスへ退いた(前四七一頃)。彼の海軍中心主義は、軍艦(三段橈船)の漕ぎ手である無產市民の發言權を增大させ、以後のアテナイの民主政治の發展に大きな貢獻をなしたと言われる。彼は軍略、外交においてはすこぶる傑出していたが、虛榮心が強く、金錢の點でも汚いところが多かったと評されている。

キモン(前五一二頃―四四九)は、次に述べられるミルティアデスの子。名門の出で、富裕をもって聞え、保守派にぞくし、反ペルシア・親スパルタ主義者として知られた。前四七八年、將軍(ストラテーゴス＝軍事委員)に選ばれ、アリステイデスを助けてデロス同盟の建設に努力した。テミストクレスやアリステイデスの亡きあとは、政界に君臨し、アテナイの海外支配權擴張のために各地に轉戰して武勳をたてた。殊にエウリュメドン河における戰鬪で(前四六八)ペルシア軍に大勝してからは大いに名聲を高めた。その後、タソス島の反亂を鎭定したが(前四六五―三)、その際賄賂を受けたとの嫌疑で、歸國後ペリクレスなどにより訴えられたが、そのときは辛うじて免れた。ついで農奴の反亂になやむスパルタの援助に出動したが成功せず、スパルタ側もこの援助を斷ったので、彼の聲望はにわかに落ちた。彼は敎養はないが、純情で、太っ腹で、正直な、そして氣前のよい保守的な政治家であった。その上特に軍事的才能にとみ、金錢と戰利品とでアテナイを充たしたと言われている。

ミルティアデス(前五五〇頃―四八九)は、前述のキモンの父で、アテナイの名門に生れる。はじめは同名の伯父が建設したトラキアのケルソネソス地方を、伯父のあとをついで支配していた(前五一四頃)。ペルシアのダレイオス一世がスキュティア遠征を試みた時(前五一二頃)には、彼はその臣下として從軍したとも言われる。しかし後に、イオニアのギリシア人諸都市がペルシアに對して反亂を起した時に、彼はこれに參加したがうまく行かず、逃れてアテナイに歸り(前四九三)、ついでペルシア軍がギリシアの地に侵入してきた際には、將軍の一人としてこれをマラトンの野に迎え撃つことを決心し、よくこれを撃退して、一躍、國民的英雄となった(前四九〇)。

ペリクレス(前四九五頃―四二九)は、前五世紀のアテナイが生んだ最も偉大な政治家である。前述のミルティアデスを失脚させた民主派のクサンティッポスを父とし、アテナイの民主制の眞の創始者クレイステネスの姪を母とする。前四六三年、民衆より選ばれてキモンの告發者の一人となってから名をあげた。ついで民主派のエピアルテスに協力して、保守派の牙城であるアレイオス・パゴス會議の特權を奪い、政務審議會、民衆裁判所(陪審法廷)の權限を高めるのに貢獻した(前四六二―一)。前四六一年、キモンが陶片追放になり、エピアルテスが暗殺されてからは、名實ともに民主派の指導者となる。彼は金持ちのキモンが行った人氣取りの政策に對抗して、アルコンの被選擧權を第三身分の農民たちにも解放するとか、役人を抽籤で選出するとか、また陪審員に手當を出す制度をつくるとかして、民主化政策を徹底した。その後對外的には、ペルシア、スパルタとの和を計りながら、デロス同盟の支配者としてのアテナイの地位をますます强固なものにし、海外への移民の派遣、植民都市の建設、同盟內の反亂諸都市の鎭定などによって、アテナイをたんなる都市國家(ポリス)の域を越えた、エーゲ海世界に君臨する一大海上帝國にまでしあげた。また國內的には、ペイライエウスに通ずる第三の長壁(「中の城壁」)を構築し、パルテノンその他の公共建築物を建て、學問藝術を保護奬勵したので、アテナイは「ギリシアの學校」と言われるまでになり、アテナイの黃金時代が生れた。政敵ツキュディデスの追放(前四四三)後は、死の年まで彼は、毎年將軍に選ばれ、「名前の上では多數者の支配による民主制であるけれども、實質は第一人者の支配」をつづけて、文字通り「ペリクレス時代」をつくった。彼がこのように多年にわたって、實質上一人でアテナイを指導しえたのは、ひとえに彼の高潔な人格と、首尾一貫した賢明な政策と、さらに天性の辯論家としての彼のすぐれた才能の賜物であったと言われている。

なお、これら四人の人物の晩年の運命については、後述三三二―四頁の「註解」を見よ。

二五二頁　「**エピカルモス**」　前五世紀の前半にシケリアのシュラクゥサイを中心として活躍した喜劇作家。彼の年代についてはいろいろに言われているが、大體、ゲロンやヒエロンがシュラクゥサイを支配していた前四八五―四六七年頃が、彼の働き盛りであったと見てよかろう。生れはコス島（一説にはシケリアのシュラクゥサイ、またはメガラ）であると言われている。數多くの作品（三五―五二篇）を書いたが、題名が傳わるのみで、斷片しか殘っていない。それらは神話を主題にしながら、神々を茶化したものや論爭風なものであり、喜劇というよりも、合唱隊の入らない笑劇、道化芝居の如きものであったろうと言われている。それらの作品は後にアテナイに輸入されて、アッチカ古喜劇に大きな影響を與えた。なお彼の作品には哲學的な要素が含まれていたので、彼はまた哲學者の仲間にも入れられている。
二五三頁　「あのゼトスの言い分に對しては、アンピオンの言い分を、この人に報いてやるまではですよ」　前述三二〇頁の「註解」を見よ。つまりその箇所においてカルリクレスは、エウリピデスの劇『アンティオペ』の中の、ゼトスの役割を借りながら、自分の選んでいる生き方、つまり世の表面に出て實際の政治活動をなし、それによって名聲を上げるのが、男子たる者の本懷であることを説いて、ソクラテスがやっているような、世間の片隅にかくれて、少數の若者たちとひそひそ話をしながら、哲學の研究に耽っている生活を難じていたのである。そこでソクラテスとしては、反對にアンピオンの立場に立って、もしカルリクレスが對話をつづけてくれるなら、自分の行っている哲學の生活の方が、眞によりすぐれた生き方であることを證明して、彼の非難に報いたいと思っていたわけである。
二五七頁　「賢者たちはこう言っているのだよ」　賢者たちというのはピュタゴラス學派の人たちのことをさしているのであろう。この萬有の總體に「コスモス」（宇宙＝「秩序」の意）の名を與えたのは、ピュタゴラスその人が最初であったと傳えられている（ディオゲネス・ラエルティオス、八巻四八節）。またそのピュタゴラス學派と密接な關係があり、始めはその學派の一員であったとも考えられるエンペドクレスが――彼はまたゴルギアスの師であったとも言われているのであるが――萬物の結合と分離の原因を、それぞれ「愛」（親和）と「爭い」とに求めた（斷片一七、三五）ことはよく知られている。
同　「幾何學的な平等」　これは「比例的な平等」と譯す方が分りやすいかもしれない。「算術的な平等」に對して言われる。平等をこの二種類に區別し、そして正義の本質は平等にあるのだから（四八三C、四八九A參照）、正義をもそれに從って二種類（匡正的正義と配分的正義）に區別することは、アリストテレスの『ニコマコス倫理學』（五巻）の讀者にはよく知られていることであるが、しかしこの區別はすでにプラトンによってなされていることであり（『法律』七五七B―Cを見よ）、またほかにも同時代の人たちによって主張されていたことである(例えば、イソクラテス『アレオパギティコス』一二章)。「研究用註」を參照せよ。
二五九頁　「**さきほどの議論の中のあの前の箇所において**」　ポロスに對するソクラテスの第一の反駁（四七四C—四七五E）を見よ。また四八九Aをも參照。
二六二頁　「**似た者が似た者に……**」　「似た者は似た者に親しい」という言い方については、すでにホメロスの『オデュッセイア』（一七巻二一八行）の中に、「神はつねに似た者には似た者を遣わしたまうが故に」という語句が見られる。そしてそれはまたエンペドクレス哲學の基本的な考え方であったとも言える。プラトンはこの格言的な言い方をしばしば利用している（『饗宴』一九五B、『リュシス』二一四B、『プロタゴラス』三三七Dなど。またこれと類似の言い方は『パイドロス』二四〇C、『法律』七七三Bなどにも見られる）。
二六六頁　「**アイギナ島**」　アテナイの外港ペイライエウスから東南の海上、約二十哩ほどの沖にあるサロニカ灣内の島。
同　「**二オボロス**」「**二ドラクメ**」　「オボロス」、「ドラクメ」はともに當時の貨幣の單位（銀貨）。六オボロスで一ドラクメになる。（なお、一〇〇ドラクメで一ムナになり、六〇ムナで一タラントンになる）。ソロン以後のアッチカの重量制度では、一オボロスは約〇・七グラムの目方である。——この運賃を現在のわが國の貨幣價値に換算することができれば、理解するのには大變好都合であるけれども、しかし當時と今日とでは、第一に、貨幣のもつ實質購買力に甚しい差異があるし、その上今日のわが國の貨幣價値はきわめて不安定であるから、換算すること自體が無理であり、もし換算すれば、反って誤解を招くことになると思われるので、ここでは簡單な相對的評價を試みておく。ある碑文の記錄によれば、前五世紀末（前四〇九—七）の勞働者、職人の標準賃金は一日一ドラクメであったと言われる。そして學者の計算によれば、當時獨身の男子が生活をしてゆくのには一日二オボロス、また夫婦者では三オボロスが必要であったと言われている（ちなみに當時の陪審員の日當は一日三オボロスであった。他の公務に對する手當の額については、次の手當支給制度についての註解を見よ）。これだけの資料から判斷しても、ここに述べられている運賃は、當時いかに海上交通が發達していたとはいえ、驚くほど安いものであったことが分るだろう。
二六九頁　「**あの魔法によって月を引きおろす女たち、つまりテッタリアの魔女たちが云々**」　テッタリアの魔女たちは魔法をあやつり、毒を盛る技術にすぐれていた（メディアの物語參照）。その上彼女らは、夜の女神ヘカテーと特別な關係にあったので、天上から月を引きおろす力をもっていたと言われる（アリストパネス『雲』七四九行、「テッタリアの魔女を雇って、夜中に月を引きおろし、云々」参照）。しかしこの行爲の故に、その代償として、彼女らは視力を奪われ、子供（一説には足）を失うという罰を課せられたと傳えられている。
二七三頁　「**陶器づくりの術を習うのに甕から始めようとする**」　これは言うまでもなく、「小さいもの、易しいことから始めずに、いきなり大きなもの、難しいことに取り組む」ことを言い表わした諺。『ラケス』（一八七A）にもこの諺が用いられている。アテナイは陶器の主要生産地であり、その技術は高度に發達していた。この諺もまたそれに關聯して生れたわけである。
二七六頁　「**公けの仕事に手當を支給する制度**」　この手當制度は抽籤制と並んでアテナイの民主政治を支える重要な柱であった。なぜならこれによって、貧しい市民にも政治に參加する餘裕が與えられ、すべての市民が平等な政治權利をもつという、民主政治の原則が實質的に保證されたからである。この手當にはいろいろな種類のものがあるが、資料の上で明確にペリクレスが創設したと見なされているのは、(イ)陪審員に對する日當である（アリストテレス『政治學』二巻一二章、『アテナイ人の國制』二七章三節參照）。この手當が設けられた正確な年代や、またその最初の日當額については、確實なことは分らないが、おそらくそれはエピアルテスの死（前四六一）後間もなくの頃から實施されたものと推測されている。そしてその最初の額は一日二オボロス（あるいは一オボロスとも言われる）であったが、後に（前四二五頃）物價騰貴のために三オボロスに增額された。次に、明確な記錄はないが、おそらくペリクレスの時代から支給されたと思われる手當には、次の如きものがある。まず(ロ)アルコンをはじめ、抽籤によって選ばれた諸役人への手當である（その額は、前四世紀においては、九人のアルコンにはそれぞれ一日四オボロス、他の役人たちには、職務の性質に應じて、多少の差はあったが、それぞれ大體、一日に一ドラクメ（六オボロス）程度であった。前五世紀においても、大體それと同額か、あるいはそれよりも少し低額ではなかったかと思われる）。次に(ハ)政務審議會の各員にも手當が支給された（これも前五世紀における記錄はないが、前四世紀には一日五オボロス――執行委員は一ドラクメ――であった。前五世紀には多分それよりも低く、三オボロスぐらいであったかもしれない）。また(ニ)軍人に對しては軍務手當が支給された。アテナイの軍隊制度では糧食は自分で自辨する建前になっていたので、その額に應ずる糧食手當はすでに以前から支給されていたのであるが、そのほかに軍務手當が加えられることになったのである（その額は戰時中のいろいろな條件で變動があったが、兵士や水兵には、先の糧食手當のほかに、平均して三オボロスから一ドラクメ程度のものが支拂われたように見える。もとより重裝歩兵や騎兵士官、さらに將軍になれば、その額は二倍から四倍の割合で增額された)。それからまた貧しい市民に對しては、ディオニュシア祭に上演される演劇の觀覽料として、(ホ)觀劇手當(一日二オボロス)が支給された。

なおこれらのほかに、ペリクレスの時代には入らないと思われるが、(ヘ)民會出席手當がある(アリストテレス『アテナイ人の國制』四一章三節によると、これは前四〇三年にアギュリオスの提唱になるもので、その額は最初は一オボロスであったが、他の人がこれを二オボロスにしたので、彼は後にまた三オボロスに增額したと言われている。前四世紀になるとそれはさらに增額された。ただしこれは出席者全員に支拂われたのではなく、全體の金額に制限があったので、民會の議場に早く到着した一定數の者だけに限られたようである)。

ところでこの手當支給制度は、はじめにも言われたように、たしかに貧しい市民にも彼らの政治的な權利を充分に發揮させる餘裕を與えたことは事實であるけれども、しかしここでソクラテスによって言われているような、その制度によって彼らが安樂な遊民の生活を送り、怠惰になった云々という批評は――そしてそれはしばしば多くの歴史家によって、アテナイの民主制に對する批判として利用されたのであるが――歴史的事實としては正確でないと言わねばならないだろう。なぜなら、これらの手當を受ける機會は、市民全體の總數から云えば、きわめて限られた範圍の者に訪れただけであるからである。つまり人は、政務審議會の議員(任期一年)には、一生の間に二度なれただけであり、またどの官職(任期一年)――軍事關係を除いて――にも、人は一度しか就任しえなかった。そして民會の開催は一年に四十回であり、しかもその出席手當を受ける人員の數は制限されていた。また觀劇手當は一年に數日のことにすぎない。したがって戰時における軍隊勤務の場合を別にすれば、陪審員の職だけがかなり恆久的に手當を受ける機會をもたらしたと言える。しかしその手當にしたところで、その額はたいへん低く、一人の人間がどうにかその日を送ってゆけるだけの程度のものにすぎなかった(前の註でも言われたように、前五世紀末においては、その手當の額は、普通の勞働者・職人の一日の賃金の半分にすぎなかった)。だから、アリストパネスの『蜂』に描かれているように、それは年が寄って、もはや體力のいる勞働のできなくなった老人たちをわずかにひきつけていただけであり、そのようなはした金をもらうことをいさぎよしとしない風潮も、當時の一般市民の間には多かったのである。そこでプラトンも、この箇所におけるこれらの言葉を、民主制に對する眞面目な批評として、眞劍に述べているのだとは思えないのである。それはこの批評に答えさせているカルリクレスの言葉からも伺われる。彼はそのような批評をたんに、民主派に對抗する寡頭派の連中の惡口にすぎないと、輕く一蹴しているからである。
二十六頁　「**耳のつぶれた(スパルタびいきの)連中**」　親スパルタ派の人々をさす。彼らは國內の民主派に對抗して、少數者支配のスパルタの政治制度を模範とし、それと提携することを念願としていた。彼らはスパルタびいきであるから、その國の風俗を模倣して、短い上着を着たり、體育を愛好したりしたが、中でもここに言われているように、革紐を手に卷いて相手をうつボクシングの練習に身を入れたから、そのために「耳をつぶしていた」わけである(『プロタゴラス』三四二B、アリストパネス『鳥』一二八一行參照)。ここでカルリクレスは、民主派の大立物であったペリクレスに對するソクラテスの批評を、それはスパルタびいきの連中の言う惡口にすぎないだろうと、輕くはねつけている。
同　「**公金費消の罪**」　アテナイはペリクレスの巧妙な指導によって、エーゲ海の覇者となり、一大海上帝國となったが、このアテナイの發展を喜ばない、ペロポンネソス半島の陸の覇者スパルタとの間に、前四三一年、ついにペロポンネソス戰爭が勃發した。このときペリクレスは、アテナイが強大な海軍力とデロス同盟とによって、海上の支配權を確保しているかぎり、この戰爭に敗れることはないと確信して、陸上で強大なスパルタ軍と戰って、徒らな損失を招く愚をさけるために、アッチカの土地を放棄して、アテナイ市內に籠城する策をとり、もっぱら海軍力に賴ってペロポンネソス半島の弱點を攻擊する作戰に出た。そのためスパルタ軍は、無抵抗でアッチカの地域に侵入し、農地を荒したから、これは市內に避難しているアッチカの農民にとっては、耐えがたい苦痛であった。あまつさえその翌年には、不幸な疫病がアテナイ市を襲い、多數の犧牲者が出たことも加わって、市民の間にはペリクレスの作戰に對する不滿がつのり、それがとうとう告訴の形で爆發したのである。その告發理由がここに言われているような「公金費消」(クロペー)であったかどうかについては、プラトンがここで述べている以外にはどこにも保證されない。とにかくその結果は、彼は將軍職を解かれ、罰金刑を課せられた(前四三〇年秋)。その額は十五タラントン、または五十タラントン(プルタルコス『ペリクレス傳』三五章)、あるいは八十タラントン(ディオドロス、一二章四五節)など、いろいろに言われているが、はっきりしない。しかし間もなく民衆はこの決定を後悔し、彼以外にはやはりこの難局を處理できる人のいないことを自覺して、彼を再び將軍に選び、萬事を彼に托することにしたのであるが、その後半年を經ないで彼は死んだ。

二七七頁　「ホメロスも言ってることだが」　これと言葉どおりに同じものは、現存するホメロスのテキストのなかには見當らない。しかしそれと似たような意味のことは、『オデュッセイア』六巻一二〇行、九巻一七五行に、こう言われている。「果してあの者どもは暴慢で粗暴、そしてまた正しくない人たちなのか」。なお八巻五七五行をも參照。

二七八頁　「それでは今度は、キモンについて……彼を陶片追放にしたのは云々」　親スパルタ主義者として知られていたキモンは、前四六三年、農奴の叛亂になやむスパルタの援助に出動し、反亂軍のたてこもるイトメの城砦を攻めたが失敗し、スパルタ側もまたこの援助を斷ったので、アテナイ軍は空しく引き返し、彼の面目は丸つぶれになった(前述)。一方ペリクレスは彼の不在中に、エピアルテスに協力して民主化政策をおし進めていたが、この機會を利用して、民衆の不滿に乘じ、政敵キモンを陶片追放に處することに成功した(前四六一)。しかし彼はやはりペリクレスの勸告によって數年後に(前四五七)歸國を許され、アテナイとスパルタとの間に五年間の講和條約を結ぶことに努力し、ついでキュプロス島をペルシアの手から奪取するために出陣したが(前四四九)、その島を包圍中に死んだ。

「陶片追放」(オストラキスモス)というのは、クレイステネスの政治改革(前五〇八／七)によって生れた制度の一つで、獨裁者の出現を防止するために、投票によって危險人物と思われる者を十年間國外に追放する方法であった(財産は沒收されず、歸國後は市民權を回復することができた)。陶器の破片に追放すべきであると思われる人物の名前を刻みこんで、これを投票する慣わしだったので、この名前が生れた。後には本來の目的を離れて、党派爭いの具に供された。テミストクレスもアリステイデスもそれによって追放されている。前五世紀の終り頃まで實施されたが、その後は行われていない。

次のテミストクレスについては、彼はキモン一派のために陶片追放にされ(前四七一頃)、アルゴスに退いてからは(前述)、ペロポンネソス地方でスパルタへの反亂運動を釀成することを試みたが、失敗し、そのためにスパルタ人により、パウサニアスの共犯者として、賣國罪の嫌疑でアテナイに告發された。そしてアテナイ人は彼に對して缺席裁判で死刑を宣告し、その財産を沒收した(前四六八頃)。そこで彼はコルキュラ、エピルス、マケドニアを通って小アジアに逃れ、そしてかつての敵であったペルシア王を賴り、小アジアのマグネシアなどの地方官に任命されたが、前四六二年頃死んだ。

「マラトンの英雄」ミルティアデスは、その勝利の年の翌年(前四八九)、アテナイ人を說いてパロス島遠征を試みたが失敗し、ペリクレスの父クサンティッポスによって「民衆を欺いた」廉で訴えられた。彼は戦線で傷ついた身體を寢椅子に載せられて出廷し、反對派たちは彼に死刑を要求したが、彼の友人たちの奔走で、彼が國家に盡した功勞に免じて、戰費の賠償として罰金五十タラントンを課せられるだけで許された。しかし彼はそれが拂えないので獄に下り、間もなくその傷のために死んだ。

なお「**竪穴**」(**バラトロン**)というのは、アテナイのプニュクス丘の西方にあった岩の竪穴のことで、死刑囚が投げこまれた場所である。

二八二頁　「**テアリオン**」「**ミタイコス**」「**サランボス**」　これらの人物については詳しいことは分らない。テアリオンはおそらくアテナイの市民で、祭り用の上等のパン菓子製造の職人として有名だったのであろう。ミタイコスはシケリアの人で、料理法にかけては彫刻界のペイディアスにも比肩する有名な料理人だったと言われている。サランボスはプラタイア出身の人で、その町の自慢になるほどに評判のよい酒販賣業者であったという(なお「研究用註」を見よ)。

二八三頁　「**貢租**」　デロス同盟諸都市の毎年の醵出金。本來、この同盟の規約では、同盟諸都市は艦船、あるいはその代りに金錢を出すことになっていたが、アテナイのみが海軍を維持し、その他の諸都市は多く貨幣で代納することになったので、アテナイがその醵出金を自由に處分しても、これに反對する力がなくなり、醵出金はあたかもアテナイへの貢租のごとくになった。

二八八頁　「**ミュシア人と呼びかえてもかまわないのですよ**」　ミュシアとは小アジアの北西部、トロイアとリュディアの中間にある地方。ミュシア人は、同じく小アジア南部のカリア人とともに、非常に輕蔑されていた人種で、「ミュシア人の端くれ」(『テアイテトス』二〇九B)とか、「ミュシア人の餌食」(アリストテレス『レトリカ』一巻一二章)とかいうような言い方がなされて、それは諺のようになり、人間の屑を言い表わすのに用いられた。

二九三頁　「**ホメロスが言っているように**」『イリアス』一五巻一八七行以下に、ポセイドンがゼウスの使者に對して答えた言葉の中にこう言われている。

「……というのも、私らは三人兄弟なのだ、クロノスからレアが産んだ、
ゼウスと私と、地下の者らを統べ治めるアイデースとである。

それですべてを三つに頒けて、各自《めいめい》が、その職分を受けついだのだ、

つまり私は、一同《みんな》で籤を引いたうえで、灰色の海を、常住の
住居として引き當て、アイデースは朧ろにかすむ闇の世を當て、
またゼウスは、アイテールと雲との中の　久方の空を引き當てたが、
大地と、それにオリュンポスの高嶺はまだ、みんなの共有物である。」（呉茂一譯）
この詩では冥界（地下の世界）の支配者はアイデース（ハデス）の名で呼ばれているが、ここではプルートン（富める者）という美稱の方が用いられている。
同　「**幸福者の島**」　われわれのいわゆる「極樂」にあたるところであろう。この言葉が文獻に現われた一番古い例は、ヘシオドスの『仕事と日々』一七一行ではないかと言われている。その箇所の記述によると、彼の區別する「五世代の種族」のうち、第四の世代にぞくする者たち、すなわち「英雄」たちは、そのある者どもは、トロイアやテバイの戦で死んだけれども、殘りの者たちはゼウスの特別な計らいで、人界遠く離れた地の果て、オケアノスの大洋のほとりにあるこの島に移されて——そこでは一年のうちに三度も蜜のように甘い穀物が實るということであるが——その土地で、全く憂いを知らずに、幸福な生活を送ることができたと言われている。ホメロスの詩の中で、この「幸福者の島」にあたるものは、よく知られている「エリュシオンの野」であろう（『オデュッセイア』四巻五六三行以下參照）。しかし後には、ここに見られるように、オルペウス敎・ピュタゴラス學派の敎義の影響で、一生を正しく、また神々を敬いながら送った者が、死後に移り住む場所という風に、宗敎的ないしは倫理的な基準が、その「極樂」行きの條件に加味されたようである。そしてまたその場所も、後代では、大地の果てから、どこか冥界の一部にあるという風に變えられたように見える。
同　「**タルタロス**（**奈落**）」　先の「極樂」に對して、「地獄」にあたるところである。それは地下の世界の最奧にある、底無しの奈落であり、牢獄であった。ホメロスの『イリアス』八巻一三—一六行には、その場所についてこう記されている。
「それとも　其奴はひっ捉えて朧ろにかすむタルタロスへと抛り込むか、
ずっと奧にな、そこには大地の下でも一番深い坑牢《あなろう》があり、
その門は　あらがねづくりで　戸閾《としきい》もすべて青銅《からがね》づくり、

大空と地が離れているだけ、それだけ黄泉《よみ》から、また奥にある。」(呉茂一譯)

そこに閉じこめられたのは、先ずクロノスの兄弟たちで、陽の目を見るのも憚られた醜悪怪奇なるティターネス(巨神)の一族どもであった。その後では、ゼウスや彼を中心とした神々への叛逆者、冒瀆人がその牢獄へつながれた。なかでも代表的なのは、後に(五二五E)あげられている、タンタロスやシシュポスやティテュオス(次頁の註参照)、そしてまたほかにはイクシオンなどである。しかし後にはこれもまた一般的に、すべて惡人が死後に送られて責苦を受ける場所の意味となった。

二九四頁　「**プロメテウスにすでに言いつけてあることなのだよ**」　アイスキュロスの『繋がれたプロメテウス』一四八行、「人間たちが死の運命を豫知するのをやめさせてやったのだ」の句が念頭にあって言われているのであろう。

プロメテウスは人類に火をもたらした恩人としてよく知られている神。

同　「**ミノス**」「**ラダマンテュス**」「**アイアコス**」　ミノスとラダマンテュスはともに、ゼウスとエウローペーの子。フェニキアの王アゲノールの娘エウローペーが、ある日海邊で遊んでいると、それに見惚れたゼウスは、牡牛に姿を變えて波間から現われ、彼女を誘惑してその背にのせ、海を渡ってクレタ島に連れて行く。そしてそこで生れたのが彼らであると、神話には語られている。

ミノスはクレタ島の王となり、ラダマンテュスは彼を補佐して、法を立て、正しく治めたと言われる。

アイアコスはゼウスと河の神アソポスの娘、ニンフのアイギナとの間に生れた子。彼は母が連れ去られて行き、そして自分が生れた場所、すなわちアイギナ島の支配者となり、特に神々への敬虔さで知られた。この島の住民が疫病のために減少したとき、ゼウスは彼の祈願を入れて、蟻を人間(ミュルミドン人)に變えてやったと言われる。

これら三人はともに生前の行いが正しかったので、死後は、ハデスの國での死者の裁判官に任ぜられたのであろう。

なお前二者が「アジア生れ」と言われているのは、當時の地理概念では、クレタ島はアジアにぞくするものと考えられていたからか、それとも彼らの母の出生地がアジアのフェニキアであるためかであろう。後者が「ヨーロッパ生れ」であることについては異論はなかろう。

二九八頁　「**その點については、ホメロスもまた證人となってくれている**」『オデュッセイア』一一巻五七六―六〇〇行が念頭にあって言われているのであろう。

同　「**タンタロス**」　はリュデイアのシピュロスの王、ゼウスとニンフのプルトの子。彼はゼウスをはじめ神々の寵愛を受けていたが、心驕って増長し、ついに神々を試めそうとして、わが子ペロプスを殺してその四肢を煮、これを神々の食膳に供したので(その他の説もある)、神々の怒りにふれ、タルタロスで永遠の刑罰を課せられたという。彼の受けた責苦は、「タンタロスの苦しみ」という諺が生れたほどに有名である。『オデュッセイア』の記述によると、彼は沼の中に立たされ、水は顎近くまで來ている。非常な渇きに襲われている彼は、その水を飲もうとして身を屈めると、そのたびに水は退いて、足元には黒い土が現われる。また彼の頭上には高い樹にたくさんの果實が熟れて、枝もたわわに垂れ下がっている。彼がそれをもぎ取ろうとして手をのばすと、無情の風がその枝を高く吹き上げてしまう。こうして彼は、飲みものや食べものを目の前にしながら、永遠の飢渇に苦しまねばならなかったのである。
同　「**シシュポス**」　はコリントス(古名エピュラ)の傳說上の王、アイオロスの子。古來、人間のうちでも最も狡智にたけた者として知られる。彼がタルタロスに送られた理由については、いろいろな説明がなされているが、たとえば前の註で言われた、ゼウスが河神アソポスの娘アイギナをかどわかして連れ去った場所を、シシュポスは知っていて、これを娘の父親に知らせ、ゼウスの邪魔をしたというのも、その一つである。彼の課せられた刑罰は、よく知られているように、坂路に巨石を押し上げる仕事である。その石を彼はやっとの思いで丘の頂きまで押し上げると、それは無情にも再び轉がり落ちる。そこで彼はまたも脚をふんばり、腕を突っぱって、その石を押し上げる。これが永久にくり返されるわけである。
同　「**ティテュオス**」　はガイア(大地)の子で巨人、エウボイアの支配者。レトによこしまな戀をしかけ、亂暴を働いたために、その子のアポロンとアルテミスによって殺された。タルタロスでは、廣い大地を蔽うように横わった彼の肝臓を、二羽の禿鷹が毎日ついばんでいる。
同　「**テルシテス**」　は『イリアス』に出てくるギリシア方の兵士で、野卑で醜惡な人間の典型として描かれている。がに股で、跛で、胸はせまく、ひずみ頭の、非常に見っともない人間であったらしい。彼はいつも指揮官たちの蔭口を言い、不平をならし、惡態をついて、全軍の物笑いとなり、嫌われていた(二巻二一二行以下參照)。後にアキレウスが敵方のアマゾンの女王ペンテシレイアを討取って、敵ながら天晴れなその勇氣に感動していた折、テルシテスはそれを敵の女に心を奪われていると嘲ったので、アキレウスは怒って彼を突き殺してしまう。
二九九頁 「**アリステイデス**」(前五二〇頃—四六八頃)。「義人」として知られる。ソクラテスと同郷のアロペケ區の人で、ソクラテスの父ソプロニスコスはアリステイデスの父リュシマコスと親交があったと言われる(『ラケス』一八〇E)。廉直と愛國心とで有名な民主派の政治家で軍人。マラトンの戰のときにも將軍の一人であったが、翌年(前四八九)にはアルコンの役をつとめた。テミストクレスが權力をもつにつれて、彼との折合悪く、前四八三年陶片追放になる。しかしサラミスの海戰のときには呼び返されてテミストクレスを援け、プラタイアの戰ではアテナイ陸軍の總指揮官であった。ペルシア戰役後はテミストクレスと協力して、アテナイの城壁の再建に盡力した。その後、小アジア、エーゲ海域に派遣されたアテナイ海軍の指揮官として、この地方におけるアテナイの支配權を確立するのに功績があった。デロス同盟が成立すると(前四七七)、同盟諸都市の醵出金(ポロス)の額を割り當てる仕事を委託された。それは彼の公正さと廉潔さとが遠く海外にまで鳴りひびいていたからであるという。彼の晩年については詳しいことは分らないが、窮乏のうちに死んだとも傳えられる。ここでソクラテス(プラトン)が特に彼だけをほかの政治家たちから區別して、高く評價しているのは注目に價いする。
同 「**ホメロスのオデュッセウスが……**」次の詩句は『オデュッセイア』一一巻五六九行からの引用である。
三〇一頁 「**善い人と思われるのではなく、實際に善い人であるように云々**」この語句は、アイスキュロスの『テバイに向う七人の將軍たち』(五九二行)からの引用であろう(『國家』三六一B參照)。この劇が上演されて、その言葉が舞臺の上から述べられたとき、觀客は義人アリステイデスこそその言葉にふさわしい人間だとして、同じく見物中のアリステイデスの方を一齊にふり返って見た、という話が傳えられている(プルタルコス『アリステイデス傳』三章)。

■岩波オンデマンドブックス■

プラトン著作集 ゴルギアス　　プラトン

1960年9月26日　第1刷発行
2014年8月8日　オンデマンド版発行

訳注者　田中美知太郎《たなかみちたろう》　加来彰俊《かくあきとし》

発行者　岡本 厚

発行所　株式会社 岩波書店
〒101-8002 東京都千代田区一ツ橋2-5-5
電話案内 03-5210-4000
http://www.iwanami.co.jp/

印刷／製本・法令印刷

ISBN 978-4-00-730124-7　　Printed in Japan

索　引

I 一　般　用

「研究用註」に引用した書物や著者名，その他の特殊な事項は除く。頁數は，3 から 91 までは「序説」，95 から 302 までは「譯文」，305 から 338 までは「註解」のもの。ABCDE の入った數字は「研究用註」の見出しを示す。

ア 行

カ 行

タ 行

ナ行

ハ行

マ 行

ヤ 行

ラ 行

II　ギリシア語

――「研究用註」のなかの――

（＊印を附したものは「補遺」をも参照）

研究用註

凡　例

(1) 見出しの頁數や ABCDE の段落 (Stephanus 版のもの)，およびその各段内の行數は，今日廣く使用されている Burnet のテキストに從った (Croiset, Dodds のテキストでも大體同じである)。次のギリシア語原文は，むろん註釋が必要と思われる語句をあげたのであるが，そこにあげられたものが，筆者の採用した讀み方であることをも示す。なお，[ ] でかこまれた部分は削除することがのぞましく，〈 〉を附したものは插入するのが適當であることを表わす。
(2) 原文の讀み方については，原則として，比較的新しく，かつ一般に普及している Lodge, Burnet, Nestle, Croiset, Lamb, Dodds の校本の間に相違のある箇所のみを取扱ったが，しかしこれらの校訂者の間には豫想以上に意見の不一致が見られたので，Heindorf, Bekker, Ast, Hermann, Stallbaum, Thompson などの古い校本の讀み方をも併記して，この人たちの意見をも充分參考することにした。
(3) 原文の讀み方に異論がある場合，比較檢討するための便宜上，いく通りかの讀み方を並記したところもかなりある。そのときは，( ) の括弧の中に，その讀み方を傳えている寫本 (ほとんどの寫本が一致している場合には codd. と記す)，または Plutarchus, Aristides, Iamblicus, Eusebius, Stobaeus などの間接的傳承者，あるいはその讀み方の最初の提案者の名が示され，次いで，それをテキストに採用している校訂者もしくは譯者 (譯者の場合は特に註をつけてそのことを主張している者に限る) の名が古い順からあげられる。「一般の讀み方」とは，特定の者を除いてほとんどすべての校本が一致している場合を示す。そして筆者がどの讀み方を採用したかは，理由を附してその都度明らかにされるが，その際，不合理なものではないかぎり，できるだけ有力寫本 (BTPWF) に從うということを原則にした。しかし有力寫本の讀み方が不合理であるとか，あるいはそれらの讀み方が互いに一致していないときは，間接の傳承や後代の寫本，および諸家の校本の讀み方を比較檢討して，その中で最も妥當と思われるものを選び，筆者自身が新しい提案をするようなことはしなかった。
(4) 原文の解釋，文法的な說明，參照箇所の引用——引用する場合はできるだけ Oxford Classical Texts に從うことにした——などにあたっては，そのほとんど全部を，筆者は下記の註釋書，飜譯書，參考書に負うている。そのことを明らかにするために，筆者はなるべくその都度，それらの書物の著者名を附記するようにしておいた。なお，現在あまり容易には手に入らない，古い註釋書の中に見られる見解を取りあげるようなときには，一般研究者の便宜を考えて，多少の煩雜を恐れずに，あえて原語のままで引用するようにした。
(5) 寫本の略符號は今日一般に用いられているものを使用した。すなわち，
B=codex Bodleianus, sive Clarkianus 39
T=cod. Venetus, s. Marcianus app. class. 4. 1

P=cod. Vaticanus Palatinus 173
W=cod. Vindobonensis 54, suppl. phil. gr. 7
F=cod. Vindobonensis 55, suppl. phil. gr. 39
以上を有力寫本とみなす。ただしP寫本とW寫本とは，少なくとも *Gorgias* に關しては，ほとんど一致しているので，この註では Burnet にならい，P寫本の方だけをあげた（W寫本も同じと考えてもらってよい)。そしてP寫本と異なる箇所だけ，W寫本はあげられた。なお，B^2, T^2, F^2 は，それぞれ B, T. F 寫本に後から加えられた修正である（ただし B, T に關しては，その筆寫人自身が手を加えたと想像されるもの（B^2. T^2）と，後代の人が修正したもの（b, t）という風な區別をしなかった)。
その他後代の寫本では，Par.=Parisinus 1808（およびその修正 Par^2.)，V=Parisinus 2110, Y=Vindobonensis phil. gr. 21, Flor=Laurentianus 85. 6, M=Malatestianus などが時折利用された。
なお，以上あげた寫本の讀み方については，筆者がこれを直接に調べることはできなかったので，一應 Burnet の校本の apparatus criticus に從ったのであるが，最近公刊された Dodds の校本のそれによって，修正または補足したところもかなりある。特にF寫本の讀み方について Burnet の誤っているところは，できるだけその都度訂正しておいた。
またパピュロスは，Π^1=P. Rainer, Π^2=P. Oxy. 454 et P. S. I. 119, Π^3=P. S. I. 1200, Π^4=P. Fouad I. 2 である。
(6) 著者の名前もしくはその略字で引用された校本，註釋書，飜譯書，および參考書の主なるものは，以下の通りである。
Routh=M. J. Routh, *Platonis Euthydemus et Gorgias*, 1784.
Findeisen=C. G. Findeisen, *Platonis Gorgias*, 1796.
Heindorf (Heind.) =L. F. Heindorf, *Platonis Dialogi Selecti*. vol. II, 1805.
Bekker (Bekk.) =I. Bekker, *Platonis Scripta Omnia Opera*, vol. III, 1826.
Ast=F. Ast, *Platonis Opera*, vol. XI, 1832.
Hermann (Herm.) =C. F. Hermann, *Platonis Dialogi*, vol. III, 1851 (ed. stereot. Teubner 1905).
Stallbaum (Stallb.) =G. Stallbaum, *Platonis Opera Omnia*, vol. II. Sect. I, 3. ed., 1861 (1. ed. 1828).
Thompson (Thomp.) =W. H. Thompson, *The Gorgias of Plato*, 1871.
Hirschig=R. B. Hirschig, *Platonis Gorgias*, 1873.
Deuschle=J. Deuschle, *Platons Gorgias*, 3. Aufl. bearb. von C. W. T. Cron, 1876.
Schanz=M. Schanz, *Platonis Opera*, vol. III. 1880.
Lodge=G. Lodge, *Plato Gorgias* (edited on the basis of Deuschle—

Cron's edition), 1890 (copyright 1896).
Sauppe=H. Sauppe, *Platons Gorgias*, herausgegeben von A. Gercke, 1897.
Burnet=J. Burnet, *Platonis Opera*, Tom. III. (Oxford Classical Text), 1903 (reprint. 1949).
Nestle=W. Nestle, *Platons Ausgewählte Schriften*, 2. Teil: *Gorgias* (erklärt von C. Cron u. J. Deuschle, 5. Aufl. neu bearbeitet), 1909.
Croiset=A. Croiset, *Platon, Œuvres Complètes*, Tom. III, 2. partie, *Gorgias* (Collection Budé), 1923.
Lamb=W. R. M. Lamb, *Plato*, V (The Loeb Classical Library), 1925 (revised and reprinted 1946).
Dodds=E. R. Dodds, *Plato Gorgias*, 1959.

Ficinus (I. Bekker, *Platonis Dialogi, graece et latine*, vol. III, 1817 による).
Schleiermacher (Schleierm.)=F. Schleiermacher, *Platons Werke*, vol. II. i, 3. Aufl., 1856.
Cope=E. M. Cope, *Plato's Gorgias*, 1864.
Apelt=O. Apelt, *Platon Gorgias* (phil. Bibl. Bd. 148), 1922.
Cooper=L. Cooper, *Plato, Phaedr., Ion, Gorgias*, etc., 1938 (reissued by Cornell. Univ. Press, 1955).

Olymp.=Olympiodorus, *In Platonis Gorgiam Commentaria*, ed. W. Norvin, 1936.
Schol.=*Scholia Platonica*, ed. W. G. C. Greene, 1938.
Tim. Lex.=*Timaei sophistae Lexicon vocum Platonicarum* (C. F. Hermann, *Platonis Dialogi*, vol. VI による).
Hesych.=*Hesychii Alexandrini Lexicon*, ed. M. Schmidt, 1867.

Richards=H. Richards, *Platonica*, 1911.
Wilamowitz (Wilam.)=U. von Wilamowitz—Moellendorff, *Platon*, II, 2. Aufl. (Textkritik), 1920.
Diels=H. Diels, *Die Fragmente der Vorsokratiker*, 6. verb. Aufl. her—ausg. von W. Kranz, 1951—2.
Denniston=J. D. Denniston, *The Greek Particles*, 2. ed. 1954.
GG=W. Goodwin, *A Greek Grammer*, 1894 (reprint. 1951).
GMT=W. Goodwin, *Syntax of the Moods and Tenses of the Greek Verb*, 1889 (reprint. 1929).
Kühner=R. Kühner, *Ausführliche Grammatik der griechischen Sprache*,

I. II. 3. Aufl. 1890—1904.
L. & S.=Liddle and Scott, *Greek—English Lexicon*, New Edition, 1940.
(7)　本書に引用された主なる古代の作家の略字表。

Aisch.=Aischylos
Anax.=Anaxagoras
Arist.=Aristoteles
Aristoph.=Aristophanes
Cic.=Cicero
Democ.=Democritos
Demosth.=Demosthenes
Diog. Laert.=Diogenes Laertius
Emp.=Empedocles
Eur.=Euripides
Herod.=Herodotos
Hesiod.=Hesiodos
Hom.=Homeros
Isoc.=Isocrates
Pilostrat.=Philostratos
Pind.=Pindaros
Plut.=Plutarchos
Quint.=Quintilianus
Soph.=Sophocles
Thuc.=Thucydides
Xen.=Xenophon

(8)　上述の人たちの作品名の略字は，通常用いられているものに従う。ただしPlaton の場合は，作品名のみを示す。作品名はラテン讀みイタリックで示される（例えば，Gorgias は人名，*Gorgias* は作品名)。
(9)　その他の一般略字表

abs., absolutus
acc., accusativus
act., activum
adj., adjectivum
adv. adverbium
al., alii, alia
aor., aoristus
c., cum
cf., confer
dat., dativus
e. g., exempli gratia
fut., futurum
gen., genitivus
h. l., hic locus
ib., ibidem
i. e., id est
impf., imperfectum
impers., impersonale
ind., indicativus
inf., infinitivus
intr., intransitivus
l. c., loco citato
med., medium
nom., nominativus
obj., objectum
opt., optativus
part., participium
pass., passivum
pers., persona
pf., perfectum
pl., plurale
plpf., plusquamperfectum
pres., praesens
s., seu, sive
sc., scilicet
s. v., sub voce
sing., singulare
subj., subjunctivus
trans., transitivus

(10)　ギリシア原語のアクセントは，その語だけを原文から取出して單獨に扱うよ

うなときには，その語が原文の中で持っていた重アクセントを，鋭アクセントにかえたので，その點は諒承されたい。
(11)　*印を附した箇所については，うしろの「補遺」の中の同じ頁數と行數のところをも併せて參照してもらいたい。この「補遺」は，本書が校正の段階に入ってから，Dodds の新しい註釋書が出版されたので，それとの間に原文の讀み方や解釋のちがうところは，可能なかぎり本文の中に入れるように努めたけれども，しかし印刷の都合その他で入りきらないものを，まとめて收錄したわけである。

447A2 *οὕτω μεταλαγχάνειν*]　*οὕτω* は Socrates たちの來るのがおそすぎたことを指す (*δεικτικῶς*)。*μεταλαγχάνειν* という語は，普通はあまり用いられないものであるが (*Rep*. 429 A c. *ἐπιστήμης*, *Leg*. 873C c. *αἰσχύνης* など，わずかにその用例が見られる)，それを Tim. *Lex*. に言われているように，「おくれて來る (*ἀφυστερεῖν*, *ἢ ἀποτυγχάνειν κλήρου*)」というような意味にとるのは，よしそれがここの文意に適切であるとはいえ，やはり正しくはなく，Heindorf や Stallbaum が言うように，それはあくまでも「關與する」とか「かかりあいになる」とか「加わる」と譯すべきであろう。——英國の學者はこの句全體を，「戰場には終った頃に，宴會には始まるときに……」というシェクスピアの言葉 (「ヘンリー四世第一部」第四幕第三場) に比較しているが，何かこれに似た諺があったと思われる。
A3 *ἀλλ' ἦ*]　これは主として驚きや不審の意を表明して，言われたことに抗議をするときの疑問文に用いられる。類例，*Prot*. 309C, *Phaedr*. 261B など。
κατόπιν ἑορτῆς]　ラテン語でも ‘post festum’ と言われる。同じように，わが國で言われる「あとの祭り」というのが，この場合にもぴったりあてはまるだろう。これは無論，そこで言われているように，諺となっていた文句であるが，Gorgias の演說はアテナイ人に異常な熱狂をもたらしたので，もし Olympiodorus (1.3) の言うように，「アテナイ人は Gorgias が演說をしてみせた日々をお祭りと呼んでいた (*τὰς ἡμέρας, ἐν αἷς ἐπεδείκνυτο ὁ Γοργίας, ἑορτὰς ἐκάλουν*)」(Ast, Thompson 引用) というのが事實であったとすれば，*ἑορτή* という語がここで用いられているのは，まことに適切であると言わなければならないだろう。——なお次の *καὶ ὑστεροῦμεν* という語句は，前の諺のたんなる說明にすぎず，諺的な云い方 (*φασί*) に對しては，諺 (*τὸ λεγόμενον*) で受け答えているここの會話の，生き生きとした感じを殺す嫌いもあるので，これを削除する學者 (Cobet, Thompson, Hirschig, Schanz など。新しくは Lamb) もあるが，他の校本ではみな寫本どおりに殘している。
A5 *καὶ……ἑορτῆς*]　*καὶ……γε* で省略的に答えられる場合には，問いの終りの言葉 (ここでは *ἑορτῆς*) はくりかえさないのが普通なので，Hirschig はこれを削っているが，しかし上の註で言われたように，*ἑορτή* の語はここでは特に强調されているとみてよいだろう。
A6 *ἐπεδείξατο*]　次の B2, B8 の *ἐπιδείξεται* も，またその名詞形である C3, C6, 449C4 の *ἐπίδειξις* の語も，これらはすでに一定の術語として用いられていて，ソフィストたちが自己の辯論文章の腕前や技倆を人々に誇示して見せる場合に特に使われていた。*Prot*. 328D *Πρωταγόρας μὲν τοσαῦτα καὶ τοιαῦτα ἐπιδειξάμενος ἀπεπαύσατο τοῦ λόγου*, Xen. *Mem*. II. 1. 21 *ὅπερ δὴ* (*Πρόδικος ὁ σοφὸς*) *καὶ πλείστοις ἐπιδείκνυται*, *Cratyl*. 384B *παρὰ Προδίκου τὴν πεντηκοντάδραχμον*

ἐπίδειξιν, *Euthyd.* 274D ἐπιδείξασθαι τὴν δύναμιν τῆς σοφίας, *Hipp. Mai.* 282B—C, *Hipp. Min.* 363A などを參照。
A 7 τούτων μέντοι κτλ.] τούτων=τοῦ κατόπιν ἑορτῆς ἥκειν. このように單數でいいところを複數が用いられる例はほかにもしばしば見られる (e. g. *Apol.* 32A, *Symp.* 198B, *Rep.* 504D など)。しかしここでは, Lodge が言うように, おくれて來たという事實と, それによって生じた結果, つまり Gorgias の話が聞けなかったということとを, 合わせて考えているのだ, ということができるかもしれない。μέντοι の持つ感じは次のように分析できるだろう。「うむ。それについてはぼくを責めてはいけないよ。ここにいるこのカイレポンにこそ, その責任はあるのだから」。*cf. Phaedr.* 238D, *Prot.* 339E (Denniston, p. 399).
A 8 ἐν ἀγορᾷ……διατρῖψαι] ἀγορά に冠詞がないのは, この場合それはアテナイの「アゴラ」を指していることは明らかだから, 固有名詞のように扱われているわけである。*cf. Apol.* 17C, *Hipp. Min.* 368B など。なお ἀγορά が Socrates の διατριβή の常の場所であったことについては, 上記 *Apol.* 17C, Xen. *Mem.* I.1.10 を見よ。
B 1 καὶ ἰάσομαι] καί は, 間に合わないことにしたのも私だが, それを償うのも私の方でしてあげるの意味。なおこの καὶ ἰάσομαι の語句については, 古註家はそれを次のような故事に關連づけて說明している (Schol. παροιμία καὶ τοῦτο, ἀπὸ Τηλέφου καὶ τοῦ τρώσαντος Ἀχιλλέως καὶ τοῦ χρηστηρίου ἀνελόντος ὅτι ὁ τρώσας καὶ ἰάσεται)。つまりそれは, 昔ギリシア軍がトロイア遠征の途について, 最初方向を誤りミュシアの地に上陸したとき, その土地の王 Telephos はギリシア人の侵入を防いで戰ったが, Achilleus によって傷つけられた。後になってもその傷が治らないので, デルポイの Apollon の神託を伺うと,「傷つけた者がまた醫やすはずである(ὁ τρώσας καὶ ἰάσεται)」という託宣が下った。そこで彼は Achilleus を探してトロイアに行き, 結局は, Achilleus の槍が傷つけたのだから, その槍の錆によって彼は醫やされた, という話である。Euripides の今は失われた劇 *Telephos* はこの話を主題にしたものであり, そしてそれは乞食姿の王を舞臺に登場させたので, その所謂「リアリズム」が物議をかもしたので有名であるが, 多くの学者はこの故事に關係づけてこの語句を解釋しているようである。ただし Heindorf は, ἰᾶσθαι という語そのものに損害, 不利益を償うの意味があるとして, この話に關係づけることを疑っている (Haec tamen, admodum dubito, num trahere ad illud proverbium oporteat, quum ἰᾶσθαι, ἀκεῖσθαι, φάρμακόν του τέμνειν et similia adhiberi constet de *quovis remedio, quo damnum vel incommodum aliquod levatur aut tollitur*)。

447B 7—C 5

B 7 οὐκοῦν ὅταν βούλησθε κτλ.]　ὅταν(＝ὅτε ἄν) は ἐάν とほとんど同じように考えてよいであろう。これに對する apodosis は缺けている。おそらく ἐπιδείξεται ὑμῖν となるはずのところを，その apodosis が次の理由を述べる句の中で言われてしまうことになったからであろう。もっとも人によっては，B 4 の ἀκοῦσαι から ἀκούσεσθε と補って，それを apodosis に考える者 (Thompson) もあるし，または ἥκετε という命令文を補ってそれを apodosis に考える人 (Stallb., Nestle) もある。あるいは βούλησθε のあとをコンマで切って，ἥκειν の不定法を命令文の意味に讀もうとする人 (Ast) もある。ただし Heindorf や Schleiermacher のように，οἴκαδε と καταλύει のあとをそれぞれコンマで切り，καὶ ἐπιδείξεται ὑμῖν を apodosis に考えようとする(そのために Schanz は καί を削る)のは少し無理であろう。
C 1 διαλεχθῆναι]　この語は先の ἐπιδείξεται と對照的に用いられている。Socrates の所謂 διαλεκτική (一問一答で話し合う方法，問答法) と，ソフィストの ἐπίδειξις (主に一人で長廣舌を振うやり方) との差異は，後に 448C—D，449B—C においてより具体的に示されている。
C 2 ἐπαγγέλλεται]　この語もソフィストたちの自信と自慢を示すのに用いられた。「公言する」(*profiteri*) の意。*cf. infra* 448A 2，449B 2，458D 8，*Prot.* 319A，*Euthyd.* 273E など。これに反して Socrates の態度は，*Apol.* 33B ὧν μήτε ὑπεσχόμην μηδενὶ μηδὲν πώποτε μάθημα μήτε ἐδίδαξα によく表わされていると思う。
C 3 τὴν δὲ ἄλλην ἐπίδειξιν]　i.e. τὴν δὲ ἐπίδειξιν, ἄλλην οὖσαν. このような ἄλλος の用法は，*infra* 473D πολιτῶν καὶ τῶν ἄλλων ξένων, *Apol.* 36B δημηγοριῶν καὶ τῶν ἄλλων ἀρχῶν など，ほかにもしばしば見られる。——次の ὥσπερ σὺ λέγεις は Chairephon の方をふり返って言われている。むろん上述の εἰς αὖθις (B 3) にひっかけたもの。
C 5 καὶ γὰρ αὐτῷ ἓν τοῦτ' ἦν κτλ.]　これは καὶ γὰρ τοῦτο ἓν ἦν τῆς ἐπιδείξεως αὐτοῦ と書き直してみれば，一層分りやすくなるだろう。ここで αὐτῷ という *dat.* が用いられて，文章のはじめの方に出ているのは，αὐτός が「師」(*cf.* αὐτός ἔφα) という意味で强調されているからであろう (Lodge)。τοῦτο は上の τὸ αὐτὸν ἐρωτᾶν を受け，しかもその質問に對しては彼は卽座に答えることができるということをも含んでいる。次の ἐκέλευε の *impf.* は，その命令が一回かぎりのものではなく，そこに居合わせた人々に對して何度も同じような命令が出されていたことを示す。なおこのような Gorgias のやり方については，*Meno* 70B—C にも語られている。また Philost. *Vit. Soph.* I.I.(482, ed. W. C. Wright), Cic. *De Fin.* II. 1, *De Invent. Rhet.* I. 5, *De Orat.* I. 22, III. 32, Quint. *Inst. Or.* II. 21. 21 などを參照。

D 3 *ὥσπερ ἂν εἰ ἐτύγχανεν ὢν……, ἀπεκρίνατο ἂν……*]　現在の事實に反することを想定する條件文においては，apodosis の動詞は規則としては *impf.* になるのが普通である。しかしここの場合のように，*aor.* が用いられることも稀れではない。*cf. Euthyphr.* 12D, *Symp.* 199D, *Meno* 72B など。Goodwin (GMT. 414) によれば，それは Platon において，そして特に *εἶπον ἄν*, *ἀπεκρινάμην ἄν* が apodosis に用いられる場合に(上述の三つの引用箇所もそうである)多く見られるという。*ἄν* のくりかえしはめずらしくはない。
D 6 *μανθάνω καὶ ἐρήσομαι*]　上の一つの例だけで，Chairephon は Socrates の言わんとするところを直ちに了解する。彼は多年 Socrates に追隨し，その問答法に親炙しているからである。それと對照的に Polos には，後で見られるように，二つも三つも例が出されても，質問の意味がなかなか摑めないのである。——この言葉とともに彼らは，Gorgias が演說をしていた場所へ入って行ったものと想像される。そしてその間少しの時間をおいて，次の Chairephon と Gorgias との對話が始ることになる。なお以下の對話が行われたと想定される場所については，「序說」(第一章)を見よ。
448A 4 *ἦ που ἄρα……*]　多少の驚きと賞讚の氣持をこめて語られる。しかしそれは同時にまた皮肉をも含んでいる。その皮肉の氣持は *ἄρα* にも出ているが，次の *ῥᾳδίως* においてさらに一層はっきりと表わされている。ここでは *ἦ που* は *ὄντως που* とほとんど同じであると考えてもよかろう(Stallb.)。*που* は *ἦ* に含まれる斷定的な調子を多少和らげている(*cf.* Denniston, p. 286— ‘Here the hesitation implied by *που* imposes a slight check on the certainty implied by *ἦ*’)。用例，*infra* 469B 3, *Phaedo* 84D など。
A 6 *ἐμοῦ*]　sc. *πεῖραν λαμβάνειν* (あるいはむしろ *λαβεῖν*) *πάρεστι**. この Polos の介入は，彼の出しゃばりで性急な性質を示すものであるが，同時にまたそれは師に對するいたわりの心からでもあったろう。——次行の *καὶ ἀπειρηκέναι* の *καί* は「すっかり」とか「まったく」の意味で，*ἀπειρηκέναι* を强めている。
B 1 *τί δὲ τοῦτο*]　sc. *διαφέρει*. *cf. infra* 497E *ἀλλὰ τί τοῦτο* (sc. *διαφέρει*); 次の *οὐδέν* にも同じ省略がある。——次の *ἐὰν σοί γε ἱκανῶς* には，*λέγω* もしくは *ἀποκρινῶ* を補うのでいいと思う (Ast)。むろんこの Polos の言葉は，師をないがしろにしようとするものではなく，できればこの機會に自己の力量をも見せておこうとしたものであろう。
B 5 *τίνα ἂν αὐτὸν ὠνομάζομεν κτλ.*]　寫本はすべて *τίνα* となっており，多くの校本がこの通りに讀んでいる。これを採用する。ただし Olympiodorus の註釋 (2. 13) には *τί* となっており，Buttmann は次の行の *ὅπερ* に性を合わせて，この讀

み方を採用している。そして Thompson, Schanz, Burnet, Nestle もこれに従っている。たしかに ὀνομάζειν τινα τι (ὄνομα) となるのが普通の用法であろう。そしてそれは καλεῖν を用いた場合でも同様であるといってよい (*cf. Phaedo* 105D--E)。ところが以下 καλεῖν が用いられているときは (*infra* 448B 12, C 2, E 7, 449A 2, A 3), いずれも τίνα が使われている。それはここで問われているのが Gorgias の名前ではなく，彼の人となり，職業であるからである [‘Pronomen τί (ὄνομα) refertur ad nomen quod homini imponitur (vern. *wie er heisst*), τίνα vero ad hominis conditionem vel artem (vern. *was er ist*)’ Ast]。したがって，ここは寫本どおりに τίνα でよいと思われる。しかしだからといって，次の ὅπερ を ὅνπερ に代える必要はないだろう。そこには ὄνομα を補って理解すればよいからである。Stallbaum の譯は ‘*quemnam ipsum recte appellaremus? nonne eo nomine diceremus quo illum?*’ である。——Herodicos については「註解」を見よ。
B 11 Ἀριστοφῶν ὁ Ἀγλαοφῶντος ἢ ὁ ἀδελφὸς αὐτοῦ] ὁ ἀδελφός というのは有名な Polygnotos のこと。父 Aglaophon (タソス島の人) も畫家として知られていたが，彼の息子たち，Aristophon と Polygnotos の兄弟も畫家となった。特に後者は前五世紀の前半に活躍し，數々の傑作を殘した (*cf.* Plin. *H. N.* XXXV. 35, *Ion* 532E)。「註解」を見よ。なお Quint. *Inst. Or.* XII. 10.3 を參照。
C 4 πολλαὶ τέχναι κτλ.] この Polos の發言は，Schol. にもあるように，このとき卽座に彼の口をついて出たものではなく，むしろ以前に彼が書いておいたもの——たとえば，*infra* 462B に暗示されているような彼の書物 (σύγγραμμα)——の中から，想い出されて言われたものであろう (Schol. φασὶ μὴ ἐξ αὐτοσχεδίου τὸν Πῶλον ταῦτα εἰπεῖν, προσυγγραφάμενον δέ)*。ここに述べられている考え方は，すでに Heindorf が注意した如く，Aristoteles がこれを紹介している。*Met.* A. 1. 981a 4—5 ἡ μὲν γὰρ ἐμπειρία τέχνην ἐποίησεν, ὥς φησι Πῶλος, ὀρθῶς λέγων, ἡ δ' ἀπειρία τύχην.——Polos は話の途中で割り込んで師の代辯を引き受けたのであるが，ここでひとつ自分の腕前をも見せておこうとした。それはひとつには，自分が代辯者たるに充分であることを，師に對して示しておこうとするゼスチュアであるとともに，また相手がたに對しては，彼なりの ἐπίδειξις であったとも考えられる。彼のこの發言には，誰でもすぐ氣がつくように，師 Gorgias の文體の模倣が見られる。すなわち，ἐμπειρία μὲν……κατὰ τέχνην, ἀπειρία δὲ κατὰ τύχην の文章には，Gorgias の文體の特色と言われる對句法 (ἀντίθεσις) や，また文章の中に含まれる語や句の數を等しくして，文章相互のバランスをとる工夫 (それは παρίσωσις とか ἰσοκωλία とか呼ばれる) や，さらに同音異義の語を並列する方法 (παρονομάσια) が見られる。そのほか，ἐμπειριῶν ἐμπείρως, ἄλλοι ἄλλων ἄλλως, ἀρίστων οἱ ἄριστοι

という云い方には——これを Cope は, *Phaedr*. 267C において Polos の文體の特長の一つとして語られている *διπλασιολογία* の實例と見ている——いわゆる頭韻法が用いられ, それはこの文章全體に多くの複數屬格が使われて, その語尾 (ων) の形と音とが一つのリズムを作っているのとともに, *παρομοίωσις* と呼ばれる方法 (いまのように語の音を合わせること, 特に語尾の形や音をそろえること——それはまた *ὁμοιοπτῶτα*, *ὁμοιοτέλευτα*, *ὁμοιοκαταλῆκτα* などとも呼ばれる) にかなっている。*cf*. *Phaedr*. 267C, Philost. *Vit. Soph*. 1. 13(497). なお上に言われた Gorgias その人の文體の特色については, 同じく *Phaedr*. 267A, Philost. *Vit. Soph*. 1. 9 (492), Diod. XII. 53. 4, Suidas, s. v. *Γοργίας* を參照。——ところで, このような技巧ばかりが念頭にあったために, Polos のこの答は, 實は答とはならないのである。というのは, このすぐ後で Socrates によって指摘されるように, 彼は, Gorgias の技術が何であるか (*τίς*) には答えないで, ただそれがどのようなものであるか (*ποία*) を語るだけであり, つまりそれが立派なものであることを賞めているにすぎないからである。そこで彼は勢いこんで登場したのにもかかわらず, 立ちどころに答辯に失敗して, 退場を餘儀なくされることになる。そしてそれとともにまた Chairephon の役目も終るのである。かくして對話は Gorgias と Socrates とに引き渡されるわけである。
D 2 *ἀλλὰ γάρ*] 「しかしそれでは駄目なのだ。なぜなら……」の意。
D 8 *δῆλος γάρ μοι Πῶλος……ὅτι*] $=$ *δῆλόν μοί ἐστιν ὅτι Πῶλος……*. この種の云い方は *δίκαιον*, *ἀναγκαῖον* などの語が用いられる場合にもしばしば見られる。*infra* 449B *εἰσὶ μὲν……ἔνιαι τῶν ἀποκρίσεων ἀναγκαῖαι……*$=$*ἀναγκαῖόν ἐστι ἐνίας τῶν ἀποκρ.* *Leg*. 643C, Soph. *Ant*. 400 など。——次の *τὴν καλουμένην ῥητορικήν* の *καλουμένην* と言われた理由は, *ῥητορική* が何であるかはこれからの問題で, まだ明らかにされていないから, 「世に一般に言われているところの」と斷ったもの。*ἢ διαλέγεσθαι*$=$*ἢ τὴν τοῦ διαλέγεσθαι τέχνην* (Ast).
E 6 *καὶ μάλα*] 多くの校本はこの次に *γέ* の語を加えているが, Schanz, Burnet, Nestle, Croiset, Dodds はこれを削っている。その語は有力寫本には見えないようである。なお次の文章においては, Bekker の訂正に從って *ἠρώτα* と *impf*. に讀む。寫本は現在形の *ἐρωτᾷ* であるが (Stallb., Burnet, Croiset), それでは副文章の動詞 *εἴη* (Burnet は削る) や *δέοι* の *opt*. の說明がつかないように思う。*τί* の問いが *ποῖον* の問いに先立つべきことは, *Meno* 71B, *Prot*. 361C などを參照。
E 8 *ὑπετείνατο*] *ὑποτείνεσθαι* については, ‘interrogando et disputando supponere s. suggerere eoque aliquem sensim ad aliquid perducere et quasi *ὑποτιθέναι* s. *ὑποβάλλειν* ei quid respondendum sit’ (Stallb.), あるいは ‘quaestionem ita proponere ut alteri subiicias quid respondendum sit’ (Ast) と說明

されている。*Theaet.* 179E, *Clitopho* 408D(能動形), Eurip. *Orest.* 905 などにその用例が見られる。ここではさきに Chairephon が醫者や畫家の例をあげて，答え方を暗示してやったことをさす。
449A 8 ὡς ἔφη Ὅμηρος]　εὔχομαι εἶναι という云い方は，Homeros の詩に現われる人物たちが，自分の生れや血統を誇って語るときに使っているきまり文句である。*cf. Il.* VI. 211 ταύτης τοι γενεῆς τε καὶ αἵματος εὔχομαι εἶναι, ibid. XIV. 113 πατρὸς δ' ἐξ ἀγαθοῦ καὶ ἐγὼ γένος εὔχομαι εἶναι, *Od.* I. 180 など。——ἀγαθόν γε とか，κάλει δή とかいう答の中に，Gorgias の自尊心の高さと，深い自信のほどが表われている。しかし Socrates は一向にそれに注意を拂っていないように見える。
B 1 καὶ ἄλλους……ποιεῖν]　Stallbaum はこのあとに ῥήτορας ἀγαθούς を補うように言うが，*infra* D 1 からも分るように，たんに ῥήτορας を補うだけ (Heind., Ast) でよかろう。技術の所有者（心得ある者）は，その技術を他の人にも教えることのできる者でなければならないことは，*Prot.* 312E, *Symp.* 196E にも言われれいる。
B 2 ἀλλὰ καὶ ἄλλοθι]　そのような場所としては，*Meno* 70A 以下に見られるように，テッタリアの土地が考えられるが，無論そこだけに限られるものではなく，彼は彼の訪れたギリシアの土地のいたるところで，そのように公言していたのであろう。ただここで不定の形で言われていることが，反って，全體の言明をいくらか誇らしげにする効果をあげているとも言える。
B 7 ἀλλ' ὅπερ ὑπισχνῇ]　一，二のあまり有力でない寫本には，この言葉の前に Gorgias の答として，〈*Ναί*〉が入っており，Findeisen, Buttmann, Ast はそれを支持しているが——Schanz もそこに寫本の破損を認めている——，Routh, Heindorf, Stallbaum の言うように，その必要はなく，Socrates は Gorgias の返事を待たずに，自分の頼みはきいてもらえるものとして，言葉をつづけたものと考えてよかろう（'recte iudicavit Routhius orationem sine ullius responsi interiectione bene procedere. Nam etsi Gorgias nondum respondit, tamen Socrates, quoniam eum precibus suis satisfacturum sumit, hominem cum irrisione quadam admonere potest, ne fidem fallat' Stallb.)。Heindorf はここと同じような構文の例として *Hipp. Min.* 364C ἆρ' ἄν τί μοι χαρίσαιο τοιόνδε, μή μου καταγελᾶν, ἐὰν μόγις μανθάνω τὰ λεγόμενα καὶ πολλάκις ἀνερωτῶ; ἀλλά μοι πειρῶ πρᾴως……ἀποκρίνεσθαι をあげている。しかしながら，Gorgias がそれを承認したのでなければ，「約束にそむかないで云々」というのはやはりおかしいと思われるかもしれない。[そこで Ast は，もし *Ναί* を入れないとすれば，ὅπερ の代りに εἴπερ と讀むことを一度は提案した（'Sed quî Socrates dicere possit: quod

promittis, nisi Gorgias revera promiserit, h.e., ad priorem Socratis interrogationem affirmate responderit, nullo prorsus modo intelligo. Quocirca pro *ὅπερ ὑπισχνεῖ* fortasse scribendum esse *εἴπερ ὑπισχνεῖ* (si promiseris) suspicabar')。しかし Ast の結論はやはり〈*Ναί*〉の語を入れることをよしとしている]。けれどもこの點については，その約束を現在これから同意してもらうことにとらなくても，Gorgias が平常公言していること，つまり長くも短くも兩様に話せるのだと言っていることをさすのだとしてよかろう。あるいはまた少し前から，對話は實際にそういう風に短い問答の形で進行しているのだから，そのやり方を守ってくれ，という意味にとることもできるかもしれない。
C 1 *καὶ γὰρ αὖ καὶ τοῦτο κτλ.*] *μακρολογία* も *βραχυλογία* も兩方ともできるというこの自慢は，*Phaedr.* 267A—B にも，Gorgias 及び彼の師であったと言われる Teisias についてこう語られている。*Τεισίαν δὲ Γοργίαν τε ἐάσομεν εὕδειν, οἳ ...... συντομίαν τε λόγων καὶ ἄπειρα μήκη περὶ πάντων ἀνηῦρον*; また Protagoras の同様な自慢については，*Prot.* 334E—335B を見よ。
C 9 *ῥητορικῆς γὰρ κτλ.*] *γάρ* は，*φέρε δή* という挑戰的な言葉で質問を始めたので，その理由をのべたもの。
D 5 *νὴ τὴν Ἥραν*] この女神の名を Socrates が誓いに用いている例は，ほかにも *Apol.* 24E, *Hipp. Mai.* 287A, *Theaet.* 154D, *Phaedr.* 230B, Xen. *Mem.* III. 10. 9, IV. 2. 9, 4. 8 などに見られる。Socrates 以外の人物が用いている例は，Platon の對話篇では，たとえば *Lach.* 181A (Lysimachos) に見られる。この普通女子の用いる誓い詞を，Socrates がどういう理由でここで用いたかはよく分らないが，上記の箇所ではいずれも，それは嘆賞の言葉に伴なっている。——なおついでに，この對話篇に登場する人物の誓い詞の使用法について調べてみると，Gorgias はほとんど誓い詞を用いない。そしてそれを用いる場合でも，「Zeus にかけて」という通常の云い方をしている (456D *μὰ Δία*, 463D *μὰ τὸν Δία*)。Polos もまたその熱中的な性質にもかかわらず，同じようにあまり誓い詞を用いていない (448A *νὴ Δία*, 473A *ναὶ μὰ Δία*)。Callicles はかなり濫用しているが，しかしそれとても，*νὴ τοὺς θεούς* (458D, 481B, 491A), *ναὶ μὰ Δία* (483E, 511C), *μὰ Δία* (498D, 503 B, 511C) の用法にかぎられている。それに反して Socrates は，できるだけ同一の誓い詞をさけようとしているかのように見える。したがってそれはきわめて多彩なものとなる。この對話篇においても，いまの *νὴ τὴν Ἥραν* のほかに，*μὰ τὸν κύνα* (461A), *νὴ τὸν κύνα* (466C), *μὰ τὸν*——(466E), *μὰ Δία* (470E, 516D), *μὰ τὸν κύνα τὸν Αἰγυπτίων θεόν* (482B), *μὰ τὸν Ζῆθον* (489E) など種々雑多である。この差異はどう理解すべきだろうか。一つの研究課題であるように思われる。——次の *ἄγαμαί γε τὰς*

ποκρίσεις を ἄγαμαί γέ σου τὰς ἀποκρ. と σου を入れて讀む校本 (Heind., Ast, Thomp., Lodge) もある。しかし有力寫本には σου はないので，省略しておく。
D 9 ἐπιστήμη]　τέχνη と實質的には同じこと。辯論家とは ἐπιστήμων ῥητορικῆς τέχνης (*supra* C 9) であるかぎり。
E 1 ποίους τούτους……;]　=περὶ ποίους τούτους (i.e. λόγους) λέγεις αὐτὴν ἐπιστήμην εἶναι; (Ast)，または ποῖοί εἰσιν οὗτοι, περὶ οὓς ἐστιν κτλ.; (Stallb.). *acc.* となっているのは，上述の Gorgias の答の λόγους を受けて言われたため。もとより περί がくり返えされるのが本當だが，ここのように相手の答を受けて直ちに訊ね返すようなときには，前置詞はしばしば省略される (*cf.* 450A 3—4, *Meno* 80C, *Symp.* 202B, *Soph.* 243D など)。——Gorgias の περὶ λόγους という答は，辯論術が廣く一般に περὶ λόγων τέχνη という云い方で呼ばれていた (*cf. Phaedr.* 266D τά γ' ἐν τοῖς βιβλίοις τοῖς περὶ λόγων τέχνης γεγραμμένοις) 事實を背景にしたものであろう。辯論術の始祖と言われる Corax の著書には τέχνη λόγων の標題がついていたと言われる。
E 2 οἳ δηλοῦσι τοὺς κάμνοντας, ὡς ἂν κτλ.]　=οἳ δηλοῦσι, ὡς ἂν οἱ κάμνοντες κτλ. 副文章の主語をとり出して主文章の中においた prolepsis の一例。
E 6 καὶ φρονεῖν]　sc. ποιεῖ δυνατούς. この φρονεῖν という點は，この箇所の問答では利用されていないから，不必要のようにも思われるが，しかし後に Gorgias の主張を自己矛盾に追い込むときの重要な論據となる (460A 以下を見よ)。
450A 1 περὶ τῶν καμνόντων ποιεῖ δυνατοὺς κτλ.]　ποιεῖ の語は FY 寫本にあり，古くは Heindorf, Bekker, Ast, Stallbaum も，また新しくは Thompson, Burnet, Lamb, Dodds もそれを入れている。しかし Hermann, Lodge, Croiset は BT 寫本の如く，それを省略している。そのときは *supra* 449E 5 の ποιεῖ がここにも及ぶと考えたものか。
B 2 οὗ ἑκάστη ἐστὶν ἡ τέχνη]　ἑκάστη が主語で，ἡ τέχνη が述語である。直譯，「それぞれの技術がまさにそれの技術であるところの，その對象(事柄)に云々」。
B 9 χειρούργημα……ἡ κύρωσις]　Schol. χειρούργημα καὶ κύρωσις οὐκ εἴρηται· αἱ δὲ λέξεις Γοργίου ἐγχώριοι. Λεοντῖνος γὰρ ἦν. すなわち，それらはシケリア方言であるか，あるいは Gorgias 獨得の造語 (Γοργιάζειν) であったろう。*infra* E 1 には，Socrates は ἡ κύρωσις に代えて，普通の用語の τὸ κῦρος を用いている (*cf.* Schol. κῦρος· σκόπει ὡς κῦρος εἶπε Πλάτων, οὐ κύρωσιν, καθὰ Γοργίας)。
C 3 ἆρ' οὖν κτλ.]　ἆρα οὖν——; は，普通は前の言葉を受けて自分の推測を述べ，それが相手によって確かめられることを期待するときに用いられる。*cf.*

infra 477A 8, 479C 8 など。(ἆρα だけでもそのような意味に用いられることがある。そしてはっきりと肯定の答を期待するときには ἆρα οὐ——; を，また否定の答を豫期するときには ἆρα μή——; を用いるのが慣用である)。ところで，いまの ἆρα οὖν は ἆρα οὐ に近い意味となることもあれば (*supra* 449E 6)，また反對に ἆρα μή の意味に近いときもある (e.g. *Charm.* 159B)。ここの場合では，Stallbaum はそれを ἆρα μή (num) の意味に同じとしている ('*Num igitur intelligo, qualem eam dicere velis*? i. e. nondum mihi videor satis intelligere, qualem eam dicas)。しかし，はっきりとその意味に取ることには疑問もあるように思えるので，Heindorf は最初はそれを ἄρ' οὖν と直したし(ἄρα が文頭に來ることはないので，彼は後に他の箇所でそれを訂正したが)，また ἀλλ' οὐ と訂正した人 (Coraes) さえある。Ast も疑問符をとり去って，もはやそこには疑問の意味なしと考えている ['*Ich merke (s. verstehe) nun wohl, als welche du sie bezeichnen willst.*'——Ast が Stallbaum の解釋に反對する理由は，「間もなくもっとはっきりと知ることになろう (τάχα δὲ εἴσομαι σαφέστερον)」という人は，すでにそのことについてある程度の理解を持っていなければならぬのではないか。Stallbaum の言うように，「まだ」そのことが分っていないとすれば，その人がやがて「もっと」はっきりと知ることになろうとは言えないはずである，という點にあるようである。要するに，ἆρ' οὖν μανθάνω——καλεῖν; と τάχα δὲ εἴσομαι σαφέστερον とは矛盾すると言うわけである]。しかしながら，これは基本的には Stallbaum の説でよいと思われる。ただ，ここの疑問文は，特に相手の返事を期待するものではなく (Lodge)，自問自答の感じで ('ἆρα is frequently used when the speaker questions himself. *cf. infra* 463D ἆρ' οὖν ἂν μάθοις ἀποκριναμένου;' Thompson) 用いられていると考えればよいだろう。
C 7 πασῶν δή……τῶν τεχνῶν τῶν μὲν……(C 8) ἔνιαι δέ]　τῶν μέν に對應するのは *infra* D 4 の ἕτεραι δέ である。そしてその τῶν μέν はさらに二つの部分に區別されて，その一部が ἔνιαι δέ である。ここで格の變化が起ったのは，その前に καὶ λόγου βραχέος δέονται という言葉が入ったためで，その δέονται に對する主格が必要とされたからである。ἕτεραι δέ の方もそれに應じて，ἢ οὐδενὸς προσδέονται と ἢ βραχέος πάνυ とに分けられている。なおここに見られるような，ἐργασία (ἔργον) と λόγος の區別に立ってなされる τέχνη の分類については，*Charm.* 165E, *Polit.* 258E, そして特に *Phileb.* 55D *sqq.* を參照せよ。
D 1 περὶ ἅς……εἶναι]　ここではたんに「關係がある (*in aliquo versari*)」という意味よりも，むしろ「それに屬する，その一つである (*ad aliquid pertinere, alicuius esse*)」の意味だと Ast は言っている。

D 6 *οἷον ἡ ἀριθμητικὴ καὶ λογιστικὴ……καὶ πεττευτική γε*]　冠詞が最初の語以外には省略されているのは，ここに數えあげられている技術は同一種類のものとして，全體が一つにまとめられているからであろう。もっとも *supra* C 9 *οἷον γραφικὴ καὶ ἀνδριαντοποιία* の如く，冠詞はなくてもよいのかもしれない。*πεττευτική* に *γέ* が伴っているのは，新しい附け加えを示すときの用法 (*καὶ……γε*) でもあるが，またそれがそれ以外の技術とは普通は一緒にされないこと，あるいはその他の技術では言論 (*λόγος*) が中心となるのに，この技術では行動 (*ἔργον*) とのつながりが比較的多いこと (次註參照) を示すための强調であるとも解される (mentio huius artis ideo extollitur, quia vel maxime cum actione coniuncta videri possit' Stallb.)。——*πεττευτική* については，Tim. *Lex.* には，*πεττεία· ἡ διὰ ψήφων παιδιά. ἔστιν δ' ὅτε καὶ γεωμετρίαν λέγει* と言われているだけであるが，それは何か「雙六」(backgammon) とか，將棋 (draughts) に似た遊びではなかったかと推測されている。*cf.* Oxf. Class. Dic. s. v. *Games.* 'A favourite game at Athens was draughts (*πεσσοί*). The board was divided into thirty-six squares, and on them the oval pieces were moved; the center line was called *ἱερὰ γραμμή*, perhaps because when you crossed it you were on the enemy's ground. A tablet somewhat resembling a backgammon board has been found in the Palace of Cnossos.' なお Adam の *Rep.* 422E の註 (I. p. 211) を參照。しかし實際に，その遊びがどのようにして行われたかについては，詳しいことは分らない。なおこの遊戲の發見者として，Platon (*Phaedr.* 274D) はエジプトの神テウトをあげ，Gorgias (*Palamedes* 30) はパラメデスをあげている。
D 7 *ὧν ἔνιαι σχεδὸν τι ἴσους κτλ.*]　Schol. にはその例として *πεττευτική* や *κιθαρῳδία* があげられている。後者の場合には，歌うのが *λόγος* で，キタラを奏するのが *ἔργον* であるとすれば，それらはちょうど半々の割合になっていると考えられるが，しかし前者の *πεττευτική* の場合はどうなのだろうか。*πεττεία* の內容がはっきり分らないので，何とも言えないが，Thompson や Lodge の引用している Olympiodorus の說明 (4. 8) によると，それを何か雙六遊び (backgammon) に似たものであると考えて，サイコロを投げ，その出た目を讀み上げるのが *λόγος* にあたり，*ἔργον* の方はその目に應じて駒を適當に動かすことであり，それらがちょうど半々の割合になっているのだと言われている [*ἐξ ἴσου ἔχει τό τε ἔργον καὶ τὸν λόγον· ἅμα γὰρ τῷ ῥίπτειν τὰς ψήφους* (prob. equiv. to *κύβος* or *πεττός*——Lodge) *καὶ ἐπιλέγουσί τινα· οἷον ς ε δ ἢ τρίεκτα* (*cf. τρὶς ἕξ*, Aisch. *Agam.* 33) *ἤ τι τοιοῦτον*]。しかしながら，*Rep.* 374C (*πεττευτικὸς δὲ ἢ κυβευτικὸς ἱκανῶς οὐδ' ἂν εἷς γένοιτο μὴ αὐτὸ τοῦτο ἐκ παιδὸς ἐπιτηδεύων, ἀλλὰ παρέργῳ χρώμενος*) や *Polit.* 292E の

記述からみると，λόγος の要素はたんに上に言われた程度のものではなくて，πεττεία には何か一定の「理論」があり，それがここで言及されているのではないかとも推測される (Lodge, Appendix, p. 275, および Dodds の註を参照)。
E 5 *οὐχ ὅτι τῷ ῥήματι κτλ.*] *οὐχ ὅτι* は特に Platon に用いられて，ほとんど慣用句のようになっている (=*quamquam*)。もとは *οὐ λέγω ὅτι, οὐ βούλομαι λέγειν ὅτι* の意味 [*cf.* GG. 1504. もっとも Lodge (Appendix p. 275) はそのように解釋することは不十分であるとして，その意味は '*quamquam*' '*although*' ではなく，'*not but that*' とするのが正確であることを注意している]。*cf. Prot.* 336D, *Theaet.* 157B, *Lys.* 220A.——*τῷ ῥήματι* は，眞實には (*τῷ ἀληθεῖ*) ともかく，「言葉の上では」の意味。*cf. infra* 489C, *Theaet.* 166D, *Phaedo* 102B, *Euthyd.* 304E.

451A 3

(1)	*ἴθι νῦν* (BTW)	·	一般の讀み方
(2)	〃 *νυν* (Thompson)	:	Burnet, Dodds
(3)	〃 *οὖν* (F)	:	Bekker, Ast

(2) に從って，*νυν* は enclitic にして，*ἴθι* を强めるだけの意味にとっておいた (*cf.* L. & S. s. v. *νυν* II. 3. c. *impera.*)。しかしもし (1) のように讀めば，「(ぼくは自分の考えを述べたのだから)，さあ，今度はあなたの方も云々」という意味になるだろう (*cf.* 'Age, quum ego iam mentem ac sententiam meam declaraverim, nunc tu quoque tuum fac et absolve id, quod interrogavi' Stallb.)。また (3) のように *ἴθι οὖν* と讀む例も *infra* 452D をはじめ多くの箇所に見られるから，それでも差支えないかもしれない。——次の *τὴν ἀπόκρισιν ἣν ἠρόμην* は *τὴν ἀπόκρισιν τοῦ ἐρωτήματος ὃ ἠρόμην* の省略的な云い方とみる (Lodge)*。
B 3 *τῶν περὶ τί;*] これには *διὰ λόγου τὸ κῦρος ἐχουσῶν τεχνῶν* が補われるべきであることは勿論であるが，次の *λογιστική* について同じことが問われているときには，*ἡ περὶ τί;* (B 7) となっている。むろん嚴密に言えば，前者では *ἀριθμητική* を含む諸技術全體を一つの類として，その對象が問われているのであり，後者ではその類の中の一つである *λογιστική* の對象が問われているわけであるが，しかしこれは Platon の用語法の *ποικιλία* の一例として考えるのが妥當であろう。そのような Platon の多彩な用語法は，この箇所においても，*ἐν λόγοις τὸ κῦρος ἔχουσα* (A 6), *διὰ λόγου τὸ κῦρος ἔχουσα* (B 2), *λόγῳ τὸ πᾶν κυρουμένων* (B 6) などの變化ある云い方にも見られる (Lodge)。
B 4 *ὅσα ἂν ἑκάτερα τυγχάνῃ ὄντα*] *τυγχάνῃ* と接續法にして，全體を讓步文の意味 (「それぞれ奇數偶數がどれだけの大きさのものであろうとも」) にとるのが有力寫本 (BTPF, *τυγχάνει* W) の讀み方であり，多くの校本や譯書はこれに從っているので，この通りに譯した。しかしなかには *τυγχάνοι* と可能の希求法に讀む者

(Bekk., Stallb., Thomp.) もある。その場合には，「それぞれ奇數偶數がどれだけの大きさのものでありうるか，つまりどれだけの單位を含みうるか」の意味になるだろう。それがここで要求されている意味だと Thompson は言うが，それはおそらくこの句が ἀριθμητική の種差になるべきだと考えるからであろう。しかしそれなら *infra* 454A1 には ὅσον ἔστιν とあるから，Ast, Schanz も言うように，むしろここでも ὅσα ἑκάτερα τυγχάνει ὄντα と直接法に讀む方がよいということになるだろう。
B 7 ὥσπερ οἱ ἐν τῷ δήμῳ συγγραφόμενοι] 民會に上程されている決議案に對して——それは原則としては政務審議會 (βουλή) によりあらかじめ審議されて提案されたもの (προβούλευμα) であるが (*cf.* Arist. *Ath. Pol.* 45. 4)，しかし時には形式的に政務審議會の同意を經て個人の名前で提出されるものもある——それを修正したり，またはそれに新しい條項を附加して，別の動議を提出しようとする場合には (これは市民の誰にでも許されている權利であった)，その修正案は，原案との重複をさけるために，‘τὰ μὲν ἄλλα καθάπερ τῇ βουλῇ (または原案提案者の氏名)，…’ という風に書き始められるのが常であった (*cf.* Arist. *Ath. Pol.* 29. 3 Κλειτοφῶν δὲ τὰ μὲν ἄλλα καθάπερ Πυθόδωρος εἶπεν, προσαναζητῆσαι δὲ……ἔγραψεν κτλ.)。その公式的な言い方をここでも利用しているわけである。なお，A. H. M. Jones, *Athenian Democracy*, Blackwell, 1957, pp. 112—122 を參照。
C 3 καὶ πρὸς αὑτὰ καὶ πρὸς ἄλληλα] Schol. πρὸς αὑτά· ὡς ὅταν ἄρτιος πρὸς ἄρτιον ἢ περιττὸς πρὸς περιττὸν πολλαπλασιασθῇ· πρὸς ἄλληλα δέ, ὅταν περιττὸς πρὸς ἄρτιον ἢ ἀνάπαλιν. λογιστική についてのこの同じ定義は *Charm.* 166A にも見られる。ἡ λογιστική ἐστίν που τοῦ ἀρτίου καὶ περιττοῦ, πλήθους ὅπως ἔχει πρὸς αὑτὰ καὶ πρὸς ἄλληλα. つまり λογιστική というのは，今日われわれのいう「算術」のことであり，日常の實用的な「計算」のことであろう。それはここに言われるように，奇數と偶數との間の，もしくは奇數と奇數，または偶數と偶數との間の，すなわちあらゆる數の間における所謂「四則」(加減乘除)の法であろう。これに對して ἀριθμητική と言われるものは，數そのものについて論ずる學問(數論)で，その內容は記數法(または命數法)から始り，單位となる數の定義，數の種類とその定義 (奇數と偶數，約數と倍數，素數と非素數など)，數の性質や形狀 (たとえば *Theaet.* 147 以下に見られるような，正方形數や長方形數，そのほかにも正三角形數や正多角形數，および完全數のもつ特質など)，さらには比例論や，高級なものになれば無理數論などをも含むものであった。しかしここではごく初步的なものだけが考えられているように思う。J. Gow, *Greek Math.* p. 22, T. Heath, *A History of Greek Math.*, I. pp. 13—16, 簡單なものでは同じく Heath の *The Legacy of Greece* 所收の論文，Mathematics and Astronomy, pp. 107—111 などを參照。

——ただ Apelt (Anmerkungen, 11, S.169) はこの點に關して，*καὶ πρὸς αὑτὰ καὶ πρὸς ἄλληλα* についての上述の Schol. の説明では，それは *ἀριθμητική* と *λογιστική* の兩方について言えることであるから，それでは後者を前者から區別する種差の役目を果さないという理由で，この語句について次のような解釋を試みている。つまり *Phileb.* 56E, *Rep.* 525C sqq. に言われているように，*ἀριθμητική* は純粋な數 (*cf. Rep.* 525D *περὶ αὐτῶν τῶν ἀριθμῶν*) にかかわり，*λογιστική* は具體的な數，數えられるもの (*cf.* ibid. *ὁρατὰ ἢ ἁπτὰ σώματα ἔχοντας ἀριθμούς*) に關するのであるから (*cf.* Olymp. *ἡ μὲν ἀριθμητικὴ περὶ τὸ εἶδος αὐτῶν* (sc. *τοῦ ἀρτίου καὶ τοῦ περιττοῦ*), *ἡ δὲ λογιστικὴ περὶ τὴν ὕλην*)，したがって後者の場合には，前者とちがって，同じ數でも異った値をもつことがありうるわけである (たとえば，18圓と18箇の林檎とは等しくない。1箇の林檎が2圓するときには，18圓と9箇の林檎とが等しくなる)。それ故に，*λογιστική* の場合では，奇數も偶數も，それらはそれら自身との關係においても，また他のものとの關係においても (つまり奇數對偶數，あるいは偶數對奇數の關係においても)，非常に異った値をもちうるのであって，これがこの箇所で要求されている意味であると彼は言うのである。このApeltの解釋は多少穿ちすぎる嫌いはあるけれども，一つの面白い見方かもしれない。ただ彼の引用している *Phileb.* 56E, *Rep.* 525C sqq. の箇所は，*ἀριθμητική* と *λογιστική* の區別ではなくて，兩者それぞれについての通俗(應用)的なものと，哲學(純理論)的なものとの區別である點に問題が殘るようである。
D 3 *κυρουμένων*]　BTW 寫本には，この語の次に *τινῶν* が附加されている。しかしそれはおそらく行間の書きこみにあった *τεχνῶν* の名殘りであろうという，Hermann の推測が正しいであろう。また *τις* が附加された寫本 (Par[2] YF[2]) もあり，それに從う校本も多いが (Heind., Bekk., Stallb., Schanz, Lodge, Nestle, Croiset)，いまはこれも削って F 寫本 (Herm., Thomp., Burnet, Lamb, Dodds) に從っておく。
D 5 *⟨τί⟩ ἐστι τοῦτο τῶν ὄντων*]　*τί* は寫本にはないが，Heindorf がこれを挿入し，その後ほとんどすべての校本がこれにならっている。前の *περὶ τί* の *τί* と重っているために脱落した‘haplography’の一例と見るのが妥當だろう。しかしあるいはまた，ある寫本に見られるように，その前の *τῶν περί* を省いて，*λέγε δή, τί ἐστι τοῦτο κτλ.* と讀めないこともないかもしれない (Ast)。
D 7 *τὰ μέγιστα……καὶ ἄριστα*]　Gorgias の弟子 Isocrates もまた辯論の能力を誇示して，*πάντων τῶν ἐνόντων ἐν τῇ τῶν ἀνθρώπων φύσει πλείστων ἀγαθῶν αἴτιον* (*Nicocles*. 5. *cf. Paneg.* 3–4) と言っている。
E 2 *τοῦτο τὸ σκολιόν*]　*σκολιόν* の意味については，「註解」の説明を見よ。ここにあげられているものは，Schol. によると，Simonides の作とも，また一説に

は，Epicharmos の作とも言われているが，眞僞は不明である。この歌の內容は Platon の對話篇の中にしばしば引用されて，人間にとっての善はこの順序で數えられている (*cf. Meno* 87E, *Euthyd.* 279A, *Phileb.* 48D, *Leg.* 631C, 661A)。その全文は，人によって語句の配列に多少の差異が見られるけれども，いま Bergk (*Poet. Lyr. Gr.* III⁴, 645) の修復したものによって示すと，次のとおりである。*ὑγιαίνειν μὲν ἄριστον ἀνδρὶ θνατῷ,/δεύτερον δὲ φυὰν καλὸν γενέσθαι,/τὸ τρίτον δὲ πλουτεῖν ἀδόλως,/καὶ τὸ τέταρτον ἡβᾶν μετὰ τῶν φιλῶν.* 最後の句はここでは省略されているが，それは，それぞれの技術がもたらす善きものが問題になっているいまの議論には，直接の關係がないからである。——なお，この種の「酒宴の歌」が *σκολιόν* (「曲っている」の義) と呼ばれた理由については，いろいろに說明されている。Olympiodorus (5.5) によると (Thompson 引用)，歌い手はその歌をうたいながら手にしているミルトの枝を次の人に手渡してゆき，その人が今度は次をつづけて歌ってゆくのであるが，その際その順序はジグザグであったから (*σκολιὰ ἡ μετάδοσις ἐγίνετο*) と言われている。そしてその理由は，下手な人はとばされたからだとか，席の並べ方が曲っていたからだとか說明されており，また下手な人がとばされた理由については，後には，その歌がむつかしかったからだとも，または品のよいものではなかったからだとも，あるいはまた，歌そのものはやさしかったのだけれども，醉っぱらっている者にはむつかしく見えたのだとも，いろいろに註釋がつけられている (*cf.* L. & S. s. v. *σκόλιον*, Schol. ad loc.)。またそのほかにも，この種の歌は，儀式ばった合唱隊の *νόμος ὄρθιος* とは正反對のものであったからとか，またはいろいろの韻律がごちゃごちゃに混じっていて，一樣なものではなかったからだとか言われている (Nestle)。しかし確かなところは分らない。

452A1 { (1) *ὅτι σοι αὐτίκ᾽ ἂν παρασταῖεν* (Par² YF²: BT 寫本には *αὐτίκα* だけで *ἄν* なし): 一般の讀み方
(2) *ὅτι εἴ σοι αὐτίκα παρασταῖεν* (F): Burnet, Lamb, Dodds }

(2) を採る。そうすれば，これは可能の想定の條件文の protasis (*εἰ*+*opt.*) になり，*εἰ* はなお次の A3 *εἴποι* にもかかり，そして A6 の *εἰ οὖν…ἐροίμην* で，もう一度それらのことがまとめられて，その apodosis は A7 の *εἴποι ἂν ἴσως ὅτι ἰατρός* (*ἂν*+*opt.*) であるということになろう。しかしこれを條件文の protasis と考えずに，(1) のように，たんに可能の希求法として讀むこともできる。そうすると A6 の *εἰ οὖν κτλ.* の前で一度文章を切ることになる。そこでどちらも可能とすれば，有力寫本 (F) の權威を重んずることになろう。

A9 *ὑγίεια*] 會話體の表現になっている。この語はない方がよいという考え方もあるが (Heind., Hirschig, Schanz, Sauppe などは削る)，しかし決して不要では

あるまい。全文を正確に書けば，こういうことになろう。*πῶς γὰρ οὐ τὸ τῆς ἐμῆς τέχνης ἔργον, ὑγίεια, μέγιστον ἂν εἴη ἀγαθόν;* (Ast)*.
B 2 *θαυμάζοιμί τἄν*]　*τἄν=τοι ἄν*. この用語法は Platon にはめずらしいと言われる。*cf. Apol.* 29A, *Rep.* 545C (Denniston, p. 544).——次の *εἴ σοι ἔχοι κτλ.* で *ἔχοι* と希求法にするのが BT 寫本の讀み方だが，PF 寫本にあるように *ἔχει* と直接法に讀む (Heind., Dodds) 方がもっと強い意味（「もし事實本當に……なら」）が出るかもしれない。*cf. Prot.* 312C, *Rep.* 584E, 585A, *infra* 492E 8 など。
B 5 *ὦ ἄνθρωπε*]　多少驚いた氣持と，輕蔑の感じをこめた呼びかけの言葉。先の *καὶ αὐτός* (et ipse) という云い方に答えたものであろう。
C 1 *σκόπει δῆτα*]　*δῆτα* は *δή* よりも強く，命令法と共に用いられるときは，その命じられていることを認めるように，強く要求することになる。——なおここの *χρηματιστής* の言葉は，まことに適切だと言わなければならない。なぜなら Gorgias 自身がソフィストとして多額の金錢を儲け，それによって豪奢な生活を送っていたと思われるからである。
D 3 *ὃ φῂς σὺ……καὶ σὲ……αὐτοῦ*]　本來なら *καὶ οὗ σὲ (φῂς) δημιουργὸν εἶναι* となるべきところを，關係代名詞 (*οὗ*) の代りに人稱代名詞 (*αὐτοῦ*) が用いられている。二つ以上の關係句が連續する場合，關係代名詞は最初の文章に用いられるだけで，それ以下の文章においては省略されるか，あるいは *αὐτοῦ* 以下の人稱代名詞または指示代名詞によっておき代えられるのが慣例である (*cf.* GG. 1040)。*cf. Prot.* 313B, *Lach.* 192A, *Rep.* 505E, *Phileb.* 12B など (Stallb. 引用)。
D 7 *τοῦ ἄλλων ἄρχειν*]　Heindorf はこれを *τοῦ τῶν ἄλλων ἄρχειν* と Platon は書いていたのではなかったかと言っているが，しかしここの *ἄλλων* は *αὐτοῖς τοῖς ἀνθρώποις* と對照されているので，つまり「自分自身は自由でありながら，ほかの人間はこれを支配する」の意味であって，「その他の人々」の意味ではない（‘quia *ἄλλων* opponitur *αὐτοῖς τοῖς ἀνθρώποις*——opponuntur enim inter se *ipsi* et *alii*, non *ipsi* et *ceteri* vel *reliqui*’ Ast)。あるいはむしろ *ἄλλων ἄρχειν* は一つの熟語のようになっていると考えることもできる。*cf. Prot.* 354B *τῶν πόλεων σωτηρίαι καὶ ἄλλων ἀρχαί*. ここに述べられているような Gorgias の考え方は，次の箇所からも推測される。*Meno* 73C *τί ἄλλο γ' ἢ ἄρχειν οἷόν τ' εἶναι τῶν ἀνθρώπων* (*ἡ αὐτὴ ἀρετὴ πάντων*); *Phileb.* 58A *ἤκουον μὲν ἔγωγε……ἑκάστοτε Γοργίου πολλάκις ὡς ἡ τοῦ πείθειν* (*δύναμις*) *πολὺ διαφέροι πασῶν τεχνῶν——πάντα γὰρ ὑφ' αὑτῇ δοῦλα δι' ἑκόντων ἀλλ' οὐ διὰ βίας ποιοῖτο, καὶ μακρῷ ἀρίστη πασῶν εἴη τῶν τεχνῶν.*
E 1 *τὸ πείθειν ἔγωγ' κτλ.*]　*πείθειν* の語が强調されたために文頭に出てい

る。普通の語順に直せば，ἔγωγε(λέγω) τὸ οἷόν τ' εἶναι πείθειν κτλ. となるところ。
E 3 καὶ ἐν ἄλλῳ συλλόγῳ παντί]　sc. τοὺς συλλεγέντας. ここでは πολιτικὸς σύλλογος と制限がつけられているけれども，もしその制限を除いて考えるなら，辯論術はそれが用いられる場所の區別をもとにして，後に Aristoteles (*Rhet.* I. 3) が分類したような三種類に分けられることになるだろう。(1) τὸ δικανικόν (ἐν δικαστηρίῳ)，(2) τὸ δημηγορικόν s. συμβουλευτικόν (ἐν βουλευτηρίῳ καὶ ἐν ἐκκλησίᾳ)，(3) τὸ ἐπιδεικτικόν (ἐν ἄλλῳ συλλόγῳ). しかしここでは Gorgias は，(1) と (2)，つまり「法廷用」と「議會用」の辯論について主に語っている。*cf. Phaedr.* 261A—E.「序說」(第三章) を參照せよ。
E 5 δοῦλον μὲν……, δοῦλον δὲ……]　この對句法になっている表現は，おそらく Gorgias 自身のものであったと思われる。すぐ前の註で引用した *Phileb.* 58A πάντα γὰρ (ἡ τοῦ πείθειν δύναμις) ὑφ' αὑτῇ δοῦλα δι' ἑκόντων……ποιοῖτο を見よ。——次の行の οὗτος には輕蔑的な調子がこめられている。
E 6 ἄλλῳ……καὶ οὐχ αὑτῷ, ἀλλὰ σοὶ……]　ἄλλῳ と言っただけではすまなくて，それを οὐχ αὑτῷ と言い直し，さらにそれを σοί でもう一度强調している。この種の云い方は，*infra* 454C τοῦ ἑξῆς ἕνεκα……, οὐ σοῦ ἕνεκα ἀλλ' ἵνα κτλ., 464C ἡ κολακευτικὴ αἰσθομένη, οὐ γνοῦσα λέγω ἀλλὰ στοχασαμένη, そのほかにも 456D, 514A, 521D—E などに多くの類例が見られる。——なおここの σοί は必ずしも Socrates を指しているものと解さなくても，そこにいた人たちの一人に呼びかけて，「ほら，君のためなんだよ！」という風に言ったものと見ることができる。つまりそれは一種の ἀποστροφή (頓呼法) にあたるもので，演說や文章の途中で急に特定の人や事物に呼びかけるやり方である。
453A 2 πειθοῦς δημιουργός ἐστιν ἡ ῥητορική]　これは Platon がこの場のために創作して言い出したことではなく，當時すでに人々によく知られていた辯論術の定義であったと思われる。ある人 (Anonym. *Proleg. in Hermog.*—Walz, *Rhet. Gr.* IV. 19) によれば，それはすでに辯論術の始祖，Teisias や Corax が下していた定義であったと言われ，また他の人 (Doxopatres, ibid. ii. 104) によれば，Gorgias 自身の下した定義でったと言われ，さらにまた別の人 (Quint. *Inst. Or.* II. 15. 4) によれば，Gorgias の弟子の Isocrates が始めた定義であったとも言われる ('Haec opinio originem ab Isocrate,……dicens esse rhetoricen persuadendi opificem, id est, πειθοῦς δημιουργόν')。これに對して Platon は後に *Phaedr.* 261A において，ἡ ῥητορικὴ ἂν εἴη τέχνη ψυχαγωγία τις διὰ λόγων と定義している。また Aristoteles (*Rhet.* I. 2. 1355 b 25—6, *cf.* ibid. b 31—2) も，ἔστω δὴ ῥητορικὴ δύναμις περὶ ἕκαστον τοῦ θεωρῆσαι τὸ ἐνδεχόμενον πιθανόν と規定している。な

お，この定義の創始者に關する諸説については，M. Untersteiner, *The Sophists* (tr. Freemann), pp. 202—3, n. 7 を參照せよ。Dodds は Mutschmann (*Hermes*, liii (1915), 440) にもとづいて，上述の諸説を否定し，これを Platon—Socrates 的表現であるとするが，しかしこの語句は以後再三くり返されていて，全體の感じでは，それは少くとも出來合いのものであったことを示している。
A 4 *ἔχεις τι λέγειν*]　*λέγειν* は *τι* を限定するものとみる。'*Have you any reason to say—?*' (Lodge).
A 8 *ἐγὼ γὰρ εὖ ἴσθ' ὅτι,……καὶ ἐμὲ εἶναι τούτων ἕνα·*]　最後の文章は，普通に書けば，*καὶ ἐγώ εἰμι τούτων εἷς* となるはずであろうが，不定法となっているのは，上の *ὡς ἐμαυτὸν πείθω* にかかる氣持で理解してよいかもしれない。しかし *ὅτι* 以下の節に不定法が用いられることは稀れではない。*cf. Phaedo* 63B *νῦν δὲ εὖ ἴστε ὅτι……, ὅτι μέντοι παρὰ θεοὺς δεσπότας πάνυ ἀγαθοὺς ἥξειν* (Stallb. 引用)。Xen. *Hell.* II. 2. 2 *Λύσανδρος……τοὺς……φρουροὺς……ἀπέπεμπεν εἰς τὰς Ἀθήνας……εἰδὼς ὅτι ὅσῳ ἂν πλείους συλλεγῶσιν εἰς τὸ ἄστυ……θᾶττον τῶν ἐπιτηδείων ἔνδειαν ἔσεσθαι* (Lodge 引用)。——文頭の *ἐγώ* は，その後文章の構造が變化したために anacoluthon になっている。
C 1 *τοῦ ἕνεκα δὴ κτλ.*]　比較的に古い校本 (Heind., Bekk., Ast, Herm., Stallb., Thomp.) では，*τοῦ οὖν ἕνεκα δὴ κτλ.* と *οὖν* (Par^2 F^2) を入れているが，最近の校本 (Lodge, Burnet, Nestle, Croiset, Lamb, Dodds) では，有力寫本どおりに，これを省略している。——*τοῦ ἕνεκα* (＝*τίνος ἕνεκα*) は議論の効果を高めるために，辯論家が好んで用いたレトリカルな疑問文(Demosthenes は特にこれを愛用したと言われる)。この對話篇の中から類例をあげれば，457E 1, 458A 2, 487C 1 に見られる。*cf. Prot.* 343B, *Polit.* 264B など。——次の *οὐ σοῦ ἕνεκα ἀλλὰ τοῦ λόγου* ということは，以下 454C, 457E でもさらにくり返して語られている。Socrates は Gorgias に質問をつづけようとするにあたって，それが何ら惡意ある個人的な感情に發するものではないことを豫め斷っているわけである。
C 6 *Ζεῦξις*]　南イタリアの Lucania 地方にあるギリシア人の植民都市，Heraclea に生れ，前五世紀の後半から終りにかけて活躍した偉大な畫家。*Prot.* 318B には (その對話年代は前 433—2 年頃と推定されている)，彼はまだ若くて，アテナイに最近來たばかりであるが，すでに畫家として一家をなしていた人として紹介されている(*τούτου τοῦ νεανίσκου τοῦ νῦν νεωστὶ ἐπιδημοῦντος, Ζευξίππου τοῦ Ἡρακλεώτου,*——*Ζεῦξις* は *Ζεύξιππος* の縮小形と思われる。*cf.* Adam, ad loc.)。また Aristoph. *Achar.* 991—2 (前 425 年上演)には，彼がアテナイの Aphrodite の神殿に描いた，ばらの花の冠をつけて若さの美に輝く Eros の繪のことが語られている (*cf.*

Schol. ad loc.)。その他彼の描いた數々の傑作，就中，Penelope や Helena の肖像のことについては，「註解」を見よ。なお Plin. *H. N.* XXXV. 36, Cic. *De Inv.* II. 1. 1, Quint. *Inst. Or.* XII. 10. 4 を參照。また彼と Polygnotos (*supra* 448B) とを比較して，Aristoteles (*De Arte Poet.* 6. 1450 a 27—9) は次のように論じている。*ὁ μὲν Πολύγνωτος ἀγαθὸς ἠθογράφος, ἡ δὲ Ζεύξιδος γραφὴ οὐδὲν ἔχει ἦθος.*
C8 *καὶ ποῦ;*]　ここは暫定的に寫本どおりに讀んで，「何處で(どの土地において)」と譯しておいた。しかしこの語句の解釋については，古來いろいろと異論があって，多くの註釋家たちを悩ませてきた。Schol. には，*ἐν τῇ ποικίλῃ στοᾷ* とあるが，これは明らかに Polygnotos との混同であろう。また「場所」としては，そのほかにも壁とか天井とかいろいろに考えられるわけであるが，しかしまずその「場所」という解釋が，ここの議論では果して妥當であるか，どうかが問題になるであろう。というのは，上述の辯論術のもたらす説得についての問い(B9—C1 *τίνα ποτὲ λέγεις τὴν πειθὼ τὴν ἀπὸ τῆς ῥητορικῆς καὶ περὶ τίνων αὐτὴν εἶναι*) と對比してみるなら，この *καὶ ποῦ* に對應するのは *περὶ τίνων* であるが，まずその點が不整合であるように思われるし，さらに次の Socrates の問い (D1—2 *Ἆρα……ἄλλα πολλὰ ζῷα;*) を見ても，もしその *καὶ ποῦ* という語句が重要な意味をもつのなら，それに對應すべき *καὶ ἄλλοθι πολλαχοῦ* とでもいうべき言葉が，その問いのあとに當然つけ加えられてしかるべきだったと思われるのであるが，それも見えないからである。おそらくそのような理由で，Ficinus (‘*quo pacto*’ と譯す)以來，この語句については，諸家によっていろいろと修正削除の試みがなされているわけである。すなわち，Heindorf はこれを *καὶ πόσου;* (*cf. Apol.* 20B *τίς …… καὶ ποδαπός, καὶ πόσου διδάσκει;*) と直し，Coraes は *καὶ τοῦ;*(=*τίνος υἱός ἐστιν ὁ ζωγράφος Ζεῦξις;*) と讀み，Hirschig は (おそらく Ficinus の譯から類推して) *καὶ πῶς;* と訂正し，Van Heusde, Stallbaum は *καὶ ποῖ᾽ οὖ* と讀むことを提案し，同様にまた Woolsey (Deuschle, Schanz, Croiset, Apelt はこれに従う) は *ἢ οὖ* と訂正し，あるいは Thomppson は思いきってこれを削除するという風に，諸説が入り亂れているわけである。なおまたこれを *καὶ ποῦ;* のままに讀むとしても，この *ποῦ* は ‘*quorsum*’ の意味であるとして，この困難を脱しようとする Ast の試みもある (‘Priori igitur quaestioni, qualium animalium sit pictor Zeuxis, subiungitur haec, ad quasnam res spectet eius pictura (vern. *welche Thiere malt er und von welcher Seite malt er sie* s. *was stellt er an ihnen dar?*’)。いまここで早急に結論を出すことは難しいが，しかし寫本にはみな *καὶ ποῦ;* とあることであるし，Bekker, Hermann, Lodge, Burnet, Nestle, Lamb, Dodds はこれに従っているので，このままに讀むことにする。そして Lodge, Nestle が註するように，よしそれが辯論術から

生れる說得の場合と言葉づかいは嚴密に對應しないとしても，肖像畫という類を限定する種差として，この *καὶ ποῦ*；を考えておく。すなわち，Zeuxis を肖像畫家というだけでは充分でないから，彼はどんな肖像畫を描いた人か (*ὁ τὰ ποῖα τῶν ζῴων γράφων*) ということが次に問われねばならぬ。ところでそれに對しては，Helena や Penelope を描いた人だと答えられるかもしれない。しかしこれでもまだ充分ではないだろう。なぜなら，これらと同じ對象を描いた畫家はほかにもまだいるからである。そこで「クロトンで (*ποῦ*) Helena 像を描いた人」だと言えば，それで Zeuxis がどういう畫家であるかが，はじめてはっきりするというわけである。
D 11 *οὐ δῆτα*]　上述の Socrates の最後の言葉，*ἢ οὔ* を受けてそれを否定している。つまり *τὸ οὐ πείθειν* ということを否定するわけである。このような受け答えの例は，*infra* 501C 6—7 (*ἢ ἀντίφῃς*；——*Οὐκ ἔγωγε, ἀλλὰ συγχωρῶ*), *Rep.* 405C, *Parm.* 128A などに見られる。——次の *ἐπὶ τῶν αὐτῶν*……(*ἐφ'*) *ὧνπερ νυνδή* において，關係代名詞の前の前置詞が省略されているが，そのような例は，たとえば *infra* 517C 5 *ἐν παντὶ γὰρ τῷ χρόνῳ ὃν* (＝*ἐν ᾧ*) *διαλεγόμεθα* にも見られる。
454A 8 *τὸν λέγοντα*]　sc. *τοῦτ' εἶναι τὸ ἔργον αὐτῆς* (Stallb.)，つまり *ὅτι πειθοῦς δημιουργός ἐστιν ἡ ῥητορική* (Nestle). 次の文章では *δημιουργός* の代りに *τέχνη* の語が用いられているが，基本的な意味には變化はない。
B 3 *ἐπειδή γε καὶ σοὶ κτλ.*]　この *καί* を Denniston (p. 297) は理由句を強調する *καί* (*cf. ἐπεὶ καί, ἐπειδὴ καί, ἅτε καί*) と見ているが，ここの場合はむしろ *σοί* にかける方がよくはないだろうか。「とにかく，あなたにもまたそうするのが當然だと思われるからには」の意味。
B 5 *ταύτης τοίνυν τῆς πειθοῦς κτλ.*]　*ταύτης* は *supra* 452E に言われたことにかけて，指示的に用いられている。もとよりそれは次の *τῆς ἐν τοῖς δικαστηρίοις κτλ.* で再び說明されることになるのではあるが。この *gen.* は上の問いの *ποίας δὴ πειθοῦς κτλ.* (A 8) の *gen.* に合わせたもの。*περὶ τί* (A 9) についての答は，*περὶ τούτων ἅ ἐστι δίκαιά τε καὶ ἄδικα* で與えられる。なおこの答では，*ῥητορική* の扱う對象として *δίκαια* と *ἄδικα* (*τὸ δικανικόν*) だけがあげられているけれども，そしてそれが *ῥητορική* 本來の主要な對象であることに間違いはないけれども，先の 452E 3 の註でも見られたように，そのほかにも *ἀγαθά* と *κακά* (*τὸ συμβουλευτικόν*)，あるいはさらに *καλά* と *αἰσχρά* (*τὸ ἐπιδεικτικόν*) などもその對象になるはずである。*cf. Phaedr.* 261A—E, Arist. *Rhet.* I. 3. 1358b 20—1359a 5.
B 9 *ἀλλ' ἵνα μὴ θαυμάζῃς κτλ.*]　これは日常の會話體の文章によく見られる不完結文 (anacoluthon) の一例である。*ἵνα μή* に始る構文は *ἐγὼ δ' ἐπανερωτῶ* に至って行きづまっている。その語句は先行の *δοκεῖ μέν* に對應して，本來

は ὅ に從屬する關係文のはずであるが，δέ が入ることによって獨立文となり，そしてそう言い出したがために，そのようにくり返して質問する理由が γάρ で説明されることになり，以下話はそれて，最初の ἵνα μή に應ずる主文は消えてしまっているわけである。Heindorf は ἐγὼ δ' ἐπανερωτῶ のあとをコンマで切り（一般にはピリオド，コロン，またはダッシュが用いられている），ὅπερ γὰρ λέγω,……τὸν λόγον ἐρωτῶ をあたかも主文であるかのように解釋して，‘*sed ut ne mirere* etc., *scito, me interrogare* etc.’ と譯しているが（Thompson もまたこれに從う），しかしこれでは Stallbaum の指摘しているように，γάρ の意味が生きず，また全體の文脈の上から見ても無理であるように思われる（‘Sed haec interpretatio magnopere vereor ne linguae legibus adversetur. Nam primum quis hoc modo ferat γάρ particulam, quae certe omittenda erat?’——これに對して Thompson が，‘The particle γάρ is here in apodosi, as frequently after a parenthesis. The idiom has escaped Stallb. と言っているだけでは十分でないだろう——‘Deinde quis est quin haec: ἐγὼ δ' ἐπανερωτῶ, cum praecedentibus, ὃ δοκεῖ μὲν δῆλον εἶναι, tam arcte cohaerere videat, ut inde ab ἐγὼ δ' ἐπ. apodosis ordiri neutiquam possit? Sed salva res est. Nam Socrates, liberiore usus orationis conformatione, inchoatam deserit verborum constructionem, protasi non subiiciens apodosin, sed ea, quae in hac enuntianda erant, alio structrae genere exponens. Prorsus ad eundem modum Germanice in sermone concitatiore dicas: *Damit du dich aber nicht etwa wunderst, wenn ich dich auch bald nachher wieder um so etwas frage, was deutlich zu sein scheint, und ich frage doch noch danach—. Denn, wie gesagt, ich frage dergleichen, um der Ordnung nach die Rede zu Ende bringen, nicht deinetwegen* etc.’ Stallb.）。——ὅπερ γὰρ λέγω は *supra* 453C 2 οὐ σοῦ ἕνεκα ἀλλὰ τοῦ λόγου, κτλ. に言及したもの。τοῦ ἑξῆς ἕνεκα κτλ. の語順は，普通なら ἐρωτῶ ἕνεκα τοῦ ἑξῆς περαίνεσθαι τὸν λόγον となるはずのもの。なお περαίνεσθαι を Stallbaum は上述の譯では *med.* にとっているが，ここでは *pass.* の方がよいと思われる（*cf. infra* 497B 5 ἵνα περανθῶσιν οἱ λόγοι）。——ὑπονοοῦντες προαρπάζειν については，Heindorf の次の註釋が適切であろう。ὑπονοῶν προαρπάζει τὰ λεγόμενα τοῦ ἑτέρου, ‘qui, quae ab altero dicuntur, ex mera coniectura et suspicione interpretans non exspectat, dum alter accurate riteque sententiam suam explicuerit.’
D 3 οἴομαι μὲν ἔγωγε] Gorgias の答え方は，これまでの自信のある斷定的な調子と比べると，多少弱くなってきている感じがする。
D 6 ἐπιστήμη] μάθησις によって生れた結果。μάθησις は學習の過程（pro-

cess) を表わす語だから，上述の *μεμαθηκέναι* と *πεπιστευκέναι* の對立は，*μάθησις* と *πίστις* によってではなく，*ἐπιστήμη* と *πίστις* で置き換えられている。——なお *πίστις* (*δόξα*) は正しいこともあれば，間違っていることもあるが，*ἐπιστήμη* はつねに眞であるというのは，Platon の根本的な主張の一つである。*Rep.* 477E *Ἀλλὰ μὲν δὴ ὀλίγον γε πρότερον ὡμολόγεις μὴ τὸ αὐτὸ εἶναι ἐπιστήμην τε καὶ δόξαν.——Πῶς γὰρ ἄν, ἔφη, τό γε ἀναμάρτητον τῷ μὴ ἀναμαρτήτῳ ταὐτόν τις νοῦν ἔχων τιθείη*; *Theaet.* 187B などを參照。

D 7
(1) *δῆλον ἄρ' αὖ* (Deuschle) : Burnet, Croiset, Lamb
(2) 〃 *γὰρ αὖ* (BTWF) : Ast, Herm., Stallb., Cope, Nestle, Lodge
(3) 〃 *γὰρ δή* (Schanz)
(4) 〃 *γὰρ οὖν* (recc.) : Heindorf, Bekker
(5) 〃 *ἄρα* (Olympiodorus): Thopmson, Dodds

(1) を採用する。前後の文脈からみて，理由を示す *γάρ* では意味をなさず，むしろ推論を表わす *ἄρα* の方が必要だからである。なぜなら，*ἐπιστήμη* と *πίστις* とが同じものではないということは，上の論證から生れる歸結であって，そのための前提ではないからである (もっとも，(2) を採用する Cope の次の說明にも一理あるように思われる：In this sentence *γάρ* has reference to Gorgias' decided *οὐδαμῶς*. "you deny it so readly and so positively, *because*, here again, by this second process (*αὖ*), it is quite plain that they are not the same")。また *αὖ* が用いられているのは，*ἐπιστήμη* と *πίστις* とが同じものではないということは，一度はすでに認められたのであるが (D 3 *οἴομαι μὲν ἔγωγε……ἄλλο*)，なお眞僞の觀點からもさらにもう一度それは確かめられることになったからである。
E 7 *ἐξ ἧς τὸ πιστεύειν*]　Burnet, Dodds は有力寫本にないので *τό* を省略しているが，その他の校本は Par^2 Y 寫本により *τό* を入れている。後者を採る。

455A 4
(1) *πιστικὸς μόνον* (BT, sed suprascr. *ει* T) : Bekk., Ast, Stallb., Burnet, Nestle, Lodge
(2) *πειστικὸς μόνον* (P) : Heind., Herm., Thomp., Schanz, Croiset, Lamb, Dodds

(1) を採用する。一見，(2) の *πειστικός* の方が正しいように思われるけれども，それでは廣く「說得力のある者」の意味になって，その說得は「教えることによるもの」(*πειθὼ διδασκαλική*)をも含むことになるから，ここで問題になっているように，「知識を伴わないで信念をもたらすだけの者」(*πίστιν παρεχόμενος ἄνευ τοῦ εἰδέναι*) という意味に限定されている場合には (*cf. Theaet.* 201A)，むしろ (1) の *πιστικός*

の方が適切であろう ('Nam rhetor propterea vocatur *πιστικός*, quod *τὸ πιστεύειν* s. *πίστιν ἄνευ τοῦ εἰδέναι* efficit atque audientium animos eo studet perducere, ut ipsi vel sine scientia habeant fidem; *πειστικὸς* propter disputationis tenorem ideo dici nunc non potuit, quia id etiam eam persuasionem designaret, quae ad *πίστιν ἀληθῆ* efficiendam valeat. De forma vocabuli non est quod dubites. Nam sicuti cum *τέχνη τεχνικός*, cum *πόλεμος πολεμικός*, cum *μάντις μαντικός* cognatum est, ita *πιστικός* cum *πίστις*, *πιστός* et *πιστεύειν* cohaeret tamquam radicibus suis. Salse vero oratorem nunc non *πιστευτικόν*, sed *πιστικὸν* appellat, quo vocabulo gravius quid rei sit significatur: intelligit quippe merae *πίστεως* scientia destitutae artificem' Stallb.——この造語法については, Ast にも詳しい註釋がある)*。——なお *ἐν ὀλίγῳ χρόνῳ*(A5—6) というのは, 法廷や議會での發言は時間が制限されていて, それは水時計 (*κλεψύδρα*) で計られていたからである。*cf. Apol.* 19A, 37A, *Theaet.* 201A.
A8 *ἴδωμεν τί ποτε καὶ λέγομεν κτλ.*]　*καί* は疑問文を强めるのに用いられている。*cf. Lach.* 182E, *Euthyphr.* 6B, *Rep.* 434D, *Soph.* 232B, *Leg.* 698C など (Stallb. 引用)。次行の *γάρ τοι* はそれぞれの particle がもとの意味をそのままに保っている (Denniston, p. 550)。*cf. infra* 455B, 458B, E, 484C.——以上までに得られた辯論術の定義は, 454A で問われていたことに對して, 形の上では一應滿足すべき解答であるように思われるが, しかし Socrates は, 自分にはまだよく分らない點があることを告白して, さらに吟味をつづけることになる。というのは, いまの定義では, 辯論術がどのような性質の說得(*ποίας δὴ πειθοῦς*)をもたらす技術であるかという點に關しては, 一應明確にされたわけであるけれども, 辯論術が取扱う對象 (*περὶ τί*) の點については, まだ疑問が殘っているように思われるからである。そこで以下の考察は, 主としてその點に向けられる。すなわち, 辯論術はこれまでに言われていたように, たんに, 正不正を問題とする法廷用のものたるにとどまらず, もっと廣く議會とかその他の集會の役に立てられているのではないか, という點が追求されるのである。そしてそれにつれて辯論術の本性があばき出されることにもなるわけである。
B2 *περὶ ἰατρῶν αἱρέσεως*]　この場合の *ἰατρός* とは, 國家に傭われて, 國家から俸給をもらい,「公務醫員」として働く醫者のこと。このような醫者として働くことを特に *δημοσιεύειν* と言い, 民間の醫者 (*ἰδιωτεύων*) からは區別された。*cf. infra* 514D *εἰ ἐπιχειρήσαντες δημοσιεύειν κτλ.*, Aristoph. *Achar.* 1030 *οὐ δημοσιεύων τυγχάνω*, *Polit.* 259A *εἴ τῳ τις τῶν δημοσιευόντων ἰατρῶν ἱκανὸς συμβουλεύειν ἰδιωτεύων αὐτός*, Hesych., *δημοσιεύειν. τὸ δημοσίᾳ ὑπηρετεῖν ἐπὶ μισθῷ.*

Suid., δημοσιεύω. οἱ δημοσίᾳ χειροτονούμενοι ἰατροὶ καὶ δημοσίᾳ προῖκα ἐθεράπευον. なお Xen. *Mem.* IV. 2. 5, Aristoph. *Plut.* 407—8 をも參照。このような例としてよく知られているのは，Herod. III. 131 に傳えられている Croton の人 Democedes である(「註解」を見よ)。この「公務醫員」の職務には，戰傷者の手當，流行病の處置などが含まれていたと言われる。しかし上述の Aristoph. *Achar.* 1030 に語られているところでは，普通の病氣も取扱ったようである (J. B. Skemp, *Platos' Statesman*, p. 124. 上記 259A の註參照)。
C 4 τὰ τῆς σῆς τέχνης]　τά (τό ではなく) となっているのは，その技術の性質を訊ねているのではなく，いま言われたそれぞれの場合において，その技術 (辯論術) が果す役割を一つ一つ問うている感じである (Lodge)。
C 5 τὸ σὸν σπεύδειν]　'*tuis commodis studere.*' *cf.* Soph. *Electr.* 251 καὶ τὸ σὸν σπεύδουσ' ἅμα/καὶ τοὐμὸν αὐτῆς ἦλθον. τὸ σὸν σκοπεῖν, τὸ σὸν προτιμᾶν, τὸ σὸν ὁρᾶν も同じような云い方である (Stallb.)。*cf. infra* 522C πράττω τὸ ὑμέτερον δὴ τοῦτο. τὸ σὸν の次に ἀγαθόν, συμφέρον, βέλτιστον を補ってみれば分りやすいかもしれない (Heind.)。
C 7 ὡς……τινας……καὶ συχνούς]　ὡς は，ここに言われていることが話者 (ἐγώ) の主觀的判斷であることを示す。「私の認めるところでは云々」の意。καί は所謂 Steigerung の用法であろう。それによってさらにより强い言い方が導入されるわけである。*cf. Phaedo* 58D παρῆσάν τινες, καὶ πολλοί γε. *Apol.* 23A ὀλίγου…… καὶ οὐδενός.
E 1 τὰ τείχη τὰ Ἀθηναίων]　これがほとんどすべての寫本の讀み方である (ただし Heindorf は τὰ τείχη τὰ τῶν Ἀθηναίων と冠詞 τῶν を入れている)。Stallbaum は τὰ τείχη τῶν Ἀθηναίων の云い方と比べて，これはただ「アテナイ人の城壁」というにすぎないが，前者は同格に言われていて，他國の城壁との區別が强調され，一種の重々しさをもって語られていると言う ('Interest aliquid, utrum scribatur καὶ τὰ τείχη τὰ Ἀθηναίων, an καὶ τὰ τείχη τῶν Ἀθηναίων. Hoc enim est simpliciter *die Mauern der Athenäer,* illud per appositionem dictum est sic, ut navalia et muri Atheniensium aut discernantur ab similibus operibus aliarum urbium aut cum gravitate quadam Atheniensium esse dicantur: *die Mauern, nämlich die der Athenäer*')。しかしこれは Ast が批評しているように，冠詞がくり返されるのはめずらしいことではないから，多少言いすぎであるように思われる。また，固有名詞の *gen.* が attributive の位置にあるときは，冠詞が省略されるのが慣用である。*cf.* 469E 4 τά γε Ἀθηναίων νεώρια. なお，城壁構築の歴史については「註解」を見よ。Routh は次の如く註している。

'Atheniensibus post bellum Persicum, ut urbem, atque Piraeum, muris cingerent, auctor fuit Themistocles; qui et navalia ad Piraeum transtulit, cum Phalereo portu antea Athenienses usi essent. Vide Corn. Nepot. in Vit. Themistoclis c. 6, Justinum quoque, II. 15. Et celebres sunt illi muri, a Socrate statim post nominati, qui *τὸ μακρὸν τεῖχος*, seu *μακρὰ τείχη*, et *σκέλη*, appellabantur, utrinque jungentes Piraeo urbem. Eorum alter *τὸ βόρειον* vocabatur, alter autem *τὸ νότιον*. Fundamenta jecisse perhibetur Cimon, uti ostendit e Plutarchi Cimone Meursius, de Piraeo c. 2, opus vero perfecisse Pericles opera Callicratis architecti. *Τὸ δὲ μακρὸν τεῖχος*, inquit Plutarchus in Pericle c. 13, *περὶ οὗ Σωκράτης ἀκοῦσαί φησιν αὐτὸς εἰσηγουμένου γνώμην Περικλέους, ἠργολάβησε Καλλικράτης*. cet.' (Bekker 引用)。——*ἡ τῶν λιμένων κατασκευή* は Peiraieus の三つの港, Cantharos, Zea 及び Munychia を整備したことをさすのであろう。
E 3 *ἐκ τῶν δημιουργῶν*]　簡潔な言い方になってはいるが，これが寫本の讀み方である。しかし，前の文にある形にならって，*ἐκ τῆς δημιουργῶν* と讀んでいる校本 (Buttmann, Heindorf, Schanz, Croiset) もあるし，または完全な形で *ἐκ τῆς τῶν δημ.* としているもの (Schaefer, Coraes, Hirschig) もある。しかしこのような短縮された言い方はほかにも例がある。*cf. Prot.* 358D *ἐπὶ ἃ οἴεται κακὰ εἶναι ἐθέλειν ἰέναι ἀντὶ τῶν ἀγαθῶν* (pro *ἀντὶ τοῦ ἰέναι ἐπὶ τὰ ἀγαθά*), *Phileb.* 34C *ἵνα πῃ τὴν ψυχῆς ἡδονὴν χωρὶς σώματος* (pro *τῆς τοῦ σώματος*)…… *λάβοιμεν*, 41C, Xen. *Cyrop.* III. 3. 41, *Mem.* II. 4. 6, III. 6. 8 など (Ast 引用)。
E 5 *περὶ τοῦ διὰ μέσου τείχους*]　Harpocration s. v. *Διὰ μέσου τεῖχος· τριῶν ὄντων τειχῶν ἐν τῇ Ἀττικῇ——τοῦ τε Βορείου καὶ τοῦ Νοτίου καὶ τοῦ Φαληρικοῦ——διὰ μέσου τούτων ἐλέγετο τὸ Νότιον, οὗ μνημονεύει καὶ Πλάτων ἐν Γοργίᾳ* (Stallb. 引用)。
456A 1 *ὧν νυνδὴ κτλ.*]　Burnet の訂正に從って *νυνδή* と讀む(*cf. Phaedo* 61E6. note)。BTPF² 寫本は *δή* ('*sane, quidem*' Ast) だけ (多くの校本はこれに從っている)。また F 寫本では *νῦν αὖ* となっている。なお Heindorf, Thompson は *νῦν δή* と讀むことを主張している。——*οἱ νικῶντες τὰς γνώμας* とは「(自分たちの提出した)議案を通過させる人たち」のこと。*cf.* Aristoph. *Nub.* 432 *ἐν τῷ δήμῳ γνώμας οὐδεὶς νικήσει πλείονας ἢ σύ. Vesp.* 594 (Heind. 引用)。
A 7 *εἴ πάντα γε εἰδείης*]　この語句については大體三通りの解釋がなされている。(1) 上述の文章から apodosis を補って，*τοιαύτη* (＝*δαιμονία τις*) *σοι ἔτι μᾶλλον ἂν καταφαίνοιτο* か何かを考える (Heind., Ast, Stallb.)。そのとき *ὅτι*

以下の節は *πάντα* の内容を補足説明するものとみる。(2) *εἰ* を utinam, つまり希望，感嘆の意味を表わす語 (*oh that! I wish that! if only! cf.* Soph. *Oed. Col.* 644. *εἴ μοι θέμις γ' ἦν*) と解する。そうすれば apodosis の省略は當然となる。その際 *ὅτι* 以下は理由句と解することもできるが，Bekker のように，*ἔχει* のあとに感嘆符をつけて，*εἰ* をそこまできかせている者もある (‘*Wie wenn du erst alles wüsstest——dass sie——unter sich begreift!*’ Schleiermacher)。もう一つの解釋は，Routh が Aristoph. *Nub.* 154 *τί δῆτ' ἄν, ἕτερον εἰ πύθοιο Σωκράτους φρόντισμα*; ibid. 1444 *τί δ', ἢν ἔχων τὸν ἥττω λόγον σὲ νικήσω λέγων κτλ.*; の云い方と比較して提案したように，(3) *εἰ* の前に *τί* がある氣持で解釋しようとするものである。Madvig は *τί εἰ πάντα γε εἰδείης* と (Schanz, Croiset はこれに従う)，また H. Richards は *τί δ' εἰ κτλ.* と text を修正している。しかしながら，この解釋では文意が多少ずれることになるのではないかと思う。(1) でも (2) でもどちらでもいいと思うが，譯文では (2) を採用しておいた (‘*Ah, Socrates, if you knew all!——how it gathers up and dominates all other forms, as one may say, of power!*’ L. Cooper)。——*ἁπάσας τὰς δυνάμεις* は *ἁπασῶν τῶν τεχνῶν τὰς δυνάμεις* の壓縮された形と考えるべきだろう。ここで述べられている考え方はすでに *supra* 452E で言われたことであるが，その箇所の註に引用された *Phileb.* 58B *πάντα γὰρ* (*ἡ τοῦ πείθειν δύναμις*) *ὑφ' αὑτῇ δοῦλα δι' ἑκόντων ἀλλ' οὐ διὰ βίας ποιοῖτο, καὶ μακρῷ ἀρίστη πασῶν εἴη τῶν τεχνῶν* に，その考え方はもっと明瞭に表現されている。

B 1 *μετὰ τοῦ ἀδελφοῦ*]　兄弟とは *supra* 448B 5 に言われた醫者の Herodicos のこと。

B 3 *ἢ φάρμακον πιεῖν ἢ τεμεῖν ἢ καῦσαι παρασχεῖν*]　投藥 (*φαρμακευτική*) と手術 (*χειρουργική*) とは，今日でもそうであるように，古代でも醫術の重要な二大部門として，同じ一人の醫者が行っていた。——*τεμεῖν ἢ καῦσαι* は，もしその内容を，メスを使って切ったあとで，血液の流れを止めるために，燒鏝を用いてその傷口を燒くことであったという風に考えるなら，*τεμεῖν καὶ καῦσαι* と *καί* でつなぐ方がよさそうである。Blomfield はある箇所でそう訂正している (ad Aisch. *Agam.* 822—Murray: 849)。そして *καί* で結ばれた例は，*infra* 480C 6, 521E 8, *Prot.* 354A, *Tim.* 65B, Xen. *Mem.* I. 2. 54 などに見られる。しかしまた *ἤ* によってつながれている例も，*Rep.* 406D, *Polit.* 293B など多く見られる。そこで Stallbaum は，どちらであってもその意味にたいして變りはないとして，この箇所も必ずしも *καί* にする必要はないとしているが，Ast はこれに反對して，文字通りに，*καί* の場合にはそれによって外科手術全體が一つの觀念で把えられているが，*ἤ* が用いられているときには，それぞれ個々の治療法が別々に考えられているのだと主張して

(Immo τὸ τέμνειν et τὸ κάειν copulata (interposito καί) et separata (interiecto ἤ) distingui oportet. Si coniunguntur, una comprehenduntur notione curationum chirurgicarum; contra si separantur interiecta particula ἤ, hoc rite fit in singulis memorandis quas medici admovent curationibus), ここの場合は ἤ でなければならぬとしている。しかし，それほどやかましく言わねばならぬかどうかは疑問に思う。——παρασχεῖν のあとにはむろん，ἑαυτόν を補って考える (*cf. infra* 475D 7, *Apol.* 33B, *Prot.* 348A など)。
B 6 εἰς πόλιν ὅποι βούλει ἐλθόντα] ὅπῃ とするのが有力寫本の讀み方である (Ast, Lodge, Burnet, Nestle, Lamb はこれに從う)。しかしそれは ἐλθεῖν という動作の目的地を示すわけだから，ὅποι(M) に直す方がよいだろう (Heind., Bekk., Herm., Stallb., Thomp., Schanz, Croiset, Dodds)。なお ἐλθόντα を *dual* にして ἐλθόντε と直している者 (Dobree, Thompson) もある。
B 8 οὐδαμοῦ ἂν φανῆναι] おそらく競走路からとられた比喩で，「どこにも姿が現われない」というのが原義であるが，それから轉じて「完全に負かされる，ものの數ではない (‘*nullo loco numerari*’ Stallb.)」というような意味になる。*cf. Phaedo* 72C πάντ' ἂν λῆρον τὸν Ἐνδυμίωνα ἀποδείξειεν καὶ οὐδαμοῦ ἂν φαίνοιτο. Dem. *de Cor.* 310 ἐν οἷς οὐδαμοῦ σὺ φανήσῃ γεγονώς, οὐ πρῶτος, οὐ δεύτερος,……οὐχ ὁποστοσοῦν. その他 Xen. *Mem.* I. 2. 52 (μηδαμοῦ εἶναι), Soph. *Antig.* 183 (οὐδαμοῦ λέγω) など。
C 8 καὶ γὰρ……οὐ τούτου ἕνεκα……, ὅτι κτλ.] Findeisen, Ast, Schanz はこの τούτου ἕνεκα を削って，ὅτι の前にコロンをおき，そこで文章を切る方が文意がすっきりすると言う。それはたしかにそれにちがいないかもしれないが，ここは τούτου ἕνεκα と漠然と言っておいて，その內容は ὅτι 以下で說明されるはずのところを (*cf.* 457B)，それが具體的な例をあげることで長くなったために，それを再び τούτου ἕνεκα (D 4) で受けることになったのである。すなわち，先に一般的に言われたことを，ここでもう一度具體的に言い直したものと理解することができよう。——παγκρατιάζειν とは πυκτεύειν (ボクシング) と παλαίειν (レスリング) とをいっしょにしたような亂暴な競技。‘ἐν ὅπλοις μάχεσθαι est *veris armis certare*, quum vulgo juventus non veris armis se exerceret, sed rudibus aut pilis praepilatis, ἐσφαιρωμένοις ἀκοντίοις’ (Heind.). しかし *Lach.* 179E には ὅτι καλὸν εἴη τῷ νέῳ μαθεῖν ἐν ὅπλοις μάχεσθαι と言われている。おそらく戰爭の要求がそうさせたのであろう。なおある種のソフィストたちが，辯論術のほかに，この「武裝して戰う術」をも敎えたことは，*Euthyd.* 271D, 273C からも知られる。
D 6 φοιτήσας] ‘*terminus technicus* für den Schulbesuch wie lat. *fre-*

quentare' (Nestle).
E 4 ἀμυνομένους, μὴ ὑπάρχοντας] '*ut se defenderent, non adorirentur.* Qui prior alteri infert iniuriam, is ὑπάρξαι ἀδικίας et saepius etiam simpliciter ὑπάρξαι dicitur' (Stallb.), *cf. Leg.* 879D.
457A 1 μεταστρέψαντες] この分詞はここでは absolute に用いられていて，副詞的な役割を果している。つまり ἐναντίως (contrario) と同じような意味である。*cf. Rep.* 587D ἐάν τις μεταστρέψας……λέγῃ,……εὑρήσει κτλ., *infra* 480E τοὐναντίον δέ γε αὖ μεταβαλόντα.——οὐχ ὀρθῶς は「曲言法」(控え目な言い方をして反って強い意味を表わす修辞法) の一例だとも考えられる (Lodge)。なおここに述べられているような Gorgias の考え方については，彼の Ἑλένης ἐγκώμιον, 14 を見よ。また Isocrates III (*Nicocles*). 2 οὐ κατηγορητέον τῶν πραγμάτων τούτων ἐστίν,……ἀλλὰ τῶν ἀνθρώπων……μὴ δικαίως χρωμένων αὐτοῖς. XV (*Antidosis*). 252 τί δ' εἴ τινες ὁπλομαχεῖν μαθόντες πρὸς μὲν τοὺς πολεμίους μὴ χρῷντο ταῖς ἐπιστήμαις, ἐπανάστασιν δὲ ποιήσαντες πολλοὺς τῶν πολιτῶν διαφθείραιεν, ἢ καὶ πυκτεύειν καὶ παγκρατιάζειν ὡς οἷόν τ' ἄριστα παιδευθέντες τῶν μὲν ἀγώνων ἀμελοῖεν, τοὺς δ' ἀπαντῶντας τύπτοιεν, τίς οὐκ ἂν τούτων τοὺς μὲν διδασκάλους ἐπαινέσειε, τοὺς δὲ κακῶς χρωμένους οἷς ἔμαθον ἀποκτείνειεν; Anon. Jambl. *fr.* 3, 1 (Nestle 引用) などを参照。
B 1 ἔμβραχυ] i.e. ὡς συντόμως (s. ἁπλῶς, ἐν βραχεῖ) εἰπεῖν. 次の περὶ ὅτου ἂν βούληται にかかり，それが無條件的に言われることを示す。*cf. Hipp. Min.* 365D ἀλλ' ἐρώτα ἔμβραχυ ὅτι βούλει. 'Vox ἔμβραχυ, quam veteres συντόμως vel ἁπλῶς explicant, eodem fere modo, quo formula illa ὡς ἔπος εἰπεῖν orationi modeste restringendae inservit, nisi quod illa fere ante οὐδὲν et πάντες inferri solet, hoc ante ὅστις ἄν, ὅστις βούλει, ὅπουπερ, et talia' (Heind.).
B 5 κᾆτα] καὶ εἶτα の crasis. 本當は分詞につづくのであるから，εἶτα, ἔπειτα だけでよいところであるが，このように分詞のあとに κᾆτα, κἄπειτα が用いられる例は，Aristoph. *Nub.* 624, *Equit.* 391 (Heindorf 引用) など，しばしば見られる (*cf.* Denniston p. 308—9)。
B 7 { (1) ἐπὶ δικαίου χρείᾳ (BTPF) : Burnet
(2) ἐπὶ δικαίᾳ χρείᾳ (Flor Y) : 一般の讀み方
(1) のように讀もうとすれば，δικαίου は *gen. subject.* か *gen. object.* と考えることになろう。しかしそれでは意味がずれるように思えるので，一般の校本どおりに (2) を採る。χρεία にかかる *adj.* とするのが自然であろう。

C 5 λόγων]　ここの λόγος は *supra* 453C 3, *infra* 458B—D の場合と同じく，διάλογος の意味であろう。——次の C 6 δύνανται の主語には οἱ διαλεγόμενοι を補って考える。なお διορισάμενοι……καὶ μαθόντες καὶ διδάξαντες ἑαυτούς は所謂 ὕστερον πρότερον の語法になっている。μαθόντες καὶ διδάξαντες することによって，問題になっていることを διορισάμενοι (=ὁμολογίᾳ θέμενοι ὅρον, Heind.) することができるのである。またここに見られるように，能動と受動との關係にある語を並列して，一つの事柄を両面から明らかにするやり方を Platon は好んで用いている。*cf. infra* D 6 εἰπόντες καὶ ἀκούσαντες.
D 1 ἀλλ' ἐὰν……μὴ φῇ……ὀρθῶς λέγειν ἢ μὴ σαφῶς]　sc. λέγειν φῇ. ここは Heindorf, Ast, Stallbaum が言うように，前の文にある μὴ φῇ の語句から，ἢ μὴ σαφῶς のあとには φῇ を補って考えるべきものと思われる ('e verbis μὴ φῇ mente repetendum φῇ ad illa ἢ μὴ σαφῶς' Heind.)。つまり一方 (ὁ ἕτερος) が他方 (τὸν ἕτερον) の ὀρθῶς λέγειν を認めない (μὴ φῇ) か，あるいは μὴ σαφῶς λέγειν であると主張する (φῇ) かの場合には，というような意味である。このように前の文にある言葉から，次の文にはそれと反對の言葉が期待される場合はしばしばある。*Euthyd.* 274E διὰ τὸ μὴ οἴεσθαι ὅλως τὸ πρᾶγμα τὴν ἀρετὴν μαθητὸν εἶναι ἢ μὴ σφὼ εἶναι αὐτῆς διδασκάλω (sc. οἴεσθαι), *Symp.* 192E ὅτι οὐδ' ἂν εἷς ἐξαρνηθείη……ἀλλ' ἀτεχνῶς οἴοιτ' ἂν (sc. ἕκαστος) ἀκηκοέναι τοῦτο κτλ., *Rep.* 360D などを參照。——もっとも Lodge は，φῇ を補う必要はないとして，ἢ μὴ σαφῶς は後から思いついて附け加えられたもの (an afterthought) だという便利な說明をしている。すなわち，始めから σαφῶς という點を言うつもりなら，前の文も μὴ ὀρθῶς と書いたはずだが，そうではなかったために，その否定詞は φῇ にひきつけられていたのであるが，あとで σαφῶς という點をも附け加えたから，それには μή を加えなければならなかったのだというわけである。*cf.* Schol. ὀρθῶς περὶ τὴν διάνοιαν, σαφῶς περὶ τὴν φράσιν.——次行の κατὰ φθόνον……τὸν ἑαυτῶν は κατὰ τὸν ἑαυτῶν φθόνον に同じ。しかし眞の哲學の討論は，ἄνευ φθόνων ἐρωτήσεσιν καὶ ἀποκρίσεσιν χρωμένων (*Epist.* vii. 344B) で行われるべきだろう。
D 4 φιλονικοῦντας]　*Phaedo* 91A には，φιλοσόφως ἔχοντες と φιλονίκως ἔχοντες とが對照されて，後者については次のように說明されている。ὅταν περί του ἀμφισβητῶσιν, ὅπῃ μὲν ἔχει περὶ ὧν ἂν ὁ λόγος ᾖ οὐ φροντίζουσιν, ὅπως δὲ ἃ αὐτοὶ ἔθεντο ταῦτα δόξει τοῖς παροῦσιν, τοῦτο προθυμοῦνται (Heind. 引用)。
E 2 οὐ πάνυ ἀκόλουθα……οὐδὲ σύμφωνα]　οὐ πάνυ はここでは制限付否定 ('*not quite consistent*' Cope)。*cf.* Olymp. (8.4)，ὅρα ἦθος θεῖον τοῦ Σωκράτους· οὐκ εἶπε γὰρ ὅτι ἀνακόλουθα ἢ ψευδῆ λέγεις, ἀλλ' οὐ πάνυ ἀκόλουθα, τῷ

μετρίῳ κολάζων τὸ δριμὺ τῆς ἐγκλήσεως (Thompson 引用)。——*ἀκόλουθα* はある事柄から論理的に歸結すること。*σύμφωνα* は並列關係にある二つ以上の事柄が互いに矛盾なく一致すること。Platon は論理學上の事柄を言い表わすのに，このように音樂用語を好んで用いている。*cf. infra* 461A *συνᾴδειν*, 480B *συμφωνεῖν*, 482B *διαφωνεῖν* (Lodge).——*οἷς τὸ πρῶτον ἔλεγες* は 454B をさす。
E 3 *φοβοῦμαι*]　ここでは二重にかかって，二つの意味をもつ。すなわち，反駁 (*διελέγχειν*) という行爲をすることになる恐れと，そしてその行爲の結果，こんな風に受けとられはしまいか (*μὴ……ὑπολάβῃς*) という心配である。*cf.* Xen. *Anab.* I. 3. 17 *φοβοίμην δ' ἂν τῷ ἡγεμόνι ὃν δοίη ἕπεσθαι, μὴ ἡμᾶς ἀνάγκῃ ὅθεν οὐκ ἔσται ἐξελθεῖν* (Lodge 引用)。——以下 *οὐ πρὸς τὸ πρᾶγμα φιλονικοῦντα λέγειν κτλ.* の文章では，語句の配列が AB′A′B の順序になっていることに注意。つまり *πρὸς τὸ πρᾶγμα* は *τοῦ καταφανὲς γενέσθαι* で，*φιλονικοῦντα* は *πρὸς σέ* で説明される。なお *τοῦ καταφανὲς γενέσθαι* には，Heindorf の言うように，*ἕνεκα* を補って考えるのが一番簡單であろう。しかし *τοῦ* c. *inf.* だけで目的を表わすと考えることもできる (GMT. 798, GG. 1548)。
458A 3 *εἰ……λέγω,……εἴ τις……λέγοι*]　ここで Socrates は，自分の場合については直接法現在の條件文を，他人の場合については希求法の條件文を用いていることに注意せよ。そこにはいくらか Socrates の *εἰρωνεία* があるのかもしれない。なぜなら Socrates は，自分の言うことについては，間違いが事實あるかもしれないことを暗示し，他人の場合については，それはたんに漠然とした，可能的な想定として，控え目に語っているからである ('Nam Socrates *εἴρων* de se loquens utitur indicativo, quo erroris verisimilitudinem indicet; alios memorans optativum ponit, de horum erroribus cum dubitatione quadam animi verba faciens' Stallb.)。Cope (p. 19 note) もまた同様な説明をしている。
A 8 *δόξα ψευδής*]　*δόξα ψευδής* または *ἀμαθία* が人間の不幸 (*κακόν*) の根本原因であり，反對に *ἐπιστήμη* (*σοφία*) または *ὀρθὴ δόξα* が *ἀγαθόν* (*εὐδαιμονία*) の基礎であることは，Socrates 及び Platon の基本的な考え方である。
B 2 *εἰ δὲ καὶ κτλ.*]　*εἰ μέν* に對立するもう一方の句は，普通は *εἰ δὲ μή* だけで與えられるが，ここでは丁寧に言われているわけである。*καί* は附け加える意味とともに，*δέ* のもつ對立，反對の意味を補っている。ここは *αὖ* に近い意味にとってよいだろう (Denniston, p. 305)。——次の B 6 *πρὶν καὶ ὑμᾶς ἐλθεῖν* の *καί* は，關係文の中によく用いられるもので，最初からこの場所にいる人たちと對照させて，その關係文全體の意味を强めたもの。さらに C 2 *τι καὶ ἄλλο* の *καί* は *ἄλλο* の意味を强めている。つまり *ἄλλο τι* の强い言い方である (*cf. Apol.* 28B *τι καὶ σμικρόν*)。

C2 *μὴ……κατέχομεν*]　*τὸ τούτων*（「ここにいる人たちの都合」）の内容を具體的に補足說明したもの。Stallbaum は *κατέχωμεν* (TF,Heind., Bekk., Ast) と接續法にしなければならぬと言うが，しかし BPT² 寫本どおりに直接法でよいと思う。*cf. Lach.* 196C *δρῶμεν μὴ Νικίας οἴεταί τι λέγειν κτλ.*, *Lys.* 216C *σκεψώμεθα, μὴ ἔτι μᾶλλον ἡμᾶς λανθάνει τὸ φίλον ὡς ἀληθῶς οὐδὲν τούτων ὄν* (Nestle 引用)。接續法を用いれば，「引き止めたりしないように」の意味であり，直接法では「引き止めることになってはいないかどうか」の意味であろう。Schol. *Δέδοικεν ὁ Γοργίας καὶ φεύγει τὴν διάλεξιν, αἰτιᾶται δὲ τοὺς παρόντας πανούργως ὡς οὐκ ἀνεξομένους.*
C3 *τοῦ μὲν θορύβου……τούτων τῶν ἀνδρῶν*]　これまで默って聞いていた聽衆の間に動搖が起る。この「ざわめき」(*θόρυβος*) は，Gorgias がこれで話を打ち切ろうとする氣持にあることを察して，それに對する抗議の表明であるとともに，またもっと話をつづけてもらいたいという希望の表明でもあろう。そこで Chairephon はこれら聽衆の代辯者となって，Gorgias の *βουλομένους τι καὶ ἄλλο πράττειν* という言葉に答えるわけである。
C5 *μὴ γένοιτο τοσαύτη ἀσχολία*]　*cf. Phaedr.* 227B *οὐκ ἂν οἴει με κατὰ Πίνδαρον "καὶ ἀσχολίας ὑπέρτερον" πρᾶγμα ποιήσασθαι τὸ τεήν τε καὶ Λυσίου διατριβὴν ἀκοῦσαι;*——*ἐμοὶ δ' οὖν καὶ αὐτῷ* は，「ほかの人のことはさておくとして，とにかく私自身のことにかぎってみても」の意味（'*What I can certainly do is to speak for myself*' と Denniston (p. 461) は譯している）。
D1 *καὶ μὲν δὴ καὶ αὐτὸς κτλ.*]　Callicles は *ῥητορική* についての討議が，はじめは形式的なものにすぎなかったが，455B あたりから次第に實際の政治と關連して論議されだしたので，關心を寄せはじめていた。ところが，それがここで急に中斷されそうな形勢になったので，そのことを殘念に思い，Chairephon の抗議を助けながら，發言することになる。*καὶ μὲν δή* は *καὶ μήν* と同じく，新しい項をつけ加えて話を進めてゆくときに用いられる。*cf.* 507B. *καὶ μήν* の同じような用法は 450A, 474E, 479D, 504B などに見られる。
D7 *αἰσχρὸν δὴ τὸ λοιπόν*]　Gorgias が話をつづけようとするのは，ただ自分の評判，外聞だけを氣にしてであることに注意せよ。*Prot.* 352D *αἰσχρόν ἐστι καὶ ἐμοὶ σοφίαν καὶ ἐπιστήμην μὴ οὐχὶ πάντων κράτιστον φάναι εἶναι κτλ.* という Protagoras の言葉と比較せよ。*τὸ λοιπόν* は副詞的に用いられている（「結局は，つまるところは」の意味）。なお *αὐτὸν ἐπαγγειλάμενον κτλ.* については *supra* 447C を見よ。*αὐτόν* は '*ultro*'（「自分の方からすすんで」）の意味 (Thompson)。
459A3 *ἔν γε ὄχλῳ*]　この制限をつけることによって Gorgias は自己の說

を守ろうとする。それは暫らくの間は，彼の敗北をのばすのに役立つけれども，しかし Socrates に新たな反駁の機會を與えることになる。
A4 *ἐν τοῖς μὴ εἰδόσιν*]　否定詞が，この句に現われる場合と，次の B4 *ἐν οὐκ εἰδόσι* に現われる場合とでは變化している。同じように，B2 では *ὁ δὲ μὴ ἰατρός* となり，B3 では *ὁ οὐκ εἰδώς* となっている。Nestle, Lodge は *μή* が用いられている場合には，一般的に言っているのであり，問題になっている個々の特殊な場合について言うときには，*οὐ* が使われているのだと說明している。
B6 *ἐνθαῦθά γε*]　さきの *ἔν γε ὄχλῳ* の場合と同じ氣持で言われている。i.e. *ἐν τῷ περὶ τοῦ ὑγιεινοῦ λέγειν* (Heind.). しかし Socrates はその答をえるやすかさず，*οὐκοῦν καὶ περὶ τὰς ἄλλας ἁπάσας τέχνας κτλ.* とつづけている。
B7 *αὐτὰ μὲν τὰ πράγματα κτλ.*]　*cf. infra* 459D4 *αὐτὰ μὲν οὐκ εἰδώς, τί ἀγαθὸν ἢ τί κακόν ἐστιν……, πειθὼ δὲ περὶ αὐτῶν μεμηχανημένος ὥστε δοκεῖν εἰδέναι οὐκ εἰδὼς κτλ.* ここに見られるような，辯論家は *τὸ ἀληθές* が何であるかということを氣にかける必要はなく，ただ *τὸ πιθανόν*，あるいは *τὸ εἰκός* (=*τὸ τῷ πλήθει δοκοῦν*) にだけ注意すれば充分である，というような主張が當時廣く世に行われていたことについては，*Phaedr.* 272D—E を見よ。そしてそのような主張者の中には，Gorgias の師であったといわれる Teisias も含まれるが，しかし Gorgias 自身としては，後 (460A) に見られるように，その極端な考え方を多少制限したい氣持をもっていたように見受けられる。だがそうすることが反って，彼の說を自己矛盾に追いやることになったのだとも言える。——なお B8 の *αὐτήν* は，文意の上からは Sybrandus や Beck が訂正したように，*αὐτόν*(=*τὸν ῥήτορα*) の方がよいかもしれない。しかし上の行で *καὶ ἡ ῥητορική* という語句を Platon は意圖的に附け加えたので (辯論術に話をもってゆくために)，*αὐτήν* はそれにかかることになる ('Sed videtur scriptor nunc de industria *καὶ ἡ ῥητορικὴ* interposuisse, quorsum *αὐτὴν* refertur' Stallb.)。しかし Ast は，*αὐτήν*=*τὸν ῥήτορα* et *τὴν ῥητορικήν* で，技術はその技術の所有者をも含めて考えられているのだと解釋している ['sensum enim si spectas, *αὐτήν* idem est quod *αὐτούς* (*τὸν ῥήτορα* et *τὴν ῥητορικήν*), siquidem *ἡ ῥητορική*, nomen abstractum, et artem et artis cultores (quod dicitur concretum) significat. Sic v.c. 511C—D de *κυβερνητικῇ* ita disseritur, ac si de gubernatore agatur']。
C3 *οὐκοῦν πολλὴ ῥᾳστώνη*]　Denniston (p. 432) は，ここの *οὐκοῦν* はむしろ *οὔκουν* と書くべき例の一つではないかと言う。'*οὔκουν* in questions' は，彼の言うように，'usually at the opening of an answer. This, as Kühner observes (II. ii. 166), is characteristic of the lively, emotional style of tragedy' で

あろう。そして彼はその用例を劇作品からあげて，寫本にたよるかぎり，散文にはその實例がないことを認めている。しかしながら，'In many passages, where a surprised or indignant question is clearly required, there are strong grounds for restoring *οὔκουν*……; for affirmative or interrogative *οὐκοῦν*' と彼は言う。そして Platon の場合については，彼は次のように言葉をつづけている。'Des Places observes (p. 158) that *Symp.* 175A is the only example of interrogative *οὔκουν* in Plato. *Ἄτοπόν γ', ἔφη, λέγεις· οὔκουν καλεῖς αὐτὸν καὶ μὴ ἀφήσεις;* And Kühner (II. ii. 166) says that interrogative *οὐκοῦν*, rather than *οὔκουν*, "gehört der ruhigen und gemässigten Rede an, namentlich den Sokratischen Gesprächen bei Xenophon und Plato." Broadly speaking, this is no doubt true; but even Socrates is capable, at times, of surprise, and the people with whom he converses are not invariably "ruhig". I suspect we should write *οὔκουν* in such passages as the following (すなわち彼のあげているのは，この箇所以外には，*infra* 466E3 *οὐκοῦν τοῦτο ἔστιν τὸ μέγα δύνασθαι*; 511B6 *οὐκοῦν τοῦτο δὴ καὶ τὸ ἀγανακτητόν*; *Meno* 81A, *Euthyd.* 291D, *Phaedr.* 260E である), where the particle introduces a lively, surprised, or indignant question of a type as closely similar to those quoted above as it is different *toto caelo* from the quieter *οὐκοῦν* questions considered below.'——なお Burnet は，*infra* 474C1 を *οὔκουν ἀποκρινῇ*; と讀んでいるだけであるが，それは Denniston (p. 431) の言う，'*οὔκουν* is often used, as Kühner (II. ii. 167) observes, with the second person future indicative (or optative with *ἄν*) in impatient questions' の實例に入るべきものだろう。しかし Dodds はかなり大幅に *οὔκουν* に改めている。すなわち，この箇所のほかに 462C8, 466E3, 474C1, 491A4, 511B6, 522A9 である。
Gorgias は *ῥητορική* の本質を論ずることよりも，それを賞讃することの方に話を移している。この點では，弟子の Polos が先に (448C) していたのと同じである。次の *οἱ δημιουργοί* とは *οἱ τῶν ἄλλων τεχνῶν ἐπιστήμονες* のこと。*Apol.* 23E にも *δημιουργός* と *ῥήτωρ* とは對立させられている (Heind.)。
C7 *διὰ τὸ οὕτως ἔχειν*] i.e. *διὰ τὸ μίαν ταύτην τέχνην μαθεῖν* (Heind., Stallb.).

C8 (1) *πρὸς λόγου* (BTP et revera F): 一般の讀み方
(2) *πρὸς λόγον* (Hermann): Schanz, Croiset, Dodds

どちらの讀み方を採るとしても，意味の上ではさほど變りないと思われるが，强いて區別をすれば，(1) は「われわれの議論の上からみてそれが何か意味をもつなら，

われわれの議論にふさわしいことなら」というような意味となり (*cf.* L. & S. s.v. *πρός* A. IV), (2) の場合には「われわれの議論のためになるなら, 役に立つのなら」という意味になるであろう。ただ Platon がこのような云い方をするときには, *πρὸς λόγον* の方が普通であり (*cf. Prot.* 351E *ἐὰν μὲν πρὸς λόγον δοκῇ εἶναι τὸ σκέμμα, Phileb.* 33C *ἐὰν πρὸς λόγον τι ᾖ*), *πρὸς λόγου* の用法はほかに見られないようだから, Hermann は (2) のように *πρὸς λόγον* と直すことを主張するのであるが, これに對して Thompson は *πρὸς τρόπου* (e.g. *Phaedr.* 252D) の用法から, (1)の讀み方も支持されると言っている。
τόδε]　この內容は, 次の *ἆρα* に始まる直接疑問文の形で述べられることになるが, その質問は, E1 で *καὶ δεῖ* 以下の文が加わることによって二重になっている。つまりそれまでの質問は, 辯論家は正邪, 善悪, 美醜について, その何であるか (*τί ἔστιν*;) を, (1) 實際は知らないのに (*οὐκ εἰδώς*), 知っていると思われる (*δοκεῖ εἰδέναι*) ようにするだけの者なのか, それとも, (2) それらのことについて事實本當に知っているのでなければならない (*ἀνάγκη εἰδέναι*) のか, どちらであるかということにあるのだが, E1 以下では, そのことと關連して, 辯論家はどういう場合にその術を弟子たちに教授することができるのかという質問が, これに重っているからである。それは整理してみると, こういう風な區別になるだろう。(A) 弟子がそれらのことについての知識をあらかじめ持っている場合に (E1 *προεπιστάμενον*), その教授は可能なのか (この場合には, 不可能 (A′) は問題にしなくてもよいだろう)。あるいは, (B) あらかじめその知識を持たない場合でも (E3 *εἰ δὲ μή*), それは可能なのか (この場合には, 先に言われたように, (イ) 知らないでも知っていると思われるようにするという意味で可能なのか。または後で述べられるように, (ロ) その知識をあとから教わることによって (460A7 *ὕστερον μαθόντα*) 可能となるのか, という二つに分けられるだろう)。それとも, (B′) それらのことについての知識をあらかじめ持たない場合には (E7 *ἐὰν μὴ προειδῇ*), その教授は全然不可能なのか, という區別である。次の問答から見ると, Gorgias はどういう場合であろうと, 自分が教えることのできない者であるとは認めたくないから, (B′) の不可能の場合は無論否定し, それかといって, (B) の (イ) の場合 (それは前段の(1)に重なる) を積極的に主張するのは憚られるし, それにまた事柄の內容についてもそれを教えることができないと認めるのは恥ずかしいことだから, その場合も否定して, 結局, Socrates がわざわざ注意している (E4 *οὐ γὰρ σὸν ἔργον*) のにもかかわらず, (B) の (ロ) の場合と, それから當然ながら (A) の場合とを認めることになるのである。つまり, 辯論術を學ぼうとする者は, 前もってであろうと, 後から教えられることによってであろうと, とにかく辯論の對象となるものについての知識を持っているのでなければならないと,

答えることになるのである。しかしながら，この答辯が實は Gorgias に禍いして，後に見るように，彼を自己矛盾に陷し入れることになるのである。
460A 1 *ὥσπερ ἄρτι εἶπες*]　次の *ἀποκαλύψας* の語にかかる。*cf. supra* 455D *ἀλλ' ἐγώ σοι πειράσομαι, ὦ Σώκρατες, σαφῶς ἀποκαλύψαι τὴν τῆς ῥητορικῆς δύναμιν ἅπασαν.* 相手の用いた語を意識的にくり返しているところに，多少の皮肉が感じられる。
A 3 *ἐγὼ μὲν οἶμαι,……μαθήσεται*]　*ἐγὼ μὲν οἶμαι* は，*ἐμοὶ δοκεῖ, οἴεσθαί γε χρή, δοκεῖ μὲν οὖν, δοκεῖ δὲ μοί, δοκῶ μέν, οἶμαι* などの語句と同様に，しばしば挿入句のように用いられて，あとに不定法ではなく，定形動詞がつづくことがある。類例，*Prot.* 314C, *Meno* 94B, *Rep.* 465A, 473D, 507D など (Stallb., Ast)。なお，この *ἐγὼ μὲν οἶμαι* の語句は，Gorgias に最初に見られたほどの自信が缺けていることを示している。しかし自信のない發言はつねに危險であろう。
C 1 *οὐκοῦν ἀνάγκη κτλ.*]　以下 C 5 の Gorgias の答，*Ναί.* までの議論には，論旨の重複や不明な點があるというので，註釋家たちの間に種々と原文の削除や修正の試みがなされている。一番問題になるのは，「辯論家は正しい人である (*τὸν ῥητορικὸν δίκαιον εἶναι*)」という命題が，C 1 と C 4 とに二度語られているという點であろう。そこで，(1) 多くの註釋家たち (Ast, Thompson, Hirschig, Nestle, Lodge, Lamb) によって，最初 (C 1) のそれは削除されるべきだと提案される (C 1, *ΣΩ. Οὐκοῦν ἀνάγκη τὸν* [*ῥητορικὸν δίκαιον εἶναι, τὸν δὲ*] *δίκαιον βούλεσθαι δίκαια πράττειν*;)。——なお Thompson は *βούλεσθαι* の後に *ἀεί* を入れ，Hirschig は *βούλεσθαι* の前にその語を入れている ('the proposition *οὐδέποτε βουλήσεται ὁ δίκαιος ἀδικεῖν* is more than the premiss, as it stands, can support. If we insert *ἀεί*, which may easily have been absorbed by the last syllable of *βούλεσθαι*, the reasoning becomes consequent' Thompson)。——ところで，その削除の理由というのは，C 4 で再びその命題が語られるときには (*τὸν δὲ ῥητορικὸν ἀνάγκη ἐκ τοῦ λόγου δίκαιον εἶναι*)，それは議論の全體の筋からみてごく自然であるし，*ἐκ τοῦ λόγου* (*cf. supra* 460A—B *καὶ ταῦτα παρ' ἐμοῦ μαθήσεται,* i.e. *ὅτι τὰ δίκαια μεμάθηκεν*) とその論據が明らかにされており，しかもそれは次の命題の前提として用いられているのに，それに反して C 1 の最初の場合では，その命題はいささか唐突であり，次の文章にも直接つながらないし，またそれがこの箇所で語られなければならぬ理由もないからだと言われている。同様に削除に贊成する案としては，そのほかにも，その語句だけを削らないで，(2) それを含む文章全體と，これに對する Gorgias の答をも削るべきだという Schanz の案 (C 1—2, [*ΣΩ. Οὐκοῦν ἀνάγκη……πράττειν*; *ΓΟΡ. Φαίνεταί γε.*]) もあるし，あるいはさらに，(3)

次の一組みの問答をも合わせて削るべきだという Croiset の案 (C 1—4, [*ΣΩ. Οὐκοῦν* …….——*ΓΟΡ. Ἀνάγκη.*]) もある。しかし，これら (2) と (3) の案では，正しい人は *δίκαια πράττειν* であるということから，*βούλεσθαι δίκαια πράττειν* という前提を入れずに，一足飛びに，その人は *μὴ βούλεσθαι ἀδικεῖν* であると推論することになるので，その點多少無理があるように思われる。ところで，以上の案とは反對に，もし最初 (C 1) のその命題 (*τὸν ῥητορικὸν δίκαιον εἶναι*) を殘すとすれば，(4) Hermann や Wilamowitz，そして最近では Dodds が提案するように，後で再び言われるその同じ命題を削るということも考えられるだろう (C 3—5, [*ΣΩ. Οὐδέποτε*…….——*ΓΟΡ. Ναί.*])。

しかしながら，「辯論家は正しい人である」というこの命題が，この箇所で二度くり返されて語られていることが，果してどれほど全體の論旨を妨げているのだろうか。Stallbaum はそれらの削除案に反對して，原文どおりに讀むことを主張し，それをおおよそ次のように説明している。つまり，C 1 の *οὐκοῦν ἀνάγκη τὸν ῥητορικὸν δίκαιον εἶναι* という Socrates の問いのあとに，Gorgias の *Ναί* という肯定の答があったものとみて (*Ναί* は前の語 *εἶναι* の *ναι* と重なって脱落したものと考える。あるいは，そのことは明白であるから，Gorgias の同意を俟たずに議論を進めたものと考えてもよい)，そこに段落をおき，全體の推論を前後二段に分けて考えるのである。すなわち，前半の推論は次のようになる。大前提：*ὁ τὰ δίκαια μεμαθηκὼς δίκαιος* (B 7)．小前提：*ὁ ῥητορικὸς τὰ δίκαια μεμάθηκε* (それは A 4, *καὶ ταῦτα παρ' ἐμοῦ μαθήσεται* から推論される)。結論：*δίκαιος ἄρα ὁ ῥητορικός* (=C 1, *ἀνάγκη τὸν ῥητορικὸν δίκαιον εἶναι*)。次に後半の推論では *βούλεσθαι* の意味が中心となる。大前提：*ὁ δίκαιος δίκαια βούλεται πράττειν* (=C 1—2, (*ἀνάγκη*) *τὸν δὲ δίκαιον βούλεσθαι δίκαια πράττειν*. これは上述の B 8, *ὁ δὲ δίκαιος δίκαιά που πράττει* から歸結する。そしてこれを逆に言えば，C 3 *οὐδέποτε ἄρα βουλήσεταί ὅ γε δίκαιος ἀδικεῖν* となる)。小前提：*δίκαιος ὁ ῥητορικός* (これは前半の議論から (*ἐκ τοῦ λόγου*) の結論である。すなわち，C 4—5, *τὸν δὲ ῥητορικὸν ἀνάγκη ἐκ τοῦ λόγου δίκαιον εἶναι* である)。結論：*οὐδέποτε ἄρα βουλήσεται ὁ ῥητορικὸς ἀδικεῖν* (C 5—6).——以上のように解釋すれば，「辯論家は正しい人である」という命題が二度くり返されていても，それは別に重複とはならないであろう。つまり最初 (C 1) のそれは，それまでに言われてきたことからの結論として導き出されているのであり，そしてその結論は次の推論においては小前提として用いられていると考えられるからである。Burnet が削除せずに讀んでいるのも，おそらくこの解釋に從ったものだと思われる。

C 7 *ὀλίγῳ πρότερον*] *cf.* 456D—457C.

D 2
(1) *χρῆταί τε καὶ ἀδικῇ* (BTP): Herm., Stallb., Thomp., Lodge, Nestle, Croiset, Lamb, Dodds
(2) *χρῆταί τε* (*γε* F) *καὶ ἀδίκως χρῆται καὶ ἀδικῇ* (F): Burnet
(3) *μὴ καλῶς χρῆται καὶ ἀδικῇ* (recc.): Heind., Bekk., Ast

(1) が一般の讀み方であるが, Burnet のように (2) を讀む方が技術の惡用の點が強調されていてよいように思う。ただし *καὶ ἀδίκως χρῆται* は行間の註釋かもしれない。(3) は寫本の根據が薄弱である。
E 1 *οὐκ ἄν ποτε ἀδικήσας*] =*τοιοῦτος ὤν, ὅστις οὐκ ἄν ποτε ἀδικήσειεν.*
E 2 *ἐν τοῖς πρώτοις……λόγοις*] 454B, 455A を見よ。
E 7 *ὅ γ'*] この中性形は, 前の *πρᾶγμα* に性を合わせたものか, それとも全體の意味の上で, 辯論術を一つの「もの」と考えた故か。*cf.*463B *ἔν δὲ καὶ ἡ ὀψοποιική. ὃ δοκεῖ μὲν εἶναι τέχνη κτλ*。——次の *ὀλίγον ὕστερον* は 458A をさす。
461A 1 *οὕτω*] *ἐπειδή* で始る句を, *οὕτως* で受ける例は, Thuc. II. 19, II. 70, *Alcib*. I. 103B などに見られる (Ast)。——次の *ἐκείνους……τοὺς λόγους* については 458A—B を見よ。*ὕστερον δέ* はすぐ前の 460B—C をさす。
A 7 *μὰ τὸν κύνα*] この對話篇の中に見出される種々な誓い詞の用例については, *supra* 449D 5 (*νὴ τὴν Ἥραν*) の註を見よ。犬を誓いに立てる表現は, *infra* 466C (*νὴ τὸν κύνα*), 482B (*μά τὸν κύνα τὸν Αἰγυπτίων θεόν*), また他の對話篇においては, *Apol*. 22A, *Rep*. 399E, 592A, *Lys*. 211E, *Phaedr*. 228B, *Phaedo* 98E などに見られる。なお犬のほかに, 鵞鳥やプラタナスの木や, 牡羊などが誓いの語に用いられたが, この用法は古人によると, ラダマンテュスが定めたもので (*Ῥαδαμάνθυος ὅρκος*), それは神々の名を輕々しく口にしないようにするためであったと言われている (Suidas, *οὐκ εἴα ὅρκους ποιεῖσθαι κατὰ θεῶν, ἀλλ' ὀμνύναι χῆνα καὶ κύνα καὶ κριὸν καὶ τὰ ὅμοια, ὑπὲρ τοῦ μὴ τοὺς θεοὺς ἐπὶ πᾶσιν ὀνομάζειν*——Nestle 引用)。*cf*. Schol. ad Aristoph. *Aves* 521, *Apol*. 22A. またはそうすれば強調度が一層強くなるとも言われている ('It marks the highest degree of emphasis', Adam ad *Rep*. 399E note)。
B 1 *οὐκ ὀλίγης συνουσίας ἐστίν*] *supra* 458B—C の Gorgias の言葉にひっかけた, 輕いあてこすりであるように見える。しかしまた Socrates は, これ以上問答をつづけることによって, Gorgias の名聲を傷つけるようなことはしたくない, というような配慮をしているのかもしれない。
B 3 *τί δέ, κτλ*.] ここで再び Polos が登場して, この對話篇は第二幕に入る。次の *οὕτω καὶ σύ…* の *καί* は, 普通は *ὥσπερ* の後にも *καί* があるものとみて,

λέγειν と δοξάζειν とを對應させ，οὕτω καὶ……ὥσπερ καὶ……の構文になると思われるが，ここでは δοξάζειν を强めたもの(「本當にそう考えているのか，考えてはいまい」の意味)と解釋する(Ast, Denniston, p. 326)。しかしまた人によっては，καί を σύ にかけてそれを强調していると解する者もある(Thompson, '*Do even you think as you say——to say nothing of your audience?*')。
B 4 ἢ οἴει——] Polos は師の主張が自己矛盾を含むことを Socrates によって指摘されたことにいらいらして，性急にこの對話の中へ飛び込んでくる。そのため，彼のこの發言は不正確な構造の文となり，彼の興奮した感情をつたえるかのように，ごつごつしている。ἢ οἴει は anacoluthon で，それに續くべき從屬節は缺けている。ὅτι は Stallbaum の解したように '*propterea quod*' の意味にとり，それはさらに ἔπειτα 以下の文章をも含むと解する。そしてこれを受ける主文は表明されないでしまうが，その内容は大體 ἀγαπᾷς (C1) の語の中に含まれているとみてよいだろう。今日の校本は大體みなこの線に從って解釋している。ただし Thompson は，ὅτι……διδάξειν を ἢ οἴει の內容となる目的節と解し，αὐτὸς διδάξειν で文章を切って，そこに疑問符をおき，また Heindorf も次の ἔπειτα で文章を切り，そこに疑問符をおいて(……αὐτὸς διδάξειν ἔπειτα;)，同じように解釋しているが，しかしこれでは Polos の質問の意圖とは異なってくるように思う。それに文法的にも，「考える」という意味の動詞のあとに，名詞節を導く ὅτι の語が來るのは普通の用法ではない。なお，この章の詳しい分析については，Wilamowitz, *Platon*, II. S. 373—4 を參照。
なお B 5 μὴ οὐχί の否定詞の重複は，主文が ᾐσχύνθη σοι μὴ προσομολογῆσαι と否定の表現を含んでいるから。C 2 τίνα οἴει ἀπαρνήσεσθαι μὴ οὐχὶ κτλ. も同じ(τίνα οἴει の疑問文は οὐδείς の否定文に殆んど同じだから)。*cf.* GG. 1615—7. また προσομολογῆσαι の προς の意味は，Gorgias が辯論家は辯論術を不正に使用して不正を行うこともありうることを認めた上で，さらにそれに加えて(προς)，辯論家は正しいことを知っている(＝正しい人である＝不正を行うことは望まない)ということをも認めたことを指す。それ故に ἐναντίον τι ἐν τοῖς λόγοις が生れることになる。——τοῦτο ὃ δὴ ἀγαπᾷς にいたっては，Polos はもうすっかり感情的になっている。δή は ὃ を强めるが，皮肉嘲笑の色あいを加える。
C 5 ὦ κάλλιστε Πῶλε] Thompson はここにも下記の 467B ὦ λῷστε Πῶλε の場合と同じく，Polos が使って見せた(448C) ὁμοιοτέλευτον (語尾の ε 音を合わせる)の文體のもじりを見ているが，しかし果してここにその意識があるかどうかは疑わしい。
D 2 καὶ ἐγὼ ἐθέλω……ἀναθέσθαι] ここで言われていることと，後に 462A 3 において言われていること(ἀναθέμενος ὅτι σοι δοκεῖ)とを比較すると，ここでは

Socrates が ἀναθέσθαι することになっているのに，後者では Polos がそうすることになっていて，その點學者によって多少困難が感じられている。そこで Heindorf は Ficinus の譯(*atque ego lubens tibi permitto ut——permutes*) に從い，ἐθέλω のあとに δοῦναι が落ちたのではないかと推測し，また Ast もここの ἀναθέσθαι の主語を Polos にしようとする。しかし Stallbaum の言うように，ここでは自分がしようと思っていることを，後でふり返って言う時には，今度はそれを相手にすすめていると考えても，別に差支えはないであろう*。——ἀναθέσθαι は將棋，雙六の遊びからとられた比喩的な語である。盤上の駒を「待った」をして置き換えること。*cf.* Antiphon *fr.* 52 Diels, ἀναθέσθαι δὲ ὥσπερ πεττὸν τὸν βίον οὐκ ἔστιν. *Hipparchus* 229E ἀλλὰ μὴν καὶ ὥσπερ πεττεύων ἐθέλω σοι ἐν τοῖς λόγοις ἀναθέσθαι ὅτι βούλει τῶν εἰρημένων. *Prot.* 354E.
D 6 τὸ πρῶτον] *supra* 448C を指す。
E 1 δεινὰ μεντἂν πάθοις κτλ.] μεντἂν は μέντοι ἄν の crasis. ここの μέντοι は相手の言うとおりであることを認め，それをさらに强調する感じ。「いや，それはたしかに……」ぐらいの氣持ちか。なおアテナイが πόλις φιλόλογός τε καὶ πολύλογος (*Leg.* 641E) として有名であったことは周知の事實である。そしてまたその言論の自由 (παρρησία) が民主制の基礎でもあったわけである。Heindorf は Dem. *Philip.* III, 3. ὑμεῖς τὴν παρρησίαν ἐπὶ μὲν τῶν ἄλλων οὕτω κοινὴν οἴεσθε δεῖν εἶναι πᾶσι τοῖς ἐν τῇ πόλει, ὥστε καὶ τοῖς ξένοις καὶ τοῖς δούλοις αὐτῆς μεταδεδώκατε κτλ. を引用している。
E 3 ἀλλὰ ἀντίθες τοι·] ἀλλά と τοι とがこのように離れて用いられている例は，Soph. *El.* 298, ἀλλ' ἴσθι τοι τείσουσά γ' ἀξίαν δίκην, *Symp.* 207C ἀλλὰ διὰ ταῦτά τοι……παρὰ σὲ ἥκω などに見られる(*cf.* Denniston p. 549)*。これ以下に言われていることについては，*Prot.* 335C sqq. に語られていることと比較せよ。
462A 5 φῂς γὰρ δήπου κτλ.] Socrates は Polos 自身が自慢して語っていたであろう言葉を想い起させて，彼にも問答法による話し方を採用するように頼む。Gorgias に對する場合については 448A—B を見よ。δήπου には多少皮肉の氣持がある。
B 1 καὶ νῦν δὴ……ποίει] νῦν δή がここのように命令法と共に用いられるときは，δή は νῦν を强めて，νῦν の强調形になるのではなく，それぞれもとの意味を保って，‘*nunc igitur*’ の意味である。類例，*Politic.* 287C, *Soph.* 221C など (Stallb.)。
B 3 καί μοι ἀπόκριναι] Polos は問い手になることを選ぶ。Gorgias は答え手になったがために反駁される憂き目にあったのだから，自分はむしろ問い手にな

る方を得策と考えたのであろう。
B 5 *σὺ αὐτὴν τίνα φῄς εἶναι;*] この Polos の質問は，Schol. にも言われているように，*ῥητορική* の定義（*ὁρισμός*）を求めているものなのか，それともそれが技術の中のどの genus にぞくするかを訊いているものなのか，明白ではない。しかしおそらく Polos は，それが *τέχνη* であることは自明であるとして，*τέχνη* という genus の中でそれはどのようなものであるかを訊ねているのにちがいない。そこで Socrates はその點を問いただした上で，それの技術性を今度は頭から否定することになるのである。
B 11 *πρᾶγμα ὃ φῄς σὺ ποιῆσαι κτλ.*] *cf. supra* 448C *πολλαὶ τέχναι ἐν ἀνθρώποις εἰσὶν ἐκ τῶν ἐμπειριῶν ἐμπείρως ηὑρηκέναι. κτλ.* *σύγγραμμα* とは，そこの註で言われたように，これらの言葉が書き記されていたその書物であろう*。
C 3 *ἐμπειρίαν*] *ἐμπειρία* の本質は，*τέχνη* と對照して，後に 465A，501A—B で明らかにされる。
C 8 *οὐκοῦν καλὸν κτλ.*] Polos は *ῥητορική* が *ἐμπειρία τις* であるという答を得ただけで，その本質が何であるかも，またそれは他の *ἐμπειρία* からどう區別されるかも問題にしないで，ただもうそれが *καλὸν* でないかどうかを訊ねている。全く性急であると言わねばならない。そこでそれが次に指摘されることになるのである。*χαρίζεσθαι* 以下の不定法の句は前の文の説明的同格となっている。
D 1 *τὸ μετὰ τοῦτο*] これは 452C 8 の場合のような副詞的用法ではなく，*ἐρωτᾷς* の目的にとり，*εἰ* 以下の文を代表するという解釋（Nestle, Lamb, Croiset, Apelt など）に従う。*τί* (*ὅτι*) の問いの後に，*ποῖον* の問いは來るべきものだからである。*οὐ καλή*……と *οὐ* が用いられているのは，前の *οὐκοῦν καλὸν*…… という，肯定の答を期待する問いに應じたもの。*cf. infra* 463C 3.

D 11 { (1) *τίνος; φάθι* (in marg. F^2)： 一般の讀み方
(2) *τίς; φάθι* (BTPF)： Burnet

(1) をえらぶ。*cf. supra* C 6 *τίνος ἐμπειρία;**

E 2 { (1) *ταὐτὸν ἄρ'* (Olympiodorus)： Heind., Bekk., Ast, Thomp., Burnet, Lamb, Croiset, Dodds.
(2) *ταὐτὸν δ'* (BTP)： Herm., Stallb., Nestle, Lodge

(1) を採る。Heindorf の言うように（'Bene,…… nam opus est h. l. particula *συλλογιστική*'），その方が文脈のつづきが自然であるから。しかし Hermann は，(2) の *δέ* の方が Polos の不滿とおどろきの感情を表わすのにより適していると言う。——Polos にはこの單純な論理，同じ種の中に二つの個が含まれることさえ理解できないもののようである。

E 3 *ἀλλὰ τῆς αὐτῆς μὲν ἐπιτηδεύσεως μ.*]　Denniston (p. 378) は，この *μέν* は後のものにではなく，前のものと對立する場合としてあげているが，Stallbaum は，この言葉の後に Socrates は *ταὐτὸν δ' οὔ* と加えたかったのを，Polos の言葉にさえぎられて，それができなかったものと考えている。
E 6 *μὴ ἀγροικότερον ᾖ κτλ.*]　無論，*φοβοῦμαι* というような動詞を補って考える。先の 461C の Polos の言葉 (*πολλὴ ἀγροικία ἐστίν*) と比べると，ここの Socrates の言葉にはおだやかな，なだめるような調子が感じられる。Socrates は Gorgias に對してはやはり禮儀と尊敬とを拂っているのである。それと對照的に，後に彼が Callicles に對して同じような表現を使う場合には (509A, *cf.* 486C)，そのような遠慮をすっかり拂って，大膽率直に事實そのままを述べるのに用いている。眞實はしばしば *ἀγροικία* の非難を招くものであるから (Lodge)。またこの句を用いるときには比較級の形をとるのが普通である。*cf. Apol.* 32D, *Euthyd.* 283E.
463A 5 { (1) *εἰπέ· μηδὲν ἐμὲ αἰσχυνθῇς* (BTPF): Burnet
(2) *εἰπέ,……………αἰσχυνθείς* (s.l.F) : 一般の讀み方
どちらでも意味に變りはないが，Burnet のように文章を切った方が，asyndeton にはなるけれども，*ῥητορική* は *οὐδενὸς τῶν καλῶν* と言われたときの，Gorgias の感情を生き生きとつたえるのにはより適切ではなかろうか。
A 7 *ψυχῆς δὲ στοχαστικῆς καὶ ἀνδρείας κτλ.*]　Isocrates は『ソフィスト駁論』(17) において，すぐれた辯論に要求される諸條件を數え上げ，よい意味で *ταῦτα δὲ πολλῆς ἐπιμελείας δεῖσθαι καὶ ψυχῆς ἀνδρικῆς καὶ δοξαστικῆς ἔργον εἶναι* と書いている。もしこの『ソフィスト駁論』がこの對話篇よりも先に書かれたのなら，ある人たちの言うように，Platon はこの箇所を意識して，しかも意地惡く *δοξαστικῆς* の語を *στοχαστικῆς* と書き代えたのだ，という推測も成り立つかもしれないが，しかしそれら兩書の制作年代については異論があるので何とも斷定はできない。W. Jaeger, *Paideia*, III. p. 303 (*Eng. trans.*), note 43 參照。*στοχαστικός* は「的を射ることの上手な」「見當をつけることのうまい」の意から，ここでは「機を見るのに敏な」と譯しておいた。464C, 465A にもこの語は見られるが，その場に應じて適宜に譯し代えた。なお Dodds の註を參照。
B 1 *κολακείαν*]　「へつらい」「追從」「おもねり」などいろいろに譯されているが，後で說明されるように，「善」よりもむしろ「氣にいること(快)」を目ざす行爲，業(わざ)はすべてこれに含まれるので，廣く「迎合」という譯語を用いておいた。なお，Theophr. *Charact.* II. 1 の *κολακεία* の定義 (*ὁμιλίαν αἰσχρὸν εἶναι, συμφέρουσαν δὲ κολακεύοντι*)，および Arist. *E.N.* 1127a7—10 の *κόλαξ* の定義を參照。
B 3 *οὐκ ἔστιν τέχνη ἀλλ' ἐμπειρία καὶ τριβή*]　同じように *Phaedr.*

260E にも，οὐκ ἔστι (sc. ἡ ῥητορική) τέχνη ἀλλ' ἄτεχνος τριβή と言われている。τέχνη と ἐμπειρία καὶ τριβή とを對比させた表現は，*infra* 501A κομιδῇ ἀτέχνως ……τριβῇ καὶ ἐμπειρίᾳ, *Phaedr*. 270B εἰ μέλλεις, μὴ τριβῇ μόνον καὶ ἐμπειρίᾳ ἀλλὰ τέχνῃ κτλ., *Phileb*. 55E—56A, *Leg*. 938A などに見られる。なお，兩者の差異については，次の 465A 及び 501A—B で説明されている。田中美知太郎『善と必然との間に』所收の論文「技術」を參照。
B 5 καὶ τήν γε κομμωτικήν] Quintilianus (*Inst. Or*. II. 15. 25) はこれを '*mangonum (artificium), qui colorem fuco et verum robur inani sagina mentiantur*' と飜譯している。簡單に「化粧法」と譯しておいたが，「美容・服飾」などのことも含むと考えてよい (*cf. infra* 465B σχήμασιν καὶ χρώμασιν καὶ λειότητι καὶ ἐσθῆσιν ἀπατῶσα)。
B 6 ἐπὶ τέτταρσιν πράγμασιν] つまり四つの對象 (πρᾶγμα) とは，*rhetorica* には *oratio* (s. *verbum*), *coquinaria* には *cibus*, *ars (pertia) comendi* には *ornatus corporis*, そして *sophistica* には *disputatio* (s. *syllogismus*) がそれである (Heind., Stallb.)。
D 2 πολιτικῆς μορίου εἴδωλον] Quintilianus (II. 15. 25) の譯は，'*civilitatis particulae simulacrum*' である。εἴδωλον とは文字通りに「影」のことであるが，それは時にはハデスの國の住人(亡靈)をさすこともあるし，また時には見せかけだけの工夫をした見世物の意味にもなる (*cf*. Democrit. *fr*. 195 Diels, εἴδωλα ἐσθῆτι καὶ κόσμῳ διαπρεπέα πρὸς θεωρίην, ἀλλὰ καρδίης κενεά.——Nestle 引用)。しかしここの場合では，*Theaet*. 150E ψευδῆ καὶ εἴδωλα περὶ πλείονος ποιησάμενοι τοῦ ἀληθοῦς が適切な解説となるであろう。
D 3 τί οὖν; καλὸν κτλ.] Polos は *supra* 462C の場合と同じ問いをもう一度くり返す。何がなんでも辯論術は καλόν であると言ってさえもらえば，それで氣がすむかのような口ぶりである。そこで Socrates は仕方なしに αἰσχρὸν ἔγωγε と答えざるをえない。その前提となる τὰ κακὰ αἰσχρά の命題は，後に 474C 以下で詳細に論證される。ὡς ἤδη εἰδότι ἃ ἐγὼ λέγω には，このような Polos の性急さに對する Socrates の皮肉が感じられる。
D 6 μὰ τὸν Δία, ……, ἀλλ' κτλ.] Findeisen の解する如く，μὰ τὸν Δία のあとに (Πῶλος) οὐκ εἰδὼς ἐστι, または οὐκ οἶδε ἃ σὺ λέγεις を補って考えるのではなく，Heindorf, Stallbaum, Ast などの言うように，μὰ Δία, μὰ τὸν Δία は ἀλλά とまるで一語の如くにつながり，その誓いの詞に含まれる否定の意が，ἀλλά 以下の否定文によりさらに强調されているのである。類例，*Cratyl*. 423B μὰ Δί' ἀλλ' οὐκ ἐμοί πω δοκεῖ καλῶς λέγεσθαι. *Alcib*. I. 110C, Xen. *Cyrop*. I. 4. 28 など。

なお肯定の意味の誓いの詞 νὴ Δία にも，ἀλλά は一語の如くつながり，その肯定の意味を強調する。*infra* 481B νὴ τοὺς θεοὺς ἀλλ' ἐπιθυμῶ. Aristoph. *Nub.* 652 νὴ τὸν Δί' ἀλλ' οἶδα. *cf. infra* 466C 3 νὴ τὸν κύνα……μέντοι.
Gorgias のこの言葉は，弟子の Polos の無能を暗に認めるとともに，それを目だたないようにするため，師の自分にだってよく分らないのだから，まして弟子の Polos に理解できないとしてもそれは仕方ないだろうという感じで，その場をつくろおうと試みたもののように思える。そこで Polos は，最初はあっけなく引き退らねばならなかったので (448D—E)，今度こそはと意氣ごんで議論の中に飛びこんできたのだけれども，もう一度空しく引き退って，最後の挑戰の機會を今しばらく (466A まで) 待つことになる。
E 2 Πῶλος δὲ……νέος ἐστὶ καὶ ὀξύς]　Suidas はここの箇所を引用して，それに ἀμαθὴς δηλονότι καὶ προπετής と註釋している。Πῶλος という名前には πῶλος (pullum,「仔馬，若駒」の意) へのもじりがあることは，Schleiermacher の指摘した通りであろう。Thompson, Nestle は Arist. *Rhet.* II. 23, 1400b 18—20 ὡς Κόνων Θρασύβουλον "θρασύβουλον" ἐκάλει καὶ Ἡρόδικος Θρασύμαχον "ἀεὶ θρασύμαχος εἶ" καὶ Πῶλον "ἀεὶ σὺ πῶλος εἶ" を引用している。Polos の ὀξύτης は，前には (448E) 答え手としても，辯論術の何であるか (τίς) には答えないで，ただそれの ποία τις に答えるだけであったことに見られたが，いままた問い手としてもやはり同じように，質問の順序を間違えていることに現われている。それは要するに彼が問答法の訓練を經ていない (*cf.* 448D) からであろう。

464A 6
(1) ἀλλ' ἤ (Aristid.) : Thomp., Burnet, Nestle, Lamb, Dodds
(2) ἄλλος ἤ (codd.) : Heind., Bekk., Ast, Herm., Stallb., Lodge, Croiset

どちらでも意味の上ではほとんど變りないだろうが，慣用上(1)に從った。

A 8
(1) ὃ ποιεῖ (F Aristides) : Thompson, Burnet, Lamb, Dodds
(2) ὅτι ποιεῖ (BTP) : 一般の讀み方

(1)の ὃ の方がよいと思う。(2) ὅτι(whatever) の持つ不定の意味はここでは多少强すぎるように感じられる。——次の ἔχει δὲ οὐδὲν μᾶλλον の主語には，τὸ σῶμα や ἡ ψυχή を考える。δέ は上記の μέν に對應するが，この句は獨立文となっているので，その意味は '*quum tamen, quamquam*' となる。*cf.* 468D 4(Ast).
B 4 μίαν μὲν οὕτως ὀνομάσαι]　ここの οὕτως は '*sic statim*' の意味 (Heindorf)。類例，*infra.* 478A2, *Phaedr.* 235C, *Symp.* 176D, *Rep.* 530C など。μίαν ὀνομάσαι＝ἑνὶ ὀνόματι καλεῖν (s. προσαγορεύειν).

B 7 (1) *ἀντίστροφον μὲν τῇ γυμναστικῇ* (Aristides): Heind., Ast, Stallb., Thomp., Schanz, Lodge, Nestle, Croiset
(2) *ἀντὶ μὲν τῆς γυμναστικῆς* (codd.): Bekk., Herm., Burnet, Lamb, Dodds

次行の *ἀντίστροφον δὲ τῇ ἰατρικῇ* と對比すると，*μὲν*……*δέ* の對立において，同じ語がその始めにくり返されている (anaphora) と考える方が，より慣用的で，より自然で，また對立を強める上で一層効果が上るから，寫本にはないけれども，(1) の *ἀντίστροφον μὲν*…… と讀む方を採用する。類例，*Phaedr.* 241C *βλαβερῷ μὲν πρὸς οὐσίαν, βλαβερῷ δὲ πρὸς τὴν τοῦ σώματος ἕξιν*, Xen. *Oecon.* I. 13 *διὰ ταύτην κάκιον μὲν τὸ σῶμα ἔχοι, κάκιον δὲ τὴν ψυχήν, κτλ.* (Ast 引用)，*Theaet.* 158D など。この *ἀντίστροφον* の語が *gen.* と共に用いられている例は *infra* 465D, *Phileb.* 40D, *Rep.* 522A などにあり，また *dat.* と共に用いられている例は *Phileb.* 51E, 57A, *Rep.* 605A, 616B などにある。*ἀντίστροφον* とは，例えば建築物において全體がシュンメトリカルな構造をなしている場合に，つまり一方の側の部分が他方の側の部分と對をなしているときの，その一方を指す。また合唱隊における *στροφή* と *ἀντιστροφή* とを想起せよ。
B 8 *τὴν δικαιοσύνην*] ちょっと奇妙な表現であるように見えるが，F寫本やその他二，三の傳承で *δικαστικήν* と讀んでいるほかは，BTP寫本も，また殆んどすべての校本もこのままに讀んでいる (次の C 2, 465C 3 も同じ)。そしてこの讀み方は，Heindorf の言うように，Schol. vet. (*δικαιοσύνην ἀλλ' οὐ δικαστικὴν προσεῖπεν, κτλ.*) によっても，また Quintilianus の譯語 (*iustitia*) によっても保證される。なぜ特に *δικαιοσύνη* の語が使われたかということについては，Stallbaum, Lodge は，*δικαστική* の語には *iustitia* にふさわしいもの以上の，何か悪い連想が加えられる危險性があったからだと推測している。そして *δικαιοσύνη* を *τέχνη* と呼んで不自然でないことについては，たとえば *Rep.* 332D にも同じようにこう云われているということで説明している。*ἡ οὖν δὴ τίσιν τί ἀποδιδοῦσα τέχνη δικαιοσύνη ἂν καλοῖτο;* なお *Amatores* 137D 參照。しかしながら，*infra* 520B には，同じような關連で *δικαστική* の語が用いられている (*τῇ δὲ ἀληθείᾳ, κάλλιόν ἐστιν σοφιστικὴ ῥητορικῆς ὅσωπερ νομοθετικὴ δικαστικῆς καὶ γυμναστικὴ ἰατρικῆς*) し，また Rep. 409E, 410A にも，さらに Ast も注意するように，*Polit.* 303E にも *δικαστική* の語はよい意味で使われている (*ἔοικε*…… *τὰ μὴ φίλα πολιτικῆς ἐπιστήμης ἀποκεχωρίσθαι, λείπεσθαι δὲ τὰ τίμια καὶ συγγενῆ. τούτων δ' ἐστί που στρατηγία καὶ δικαστικὴ καὶ ὅση κτλ.*)。それならば，ここも必ずしも *δικαιοσύνη* でなければならないとは言えなくなるようにも思われる。なお言うまでもなく，ここの *δικαιοσύνη* の意味は，個

人の *virtus* としてのそれではなく，νομοθετική(立法・行政)に對する「司法」のことである。その具體的な内容については *infra* 478A 以下で説明されている。
C 4 ἀεὶ πρὸς τὸ βέλτιστον]　ここではっきりと τέχνη の θεραπεία の目的が示される。それに對して κολακεία (ἐμπειρία) の θεραπεία の目的は，次の D2 で τὸ ἥδιστον であることが明らかにされる。
C 5 αἰσθομένη——οὐ γνοῦσα λέγω ἀλλὰ στοχασαμένη——]　語法については 452E 6 の註參照。αἰσθομένη の内容が στοχασαμένη によってより正確に限定される。ここでまた τέχνη と κολακεία との差異が，それらの認識態度によっても區別される。つまり τέχνη はその對象の本質を γιγνώσκειν するのであるが，κολακεία はたんに αἰσθάνεσθαι, στοχάζεσθαι するにすぎないのである。
C 6 τέτραχα ἑαυτὴν διανείμασα]　ここで，Thompson の示すように，すでに 463B で言われた κολακεία の四部門を，後の説明をも勘案しながら，いま分類された τέχνη の四部門に對應させて，一覽表にして見るのが便利であろう。

(πρᾶγμα)	(τέχνη)		(κολακεία)
(ψυχή)……ἡ πολιτική		—νομοθετική	——σοφιστική
		—δικαιοσύνη	——ῥητορική
(σῶμα)……ἡ τοῦ σώματος θεραπεία		—γυμναστική	——κομμωτική
		—ἰατρική	——ὀψοποιική

C 7 ὑποδῦσα ὑπὸ ἕκαστον τῶν μορίων]　Sopater (*Proleg. ad Aristid.* p. 8), ὑποδύεται, τοῦτ' ἔστιν ὑπεισέρχεται, ὑποκρίνεται, ὡς ἐκείνῃ ταὐτὸν δοκεῖν εἶναι (Stallb. 引用)。それはちょうど俳優が舞臺に上るときに，假面や衣裳をつけるのと同じと見てよいかもしれない。Heindorf はこれを ὑπὸ τὸ σχῆμα ἑκάστου τῶν μορίων と説明し，Arist. *Rhet.* I. 2. 7. 1356a 27—8 διὸ καὶ ὑποδύεται ὑπὸ τὸ σχῆμα τὸ τῆς πολιτικῆς ἡ ῥητορική を引用している。なおArist. *Met.* III. 2. 1004b 17—8 οἱ γὰρ διαλεκτικοὶ καὶ σοφισταὶ τὸ αὐτὸ μὲν ὑποδύονται σχῆμα τῷ φιλοσόφῳ (Thompson 引用) をも參照。
D 2 τῷ δὲ ἀεὶ ἡδίστῳ θηρεύεται τὴν ἄνοιαν]　τῷ ἡδίστῳ の *dat.* は *dat. instrumentalis* にとる。「……の手段によって」「……を餌にして」の意味。τὴν ἄνοιαν は τοὺς ἀνοήτους の代りに言われている ('pro τοὺς ἀνοήτους dictum'—Heindorf, 'rem pro persona, vel abstractum pro concreto'—Ast, Nestle)。*cf.* Dem. *Ol.* II. 7 τὴν γὰρ ἑκάστων ἄνοιαν ἀεὶ τῶν ἀγνοούντων αὐτὸν ἐξαπατῶν καὶ προσλαμβάνων οὕτω ηὐξήθη (Lodge, Nestle 引用)。θηρεύεται の語については，*Soph.* 222B—C にはソフィストの活動が θήρα ἀνθρώπων と規定されてい

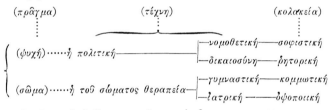

ることを思い浮べよ。Platon が狩獵のたとえを好んで用いたことは *infra* 500D (*τὴν μὲν τοῦ ἡδέος θήραν*) にも現われている。
E 1 *λιμῷ ἂν ἀποθανεῖν τὸν ἰατρόν*]　*cf. supra* 456B—C, *infra* 521E.
465A 1 *τοῦτο γὰρ πρὸς σὲ λέγω*]　462E—463A におけるが如く，ここでも Socrates は Gorgias には氣をつかって，*αἰσχρόν* というのは，それは Polos に對する答であることをわざわざ斷っている。先に見たように Polos は，*ῥητορική* が *καλόν* であることを Socrates に言わせようとして，しつこく迫っていたから。
A 3 *ὅτι οὐκ ἔχει λόγον οὐδένα*]　Ast は *λόγον ἔχειν* の意味は '*intelligere, cognoscere, einsehen*' であって，一般の '*rationem reddere*' (それは *λόγον δοῦναι* である) の譯には反對している。それによって次の *τὴν αἰτίαν……εἰπεῖν* の句にも自然に意味がつながるのかもしれない。彼はその例證として *Rep.* 475C, 493C, 499C, 544A などをあげている。それはいずれにしても，ここではこの語は上記 C 6 の *οὐ γνοῦσα* を説明し直したものと理解される。この箇所に至って，Socrates (Platon) の考えている *τέχνη* とは何かということが，きわめてはっきりと限定されたことになる。つまりそれは，一つには，*τὸ βέλτιστον* を目的とするものだということ，他は *λόγον ἔχειν* (=*γιγνώσκειν*, 従って *αἰτίαν εἰπεῖν*) することのできるものだということ，この二點である。これに反して *ἐμπειρία* や *τριβή*，すなわち *κολακεία* は，*ἄλογον πρᾶγμα* (「問答無用の，沒理論的なもの」) であり，つまり *αἰσθάνεσθαι*，あるいは *στοχάζεσθαι* するだけのものであり，また *τὸ ἡδύ* を狙うだけのものなのである。これらの點については，後に 501A—2 で再説される。

A 4
(1)　*ᾧ προσφέρει ἃ προσφέρει* (codd.):　Burnet, Croiset
(2)　*ὧν προσφέρει* (Cornarius):　Heind., Bekk., Herm., Thomp., Lodge, Nestle, Lamb
(3)　[*ᾧ προσφέρει*] *ἃ προσφέρει* (Aristidis E):　Ast, Stallb.
(4)　*ᾧ προσφέρει* ⟨*ᾗ*⟩ *ἃ προσφέρει* (Dodds)

(1) のように有力寫本どおりに讀みながら，Croiset はその脚註で次のように述べている。'On a entendu *ᾧ*=*ἐξ οὗ*, 《une raison *en vertu de laquelle* elle offre》; on pourrait admettre aussi qu'il équivaut à *τούτῳ ᾧ*, 《*à l'usage de celui à qui* elle offre》.' つまりそれは，*ᾧ* という關係代名詞を前の *λόγον* にかけるか，それとも *ψυχή* とか *σῶμα* を示す何か他の先行詞を補うかである。Croiset がこの箇所を '*parce qu'elle n'a pas, pour offrir les choses qu'elle offre, de raison fondée sur ce qui en est la nature*' と譯しているときは，前者の解釋に從ったもののように見える。しかし，もしこのまま讀むなら，Nestle (Anhang, S. 185) の言うように，むしろ後者の方が正しいであろう。'Nach dieser wäre *ᾧ* nicht auf das

vorangehende λόγον, sondern auf ein zu ergänzendes τούτου zu beziehen: Die Rhetorik ist nur eine Fertigkeit, "*weil sie keine Einsicht hat in das, dem sie beibringt, was sie beibringt*", nämlich in die Natur der Seele.' ただこの讀み方では，次の ὁποῖ' ἄττα τὴν φύσιν ἐστίν が構文上どうつづくか問題であろう。Croiset もその困難を認めているし ['Dans les deux cas, la construction (reprise de ἃ προσφέρει comme sujet de ὁποῖα……ἐστίν) est laborieuse'], Nestle もまた次のように批判している ('Aber zu dem Singular ᾧ will dann der Plural ὁποῖα ἄττα statt ὁποῖόν τι nicht stimmen, der zusammen mit den Worten ὥστε τὴν αἰτίαν ἑκάστου μὴ ἔχειν εἰπεῖν beweist, daß hier nicht…… von der φύσις des Leibes und der Seele, sondern von der φύσις der Mittel der τέχναι, bzw. κολακεῖαι, die Rede ist, also z. B. der φάρμακα bei der Medizin, der σῖτα bei der Kochkunst)。そこで他の多くの校本は，Ficinus の譯 (*quoniam nullam habet rationem eorum quae affert*) にもとづいた Cornarius の改訂，つまり (2) の ὧν προσφέρει を採用しているわけである。しかしながら，この讀み方はどの寫本にも保證されないし，また λόγον ἔχειν は普通はそのすぐあとに *gen.* をとることはなく，λόγον ἔχειν περὶ τινος の云い方となるか (*cf. Rep.* 493C, 544A)，または λόγον の內容を補足說明する句がそのあとにつづくのが慣例であるから (*cf. Rep.* 475C)，その點が疑われることになっている。それで Ast や Stallbaum は，(3)のように ᾧ προσφέρει を削ることを提案している。つまり Ast の考えでは，προσφέρει の目的である，提供されるところのもの (對象＝ἅ) が語られたので，その對象を受け取るもの (ᾧ) の方も書き加えねばならぬと考えて，寫本家が誤ってこれを挿入したのであろうというのである (*cf. Phaedr.* 270B τῷ μὲν (σώματι) φάρμακα καὶ τροφὴν προσφέρων, …… τῇ δὲ (ψυχῇ) λόγους τε καὶ ἐπιτηδεύσεις νομίμους)。一應この解釋に從って，(3) で讀んでおいた。ただし Dodds は，501A の記述と比較しながら，そこでは醫術は患者 (οὗ θεραπεύει＝ᾧ προσφέρει) の本性と，自分が行う處置 (ὧν πράττει＝ἃ προσφέρει) の根據と，その兩方を硏究すると言われているから，ここも ᾧ προσφ. と ἃ προσφ. の兩方が必要であるとみて，⟨ἢ⟩ の語を入れて讀んでいる。
B 3 κακοῦργός τε οὖσα.] Schanz, Burnet 以外は，οὖσα (Par² YF²marg.) の語を入れている。この讀み方を採用する。ただし Dodds は，⟨ἢ⟩ κακοῦργος と直す。
B 4 λειότητι καὶ ἐσθῆσιν] これは F 寫本の讀み方で，Burnet, Nestle, Dodds はこれに從う。一應，これを採用する。しかし前者も複數にして，λειότησι と讀む者もある (Bekker, Thompson)。また反對に，後者を單數にして ἐσθῆτι とする者もある (Aristides)。しかし BTP 寫本では後者は αἰσθήσει となっているので，Co-

raesはそれを ἐσθήσει (*nom. sing.* ἔσθησις) と直しているが，これに従うのが Stallbaum, Hirschig, Schanz, Lodge, Lamb, Croiset である。また Ast は αἰσθήσει を ἀνθήσει (*splendore*) に直すことを提案して，σχήμασι は λειότητι で，χρώμασι は ἀνθήσει で限定されるのだと説明している。
なおここに述べられている，κομμωτική が人をだますのに用いる四つの手段については，Nestle が言うように，Prodicos の「青年ヘラクレスの選擇」の説話に出てくる，惡德 (κακία) を代表する女について言われていることと比較せよ (Xen. *Mem.* II. 1. 22 τὴν δ' ἑτέραν……, κεκαλλωπισμένην δὲ τὸ μὲν χρῶμα ὥστε λευκοτέραν τε καὶ ἐρυθροτέραν τοῦ ὄντος δοκεῖν φαίνεσθαι, τὸ δὲ σχῆμα ὥστε δοκεῖν ὀρθοτέραν τῆς φύσεως εἶναι,……ἐσθῆτα δὲ ἐξ ἧς ἂν μάλιστα ὥρα διαλάμποι κτλ.)。また *Phaedr.* 239D ἀλλοτρίοις χρώμασι καὶ κόσμοις……κοσμούμενον も參照せよ。
C 1 ὅτι ὃ κομμωτικὴ κτλ.]　BTP 寫本では，この文章の前にさらに ὅτι ὃ κομμωτικὴ πρὸς γυμναστικήν, τοῦτο ὀψοποιικὴ πρὸς ἰατρικήν· μᾶλλον δὲ ὧδε. とある。Heind., Bekk., Herm., Lodge, Croiset, Dodds はこれをこのままに殘しているが，しかし Stallb., Thomp., Burnet, Nestle, Lamb は WF 寫本，Aristides に從い，この文章を不要として削っている (なお Thompson は C2 の ὅτι の語も削る)。これまでに Socrates は，身體を對象とする二つの技術と二つの迎合の術との差異を，かなり詳細に説明してきた。さて次に精神を對象とする二つの技術と二つの迎合の術との關係，差異を述べようとするにあたっては，話を長くしないために，これまでの考察を利用して，簡單に比例式で述べてしまおうとするのである。もし BTP 寫本にある文章を殘すとすれば，身體を對象とする二組の技術と迎合の術との關係を，それ自身においてもう一度まとめた上で，話を次の精神を對象とするものに移すことになるが，それは多少くどい感じをまぬがれまい。
C 3 ὅπερ μέντοι λέγω]　すぐ上に言われたことにかかる。465B1 ὥσπερ λέγω と同じような云い方と見てよい。しかし次に言われていることから考えて，內容的には，464C1 以下で技術について言われたこと，ἐπικοινωνοῦσι μὲν δὴ ἀλλήλαις, ……ὅμως δὲ διαφέρουσίν τι ἀλλήλων にもかかると考えてよい。διέστηκε の主語には ταῦτα を補って考える。それは上述の τέχναι と ἐμπειρίαι を漠然と全部指していると見てよいが (Stallb., Nestle, Lodge)，しかしすぐ後で言われるように，ここで Socrates の念頭にあるのは，ソフィストとレートールとの混同のことであるから，ταῦτα の內容をさらに限定して，σοφιστική と ῥητορική とを特に指していると考えてよいかもしれない (Thompson, Lamb)。次の *gen. absol.* になっている ὄντων にもそれと同じ內容の主語 τούτων を補う。
C 5 ἐν τῷ αὐτῷ καὶ περὶ ταὐτά]　この ἐν τῷ αὐτῷ はどう理解すべきか。

共通な行動の場としての法廷とか議會を考えるのか，それとも精神という同じ領域でという意味か。しかし περὶ ταὐτά の方は取扱う對象であるから，政治的，法律的な問題が意味されているのであろう。そこで一應，前者の意味で譯しておいた。いまの比例式によると，σοφιστική は νομοθετική に，ῥητορική は δικαιοσύνη に對應するのであるから，嚴密に言うと，議會で法案を通すとか，城壁を作る勸告をするとかいうような活動をするのは σοφιστής であり，法廷で辯論を通して活躍するのが ῥήτωρ なのであるが，Gorgias が前の討論で自己の技術を誇示したときには，前者をも ῥήτωρ の仕事の中に入れていたのである(*cf.* 455D sqq.)。そこで σοφιστής と ῥήτωρτικ とはお互いに混同されることになるのであり，さらにまた彼らは眞の意味での πολιός とも混同されるわけであろう。
C 7 *καὶ γὰρ ἄν, κτλ.*] 文脈のつづきが多少あいまいである。Ast は意味の上からみて，むしろ *καὶ γὰρ αὖ* (*nam similiter*) としたいところだと言っている。今のような混同は，身體を扱う場合についても，εἰ 以下の條件でなら，ありうるだろうことを示したもの。ただし，この場合の混同の一例には，技術とそれに對應する迎合の術 (醫術と料理法) との混同が語られている。
D 3 *τὸ τοῦ Ἀναξαγόρου*] Anaxagoras, *fr.* 1 Diels *ὁμοῦ πάντα χρήματα ἦν, ἄπειρα καὶ πλῆθος καὶ σμικρότητα.* この語句は彼の書物 (*Περὶ φύσεως*) の開卷劈頭にあったと言われている。彼の考えでは，宇宙の原始の狀態は萬物混在のカオス (χάος) であったが，そこにヌウス (νοῦς) が入りこんで渦卷運動を起し，そのため諸物は分離して，現在のコスモス (κόσμος) が生れたという。しかし諸物の分離は，それぞれのものが純粹無雜なものになるまで完全に行われているのではなく，ヌウスを除いて，すべてのものにはすべてのものが含まれている (ἐν τῷ σύμπαντι……ἐνεῖναι πάντα χρήματα)，というのが現狀だと彼は言う。*Phaedo* 72C にもこの言葉は引用されている。*ταχὺ ἂν τὸ τοῦ Ἀναξαγόρου γεγονὸς εἴη, "Ὁμοῦ πάντα χρήματα."*
D 7 *ὃ μὲν οὖν κτλ.*] ここで議論は，C3 *ὅπερ μέντοι λέγω κτλ.* によって傍にそれた點に再びかえる。この *μὲν οὖν* は，以下，E1 *ἴσως μὲν οὖν*, E3 *ἄξιον μὲν οὖν*, E6 *ἐὰν μὲν οὖν* (これは 466 A 2 *ἐὰν δέ* で受けられる) と四回つづけて用いられている。Schol. *ὁ Πλάτων ἐνθαῦτα κατακέχρηται τῷ Ἀττικῷ σχήματι κατακόρως, τῷ καλουμένῳ ἀμερίστῳ. τοῦτο δέ ἐστι τὸ ἔχον τοὺς μὲν πολλοὺς λεγομένους συνδέσμους, μηδαμῶς δὲ τὸν δέ.* なおこれについては Denniston (p. 472) に紹介されている des Places の比喩的な說明 ('*Les trois premiers μὲν οὖν sont de fausses sorties, il entr'ouvre la porte qu'il ouvre pour de bon avec le δέ de* 466A 2') を參照。

E 1 *ὡς ἐκεῖνο ἐν σώματι*] sc. *ἀντίστροφόν ἐστι τῆς ῥητορικῆς. ἐκεῖνο* はむろん *ἡ ὀψοποιία.* そしてこれまでのことをまとめて言えば，*ῥητορική*の定義はこういうことになろう。*ῥητορική ἐστι κολακεία, πολιτικῆς μορίου εἴδωλον, ἀντίστροφον ὀψοποιίας ἐν ψυχῇ, ὡς ἐκείνη ἐν σώματι* (Schol.).
466A 6 *κολακείας μὲν οὖν κτλ.*] ここの *μέν οὖν* は反意的 (*adversative*) な用法。*οὖν* は *μέν* を強める。「いやむしろ……」の意味。*cf. infra* 466E *Ἐγὼ οὔ φημι; φημὶ μὲν οὖν ἔγωγε. Symp.* 201C, *Crito* 44B, *Charm.* 161D など。Polos は緊張して，三度目の問い手の役をはじめるが，彼は殊のほか不注意なのか，鈍感なのか，不正確な質問をくりかえすだけなので，Socrates はもう一度彼を決めつけることになる。
A 7 *τί τάχα δράσεις;*] 「すぐとまた何をしでかすことやら，まことに頼りないことだ」の意味。以前には *δράσεις* の語のあとに *πρεσβύτης γενόμενος* の言葉が text の中に入っていたが，それは *τηλικοῦτος* や *τάχα* の説明として行間にあった書き込みが，本文の中にまぎれ込んだものであることは明瞭である。しかしここの *τάχα* は，'*statim*'，'*mox*' の意味。
A 9 *ἆρ' οὖν δοκοῦσί σοι κτλ.*] Socrates に決めつけられて，Polos は別の角度から Socrates に迫ろうとする。そして彼は *ῥήτορες* に *ἀγαθοί* (*cf.* 449A) の形容詞を冠することにより，Socrates の考えと思われるものをできるだけ意地悪く受取ろうとする。以下見られる通り，彼の關心は，辯論術の本質について Socrates がいま與えている定義そのものを論理的に反駁することにはなく，それの現實的な價値，國家社會においてそれが實際に持つ能力が，彼には問題なのである。以下，問答はその點の吟味に移ることになる。
B 3 *οὐδὲ νομίζεσθαι*] Polos の上の問い，*Ἆρ' οὖν δοκοῦσί σοι……φαῦλοι νομίζεσθαι οἱ ἀγαθοὶ ῥήτορες;* の中の *φαῦλοι νομίζεσθαι* を受けて——Polos はもちろん否定の答を豫期しているわけなのだが——答えられたもの。「*φαῦλοι* どころか，全然 (*οὐδέ*)，顧慮されてもいない，ものの數には入らない」の意味。'*ne ullo quidem loco haberi, prorsus negligi, ut nulla sint existimatione*' (Heind.)，'*ne existimatione quidem aliqua mihi videntur esse*' (Stallb.). *cf.* Aristoph. *Nub.* 962 *ὅτ' ἐγὼ τὰ δίκαια λέγων ἤνθουν καὶ σωφροσύνη 'νενόμιστο* (Heind. 引用)。

B 8
(1) *ἀλλὰ μὴν δή* (codd.)
(2) *ἀλλὰ μὴν* (Stephanus): Burnet, Croiset, Lamb
(3) *ἀλλὰ μὲν δή* (Heindorf): Bekk., Ast, Herm., Stallb., Thomp., Lodge, Nestle, Dodds

(1) が寫本の讀み方であるが，そのような particle の結合の例はほかに見られな

いから，(2)のように δή を削るか (*cf.* 458D, 470C)，それとも(3)のように μήν を μέν に訂正するか (*cf.* 471A, 506B)，どちらかであろう。そのどちらであっても意味には變りない。相手の言葉に對して，肯定，同意，應諾の意を表わす。
B 11 ὥσπερ οἱ τύραννοι] Polos は先に μέγιστον δύνανται (B 4) という云い方で，Gorgias (452D) よりもさらに斷乎とした調子で辯論家の能力を誇示したのであるが，ここでまた τύραννοι と比較することで，それを一層誇張している(しかしそのことによって實は，その技術の道德性を疑わしめることにもなるが，それには氣づいていない)。そしてそのためには，οἷοί τ' εἰσίν の如き多少遠慮した表現もとらずに，ἀποκτεινύασιν, ἀφαιροῦνται などの直接法現在を用いていることに注意せよ。とはいえしかし，それは反駁とはならないで，たんに聲を大きくすることで自己の主張を眞實と思わせようとするのに似た，レトリカルな誇張にすぎないのである。
C 3 νὴ τὸν κύνα, ἀμφιγνοῶ μέντοι] νὴ τὸν κύνα のあとにコロン (Heindorf, Stallbaum) やフルストップ (Bekker) をおいて，そこで文章を切り，Socrates に Polos の言い分を一應認めさせようとする解釋もあるが，Ast, Thompson の言うように，νὴ τὸν κύνα は次の μέντοι とまるで一語の如くにつながるものと考えるのが正しいだろう。用例については *supra* 463D 6 μὰ τὸν Δία……ἀλλά の註を見よ。ただし μέντοι は ἀλλά のように文頭におくことができないわけである。
C 7 δύο ἅμα με ἐρωτᾷς;] Schol. τό τε βούλεσθαι καὶ τὸ δοκεῖν (imo καὶ τὸ ποιεῖν, ὅ τι ἂν δοκῇ βέλτιστον εἶναι——Heindorf). τοῦτο μὲν γὰρ κατὰ φαντασίαν ἐστὶ τὴν τυχοῦσαν, τὸ δὲ βούλεσθαι πάντως πρὸς τὸ ἀγαθὸν ἀποτείνεται. つまり Polos の先の問いの中には，ὃν ἂν βούλωνται と ὃν ἂν δοκῇ αὐτοῖς との二つの言い方がなされて，それらは無雑作に同一の意味であるかのように考えられているのであるが，Socrates は βούλεσθαι と δοκεῖν を嚴然と區別して考えるから，それで二つのことを同時に質問しているのかと訊ねるわけである。τὸ βούλεσθαι——それはすでに 460C でそれに固有な道德的な意味で語られた。またそれは常に ἀγαθόν を內容とするものであることは 467C 以下で詳しく語られる——と，τὸ δοκεῖν——その內容は ἀγαθόν であることもあれば，そうでないこともある——との區別は次に明らかにされる。

C 9 πως ἔλεγες,
(1) εἰ ὅτι (BTW)
(2) εἰ οὐχί (F): Hermann, Lamb, Nestle
(3) ὅτι (PY): Heind., Bekk., Ast, Stallb., Thomp., Schanz, Lodge, Croiset
(4) Ἢ οὐχί (Burnet): Dodds

(2)を採る。(1)では讀めないし，(3)の ὅτι では先の Polos の問い (B11 οὐχ, ὥσπερ

οἱ τύραννοι,……;) が生きない恨みがある。(4) Burnet は前の ἔλεγες で文章を切り，*Ἦ οὐχί* とするが，ἦ と εἰ とはよく混同されるので，それも考えられる。
D 8 *οὐδὲν γὰρ ποιεῖν ὧν βούλονται κτλ.*]　Polos は辯論家が *μέγιστον δύνανται* であることの理由として，*ποιοῦσι ὃν ἂν βούλωνται* と，それから *ποιοῦσι ὃν ἂν δοκῇ αὐτοῖς* という二つの言い方をしていたのであるが，先に見たように，Socrates はその二つは別々のことであるとして，まず辯論家は *σμικρότατον δύνανται* であると答えた上で，その理由として *ποιοῦσι ἃ βούλονται* (*ὃν ἂν βούλωνται* に代えて直接法が使われていることに注意せよ。「事實本當に欲することをしている」の意) の點を否定するのである。しかし他方の *ποιοῦσι ὅτι ἂν αὐτοῖς δόξῃ βέλτιστον εἶναι* の點は認めるわけである。
E 3 *οὐκοῦν τοῦτο ἔστιν κτλ.*]　*τοῦτο*=*ποιεῖν ὅτι ἂν αὐτοῖς δόξῃ βέλτιστον εἶναι.* これが主語。Denniston (p. 432) はここの *οὐκοῦν* も，*supra* 459C 3 の註で引用した如く，むしろ *οὔκουν* とした方がいいのではないかと言う (Polos はいまの二つのことは同じことだと思っているのに，そのように區別されるのに驚き怪しんで，せきたてるように質問したのだと解釋するわけ)。Dodds はこれに従う。
E 6 *μὰ τὸν——οὐ σύ γε*]　sc. *φῄς*. 誓いに立てられるものの名前が省略されている例は，Aristoph. *Ran.* 1374 *μὰ τὸν, ἐγὼ μὲν οὐδ’ ἂν εἴ τις, κτλ.* にも見られる。そしてそれについては，その箇所の Scholia にはこう云われている。*μὰ τὸν· ἐλλειπτικῶς ὀμνύει* (Aristophanes), *καὶ οὕτως ἔθος ἐστὶ τοῖς ἀρχαίοις ἐνίοτε μὴ προστιθέναι τὸν θεὸν εὐλαβείας χάριν· εἰώθασι δὲ τοῖς τοιούτοις ὅρκοις χρῆσθαι ἐπευφημιζόμενοι, ὥστε εἰπεῖν μέν, μὰ τόν, ὄνομα δὲ μηκέτι προσθῆναι, καὶ Πλάτωνα δὲ τῷ τοιούτῳ κεχρῆσθαι* (Routh 引用)。またこの箇所についての Scholia にも *ἐλλειπῶς ὄμνυσιν πρός τε εὐλαβείας καὶ πραότητος ἔνδειξιν* とある。なるほどそれは，461A 7 *μὰ τὸν κύνα* の註で言われたように，神々の名を輕々しく口にしない敬神の心からであったかもしれないが，しかし特に神の名をあげる必要がないと思われるときでも，Socrates は *νὴ τὴν Ἥραν* (449D) などと言っているから，果してここの省略の動機が *εὐλαβείας χάριν* だけであったかどうかは不明である。Socrates は何かの名前をあげようとして，卽座に出て來なかったものだから，あげないでしまったと考えたらどうだろう (‘It is much more likely here that Socrates is a little vexed, but stops at once any exhibition of it’ Lodge)。Thompson は「氣まぐれ」(whim) も半分あったように解釋している (‘This however, it is to be feared, arose as much from whim as from piety’)。

E 6 { (1) *ἔφης* (codd. Stobaeus)：一般の讀み方
　　 (2) *φῄς* (Baiter)：Thompson, Schanz, Lodge, Dodds

φημί の 2nd pers. impf. は ἔφησθα が普通であり，ἔφης が用いられる場合はきわめて稀れなので（それは Attica 語ではないという人もある），(2) のように praes. に直されたわけであろう。φημί という答がその保證になるかどうかは分らぬが，これを採用しておく。なお infra 497A 1 の註を見よ。
E 10 νοῦν μὴ ἔχων ;]　「思慮分別を缺いているときに，正氣でないときに」。ποιεῖν ἃ ἂν δόξῃ βέλτιστον εἶναι が ἀγαθόν にならない場合の條件となる。ここで一應文章を切るのが Stallb., Bekk., Thomp., Burnet, Dodds の讀み方。他の校本ではここをコンマにして，あとの文につづけている。會話全體の調子から見て，前者の方がよいと思われる。前の問いにたたみかけるようにしてもう一度訊ねることになる。なお καλεῖς σὺ と Burnet, Dodds は F 寫本に従い，σύ を入れている。
E 13 οὐκοῦν ἀποδείξεις……, ἐμὲ ἐξελέγξας ;]　Nestle は ἐξελέγξας の aor. の先時制を主張している (widerlegen *und dann* beweisen) が，しかしここの aor. は aspect の意味だけで，Lodge の言うように，反駁は同時に證明となり，また證明は同時に反駁となるから，二つの觀念を一つにして考えるべきだろう。従ってここのように ἀποδείξεις……ἐξελέγξας と書いても，または ἀποδείξας……ἐξελέγξεις (Hirschig) と書いても，意味に別段變りはないであろう。なお οὐκοῦν c. fut. の疑問文は，答を促し求める命令の意味となる。「……すべきではないか，せよ」。

467A 4 ｛(1) ἡ δὲ δύναμις (codd.):　一般の讀み方
　　　　　(2) εἰ δὴ δύναμις (Heindorf):　Herm., Stallb., Thomp., Lamb

(1) を採る。(2) のようにそれ以下の文章を全部條件文 (*cf.* Ficinus '*si quidem potentiam habere……est bonum*') に讀もうとすれば，それは當然上の οἱ ῥήτορες οἱ ποιοῦντες κτλ. にかかるわけだが，それにはすでに εἰ δέ με ἐάσεις ἀνέλεγκτον という條件文があり，その關係が複雜になりすぎるように思われる。それよりも寫本どおりの (1) の方が話の流れとしても自然であり，またこれ以下で言われること，つまり δύναμις (權力) は ἀγαθόν であるということ，しかし ποιεῖν ἄνευ νοῦ ἃ δοκεῖ は κακόν であるということ，この二つが次の Socrates の結論 (A 8 πῶς ἂν οὖν κτλ.) の前提となっていると解する方が適切だろう。
A 9 ἐξελεγχθῇ]　ここの ἐξελέγχειν は '*refellendo redarguendoque docere*' (Heind.), '*coarguendo refutandoque docere*' (Stallb.) の意。*cf. infra* 482B ἢ οὖν ἐκείνην ἐξέλεγξον……ὡς οὐ τὸ ἀδικεῖν κτλ., 508A, *Euthyd.* 288E, *Theaet.* 166C, *Phaedr.* 273B など。
B 1 οὗτος ἀνήρ――]　これは修辭學者のいわゆる ἀποσιώπησις (reticentia) ――驚きや怒りのために話の途中で語の途切れること――の一例である (*cf.* Cic. *De Orat.* III. 53, 205, Quint. *Inst. Or.* IX, 1. 13, 2. 54)。οὗτος ἀνήρ は自分の前にい

る人を指して(δεικτικῶς)軽蔑的に言うのに用いられる。すなわち σύ の軽蔑的な云い方とみてよい。冠詞をとらないのが普通。同じ感じを表わして文章が完結している例は，*infra* 489B οὑτοσὶ ἀνὴρ οὐ παύσεται φλυαρῶν, 505C οὗτος ἀνὴρ οὐχ ὑπομένει ὠφελούμενος に見られる。ここでは Socrates がその言葉を引きついで，自分に都合のよいように文章を完結させている。*cf.* Schol. ὡσανεὶ ἔλεγεν, "ὁ ἄνθρωπος οὗτος τί πάσχει; οὕτω τῶν ἑαυτοῦ λόγων ἐπιλέληστασι."
B 4 [τούτου πρόσθεν] これは ἄρτι の説明であることは明らかである。そこでこれを後代の書き込みとみて Schleiermacher は削っている (Bekk., Thomp., Schanz, Burnet, Nestle, Lamb, Croiset, Dodds も削る)。しかし Stallbaum は ἄρτι では十分限定されていないことを，この言葉によってさらに限定したものと見て ('*ante hoc ipsum, quod nunc dicis*')——*cf.* 508E ἄνω ἐκεῖ ἐν τοῖς πρόσθεν λόγοις——，またこれは Polos の氣質にはふさわしい言葉として，殘すことを主張している (Heind., Herm., Lodge も殘す)。あるいは Ast の τοῦτ' οὗ πρόσθεν (sc. ὡμολόγηκας)；という訂正も一案かもしれない。
B 8 ποιοῦντες ἃ δοκεῖ αὐτοῖς;] FY 寫本(Burnet, Croiset, Dodds)に從う。しかし BTP 寫本(Bekk., Ast, Herm., Stallb., Thomp., Lodge, Nestle, Lamb) は ποιοῦντες δὲ ἃ……と δέ を入れている。この場合の δέ は上の ποιοῦσιν ἃ βούλονται との對立を强調するものであろう (δέ=*tamen, although*)。なお H. Richards は ποιοῦντές γε と讀むことを提案している。
B 10 σχέτλιά γε λέγεις] γε は寫本にはないが，Olympiodorus, Stobaeus がこれを入れており，Heind., Thomp., Burnet, Lamb, Dodds はこれに從う。入れて讀むことにする。そうすれば感嘆文の意味になる。*cf.* *infra* 473A ἄτοπά γε……ἐπιχειρεῖς λέγειν.
B 11 μὴ κακηγόρει, ὦ λῷστε Πῶλε, ἵνα προσείπω σε κατὰ σέ] 寫本は κατηγόρει であり，ほとんどすべての校本がそれに從うが，Naber (Burnet, Dodds) の訂正に從って κακηγόρει と讀む。その方が Polos の答に應じたものとしては適當であるように思われる。——なお，ὦ λῷστε Πῶλε には ω 音の反復があり，次の句にも σε——σε という同じ語の重復がある。これらは明らかに Polos の文體 (*supra* 448C 4 註參照) をもじったものであり，Polos の悪口に對する Socrates の皮肉なしっぺ返しであると見られる。
C 3 ἀλλ' ἐθέλω ἀποκρίνεσθαι] ここで Polos は今度は答え手の役に廻ることになる。彼は最初 (462C)，問い手になる方を有利と見て，質問をつづけてきたのであるが，もうこれ以上は質問をつづけることができない。ところで Socrates は問い手になることによって彼の本領を發揮し，以後議論は新しい展開を見せることにな

る。
C5 *πότερον οὖν σοι κτλ.*]　行為そのものと，行為の目的となるものとを区別し，人間の欲する(*βούλεσθαι*)のは後者だけであると Socrates (Platon) は言う。それは次に見られるように，人間の欲するのは *ἀγαθόν* であるが，*ἀγαθόν* であるのは，行為そのものではなく，行為の目的こそそれであるから，ということを明らかにするためと思われる。しかしここに言われていることには多少註釈がいるように思われる。それについて H.A. Prichard (*Moral Obligation*, Oxford, 1949, p. 43) はこう批評している。'What Plato should have said and what would express the views accurately is this: A man undoubtedly wants to do what he does, and this desire is moving him. But the desire is always derivative or dependent. His having it depends on his having another desire, viz. the desire of something to which he thinks the action will lead, and that is why this latter desire should be represented as what is moving him, since it is in consequence of having this latter desire that he has the desire to do the action' (*cf.* p. 113). つまり彼によれば，*τὸ βούλεσθαί τι μὴ διὰ τὸ βούλεσθαι ἕτερόν τι* と *τὸ βούλεσθαί τι διὰ τὸ βούλεσθαι ἕτερόν τι* とに区別すべきものだと言うのである。*cf. Lach.* 185D *ἐνὶ λόγῳ, ὅταν τίς τι ἕνεκά του σκοπῇ, περὶ ἐκείνου ἡ βουλὴ τυγχάνει οὖσα οὗ ἕνεκα ἐσκόπει, ἀλλ' οὐ περὶ τοῦ ὃ ἕνεκα ἄλλου ἐζήτει.* なお Dodds (pp. 235—6) の詳しい分析を参照。
D1 *οἱ πλέοντες*]　= *οἱ ἔμποροι* (*mercatores*). *ἐστίν* の主語は *ὃ βούλονται* であり，述語は *τοῦτο,*……*ὃ ποιοῦσιν ἑκάστοτε* であると考える。(あるいは主語と述語とを逆にしてもよい。ただし Nestle は *ὃ ποιοῦσιν* を主語に，*τοῦτο* は *ὃ βούλονται* を受けて，それを述語に考えている)。
E1 *ἆρ' οὖν ἔστιν τι τῶν ὄντων κτλ.*]　この世にあるものを善と，悪と，それらのいずれでもない中性のもの，との三種に区別する考え方は，*Lysis* 216D に詳しく語られている (*δοκεῖ μοι ὡσπερεὶ τρία ἄττα εἶναι γένη, τὸ μὲν ἀγαθόν, τὸ δὲ κακόν, τὸ δ' οὔτ' ἀγαθὸν οὔτε κακόν· τί δὲ σοί; κτλ.*)。*μεταξὺ τούτων* (*cf. Prot.* 351D *τρίτον* (sc. *ἔστιν*) *ἃ οὐδέτερα, οὔτε κακὰ οὔτ' ἀγαθά*) は，後のストア派では *ἀδιάφορα* の名で術語化されることになる。*Phileb.* 43 にも同じように，快，苦，無苦・無快の区別から，それぞれ三つの生活(生き方)が区別されている。
E3 *πολλὴ ἀνάγκη*]　この答は文脈の上からみて，Buttmann の解するように，'*necesse est omnino, omne quod sit unum ex his tribus esse*' の意味に理解すべきである。つまり，*εἶναί τι τῶν ὄντων ἤτοι ἀγαθὸν ἢ κακὸν ἢ μεταξὺ τούτων* と補えばよい。Ficinus の譯，'*nihil omnino*' から，Heindorf (Lodge もそれに従

う）の推測したように，οὐδέν, πολλὴ ἀνάγκη と理解するのは，正確でないと思う。
E4 *σοφίαν τε καὶ ὑγίειαν καὶ πλοῦτον*]　善きもの（ἀγαθόν）の三つの代表があげられている。そしてそれらを精神的なもの，身體的なもの，物質的なものという順序にあげるのが Socrates (Platon) のいつものやり方である。ただ σοφία 以外の善きものは，絶對の善ではない。*Meno* 87E—88A にも同じように善きもの（ὠφέλιμον）として，これらのもののほかに κάλλος, ἰσχύς, ἀνδρεία などがあげられているが，それらのものは時には善き（有益な）ものであるが，時にはまた悪しき（有害な）ものとなると言われていて，結局，φρόνησις（＝σοφία）の導きによってそれらは本當に善きものとなるのだとされている。だからその意味では，σοφία 以外のそれら善きものは，嚴密には τὰ μήτε ἀγαθὰ μήτε κακά であろう。しかしここではそのように嚴密に考えられているのではない。これが問答法の特色であり，つまり相手がその前提を認めて，それに異論を申立てないかぎり，それは暫定的に前提として用いられてよいのである。
468B7 *ἕνεκ' ἄρα τοῦ ἀγαθοῦ ἅπαντα……ποιοῦσιν*]　これは Socrates の基本的なテーゼの一つである。これを逆に言えば，彼のパラドクスとして有名な，οὐκ βούλεται τὰ κακὰ οὐδείς (*Meno* 78A) とか，οὐδεὶς ἑκὼν ἁμαρτάνει (*cf. Prot.* 345D—E ὅτι οὐδεὶς τῶν σοφῶν ἀνδρῶν ἡγεῖται οὐδένα ἀνθρώπων ἑκόντα ἐξαμαρτάνειν οὐδὲ αἰσχρά τε καὶ κακὰ ἑκόντα ἐργάζεσθαι, κτλ., ibid. 358C—D ἄλλο τι οὖν……ἐπί γε τὰ κακὰ οὐδεὶς ἑκὼν ἔρχεται οὐδὲ ἐπὶ ἃ οἴεται κακὰ εἶναι, οὐδ' ἔστι τοῦτο, ὡς ἔοικεν, ἐν ἀνθρώπου φύσει, ἐπὶ ἃ οἴεται κακὰ εἶναι ἐθέλειν ἰέναι ἀντὶ τῶν ἀγαθῶν）とかいう命題が生れる。同じような考え方は *Symp.* 205A, *Phileb.* 22B, *Tim.* 86D などにも見られる。この考え方の詳しい分析は上述 *Meno* 77B—78B を見よ。
C2 *σφάττειν*]　前には（466B11, C9）ἀποκτεινύναι の語が用いられていたが，ここでは意識的にそれよりもはげしい意味をもった σφάττειν の語が代用されている。それは「屠殺する」とか「虐殺する」とかいう意味で，あたかも動物を殺すかのように，無抵抗な人間を殺すことを意味する。
C3 *ἁπλῶς οὕτως*]　'*sic simpliciter*' の意味であるが，その *sic* を '*ita ut nihil aliud respiciamus*'（「何も考えずに，深い考えもなく單純に，氣まぐれで」——Stallbaum, Thompson）と解するか，または '*sine ulla exceptione*'（「例外なしに，無制限に」——Heindorf, Lodge, Nestle）と解するかで解釋が分れている。しかしこの οὕτως (*sic*) は次の ἀλλ' ἐὰν μὲν κτλ. で言われることの反對を示すものであるから，根本においては上記の二つの解釋も同じ意味になると思われる。

D 3 *οἰόμενος ἄμεινον εἶναι αὐτῷ*]　Stallbaum は Hirschig に従って *αὑτῷ* を *αὐτῷ* と *reflexive* に直しているが，寫本はすべて *αὐτῷ* である。むろん *οἰόμενος* の主體にかかるのであるが，第三者(批評者)の立場から言われているわけである。この分詞構文のあとには *τυγχάνει δὲ ὂν κάκιον* という獨立文章が來ているが，關係文のあとに獨立文章が來ることはよくある。*cf. supra* 454C1, 464B1. *δέ* は‘*quum tamen, although, während*’の意味。なおこれによって *ποιεῖν ἃ δοκεῖ αὐτῷ* とは，「自分ではよいことだと思うが，しかし實際にはよくないことかもしれないようなことをなす」という意味となり，これに反して *ποιεῖν ἃ βούλεται* の方は，「事實よいことをなす」という意味であることが明らかにされたわけである。
E 1 *ἐν τῇ πόλει ταύτῃ*]　*ταύτῃ* はいま話に出ている *ὁ τοιοῦτος* (*ῥήτωρ ἢ τύραννος*) がそのようなことをなすその國の意味。アテナイを指すときは *ἐν τῇδε τῇ πόλει* (469E1, 517A2, 521C8) が普通。しかしその意味なら *ἐν τῇ πόλει* だけで充分で，*ταύτῃ* は不要と思われる (Findeisen, Buttmann) が，特にその點が强調されているのだと考えればよかろう。
E 3 *λέγων ὅτι ἔστιν κτλ.*]　*ἔστιν* は「ありうる (‘*fieri posse*’——Stallbaum)」の意味。*ποιεῖν ἃ δοκεῖ αὐτῷ* と *ποιεῖν ἃ βούλεται* (=*μέγα δύνασθαι*) とが常に矛盾している必要はなく，矛盾する場合が一つ可能であれば，それでここの Socrates の議論には充分である。——*ἔλεγον* は 466D–E をさす。
E 6 *ὡς δή σύ, κτλ.*]　*ὡς* を伴う副文章は，獨立して感嘆文になることがある。*δή* は *ὡς* の意味を强めてそれに皮肉の色をそえる。「まるであなたといったら本當に……であるかのようだものねえ!」の意味。*cf.* 499B6 *ὡς δὴ σὺ οἴει ἐμὲ ἢ καὶ ἄλλον ὁντινοῦν κτλ.* そんな言葉づかいをすることによって Polos は，自己の敗北を認めるのをさけようとしているわけである。——次の *δήσαντα*=*εἰς τὸ δεσμωτήριον ἀγαγόντα* (Lodge, Nestle).
469A 1 *ζηλωτόν*]　羨望さるべきものは本當は人間であるが，それは容易に人間の行爲に移して考えられる。そこで Nestle は主語に *τὸ ποιεῖν* を考えている。しかし Ast, Schanz, Croiset は *ζηλωτός* (Laur. 85.12) と讀むことをすすめている。だがその必要はないだろう。*cf. Leg.* 730C.
A 2 *εὐφήμει*]　‘*fave lingua!*’と Socrates は言う。なぜなら，道德の否定はまた神に對する冒瀆と考えてよいから (Lodge)。しかし一般にこの語は，相手の言葉によって何か强いショックを受けたような場合に發せられる。*Meno* 91C(*Ἡράκλεις, εὐφήμει*), *Rep.* 329C, *Prot.* 330D (*εὐφήμει, ὦ ἄνθρωπε*), *Euthyd.* 301A などを參照。
A 4 *τοὺς ἀζηλώτους …… τοὺς ἀθλίους*]　Schol. *ἀζήλωτός ἐστιν, ὅστις*

ἔχει τι ὃ μὴ εὐχόμεθα γενέσθαι ἡμῖν, ἄθλιος δὲ ὁ πάθεσιν ἀνηκέστοις ἐνισχόμενος.
A 9 δικαίως]　Polos はこっそりこの語を挿入して，自分の説を守ろうとしている。それは 466A 10 で，οἱ ἀγαθοὶ ῥήτορες と ἀγαθοί の語を入れたのと同じやり方である。
A 10 ἐλεινός]　Ast, Thompson, Burnet はこの Attica 語形を採用しているが，他の校本ではみな ἐλεεινός の語形が守られている。以下，B 1，B 3 の場合も同じ。それぞれの意見を代表する Thompson, Dodds の註を見よ。
B 1 καὶ……γε πρός]　πρός は本來は前置詞であるが，Attica 散文ではしばしば副詞的な意味に用いられる（=*'noch dazu'*）。*cf.* 513B 6 (καὶ……τῷ Πυριλάμπους γε πρός), *Meno* 90 E (καὶ ἀμαθία γε πρός), *Euthyd.* 294A (καὶ σύ γε πρός), *Rep.* 328A (καὶ πρός γε)，559A など。
B 3 ἦ που]　*supra* 448A 4 の註を見よ。
B 5 ἧττον ἢ ὁ ἀποκτεινύς]　ὁ ἀποκτεινύς には上の文から ἀδίκως を補う。次の ὁ δικαίως ἀποθνῄσκων とは，「殺される理由があって（何か惡いことをしたために）當然に死刑になる人」の意。
B 8 ὡς μέγιστον τῶν κακῶν……τὸ ἀδικεῖν]　不正惡行はそれを行う當人にとって，間違いなしに最大の害惡であるというのが，Socrates が一生を貫いて持ちつづけた信念であった。*Apol.* 28B 以下，特に 29B, 30D, *Crito* 48B, *infra* 522E などを參照。Nestle はシラーの「メッシナの花嫁」の末尾にも同じような意味の語句があることを紹介している。
C 1—2 βουλοίμην μὲν ἂν……ἑλοίμην ἂν……]　Polos が無雑作に βούλεσθαι の語を用いているのに對して，Socrates は βούλεσθαι の語と αἱρεσθαι の語とをはっきり區別して使い分けていることに注意せよ。善くないこと（ἀδικεῖν でも ἀδικεῖσθαι でも）を βούλεσθαι するはずはないということは，先に言われたばかりである。
C 5 ἄρτι]　466B11 以下をさす。ἐξεῖναι 以下は τοῦτο の內容を補足說明する不定句。Heindorf が τὸ ἐξεῖναι と冠詞を補おうとするのは無用のことであろう。*cf. infra* 491D καὶ τὸ δίκαιον τοῦτ' ἐστίν, πλέον ἔχειν τούτους τῶν ἄλλων. αὐτῷ は ἐξεῖναι の不定法の隱れた主語である τινί にかかる。次の ἀποκτεινύντι などの *dat.* もそれにかける。κατὰ τὴν αὐτοῦ δόξαν の αὐτοῦ を αὑτοῦ にかえる (Heind., Herm., Stallb., Nestle, Croiset など) 必要もないであろう。上記 468D 3 の註參照。
C 8 ἐμοῦ δὴ λέγοντος τῷ λόγῳ ἐπιλαβοῦ]　ἐμοῦ δὴ λέγοντος は Polos の

ἀλλ' ἔγωγε τοῦτο λέγω κτλ. に應じたもの。ἐμοῦ は *gen. absol.* の主語になっているが，それはなお ἐπιλαβοῦ にもかかると見てよいだろう (*cf.* 506B ἐμοῦ γε ἀκούων ἐπιλαμβάνου, ἐάν τί σοι δοκῶ μὴ καλῶς λέγειν)。ἐπιλαμβάνεσθαι のもとの意味は「取り押える」ということであるが (*cf. Prot.* 329A ὥσπερ τὰ χαλκία πληγέντα μακρὸν ἠχεῖ καὶ ἀποτείνει ἐὰν μή ἐπιλάβηταί τις)，ここでは轉じて［攻擊する，反駁する，話をさえぎる」(*'impugnare, redarguere, reprehendere'*——Stallb., Ast) の意味で用いられている。τῷ λόγῳ (*dat. instrumentalis*) の限定がそれを明らかにしていると言えよう（ただし Hirschig, Dodds はこれを gloss とみて削る)。*cf. Symp.* 214E ἐάν τι μὴ ἀληθὲς λέγω, μεταξὺ ἐπιλαβοῦ, *Phaedr.* 236B, *Theaet.* 184C, *Rep.* 490C, 605A など。*'Tu quidem illud dicis. Sed, o bone, me dicentem audi, quaeque ego dico redargue'* (Heindorf).
D1 ἐν ἀγορᾷ πληθούσῃ]　文字通りに「人の出盛っているアゴラにおいて」と場所の意味にとっておいた。しかし ἀγορὰ πλήθουσα というのは一つの慣用句になっていて，人々が買物に出かけて市場が混雑する正午前(午前9〜11時)頃——ギリシア人は午前中に買物をすませる習慣であった——という時間的な意味だけを表わすものとなっていた。そこで Heindorf, Stallbaum はこれを *'tempore eo, quod est inter mane et meridiem'* と解釋し，Thompson (*in the forenoon*), Croiset (*à l'heure où l'agora se remplit de monde*) もこれに從っている。*cf.* Xen. *Anab.* I. 8. 1. καὶ ἤδη τε ἦν ἀμφὶ ἀγοράν πλήθουσαν, ibid. II. 1. 7 καὶ ἤδη τε ἦν περὶ πλήθουσαν ἀγοράν, Herod. II. 173, IV. 181 など (L. & S. s. v. IV, *as a mark of time* を見よ)。しかしこの解釋に對して Ast は，'neque tamen de tempore h. l. agitur, sed *de loco* (*foro*), quum non περὶ s. ἀμφὶ ἀγορὰν πλήθουσαν, sed ἐν ἀγορᾷ πληθούσῃ positum sit. Est igitur *in foro quando frequentissimum est* s. *maxime celebratur'* と言って反對している。ただし彼がその例證にあげている箇所 (Xen. *Mem.* I. 1. 10 πληθούσης ἀγορᾶς ἐκεῖ φανερὸς ἦν, Theophrast. *Charact.* 11 πληθούσης τῆς ἀγορᾶς προσελθὼν πρὸς τὰ κάρυα κτλ.) は必らずしも充分ではないように思われるけれども，ここの文脈全體から見れば，たんに時間的な意味にとるよりも，「人の混んでいるアゴラで」と場所の方に重點をおく方がよいように思われる。Cope (*'in a crowded market'*——ἐν ἀγορᾷ πληθούσῃ is not used as a note of time to signify the forenoon; but, as in Thuc. VIII. 92, it denotes simply the crowded state of the market-place), Lamb (*in a crowded market*), Apelt (*auf menschenerfüllten Markt*) もそう解釋している。
ὑπὸ μάλης]　字義通りには，「脇の下に，袖の下に，小脇に」の意であるが，これも一つの熟語のように用いられて，「ひそかに，こっそりと」などの副詞的な意味

になることもある。しかしこの意味を，Thompson の言うように，特に後者でなければならぬと限る必要はないだろう。彼はその例として *Leg.* 789C, Aristoph. *Lys.* 985 をあげているが，L. & S. はそれらを前者の用例としてあげている。
D 3 ἐὰν γὰρ ἄρα κτλ.]　γάρ と ἄρα との組み合わせは稀れである。Denniston (p. 56) は γάρ のもとの意味 (=γε ἄρα) にさかのぼって (そうするとここでは ἄρα が二重に使われていることになるのだが)，これを '*this, at any rate* (γε) *is true, as I realize* (ἄρα)' (p. 57) の感じだと説明している。そしてこのような用例は，*Prot.* 315C καὶ μὲν δὴ καὶ Τάνταλόν γε εἰσεῖδον——ἐπεδήμει (ἐπιδημεῖ, Heindorf) γὰρ ἄρα καὶ Πρόδικος, *Rep.* 438A πάντες γὰρ ἄρα τῶν ἀγαθῶν ἐπιθυμοῦσιν, *Symp.* 205B ἀφελόντες γὰρ ἄρα (T 寫本，BW 寫本は γάρ だけ) τοῦ ἔρωτός τι εἶδος ὀνομάζομεν, *Leg.* 698D に見られる。そして上述の *Prot.* 315C の箇所については，J. Adam and A. M. Adam (*Platonis Protagoras*, Cambridge, 1893 (*rep.* 1953), p. 96 note) は，'γὰρ ἄρα always introduces something supposed to be known to the person addressed' と説明しており，また *Rep.* 438A の箇所についても，J. Adam(*The Republic of Plato,* I. p. 251 note) は，'ἄρα indicates that the objector is quoting another man's view, and the doctrine that all men desire the good was in point of fact a commonplace in the Platonic school' と註している。それならこの場合も，「δύναμίς τις καὶ τυραννὶς θαυμασία がぼくに具わったばかりなのだ。ところで，その δύναμις とは，君に言わせれば，ἐξεῖναι ἐν τῇ πόλει, ὃ ἂν δοκῇ αὐτῷ, ποιεῖν τοῦτο ということなのだから，それならば……」という風な感じだろうか。しかしこの γὰρ ἄρα の組み合わせには異論もあり (*cf.* Wilamowitz, II. 346), Dodds は γε ἄρα (F) と讀む。
D 5 τεθνήξει]　*fut. pf. act.* の形をもつギリシア語は，このほかにもう一つ ἑστήξω があるだけ。*fut. pf.* は，その結果がすぐに生ずると共に，またそれが確實に生ずることを表わしている。次の κατεαγὼς ἔσται, διεσχισμένον ἔσται も同じ (Lodge)。
τινα……τῆς κεφαλῆς……κατεαγέναι]　*gen.* は τινα の中でその動作の影響を受ける範圍を示すものと考えてよいだろう。*cf.* λαμβάνειν τινὰ τῆς χειρός. しかしこの κατάγνυμι という動詞は *acc.* をとることもある。*cf. infra* 515E τὰ ὦτα κατεαγότων.——なお κατεαγέναι と *pf. pass. inf.* にするのが大部分の校本の讀み方であるが，Burnet, Lamb は καταγῆναι と *aor.* 2 *pass. inf.* に讀んでいる。それはおそらく寫本が κατεαγῆναι とあるのにもとづくのであろう (この動詞の *aor.* 2 *pass.* は κατεάγην であり，その *inf.* は καταγῆναι となるところを，加音されないはずの *inf.* においても ε が入れられて，後のギリシア語はこの形を使うように

なったからである。L. & S. s v. *κατάγνυμι* 参照)。しかし前後の文章の中でその語に對應するものを見ると，*τεθνάναι, διεσχίσθαι* といずれも *pf.* が用いられているから，そのつり合いでは *κατεαγέναι* とする方がよいのではなかろうか。
E 4 [*ἥντιν' ἂν σοι δοκοῖ* (BT)]
(1) *ἥντιν' ἂν σοι δοκῇ* (PY) 一般の讀み方
(2) *ἥντινά σοι δοκοῖ* (F) Hermann, Burnet, Lamb, Dodds
未來を想定する條件文 (1) ととるか，可能の想定の條件文 (2) ととるか，いずれかであるが，(2) を採用しておいた。
E 5 *καὶ ⟨αἱ⟩ τριήρεις*] 冠詞の *αἱ* は寫本には見えないが，Schaefer に從って今日では多くの校訂者がこれを挿入している (新しい校本で入れていないのは Lodge, Nestle, Dodds である)。しかし冠詞がなくてもよい理由を，Stallbaum はこう說明している。つまりそのときは，*τὰ νεώρια* と *τριήρεις* とは別なものとして考えられているのではなく，それらは或る一つのものとして，すなわちドックとそこに入れられている軍船という風に，一つに考えられているのであり (*cf. Critias* 117D *τὰ δὲ νεώρια τριήρων μεστὰ ἦν*)，そしてそれと他の船 (商船) (*τὰ πλοῖα καὶ τὰ δημόσια καὶ τὰ ἴδια*) —— それらはドックに入っていない —— とがむしろ區別されているのだと。*cf. Rep.* 423E *τήν τε τῶν γυναικῶν κτῆσιν καὶ γάμων* (non *τῶν γάμων*). Lodge, Dodds も大體この解釋に從う。
470A 9 [*τὸ μέγα δύνασθαι*] *πάλιν αὖ σοι φαίνεται*] *τὸ μέγα δύνασθαι* は後代の書きこみと見て，Thompson に從ってこれを削る (同樣に Burnet, Nestle, Lamb, Dodds)。そして *φαίνεται …… ἀγαθόν τε εἶναι* の主語には，*ἐὰν μὲν πράττοντι ἃ δοκεῖ κτλ.* の內容から，*τὸ πράττειν ἃ δοκεῖ* を補って考える。これがいまの議論の主題なのだから。(Thompson は *ἐὰν μὲν……ὠφελίμως πράττεν* の節全體を主語に考えているけれども，そのことが *ἀγαθόν* であるというのは同義反復にすぎないであろう)。同樣に，第二項の *κακὸν* (sc. *εἶναι*) *καὶ σμικρὸν δύνασθαι* (Thompson はこの *δύνασθαι* の語を，それはあまりにもしばしばくり返えされているという理由で削っているが，その必要はない) にも，その同じ主語を補う。
しかし，もし *τὸ μέγα δύνασθαι* を殘して，それを主語として考えるなら，どういうことになるだろうか。Stallbaum はそれをこう說明している。'Imo *τε* post *ἀγαθόν* positum est perinde ac si dein subiunctum legeretur *καὶ ὄντως εἶναι μέγα δύνασθαι*. Pro his vero per anacoluthiam infertur *καὶ τοῦτο, ὡς ἔοικεν, ἐστὶ τὸ μέγα δύνασθαι*.' そして第二の項についても，次のように譯している。'*sin minus (utilitas inde capiatur), magnam potentiam esse malum et revera exiguam potentiam*'. Lodge も大體これと同樣に考えている。'*Does not then this great*

power of yours (*πάλιν αὖ*) *appear to you* (*only provided the one who does what seems good to him proves to be doing what is profitable*) *to be both a good thing, ——and that, as it seems, is the real* (*τό*) *great power; otherwise it is an evil thing and small power.*' (*cf.* pp. 280—81. Socrates changes his expression to bring out with greater emphasis the ἐὰν μέν clause: "and that (*καὶ τοῦτο*), it seems, is the real *μέγα δύνασθαι*."……Cron does not like the *τὸ* with the second *μέγα δύνασθαι*, but the *τό* seems to have much the force of the English emphatic *the*, and that force can be brought out by adding the word 'real'). この點 Croiset の譯 (*Tu en reviens donc, très cher ami, à estimer qu'il y a grand pouvoir partout où faisant ce qui plait, on y trouve avantage, et que cela est un bien. Voilà, semble-t-il, ce qu'est un grand pouvoir. Dans le cas contraire, ce serait faible pouvoir et chose mauvaise*) は少し解說的にすぎて，正確さを缺くように思われる。(なお Dodds の批判をも參照)。
しかしながら，前後の文脈から見て，はじめに言われたように，*τὸ μέγα δύνασθαι* を削り，*τὸ πράττειν* (s. *ποιεῖν*) *ἃ δοκεῖ* を主語にして考える方がずっと自然であるように思う。*πάλιν αὖ* というのは，*τὸ ζημιοῦσθαι κακόν* という新しい見地からみても，Polos の前の見解は訂正されることになり，*supra* 466B の *τὸ δύνασθαι*…… *ἀγαθόν τι εἶναι τῷ δυναμένῳ* というテーゼが再び立證されるからである。——以上によって，*τὸ ποιεῖν ἃ δοκεῖ*＝*τὸ μέγα δύνασθαι* となるのは，*τὸ ποιεῖν ἃ δοκεῖ*＝*τὸ ποιεῖν ἃ βούλεται* のとき，つまり *τὸ ὠφελίμως πράττειν* のときであることが明らかにされた。次にはそれが *τὸ δικαίως πράττειν* のときであることが明らかにされるのである。
B 11 *σὺ μὲν οὖν……ἀπόκριναι* [*ταὐτὸ*] *τοῦτο*] adversative な意味の *μὲν οὖν* については *supra* 466A 6 の註參照。多くの校本は寫本どおりに *ταὐτὸ τοῦτο* と讀んでいる (Bekk., Herm., Stallb., Thomp., Lodge) が，もしそれが正しいなら，Ast の解するように，*ταὐτό* には '*etiam*' の意味があるとして，「訊ねることができるなら，答えることもできるはずだから，それもまたあなたの方で答えてくれ ('*ad istud, quod rogas, etiam responde*')」とでもいう意味になるのか。しかし Heindorf は *ταὐτό* を削るか，または *αὐτός* に代えるべきだとしている (しかし後者については保證もないし，またその語がこの位置に來るのもおかしい)。Schanz, Burnet, Nestle, Lamb, Dodds はこれを dittography として削っている。これに從って譯しておいた。それに對して Ast は *αὐτὸ τοῦτο* を提案し，Croiset はこれに從っている (Schleiermacher, '*Du, o Socrates, beantworte doch eben dieses*')。——Polos が自分では答えることをさけて，Socrates にそれを押しつけているのは，

一つにはそれができないからでもあるが，また一つには，そうしたくないからでもある。なぜならそうすることによって，再び自己矛盾を見せつけられるかもしれないからである。しかし彼は，議論で立ち向うことができなくなればなるほど，次に見るように，今度は事實に頼ろうとするのである。
C 4 *χαλεπόν γέ σε ἐλέγξαι*] Scholia (*κατ' εἰρωνείαν τοῦτό φησιν, ὡς δηλοῖ τὸ ἐπαγόμενον*) にある如く，皮肉な氣持で言われている。しかしその皮肉な氣持は，*ἀλλ' οὐχί* 以下で急に眞面目な調子に變っている。この *ἀλλά* は前に述べられたことと對立することを持ち出すためではなく，それを肯定し，確認する意味で用いられている。「あなたを反駁することはほんとに難しいですものねえ！ ソクラテス。いや，本當を言えば……」の意。しかし，もう一つの案としては，前の文章に *λόγῳ* を補って，*ἀλλά* 以下はその *λόγῳ* と對立する *ἔργῳ* の意味で理解することもできるかもしれない。「あなたを議論の上で反駁することはほんとに難しいですよ，ソクラテス，しかし，あなたのおっしやっていることは事實ではない (*οὐκ ἀληθῆ*) といって反駁することは，これは子供にだってできることではないでしょうか」。しかしこの場合には皮肉の感じがなくなるように思われる。
C 8 *εὐεργετῶν*] *cf. supra* 458A. つまり反駁されることは爲になることだと Socrates は考えているから。
D 1 *τὰ γὰρ ἐχθὲς καὶ πρώην*] 「きのう，おとといの出來事」「最近の事件」。*cf.* Hom. *Il.* II. 304 *χθιζά τε καὶ πρωΐζά*, Herod. II. 53 *πρώην τε καὶ χθές*, *Leg.* 677D など。このあたりの問答から，この對話が行われたと想定される年代を推定する一つの根據が得られる。それらのことに關しては，「序説」(第一章) を見よ。
D 7 *εἰ δὲ μή, ἀλλ' ἀκούω γε.*] *ἀλλά*——*γε* が條件文の apodosis に來るときは，*ἀλλά* は protasis と apodosis とに述べられている考えを對立させるのであり (ここでは *ὁράω* と *ἀκούω* との對立)，そして特に强調される語または句が *γε* によって限定されるのである (Denniston, p. 12)。Lat. '*si non——at certe*'.「見ているのでなければ，まあ，とにかく，聞いてはいるがね」の意。*cf. Lach.* 183A *εἰ δ' ἐκείνους λέληθεν, ἀλλ' οὐ τούτους γε τοὺς διδασκάλους αὐτοῦ λέληθεν αὐτὸ τοῦτο.* なおこの用法は *ἀλλ' οὖν*——*γε* と *οὖν* が附加されることによって，その對立が一層强調されることがある。*cf. Soph.* 254C *ἵνα τό τε ὂν καὶ μὴ ὂν εἰ μὴ πάσῃ σαφηνείᾳ δυνάμεθα λαβεῖν, ἀλλ' οὖν λόγου γε ἐνδεεῖς μηδὲν γιγνώμεθα περὶ αὐτῶν*, *Phaedo* 91B など (Stallb. 引用)。
D 9 *οὐκ οἶδα, κτλ.*] 以下 471A 3 まで Cicero (*Tus. Disp.* V. 12. 35) によって飜譯され，引用されている。

E1 *αὐτόθεν*]　Heindorf の *'per te ipse'* s. *'ex te ipse'* の解釋も，またはそれに反對する Stallbaum の*'ex ipso hoc loco* (i.e. *Athenis*)*'* の解釋も適切ではなかろう。むしろ Ast の *'inde (daraus)'*——つまりそれは Polos の *ἄρχοντα Μακεδονίας* の語にかかる——という譯の方が正確に近いと思う。つまりここでは「卽座に」「ただちに」の意味。Polos の考えでは，Archelaos が支配者であるというまさにその事實が，彼は幸福であることを證明しているわけである。
E4 *τὸν μέγαν βασιλέα*]　「大王」といえば，ペルシア大王のことを指すのが常である。そして一般にペルシア大王はこの世の幸福の權化と考えられていた。*cf. Apol.* 40D, *Euthyd.* 274A, *Theaet.* 175C, Democrit. *fr.* 118 Diels など。
E6 *παιδείας ὅπως ἔχει*]　*cf. infra* 510B, *Theaet.* 174E, *Soph.* 230E.
E8 *ἐν τούτῳ ἡ πᾶσα εὐδαιμονία ἐστίν;*]　先の Polos の *πολλοὶ ἀδικοῦντες ἄνθρωποι εὐδαίμονές εἰσιν* の言葉や，それの一例としてあげられた Archelaos の事例と對比して，Socrates の幸福論が明瞭に述べられている。そして次にこの句の說明として語られる *τὸν μὲν γὰρ καλὸν καὶ ἀγαθὸν ἄνδρα καὶ γυναῖκα εὐδαίμονα εἶναί φημι, κτλ.* が Socrates の一貫したテーゼである。なお彼の言う *καλὸς κἀγαθός* については，Adam (*Rep.* 489E) および Dodds の註を參照。
471A5 *ὄντι ἐκ γυναικὸς ἣ ἦν δούλη*]　この女奴隸（召使女）は *Σιμίχη* という名前であったと傳えられている (Aelianus, *V.H.* xii. 43)。
B3 *ξενίσας*]　*δεσπότην καὶ θεῖον* の語で示されるように，Archelaos はまず主人に對する罪，そして血族に對する罪を犯したのに加えて，さらに客人に對する罪をも犯したことを暗示している。それはまた同時に *Ζεὺς ξένιος* に對する犯罪でもあって，ギリシア人の間では特に重い犯罪と見なされていた。*cf.* Hom. *Il.* XIII. 623 sqq. *οὐδέ τι θυμῷ / Ζηνὸς ἐριβρεμέτεω χαλεπὴν ἐδείσατε μῆνιν / ξεινίου,* Xen. *Anab.* III. 2. 4. *καὶ οὐδὲ Δία ξένιον ᾐδέσθη.*——以下 *καταμεθύσας, ἐμβαλών*（まるで物體の如くに），*ἐξαγαγών* と分詞をつみ重ねて，彼の犯罪行爲をきわめて vivid に表現している (Lodge, Nestle)。
C2 *οὐκ ἐβουλήθη εὐδαίμων γενέσθαι*]　きわめて辛辣な皮肉である。それは *τοιγάρτοι* 以下で引き出される結論についても同じである。ここで數多く用いられている分詞には，激した感情をもてあます Polos の息づかいが感じられるようにさえ思われる。——*τοιγάρτοι* は *τοιγαροῦν* に同じ。Platon は兩方用いているが，後期對話篇では *τοιγαροῦν* だけになるという (Denniston, p. 567)。
C8 *καὶ ἴσως ἔστιν ὅστις κτλ.*]　同じように刺すような皮肉となっているのであるが，しかしこれらの言葉を通じて Polos のなしていることはただ，ひとの胸の中にひそむドクサに訴えるだけにすぎず，それはデマゴーグのやり方と少しも變

らないのである。そこでその點が次に批判されることになる。——ἀπὸ σοῦ ἀρξάμενος は '*tuque imprimis*' (Heind.), '*initio a te facto*' (Stallb.), '*nec te excepto*' (Ast) の意。
D3 καὶ κατ' ἀρχάς] 448D を見よ。次の τοῦ δὲ……ἠμεληκέναι には，本當は ἐπῄνεσα とは反對の意味の語が補われるべきであるが，その一つの動詞ですまされている (Zeugma 用法)。譯としては δέ は '*quamquam*' とすればよいかもしれぬ (*quamquam disserendi artem videris neglexisse*——Stallb., Ast)。D4 の δοκεῖς には，ἐδόκεις (Thompson), δοκοῖς (Heindorf) という訂正の試みがあるが，Ast の言うように，直接法現在でよいと思う。καὶ νῦν 以下は Socrates は Polos の心になって言う。そこで πόθεν, ὦγαθέ; と驚きの感情をこめて，その根據，理由を問う否定の意味をもつ疑問文が，それに答える形で發せられる。そしてその否定の意味をさらに强めるために καὶ μὴν——γε (「いや，たしかに」) と附け加えられる。
E2 ῥητορικῶς] Polos の上記の反駁の仕方は ῥητορικῶς と規定され，そしてそれは ἐν τοῖς δικαστηρίοις で行われるような種類のものだと言われる。しかしそれは眞の反駁，λόγος (διαλεκτική) による反駁ではないことが明らかにされて，以下二つの反駁の方法が比較されることになる。E3 ἡγούμενοι ἐλέγχειν, E4 δοκοῦσιν ἐλέγχειν では，それぞれ ἡγούμενοι, δοκοῦσιν に力點がおかれていることに注意せよ。なお，ここで Polos が用いている反駁法は，Aristoteles (*Rhet*. I. 15) が法廷辯論に用いられる五つの πίστεις ἄτεχνοι (νόμοι, μάρτυρες, συνθῆκαι, βάσανοι, ὅρκος) としてあげたものの中の，第二の μάρτυρες を用いるやり方であるといえよう。
E6 ἕνα τινὰ……ἢ μηδένα] '*unum aut adeo nullum*', '*prope nullum*' (Stallbaum). τινα は ἕνα を强めるとともに，上記の εὐδοκίμους に對して「つまらぬ，くだらぬ」という意味をも含んでいるように思われる。*cf*. *Apol*. 17B ἤ τι ἢ οὐδέν, Xen. *Cyrop*. V. 5. 45 など。
E7 οὗτος δὲ ὁ ἔλεγχος οὐδενὸς ἄξιος κτλ.] *cf*. *Lach*. 184E ἐπιστήμῃ γὰρ οἶμαι δεῖ κρίνεσθαι ἀλλ' οὐ πλήθει τὸ μέλλον καλῶς κριθήσεσθαι (κρίνεσθαι, T). (Routh, Ast, Stallb. 引用)。
472A3 συμφήσουσιν ταῦτα] ταῦτα を Stallb., Thomp., Burnet, Dodds は Van Heusde の訂正に従って ταὐτά と讀むが，他の校本ではみな ταῦτα となっている。ταὐτά にする說は，*Rep*. 432A (ἡ σωφροσύνη) παρεχομένη συνᾴδοντας τούς τε ἀσθενεστάτους ταὐτὸν καὶ τοὺς ἰσχυροτάτους καὶ τοὺς μέσους に見られる συνᾴδειν ταὐτόν の云い方が一つの根據となっており，そのような冗語 (ταὐτόν) も慣用として許されると主張するもののようであるが (Thompson)，しかし Ast の言うように，συμφάναι は τοῦτο または ταῦτα を伴って用いられるのが殆

んどすべての場合で (e.g. *infra* 500E, *Prot*. 330D, 332C, 357B, *Theaet*. 143C, *Soph*. 247A など), ここも *περὶ ὧν σὺ λέγεις* を *ταῦτα* で受けて, *συμφάναι τί τινι* の普通の構文で考えるのでよいと思う。特に *ταὐτά* と直す必要はないように思われる。
A 6 *ὧν οἱ τρίποδες……ἐν τῷ Διονυσίῳ*]　*cf*. Plut. *Vit. Nic*. 3 *ἑστήκει δὲ καὶ τῶν ἀναθημάτων αὐτοῦ* (Niciae) *καθ' ἡμᾶς τό τε Παλλάδιον ἐν ἀκροπόλει, τὴν χρύσωσιν ἀποβεβληκός, καὶ ὁ τοῖς χορηγικοῖς τρίποσιν ὑποκείμενος ἐν Διονύσου νεώς. ἐνίκησε γὰρ πολλάκις χορηγήσας, ἐλείφθη δ' οὐδέποτε* (Routh, Thompson 引用)。すなわち Nicias はたびたび *χορηγός* となり, そしてそのたびに彼が費用を負擔して上演した合唱隊は勝利を收めたと言われているが, その優勝記念の賞品として授與された *τρίπους* を彼はディオニュソス神に奉献したわけである (*τρίπους* 寄進の習慣については, Plut. *Vit. Aristid*. 1 を見よ)。そしてここで言われているように, それらの tripodes は見ばえのために列をなして並んでいた (*ἐφεξῆς ἑστῶτες*) ものと思われる。これは他の奉献品, たとえば上記引用文にあるような, アクロポリスの丘にあったパラス・アテナの黄金像などとともに, 一面では彼の敬神の心を示すものであったが, 同時にまた他面では彼の勢力を物語るものであった。そこでまたそれが彼の發言(證言)に一層の信頼と重みを與えることにもなったわけである (*cf*. Schol. *τρίποδες· τῶν λαμπρῶν ἀναθημάτων καὶ τῶν πλουσίων καὶ ἐν δυνάμει μνημονεύει, ὅτι τούτοις μάλιστα οἱ δικασταὶ πιστεύουσι*)。なお, *ἐν τῷ Διονυσίῳ* については, Schol. *Διονύσιον δὲ τὸ τοῦ Διονύσου φησὶν ἱερόν* を参照。しかしこの場合は *ἱερόν* (神殿) よりもむしろ *τέμενος* (神域) のことであろう。
B 1 *ἐν Πυθίου*]　sc. *ἱερῷ* (=*in Apollinis Pythii templo*, Routh). BTWYF[2] 寫本には *ἐν Πυθοῖ* (=*Delphi*) となっているが, しかし新しい校本ではすべてF寫本の *ἐν Πυθίου* の讀み方を採用している。その方を選ぶべき理由については Thompson の註に詳しい。*cf*. I.G. I. 189, Thuc. VI. 54. 7. *Πύθιον* とは, アテナイの東南方向にあった Apollo Pythius の聖所のことで (したがって Croiset や Cooper が 'à Delphes' とか, 'at Delphi' と譯しているのはおかしい), Suidas には, *ἱερὸν Ἀπόλλωνος Ἀθήνησιν ὑπὸ Πεισιστράτου γεγονός, εἰς ὃ τοὺς τρίποδας ἐτίθεσαν οἱ τῷ κυκλίῳ χορῷ νικήσαντες τὰ Θαργήλια* という説明が見える。なお *τοῦτο τὸ καλὸν ἀνάθημα* の *τοῦτο* という指示代名詞は, 'notum s. celebratum illud' (Ast) の意味。それもおそらくアポロンの祭りであった *Θαργήλια* において, 競演の勝利記念として授與された賞品を, Aristocrates がその神に寄進したものであったろうと推測される。*cf*. Oxf. Class. Dic. s.v. Choregia, 'Those (the prizes) gained at the Thargelia were erected in the precinct of Apollo Pythius

(Paus. I. 20. 1, etc.).'——なお Nicias や Aristocrates の生涯，および彼らの政治的な立場については，「註解」を見よ。
B 2 *ἡ Περικλέους ὅλη οἰκία*]　Pericles その人の名前があげられていないのは，この對話が行われたと想定されている年代には，彼はすでに死んでいたからである (*cf*. 503C)。それに反して前二者はまだ生存中の人として扱われている。これも對話年代を推定する一つの根據となる。「序說」(第一章) 參照。——ここで Pericles の一家は民主派の代表として取扱われているわけである。それは前二者が貴族(寡頭)派の中の溫和派と急進派とをそれぞれ代表していたのと對比される。そこで Polos のための證人としては，各黨派の代表がみな出揃うことになる。そして彼らはみな，一國の中で大いなる權力を持つことが，よしそれが獨裁者として極端な不正行爲を行うことによって購われたものであるとしても，最高の善であるという點では意見が一致している，というのである。——なお *ἐὰν μὲν βούλῃ* の後に，*ἐὰν δὲ βούλῃ* が二度も用いられているのは，Lodge の言うように，一つには丁重な話し方であるが，またそのように區別することで，どの黨派の人でも自由に選んで證人としてよいということを强調したものと考えられる。
B 4 *ἀναγκάζεις*]　Schol. *ταῖς ἀποδεικτικαῖς πίστεσι πείθεις*. 上記の *ῥητορικῶς ἐλέγχειν* に對して，*λόγῳ* (=*διαλεκτικῇ*) *ἐλέγχειν* が意味されていると思われる。Heindorf は *Theaet*. 162E の *ἀνάγκη* と *τὸ εἰκός* との對比を引用している (*ἀπόδειξιν δὲ καὶ ἀνάγκην οὐδ' ἡντινοῦν λέγετε ἀλλὰ τῷ εἰκότι χρῆσθε*)。なおまた *Theaet*. 196B *τούτῳ αὐτῷ ἠναγκάζομεν μὴ εἶναι ψευδῆ δόξαν* (Stallb., Lodge 引用), *Symp*. 223D *ταῦτα δὴ ἀναγκαζομένους αὐτοὺς καὶ οὐ σφόδρα ἑπομένους νυστάζειν* (Ast, Stallb. 引用) をも參照。
B 5 *ἐκβάλλειν με ἐκ τῆς οὐσίας καὶ τοῦ ἀληθοῦς*]　*καὶ τοῦ ἀληθοῦς* は，Ast, Thompson の言うように，*τῆς οὐσίας* を補足說明した語 (*καί*=*videlicet, that is*) として理解する。*ἐκβάλλειν* の語は上記 466C, 469C に獨裁者のやり方について言われていたことからの連想で用いられている。したがって，その語との關連では *οὐσία* は財產 (*χρήματα*) を意味するが，しかしここでは精神的な持物，つまり「眞實，眞理」の意味であるから——そのことは *τὸ ἀληθές* と言い直されることによって明らかにされている——それら兩義がこの語には含まれていると考えていいだろう。Schol. *οἱ ἐν τοῖς δικαστηρίοις τὰ χρήματα οὐσίαν φασίν· διὰ τοῦτο οὖν ὡς πρὸς ῥήτορα διαλεγόμενος οὕτως εἶπεν. ὅμως προσέθηκε καὶ τὴν προσήκουσαν αὐτῷ οὐσίαν, φημὶ δὲ τἀληθές*. Stallbaum も 'Ludit in ambiguitate vocis *οὐσίας*, quae et de bonis ac facultatibus dicitur, et de eo, quod re vera est' と言い，Cope も大體同意見である (ただし Thompson はこのような *οὐσία* の

'*double reference*' を疑っているが，その根據は述べられていない)。*cf.* Nestle, '*οὐσία*: das Vorhandene; daher 1. Vermögen, 2. das Seiende, die Wahrheit.'
C 1 *οὐδὲ σοί*]　sc. *ἄξιόν τι λόγου πεπεράνθαι.*
C 2 *ἔστιν μὲν οὖν οὗτός τις τρόπος ἐλέγχου, κτλ.*]　ここではっきりと反駁の方法は二種類に分けられている。それは後に 474A でも，また 475E—476A でも重ねて言明される。むろん Socrates は前者を眞の反駁の方法であるとは考えていない。——C 4 *ὃν ἐγὼ αὖ οἶμαι* に，Thompson や Dodds は *infra* 474A *τοῦ ἐλέγχου οἷον ἐγὼ οἶμαι δεῖν εἶναι* と比較して，*δεῖν εἶναι* を補って考えるように言っているが，しかし *εἶναι* (sc. *τρόπον ἐλέγχου*) だけでよいのではなかろうか。
C 6 *καὶ γάρ*]　Heindorf, Burnet は F 寫本に從い，*καὶ γὰρ καί* ともう一つ *καί* を重ねているが，ここではこの附け加えられた *καί* がかかるべき語はないように思う（もしそれを讀めば，*τυγχάνει……ὄντα* を强調するとみるべきか)。しかし他の校本ではみな BTP 寫本どおりに *καὶ γάρ* ('*for in truth*' Cope) だけにしている。——以下，反駁の方法の區別は實はまた，いま論議されていることが「人生如何に生くべきか (*πῶς βιωτέον*;)」という重要問題につながるものであるが故に，特に大切であることが示唆されている。
D 1 *αὐτίκα πρῶτον*]　*αὐτίκα* は例をもち出すときに使われる語の一つ。「早い話が」にあたる。*πρῶτον* と言われたのは，他にもまだ意見のくいちがいがあるからで，例えば刑罰の本質とその効果とについては，*τὸ δεύτερον* として 476A 以下で考察される。
D 6 *ἕν*]　すぐ上の註で言われた *πρῶτον* の內容にあたる。つまり不正を行い，不正であるのは幸福であるか，それとも不幸であるかという點で一つ意見が分れる。他の相異點は次に述べられるように，罰を受けることは幸福か不幸かという點である。
D 7 *εὐδαίμων ἔσται ἆρ',*]　疑問文に用いられる *ἆρα* が，467E 7, 476A 8 などの場合よりも，はるかに後置されていることに注意*。質問の重點は *ἂν τυγχάνῃ δίκης τε καὶ τιμωρίας* にある。'*You say that a wrongdoer may be happy: good—but I want to know whether he will be so if he obtains his deserts and is punished*' (Thompson). '*δίκη*, Recht wie in der deutschen Redensart "es geschieht ihm recht": *τιμωρία*, die im besonderen Falle auferlegte Strafe (Nestle). しかし Socrates は Polos の見解に反對して，不正を行い，不正であることは，無條件にどんな場合でも幸福ではないことを示そうとする。
E 5 *πάντως μὲν ἄθλιος, ἀθλιώτερος μέντοι κτλ.*]　*πάντως*=*omnino, utique, sive poenas det sive non det* (Heindorf). *cf. Leg.* 731C—D *ἀλλὰ ἐλεεινὸς μὲν πάντως ὅ γε ἄδικος καὶ ὁ τὰ κακὰ ἔχων, ἐλεεῖν δὲ τὸν μὲν ἰάσιμα ἔχοντα*

ἐγχωρεῖ κτλ. このような意味の πάντως (Stobaeus, non F) の用例は *Phileb.* 39E, *Euthyd.* 292C などに見られる (Stallb.)。
次の E 7 ἐὰν διδῷ δίκην καὶ τυγχάνῃ δίκης ὑπὸ κτλ. は同じことを重ねて言っているように見えるが，形の上では *act.* と *pass.* になっていて，一つのことを兩面から言う Platon のいつもの表現法である (*cf. supra* 457C 7 μαθόντες καὶ διδάξαντες の註)。
473A 3 φίλον γάρ σε ἡγοῦμαι] 「友のものは共通 (κοινὰ τὰ τῶν φίλων)」という諺があるが (*cf. Phaedr.* 279C), ταὐτὰ λέγειν (καὶ φρονεῖν) は友情のしるしと考えられる，その反對の διαφέρεσθαι が敵意のしるしであるが如く。*cf. infra* 510C φίλος……ταὐτὰ ψέγων καὶ ἐπαινῶν. Sall. *Cat.* 20 nam idem velle atque idem nolle, ea demum firma amicitia est (Lodge 引用)。これは Polos の ἄτοπά γε……という感嘆文の形をとった刺のある言葉に對して巧みに應酬したもの。Polos 自身の言葉もやがて ἄτοπα であることを知らせてやるだろうの感じ。Stallbaum の譯 '*nam quum mihi amicus sis, te sermonem meum lubenter auditurum arbitror*' では，意味が少しずれるように思う。
A 4 ἐν τοῖς ἔμπροσθεν] *cf.* 469B.
B 3 ἴσως] この ἴσως を多くの校本では，Ἀληθῆ γε οἰόμενος ἴσως とつづけて，前の Polos の言葉に入れているが (TW)，しかし Prinsterer (*Prosophograph. plat.* p. 106) の言うように，Socrates の言葉にする方が妥當であろう (そしてこれが B 寫本の讀み方でもある。Burnet, Croiset, Lamb, Dodds はこれに從う)。Polos の言葉とすれば，それは不確實さを示すよりも，多少控え目に言ったものとか (Lodge)，皮肉の色をそえたものとか ('cum irrisione dictum de re certa' Stallb.)，あるいは皮肉でも不確實さでもなく，「たしかに (*sine dubio, unstreitig*)」の意味であるとか (Ast)，いろいろに解釋されているが，前後の文脈から考えて，むしろその語は Socrates の受けた答えとする方が適切だろう。*cf.* 515D 8.
B 8 ἀλλ' ἔτι τοῦτ' ἐκείνου……ἐξελέγξαι] ἐκείνου は 470C に言われたことをさす。そこと同じように皮肉な調子で言われている。*cf.* Schol. καὶ τοῦτο κατ' εἰρωνείαν φησὶν ἢ κατ' ἀντίφρασιν.
B 12 ἐὰν ἀδικῶν κτλ.] ληφθῇ のあとにコンマをおいて讀む。そして ἀδικῶν は次の τυραννίδι ἐπιβουλεύων で説明されると考える (Dodds)。
C 1 καὶ ληφθεὶς κτλ.] λαμβάνεσθαι とは惡事が露見して捕えられること，'*deprehenderi*' (Ast). 以下，當時のギリシアの國々で，例外的に行われていた殘虐な處刑の種々な方法が，つみ重ねるようにして列擧されている。στρεβλοῦν とは「拷問にかけること」。殊に證言をえるために奴隷の手足をひっぱって苦しめるときにこ

の語が用いられた (*cf.* Aristoph. *Ran.* 616 sqq.)。——ἐκτέμνειν は「局部を切り取ること，去勢すること」。'absolute positum, est latinorum *exsecare,* h.e. *castrare. Euthyphr.* 6A κἀκεῖνόν γε αὖ τὸν αὑτοῦ πατέρα ἐκτεμεῖν δι' ἕτερα τοιαῦτα. Xen. *Cyrop.* V. 2. 28, VII. 5. 62. unde ἐκτομαί, *Symp.* 195C' (Ast).——τοὺς ὀφθαλμοὺς ἐκκάειν については，Odysseus が一つ目の巨人 Cyclops に對してなしたやり方が思い出されるであろう (Hom. *Od.* IX. 375 sqq., Eur. *Cyclop.* 590 sqq.). *cf. Rep.* 362A ἐκκαυθήσεται τὠφθαλμώ, Herod. VII. 18 θερμοῖσι σιδηρίοισι ἐκκαίειν τοὺς ὀφθαλμούς.——ἀνασταυροῦν は「磔にする」と譯したが，原義は棒杭で刺し貫いて殺すこと。——καταπιττοῦν は「火炙りの刑にする」と譯したが，文字通りには，ピッチ(松脂)を塗った袋——ローマ人の言う tunica molesta (*cf.* Seneca *Epist.* 14, Juvenalis *Sat.* VIII. 5. 235, Martial. *Epigr.* X. 25)——に罪人を入れて，それに火をつけ，生きながら燒くこと。實例については Athenaeus XII. 26. 524A を參照。——なおこの箇所全體を，*Rep.* 361E sqq. に述べられている完全に正義の人が受ける受難と比較せよ (ὁ δίκαιος μαστιγώσεται, στρεβλώσεται, δεδήσεται, ἐκκαυθήσεται τὠφθαλμώ, τελευτῶν πάντα κακὰ παθὼν ἀνασχινδυλευθήσεται κτλ.). さらに C 2 の καὶ ἄλλας πολλὰς……では，ὁμοιοτέλευτα になっていることに注意せよ。また C 4 の ἐπιδών には，その意味を補足する分詞として γυναῖκα の後に λωβηθέντας を補って考える。なおこの ἐπιδεῖν の語は，重大な出來事とか不幸な事件に出逢う場合に使われる (Thom. *Mag.* p. 335 τὸ ἐπεῖδον ὡς ἐπὶ πολὺ ἐπὶ συμφορᾶς τίθεται——Stallb. 引用)。

C 5 διαφυγών] λῃφθῇ の反對。「逮捕を免れて」，「うまく逃げとおして」，「萬事手ぬかりなくやりとげて」，「不正を隱し通して」などの義。次の ὅτι ἂν βούληται の表現においても，Polos は先になされた δοκεῖν と βούλεσθαι の區別を，もう忘れてしまったかの如くである。さらにまた εὐδαιμονιζόμενος＝εὐδαίμων ὤν と Polos は信じているかの如くである。

D 1 καὶ τῶν ἄλλων] ＝'*atque praeterea*' (Stallbaum). この ἄλλος の用法については *supra* 447C 3 の註を見よ。

D 3 μορμολύττῃ αὖ] Μορμώ (Μορμολύκη) とは，Λάμια, Ἔμπουσα, Ἀκκώ などと同じく，「鬼」(she-goblin) の一種であって，子供たちにたいへん恐れられていた (*cf.* Theocritus XV. 40 οὐκ ἀξῶ τυ, τέκνον, Μορμώ, δάκνει ἵππος, Xen. *Hell.* IV. 4. 17 φοβεῖσθαι τοὺς πελταστάς, ὥσπερ μορμόνας παιδάρια, Lucian. *Philops.* 2 παίδων……ἔτι τὴν Μορμὼ καὶ τὴν Λάμιαν δεδιότων.——下記の *Crito* 46C 3 および *Phaedo* 77E 7 の註にあげられた Burnet からの引用による)。したがってそれの動詞形である μορμολύττεσθαι とは，行儀の惡い子はその鬼に食べられ

るぞとか，さらわれてしまうぞとかいう風に云って，子供をおどすことである。*cf. Crito* 46C *ἂν……ὥσπερ παῖδας ἡμᾶς μορμολύττηται, Phaedo* 77E *δεδιέναι τὸν θάνατον ὥσπερ τὰ μορμολύκεια.*——*αὖ* は，Polos が Socrates を反駁しようとして再び持ち出したその「おどし」が無益であることを强調している。「またも！」「またまた」の感じ。それは次の *ἄρτι δὲ ἐμαρτύρου* で補足され，說明される（「さっき……したばかりだのに」の意味）。Heindorf は *ἄρτι ἐμαρτύρου, νῦν δ' αὖ μορμολύττῃ* という語順にする方が意味が强く出ると言うが，むしろその逆ではなかろうか。なお，*ὦ γενναῖε Πῶλε* という呼びかけの言葉において，その *γενναῖος* という語にはどんな感じがこめられているのだろうか。皮肉な意味にとって，生れのよい立派な人の君が，ぼくに對してはまるで子供をおどすような，そんな卑しい眞似をするのか，という意味なのか。それともたんに，威勢のいいとか，元氣がいいとかいうような意味なのか（'*my brave Polos*' Cope, '*brave Polos*' Croiset, '*my spirited Polos*' Lamb)。一應，前者の線で考えて，「君の氣のいいのには全く參るよ」と譯しておいた。
E 1 *ὁ διαφυγὼν καὶ τυραννεύσας*]　古い校本（Heind., Bekk., Stallb., Ast, Thomp., しかし Croiset をも含む）で，*τυραννεύσας* に合わせて *διαφυγών* (Y) と *aor.* に讀んでいるのを採る。比較的新しい校本では（ただし Hermann も入る）有力寫本（BTWF）どおりに現在分詞形（*διαφεύγων*）にしているが，そのときには「獨裁者となって，そして今でも萬事手ぬかりなくやっている者」の意となろう。重要な語の方が先に出ていると考える。
E 2 *τί τοῦτο, ὦ Πῶλε; γελᾷς; ἄλλο αὖ τοῦτο εἶδος ἐλέγχου ἐστίν, κτλ.*] Polos は Socrates の言葉のあまりに非現實的なのにあきれて笑い出したのであろう。*τοῦτο* とはその笑っている Polos の態度をさす。そこで Socrates はそれを指摘して咎めるわけである。しかし Polos のその笑いは，無意識のうちにも，師 Gorgias の教訓を實踐していたことになるだろう。*cf.* Schol. *τοῦτο παράγγελμα Γοργίου, τὸ τὰς σπουδὰς τῶν ἀντιδίκων γέλωτι ἐκλύειν, τὰ δὲ γελοῖα ταῖς σπουδαῖς ἐκκρούειν.* Arist. *Rhet.* III. 18. 7. 1419b 3—5 *περὶ δὲ γελοίων, ἐπειδή τινα δοκεῖ χρῆσιν ἔχειν ἐν τοῖς ἀγῶσι, καὶ δεῖν ἔφη Γοργίας τὴν μὲν σπουδὴν διαφθείρειν τῶν ἐναντίων γέλωτι, τὸν δὲ γέλωτα σπουδῇ.*——*ἄλλο αὖ εἶδος* と言われているのは，Polos の *ἔλεγχος* の方法は，先の (1) *μαρτύρεσθαι*, (2) *μορμολύττεσθαι* につづいて，*καταγελᾶν* が第三の種類となるからである。
E 5 *ἐπεὶ ἐροῦ τινα τουτωνί*]　ここで Polos は，この討論の席に居合わせた傍聽者たちの見解に訴えることによって，また再びちがった形においてではあるが，「證人を出す」（*μαρτύρεσθαι*）という反駁の方法にかえっている。そしてその *ῥητο-*

ρικῶς な方法で反駁をしてみよと Socrates にも要求するわけである。ところがその方法は，ちょうど ἐπιψηφίζειν (*rogare populum*) のやり方を想い出させるので，そこで Socrates は，自分が嘗つてそれをよくしなかったところの過去の體驗を次に語り，そのような反駁の方法は自分は不得手であることを示しながら，その方法に從うことを拒否して，先に言われた本當の反駁の方法を紹介することになる。——ἐπεί は本來は「理由」を示す語であるが，ここのように命令文，または疑問文 (*cf*. 461C2, 474B 7) とともに用いられると，レトリカルな効果をあげるのに役立つ。ここは，「なんなら，まあ，……」ぐらいの感じであろう (‘if you doubt me, ask one of the company present’, or ‘you have only to ask’ &c. *cf*. Soph. *El*. 352 ἐπεὶ δίδαξον, ἢ μάθ’ ἐξ ἐμοῦ, τί μοι κέρδος γένοιτ’ ἄν, Aristoph. *Vesp*. 519. “Elliptice ἐπεί ponitur cum Imperativo cum res videtur certa et minime dubia, adeo ut tuto adversarius ad objiciendum provocari possit” (G. Hermann) ——以上，Thompson 引用)。*cf*. GMT. 718.

E 6 πέρυσι βουλεύειν λαχών, κτλ.]　ここに言及されているのは，例の Arginusai 島沖海戰 (406B.C.) において，アテナイ側は勝利を收めたのにもかかわらず，指揮官たちの不手際のために，多數の人命と艦船とを失ったので，後にその責任が問われ，10 人の軍事委員のうち，直接の責任者である 8 人の將軍を (そのうち 2 人は逃亡したので缺席のままで)，一括裁判によって有罪にしようとする動議が提出されたとき，當時，政務審議會 (βουλή) の執行委員 (πρυτάνεις) の一人であった Socrates は，その違法なやり方に最後まで反對したが，その努力も空しく，それらの將軍たちは逐に死刑を宣告された事件のことであろう。*Apol*. 32B, Xen. *Hell*. I. 7. 9—16 參照。——ἡ φυλή とはもとより Socrates のぞくしていた Ἀντιοχίς 部族のこと (*Apol*. 32B ἔτυχεν ἡμῶν ἡ φυλὴ Ἀντιοχὶς πρυτανεύουσα)。γέλωτα παρεῖχον καὶ οὐκ ἠπιστάμην ἐπιψηφίζειν は，いわゆる ὕστερον πρότερον の形になっている。これはもとより控え目に言われているのであって，事實は，οὐκ ἠπιστάμην ではなく，οὐκ ἠθέλησεν ἐπιψηφίσαι (Xen. *Mem*. I. 1. 18) であったろう。ところでここの箇所によると，ちょうどその時 Socrates は政務審議會の議長 (ἐπιστάτης) の役をつとめていて，その動議を採決にふすることに反對したように解されるが，そして Xenophon もまたそのように記していて (*Mem*. I. 1. 18 ἐπιστάτης ἐν τῷ δήμῳ γενόμενος, *cf*. IV. 4. 2)，これを支持する學者 (Thompson) もあるが，しかしこの點については，すでに Grote (*H.G*. VIII. p. 271 note) や E. Meyer (*G. d. A*. §729 note) 以來，反對論が多い。Burnet, *Apology*, 32B 6 note (pp. 133—4)，田中美知太郎，*Apologia Socratis*「註解」(pp. 97—99)，Dodds, のこの箇所の註などを參照せよ。——なお，ここの記述とこの對話が行われたと想定される年代との關係に

ついては，「序説」(第一章) を見よ。
474A 3 *τούτων*]　Polos がこれまで Socrates を反駁するのに用いた種々の試み。つまり前述の「證人を出す」とか，「脅迫したり，恐怖心に訴えたりする」とか，あるいは「嘲笑する」とかいうようなやり方である。——次の *ὅπερ νυνδὴ ἐγὼ ἔλεγον* は *ἐμοὶ ἐν τῷ μέρει παράδος κτλ.* を受けながら，上記 472C に言われた *ἔστιν μὲν οὖν……εἴ τι διοίσουσιν ἀλλήλων* の言葉にかかる。
B 2 *διδόναι ἔλεγχον*]　*διδόναι δίκην* と同じ用法。*pass.* の意味になる。*cf. Apol.* 39C *οἰόμενοι μὲν ἀπαλλάξεσθαι τοῦ διδόναι ἔλεγχον τοῦ βίου.*
B 7 *ἐπεὶ σὺ……ἢ ἀδικεῖν;*]　この文章は疑問符を取り去って (Ast, Lodge, Nestle, Lamb)，皮肉の意味に解することもできる。
C 1 *οὔκουν ἀποκρινῇ;*]　*οὔκουν* と讀むのは Burnet と Dodds だけであり，他はみな *οὐκοῦν* にしているが，前者をえらぶ (*cf. supra* 459C 3 註)。*οὔκουν* c. *2nd. pers. fut.* の疑問文は，我慢ができかねる問いで，せきたてる意味の命令となる。ここでは同じ内容の押問答がつづいて，議論が一向に進まないので，早く議論の内容に入ってくれないかとせまる感じ。「(それではもう，どうしても答えてくれないのかね。) さあ，早く答えてくれよ」という意味。
C 4 *ὥσπερ ἂν εἰ ἐξ ἀρχῆς σε ἠρώτων*]　事實としては，その問題はすでに 469B 以來論じられてきたことであるから。
C 8 *οὐκοῦν καὶ κάκιον, εἴπερ αἴσχιον*]　Socrates にとっては *κακόν* と *αἰσχρόν* とは同じことである。そのことはすでに 463D においても，Polos の性急な問い，つまり辯論術は *καλόν* か *αἰσχρόν* かの問いに對して，それは *αἰσχρόν* であると答えられたときに言われていたことである (*αἰσχρὸν ἔγωγε——τὰ γὰρ κακὰ αἰσχρὰ καλῶ*)。*cf. Crito* 49B *τό γε ἀδικεῖν τῷ ἀδικοῦντι καὶ κακὸν καὶ αἰσχρὸν τυγχάνει ὂν παντὶ τρόπῳ* (Nestle 引用)。*Rep.* 452D—E *μάταιος ὃς γελοῖον ἄλλο τι ἡγεῖται ἢ τὸ κακόν, καὶ ὁ γελωτοποιεῖν ἐπιχειρῶν πρὸς ἄλλην τινὰ ὄψιν ἀποβλέπων ὡς γελοίου ἢ τὴν τοῦ ἄφρονός τε καὶ κακοῦ, καὶ καλοῦ αὖ σπουδάζει πρὸς ἄλλον τινὰ σκοπὸν στησάμενος ἢ τὸν τοῦ ἀγαθοῦ* (Thompson 引用)。
D 3 *τί δὲ τόδε;*]　*τόδε* は *acc.* にとり，*λέγεις* または *ἡγεῖ* を補って考えるのがいいだろう。
D 7 *πρὸς τοῦτο*]　sc. *καλὸν εἶναι.*　*πρὸς ὃ κτλ.* を强調するためにくり返されている。そしてそれは言うまでもなく，*κατὰ τὴν χρείαν* の説明となっている。*καλόν* を有用性で定義することについては，*Hipp. Mai.* 295B—E, *νῦν δὲ θέασαι αὐτὸ ὅ σοι δοκεῖ εἶναι τὸ καλόν. λέγω δὴ αὐτὸ εἶναι……τοῦτο γὰρ δὴ ἔστω ἡμῖν καλόν, ὃ ἂν χρήσιμον ᾖ.……Οὐκοῦν καὶ τὸ ὅλον σῶμα οὕτω λέγομεν καλὸν εἶναι,*

τὸ μὲν πρὸς δρόμον, τὸ δὲ πρὸς πάλην,……ἀποβλέποντες πρὸς ἕκαστον αὐτῶν ᾗ πέφυκεν, ᾗ εἴργασται, ᾗ κεῖται, τὸ μὲν χρήσιμον καὶ ᾗ χρήσιμον καὶ πρὸς ὃ χρήσιμον καὶ ὁπότε χρήσιμον καλὸν φαμεν εἶναι, τὸ δὲ ταύτῃ πάντῃ ἄχρηστον αἰσχρόν. Xen. *Mem.* III. 8. 5—7, ibid. *Symp.* V. 4 などを見よ。また καλόν を κατὰ ἡδονήν τινα で定義する試みも上述の *Hipp. Mai.* 297E 以下に見られる。ὅρα γάρ· εἰ ὃ ἂν χαίρειν ἡμᾶς ποιῇ, μήτι πάσας τὰς ἡδονάς, ἀλλ' ὃ ἂν διὰ τῆς ἀκοῆς καὶ τῆς ὄψεως, τοῦτο φαῖμεν εἶναι καλόν, κτλ. なお Dodds の註を参照。
E 7 τὰ καλά]　有力寫本では (W はこの語句を省略) 冠詞がついている。これはどう理解すべきか。(1) Heindorf はこれを καὶ μὴν τὰ καλὰ τά γε κατὰ τοὺς νόμους……οὐ δήπου ἐκτὸς τούτων ἐστὶ τοῦ ἢ ὠφέλιμα κτλ. という風に語順を直して考えている。(2) Stallbaum は τὰ καλά を τά γε κατὰ τοὺς νόμους καὶ τὰ ἐπιτηδεύματα と同格にして讀もうとする。しかしこれらの解釋に對して Ast は次のように批評する。(1) の讀み方では,「法律や制度 (または風俗習慣) の中にある美しさ」という意味になるが, ここで問題になっているのはむしろ「法律制度そのもの」について, どういう理由でそれらが美しいかということである ('At vero non *de pulchro quod in legibus et institutis inest* agitur, sed de ipsis legibus institutisque (ut supra σχήματα καὶ χρώματα——τὰς φωνὰς καὶ τὰ κατὰ τὴν μουσικήν), quamobrem pulchra dicuntur')。また (2) の讀み方では, 結局,「美しい法律や制度」という意味になるが, 問題になっているのはやはり法律や制度がどういう理由で美しいかということである (neque enim *de legibus et institutis pulchris* loquitur Socrates, sed hoc dicit, leges quoque et instituta sicut voces et res musicas pulchra esse vel propter utilitatem vel propter iucunditatem vel utramque ob causam)。そこで Ast は τά を削って, καλά を述語に讀もうとする。Ficinus の譯もそうなっており (*Quin etiam statuta legum et studia non ob aliam causam pulchra sunt, quam quod aut conferunt* etc.), Thompson もこれの方をよしとしている。しかしながら, 後世の寫本 (VY) 以外は, すべて冠詞がついているとすると, Ast や Thompson の説に簡單に從うわけにゆかない。(1) の Heindorf の考え方のように, τὰ καλὰ τὰ κατὰ τοὺς νόμους κτλ. (=τὰ καλὰ κατὰ τοὺς νόμους κτλ.)——それを 'pulchrum quod *in* legibus……*inest*' (Ast), 'the beauty which *resides in* laws' (Thompson) のように譯してよいかどうかには問題があるとしても——と語順を直して考えるのは多少無理があるように思えるけれども, (2) の Matthiae, *Gramm. gr. p.* 567 に從った Stallbaum の説明的同格とする説で, 少しもさしつかえないように思われる。つまり,「さらにまた法律や制度の方面におけることも, およそ美しいものは, 無論, いま言われたそれらの點, つまり有益なも

のであるか，快的なものであるか，それともそれら兩方のものであるか，ということを拔きにしてはありえないだろう」という譯で充分だと思われる。
τοῦ ἢ ὠφέλιμα εἶναι κτλ.] これは無論 *τούτων* という代名詞の說明として附け加えられているのであるが，そしてこの *τοῦ* という冠詞は WF 寫本に從って讀まれているのであるけれども，BY 寫本の如く冠詞なしでもよいと思われる (Hermann, Schanz, Lodge, Croiset はそれに從う)。なぜなら Ast の言うように，代名詞のあとの說明のための不定法は，冠詞なしに用いられることがしばしばあるからである (*cf. supra* 469C *Ἀλλ' ἔγωγε τοῦτο λέγω,……ἐξεῖναι ἐν τῇ πόλει, κτλ.*, 491D *καὶ τὸ δίκαιον τοῦτ' ἐστίν, πλέον ἔχειν τούτους τῶν ἄλλων* など)。また，もし冠詞を用いるならば，前置詞もくりかえして附け加えられるのが普通だからである (*cf. Rep.* 341D *οὐ καὶ ἡ τέχνη……ἐπὶ τούτῳ πέφυκεν, ἐπὶ τῷ τὸ συμφέρον ἑκάστῳ ζητεῖν τε καὶ ἐκπορίζειν*; また *μέχρι τούτου—μέχρι τοῦ* の如く)。もっとも Stallbaum は冠詞のある例として *Leg.* 816E *ἀλλὰ αὐτῶν ἕνεκα τούτων καὶ μανθάνειν αὐτὰ δεῖ, τοῦ μή ποτε δι' ἄγνοιαν δρᾶν ἢ λέγειν ὅσα γελοῖα κτλ.* をあげている。
475A 2 *καὶ καλῶς γε κτλ.*] *τὸ καλόν* の定義が *καλῶς* になされたという云い方に注意せよ。Polos はつい調子に乘って，Socrates の與える定義に同意するばかりか，すすんでその定義の中の一語を他の同義語と置き換えることによって，Socrates の意を迎えんとする。しかしそれは，自分で自分の首をしめるようなものであることに氣がつかないようである。すなわちSocrates は，*καλόν* の內容の一面を *ὠφέλιμον* で說明してきたのであるが，Polos の方で——彼はいましがた *καλόν* と *ἀγαθόν* との同一性を拒否したばかりだのに——その *ὠφέλιμον* の語を *ἀγαθόν* に代えて，その定義を受けとっているからである。
A 4 *οὐκοῦν τὸ αἰσχρὸν τῷ ἐναντίῳ*] sc. *ὁριζόμενος καλῶς ὁρίζομαι.*
B 1 *λύπῃ ἢ κακῷ*] 前の文章と嚴密に對應させるなら，當然このあとには *ἢ ἀμφοτέροις* を補って考えるべきだろう。Hirschig, Schanz は實際にそれを text のなかに入れている。なおこの箇所で言われる *λύπη* は，次に (C 2) *ἀλγοῦσι* で說明されるように，肉體的苦痛をさして，良心の苦痛には關係ない。
D 2 *ἐν τῷ ἔμπροσθεν χρόνῳ*] *cf.* 474B—C. *ὑπὸ μὲν τῶν πολλῶν ἀνθρώπων* と言われたのは，Polos がこれまで再三にわたり大衆の意見を權威として持ち出してきたからである。474B にも *οὔτ' ἄλλον ἀνθρώπων οὐδένα* とか，*οὔτ' ἄλλος οὐδείς* とかいう表現が使われていた。
D4 *κάκιον ἐφάνη*] sc. *ὄν*. 分詞の省略の例は 478E 1 にもある。
D 5 *ἀντὶ τοῦ ἧττον*] sc. *κακοῦ καὶ αἰσχροῦ*＝*ἢ τὸ ἧττον κακὸν καὶ αἰσχρόν*. *Δέξαιο ἂν οὖν σὺ μᾶλλον κτλ.* は 474B 7 の Polos の言葉をそのまま

しっぺい返ししたもの。
D 7 *ὥσπερ ἰατρῷ παρέχων*] *παρέχων* の目的にはここでは *σεαυτόν* を補えばよいが，そのような目的語は省略されることが多い。*cf. supra* 456B *τεμεῖν ἢ καῦσαι παρασχεῖν τῷ ἰατρῷ*, *infra* 480C *παρέχειν……ὥσπερ τέμνειν καὶ κάειν ἰατρῷ*, *Charm.* 176B, *Theaet.* 191A, *Prot.* 348A, Xen. *Mem.* I. 2. 54 *τοῖς ἰατροῖς παρέχουσι……καὶ ἀποτέμνειν καὶ ἀποκάειν* (Stallbaum 引用)。議論において Socrates がその問答相手に要求する態度はしばしばこの比喩で表現されている。
E 4 *οὔτ' ἂν ἐγὼ οὔτ' ἂν σὺ οὔτ' ἄλλος……δέξαιτ' ἂν κτλ.*] *ἂν* のくり返しに注意。それは動詞以外にも附加されて，その附加された語の各〻を特にはっきりと區別して，それぞれを強調するために用いられる。*cf. Apol.* 31D *πάλαι ἂν ἀπολώλη καὶ οὔτ' ἂν ὑμᾶς ὠφελήκη οὐδὲν οὔτ' ἂν ἐμαυτόν*, *Symp.* 196E *οὔτ' ἂν ἑτέρῳ δοίη οὔτ' ἂν ἄλλον διδάξειεν*, Xen. *Anab.* I. 3. 6 など (Stallbaum)。
E 7 *ὁρᾷς οὖν……, ὁ ἔλεγχος κτλ.*] これは *ὁρᾷς οὖν……τὸν ἔλεγχον ὅτι παρὰ τὸν ἔλεγχον κτλ.* と書いてもよかったであろうが，text にある方が二つの反駁の方法の對立が一層はっきりと出る。これは先の 472C 4 の *παραβαλόντες οὖν παρ' ἀλλήλους σκεψώμεθα κτλ.* という自分の言葉をふり返って言ったものである。なお次の 476A 1 では，*ὁμολογῶν* という語に加えて，それをさらに *μαρτυρῶν, ἐπιψηφίζων* と Socrates は説明している。それが Polos の理解している反駁の方法であるから (*cf. supra* 472A, 473E—474A)。*οὐδὲν ἔοικεν*, ' intell. *ὁ ἔλεγχος τῷ ἐλέγχῳ* =*nihil similitudinis esse*' (Ast).
476A 3 *μετὰ τοῦτο δὲ……τὸ δεύτερον*] ここから第二の點についての反駁が始る。*τὸ δεύτερον* は 472D 1 の *αὐτίκα πρῶτον* に應ずる。それはすでに 472E 以下で一度取扱われて，473C では Polos によって「恐怖心に訴える」ところの反駁がなされていたテーマである。——*ἆρα* の後置の例は，467E 7, 472D 7 にある。
A 7 *τὸ κολάζεσθαι δικαίως*] *δικαίως* に力點がおかれている。以下の反駁はそれに依存しているから。

C 6 { (1) *εἴ τέμνει τις* (Stobaeus)： 一般の讀み方
(2) *εἴ τέμνει τι* (TP, *τί* BF)： Bekker, Burnet

(1) の方が，寫本にはないけれども，上記 C 3—4 の *οὐκοῦν καὶ εἰ κάει τις* (*cf.* B 7 *εἴ τις τύπτει, ἀνάγκη τι τύπτεσθαι*) と並べてみると，言葉づかいがそろうのでよいように思われる。それにもし (2) で讀もうとすると，「それではまた何かを切る場合にも，同じことが言えるのではないか。何かが切られるのだから」となって，それではここの文脈に要求されていることから外れるように思われる。つまりここの

議論では，「切るとすれば，何かを切ることになる（何かが切られることになる）」ということを言おうとするのであって，始めから「何かを切るとすれば」といったのでは，議論はすでに終っていることになるからである。——なお，ここで *κάειν* とか *τέμνειν* という（それらの意味については，*supra* 456B 4 の註を參照）醫術の用語が例にとられているのは，適切だと言わねばならぬ。なぜなら，464B において述べられた如く，醫術が身體に對する關係は，裁判（司法）の術が魂に對する關係と同じだからである。
D 8 *ὑπό γε τοῦ κολάζοντος*]　*γε* は答の中に用いられて，すでに表明されている同意に，さらにその詳細を加えることを示す。*Phaedo* 59B *Ξένοι δέ τινες παρῆσαν; Ναί, Σιμμίας τέ γε ὁ Θηβαῖος* など，Denniston p. 136 の引用例を見よ。
477A 1 *οὐκοῦν εἴπερ καλά, ἀγαθά; ἢ γὰρ ἡδέα ἢ ὠφέλιμα*]　簡潔な言い方がされているが，474D—475A において明らかにされたように，*καλά* とは *ἡδέα* のことか，*ὠφέλιμα* のことか，それともそれら兩方（*ἀμφότερα*）のことか，そのいずれかであるが，*τὸ δίκην διδόναι* というのはむろん *ἡδέα* を受けること（快いこと）ではないし，したがってまたそれを含む兩方のものを受けることでもないから，結局それは *ὠφέλιμα*，つまり *ἀγαθά* を受けることになる，という推論である。
A 5 *τὴν ὠφελίαν*]　上の行の *ὠφελεῖται* にかかる氣持で讀む。*cognate acc.* となる。
B 7 *τὰ τοιαῦτα*]　その代表的なものは，*infra* D 5，E 5 で言われている *ἡ ἀκολασία* (*τὸ ἀκόλαστον*) であろう。そしてそれによってギリシア人が「基德（cardinal virtues）」と考えていた四つの德（*δικαιοσύνη, σοφία, ἀνδρεία, σωφροσύνη*）に反對の，四つの *πονηρίαι* があげられることになる。そして以下それら *πονηρίαι* の代表としては，*ἀδικία* が多く用いられている。
C 7 *βλάβην*]　*κακόν* の代りにここで始めて *βλάβη* の語が用いられている。*ἀγαθόν*＝*ὠφελία* であったように（475A），*κακόν*＝*βλάβη* である。
D 1 *οὐκοῦν ἢ ἀνιαρότατόν ἐστι καὶ ἀνίᾳ ὑπερβάλλον κτλ.*]　この文章の構造は *supra* 475B 5—7 *οὐκοῦν……τὸ ἀδικεῖν τοῦ ἀδικεῖσθαι, ἤτοι λυπηρότερόν ἐστιν καὶ λύπῃ ὑπερβάλλον αἴσχιον ἂν εἴη ἢ κακῷ ἢ ἀμφοτέροις;* とよく似ている。會話體の文章として考えれば不自然ではない。*καὶ ἀνίᾳ* の *καί* は ‘*ideoque*’ (Ast) と解すればよい。*ἀνία* は *λύπη* と同じく外面的な苦痛。そのことは次の *ἀλγεινός* の語で說明される。*τούτων* (sc. *τῶν πονηρίων*) は *part. gen.* で，先にあげられた三種の *πονηρίαι*，つまり「*πενία, νόσος, ἀδικία* の中で」の意。なおここでは *ἀμφότερα* という *acc.* が副詞的に用いられている（*cf. infra* 524C *εἴ τινος μέγα*

ἦν τὸ σῶμα φύσει ἢ τροφῇ ἢ ἀμφότερα) が，他のところでは (475A 7, 475B 7) いずれも ἀμφοτέροις と *dat.* になっている。
D 6 ἀπὸ τούτων γε]　「少くともいまの話からですとね」の意。τούτων とは漠然と上に言われたことをさす。'*ex his quidem, quae disputata sunt*' (Stallb.). Polos のうわすべりした答の一例であろう。*supra* 477A 7 εἰκός γε (「多分ね」) も同じ感じである。しかしこの言葉は，Th. Gomperz (*Wien. Sitzb.* 1900, iii. 17) が言うように，次の Polos の答，Φαίνεται (E2) のあとに移す方が，あるいは自然かもしれない。——このような ἀπό の用例は，Lucian. *Hermotim.* 47 ἔοικεν ἀπό γε τούτων (Heind. 引用)，*Phaedr.* 230B ἀπὸ τῶν κορῶν τε καὶ ἀγαλμάτων ἔοικεν εἶναι, *Lys.* 204E ἀπὸ μόνου τούτου γιγνώσκεσθαι (Stallb. 引用) を見よ。
ὑπερφυεῖ τινι……ὡς μεγάλῃ βλάβῃ κτλ.]　=ὑπερφυές τί ἐστιν, ὡς κτλ. その *dat.* は μεγάλῃ βλάβῃ の *dat.* に attractio したもの。*cf. Symp.* 173C ὑπερφυῶς ὡς χαίρω (=ὑπερφυές ἐστιν, ὡς (s. ὅσον) χαίρω), *infra* 496C 4 など。なお，次の κακῷ θαυμασίῳ は後世の gloss かもしれぬ。それは次の段階で述べられる (E3—4) ことを先廻りしていることになるから。
478B 3 τί οὖν τούτων……[ὧν λέγεις] ;]　Lodge 以外はすべて οὖν (TP F² Olymp.) を入れて讀んでいる。次の ὧν λέγεις は Hermann が削除を提案してより今日の校本ではすべて削られている (Ficinus も譯していない)。しかし有力寫本にはすべてあるので，Stallbaum は Findeisen の ὧν λέγω の讀み方をとり，Heindorf は ὦ Πῶλε と直すことを提案しているが，根據は薄弱である。
B 5 πολὺ διαφέρει]　これまでつねに氣のないような返事ばかりしていた Polos も，ここではまるで目が覺めたような答え方をしている。それというのも，自分の學んでいる技術 (ῥητορική) が實踐されるのはまさに δίκη の領域においてだからである。δίκη はすぐ上の場合 (B 1) においても，464 C の δικαιοσύνη，また後に (520 B) に出る δικαστική と同じく，「司法・裁判」の意味。
C 1 ἀπαλλάττεται]　Ast は主語を不定の人にしているが，先に複數形で言われた οἱ ἰατρευόμενοι から單數形の ὁ ἰατρευόμενος に主語が代っていると考えるのが常識的な解釋であろう。
C 5 τοῦτ' ἦν κτλ.]　ἦν という *impf.* はその事柄の忽然たる理解を示している。つまりその事實は以前からずっとあったのだが，今はじめてそれに氣がついたという感じである。普通は ἆρα とか，ἄρα のような particle を伴うことが多いが，ここでは ὡς ἔοικε がその代りをしているとも言える。——次の τὴν ἀρχὴν μηδὲ κτῆσις の μηδὲ κτῆσις は ἀπαλλαγή に合わせて名詞形にしてあるが，τὸ μηδὲ κτήσασθαι という動詞的な意味がつよい。μή はこの句が一般的な條件文であること

を示す。なお，先には ἀρχήν と冠詞なしに用いられ*，ここでは τὴν ἀρχήν となっているが，別に意味の差はない。それが否定の語とともに用いられるときは，「全然」「はじめっから」の意味で，否定を強める役をする。*cf. Apol.* 29 C τὴν ἀρχὴν οὐ δεῖν ἐμὲ δεῦρο εἰσελθεῖν, *Theaet.* 185 D, *Phileb.* 63 D, *Leg.* 762 D など。
D 5 ἦν］ 所謂 'philosophic imperfect.' それはすでに證明ずみのことだから。
E 2
(1) δέ που (F) : Burnet, Croiset, Dodds
(2) δήπου (BTW): Bekk., Herm., Thomp., Nestle, Lodge, Lamb
(3) δὲ δήπου (Heind.) : Stallb., Ast, Dodds
上の εὐδαιμονέστατος μέν (D 7) に對應するものとして考えれば，(1) の δεύτερος δέ που κτλ. がいいと思われるので，それに従う。(3) は δέ が δήπου の最初の二字の中に消えてしまったものと解釋して，それを復源したもの (Stallb.)。
E 4
(1) ὁ ἔχων ἀδικίαν (codd.) : 一般の讀み方
(2) ὁ ἔχων κακίαν (Dobree) : Thompson (text は (1) のまま)
(3) ὁ ἔχων [ἀδικίαν] (Stobaeus) : Burnet, Lamb, Dodds
寫本は (1) であり，多くの校訂者がそれに従っているが，*supra* D 8 の ὁ μὴ ἔχων κακίαν から見て，ここも (2) のように κακίαν とする方がよいとも考えられる (Dobree, 'Lege ὁ ἔχων κακίαν. Alias προαρπάζει τὸν λόγον Socrates.'——Thompson 引用)。たしかに Dobree, Thompson の言うように，ここで κακία の代りに ἀδικία を用いることは，次の問答で明らかにされることを先に言ってしまう (προαρπάζειν) ことになるわけであるが，しかし κακία の種々な相を一般的に ἀδικία が代表している (*cf. supra* 477 C 2, E 5) と見れば，(1) の通りに讀んでも差支えないように思われる。ただ，それに多少抵抗が感じられるとすれば，(3) のように ἀδικίαν を削除して，ἔχων を absolute にし，その目的語には κακίαν を意味しながら漠然と「それを」という風に考えておけばいいだろう。そのつもりで譯した。
E 6 οὗτος］ 上の κάκιστα ζῇ を受けて，ὅς 以下の關係文で説明されるものの述語となっている。なおこの關係文のなかで，κολάζεσθαι は上の E 3 ἐπιπληττόμενος の語に對應すべきものとすれば，それは κολάζεσθαι ὀνείδεσιν (*cf. Leg.* 847 A) の意味にとるべきか (Nestle)。
479A 7 διαπράξαιτο μὴ διδόναι δίκην］ すぐ前 (478E 7) には διαπράξηται ὥστε μήτε νουθετεῖσθαι κτλ. と，またすぐ後 (C 1) では πᾶν ποιοῦσιν ὥστε δίκην μὴ διδόναι と，いずれも ὥστε が入っている。そしてこれが普通の用法である。しかしここのようにそれが省略されている例として，Heindorf や Stallbaum は *Rep.* 360 A αἰσθόμενον δὲ εὐθὺς διαπράξασθαι τῶν ἀγγέλων γενέσθαι τῶν παρὰ τὸν βασιλέα をあげている。——ὥσπερ ἂν εἰ (*tamquam si, ut si*) の

後には文章がつづくけれども，それがつづまった ὡσπερανεί (*tamquam, sicut*) はまるで一語のようになって，その後には名詞がくる。なお τὸ κάεσθαι καὶ τὸ τέμνεσθαι と冠詞がくりかえされているのは，両方の觀念が一つ一つ區別して考えられているからであろう (*supra* 456B 3 の註を參照)。
B 3 ἀγνοῶν γε] 主語はむろん A 6 の τις で，διαπράξαιτο にかかる。Platon はしばしば分詞節を，相手の答によって中斷された後で，ここのようにすでに言われたことへの補足的說明として附け加えることが多い。
B 6 τὸ ἀλγεινὸν αὐτοῦ καθορᾶν] αὐτοῦ=τοῦ διδόναι δίκην. καθορᾶν, ἔχειν, ἀγνοεῖν の不定法は τοιοῦτόν τι ποιεῖν の補足的說明。
B 7 μὴ ὑγιοῦς σώματος] =ἢ μὴ ὑγιεῖ σώματι. ἀθλιώτερον という比較形にひかれて性急に *gen.* の形が使われている。
なお σαθρός という形容詞は，本來は陶器や金屬容器について「ひびの入った」,「疵のある」というような意味で用いられるが，轉じて一般に「不健全な」という意味になる。*cf. supra* 493 E ἀγγεῖα τετρημένα καὶ σαθρά, *Theaet.* 179 D σκεπτέον……διακρούοντα εἴτε ὑγιὲς εἴτε σαθρὸν φθέγγεται, *Phileb.* 55 C, *Euthyphr.* 5 C など。ここの場合のように，身體についてその語が用いられている例は，Dem. *Ol.* II. 21 にも見える (Burnet, *Euthyphr.* 5C 1 note 參照)。
C 3 ὅπως ἂν ὦσιν ὡς πιθανώτατοι λέγειν] これは，πᾶν ποιοῦσιν の補足的說明である παρασκευαζόμενοι の內容の，第三番目のものとしてあげられている。χρήματα, φίλους につづいて，たとえば καὶ πιθανότητα ὡς μεγίστην とでも書けるところを，構文を代えて關係文でまわりくどく言われている。そこで，それはあたかも πᾶν ποιοῦσιν にかかるかのようになっている。それら三つ——金錢(賄賂)と友人(味方)と，そして說得力のある辯舌——が法廷で無罪の判決を得るための重要な手段であった。

C 7
- (1) εἰ σοί γε δοκεῖ (Schanz) : Burnet, Nestle, Croiset
- (2) εἰ μή σοί γε ἄλλως δοκεῖ (VY) : 一般の讀み方
- (3) εἰ σοί γε ἄλλως δοκεῖ (BTP et revera F) : Dodds

(3) が有力寫本の讀み方だが，これはどうみても無理なので，(1) か (2) のどれかになる。意味は變らないが，ここでは (1) に從っておいた。受け答えとしてはこの方が自然だろう。(3) を支持する Dodds は，Olymp. (23, 11) の註釋 (τοῦτο ὁ Πῶλος λέγει, ὅτι εἰ δοκεῖ σοι καὶ ἄλλως συλλογίσασθαι, λέγε·) を引用し，また *Hipp. Min.* 367D 5 の同じような答え方，εἰ ἄλλως γε σὺ βούλει とも比べて，これを “If you are determined to do it *in any case* (without reference to me)” と譯すことができるとしているが，しかしやはり苦しい解釋のように思える。

D 5 τὸ ἀδικεῖν]　意味の上では，τὸ ἀδικεῖν δίκην διδόντα (Stallb.)，または τὸ ἀδικοῦντα διδόναι δίκην (Hirschig) のことであろう。しかしそのように text を改める必要はないと思う。前後の文脈からみて，不正を行っていながら罰せられないでいること，それが最大の害惡であるが，不正を行っているということだけなら，贖罪の可能性をもつから，最大の害惡ではなくて，それに次ぐものであるという推論である。
D 7
(1) ἆρ' οὖν περὶ τούτου κτλ. (BTP) : Herm., Stallb., Lodge, Nestle, Lamb
(2) ἆρ' οὖν οὐ περὶ τούτου κτλ. (FY) : Heind., Bekk., Ast, Thomp., Burnet, Croiset, Dodds
どちらでも意味の上ではさして變りないが，肯定の答がつよく期待されるべきだとしたら，(2) の方を選ぶべきだろう。詳しくは *supra* 450C 3 の註を參照。
480A 1 τίς ἡ μεγάλη χρεία ἐστὶν τῆς ῥητορικῆς ;]　問答はここで再び辯論術の價値評價にかえる。ἡ という冠詞はここでは指示的な意味をもつ。μεγάλη の語は Polos が辯論術を異常に賞めていたのを多少からかう氣持で用いられている。この文全體はレトリカルな疑問文になっていて，否定の意味になる。そこで γάρ によってその理由が次に説明されるのであるが，それは μέν と δέ γε の對立で表わされている二つの文章を含んでいる。
A 3 ὅπως μὴ ἀδικήσει]　有力寫本では(F も含めて) ἀδικήσῃ と *aor. subj.* になっているが，Stallbaum, Nestle, Dodds 以外は，すべての校本が ἀδικήσει (Vind. 109) と *ind. fut.* に讀んでいる。すぐ後 (B 1–2) の ὅπως μὴ … τὴν ψυχὴν ποιήσει (Ven. 184) も同様である。Stallbaum は，それぞれ一つ一つの場合について不正を行わないように (ne iniuste faciat in hac vel illa re) と言われているのだから，*aor.* の方がよいことを頑强に主張しているが，しかし「氣づかい，はからう」意味の動詞 (verba curandi)——ここでは φυλάττειν, σπεύδοντα がそれに當る——の後に來る副文章(名詞節)の動詞は *ind. fut.* の方が普通のようである (それは將來そのようなことが起るかもしれぬ危險があるからである)。とはいっても *subj.* を用いることもないではないが，彼が類例としてあげている 510A 4 ὅπως μὴ ἀδικήσωμεν は，ここにはあてはまらないように思う。それはむしろ目的を示す副節詞であって，その場合にはもとより副文章の動詞は *subj.*，または ἄν を伴う *subj.* を用いるのが普通だからである (*infra* 481A 1 の註を參照)。
A 7 ἰέναι]　A 2 の δεῖ にかかるつもりで，それを補って考える。この文章全體も γάρ (A 2) で説明される內容だから。
B 2 ὕπουλον]　表面は治ったように見えていて，實は內攻して內部が膿み腐っていること。*cf. infra* 518E 4, Plut. *Qu. plat.* 1000C οὐ γὰρ σώματος ἡ Σωκράτους

ἰατρεία, ψυχῆς δὲ ἦν ὑπούλου καθαρμός (Thompson 引用)。
B 6 τί γὰρ δὴ φῶμεν;] τί は τί ἄλλο に同じ(=τί γὰρ δὴ ἄλλο φῶμεν;)。強い肯定になる。
B 8 πατρίδος ἀδικούσης] ἀδικούσης は上の ἀδικίας を言葉を代えてくりかえしたもの。會話的な文體である。例えばそれはアテナイのメロス島侵略の如き場合を考えてみよ (Nestle)。なおその場合には，辯論術が用いられるのは議會においてであろう。この語の前までは法廷用の辯論が考えられている。
B 9 εἰ μὴ εἰ] =Lat. '*nisi si*'. 用例，*Lach*. 196A, *Rep*. 581D, *Symp*. 205E, 221D など。
C 1 ἐπὶ τοὐναντίου] Lodge が Deuschle に従って ἐπί を削っている以外は，他の校本はみなこれを殘している。ἐπὶ μὲν ἄρα τὸ ἀπολογεῖσθαι に對應して ἐπὶ τοὐναντίου となったとも考えられるが，從って Heindorf は (Ast, Nestle, Dodds も) χρήσιμον αὐτὴν εἶναι を補って考えるように言っているが，ἐπὶ τοὐναντίου は，ちょうど εἰς τοὐναντίον, κατὰ τοὐναντίον と同じように，單純に副詞的な意味に解してよいのではないか。ἐπὶ πλέον, ἐπὶ τὸ πολύ なども同じような用法と云える (Stallb., Thomp.)。κατηγορεῖν δεῖν κτλ. はそれの補足的説明となる。以下現われる不定法はすべてその δεῖν にかかる。

C 5
(1) ἀναγκάζειν δὲ καὶ αὐτὸν καὶ τοὺς ἄλλους (BTP): Herm., Thomp., Lodge, Lamb
(2) ,, τε αὐτὸν καὶ τοὺς ἄλλους (F): Burnet, Nestle
(3) ,, τε (δὲ F^2) καὶ αὐτὸν καὶ τοὺς ἄλλους (F^2): Heind., Bekk., Ast, Stallb., Schanz, Croiset, Dodds

(3) を選ぶ。τε はむろん ἀναγκάζειν に附着し，上記の κατηγορεῖν…καὶ μὴ ἀποκρύπτεσθαι ἀλλ'…ἄγειν と並べて語られる。かくて告發と處刑とが並記されることになる。(1) の δέ がもつ對立，反對の意味はここにはないと思う。また (2) のように αὐτὸν καὶ τοὺς ἄλλους として καί を入れないよりも，「自分も，他の人たちも」という意味で καί を入れる方が適切だと思う。

C 6
(1) μύσαντα καὶ ἀνδρείως (BTP): 一般の讀み方
(2) μύσαντα εὖ καὶ ἀνδρείως (F): Ast, Burnet, Dodds

(1) の場合は，「眼を閉じて男らしく」というのは παρέχειν にかかることになり，(2) の場合は，εὖ καὶ ἀνδρείως が μύσαντα を限定することになる [「立派な男らしい態度で眼を閉じて」('*oculis bene ac fortiter clausis*' Ast) の意]。Ast は分詞と副詞とが καί によってつながれることはできないという理由で (2) を主張し，ここのような例として *Theaet*. 157D ἀλλὰ θαρρῶν καὶ καρτερῶν εὖ καὶ ἀνδρείως

ἀποκρίνου をあげている (*cf. Cratyl.* 440D, *infra* 521A 7)。しかし分詞の機能の一つは，態度を表わすことにあるとすれば，(1) のようにそれが副詞と並列されていても不自然ではないと Lodge は言う。譯文は (2) に從っておいた。
E 2 ἴσως σοι ὁμολογεῖται]　この σοι の意味は微妙であるように思える。Nestle, Dodds はこれを *dat. ethicus* にとろうとするが，ここはむしろもっと強い意味で *dat. iudicantis* と考える方がよくはないだろうか。なぜなら，ἔμοιγε との對立で言われていることは明らかだからである。Stallbaum は ‘σοι dicit, quia ut ita statuatur e ratione Socratis esse videtur’ と註釋している。しかし Ast の ‘*prioribus tuis orationibus*’ の譯では味がなくなってしまうだろう。とにかく，この σοι は ἴσως とともに，Polos が最後になってこれまで同意してきたことについての責任を，自分だけは逃れようとする苦しい試みであることは確かである。しかしこの工夫も次の Socrates の斷呼たる言葉によって一掃されてしまうことになる。
E 3 κἀκεῖνα]　この καί には εἰ ταῦτα ἄτοπα δοκεῖ の氣持が言外に含まれている。Polos の責任回避の心根は直ちに見抜かれてしまうわけである。*cf. Prot.* 333A πότερον οὖν, ὦ Πρωταγόρα, λύσωμεν τῶν λόγων;
E 5 εἰ ἄρα κτλ.]　この ἄρα には，自分はそう考えていないけれども，しかし一般にはそう考えられているので，もしそれに從うなら，という氣持が入っている ‘if, assuming the ordinary view to be the correct one (ἄρα)’ Lodge)。普通は εἰ ἄρα は純然たる假定を示す。Socrates が δεῖ τινα κακῶς ποιεῖν を認めないことについては，たとえば *Crito* 49C οὔτε…ἀνταδικεῖν δεῖ οὔτε κακῶς ποιεῖν οὐδένα ἀνθρώπων を見よ。しかし一般には τοὺς μὲν φίλους εὖ ποιεῖν, τοὺς δ' ἐχθροὺς κακῶς (*cf. Meno* 71E, *Rep.* 336A) というのが一つの格言のようになっていた。——ἐὰν μόνον μὴ αὐτὸς ἀδικῆται の αὐτός とは，κακῶς ποιεῖν しようとしているその誰か不定の人をさす。τοῦτο γὰρ εὐλαβητέον は，Socrates が自分の立場から言うのではなく，他人に害を加えようとしているその人の立場で言われている。なぜ用心しなければならぬかというと，害を加えることは，當然，その仕返しとして害を受けることが豫想されるからである。
481A 1 ὅπως μὴ δῷ δίκην κτλ.]　ὅπως の後に來る副文章の動詞が，いろいろと變化していることに注意せよ。全部で九つ數えられるが，それらは三種に分類できる。つまり (1) 最初の二つ (ὅπως μὴ δῷ…μηδὲ ἔλθῃ) は *subj.* であり，(2) 次の四つ (ὅπως ἂν διαφύγῃ καὶ μὴ δῷ…, μὴ ἀποδιδῷ……ἀλλ'……ἀναλίσκῃ) は ἂν を伴う *subj.* であり (もっとも ἂν があるということは次第に忘れられているように見える)，さらに次の三つ (ὅπως μὴ ἀποθανεῖται……ἀλλ' ἀθάνατος ἔσται……, ὅπως……βιώσεται) は *ind. fut.* となっている。意味の上ではどれも παρασκευαστέον,

μηχανητέον の客語になる名詞節と考えられるので，それらには特別の差異はなくて，ただ Platon の ποικιλία 好みの文體とも考えられるが，強いて區別をつけるなら，(1) は純粋な目的（=ἵνα）を示す副詞節に近く（しかしこの種の用法の名詞節に *subj.* の動詞を用いることはある。*cf.* GMT, 339），(2) は多少條件的なニュアンスが加わる（ὅπως ἄν=ἐὰν πως）とも考えられる（*cf.* GMT, 348）。これに反して (3) では，本來の *ind. fut.* の用法になっている。（*supra* 480A 3 の註を參照）。
A 5 ἐάντε αὖ θανάτου］　F 寫本に從って αὖ を入れて讀む（Heind., Ast, Burnet, Croiset）。
A 6 μάλιστα μὲν……, εἰ δὲ μή］　μάλιστα μέν は μηδέποτε にかかる。それを受ける對立句には εἰ δὲ μή, ἂν (=ἐὰν) δέ, δέ が來るのが普通である。類例，*Rep.* 590D, *Tim.* 88D, *Leg.* 628B, 687C など（Ast）。
B 4 ὡς ἔν γε τοῖς πρόσθεν……οὖσα］　ὡς は理由（=‘*nam, siquidem*’ Heind., Ast）を示すものと解した。もっとも，この ὡς を ‘*ut* (*wie*)’ の意味に解して，それを χρεία にかけることもできるかもしれないが――その場合には，「少くともいままでの話の中にはどこにも明らかにされなかったような，何かそういう効用があるとしても云々」というような意味になる――しかしこの解釋に對しては，Ast は次のように批評している。‘Neque tamen verba εἰ δὴ καὶ ἔστιν τις χρεία et ἔν γε τοῖς πρόσθεν οὐδαμῇ ἐφάνη οὖσα idem significant, ut necti possint part. ὡς (wie), sed verbis εἰ δὴ καὶ ἔστιν τις χρεία dubitatio declaratur an aliquis sit eius usus, posterioribus vero hoc ipsum negatur.’
B 6 εἰπέ μοι, κτλ.］　ここからこの對話篇は第三幕に入る。この對話のはじめに交わされた挨拶の言葉以來――途中にほんの一言だけ口を入れたことはあるが (458D)――これまでほとんど沈默を守り通してきた Callicles が，第三番目の對話相手として登場して來る。そしてこの第三幕にいたって，この對話はクライマックスに達し，また最も長い，そして非常に白熱した議論が展開されることになる。
前の幕で，Polos は Socrates の巧みな問答法の議論によって翻弄され，空しく敗退しなければならなくなったのであるが，その成行きを傍でぢっと見ていた Callicles は，今や我慢がし切れなくなって，議論の中に割り込んで來るのである。彼 Callicles には，Socrates の議論はおよそ眞面目なものとは思われず，全くの空理空論としか見えないのである。もし Socrates の說が正しいとすれば，世間一般の人々の生き方も全く顚倒したものと考えざるをえないが，特に Callicles にとっては――Gorgias を自分の家に逗留させて，辯論術の修業にはげみ，それによって政界への雄飛を夢みている彼にとっては，自分のとろうとしている行動は全くのナンセンスにすぎないことになるからである。しかし彼は，ちょうど前に (461B) Polos が，師の

Gorgias の旗色が悪くなったのを見て，前後を忘れ，愼しみもなく，無躾けな言葉でもっていきなり Socrates に挑みかかったような，そういう粗暴な振舞いはしない。彼はまず，傍にいる Chairephon に，この Socrates の心酔者に，その本心を確めてからのことにしようと思う。ところがこの Chairephon たるや，にべもなく，彼を Socrates にひきわたしてしまうのである。しかも Callicles 自身がこの對話のはじめに，Socrates を Gorgias にひきわたしたときに用いたのと同じ言葉でもって——「それは當の本人に訊いてみるに越したことはない」(*cf.* 447C 5) と。
B 10 *νὴ τοὺς θεοὺς ἀλλ' ἐπιθυμῶ*]　*ἀλλά* は文頭に來るのが普通であるが，誓いの語に先立たれる例は，463D *μὰ τὸν Δία, ὦ Σώκρατες, ἀλλ' ἐγὼ οὐδὲ αὐτὸς συνίημι* にも見られる。その箇所の註を參照。——Callicles はむしろ下手に出たつもりなのだが，Chairephon の素っ氣ない返事に出あって，彼は自分に强い自信があることを示すとともに，それまで抑えていた彼の激情がこの言葉によって一氣にほとばしり出た感じである。
C 1 { (1) *φῶμεν* (codd.) : Heind., Bekk., Stallb., Thomp., Lodge
(2) *θῶμεν* (Madvig) : 一般の讀み方 }
(2) を採る。*φημί* は不定法を客語にとるのが普通で，分詞をとることはないように思われるからである。*cf. Apol.* 27C *τίθημι γάρ σε ὁμολογοῦντα* (Nestle 引用)。
C 3 *ἡμῶν ὁ βίος……τῶν ἀνθρώπων*]　*τῶν ἀνθρώπων* は *ἡμῶν* を强調して附け加えられている。つまり *ἡμῶν* によって，われわれという特定の人間の生活だけが考えられるべきではなく，それは人間全體の生活に關係があることを Callicles は强調するのである。*cf.* Aristoph. *Plut.* 499 *ὡς μὲν γὰρ νῦν ἡμῖν ὁ βίος τοῖς ἀνθρώποις διάκειται* (Routh 引用)。
C 5 *εἰ μή τι ἦν……πάθος,……, τὸ αὐτό,……*]　*τὸ αὐτό* は *πάθος* にかかり，その述語となる。*τοῖς μὲν ἄλλο τι, τοῖς δὲ ἄλλο τι* はその間に入った挿入句である。從って *τὸ αὐτό* の前にもコンマをおいて讀む (Stallb., Thomp., Lodge, Nestle, Croiset) 方が文意が明瞭になると思う。*εἰ μή τι* の *τι* は *πάθος* にかかるのではなく，*εἰ μή* にかかり，まるで一語のようになって，その表現を和げる役をなす (Ast, Thompson は類例として *Rep.* 509C *καὶ μηδαμῶς γ', ἔφη, παύσῃ, εἰ μή τι, ἀλλὰ τὴν περὶ τὸν ἥλιον ὁμοιότητα αὖ διεξιών*, *infra* 513C *εἰ μή τι σὺ ἄλλο λέγεις* を引用している)。——全體の文意は，人々の *πάθος* は，したがってそれにもとづく人生觀は，人それぞれによって，種々の事情や理由により異った形態をとるものであり，それ故對立することもあるのだが，しかし *πάθος* そのものは，根底においては同一のものであることが多いから，お互いに理解し合うことも可能であろうというのである。次に述べられるところから見れば，たとえば Socrates は哲學

に，Callicles はアテナイの大衆に好意を寄せているので，そこから對立した考え方が生れているのだが，しかし兩者ともその根底には「愛」という共通の *πάθος* があるのであり，その點ではお互いに理解し合うこともできるわけである（'Quippe fieri sane potest, ut, licet alii aliis rebus studeant, tamen communem quendam studiorum suorum sensum habeant. Ut quum Socrates philosophiae, Callicles autem populi rebus studet, uterque certe amore alicuius rei captus est' Stallb.）。
D3 *Ἀλκιβιάδου τε τοῦ Κλεινίου*]　Alcibiades の生涯については，「註解」を見よ。彼は，その美貌と天與のすぐれた素質とによって，Socrates に深く愛された。それゆえ人々は，彼を Socrates の *τὰ παιδικά* と呼んだ。*cf. Prot.* 309A *πόθεν, ὦ Σώκρατες, φαίνῃ; ἢ δῆλα δὴ ὅτι ἀπὸ κυνηγεσίου τοῦ περὶ τὴν Ἀλκιβιάδου ὥραν;* なお *Symp.* 217A—219D, Aischines *fr.* 4 (Krauss) を參照。
D4 *σὺ δὲ δυοῖν, τοῦ τε Ἀθηναίων δήμου*]　多くの校本には *δυοῖν* の語が省略されている（Y 寫本に從う）。しかし有力寫本（BTPF）どおりに（Heindorf, Burnet, Lamb, Dodds はこれに從う），それを入れて讀んでおく。
D5 *καὶ τοῦ Πυριλάμπους*]　sc. *Δήμου.* 明らかに上の *τοῦ τε Ἀθηναίων δήμου* の *δήμου* にかけて言われている。*cf. infra* 513B5 *εἰς φιλίαν τῷ Ἀθηναίων δήμῳ καὶ ναὶ μὰ Δία τῷ Πυριλάμπους γε πρός.* もっとも人によっては，ここは *υἱοῦ* を補うのが本來であると主張する者（Stallbaum, Ast）もあるが——その場合でも息子の *Δῆμος* のことが意味されていることに變りないけれども——しかし上記の *Ἀλκιβιάδου τοῦ Κλεινίου* の云い方から考えても，*Δήμου* を補うので差支えないと思う。——Pyrilampes およびその子の Demos については，「註解」を見よ。なお Demos が父に似て非常に美しい青年であって，人々から深く愛されていたことについては，Aristoph. *Vesp.* 97–8 にもこう言われている。*καὶ νὴ Δί' ἢν ἴδῃ γέ που γεγραμμένον Τὸν Πυριλάμπους ἐν θύρᾳ Δῆμον καλόν.* しかしそこの Scholia によると，彼の素質はあまり香しくはなかったらしく，喜劇作家 Eupolis (*Poleis fr.* 213) の言葉をこう傳えている。*καὶ τῷ Πυριλάμπους Δήμῳ ἄρα κυφέλη ἔνεστιν* (s. *ἆρ' ἐν ὠσὶ κυφέλη,* Meineke). *ἦν δὲ καὶ εὔμορφος ὁ Δῆμος* (Routh の引用による。——なお Thompson, Nestle の註を參照)。
D6 *δεινοῦ*]　Nestle は，*Rep.* 337A で Socrates が Thrasymachos に對して '*ὑμεῖς οἱ δεινοί*' という呼び方をしているのに注意している。しかもその *δεινότης* にもかかわらず，この '*βασιλικοὶ ἄνδρες*' (*Phaedr.* 266C) は，民衆や彼らの氣まぐれの奴隷になっていることを指摘している。この *δεινός* という語はしばしば *λέγειν* というような限定の不定法をつけて用いられるが，ここでは「敏腕な，腕の立

つ，剛の者」というような意味か。
ὅτι ἂν φῇ]　F 寫本に從う (Ast, Schanz, Lodge, Burnet, Nestle, Croiset, Dodds)。その他の有力寫本では ὅτι ὅπως ἂν φῇ (B), ὅτι ὅπως ἂν ἀντιφῇ (TP, Heind.) となっており，Bekker が ὅπως を ὁπόσα に代えてより，ὅτι ὁπόσ' ἂν φῇ と讀む者もあるが (Stallb., Thomp., Lamb)，そうすると ὅτι は接續詞となり，この文章は *αἰσθάνομαί σου c. gen. part.* (οὐ δυναμένου……ἀλλὰ μεταβαλλομένου) と *αἰσθάνομαι ὅτι c. ind.* (οὐ δυνάσαι……ἀλλὰ μεταβάλλει) の二つの文章が混合したものと考えなければならぬが，F 寫本の如くに ὅτι(=ὅ τι) を關係疑問詞と解して，ὅπως とか ὁπόσα は削って讀むのが一番簡單ではないかと思われる。
D 7　ἄνω καὶ κάτω μεταβαλλομένου]　*cf.* 493A μεταπίπτειν ἄνω κάτω, 511A στρέφεις……ἄνω καὶ κάτω. μεταβάλλεσθαι の語と共に用いられている例は *Phaedo* 96B, *Rep.* 508D, *Soph.* 242A などに見られる。
E 4　τὸν καλὸν τοῦτον]　この指示代名詞 τοῦτον は所有代名詞 σόν に近い。「君の愛人であるその美しい云々」の意。*cf. infra* 482A 6 ὁ Κλεινίειος οὗτος.
482A 5　λέγει……ἃ νῦν ἐμοῦ ἀκούεις]　TPYF² 寫本では ἃ の前に ἀεί が入っている (ἀεὶ ἅ)。Heind., Stallb., Ast, Thomp., Herm., Schanz, Croiset, Dodds はそれに從っているが，次の A7 ではその語は必要だけれども，ここでは特にその語を入れる必要はないと思う。BF 寫本には ἀεί なし。
A 6　ἔμπληκτος]　「移り氣」「浮氣」の意味。Suidas ἔμπληκτοι· κοῦφοι, εὐμετάβλητοι. *cf. Lys.* 214C—D δοκοῦσιν λέγειν……τοὺς κακοὺς……μηδέποτε ὁμοίους μηδ' αὐτοὺς αὑτοῖς εἶναι, ἀλλ' ἐμπλήκτους τε καὶ ἀσταθμήτους. Eurip. *Troiad.* 1204—5 τοῖς τρόποις γὰρ αἱ τύχαι, ἔμπληκτος ὡς ἄνθρωπος, ἄλλοτ' ἄλλοσε πηδῶσι. Soph. *Aiac.* 1358 τοιοίδε μέντοι φῶτες ἔμπληκτοι βροτῶν. Plut. *Eumen.* 584E ἔμπληκτος ὢν καὶ φορᾶς μεστὸς ἀβεβαίου (Stallb., Thomp. 引用)。
ὁ μὲν γὰρ Κλεινίειος……ἄλλοτε ἄλλων ἐστὶ λόγων]　この點については *Symp.* 216B—C を參照せよ。*gen.* は性質を示すもの (*gen. qualitatis*) と考えていいだろう。
B 1　παρῆσθα δὲ……λεγομένοις]　關係文から獨立文に移っている。*cf. supra* 454C 1, 468D 3. λεγομένοις (sc. αὐτοῖς)=ὅτε ἐλέγετο.
B 2　ὅπερ ἄρτι ἔλεγον]　*supra* 480E οὐκοῦν ἢ κἀκεῖνα λυτέον ἢ τάδε ἀνάγκη συμβαίνειν; をさすものと思われる。なお ἐξέλεγξον=‘*coargue ac doce*’ (Stallbaum), *supra* 467A 9 の註を見よ。
B 5　τὸν Αἰγυπτίων θεόν]　τὸν κύνα に加えて，この說明的な語句の附加は，エジプト人の動物崇拜に對するユーモラスな言及であろうか (Lodge)。Olympio-

dorus(25.10), *Αἰγύπτιον* (F, *Αἰγυπτίων* BP) *εἶπεν, ἐπειδὴ μάλιστα πάντων οἱ Αἰγύπτιοι τοῖς συμβόλοις ἐκέχρηντο.* おそらくここでは犬の頭をした神 *Ἄνουβις* が考えられているのだろう。*cf.* Lucian. *Vit. Auct.* 16 (*Σωκ.*) *καὶ μὴν ὀμνύω γέ σοι τὸν κύνα——τί σὺ λέγεις ; οὐ δοκεῖ σοι ὁ κύων εἶναι θεός ; οὐχ ὁρᾷς τὸν Ἄνουβιν ἐν Αἰγύπτῳ ὅσος κτλ.* (Heindorf 引用)。461A 7, 466E 6 の註を參照。
οὔ σοι ὁμολογήσει Καλλικλῆς, ὦ Καλλίκλεις] *σύ* の代りに特に固有名詞を使って代名詞の *σοι* に對立させ，それになお呼びかけの語を重ねているこの文章は，Callicles の考え方の中にある自己矛盾を鋭く强調する意圖をもっている。

B 8 { (1) *ἀνάρμοστόν τε* (codd.): Burnet, Nestle
(2) *ἀναρμοστεῖν τε* (Heusde) : 一般の讀み方

もし寫本どおりに (1) のように讀むとすれば，Heindorf が指摘したように，その語順は *κρεῖττον ἀνάρμοστόν τε εἶναι* となるべきだろう (*cf. infra* C2 *ἀσύμφωνον εἶναι καὶ ἐναντία λέγειν*)。*εἶναι* は *ἀνάρμοστον* の copula となり，*κρεῖττον* は *εἶναι* なしに *οἶμαι* にかかるとも考えられるが，しかし *τὴν λύραν ἀναρμοστεῖν τε καὶ διαφωνεῖν* と不定法をそろえて，それを *κρεῖττον εἶναι* にかけて讀む (2) の方が自然であるように思われる。
χορηγοίην] *χορηγός* の職務については，472A の Nicias に關する「註解」を見よ。*opt.* が用いられているのは，もとより Socrates にはそのような役目が果せるはずのものではなかったから(それは金持ちだけに出來ることであった)，その想定が實現の見込みのない，たんなる想像上のものであることを示す。*cf.* GMT, 555.
C 4 *νεανιεύεσθαι*] ＝*μέγα φρονεῖν, κομπάζειν* (Schol.). 若い者によく見られる，傲慢で自信が强く，尊大な振舞いをすること (‘*iuveniliter gloriari, se iactare*’ Stallb., ‘*iuveniliter exsultare*’ Ast)。*cf. infra* 527D, *Phaedr.* 235A *καὶ ἐφαίνετο (Λυσίας) δή μοι νεανιεύεσθαι ἐπιδεικνύμενος ὡς οἷός τε ὢν ταὐτὰ ἑτέρως τε καὶ ἑτέρως λέγων ἀμφοτέρως εἰπεῖν ἄριστα.* 同じような意味で形容詞の *νεανικός* は *infra* 486A, 508D, 509A に用いられている。
C 5 *δημηγόρος——δημηγορεῖς*] 本來は *διαλεκτικός, διαλέγεσθαι* の反對で，ひとりで長い話をしゃべりまくる人や，演說することの意であるが (*cf.* 519D, *Prot.* 329 A, 336B)，しかしここではもっと惡い意味になって，眞實は問題とせずに，ただ聽衆の意を迎えることのみを目ざした大道演說家とか，俗受けを狙い俗耳に訴えること主眼とした議論をすることの意味である (rhetorum more copiose dicece ostentationis caussa neque in dicendo verum et utile spectare, sed audientium gratiam captare et inanem orationis aucupari delectationem’ Stallb., *cf. infra* 494D, 502C—D, *Theaet.* 162D, *Rep.* 350D)。——*ὡς ἀληθῶς* と加えられ

ているのは，Socrates は普段よく議論の相手方を δημηγόρος と呼んで，これを非難しているけれども，實はそういう君こそ本當の δημηγόρος ではないか，という感じであろう。
C 7 *ἔφη γάρ που*]　*cf*. 461B.
D 2 *αἰσχυνθῆναι αὐτόν*]　*αὐτόν* はすぐ前に言われた *Γοργίας* を受ける。それは省略することもできるが，しかしそれが附加されることで，その主語は一段と强調されることになる。このような例は *Symp*. 195A, *Theaet*. 155E, *Phaedr*. 269A, *Leg*. 625A などに見られる (Heind., Stallb.)。
D 5 { (1)　*καί σου καταγελᾶν* (BTP, non F) : Burnet, Lamb
(2)　*καί σου κατεγέλα* (FY) : 一般の讀み方
(2) を選ぶ。(1) のように不定法に讀むとすると，それは ἔφη (C7) の中に含めて考えなければならないが，しかし Polos はいま言及されている箇所 (461B—C) でも，またその後でも καταγελάω と言った形跡はないように思われる。彼はむしろ事實として κατεγέλα したのである (473E)。そうであるとすれば，(2) のように ἔφη と並べて獨立文に讀む方が事實に合うように思われる。
{ (1)　*ὥς γέ μοι δοκεῖν ὀρθῶς, τότε* : Burnet, Dodds
(2)　*ὥς γέ μοι δοκεῖν, ὀρθῶς τότε* : 一般の讀み方
、どこをコンマで切るかも，上述の問題と關係があるわけだが，(1) は ὀρθῶς を δοκεῖν にかけ，(2) は κατεγέλα にかけることになる。つまり (1) では「少くとも私の見るところに誤りがなければ，あのとき彼はあなたを嘲笑するぞと言った」という意味になり，(2) では「少くとも私の見るかぎりでは，あのとき彼があなたを嘲笑していたのは正しかったのだ」という意味になろう。上述のこととも關聯して (2) を採る。この點 Lamb が *καί σου καταγελᾶν, ὥς γέ μοι δοκεῖν, ὀρθῶς τότε* と讀んで，それを *'and Polus was right, to my thinking, in mocking at you as he did then'* と譯しているのは，多少不正確であるように思われる。同様に，Dodds の句讀法もどうだろうか。ὡς——δοκεῖν は不定法の獨立使用でめずらしくはない。時には ὡς なしで用いられることもある (*cf*. *Meno* 81A *ἀληθῆ, ἔμοιγε δοκεῖν, καὶ καλόν*)。
D 7 *κατ' αὐτὸ τοῦτο οὐκ ἄγαμαι Πῶλον, ὅτι κτλ.*]　Polos が師の辯護に立ち，そしてよいところを突きながら，しかし結局は同じように，Socrates の議論の前に屈服しなければならなかったのは何故か。それは Callicles の考えによると，彼がまだやはり世の思わくを氣にしていたからである。つまり，不正を受ける方が惡く，そして損だということを彼は正當に主張しながらも，不正を行うのは醜いことだという，世の通念がまだやはり彼には殘っていたからである (*cf*. 474C)。そのために彼は議論に敗れることになったのだ。だから，その點では彼を賞めるわけにはゆかない

と言うのである。そこで Callicles は以下，Socrates を反駁するにあたっては，そういう Polos の氣弱さを克服し，世の通念を全く拂拭して，不正を行う方が得であることは勿論，その方が立派なことでもある，という議論に立つことになる。そして そのために，次に見られるような當時流行の，*νόμος* と *φύσις* を對立させる論を利用するのである。
E 1—2 *συμποδισθεὶς……ἐπεστομίσθη*]　二つの比喩が一緒になって一つに使われている。*συμποδιζεῖν* とは，もとは足を鎖でゆわえる，足枷をかけるの意であるが，*pass.* では轉じて人の術中に陥ち入るという意味になる (*cf. Theaet.* 165E *θαυμάσας τὴν…σοφίαν συνεποδίσθης ὑπ' αὐτοῦ*)。*ἐπιστομίζειν* の方は，馬の口に馬銜 (ハミ) をつける (‘os equi freno compescere’ Stallb.) の意から，文句の言えないように默らせてしまう，口のきけないようにすること。
E 3 *φορτικὰ καὶ δημηγορικά*]　Schol. *φορτικά ἐστι τὰ βάρος ἐμποιοῦντα, δημηγορικὰ τὰ πρὸς τὴν τῶν πολλῶν βλέποντα δόξαν.* すなわち *φορτικά* とは，もとは重荷となるような (*gravia*)，退屈なこと (*molesta*) の意味であるが，それから轉じて野暮な，下品な，卑俗な，いやみのある，そしてまた油斷のならぬこと，というような意味になる (*cf. Euthyd.* 287A *φορτικὸν ἐρώτημα*, *Apol.* 32A *φορτικὰ καὶ δικανικά*)。*δημηγορικά* については，上述 C5 *δημηγόρος* の註を見よ。
E 4 *φύσει μὲν……νόμῳ δέ*]　事物の自然の本性 (*φύσις*) と人間の作爲である法律・習慣 (*νόμος*) とを對立させる考え方は，自然の *φύσις* を探求した自然哲學者たちが，眞實在と感覺によって把えられる多種多様の現象世界とを區別したところに，淵源したと言われている。すでに Parmenides は *λόγος* によって把えられる唯一無二，不變不動の眞實在 (*τὸ ἐόν*) に對して，「死すべきものどもの思いなし」(*βροτῶν δόξα*, *fr.* I. 30) を對立させ，生成とか消滅とか變化などはすべて「死すべきものどもが眞實であると信じて定めた名目 (*ὄνομα*)」(*fr.* 8. 38—39) にすぎないと論じていたのであるが，Empedocles もまたこの考えを受けついで，生成とか消滅とかいうのは，たんに人間の定めた *νόμος* の上での呼び名にすぎないのであって(*fr.* 9)，自然本來には混合と分離があるにすぎないことを主張していた (*fr.* 8, 11, 12, *cf.* Anaxagoras *fr.* 17)。さらにまた Leucippos も感覺的性質が *νόμος* の上での存在にすぎないことを主張していたと傳えられるが (Aet. IV. 9. 8=Diels A. 32)，同じくアトム論者である Democritos の「習わしの上では色だとか，また甘いものとか辛いものとかがあるが，眞實にはアトムと虚空があるのみ」(*fr.* 125, *νόμῳ χροιή, νόμῳ γλυκύ, νόμῳ πικρόν, ἐτεῇ δ' ἄτομα καὶ κενόν*) という言葉はよく知られているだろう。ところで，この對立を道德的な領域の事柄にまで適用したのは，Anaxagoras の弟子で，また Socrates の師でもあったと言われる Archelaos が最

初ではなかったかと言われている (Diog. Laert. II. 16 *ἔλεγε δὲ…τὸ δίκαιον εἶναι καὶ τὸ αἰσχρὸν οὐ φύσει ἀλλὰ νόμῳ*)。またソフィストの中では，自然學に通じていた Elis の Hippias が，法律論の領城で始めてこの區別を問題にし出したように見える (*cf. Prot.* 337C—D *ἡγοῦμαι ἐγὼ ὑμᾶς συγγενεῖς τε καὶ οἰκείους καὶ πολίτας ἅπαντας εἶναι, φύσει, οὐ νόμῳ· τὸ γὰρ ὅμοιον τῷ ὁμοίῳ φύσει συγγενές ἐστιν, ὁ δὲ νόμος, τύραννος ὢν τῶν ἀνθρώπων, πολλὰ παρὰ τὴν φύσιν βιάζεται.* なお彼は conventional な *νόμοι* に對して，普通妥當的な *ἄγραφοι νόμοι* を對立させて考えてもいる。*cf.* Xen. *Mem.* IV. 4. 19. この點についてはさらに Xen. *Mem.* I. 2. 40 以下の，Pericles と Alcibiades との間の法律とは何かについての問答をも參照せよ)。つまりこれらによってみると，*φύσις* と *νόμος* とを対立させる考え方は，はじめは眞實在と現象世界との對立（區別）を言い表わすために用いられた，本來は自然哲學上のものであったのだが，それは次第に政治や道德の領域の事柄にまで適用されることになって，一方では，海外の知識の普及などにより，諸國の法律，道德，習俗の實態が紹介されるにつれて，一國一時代の法律道德が決して永遠不變の神聖なものではないことを人々に自覺せしめることになり (*cf. e.g. Dissoi Logoi*, II. 9 sqq.)，他方ではまた，度重なる戰爭や政變の結果，法律道德はたえず改變され，あるいは守られなくなって，そのために人々がそれらに對して漠然と抱いていた不信や疑惑が，この對立的な概念によって明確な表現と意識とを與えられることになったのだと言うことができよう（田中美知太郎『ソフィスト』pp.178 sqq.)。その代表的なものをわれわれは，Thrasymachos の「正義とは强者の利益である」(*Rep.* 338C) という説や，Antiphon の「人の見ている前では世の法律習慣を大いに敬い，見ていないときには自然のそれを敬うようにせよ」という「眞理」論 (*fr.* 44) や，あるいはまた Critias の「法律はひとに不正を行わせないために人間が後から作ったものであるが，しかしそれでもやはり不正は後を絶たなかったので，誰か利口な人間が思いついて，悪い事をする人間を脅かすために，全智全能の神は人間のどんな隱れた考えや行爲をも見張っているのだ，という風に作り事をしたのである」というような意味の議論 (*fr.* 25) の中に，これをはっきりと見ることができるだろう。Callicles もまた當時流行のこの對立的な概念を利用して，Socrates に挑みかかっているわけである。なおまたこの *φύσις* と *νόμος* の論については，*Leg.* 889 E—890 A をも參照せよ。
483A 2 *ὃ δὴ καὶ σὺ τοῦτο τὸ σοφόν*]　*τοῦτο τὸ σοφόν* は *ὅ* と同格で，それの補足的說明の語句。Heindorf は次のように說明して，その類例をあげている。‘Verba *τοῦτο τὸ σοφόν* epexegeseos instar praegressi *ὃ* interposita sunt usu satis obvio. Soph. *Antig.* 404 *ταύτην γ' ἰδὼν θάπτουσαν ὃν σὺ τὸν νεκρὸν ἀπεῖπας*: ubi Schol. *τὸν νεκρὸν ὃν σὺ ἀπεῖπας θάπτειν. οὕτως δὲ χρῶνται οἱ*

παλαιοὶ, ὥστε δύο ἄρθρα, προτακτικόν τε καὶ ὑποτακτικόν, κατὰ τοῦ αὐτοῦ ὀνόματος παραλαμβάνειν. κτλ., *Rep.* 579C *ὃς ἂν κακῶς ἐν ἑαυτῷ πολιτευόμενος, ὃν νυνδὴ σὺ ἀθλιώτατον ἔκρινας, τὸν τυραννικόν*, ibid 583E *ὃ μεταξὺ ἄρα νυνδὴ ἀμφοτέρων ἔφαμεν εἶναι, τὴν ἡσυχίαν, τοῦτό ποτε ἀμφότερα ἔσται, λύπη τε καὶ ἡδονή. Leg.* 666B, *Prot.* 313A, al.'——*τὸ σοφόν* はここではあまりよくない意味で，「うまい手」とか「巧智」というような感じで用いられている (*'callide et astute inventum'* Stallb., *'artificium'* Ast)。*cf. Rep.* 502D *οὐδέν, ἦν δ' ἐγώ, τὸ σοφόν μοι ἐγένετο κτλ.* (Ast 引用)。*δή* は *ὅ* を强調し，*καί* は *καὶ σύ* と *σύ* にかけることもできるが，關係文によく見られるように，*δὴ καί* とつづけて讀み，この關係文で言われていることを主文の內容にさらに附け加えるのだということを示すものと考える (Denniston, p. 294, *cf.* 488D 6, 489B 4)。
κακουργεῖς ἐν τοῖς λόγοις]　*'in disputando fallacibus et captiosis rationibus uti'* (Stallb.). *Rep.* でも同じような非難の言葉を Thrasymachos は Socrates に對してあびせている。*Rep.* 338D *ταύτῃ ὑπολαμβάνεις ᾗ ἂν κακουργήσαις μάλιστα τὸν λόγον*, ibid 341A *οἴει γάρ με ἐξ ἐπιβουλῆς ἐν τοῖς λόγοις κακουργοῦντά σε ἐρέσθαι ὡς ἠρόμην; cf. infra* 489B. そしてこのようなやり方で相手に勝つ議論の方法は，*'εἰς παράδοξον ἄγειν'* と呼ばれる詭辯であって，Aristoteles (*Soph. El.* XII. 6) もここの箇所を紹介している (Routh 引用)。
A 4　*ὑπερωτῶν*]　'Verbum *ὑπερωτῶν* est interrogans ita ut quae naturâ sint supponas et furtim quasi subiicias' (Ast). この Ast の解釋 (interrogans ita ut aliud quid subiiciat と要約される) に對して，Thompson は *ὑπερωτῶν* の *ὑπό* は *ὑπολαμβάνειν* の意味で，*ὑπερωτάω* とは *ὑπολαβὼν ἐρωτάω* のことであると主張している。つまりそれはこういう意味になると言う，'meeting your opponent with a question framed in accordance with the *natural* sense of the terms employed.' (*cf.* L. & S. s. v. (1) *'to reply by a question'*, そしてこの箇所を用例としてあげている)。しかし多くの註釋者は，Ast 說のように，この語を「こっそりすりかえて質問する」の意味に解釋している [*cf.* L. & S. s. v. *ὑπό*, F. III (*underhand, secretly*)]。*'furtim h.* e. *captiose et fraudulenter interrogare'* (Stallb.), *'unvermerkt fragen, in der Frage unterschieben'* (Nestle), *'to slip artfully into the question'* (Lodge), *cf.* L. & S. s.v. (2) *'to ask artfully*, or *slip in a question'*——そしてこの箇所もこの意味かもしれぬと言っている。同様に，Cope (*you slyly substitute…in your questions*) も，Cooper (*your question slyly substitutes*) も，Apelt (*richtest du deine Frage unvermerkt so ein*) も，さらに Lamb (*you slip…into your questions*) や Dodds もそういう意味にとっている。

その點 Croiset の譯 (*tu interroges sur la nature*) は多少不正確であるように思う。

A 6 { (1) *τὸν λόγον ἐδιώκαθες* (Riemann) : Burnet, Nestle, Lamb, Dodds
(2) *τὸν νόμον* ,, (TPF) : 一般の讀み方

(1) に從う。(2) で讀もうとすれば，ここの文脈ではどうしても無理な解釋をしなければならぬように思われる。*e. g.* ‘Quum Polus de eo loqueretur, quod esset lege et consuetudine turpius, tu id, quod secundum legem et consuetudinem iudicabatur, *ad naturae normam exigebas et persequebaris*’ (Stallb.), ‘When Polus meant that which was legally or conventionally fouler, you *dealt with* his conventionalism as if he had been speaking the language of nature’ (i. e. you made his conventional to include a natural deformity) (Thompson), ‘tu *harcelais* la loi au nom de la nature’ (Croiset) など。この點に關しては次の Nestle (Anhang S. 186) の註釋が適切であると思う。‘Über den Gedanken, der in den Worten liegen muß, sind alle Ausleger einig: Sokrates behandelte das Zugeständnis des Polos, daß *ἀδικεῖν* (*νόνῳ*) *αἴσχιον* sei, so, als hätte er gesagt, es sei dies *φύσει*. Dies kann aber unmöglich mit den Worten ausgedrückt werden *τὸν νόμον ἐδιώκαθες*: ,, Sokrates ging dem *νόμος* so nach“ (Sauppe-Gercke). Denn nicht dem *νόμος* geht Sokrates nach, sondern dem Begriff des *αἰσχρόν*. Die Schreibung *λόγον* löst alle Schwierigkeiten, und man kann höchstens zweifeln, ob damit nur das Zugeständnis des Polos im Verlauf der Unterhaltung oder diese selbst gemeint ist; ich halte letzteres für wahrscheinlicher. Vgl. zu 453C. Die Worte 489B *ἐπὶ τὸν νόμον ἄγων* bieten der überlieferten Lesart in 483A nur scheinbar eine Stütze. Denn hier ist das Objekt zu *ἄγων* ja eben nicht *νόμον*, worin 483A die Schwierigkeit liegt, sondern entweder persönlich *τὸν λέγοντα* (Schleiermacher) oder sachlich *τὸ λεγόμενον* oder *τὸν λόγον* (H. Müller). Bei lezterer Annahme bildet das *ἄγειν τὸν λόγον* (Vgl. 494E) genau das Gegenstück zu *τὸν λόγον ἐδιώκαθες* an unserer Stelle. Ganz gut aber kann von 489B *νόμον* irrtümlich nach 483A gekommen sein.’

B 2 *ἀνδραπόδου τινός*] Callicles の目には Socrates の言う道德などは「奴隷道德」にすぎないであろう。*Meno* 71E 以下によると，Gorgias 及び彼の弟子 Menon にとっては，人間の *ἀρετή* は一つではなくて，男子，小供，婦人，奴隷などによって，それはそれぞれ異ると考えられているのであるが，特に男子たるものの *ἀρετή* については，こう言われている。*ὅτι αὕτη ἐστὶν ἀνδρὸς ἀρετή, ἱκανὸν εἶναι τὰ τῆς πόλεως πράττειν, καὶ πράττοντα τοὺς μὲν φίλους εὖ ποιεῖν, τοὺς δ'*

ἐχθροὺς κακῶς, καὶ αὐτὸν εὐλαβεῖσθαι μηδὲν τοιοῦτον παθεῖν (Stallb. 引用)。
B 5 *οἱ ἀσθενεῖς ἄνθρωποι……καὶ οἱ πολλοί*] 法の起源を弱者(大衆)が自己防衛のために結んだ協定(*συνθήκη*)と見る考え方については, *Rep.* II 358E—359A の Glaucon の説 [*τοῖς μὴ δυναμένοις τὸ μὲν* (sc. *ἀδικεῖσθαι*) *ἐκφεύγειν τὸ δὲ* (sc. *ἀδικεῖν*) *αἱρεῖν δοκεῖ λυσιτελεῖν συνθέσθαι ἀλλήλοις μήτ' ἀδικεῖν μήτ' ἀδικεῖσθαι· καὶ ἐντεῦθεν δὴ ἄρξασθαι νόμους τίθεσθαι καὶ συνθήκας αὑτῶν, κτλ.*] 及び Critias, *Sisyphos* (*fr.* 25 Diels), Antiphon, *Aletheia* (*fr.* 44 Diels), Anonymus Iamblici (6. 1 Diels), Lycophron (Arist. *Pol.* III. 9) などを参照せよ。
C 3 *ἄδικον τὸ πλεονεκτεῖν*] これは後に Aristoteles (*Eth. Nic.* V) によって定式化された狭義の正・不正の古典的定義, *τὸ δίκαιον=τὸ ἴσον ἔχειν, τὸ ἄδικον=τὸ πλέον ἔχειν, πλεονεκτεῖν* (*cf.* 489A) の一つの源泉になったと思われる。
C 5 *τὸ ἴσον*] 上に述べられたように, これは正(義)の本質的定義であるが, ここではさらに民主制の根本原理である *ἰσονομία* へのあてつけがあるように思われる (Nestle)。
C 8 *ἡ δέ γε οἶμαι φύσις αὐτὴ ἀποφαίνει αὐτό, ὅτι κτλ.*] 有力寫本どおりに *αὐτό* と讀む。そしてそれは, *ὅτι* 以下の節を特に强調してこれを受けているものとも解されるが, しかしそれならば, *αὐτὸ τοῦτο* となるのが本來であり, またその位置もおかしいので, 一應これを前の *αὐτή* の語に重ねることによって,「直接に」「ぢかに」の意味に解釋しておいた。しかし一部には, これを *αὖ* (V) と讀んで, 自分もそう主張するが, 他方では自然もまたそのことを明らかにしているのだ, という意味にとる人たち (Bekker, Cope, Thompson, Croiset など) もある*。
D 2 *δηλοῖ……ὅτι*] 譯文では *δηλοῖ* を他動詞にとって, *ἡ φύσις* をその主語に考えて譯したが (Heindorf, *cf.* Jebb, *Antig.* 20. n.), しかしそれを *δῆλόν ἐστι* と同じ意味に考え, 自動詞として譯している者の方が多いように見受けられる。
D 3 *καὶ ἐν τοῖς ἄλλοις ζῴοις καὶ τῶν ἀνθρώπων κτλ.*] 「他の(人間以外の)動物の場合においてもそうであるが, 特にまた人間の場合でも云々」の意味。そうするとこの Callicles の說は, 人間を動物なみにおとして考えていることになるわけである。ただ人間の場合には, その弱肉强食の所謂「ジャングルの正義」は, 個人對個人の場合では異論もあろうから, これを人間集團の全體において考えて, 國家對國家, あるいは種族對種族の場合で見ようとするわけである。
D 5 *ὅτι οὕτω τὸ δίκαιον κέκριται*] 上述の *ταῦτα ὅτι οὕτως ἔχει* の補足的說明である。*κέκριται* の完了形に注意せよ。そのことはもうすでに以前からそのように決定をみてしまっているのだの意 (*cf.* 520E *νενόμισται*)。その內容につい

ては，*Rep*. I の Thrasymachos 說，*τὸ δίκαιον οὐκ ἄλλο τι ἢ τὸ τοῦ κρείττονος συμφέρον* (338C)，および *Leg*. 714C, 890A を參照せよ。
D 7 *ἢ ἄλλα μυρία……λέγειν*] Callicles の考えでは，*ἢ* という語によって，もっとほかの例をあげるつもりだったのだが，それをやめて *ἄλλα μυρία……τοιαῦτα λέγειν* という，レトリカルな誇張を伴う表現に代えてしまう。このような構文の變化は，*Apol*. 41C 1, *Leg*. 944B 2 などに類例が見られる。そしてこの構文の變化の裏には，Xerxes や Dareios の例をあげたことが，ギリシア人の聽衆の心情を害ねるかもしれないことに氣がついて，他にもそのような例は無數にあるのだと，あわててこのような表現に逃げこんだという感じがする。Xerxes やその父 Dareios の行動については「註解」を見よ。
E 2 *κατὰ φύσιν τὴν τοῦ δικαίου*] Schleiermacher が *τὴν τοῦ δικαίου* を，行間から本文へ紛れ込んで入った gloss として，これを削ることを提案して以來，一部にはこれに従う學者もいる (Stallb., Thomp., Schanz)。ここの議論では *κατὰ νόμον* と *κατὰ φύσιν* とが對立させられているだけで，*ἡ τοῦ δικαίου φύσις* のことはまだ問題になっていない，というのがその主な理由のようである (Etenim *ἡ φύσις τοῦ δικαίου* huc prorsus non pertinet, commemorari potius debebat *τὸ τῆς φύσεως δίκαιον*, ut 484A, aut dici *κατὰ φύσιν δικαίως ταῦτα πράττουσιν*. Nam sententia haec est : ‘illud ius, quod est ab hominibus constitutum, *τὸ κατὰ νόμον*, isti homines utique vehementer laeserunt, at vero secundum naturam illi egerunt atque ex lege naturae.’ Hinc seqq. *κατὰ νόμον γε τῆς φύσεως* tantummodo *νόμον* et *φύσιν* inter se opponi ostendunt. Itaque fallitur qui *τὴν τοῦ δικαίου φύσιν* interpretatur ‘naturam iuris’, de qua ne cogitari quidem potest, quum tota hac disputatione *τὸ κατὰ νόμον* et *τὸ κατὰ φύσιν* inter se opponantur neque *ἡ τοῦ δικαίου φύσις* usquam commemoretur. ——Stallb.)。しかしながらこの語は，*ἐπεὶ ποίῳ δικαίῳ χρώμενος κτλ.* という疑問文の形になっている言葉を受けて，それに自分で答える形で言われているのだから，その答が *κατὰ φύσιν* (「自然に従って」)，つまり *κατὰ τὴν τοῦ δικαίου φύσιν* [「正義の自然(本性)＝自然本來の正義(法律習慣上の正義ではなく)に従って」——‘*secundum ius naturale*, s. *iustum illud quod natura* (non *lege*) *nititur*’ (Ast)] となっても別に不自然ではないと思う。それは以下 484B 1 では *τὸ τῆς φύσεως δίκαιον*, 484C 1 では *τοῦ δικαίου φύσει* という表現に變っているけれども，意味は同じと考えてよい。——次の *κατὰ νόμον γε τὸν τῆς φύσεως* というのは，彼らは *φύσις* にばかりではなく，さらにまた *νόμος* にも従っているのだが，しかしその場合の *νόμος* とは，われわれ人間の制定する *νόμος* のことではなく，自然の *νόμος* なのだ（とい

ってもそれは，所謂「自然法」や「自然法則」のことではないが)，という意味。
E 4 ὃν ἡμεῖς τιθέμεθα· πλάττοντες τοὺς βελτίστους κτλ.]　ここの文章の切り方にはいろいろと意見があるが，上記のように τιθέμεθα の後にコロンをおき，そこで一度文章を切って，以下はそれの補足的説明と見るのが一番妥当であろう (Stallb., Ast, Burnet, Croiset, Lamb, Dodds)。したがって πλάττοντες は ὃν (=νόμον) にかかるのではなく，τοὺς βελτίστους καὶ ἐρρωμενεστάτους を目的語にとる。πλάττειν とは教育，訓練によって人間(の性格)を「作り上げる」，「形成する」こと。ちょうど彫刻家が粘土や石から彫像を作り上げるときのように (*cf. Rep.* 377C πλάττειν τὰς ψυχὰς αὐτῶν τοῖς μύθοις πολὺ μᾶλλον ἢ τὰ σώματα ταῖς χερσίν. ibid. 500D, *Leg.* 671C παιδεύειν τε καὶ πλάττειν)。——他の読み方は ὃν ἡμεῖς τιθέμεθα πλάττοντες とつづけて読み，πλάττοντες の目的語は ὃν (=νόμον) にして (*cf. Leg.* 712B πλάττειν τῷ λόγῳ τοὺς νόμους)，そしてそれは ὃν ἡμεῖς τιθέμενοι πλάττομεν (*'the laws we model in our legislation'*——Thompson) と同じであるとする説である (Heind., Bekk., Thompson)。あるいはその説を一層簡単にして，τιθέμεθα を削り，ὃν ἡμεῖς πλάττοντες κτλ. と読むことを主張する者もある (Hermann, Schanz, Lodge, Nestle)。
E 5 ὥσπερ λέοντας, κατεπᾴδοντές τε καὶ γοητεύοντες]　「法」(νόμος) に従って行う教育が，野獣を飼いならしてこれを仕込む人や，魔法使いのやり方と比較されている。當時のアテナイで，ライオンを飼いならす術が相當に進歩していたことを示す例として，Thompson は Isoc. XV. (*Antid.*) 213 καθ' ἕκαστον τὸν ἐνιαυτὸν θεωροῦντες ἐν τοῖς θαύμασι τοὺς μὲν λέοντας πρᾳότερον διακειμένους πρὸς τοὺς θεραπεύοντας ἢ τῶν ἀνθρώπων ἔνιοι πρὸς τοὺς εὖ ποιοῦντας, τὰς δ' ἄρκτους καλινδουμένας καὶ παλαιούσας καὶ μιμουμένας τὰς ἡμετέρας ἐπιστήμας を引用している。なお *Meno* 80A には，Socrates の問答法の効果について，ここと同じような言葉を用いながら，次のように語られている。καὶ νῦν, ὥς γέ μοι δοκεῖς, γοητεύεις με καὶ φαρμάττεις καὶ ἀτεχνῶς κατεπᾴδεις, ὥστε μεστὸν ἀπορίας γεγονέναι. また Gorg. *Hell.* 10. 14 の用語法を参照せよ*。
484A 3 ἀποσεισάμενος κτλ.]　ἀποσείσασθαι という語は，特に悍馬が乗り手をふり落すことについて用いられる (*cf.* Xen. *Cyrop.* VIII. 1. 8, Herod. VII. 88, IX. 22)。つまり，φύσιν ἱκανὴν ἔχων ἀνήρ はここで再び野獣に，なかでも特に暴れ馬になぞえられているわけである。おそらくここの文章には，Hom. *Il.* VI. 506 *sqq.* ὡς δ' ὅτε τις στατὸς ἵππος, ἀποστήσας ἐπὶ φάτνῃ, δεσμὸν ἀπορρήξας θείῃ πεδίοιο κροαίνων κτλ. の句が，念頭にあったのではないかと想像される (Stallb.)。——διαρρήξας とは，綱をふり切るということよりも（そのためには，上

述の Homeros が使っている *ἀπορρήξας* の語の方が用いられたであろう)，「かき」「かこい」「束縛」などを，くだき破ることの意味。——*διαφυγών* の語は Polos によって前に使われていた (*cf*. 473C)。「くぐり抜ける」「逃げ通して成功する」こと。——*καταπατήσας* には征服者が被征服民に對する暴虐さ，横柄さの感じがある。「ふみにじること」(*cf*. Hom. *Il*. IV. 157 *κατὰ δ' ὅρκια πιστὰ πάτησαν*)。——次の *γράμματα, μαγγανεύματα, ἐπῳδαί* は，上述の *κατεπᾴδοντες, γοητεύοντες, λέγοντες* の分詞に，ちょうど逆の順序で，それぞれ對應している。——*ἐπαναστάς* は，一時は屈服していたかに見えたものが，今やとつぜん起ち上ることを表わす。*ἀνεφάνη, ἐξέλαμψεν* の *aor*. は所謂 *aor. gnomicus* である。*δεσπότης ἡμέτερος ὁ δοῦλος* は，上に言われたように，*καταδουλούμεθα* していたその奴隷が，今度は逆にわれわれの人主となっての意。471A の Polos の議論の中でも，*δοῦλος* であるべきはずの Archelaos が *τύραννος* になっている。
B4 *νόμος ὁ πάντων βασιλεύς*]　この Pindaros の詩句の最後は——Callicles はそれを正確には覺えていないといい，その要點だけを傳えているのであるが——Aristides *Rhet*. II. 52 (II. 68 Dindorf) の Scholia から，Boeckh (*Frag. Pind*. 151) によって次のように修復された。*ἐπεὶ* 〈*Γηρυόνα βόας* / *Κυκλωπίων ἐπὶ προθύρων Εὐρυσθέος* / *ἀναιτήτας τε καὶ*〉 *ἀπριάτας* 〈*ἤλασεν* (s. *ἔλασεν*)〉. (ただし彼はこの詩句の冒頭に，*infra* 488B, *Leg*. 690B, 715A との比較によって，*κατὰ φύσιν* の語句をさらに加えている)。なお Bergk, *Poet. Lyr. gr*.^{4} *fr*. 169, Bowra, *Pind. Carm. fr*. 152 參照。
ところで，この詩句における Pindaros の眞意がどこにあったかは，勿論これだけでは正確なことは分らないが，何か「運命の掟」のようなものが，この *νόμος* の語によって表現されていたように思われる。しかし '*νόμος πάντων βασιλεύς*' という語句は，もとの context より離れて，後には一種の諺的な云い方となり，Herodotos (III. 38) や Hippias (*Prot*. 337C—D) はこれを，習俗 (*νόμος*) の力がまるで獨裁者の如くに强大なものであることを言い表わすのに用いている。しかし Callicles は反對に，*νόμος* を「自然の法」の意味にとって，これを自分の「强者の正義」論，「自然の正義」說に利用しようとするわけである。なお Platon はこの Pindaros の詩句に言及して，*Leg*. 690B, 715A では次のように言っている。すなわち 690B では，*ἄρχειν* と *ἄρχεσθαι* に關する *ἀξιώματα* の第五のものとして，*Πέμπτον γε οἶμαι τὸ κρείττονα μὲν ἄρχειν, τὸν ἥττω δὲ ἄρχεσθαι.——Μάλα γε ἀναγκαῖον ἀρχὴν εἴρηκας.——Καὶ πλείστην γε ἐν σύμπασιν τοῖς ζῴοις οὖσαν καὶ κατὰ φύσιν, ὡς ὁ Θηβαῖος ἔφη ποτὲ Πίνδαρος*. またそれに關聯して 715A では，*καὶ ἔφαμέν που κατὰ φύσιν τὸν Πίνδαρον ἄγειν δικαιοῦντα τὸ βιαιότατον, ὡς φάναι* と言われている。

B7 ἄγει δικαιῶν τὸ βιαιότατον において，ἄγει は absolute に使われていると思う(=*'abigit, rapit'*)。τὸ βιαιότατον には ἔργον を補って考えればよいだろう(Ast の如くそれを *adv.* に解するのではなく。彼はおそらく *infra* 488B ἄγειν βίᾳ τὸν κρείττω τὰ τῶν ἡττόνων との比較でそう讀んだのかもしれない)。しかし，*'carries all with a high hand, justifying the extreme of violence'* という Thompson の「暫定的な」譯でもよかろう。なおこの一行に關しては，Croiset は ἄγειν δικαιοῖ τὸ βιαιότατον (tr. *'justifie la force qui mène tout'*) という新しい讀み方を提案している。'J'écris ἄγειν δικαιοῖ τὸ βιαιότατον en m'appuyant sur le passage des Lois (715A) où ce fragment est viés et qui est ainsi conçu: ἔφαμέν που……τὸν Πίνδαρον ἄγειν δικαιοῦντα τὸ βιαιότατον. Ce texte, remis en style direct, devient ou bien: *Π.* ἄγει δικαιῶν τὸ βιαιότατον, ce qui est absurde; ou bien: *Π.* ἄγειν δικαιοῖ τὸ βιαιότατον, ce qui est notre correction même et présente un sens excellent. Je considère donc comme hors de doute que tel est réellement le texte que lisait Platon dans son exemplaire de Pindare' (Notice p. 103). しかしながら，*Leg.* 715A の text については異論もあるので(たとえば Bury はそこをこう訂正している：ἔφαμέν που κατὰ φύσιν τὸν <u>νόμον</u> ἄγειν δικαιοῦντα τὸ βιαιότατον, ὥς φάναι <u>⟨τὸν Πίνδαρον⟩</u>)，これだけの説明で直ちに Croiset の提案を採用することはできないだろう。またこの同じ一行に關して，Wilamowitz (II. S. 95—99) は，Pindaros の原詩はこの通りであるけれども，Platon はそれを寫本どおりに βιαίων τὸ δικαιότατον と，言葉を逆にして引用したのだということを論證しようとしているが——Taylor (*Plato*, p. 117, n. 2) もこれに組みする——しかし彼の論證が不十分なものであることは，Dodds の指摘する通りであろう。Dodds の註参照。
B 11 Γηρυόνου] Γηρυόνης の *gen.* しかしまた Γηρυών (*gen.* όνος), Γηρυονεύς (*gen.* έως) とも言われる。ここに言われていることの内容については「註解」を見よ。*cf.* Hesiod. *Theog.* 289, 982, Virgil. *Aen.* VII. 662, VIII. 201.
C 4 τὸ μὲν οὖν ἀληθὲς οὕτως ἔχει, κτλ.] Callicles は自己の説，つまり「自然の正義」論を述べた後で，話題を轉じ，次には哲學無用論を説くに至る。それは Socrates が哲學を自己の愛人と語って，自分の言うことはその愛人である哲學の語ることだから止めるわけにはゆかぬと言ったのに對して，それの直接の反駁の代りに，哲學をすることが成年男子にとっては有害無益であることを指摘することになる。——φιλοσοφία γάρ τοί ἐστιν……χαρίεν より 485E 2 μηδέποτε φθέγξασθαι まで，全文 A. Gellius, *Noctus Atticae* X. 22 に引用されている。なお以下に見られるような哲學に對する非難は，ここで Callicles によって述べられるほど手きびしいもの

ではないとしても，當時の世間一般の人々から，特に辯論家や實際政治家の側からなされていたものであった。*Euthyd.* 304E sqq. (*καὶ ἐγώ, Ἀλλὰ μέντοι, ἔφην, χαρίεν γέ τι πρᾶγμά ἐστιν ἡ φιλοσοφία.——Ποῖον, ἔφη, χαρίεν, ὦ μακάριε; οὐδενὸς μὲν οὖν ἄξιον. κτλ.*), *Rep.* 487B sqq. (次註に引用), 516E—517A, 518A, *Theaet.* 172C sqq., Isoc. XV. (*Antid.*) 266 sqq., XII. (*Panath.*) 26 sqq. などを參照せよ。しかしながら，ここに描かれている哲學に對するはげしい非難は，たんに當時世の中に行われていたものを記錄しただけではなく，Platon にとってはむしろ，それは自己自身の問題として，彼の心の內部において行われた苦しい戰いの記錄であったとみなければならぬであろう。
C 7 *διαφθορά*]　その理由は以下に語られるわけだけれども，また *infra* 491B *μαλακία ψυχῆς* の言葉からも分るように，哲學は一般に精神を柔弱にさせるものと見られていた。それ故に Pericles の有名な ‘*φιλοσοφοῦμεν ἄνευ μαλακίας*’ (Thuc. II. 40) の言葉も生れたわけである。なお *Rep.* 487C—D にもここの箇所と似たような言葉を用いて，同じような意味の非難が哲學に對してなされている。(Adeimantos) *ὅσοι ἂν ἐπὶ φιλοσοφίαν ὁρμήσαντες μὴ τοῦ πεπαιδεῦσθαι ἕνεκα ἁψάμενοι νέοι ὄντες ἀπαλλάττωνται, ἀλλὰ μακρότερον ἐνδιατρίψωσιν, τοὺς μὲν πλείστους καὶ πάνυ ἀλλοκότους γιγνομένους, ἵνα μὴ παμπονήρους εἴπωμεν, τοὺς δ' ἐπιεικεστάτους δοκοῦντας ὅμως τοῦτό γε ὑπὸ τοῦ ἐπιτηδεύματος οὗ σὺ ἐπαινεῖς πάσχοντας, ἀχρήστους ταῖς πόλεσι γιγνομένους.* また Socrates に對する告發狀の文句，*ἀδικεῖ δὲ καὶ τοὺς νέους διαφθείρων* (Xen. *Mem.* I. 1. I) をも參照。
D 2 *εὐδόκιμον*]　Callicles の考える *καλὸς κἀγαθός* とは，この附け加えられた言葉 *εὐδόκιμος* によって表わされていると言ってよい。それに對して Socrates の見解は *supra* 470E を見よ。
τῶν νόμων]　Callicles がここで *νόμος* に無經驗であってはならないと言うのは，先に *νόμος* を輕蔑して *φύσις* を謳歌したことと別に矛盾するものではない。*νόμος* は尊重するに値いしないものだが，しかし實際にこの世の權力者になろうとするときには，世間の掟や習俗の全般に通じているのでなくてはならないだろう。——次の *χρώμενον ὁμιλεῖν=ὁμιλοῦντα χρῆσθαι. συμβόλαια* とは，Schol. にこう言われている。*παρὰ τοῖς Ἀττικοῖς αἱ ἀσφάλειαι καὶ συγγραφαὶ καὶ συνθῆκαι πολέων, καθ' ἃς τὸ δίκαιον ἀλλήλοις ἔνεμον.* *Rep.* 333A では，それは *κοινωνήματα* の一種としてあげられている。つまり ‘*pacta et conventa*’ のこと，故に ‘*ἐν τοῖς συμβολαίοις* est *in rebus contrahendis* (Ast)。——*τῶν ἡδονῶν τε καὶ ἐπιθυμιῶν* といわれるのは，Callicles の *φύσις* 論は結局，*infra* 491E—492A に見られる如く，人間の欲望の無制限な充足を主張するものであるから。また *ἦθος* とは，本來は個々

の人間の品性，性格の意であるが，しかしここではもっと廣く「人情・風俗」の意か。*cf.* Schol. ἤθη τὰ ἐν ἔθει κείμενά φησι. (L. & S. II. s. v. '*custom, usage*: in pl., *manners, customs*').
E2 διατριβάς] 「談話」「討論」の意。καὶ τοὺς λόγους はそれの説明的な附け加え。*cf. Apol.* 37C—D οὐχ οἷοί τε ἐγένεσθε ἐνεγκεῖν τὰς ἐμὰς διατριβὰς καὶ τοὺς λόγους.
E3 τὸ τοῦ Εὐριπίδου] 以下引用されるものは Euripides の今は失われた作品 *Antiope* からとられたものである。*cf.* 485E. Schol. τὰ ἰαμβία ταῦτά ἐστιν ἐξ Ἀντιόπης τοῦ δράματος Εὐριπίδου, ἐκ τῆς Ζήθου ῥήσεως πρὸς τὸν ἀδελφὸν Ἀμφίονα· οὗτοι δ' Ἀντιόπης υἱοί. Platon は最初の部分を自分の文章の中に入れてしまっているが，原詩は韻を考慮すると，次のようなものであったろうと推定されている (Valckenaer, *Diatribe on the Fragments of Euripides*, p. 76: *cf.* Nauck, *Euripidis Tragoediarum Fragmenta*, vol. III recens. 1908, Teubner. *fr.* 183)。

——ἐν τούτῳ γέ τοι
λαμπρός θ' ἕκαστος, κἀπὶ τοῦτ' ἐπείγεται,
νέμων τὸ πλεῖστον ἡμέρας τούτῳ μέρος,
ἵν' αὐτὸς αὑτοῦ τυγχάνει κράτιστος ὤν.

(または最初の二行は
ἐν τούτῳ γε πᾶς/λαμπρός τίς ἐστι, κἀπὶ τοῦτ' ἐπείγεται, とも推測されている)。
なお第四行目の κράτιστος は，ここの引用では βέλτιστος となっているが，*Alc.* II. 146A にもこの詩句は引用されていて (τούτῳ μέρος 以下)，そこでは κράτιστος が用いられている (Nauck は βέλτιστος にする。また第一行は含めない)。またこの詩句は Arist. (*Rhet.* I. 11. 1371b 32—33, *Prob.* 917a13) にも，Plut. (*Mor.* 514A, 630B など) にも引用されている。
485A4 ἀμφοτέρων] つまり「哲學」と「政治」の兩方。*Euthydemus* の終り近く (305D—E) でも，哲學をけなすある種の人たちについて，彼らの考えは次のようなものだと言われている。σοφοὶ δὲ ἡγοῦνται εἶναι πάνυ——εἰκότως· μετρίως μὲν γὰρ φιλοσοφίας ἔχειν, μετρίως δὲ πολιτικῶν, πάνυ ἐξ εἰκότος λόγου——μετέχειν γὰρ ἀμφοτέρων ὅσον ἔδει, ἐκτὸς δὲ ὄντες κινδύνων καὶ ἀγώνων καρποῦσθαι τὴν σοφίαν.——次の ὅσον παιδείας χάριν の內容については，*Prot.* 312B (οὐκ ἐπὶ τέχνῃ——ἀλλ' ἐπὶ παιδείᾳ) を參照。
C3 παρὰ νέῳ……μειρακίῳ] このように同じ意味の語をくりかえして二重に使用する例は，*Prot.* 315D νέον τι ἔτι μειράκιον, *Leg.* 658D τὰ νέα μειράκια などに見られる。

D 5 ὁ ποιητής]　これだけですでに Homeros をさすのが慣用。*cf. Il.* IX. 441 οὐδ' ἀγορέων, ἵνα τ' ἄνδρες ἀριπρεπέες τελέθουσι.
D 6 καταδεδυκότι δὲ……ἐν γωνίᾳ]　國の中央で活躍する實際家の輝かしい生活と比較して。*cf. Rep.* 579B καταδεδυκὼς δὲ ἐν τῇ οἰκίᾳ τὰ πολλὰ ὡς γυνὴ ζῇ. しかしこの批評は，歴史上の Socrates にはあてはまらないであろう。
E 1 ἱκανόν]　この語で充分に意味が通ずると思う。*cf. infra* 512C ἱκανὸς γὰρ αὐτῷ ὁ λόγος. Heindorf の νεανικόν という訂正に従う者もいるが (Hermann, Lodge, Lamb)，その必要はないだろう。
E 6 ἀμελεῖς, κτλ.]　Platon は再び Euripides の *Antiope* の詩句を借りて，これを自由に引用しているのであるが，Euripides の詩の原文はどうだったのであろうか。いろいろと修復の試みがなされているのであるが，いま Nauck (*fr.* 185) によって示すと*，それは次の如きものであったろうと推測されている。

……ἀμελεῖς ὧν ⟨σε φροντίζειν ἐχρῆν·⟩
ψυχῆς ⟨ἔχων γὰρ⟩ ὧδε γενναίαν φύσιν
γυναικομίμῳ διαπρέπεις μορφώματι
……κοὔτ' ἂν ἀσπίδος κύτει
⟨ὀρθῶς⟩ ὁμιλήσειας οὔτ' ἄλλων ὕπερ
νεανικὸν βούλευμα βουλεύσαιό ⟨τι⟩.

無論，見られる通り，この修復も決して完全なものではない。冒頭には Ἀμφίον の語を補う (Luzac) のでよいとしても，三行目以下も，Platon の text にある καὶ οὔτ' ἂν δίκης βουλαῖσι……λόγον (A 1—2) の句や，さらにまた οὔτ' εἰκὸς ἂν……λάκοις (Bonitz, λάβοις BTP) (A 2—3) の句から，何かこれに近い形のものが，Euripides の原詩の中に含まれていたのではないかと想像されるからである (たとえば Dodds はそこを κοὔτ' ἂν δίκης βουλαῖσι προσθεῖ' ἂν λόγον/οὔτ' εἰκὸς ἂν καὶ πιθανὸν ⟨οὐδὲν⟩ ἂν λάκοις. と修復している)。しかし今はその詮索に入らないことにする。詳しくは Cope, Appendix, note A, pp. 134—36, Thompson, および Dodds の註を參照。
ところで，上述の原詩三行目の γυναικομίμῳ の語は，音樂に熱中している Amphion に對して，Zethos がこれを非難して言っている場合には適切であるけれども，ここで Socrates に向って言うのには適當でないから，その代りに μειρακιώδει の語が用いられたわけである。Callicles の目から見れば，哲學の研究などというのは「若い者向きの仕事」にすぎないからである (*cf. supra* 484C)。なおその次の διαπρέπεις の語については，その讀み方に關していろいろと異論が出されている。しかし大體においては，次の三説に分類されるだろう。
(1)　διαπρέπεις (BTP et revera F) : Bekk., Ast, Herm., Stallb., Cope, Thomp.,

Lodge, Nestle, Dodds (ただし Lodge, Nestle は ψυχῆς ⟨ἔχων⟩ と，また Dodds は γενναίαν ⟨λαχὼν⟩ と，それぞれ分詞を text の中に補っている。その理由はおそらく，διαπρέπω の語は他動詞に用いられる例が見あたらないというところにあるだろう)。
直譯すれば，「君は魂のかくも高貴な本性を何か若い者向きの形のもので飾ろうとしている」というような意味になるだろう（'*indolem animi tam ingenuam puerili quodam ornare studes decore*' Stallb., '*decorare studes*' Ast, *cf*. L. & S. s.v. II c. *acc. rei*, '*adorn*')。ただこの場合，「飾る」とか，あるいはもっと原義に近く，「際立たせる，目だたす」とかいっても，それはいい意味ではないのだから，Cope (Appendix, note A, p. 134) はこの動詞の意味を '*disfigure*', '*disgrace*' と解することができるとして，この箇所を次のように譯している。'*and a soul endowed by nature with her noblest gifts you disfigure by a boyish disguise.*' (しかしこの解釋は，Philostratus, *Vit. Apollon*. IV. 21 γυναικομίμῳ μορφώματι κατὰ τὸν Εὐριπίδην αἰσχρῶς διαπρέπει の語句から，Euripides の原詩は αἰσχρῶς……διαπρέπεις となっていたと考えて生れた解釋であって，διαπρέπειν の語そのものだけから '*disfigure*' の意味が生れるかどうかは問題であろう)。なお Lodge, Nestle, Dodds のように分詞を補って，διαπρέπεις を自動詞のように讀めば，「君のもっている魂の素質はかくも高貴なものであるのに，何か子供じみた仕草によって名を馳せている」というような意味になるだろう (*cf*. Eur. *Alc*. 642 ἦ τἄρα πάντων διαπρέπεις ἀψυχίᾳ)。
(2) διατρέπεις (Grotius, *Excerpt. e Trag. et Com*. p. 373) : Schanz, Burnet, Croiset (Burnet がこれを F 寫本の讀み方とするのはあやまり)。
διατρέπειν とは，「そらす」とか「さける」とか「向けかえる」の意味であるから，これで讀むとすると，「魂のかくも高貴な本性を……(あらぬ方向へ) そらしている」とでも譯すことになるだろうか。Croiset はこの箇所を '*tu imposes à ton naturel généreux un déguisement puéril*' と譯しているが，διατρέπεις と讀んで果してこの譯が生れるかどうか疑問であるように思う。むしろ Apelt の譯 '*und machst eine so edle Geistesanlage durch knabenhaftes Gebaren ihrer eigentlichen Bestimmung abwendig*' が正確であろう。
(3) διαστρέφεις (Valckenaer) : Lamb
もしこう讀むことが許されるなら，この語は「ねじ曲げる」とか「歪める」とかの意味であるから，この箇所には適切であると言える。Lamb の譯は，'*you distort with a kind of boyish travesty a soul of such noble nature*' である。'*you warp the noble soul you had by nature with a puerile disguise*' と譯している Cooper

もこの讀み方を採用したのではないかと推測される。
——以上のうち，一應 (1) の寫本どおりに (分詞は補わないで) 譯しておいた。
λόγον προστίθεσθαι とは「意見をのべる」こと。*εἰκός* (「まことしやかなこと」) や *πιθανόν* (「人を信じさせる力をもったもの」) の方が，法廷においては，*ἀληθές* よりも重要であるということについては，*Phaedr.* 272D—E *τὸ παράπαν γὰρ οὐδὲν ἐν τοῖς δικαστηρίοις τούτων ἀληθείας μέλειν οὐδενί, ἀλλὰ τοῦ πιθανοῦ· τοῦτο δ' εἶναι τὸ εἰκός, ᾧ δεῖν προσέχειν τὸν μέλλοντα τέχνῃ ἐρεῖν* を參照。なお，Schanz, Lodge, Nestle, Dodds は Bonitz の提案に從って，*λάβοις* を *λάκοις* (<*λάσκω*) に訂正している。これを採用しておく。*λάβοις* のままではどう工夫しても，ここの文脈に適切な意味は生れてこないように思う。
486A 4 *καίτοι*]　この語は，それまでの手きびしい批評の言葉を，いくらかでも訂正するのかと期待させるのだが，しかし Callicles は，自分の考えを間違いないと信じているものだから，次にはやはりレトリカルな疑問文を用いて，Socrates にその點を認めるように強いる結果となっている。
εὐνοίᾳ……τῇ σῇ]　*cf. Apol.* 20E *ἐπὶ διαβολῇ τῇ ἐμῇ. σῇ* は *gen. obj.* の *σοῦ* に等しい (*cf. supra* 485A *εὐνοίᾳ τῇ ἑαυτοῦ*)。
A 6 *τοὺς πόρρω ἀεὶ φιλοσοφίας ἐλαύνοντας*]　*cf. Euthyphr.* 4B *ἀλλὰ πόρρω που ἤδη σοφίας ἐλαύνοντος, Cratyl.* 410E *πόρρω ἤδη…φαίνομαι σοφίας ἐλαύνειν.* この *gen.* は領域，範圍を表わす。*ἀεί* は「その度ごとにいつでも」「いつもさらに」の感じ。
A 8 *ἀπάγοι*]　*ἀπάγειν* とは法律用語で「略式逮捕」のこと。一般に犯人が現場を押さえられたときは，直ちに逮捕されて 11 人の刑事委員の前に「連行」された。*cf. Apol.* 32B. ここに言われていることはもとより一般的な想定として語られているのではあるが，しかしその後の Socrates の運命が背後に匂わされていることは疑うべくもない。
B 1 *ἰλιγγιῴης…… καὶ χασμῷο*]　文字通りの意味は「目まいがし」て「あいた口がふさがらない」ことである。恐怖と狼狽のあまり呆然自失して，ものも言えないさまがきわめて vivid に表現されている。後に 527A で Socrates はこの同じ言葉を使って Callicles にしっぺい返しをしている。*ἰλιγγιάω* (WF) は，*εἰλιγγιάω* (BTP, Schanz, Lodge, Croiset) と書かれることもある。特に Platon の寫本ではそれが多いと言われる。この點について Suidas は次のように言っている。*εἰλιγγιῶ· τὸ μὲν ῥῆμα διὰ διφθόγγου, ἀντὶ τοῦ σκοτοδινιῶ——τὸ δὲ ὄνομα ἴλιγγος διὰ τοῦ ῑ* (Schanz, Lodge 引用)。
B 2 *ἀναβάς*]　*ἀναβαίνειν* とは所謂「出頭する」こと。*Apol.* 17D 2 の Burnet

の註を参照。
πάνυ φαύλου καὶ μοχθηροῦ]　*πάνυ* という語はおそらく意識的に附け加えられているのであろう。Socrates の告發者は必ずそのような人間にちがいないだろうから。521C にも同じ表現が使われている（*πάνυ ἴσως μοχθηροῦ ἀνθρώπου καὶ φαύλου*）。おそらく Meletos のことが暗示されているのであろう。
B 3　*θανάτου σοι τιμᾶσθαι*]　*cf. Apol.* 36B *τιμᾶται δ' οὖν μοι ὁ ἀνὴρ θανάτου.* この *ἀγὼν ἀτίμητος* のことについては，その箇所についての田中美知太郎，*Apologia Socratis,* 註解，pp. 115—116 を見よ。
B 4　*καίτοι πῶς σοφὸν τοῦτό ἐστιν, κτλ.*]　以下 Platon はまた Euripides の *Antiope* から自由に引用しているが，Nauck (*fr.* 186) の修復によれば，原詩は次の如きものであったろうと言われている。

πῶς γὰρ σοφὸν τοῦτ' ἔστιν, εἴ τις εὐφυῆ
λαβοῦσα τέχνη φῶτ' ἔθηκε χείρονα;

この原詩どおりに，ここの text も *εἴ τις* (TP) と讀むのが殆んどだが，Burnet, Lamb, Dodds は *ἥτις* (BF) と讀んでいる。また次は *εὐφυᾶ* (Y) でなしに *εὐφυῆ* (BTP) としているのは Hermann, Burnet, Croiset, Lamb, Dodds である。
C 1　*περισυλᾶσθαι*]　次行の *ζῆν* とともに *ἔθηκε* (i.e. *ἐποίησε*) にかかり，その結果を示す補足説明の不定法である。*ἄτιμος* とは公民權剝奪の刑にあった者。それにはいろいろの段階があるが，すべて國家に對する犯罪に課せられた。*cf.* Busolt, *Gr. Alter.* § 158, Andoc. I. 73—76.
C 3　*ἐπὶ κόρρης τύπτοντα*]　「横面を張る」とか「平手打ちを喰わせる」の意。*cf. infra* 486C, 508D, 527A, Eustathius ad Iliad. V. 923 *ed.* Basil. (Routh 引用)：*κόρρην δέ, φησί* (Aelius Dionysius), *καὶ κόρσην Ἀττικοὶ τὴν ὅλην κεφαλὴν σὺν τῷ αὐχένι λέγουσι. διὸ καὶ προπηλακισμὸς ἰσχυρός, φασί, τὸ ἐπὶ κόρρης καὶ μείζων τοῦ κονδύλου.* この引用文の最後に見られるように，*ἐπὶ κόρρης τύπτειν* に對立するのは *κονδύλοις τύπτειν*（「拳骨で毆る」）である。
C 4　*ἀλλ' ὦγαθέ, κτλ.*]　またも *Antiope* から引用される。Nauck (*fr.* 188) の推定によれば——それは前の句よりも異論 (Thompson や Dodds の註を見よ）が多いが——次の如くである。

ἀλλ' ἐμοὶ πιθοῦ·
παῦσαι μελῳδῶν, πολεμίων δ' εὐμουσίαν
ἄσκει· τοιαῦτ' ἄειδε καὶ δόξεις φρονεῖν,
σκάπτων, ἀρῶν γῆν, ποιμνίοις ἐπιστατῶν,
ἄλλοις τὰ κομψὰ ταῦτ' ἀφεὶς σοφίσματα,

ἐξ ὧν κενοῖσιν ἐγκατοικήσεις δόμοις.
この原詩と Platon の text とを對比して，その言葉づかいの差異を調べてみると，まず Amphion に對しては μελῳδῶν と言われていたのを代えて，Socrates には ἐλέγχων の語が使われている。また Zethos が自分の仕事として誇った πολεμίων に代えて，Callicles は πραγμάτων (實務) の語を使っている。さらに原詩の σοφίσματα を λήρήματα, φλυαρίας に代えている。(なお Schanz, Lodge は Cobet に從って，text の ἐμοὶ πείθου をも詩の原文にならって ἐμοὶ πιθοῦ (*aor. 2nd*) としているが，一般には，引用は次の παῦσαι 以下からと考えられている)。——τὰ κομψά (「氣の利いたこと」) というのはあまり好ましくない意味であり，特にソフィストたちの屁理窟についてよく用いられる (*Lach.* 197D では Prodicos について κομψεύεσθαι の語が使われている)。それは次には (C8) τὰ μικρά とも言い代えられている。これに反して，國家公共の政治に關する事柄は，τὰ μείζω (484C) という言葉で表現されていた。
D1 βίος]　'*victus*',「生活を支えるてだてとなるもの」。*cf. Leg.* 842C, 936C. 上の κενοῖσιν δόμοις に對比される。それに對して次の δόξα は C2 の ἄτιμον ζῆν と對比されている。
D2 εἰ χρυσῆν ἔχων ἐτύγχανον τὴν ψυχήν]　482C からここまでつづいた Callicles の尊大で傲慢な長廣舌に對して，Socrates はこれをやわらかく受けとめ，巧みな比喩でもってこれに答えようとする。χρυσῆν は τὴν ψυχήν に *attribute* としてではなく，*predicate* としてかかる。つまり「魂」と「黄金の」ということが始めから一體化されているのではなく，それぞれ別々のことが新しく結び合わされるわけである。
D3 τούτων τινα τῶν λίθων ᾗ……]　關係代名詞と先行詞の數の不一致の例は，*infra* 521D1 περί τούτων τινὸς κινδυνεύων, ὃ σὺ λέγεις にも見られる。
D7 οὐδέν μοι δεῖ ἄλλης βασάνου]　Burnet だけが有力寫本 (BTWF) にもとづいて μοι を με と讀んでいるが，他の多くの校本は μοι (VY) に直している。この方がやはり意味も明確で，構文も單純であるように思われる*。
E3 ἑρμαίῳ]　すべて豫期されぬ利得 (κέρδος ἀπροσδόκητον) は Hermes の神がもたらしたものと考えられていたので，その神の名をとっている。この Hermes の神はまた κερδῷος の名前をも持っていた (*cf.* Luc. *Tim.* 41 ὦ……Ἑρμῆ κερδῷε, πόθεν τοσοῦτον χρυσίον;——Lodge, Nestle)。
E5 ἄν μοι]　ἅν (=ἃ ἄν) と讀むべきことを Bekker が提案して以來，多くの校本がこれに從っているが，有力寫本どおりに ἄν のまま (Heind., Ast, Lodge, Nestle, Dodds) でよかろう。ἡ ἐμὴ ψυχὴ δοξάζει というような云い方は，*Hipp. Mai.*

296D ὃ ἐβούλετο ἡμῶν ἡ ψυχὴ εἰπεῖν, *Leg.* 873A *Epist.* II. 313A, Xen. *Cyrop.* V. 1. 26 などに類例が見られる (Heind. Ast)。
487A 2 *τρία ἄρα δεῖ ἔχειν*] この *ἄρα* は，いわゆる「忽然たる理解」を示すものとみてよかろう。それが後置されているのは，*τρία* を強調するためと思われる (*cf.* 524D 4)。Thompson は *τρί' ἄττα* と讀むことを提案しているが ('*Ἄττα* is very commonly used with numerals, and the force of *ἄρα* is but slight in the present context. The interpreters give "tria potissimum" (Ficinus), a rendering which answers to *ἄττα*, but not to *ἄρα*. *Rep.* iv. 445C, *τέτταρα δ' ἐν αὐτοῖς ἄττα ὧν καὶ ἄξιον ἐπιμνησθῆναι*; ib. iii. 400A, *ὅτι μὲν γὰρ τρί' ἄττα ἐστὶν εἴδη……τεθεαμένος ἂν εἴποιμι.* etc.')，しかし寫本の根據もないし，またそれでは文章の力も拔けるように思われる。
B 2 *μᾶλλον τοῦ δέοντος*] 「どちらかといえばむしろ必要以上に」の意。*infra* D 1 には *πέρα τοῦ δέοντος* という表現が使われている。*μᾶλλον* は 482C にも同じ用法が見られる。
B 3 *διὰ τὸ αἰσχύνεσθαι τολμᾷ……λέγειν*] *αἰσχύνεσθαι* と *τολμᾶν* とは矛盾した表現であるが，それを組み合わせることによって，反って修辭的な効果が上っている。いわゆる *ὀξύμωρον* (撞着語法) の一例であろう。內容的には 461B, 482D 以下，特に 482E の *ἐὰν οὖν τις αἰσχύνηται καὶ μὴ τολμᾷ λέγειν ἅπερ νοεῖ, ἀναγκάζεται ἐναντία λέγειν* に言及されている。*περὶ τῶν μεγίστων* は 486C の *τὰ μικρὰ ταῦτα* と對照される。そしてそれは 484C *τὰ μείζω* にかかわりをもつ。
C 7 *εἰς τὴν ἀκρίβειαν*] 意味の上では *ἀκριβῶς* とほとんど同じ。內容は上述の *τὰ μικρὰ ταῦτα* を想い出させる。つまり *ὅσον παιδείας χάριν* (485A) を超えるわけである。これに似た表現は *Euthyd.* 288A *ὑπὸ τῆς ὑμετέρας τέχνης…οὑτωσὶ θαυμαστῆς οὔσης εἰς ἀκρίβειαν λόγων*, *Leg.* 809E *πότερον εἰς ἀκρίβειαν τοῦ μαθήματος ἰτέον τὸν μέλλοντα πολίτην ἔσεσθαι μέτριον* (Nestle 引用)。
D 1 *ὅπως μὴ……διαφθαρέντες*] *cf. supra* 484C *ἐὰν δὲ περαιτέρω…… ἐνδιατρίψῃ, διαφθορὰ τῶν ἀνθρώπων.*
D 7 *ἔχει δὴ οὑτωσὶ δῆλον ὅτι τούτων πέρι νυνί*] ここまでで一應，先に (486D—E) Socrates が Callicles を最上の試金石にたとえて，それを發見したことを喜んでいると言った，その理由が明らかにされたわけである。つまり Callicles は對話の相手となる者が持つべき三つの資格，知識 (*ἐπιστήμη*) と好意 (*εὔνοια*) と率直さ (*παρρησία*) とを備えていることが證明されたわけである。*δῆλον ὅτι* はまるで一語のようになって (*cf. δηλονότι*)，しばしば副詞的に用いられる。ここのように文章の中途にはさまれて，前後の文章の構造とは合致しない (*ἀσυνδέτως*) ことも多い。*cf.*

490D. *οἶσθα ὅτι* などにもこれと同じことが見られる。
E 5 { (1) *περιουσίᾳ* (F)： 一般の讀み方
(2) *παρουσίᾳ* (BTP)： Stallb., Hermann, Nestle, Lamb
Stallbaum はすぐ前の *ἐνδείᾳ* との對立で (2) の *παρουσίᾳ* の方がいいとするが ('Recte *παρουσίᾳ*, quod opponitur antegresso *ἐνδείᾳ*'), しかしここの箇所では, たんに「ある」というよりも,「ありすぎる」という意味の (1) の方が適當だと思われる。*cf. supra* B1 *αἰσχυντηροτέρῳ μᾶλλον τοῦ δέοντος*.
E 9 *ποῖόν τινα χρὴ εἶναι……καὶ τί ἐπιτηδεύειν καὶ μέχρι τοῦ*] つまり, これまでの問答の內容をふり返って言えば, 例えば, 人は正しい人であるべきか, それとも不正な人間になるべきか, そしてそのためには辯論術を修得すべきか, それとも哲學を學ぶべきか, また哲學を學ぶとしたら, それは教養の範圍內にとどめるべきか, それとも細部の點まで嚴密詳細に學ぶべきか, というようなことであろう (Schol. *τὸ μὲν ποῖον τὴν εἰδικὴν σημαίνει ἀρχήν, τουτέστι δίκαιον ἢ ἄδικον, τὸ δὲ τί ἐπιτηδεύειν τὴν ποιητικήν, ἀντὶ τοῦ δημαγωγίαν τε καὶ ῥητορικὴν ἢ φιλοσοφίαν· τὸ δὲ καὶ μέχρι τοῦ, ὅσον παιδείας χάριν ἢ περαιτέρω μέχρι τοῦ ἀκριβοῦς*. Heind. 引用)。主としてこれらの設問をめぐって, 以下 Callicles との對話は展開されることになる (*cf.* 492D, 500C, 512E, 515A, 521A, 527B—E)。そしてこれがこの對話篇の第三幕の, いな, この對話篇全體の中心問題であると言うことができよう。
488A 3 *εὖ ἴσθι τοῦτο ὅτι οὐχ ἑκὼν ἐξαμαρτάνω ἀλλ' ἀμαθίᾳ τῇ ἐμῇ*] Heind., Ast, Dodds は *τοῦτο* を *ἐξαμαρτάνω* の目的にし, その內容は上に言われたことをさすものと解しているが ['*τοῦτο* hoc traxerim ad seq. *ἐξαμαρτάνω*. Nam Demostheni familiaris est formula *εὖ ἴσθι τοῦθ' ὅτι*, Platoni, quod sciam, non item' (Heindorf), 'Pronomen *τοῦτο*, ut solet, coniunctioni praemissum cohaeret cum v. *ἐξαμαρτάνω*' (Ast)], しかし *τοῦτο* は *ὅτι* 以下の文章を受けて, これを强調したものであり, *ἴσθι* の目的語となると解していい (Lodge) のではないか。「このことはよく承知しておいてもらいたいのだが, 云々」の意味。——*οὐχ ἑκὼν……ἀλλ' ἀμαθίᾳ* は, 周知のように, Socrates が人間の惡行の原因, 理由について語るときの基本的なテーゼである (*οὐδεὶς ἑκὼν ἁμαρτάνει*)。*supra* 458A—B, 460C, *infra* 509E, *Prot.* 358C—D (*ἐπί γε τὰ κακὰ οὐδεὶς ἑκὼν ἔρχεται οὐδὲ ἐπὶ ἃ οἴεται κακὰ εἶναι, κτλ.*), *Meno* 77B—78B (*οὐδεὶς βούλεσθαι τὰ κακά*) などを參照。
B 7 *καὶ τότε*] *cf.* 483D, 484C.
B 8 *πότερον δὲ κτλ.*] Socrates は Callicles 說の要點をくりかえして, そ

れをたしかめた後で，ここからいよいよそれの反駁を始めることになる。——そもそも Callicles の言う「强者」(ὁ κρείττων) とは何か。それは「優秀な人」(ὁ βελτίων)，あるいは「立派な人」(ὁ ἀμείνων) というのと同じことなのかどうか，さらにまたそれは「體力のある人」(ὁ ἰσχυρότερος) というのとも同じことなのかどうかを問う。Callicles は始め無雑作にそれに同意するので，それなら，多數である大衆の方が一人の人間よりも自然本來においては强い (κρείττους) わけであるから，大衆の定める法 (νόμος s. νόμιμα) こそが「强者」の法であり，したがってまたそれが「優者」の法であるということにもなる。ところで，大衆の定める法律の內容は，平等に持つことが正義であり，不正を行う方がそれを受けるよりも醜悪であるというのであるから，それがまた前提によって，「强者」の法律の內容でもあるということになる。そして Callicles の言うがごとく，「强者」の法は自然本來において (φύσει) 立派なものであるとすれば，平等に持つことの正義や，また不正を受けるよりもそれを行うほうが醜悪であるということは，たんに νόμος の上においてそうであるだけではなく，φύσις の上においてもそうであることが認められねばならなくなる。かくして Callicles の說は，まず簡単に反駁されることになるのである。
C 1 τί ποτε λέγοις]　主文章の動詞の時稱が副時稱 [ἦ (F)—ἦν (P) の古い語形] であるときには，副文章の動詞は直接法の代りに希求法を用いるのが (特にPlaton では) 普通なので，Burnet, Lamb は F 寫本に從って λέγοις と讀んでいるが，しかし必ずそうなるわけではないから，他の校本はみな BTP 寫本どおりに λέγεις としている。
C 4 καὶ τότε]　i.e. 'antea (前にも)'。*supra* 483D—E に言及される。
C 7 ἦ]　上述の C 2 πότερον に應じ，この質問の第二の項をなしている。
D 6 τοὺς νόμους τίθενται ἐπὶ τῷ ἑνί]　ここの ἐπὶ c. *dat.* は敵對的な意味であろう (*cf.* L. & S. s.v. B. c. 'in hostile sense, *against, as a check upon,* in Att. also, νόμον τίθεσθαι, θεῖναι ἐ. τινι, make a law *for his case,* whether *or* or *against*')。つまり「その一人 (の强者) に對抗し，彼を抑えて，大衆に從うように」の意 ('*in unum, ut unus ille his legibus obtemperet.*' Demosth. *in Mid.* c. 10. νόμους ἔθεσθε πρὸ τῶν ἀδικημάτων ἐπ' ἀδήλοις μὲν τοῖς ἀδικήσουσι, ἀδήλοις δὲ τοῖς ἀδικησομένοις. *Leg.* 838C—Heind. 引用)。——ὥσπερ……ἄρτι ἔλεγες については，*supra* 483B οἱ τιθέμενοι τοὺς νόμους οἱ ἀσθενεῖς ἄνθρωποί εἰσιν καὶ οἱ πολλοί を參照。——なお δὴ καί (*infra* 489B 4 の場合も) については *supra* 483A 2 の註 (*cf.* Denniston, p. 219, 294) を見よ。

E 2 { (1) πολύ (BTPF) : Heind., Bekk., Ast, Thomp., Burnet, Lamb
(2) που (Hermann) : Stallb., Lodge, Nestle, Croiset, Dodds }

寫本のとおりに (1) を讀めば，Ast の言うように βελτίους という比較級を修飾するものと解しなければならぬが (*cf*. *Symp*. 181C νεωτέρας τε οὔσης πολὺ ἢ τῆς ἑτέρας)，しかし Stallbaum が言うように，ここで特にそう讀まねばならぬ理由は不明である ('Etsi πολύ comparativo suo interdum postponi solet, v. ad *Symp*. p. 181C, tamen comparativi vis cur hic ea voce intendatur, nemo dixerit')。むしろ Hermann が推測したように，πολύ を που に直して，少し言葉を和らげ，同時に皮肉な調子をきかせたものと考える方がよいように思われる。
E 7 *ὡς ἄρτι αὖ σὺ ἔλεγες*]　αὖ は上記 D 6 ὥσπερ καὶ σὺ ἄρτι ἔλεγες の表現に注意をうながしている。ἄρτι は 483C, 484A をさす。
489A 1 *ὅπως μὴ ἁλώσῃ ἐνταῦθα σὺ αὖ αἰσχυνόμενος*]　*supra* 482E において Callicles は，Gorgias や Polos が Socrates の議論の陷穽におち入ったことを非難していたのであるが，そのことに對する皮肉な言及。この文の前には ὅρα を補って考えてみれば分りやすいかもしれない。主文章に豫想される命令の言葉が表面に出ずに，副文章だけで獨立化しているのである。αὖ (F) は Gorgias や Polos の場合と同じく，「今度はまた君が」('*tu quoque*'—Ast) の感じ。——次の μὴ φθόνει は μὴ φθονήσῃς (「……するな」) とちがって，「……しないでくれ」「……しているな」「やめろ」の意味。
A 5 *Καλλίκλεις*]　呼びかけの語に ὦ を省略するのは珍らしいので，Schanz, Croiset は Heindorf の提案に従い，これを入れているが，必ずしもその必要はないだろう。——次の βεβαιώσωμαι は *med*. に讀む (='*mihi confirmare*')。用例 *Prot*. 348D, *Theaet*. 169E, *Soph*. 250C, *Phileb*. 14C など。παρὰ c. *pers*. s. *rei gen*. と併用されている例は，*Rep*. 461E δεῖ δὴ τὸ μετὰ τοῦτο βεβαιώσασθαι παρὰ τοῦ λόγου (Heindorf 引用) に見られる。
B 7 *οὑτοσὶ ἀνὴρ οὐ παύσεται φλυαρῶν*]　この言葉はまわりの聽衆に向って言われている。そしてそれによって Callicles は，簡單に反駁された腹いせをするわけである。οὑτοσὶ (s. οὗτος) ἀνήρ の云い方については *supra* 467B 1 の註を見よ。*infra* 505C 3 には Socrates がこの同じ云い方をして Callicles にしっぺい返しをしている。φλυαρῶν の語に Callicles の哲學に對する考え方が出ている。哲學は φλυαρία であるというのが彼の考え方だからである (*cf*. 486C, 490E, 492C. *Rep*. 336B で Thrasymachos が議論の中に割り込んで來たときも，彼はまずこう口を切っている：τίς ὑμᾶς πάλαι φλυαρία ἔχει, ὦ Σώκρατες;)。次の εἰπέ μοι には多少興奮した息づかいが感じられる。今度は Socrates の方に向き直って言うわけである。
B 8 *ὀνόματα θηρεύων*]　'*verba aucupans*' (Cicero).「字句を詮索する」とか「言葉尻りをとらえる」とかいう意味。ちょうど獵師が獲物を待っているように，

言葉づかいの不正確さを待っていて，それに乗ずること。*cf. Theaet.* 166C εἰ δὴ ὀνομάτων γε δεήσει θηρεύσεις διευλαβεῖσθαι ἀλλήλων.——すなわち，「强者」(ὁ κρείττων) とは何かということについて，それは「體力のある者（力の强い者)」(ὁ ἰσχυρότερος) だということに同意してしまったために，それなら大衆の方が一人の人間よりも本來力は强いわけだから，「强者」=「大衆」ということになって，それで忽ち反駁されてしまったのだが，しかしそれは「强者」の字句を詮索して，それを「體力のある者」と混同させ，その際に乘ずるというやり方にすぎない。「强者」とは，最初にも言った如く，「優者」(ὁ βελτίων) の意味にとるべきだ，というのが Callicles の言い分なのである。しかし前言（前の同意）をひるがえすことにもなるので，彼は οὐ πάλαι σοι λέγω κτλ. とか，ἢ οἴει με λέγειν κτλ. とかいうレトリカルな疑問文を用いて，言い逃れをしている。
C 4 *συρφετός*]　σύρω（掃く）のもとの意味を生かす方がよいと思う。「掃きだめ」「屑」「塵芥」の意。*cf. Theaet.* 152C τῷ πολλῷ συρφετῷ, *Hipp. Mai.* 288D οὐ κομψὸς ἀλλὰ συρφετός.——次の行の πλὴν ἴσως のあとには，Ast の言うように，ἀξίων τινός を補えば分りやすいだろう。そして τῷ σώματι ἰσχυρίσασθαι が，その理由，あるいは手段を說明する句となっている (*cf.* 490C 2 τῷ μὲν ἄρχειν)。Thompson は τῷ を σώματι だけにかけて，ἰσχυρίσασθαι は ἀξίων から理解されるところの能力ある者 (δυνατοί) にかかる限定の不定法として考えようとしているが ('The article evidently belongs to σώματι, not, as Ast supposes, to ἰσχυρίσασθαι, which depends on δυνατοί, or some equivalent antitheton to οὐδένος ἄξιοι.——a very common form of the σχῆμα κατὰ τὸ σημαινόμενον'), ——Dodds も大體この解釋に從う——しかし前者の Ast 說でいいと思う。
C 6 *καὶ οὗτοι φῶσιν, αὐτὰ ταῦτα εἶναι νόμιμα;*]　ここは φῶσιν の目的語が缺けているので，いろいろと訂正の試みがなされている。Heindorf（同様に Ast, Herm., Schanz, Lamb, Dodds) は αὐτά を ἅττα に代えて，コンマのおきどころも代え，καὶ οὗτοι φῶσιν ἅττα, ταῦτα εἶναι νόμιμα と讀んでいる。また Heusde は Ficinus の譯 ('*hos, praeterquam fortasse corporis viribus, esse potentiores: et quae hi statuant, esse jura*') から推測して，ここの文を ἰσχυρίσασθαι, τούτους εἶναι τοὺς κρείττους, καὶ ἃ ἂν οὗτοι φῶσιν, αὐτὰ ταῦτα κτλ. と訂正しているが，Ficinus の讀んだ text がそのとおりであったかどうかは不明である。Thompson も云うように，ここは ἃ ἂν οὗτοι φῶσιν, αὐτὰ ταῦτα κτλ. とあれば，それが一番いいかもしれないが，しかし text どおりに φῶσιν (=*edicere*) を absolute に讀んでも大體その意味になると思う ('αὐτὰ ταῦτα ponitur, ac si praecederet ἃ ἂν φῶσιν' Stallb.)。

D1 *καὶ αὐτὸς πάλαι τοπάζω……καὶ ἀνερωτῶ γλιχόμενος σαφῶς εἰδέναι κτλ.*] この理由はすでに Gorgias との對話 (453B—C) において明確に述べられている。
D3 *οὐ γὰρ δήπου σύ γε τοὺς δύο κτλ.*] Denniston (p. 151) は，この *γέ* は *τοὺς δύο* を强調するものと解している。
D7 *προδίδασκε*] Schol. には *προ* は餘計であると言われているが (*περιττεύει ἡ πρόθεσις Ἀττικῶς*)，しかし文字通りに '*docendo provehere, ulterius edocere, porro docere, pergere docere*' (Stallb., Ast) の意味にとりたい。*cf. Hipp. Mai.* 291B *ἐμὲ οὖν προδίδασκε καὶ ἐμὴν χάριν ἀποκρίνου. Euthyd.* 302C, Soph. *Philoct.* 538, *Aiac.* 163 など。しかし Dodds は Sauppe に従って '*praeeundo docere*' の意味にとる。なお Thompson は，*προδιδάσκειν* は *προμανθάνειν* と相應ずる言葉で，師と弟子との關係を表わしていると考える。——次の *ἀποφοιτάω* という動詞は特に師のもとから去って行く弟子について用いられる。
E1 *εἰρωνεύῃ*] Socrates が「もっとお手柔かに」(*πρᾳότερον*) とか，*ἀποφοιτήσω* とか，まるで Callicles を師とみなした云い方をするので，それに對して言われたもの。これは周知の如く，Socrates に對してあびせかけられた常套の文句である。*cf. Rep.* 337A *ὦ Ἡράκλεις, ἔφη* (Thrasymachos), *αὕτη 'κείνη ἡ εἰωθυῖα εἰρωνεία Σωκράτους, κτλ.*
E2 *μὰ τὸν Ζῆθον*] 先に (485E) Callicles が自己の說の證人として持ち出した Zethos を，今度は Socrates が自己の意見の證人に使おうとするのである。ここで Stallbaum は (Ast もそれに從う)，*οὐ μὰ τὸν Ζῆθον* と否定詞の *οὐ* (*sc. εἰρωνεύομαι*) がなければならないことをこう主張している：'aut diserte addenda est negandi particula, aut, si ea omittitur, formula referri debet vel ad praecedentem aliquam interrogationem cum negatione coniunctam vel ad sententiam subsequentem, quae aut particulam adversantem habeat aut negandi vi praedita sit.' *cf.* L. & S. s.v. *μά* III.——次の *ἀλλά* は，Ast の言うように，'referri……ad sententiam subsequentem, quae aut particulam adversantem habeat' ということにはならない ('Neque tueri possumus *μὰ τὸν Ζῆθον* propter sequentem particulam *ἀλλά*, quae non cum *μὰ τὸν Ζῆθον* cohaeret (vid. 463D), sed imperativis *ἴθι εἰπέ* praemissa adhortandi vim habet, ut verba *ἀλλὰ—εἰπέ* novam efficiant orationem')。——これに對して Thompson は，これに似た用例が *Alcib.* I. 109D に見えることを注意している：*Σκώπτεις, ὦ Σώκρατες.* ——*Μὰ τὸν Φίλιον τὸν ἐμόν τε καὶ σόν, ὃν ἐγὼ ἥκιστ' ἂν ἐπιορκήσαιμι· ἀλλ' εἴπερ ἔχεις, εἰπέ, τίς ἐστι;* [しかし Burnet の text では，ここは *Οὐ μὰ τὸν*

Φίλιον と Proclus の讀み方 (BT は *μὰ τὸν Φίλιον*) を採用している]。たしかにそれは Stallbaum や Ast の言うとおりにちがいないと思うが，寫本には *οὐ* はないし，他のすべての校本もそれに從っているので，ひとまず text はこのままにしておく。
E 6 *ὀνόματα λέγεις*]　「名前だけをあげる」「言葉にばかり拘泥する」(*'in verbis habere'*)。*supra* B 8 の Callicles の非難に報いたもの。つまり Callicles は *ὁ κρείττων* とは *ὁ βελτίων* のことだと説明したのだが，さてその *ὁ βελτίων* とは何かと訊かれると，488B で自己の說が要約されたときに使われたもう一つの語，*ὁ ἀμείνων*（立派な人）を持ち出して，それで逃げようとするわけである。そして事柄自體の內容は，一向明らかにしようとしないからである。そこで次に Socrates は，自分の方から，それは *ὁ φρονιμώτερος* のことではないかと暗示してやることになる。かくして *ὁ κρείττων*，つまり *ὁ βελτίων* の意味については，これで一應落着をみることになる。
490A 5 *ῥήματι θηρεύω*]　これが有力寫本 (BTPF) の讀み方であり，Hermann, Burnet, Lamb, Dodds はこれを採る。しかしこの言葉が上記 489B 8 *ὀνόματα θηρεύων* への明白な言及だとすると，*ῥήματα* (V) と讀むのがぴったりするように見えるので，古くからそう讀まれ，Thompson, Lodge, Nestle はこれを採っている。また Croiset は Deuschle に從って *ῥῆμά τι* と切り離して讀んでいるが，*τι* は不適當ではなかろうか。
B 1 *ἔχε δὴ αὐτοῦ*]　この云い方については *cf. supra* 460A. ——ここから議論は Callicles の言う *πλέον ἔχειν* をめぐって展開する。*ὁ φρονιμώτερος* が *ἄρχειν* すべきであるというのは一應うなずけるけれども，*πλέον ἔχειν* については，それは何を餘計に取ることなのか，あるいはまた，そもそも何について彼は *φρονιμώτερος* であるのか，それが問題だからである。
B 2 *πολλοὶ ἀθρόοι*]　BT 寫本ではこのあとに *ἄνθρωποι* の語が附加されており，多くの校本はこれに從っているが，Burnet, Lamb, Dodds に從ってこれを削る。人によっては *ἀθρόοι* を削って *πολλοὶ ἄνθρωποι* と讀む者 (Hermann) もあるが，*πολλοὶ ἀθρόοι* は一種の慣用句のようになっていて，ここでは *ὦμεν* を限定する副詞的な役目をしているとみる。*cf. Rep.* 492B *συγκαθεζόμενοι ἀθρόοι πολλοὶ εἰς ἐκκλησίας κτλ.*, Xen. *Anab.* V. 2. 1 *οἱ γὰρ Κόλχοι……πολλοὶ ἦσαν ἀθρόοι* など (Stallb. 引用)。
C 2 *τῷ μὲν ἄρχειν*]　この *dat.* は *dat. causae* (＝*διὰ τὸ ἄρχειν*, Heind.)。
C 8 [*περὶ*] *σιτία λέγεις καὶ ποτὰ κτλ.*]　*λέγειν* のあとに *περὶ* c. *acc.* がくるのはきわめてめずらしく，*περὶ* c. *gen.* となるのが普通であるから，Thompson, Dodds は Hirschig に從って *περί* を削ることを提案している。そうすると，「君が

言おうとしているのは……のことである」となり，次の ἐγὼ δὲ οὐ ταῦτα λέγω にも合うことになる。Burnet が λέγεις の前後にコンマをおいているのも，περὶ σιτία には上の文章から δεῖ πλέον ἔχειν を補い，λέγεις は挿入語と考えているのであろう。(しかしそうしてみても ἰατρούς の場合はおかしくなる)。λέγειν περὶ c. *acc.* の例としてよくあげられる，*Phaedo* 109C τῶν περὶ τὰ τοιαῦτα εἰωθότων λέγειν の註 (p. 130) において彼は，この箇所以外に Platon にはこの用例を知らぬと言い，そしてこの箇所についてもちがった解釋を (εἰωθότων λέγειν は誤って附加されたものと) しようとしている。しかし Stallbaum は Platon においても *Leg.* 768C περὶ μὲν δικαστήρια……εἴρηκεν の例をあげて，そして彼はここの箇所を次のように譯している：'*sermo tuus versatur circa cibos et potus et medicos*; *deine Rede dreht sich um Speisen und Getränke* etc., h.e. *pertinet ad* etc.' また Ast も λέγειν περὶ σιτία κτλ. はちょうど εἶναι περί τι (*versari in aliqua re, aliquid tractare*) と同じ云い方であるとして，次のように譯している：*oratio tua versatur in esculentis et potulentis* etc. もし寫本どおりに περί を殘せば，これら Stallb. や Ast の解釋に從うことになるだろう。——なお φλυαρία (または λῆρος など) の語が，その前にいろいろなものが數え上げられた後に，それらを要約する形で附け加えられる例は，*infra* 519A, *Phaedo* 66C などに見える。そしてここの καὶ φλυαρίας は Ast の言うように καὶ τοιαύτας φλυαρίας に等しいとみてよい。

D 2 (1) πότερον οὐ τὸν φρονιμώτερον (BF): Burnet, Dodds
(2) πότερον οὖν τὸν φρονιμώτερον (TPYF²): 一般の讀み方

(1) のように οὐ と讀んで，はっきりと肯定の答を期待する疑問文にする方が前後の文意にぴったりするように思われる。つまりそれは，Callicles の言葉，ἐγὼ δὲ οὐ ταῦτα λέγω (「ぼくの言っているのはそんなことではない」) を受けて言われているのであるが，それを (2) のように，「それでは (οὖν)，君がよりすぐれていると言ってるのは，より思慮のある人のことなのか，どうか」と單純な設問にするよりも，(1) のように，「君がよりすぐれていると言ってるのは，より思慮のある人のことではないのか。それにちがいだろう，どうなのだ」と，相手の無責任な云い方を咎める云い方にする方が，この場合にはより適切であるように思う。——なお次の問答における Callicles の答に (D 6)，Croiset は Cobet に從って ἀλλά の語を文頭に加えているが，その必要はないだろう。

D 10 ποίων ἱματίων;] 「なに，着物だって？ それはどんな着物のことかね？」の意味。次の E 4 ποῖα ὑποδήματα; も同じく，相手の言葉を受けて，憤懣と輕蔑の氣持を表わした感情的な表現である。*cf. Charm.* 174B ἆρά γε……τὸ πεττευτικόν;——ποῖον……πεττευτικόν; *Hipp. Mai.* 285D περί τε γραμμάτων δυνά-

μεως……καὶ ἁρμονιῶν;——ποίων, ὠγαθέ, ἁρμονιῶν καὶ γραμμάτων;
E 4 φλυαρεῖς ἔχων] ἔχων はその動作がひきつづき行われていることを示す。*cf. Euthyd.* 295C ἔχων φλυαρεῖς など。
E 9 ὡς ἀεὶ ταὐτὰ λέγεις] この ὡς は嘲笑の氣持を含めた感嘆詞である。468E 6, 521C 3 の ὡς の用法もややこれに近いと言える。——なおここで Callicles と Socrates との間に交わされる受け答えは，Xen. *Mem.* IV. 4. 6 に紹介されている，Socrates と Hippias との間において取り交わされている問答と，字句的に同じものであるのは興味ぶかい。καὶ ὁ μὲν Ἱππίας ἀκούσας ταῦτα ὥσπερ ἐπισκώπτων αὐτόν, Ἔτι γὰρ σύ, ἔφη, ὦ Σώκρατες, ἐκεῖνα τὰ αὐτὰ λέγεις ἃ ἐγὼ πάλαι ποτέ σου ἤκουσα; καὶ ὁ Σωκράτης, Ὃ δέ γε τούτου δεινότερον, ἔφη, ὦ Ἱππία, οὐ μόνον ἀεὶ τὰ αὐτὰ λέγω, ἀλλὰ καὶ περὶ τῶν αὐτῶν· σὺ δ' ἴσως διὰ τὸ πολυμαθὴς εἶναι περὶ τῶν αὐτῶν οὐδέποτε τὰ αὐτὰ λέγεις (Heind. 引用)。
491A 1 ἀτεχνῶς γε ἀεὶ σκυτέας κτλ.] Socrates の λέγειν περὶ τῶν αὐτῶν に關して Callicles がここで例にあげているのは，靴屋，肉屋，洗い張り屋，醫者であるが，ほかにも大工とか，鍛冶屋とか，なめし革職人なども彼がつねに話題としていた人たちである。この點については *Symp.* 221E ὄνους γὰρ κανθηλίους λέγει καὶ χαλκέας τινὰς καὶ σκυτοτόμους καὶ βυρσοδέψας, καὶ ἀεὶ διὰ τῶν αὐτῶν τὰ αὐτὰ φαίνεται λέγειν, κτλ., Xen. *Mem.* I. 2. 37 ὁ δὲ Κριτίας, Ἀλλὰ τῶνδέ τοί σε ἀπέχεσθαι, ἔφη, δεήσει, ὦ Σώκρατες, τῶν σκυτέων καὶ τῶν τεκτόνων καὶ τῶν χαλκέων· καὶ γὰρ οἶμαι αὐτοὺς ἤδη κατατετρῖφθαι διαθρυλουμένους ὑπὸ σοῦ.……καὶ τῶν βουκόλων γε· κτλ. を見よ。
A 4 οὔκουν σὺ ἐρεῖς περὶ τίνων; ⟨τίνων⟩ ὁ κρείττων……πλέον ἔχων……πλεονεκτεῖ;] Dodds の提案を採用する。すなわち，まず οὐκοῦν は οὔκουν に直す (*cf.* 459C 3, 474C 1 の註)。次に，haplography があるとみて，もう一つ τίνων を補い，二つの問いにする。前の τίνων は男性(人)で，これは Callicles の言葉 περὶ τούτων (A 3) を受け，次に πρῶτον μέν (A 7) で答えられるもの。後の τίνων は中性(物)の *part. gen.* で πλέον ἔχων にかける。寫本のままだと，περὶ τίνων を πλέον ἔχων にかけることになるが，そのような用法は稀れで，普通は περὶ τίνα と *acc.* にするか，前置詞なしに *part. gen.* の τίνων となるべきだろう。そこで Hirschig, Thompson, Nestle は περί を削っているが，これだけでは十分と思われない。
A 7 τοὺς κρείττους οἵ εἰσιν] これは Heindorf の言うごとく，τοὺς κρείττους は prolepsis になっているものとして，τούτους οἳ κρείττους εἰσίν の意にするのが文法的には一番簡單であろう。しかしそれでは οἵ εἰσιν の關係文はほとんど餘計なもののように思える ('dictum est cum abundantia quadam,——poterat

enim *οἵ εἰσιν* omitti' Stallb.)。そこで *οἵ εἰσιν* を間接疑問文に讀んで,「强者とはどういう人たちのことかということは,すでにさきほどから言っていることであって,それは靴屋のことでもなければ,肉屋のことでもない」という風に,二段の文章が一つにつづめられているのだと考える方がいいのかもしれない。'Ni fallor, oratio, quod Graeci amant, coarctata est, ut singula orationis membra non distincta, sed in unam coniuncta orationem sint. Atque hoc ita Plato effecit ut *τοὺς κρείττους οἵ εἰσιν οὐ σκυτοτόμους λέγω* poneret pro: *οἳ κρείττους εἰσίν* (int. *πάλαι λέγω*), *καὶ τούτους οὐ σκυτοτόμους λέγω*; ex his igitur membris: *ac primum quidem* (int. iam dudum dixi) *qui superiores essent, eosque non sutores intelligo* etc. haec una efficta est oratio: *ac primum quidem superiores, qui sint, non sutores intelligo*' (Ast). Heindorf もまた Ficinus の譯 (*Atque ego id iam diu dico, primo quidem qui potiores sint. Non* (*enim*) *cerdones dico* etc.) の方がよくはないかと言い,Stallbaum も '*Ac primum quidem praestantiores illos, videlicet quinam sint* (*τοὺς κρείττους, οἵ εἰσιν* とコンマをおいて讀む), *non dico sutores* etc.' と譯している。
B 1 *εἰς τὰ τῆς πόλεως πράγματα*] *φρόνιμος* の對象が示される。*cf. supra* 486C *πραγμάτων εὐμουσίαν ἄσκει*.——なお,Callicles はさらに *ἀνδρεῖος* という別な性格をもつけ加えている (485D *ἄνανδρος* に對立する)。そのようなあいまいさが,次に Socrates によってからかわれることになる。
B 7 *ἐγὼ δὲ σοῦ*] *sc. κατηγορῶ.*
D 4 *τί δέ; αὐτῶν, ὦ ἑταῖρε, τί; ἤ τι ἄρχοντας ἢ ἀρχομένους;*] この文章については,語句の切り方や意味のとり方に問題があって,それにからむ訂正や削除の試みは,校訂者によって各人各様であり,一定していないのであるが,寫本の讀み方を最大限に守りながら,しかも最も妥當と思われるのは上記の Burnet, Croiset の讀み方であると思われるので,今は一應それに從って譯しておいた。「それではどうだろうか。自分たち自身のことは,君,どうなのかね。果して彼ら支配者たちは,自分たち自身を何らかの意味で支配しているのだろうか。それとも逆に,彼らは自分たち自身については支配されたままになっているのだろうか」というような意味。——*αὐτῶν* は前の *τῶν ἄλλων* に對立する *τούτους*, すなわち *τοὺς ἄρχοντας* にかけ,その *gen.* は「……については」の意味にとる。問題は有力寫本にある *τί ἤ τί* (B),または *τί ἢ τί* (TWF) をどう處理するかにある。Burnet, Croiset は最初の *τί* を *αὐτῶν* に結びつけて,「自分たち自身についてはどうか (*τί*)」という疑問文にし,そこに疑問符 (;) をおいて,そこで一應文章を切る。そのためには文章の最初にある *τί δέ* を *αὐτῶν* にかけないで,それだけで獨立の疑問文にし,質問を次

に移すための序詞とする(「それではどうかね」)。次に，殘る ἢ τί, または ἢ τί であるが，それは ἢ という疑問の particle と，τι という不定代名詞にする。τι の方は次の ἄρχοντας (sc. αὑτῶν)，つまり αὑτοῦ (ἑαυτοῦ) ἄρχειν という云い方が普通ではないので，その表現を和げるために用いられている。以下 ἄρχοντας ἢ ἀρχομένους; は，αὑτῶν,……τί; という質問の內容を具體化して，もう一度訊ねたもの。——なお，他の校本の讀み方を下にあげておこう。

τί δέ; αὑτῶν, ὦ ἑταῖρε; ἤ τι ἄρχοντας ἢ ἀρχομένους; (Heindorf)
τί δὲ αὑτῶν, ὦ ἑταῖρε; ἄρχοντας ἤ τι ἀρχομένους; (Ast)
τί δὲ αὑτῶν, ὦ ἑταῖρε; τί οἴει; ἄρχοντας ἢ ἀρχομένους; (Hermann)
τί δὲ αὑτῶν, ὦ ἑταῖρε; ΚΑΛ. τί δή; ΣΩ. τί ἄρχοντας ἢ ἀρχομένους; (Stallbaum)
τί δὲ αὑτῶν, ὦ ἑταῖρε; ΚΑΛ. τιὴ τί; ΣΩ. ἄρχοντας ἢ ἀρχομένους; (Wilamowitz, Dodds)
τί δὲ αὑτῶν, ὦ ἑταῖρε; (Bekker, Schanz, Lodge)
τί δέ; αὑτῶν, ὦ ἑταῖρε; (Thompson, Nestle, Lamb)

(最後の二つはいずれも V 寫本，Bekker の校訂に從ったもの。なお，Burnet の校訂に對する Dodds の批判は充分ではないように思う。補遺を參照)*。

全體の文脈は，Socrates が「强者」,「優者」とはどういう人のことかと問うたのに對して，Callicles はこれまでは種々な定義をあたえていたのであるが，Socrates の暗示によって，今や最終的に，それは φρόνιμος で ἀνδρεῖος な人であると答え，しかもそれは國家公共の事柄に關してそのような人であると定義したわけである。そこでそのような人こそ國家を支配し，また他の被支配者たちよりも餘計に取るのが正義である，というのが Callicles の說であることが明らかにされたのである。その後者の點については，まだ問題があるけれども，前者の點については，すなわち οἱ πολλοί ではなくて，φρόνιμος で ἀνδρεῖος な人が支配すべきであるという點については，Socrates も異論がないわけである。しかしながら，思慮があり，勇氣のある人とはどんな人かということについての Callicles の考えは，Socrates が考えているものとはあるいは異なるかもしれない。つまり Socrates にとっては，φρόνιμος とは，他人を支配するよりも前に，まず何よりも自己自身を支配している者，すなわち節制のある人であり，克己の人間であるはずなのだが，その點 Callicles の考えはどうなのかと訊ねるわけである。

D 7 τοῦτο μὲν οὐδὲν δεῖ] δεῖν の目的語に *gen.* ではなく，*acc.* がくる例は，*Theat.* 184A δεῖ δὲ οὐδέτερα, Aristoph. *Ran.* 1368 δεῖ καὶ τοῦτο などに見られる。しかし τοῦτο は次につづく不定法の代用をしているだけかもしれぬ。

E 2 τοὺς ἠλιθίους λέγεις τοὺς σώφρονας]　τοὺς σώφρονας を主語に，τοὺς ἠλιθίους を述語に讀む。述語に冠詞がついているのは，「なあんだ，あの……」という感じ（'*temperantes dicis* (s. *intelligis*) *illos, qui stolidi sunt*' Stallb.）。人によっては λέγεις のあとにコンマをおいて，τοὺς σώφρονας は説明のための附加語としている者 (Lodge, Nestle) もあるが，それでは言葉の勢いが落ちるように思う。なおこの箇所を，*Rep.* 348C の Thrasymachos と Socrates の對話と比較せよ。
E 3 πῶς γὰρ [οὔ]; οὐδεὶς ὅστις οὐκ ἂν γνοίη ὅτι οὐ τοῦτο λέγω.]　寫本は πῶς γὰρ οὔ; であるが，もしそれが正しければ，Socrates は Callicles の悪口をそのまま認めることになっておかしいから，この言葉は先の τοὺς ἠλιθίους λέγεις τοὺς σώφρονας につづけて，Callicles のものにするか (Bekker)，それとも Socrates の言葉とするなら，οὔ は次の語 οὐδεὶς の最初の二字が誤って重複されたものと考えて，これを削るか (Routh)，そのいずれかにしなければならないだろう。多くの校本 (Herm., Ast, Thomp., Burnet, Lamb, Croiset, Dodds) は後者を採用している。この方が適切だと思う。ただしそうすると，次の Callicles の言葉，πάνυ γε σφόδρα が，普通は相手の言い分をそのまま認めて，それを強く肯定するのに用いられるのに，ここではむしろ逆に相手の言い分に強く反對する意味になるのが弱點であろう。つまりそれは πάνυ γε σφόδρα οὕτω λέγεις とか，πάνυ γε τοῦτο σφόδρα λέγεις の意味で，Callicles は，相手の言葉ではなく，自分の言葉 (τοὺς ἠλιθίους…… σώφρονας) をあくまでも Socrates に押しつけて，これを强調することになる。しかし人によっては (Stallbaum, Lodge, Nestle)，この πάνυ γε σφόδρα の受け答をも考慮して，ここの箇所を寫本どおりに πῶς γὰρ οὔ; οὐδεὶς……ὅτι οὕτω (ουτω, B) λέγω——ただし Nestle は ὅτι οὐ τοῦτο (PF Alexander) λέγω と讀んでいるが，しかしそのときも οὐ は副文章に用いられる否定詞の重複 ('οὐ pleonastisch nach οὐ γιγνώσκειν=verkennen') と解して，意味の上では οὐ τοῦτο λέγω は οὕτω λέγω と同じことになるとする——と讀むことにより，反ってここに Socrates の 'urbanitas' を認めようとする解釋もあるが (e.g. 'Quod Socrates *urbane* concedit ideoque respondet sic: *Quidni vero? quilibet enim intelligat ita me sentire.* His vero auditis Callicles acerbius etiam regerit: *Sane quidem ita sentis, hoc est, stolidos illos temperarantes dicis*; sunt enim illi revera stolidi, etc.' Stallb.)，しかし Thompson も言うように，この箇所に 'urbanitas' を認めるのは場違いであるように思われる。
E 5 ἐπεὶ πῶς ἂν εὐδαίμων γένοιτο……δουλεύων ὁτῳοῦν;]　Schol., ἐντεῦθεν ὁ περὶ τῆς τελικῆς αἰτίας τῶν ἠθικῶν ἀρχῶν λόγος. ἔστι δὲ κατὰ Σωκράτη τἀγαθόν, κατὰ δὲ Καλλικλέα αἰσχρὰ ἡδονή. *cf. Lys.* 207E δοκεῖ δέ

σοι εὐδαίμων εἶναι ἄνθρωπος δουλεύων τε καὶ ᾧ μηδὲν ἐξείη ποιεῖν ὧν ἐπιθυμοῖ; ——Μὰ Δί' οὐκ ἔμοιγε, ἔφη.——δουλεύων ὁτῳοῦν とは，誰かほかの人の δοῦλος になるというよりも，いま言われたごとく，ἑαυτοῦ ἄρχειν とは，言いかえれば，αὐτὸς ὑφ' ἑαυτοῦ ἄρχεσθαι のことであるから，そのように，たとえ自分自身に支配されるのであろうと，およそ δουλεύων の狀態であれば，εὐδαίμων には程遠いの意味。
E 9 *καὶ μὴ κολάζειν*]　前の Socrates と Polos の問答 (476A—477A) で，κολάζειν のもっていた重要な意義が，ここでは簡單に否定されている。
492A 1 *ὑπηρετεῖν*]　Callicles は，人がおよそ何にであれ δουλεύειν することを強く否定しながら，自己の欲望には全く無條件に，あたかも奴隷の如くに奉仕する (ὑπηρετεῖν) ことを主張しているのは，矛盾もはなはだしいと言わねばならない。しかし彼はそのことに氣がついていないように見える。なおまた次の δι' ἀνδρείαν καὶ φρόνησιν の語句にも注意せよ。つまり，彼がこれまで「强者」,「優者」の定義に用いてきた ἀνδρεία, φρόνησις の德は，實は，欲望充足のためのたんなる手段的な意味しか持っていなかったのである。
A 2 *ἀποπιμπλάναι ὧν κτλ.*]　=ἀποπιμπλάναι τούτων ὧν κτλ. この *gen.* は「…の範圍内からとって」「……でもって」の意。
A 6 *ὅπερ ἐν τοῖς πρόσθεν ἐγὼ ἔλεγον*]　*cf. supra* 483 E πράττοντες τοὺς βελτίστους……καταδουλούμεθα.

B 1
(1) ἐπεὶ ὅσοις (F) : Stephanus, Burnet, Nestle, Dodds
(2) ἐπεί γε οἷς (YF²) : 一般の讀み方

(1) を採る。BTP 寫本の θεοῖς は ὅσοις (F) のアンシャル字體の誤寫であろう (Dodds)。
B 3 *ἢ τυραννίδα ἢ δυναστείαν*]　'δυναστεία is despotic power shared amongst several rulers: tyranny is confined to one' (Cope, p. 76. n. 1). *cf.* Thuc. III. 62, Arist. *Pol.* IV. 5.
B 4 *⟨τί ἂν⟩ τῇ ἀληθείᾳ κτλ.*]　Woolsey に從って Burnet, Lamb, Dodds は τί ἄν (前の語の δυναστείαν に吸收されたもの) を補う。もっとも Lodge, Croiset は Coraes に從い，ἄν のおき場所を εἴη の前にしているが (⟨τί⟩ τῇ ἀληθείᾳ……⟨ἂν⟩ εἴη κτλ.)，しかし他の校本では τί (Y) だけを補う。ἄν が省略されることは例がないわけではないと言われるが，しかし Thompson の引用している Soph. *Antig.* 604 τεάν, Ζεῦ, δύνασιν τίς ἀνδρῶν ὑπερβασία κατάσχοι; については，Jebb (Abridged, p. 140) は Epic や Attic verse にはそれが許されることもあるが，しかし 'Attic prose, on the other hand, supplies no trustworthy example: in most of those which are alleged ἄν should be supplied' と言っ

ている。Stallbaum の引用している *Alcib*. I. 132B 5, *Lach*. 190B 9 の例でも，今日の text ではいずれも ἄν が補われている。
B 5 καὶ δικαιοσύνης] これは F 寫本に見られ，Burnet, Nestle, Lamb, Dodds はこれを入れている。他の校本は BTP 寫本に從って省略する。この文章の前後を見れば，すぐ前の A8—B1 にも ἐπαινοῦσιν τὴν σωφροσύνην καὶ τὴν δικαιοσύνην とあり，またすぐ後の C1 にも同じように二つ並べられているから，ここにそれが挿入されてあっても當然と思われる。——次の οἷς ἐξὸν ἀπολαύειν κτλ. については，こんな風に主文章に關係文がつづいている例は別にめずらしくはない。類例，*Rep*. 466A, *Symp*. 174E など。そしてこの關係文は條件文の意味になる。οἷς ἐξὸν ἀπολαύειν…＝οἵ, ἐξὸν αὐτοῖς ἀπολαύειν…＝εἰ οὗτοι, ἐξὸν αὐτοῖς ἀπολ.… ἐπαγάγοιντο.
B 8 νόμον τε καὶ λόγον καὶ ψόγον] παρίσωσις になっていることに注意。*supra* 448C 4 註を見よ。*cf*. *Symp*. 197D (Agathon) ἐν πόνῳ, ἐν φόβῳ, ἐν λόγῳ κυβερνήτης (Ast 引用)。
C 1 εἶεν] 寫本は εἴησαν であり，多くの校本はこの通りにしているが，Burnet, Lodge, Croiset は Hirschig に從って εἶεν に直す。おそらく Platon は後者の方を使うのが普通だから，という理由によるのだろう。*cf*. e.g. E 6
C 4 ἣν φῇς σὺ διώκειν] *cf*. 482E φάσκων τὴν ἀλήθειαν διώκειν.
C 5 ἐὰν ἐπικουρίαν ἔχῃ] ἐπικουρία とは背後にあって支持し，助けとなるもの。Schol. ἢ τὴν ἐκ πλούτου καὶ περιουσίας, ἢ τὴν ἐκ τῆς παρὰ τῷ Καλλικλεῖ καλουμένης φρονήσεώς τε καὶ ἀνδρείας. Thompson の言うように，おそらく後者が適切であろう。*cf*. *supra* 492A ταύταις δὲ ὡς μεγίσταις οὔσαις ἱκανὸν εἶναι ὑπηρετεῖν δι' ἀνδρείαν καὶ φρόνησιν. つまり Callicles には，快樂，すなわち欲望の充足が目的であって，勇氣や思慮はそれを實現するための ἐπικουρία となっているわけである。
C 6 τὰ δὲ ἄλλα ταῦτ' ἐστὶν κτλ.] ταῦτα は「君たちの言うあれらの」という意味。つまり δικαιοσύνη とか σωφροσύνη などが指されている。以下 τὰ καλλωπίσματα (綺麗事)，τὰ παρὰ φύσιν συνθήματα ἀνθρώπων はそれと同格におかれていて，ταῦτα τὰ ἄλλα を限定している。τὰ παρὰ φύσιν συνθήματα ἀνθρώπων については，*Rep*. II 卷の始めに (358E—359A) 紹介されている正義の起源 (γένεσις) と本質 (οὐσία) に關しての Glaucon の議論を參照せよ。φλυαρία については *cf*. *supra* 486C, 489B, 490C. またこの箇所に言われていることを，Thompson, Nestle は，Eur. *Cycl*. 316 sqq. ὁ πλοῦτος, ἀνθρωπίσκε, τοῖς σοφοῖς θεός,/τὰ δ' ἄλλα κόμποι καὶ λόγων εὐμορφίαι, ib. 338 sqq. οἳ δὲ τοὺς νόμους/ἔθεντο ποικί-

λλοντες ἀνθρώπων βίον,/κλαίειν ἄνωγα に比較している。
D 1 οὐκ ἀγεννῶς γε]　これは 475D, 521A の γενναίως と同じような意味で，もとは生れのよい人らしい氣前のよさを示すが，轉じて何でも思うことを自由に言うような，遠慮がなくて，あからさまで，大膽な振舞いをさす。γε は感嘆詞の働きをする。
D 5 πῶς βιωτέον]　これがこの對話篇第三幕の，いな，この對話篇全體の主題であると言ってよい。*cf.* 488A, 500C ὅντινα χρὴ τρόπον ζῆν, 512E σκεπτέον τίν' ἂν τρόπον τοῦτον ὃν μέλλοι χρόνον βιῶναι ὡς ἄριστα βιοίη.
D 7 ἑτοιμάζειν]　すぐ前の κολαστέον(＝δεῖν κολάζειν) の構文と同じであると考えて，δεῖν を補って譯す。*cf. Crito* 51B—C ποιητέον ἃ ἂν κελεύῃ ἡ πόλις καὶ ἡ πατρίς, ἢ (sc. δεῖ) πείθειν αὐτὴν ᾗ τὸ δίκαιον πέφυκε.
E 3 οἱ μηδενὸς δεόμενοι εὐδαίμονες εἶναι]　「何もいらない」(μηδενὸς δεῖσθαι) というのは，後に犬儒學派（キュニコス學派）の根本テーゼとなったもの。しかしこの考え方は，Socrates 自身にもあったと思われる。*cf. Lys.* 215A ὁ ἀγαθός……ἱκανὸς ἂν εἴη αὐτῷ……ὁ δέ γε ἱκανὸς οὐδενὸς δεόμενος κτλ., Xen. *Mem.* I. 2. 14 Σωκράτην ἀπ' ἐλαχίστων μὲν χρημάτων αὐταρκέστατα ζῶντα, そして特に ib. I. 6. 10 では，ここの Callicles と同じようなことを主張するソフィストの Antiphon に對して，Socrates はこう答えている。ἔοικας, ὦ Ἀντιφῶν, τὴν εὐδαιμονίαν οἰομένῳ τρυφὴν καὶ πολυτέλειαν εἶναι· ἐγὼ δ' ἐνομίζον τὸ μὲν μηδενὸς δεῖσθαι θεῖον εἶναι, τὸ δ' ὡς ἐλαχίστων ἐγγυτάτω τοῦ θείου, κτλ.
E 7 καὶ ὥς γε σὺ λέγεις]　i.e. καὶ οὕτως, ὡς σὺ λέγεις (Stallb., Ast).「しかしそれはそれとしても，とにかく君の言うような意味での生にしたところで，それは實際ひどいものなのだ」の意味。'miserrima vero vita ista foret, quam tu descripsisti, atque morti simillima' (Stallb.), 'ista quoque quam tu dicis vivendi ratio molesta (s. misera) est' (Ast).——しかし Badham, Thompson, Dodds のように，ὥς を ὧν に直して (*cf.* Iamb. τῶν ἀπεράντους ἐχόντων τὰς ἐπιθυμίας δεινὸς ὁ βίος, *infra* 494E ὁ τῶν κιναίδων βίος, οὗτος οὐ δεινός;)，「君が幸福だと言っている人たちの生活だって，ひどいものなのだ」と譯すこともできるかもしれない。
E 10 τίς δ' οἶδεν, κτλ.]　Schol. には，この詩句は Euripides の今は失われた作品，*Phrixus* から取られたものだとされているが，しかしむしろ同じく現存しない *Polyidus* からの引用であろうと註釋家たちは言っている。なおこの詩句の第二行目は ζῆν の後に κάτω νομίζεται という語句があって，それで結ばれていたと言われる (Nauck, *fr.* 639)。*Phrixus* にあるものも，内容は大體同じであるが，字句

は次の如きものであったと言われている。*τίς δ' οἶδεν, εἰ ζῆν τοῦθ' ὃ κέκληται θανεῖν, τὸ ζῆν δὲ θνῄσκειν ἐστί;* (Nauck, *fr.* 830).——この詩句に述べられているような考え方は，すでに Heracleitos が彼獨自の表現で述べていたのであるが (*cf. fr.* 62 Diels, *ἀθάνατοι θνητοί, θνητοὶ ἀθάνατοι, ζῶντες τὸν ἐκείνων θάνατον, τὸν δὲ ἐκείνων βίον τεθνεῶτες. fr.* 77, *ζῆν ἡμᾶς τὸν ἐκείνων θάνατον καὶ ζῆν ἐκείνας τὸν ἡμέτερον θάνατον*)，ここでは次に見られるように，特にオルペウス教やピュタゴラス學派の宗教觀にもとづいているものなのであろう。この詩句はかなり人口に膾炙していたものと見えて，他にもしばしば言及されている。Aristoph. *Ran.* 1082, 1477 などを參照。
493 A 1 *τῷ ὄντι ἴσως*] Schol. *τὸ ἴσως περὶ τοῦ ἀληθῆ εἶναι τὸν ἐν τῷ μύθῳ λόγον ἢ μή. τὸ δὲ τῷ ὄντι, ὅτι ὅ γε μῦθος αὐτὸ τοῦτο τῷ ὄντι καὶ διατεταμένως διισχυρίζεται, τὸ θάνατον εἶναι τῆς ψυχῆς τὴν μετὰ τοῦ σώματος ζωήν* (Heind. 引用)。
ἤδη γάρ του ἔγωγε καὶ ἤκουσα] *ἤδη γάρ* とするのは F 寫本の讀み方で，またここの箇所を引用している Stobaeus, Iamblichus の讀み方でもある。Burnet, Dodds はこれを採る。BTP 寫本には *γάρ* がなく *ἤδη* だけであるが (Lamb はこれに從う)，しかしそれでは前の文との續きが明確にならない恨みがある。そこで *ἢ δή* と讀む試みもあるが (Badham, Hermann, Thompson, Nestle)，その他の校本はすべて *ὅπερ ἤδη* (Y) と讀んで *ὅπερ* を加え，前の文とのつづきを確保している。しかし F 寫本のように，*γάρ* で前後の文章を結ぶのが一番いいように思う。——*καὶ ἤκουσα* の *καί* は强調の particle で，ここでは *ἤκουσα* よりも，文章全體を强調していると考える (*cf.* Denniston, p. 323 '*for I have in fact heard that*…') 方がよいだろう。——*του*……*τῶν σοφῶν* が誰を指しているかを特に詮索する必要はないと思う。古くから Philolaos を指すとする說が有力であるけれども，次に述べられる內容から，オルペウス教・ピュタゴラス學派の中の誰かを，不定に考えておくので充分であろう (この點については Cope, Appendix, note B, Thompson および Dodds の註を參照)。
A 2 *τὸ μὲν σῶμά ἐστιν ἡμῖν σῆμα*] *cf. Cratyl.* 400C *καὶ γὰρ σῆμά τινές φασιν αὐτὸ* (=*τὸ σῶμα*) *εἶναι τῆς ψυχῆς, ὡς τεθαμμένης ἐν τῷ νῦν παρόντι*……*δοκοῦσι μέντοι μοι μάλιστα θέσθαι οἱ ἀμφὶ Ὀρφέα τοῦτο τὸ ὄνομα, ὡς δίκην διδούσης τῆς ψυχῆς ὧν δὴ ἕνεκα δίδωσιν, τοῦτον δὲ περίβολον ἔχειν, ἵνα σῴζηται, δεσμωτηρίου εἰκόνα.* Philolaos, *fr.* 14 Diels, *μαρτυρέονται δὲ καὶ οἱ παλαιοὶ θεολόγοι τε καὶ μάντιες, ὡς διά τινας τιμωρίας ἁ ψυχὰ τῷ σώματι συνέζευκται καὶ καθάπερ ἐν σάματι τούτῳ τέθαπται. Phaedr.* 250C. なお *Phaedo*

62B 及びそれについての Burnet の註 (pp. 22—24) を參照せよ。
A 3 *τῆς δὲ ψυχῆς τοῦτο ἐν ᾧ ἐπιθυμίαι εἰσί*] 後の對話篇で *τὸ ἐπιθυμητικόν* として術語化される魂の部分。ここではこの場合に必要なかぎりの區別がなされているだけだが，魂の三部分說の詳細については，*Rep.* 435C 以下，特に 439D—E，また 580D，*Phaedr.* 246A—B，253C 以下，*Tim.* 69C 以下を見よ。
A 5 *καὶ τοῦτο ἄρα τις μυθολογῶν κομψὸς ἀνήρ*] *ἄρα* は (*infra* B 7 も同樣に)「ということだ」「という話だ」という風に，傳えられた話の內容を紹介し，しかもそれに對して自分は責任を持たない云い方をするときに用いられる (*cf.* Denniston, p. 39)。*κομψός* という形容詞を Platon はしばしば學者やその道の專門家たちについて用いているが (*cf. Cratyl.* 405D, *Theaet.* 156A, *Phileb.* 53C, *Rep.* 505B など)，486C (*τὰ κομψά*) の場合と同じく，ここでも多少皮肉な調子が含まれている (Heindorf はそれに反對するが) と見てよかろう。——*τις κομψὸς ἀνήρ* が誰のことを指すかについてはいろいろと議論がある。*ἴσως Σικελός τις* の限定があるから，それはシケリアの Acragas (Agrigentum) 生れの Empedocles のことを指すであろうというのが，Schol., Olympiodorus 以來多くの註釋家たちが主張する一つの有力な說である。その場合 *ἢ Ἰταλικός* とつけ加えられたのは，Empedocles はもとピュタゴラス學派にぞくする人であったし (そのことは '*καθαρμοί*' と呼ばれる彼の現存斷片 (*fr.* 112 以下，Diels) がオルペウス教・ピュタゴラス主義の宗教觀を明瞭に表明していることからも知られる)，そしてその初期ピュタゴラス學派の根據地であった南イタリアのクロトンやメタポンティオンはシケリアにごく近いところに位置していたのであるから，彼がまた *Ἰταλικός* と呼ばれても不思議ではないと說明されている (*cf.* Schol. *οἷον Ἐμπεδοκλῆς. Πυθαγόρειος δ' οὗτος ἦν.——Σικελὸν δὲ ἢ Ἰταλικόν φησιν, ἐπειδὴ πλησίον Σικελίας ὅ τε Κρότων καὶ τὸ Μεταπόντιον, αἱ πόλεις οὗ οἱ Πυθαγόρειοι διέτριβον, αἳ τῆς Ἰταλίας εἰσίν*)。しかしまた他の解釋では，*ἢ Ἰταλικός* は *Σικελός τις* とは別な人で，ピュタゴラス學派の Philolaos のことが暗示されているのだと說く人たちもある。Socrates がその派の Simmias や Cebes などを通じて，かかる種類の話を Philolaos から聞いていたであろうことも，*Phaedo* (e.g. 61D—E) などによって容易に推測されるからである。しかし先の註で言われたところの，*τοῦ…τῶν σοφῶν* (A1—2) が Philolaos を指すのだとすれば，ここは誰かほかの人でなければならぬだろう。とにかく，それがだれであるにもせよ，Platon 自身が意圖的にあいまいな書き方をしているのだから，われわれも明確な證據がないかぎり，これを Empedocles だとか，Philolaos だと決めることはできないので，ここの言葉通りに「多分シケリアの人だったかと思うが，あるいはイタリアの人だったかもしれない」と，漠然と受けとっておくよりほかはないと思う*。

A6 *παράγων τῷ ὀνόματι*]　'*nominum flexione et mutatione*' (Heind.), '*nomen paullulum mutans atque flectens*' (Stallb.). *cf. Cratyl.* 398C, D, 400C. ——次の *πιθανόν* は普通は *act.* の意味であるが，ここでは *pass.* の意味に用いられている (*cf.* Xen. *Cyrop.* II. 2. 10 *πιθανοὶ δ' οὕτως εἰσί τινες ὥστε πρὶν εἰδέναι τὸ προσταττόμενον, πρότερον πείθονται.* Aisch. *Agam.* 485 *πιθανὸς ἄγαν ὁ θῆλυς ὅρος* など——Lodge, Thomp. 引用)。また *πειστικόν* (F, *πιστικόν* BTP) の語も，*act.* の意味に用いられるのが普通だが，ここでは *pass.* に考えるよりほかはないだろう (Dodds は *πειστόν* を提案する)。むろん *πίθος* と *πιθανός* との間に語呂合わせがなされているわけである。
A7 *τοὺς δὲ ἀνοήτους ἀμυήτους*]　*ἀμύητοι* とは，普通は，秘儀 (*τὰ μυστήρια, cf.* 497C3註) にあずかっていない人たち，まだ入信の儀式に参じていない人たちのことである。そこから Platon は，哲學 (知慧) の奥義に達していない人たちにもこの語をしばしば轉用している (*cf. Phaedo* 69C *ἀμύητος καὶ ἀτέλεστος*, *Theaet.* 155E)。しかしここでは，そのほかに，*μύειν* (「閉ちる，しめる」, *cf.* 480C6) というもとの意味が生かされて，*ἀμύητος* (<*ἀ*+*μύειν*) とは「しまりのない人，無抑制の人」の意味にもなっている。そこで次の *οὐ στεγανόν, τετρημένος πίθος* の説明にも合うことになる。かくて *οἱ ἀμύητοι* には以上二つの意味が同時に含められているわけである。むろんここにも *ἀνόητος* と *ἀμύητος* の語呂合わせがある。
B1 *τῶν δ' ἀνοήτων*]　BTP 寫本は *ἀμυήτων* であり，殆んどすべての校本がこれに從うが，Burnet, Croiset, Dodds は FY 寫本，Iamblichus, Stobaeus に從い *ἀνοήτων* と讀んでいる。この方がよいと思う。なぜなら，*τοῦτο τῆς ψυχῆς ἐν ᾧ ἐπιθυμίαι εἰσί* を *πίθος* に，また *ἀνόητοι* を *ἀμύητοι* になぞらえた上で，次にはそれらを一つにして，*ἀνόητοι* の *τοῦτο τὸ μέρος τῆς ψυχῆς* を *τετρημένος*(=*ἀμύητος*) *πίθος* と呼ぶわけだから。
B2 *τὸ ἀκόλαστον αὐτοῦ καὶ οὐ στεγανόν*]　この句の説明に困難を感じている註釋家たちがいるが，これは當然，上記の *τοῦτο τῆς ψυχῆς οὗ αἱ ἐπιθυμίαι εἰσί* の同格的説明の句と考えるべきだろう。困難と思われるのは，*αὐτοῦ* という *gen.* を如何に解釋するか，ということにあると思われる。もしそれを *gen. partitivus* とれば，そしてその代名詞は *τοῦτο τῆς ψυχῆς* を受けるものとすれば，*ἀκόλαστον* であるのは，*τὸ ἐπιθυμητικόν* のそのまた一部分となり，*τὸ ἐπιθυμητικόν* 全體が *ἀκόλαστον* であるというここの議論に反することになるし，それかといって，もしそれが *ψυχή* 全體を受けるものとすれば，それではあまりに漠然たる云い方になるというわけである。そこで Heindorf は ⟨*διὰ*⟩ *τὸ ἀκόλαστον αὐτοῦ* と讀むことを提案し (そのとき *αὐτοῦ* は *gen. subjectivus* となるのか), Sauppe, Nestle は *αὐτοῦ* を削

ることを主張し，またこれを行間の註とみる Ast にならって，Hirschig はこの句全體を削ろうとしている。なお Dodds は ⟨συνεὶς⟩ τὸ ἀκόλαστον…と補う。しかしながら，τὸ ἀκόλαστον αὐτοῦ＝τοῦτο τὸ ἀκόλαστον (「その抑制のない部分」を「その部分の抑制のなさ」と言ったわけ。*cf Apol.* 41C ἀμήχανον…εὐδαιμονίας) であると考えることができれば，一番簡單であろう。——次の ὡς τετρημένος εἴη πίθος には，上記の ὠνόμασε の語から補って，その前に ἔλεγε というような語を入れて考える。
B 4 ἐν Ἅιδου——τὸ ἀιδὲς δὴ λέγων]　この etymology については，*Phaedo* 80D, 81C—D, *Cratyl.* 403A を見よ。
B 5 φοροῖεν εἰς τὸν τετρημένον πίθον ὕδωρ……κοσκίνῳ]　*cf. Rep.* 363D. 祕儀によって淨められなかった人たちがハデスで水を運んでいる姿は，Polygnotos の繪 (「オデュッセウスの冥界行」) の中にも描かれていたという (Paus. X. 31. 9, *cf.* Guthrie, *Orpheus and Greek Religion*, p. 162)。しかしこれはまた有名な Δάναος の娘たち (αἱ Δαναίδες) の物語にも言及したものであろう。「註解」を參照。*cf. Axiochus* 371E, Plut. *Sept. Sap.* 160B.
B 7 τὸ δὲ κόσκινον ἄρα λέγει……τὴν ψυχὴν εἶναι]　上に言われたことと比較すると，次の二つの點が問題になる。一つは，ψυχή (の一部) はこれまでは πίθος にたとえられていたのに (*cf. infra* D—E)，ここでは κόσκινον にたとえられている。つまり前の話では容器であるのに，この場合にはその容器を充たすための一つの道具とされている。それはおそらく後の場合には，αἱ Δαναίδες の贖罪の物語が挿入されたからであって，前の場合とは話の由來を異にするからであろう。第二の點は，前にはψυχή の一部 (τὸ ἐπιθυμητικόν) だけが甕にたとえられていたのに，ここでは ψυχή が全體として，孔のあいた篩にたとえられているように見えることである。この點はあるいはこう説明することができるかもしれない。つまり，ψυχή 全體がその一部分である τὸ ἀκόλαστον μέρος に支配されて，他の部分はそれに奉仕することになり，それによって ψυχή は全體としてそのような性格のものになっているのだと。
C 3 ταῦτ᾽ ἐπιεικῶς μέν ἐστιν ὑπό τι ἄτοπα]　ἐπιεικῶς と ὑπό τι との關係が問題になっている。それらは一見兩立しないようにみえるからである。ὑπό τι の方は明らかに ἄτοπα にかかり，「いくらか，多少，やや，ほとんど」というような意味である (*cf. Phaedr.* 242D εὐήθη καὶ ὑπό τι ἀσεβῆ sc. λόγον)。そうすると ἐπιεικῶς の方はどう譯すべきか。もとの意味は,「かなりに，相當に，全く，大いに」である (*cf. supra* 485E 2)。しかしこの意味は，ここでは少しおかしいので，Stallbaum や Ast は，この語はここでは相手の言葉に對して同意，讓歩の氣持を表わすものと解釋して，「もとより，たしかに」というような意味にとろうとしている ('Dieses ist nun *freilich* einigermassen sonderbar' Stallb., 'Dieses ist (s. klingt)

nun *wohl* etwas sonderbar' Ast, *cf*. L. & S. s. v. ἐπιεικῶς μέν=*perhaps*)。これに對して Thompson は，そういう意味はむしろ particle の μέν に含まれているのであって，ἐπιεικῶς はあくまでも '*satis*', '*admodum*' (Heind.) の意味でなければならないと言っているのであるが ('*Satis subabsurda*', the only rendering of which these words will admit, is more than '*somewhat absurd*.' There seems to be no authority for the meaning of ἐπιεικῶς, assumed by Ast and Stallbaum, '*freilich*', Eng. '*it must be confessed*', etc.), しかしそのように言う Thompson 自身の譯 (Meanwhile we may translate the passage thus: '*These details, it is true, are more or less absurd*') だって，Ast や Stallbaum の譯と大同小異ではないかと思われる。とにかく，「なるほど以上の話には，たしかに，いくらかおかしな點があるのかも知れないが，云々」と譯しておいた。——次の ὃ ἐγὼ βούλομαί σοι ἐνδειξάμενος は，文章の語順を普通の形にもどすと，ὃ ἐγώ σοι ἐνδειξάμενος βούλομαι……πεῖσαι μεταθέσθαι である。つまり ὅ は ἐνδειξάμενος の目的語になっている。次の ἑλέσθαι (C7) は，μεταθέσθαι に直接かけてもよいが，むしろ補足的説明の不定法 (=ὥστε ἑλέσθαι) と見る方が文脈の上では自然であるように思われる。

D 1 { (1) μετατίθεσθαι (BTPF²) : Burnet, Croiset, Lamb
(2) μετατίθεσαι (Laur. 85. 12, Par. 1811) : 一般の讀み方

(1) のように不定法にすると，πείθω の中に入れて讀むことになるが，そのときはその前の καί はどう考えるべきか。μετατίθεσθαι を强調するもの (「本當に」) と解するのか。Thompson の言うほどにそれは 'an evident blunder' であるとは思わないけれども，しかし (2) のように定形動詞にする方が自然ではないか。

D 5 ἐκ τοῦ αὐτοῦ γυμνασίου τῇ νῦν] 文字通りには，「先のたとえ話が取られたのと同じ所 (體操場，陣營，學派) から取られた」の意味であるが，しかし，次に述べられるたとえ話もまた，先の場合のように嚴密にピュタゴラス學派の所產であると解する必要はないと思われる。むしろ Socrates は自分の手で，先の比喩を補足說明し，放埓な人間の生活をさらに具體的に描こうとしているように見える。*cf*. Schol. φησὶ τοῦ αὐτοῦ, ὅτι τὸ μὲν πρὸ αὐτοῦ ἐπιχείρημα ἐν μύθου προῆκται σχήματι, τοῦτο δὲ ἐν παραδείγματος· ἦν δὲ ἐκεῖνο μὲν τῶν Πυθαγορείων οἰκεῖον, τοῦτο δὲ Σωκράτους, ὡς σαφέστερόν τε καὶ πληκτικώτερον. Nestle, 'Mit dem Ausdruck (ἐκ τοῦ αὐτοῦ γυμνασίου) soll nicht die gleiche (pythagoreische) Quelle bezeichnet, sondern die Gleichartigkeit des sokratischen Gleichnisses mit der pythagoreischen Deutung des Danaidenmythus hervorgehoben werden.' ἐκ τοῦ αὐτοῦ γυμνασίου の云い方については，*cf*. Aristoph. *Vesp*. 526

sqq. νῦν δὲ (Brunck, σε) τὸν ἐκ θἠμετέρου γυμνασίου λέγειν τι δεῖ καινόν.
D 8 πίθοι πολλοί] πίθος によって象徴されているのは，人間のもつ種々様々な欲望であろう。そしてそれら欲望の對象は πίθος に充たされる νάματα (liquores, latices) として表現されている。
E 2 ἄλλοι πολλοὶ πολλῶν] sc. τοιούτων χρημάτων (s. ναμάτων). 普通は ἄλλοι ἄλλων πολλῶν, または ἄλλοι ἄλλων πολλοὶ πολλῶν という云い方になるところ。——次の χαλεπά (E 3) は absolute に用いられている。Apelt のようにこれを καλυπτά と訂正する必要はない。それには ἐκποριζεσθαι を補って考えればいいだろう (*cf. infra* E 7)。したがって次には καὶ…ἐκποριζόμενα で説明されている (ただし Nestle は Morstadt に従って καὶ χαλεπά を削っている)。次の E 4 χαλεπῶν は πολλῶν と共に πόνων の *adj.* と考える。
494A 1 ἤ] =εἰ δὲ μὴ πιμπλαίη (*alioquin*).
B 1 πληρώσηται] 有力寫本は πληρώσῃ であるが，すぐ前には *med.* が使われていたので (A 6, *cf.* 493E4), Croiset は Heindorf に従って πληρώσηται (Y) を採る。しかし Stallbaum, Cope, Dodds は πληρωθῇ に直し，いずれも *pass.* にする。誤寫の可能性は後者に多いが，前者を採っておく。
B 2 ἐπιρρεῖν] Lodge は Callicles がこの語を使用したところに，もとよりそれは Socrates の比喩を受けているのではあるが (*cf. supra* 493E 5 ἐποχετεύοι), しかしそれ以上にこの語には Gorgias の教えのある痕跡が認められるかもしれぬことを推測している (Gorgias はまた師の Empedocles からこの「流出說」を繼承したのかもしれないが)。*cf. Meno* 76C Βούλει οὖν σοι κατὰ Γοργίαν ἀποκρίνωμαι; ——Οὐκοῦν λέγετε ἀπορροάς τινας τῶν ὄντων κατὰ Ἐμπεδοκλέα;——Καὶ πόρους εἰς οὓς καὶ δι᾽ ὧν αἱ ἀπορροαὶ πορεύονται; そう見てくると，次の ἐκροή というきわめて珍らしい複合形の語も，この內容にぴったりあてはまってくる。
B 6 χαραδριοῦ] Schol. ὄρνις τις ὃς ἅμα τῷ ἐσθίειν ἐκκρίνει. この鳥のことは，Aristoph. *Aves* 1141 には ποτάμια ὄρνεα の一種として紹介されている (οἱ χαραδριοὶ καὶ τἄλλα ποτάμι᾽ ὄρνεα. *cf.* 226)。そしてその箇所の Scholia によると，その名前は τὸ ἐν ταῖς χαράδραις διατρίβειν から由來していると言われる。これは Aristot. *Hist. Anim.* 614b 35 (*cf.* 593b 15) の記述とも一致する。すなわち Aristoteles によれば，この鳥は峽谷の岩の裂け目に棲んでいるということに加えて，それは聲も色も醜く，晝は姿をかくして夜だけ現われてくると言われている (ἔστι δ᾽ ὁ χαραδριὸς καὶ τὴν χρόαν καὶ τὴν φωνὴν φαῦλος· φαίνεται δὲ νύκτωρ, ἡμέρας δὲ ἀποδιδράσκει)。しかし實際にどの鳥のことをさすのかについては，いろいろと意見があって判然としないようである。今日の鳥類學者は「ちどり科」をこの名

前をとって ‘Charadriidae’ と呼んでいるので,「ちどり科」に屬するものと考えてよいと思われるが, それを「たげり」(上記, アリストパネス「鳥」, 呉茂一譯) と限定してよいのか, あるいは「いしちどり」とする方が上の說明に合うのか, それとも別のどの鳥を考えるのが正しいのか, そのへんのところはよく分らない (Cope, Thompson, Dodds の註を參照)。
ἀλλ' οὐ]　*οὐ* だけ (または *καὶ οὐ*) でもよいように思われるが, このように *ἀλλά* が否定詞と組み合わされると, 否定の力が一層强められることになる。*cf. Rep.* 480A *τοὺς αὐτὸ ἄρα ἕκαστον τὸ ὂν ἀσπαζομένους φιλοσόφους ἀλλ' οὐ φιλοδόξους κλητέον*; これを Stallbaum のように *οὐ νεκροῦ οὐδὲ λίθου, ἀλλὰ χαραδριοῦ τινὰ βίον λέγεις* という風に說明することには Ast は反對している。——次の *τὸ τοιόνδε λέγεις* にはむろん *τὸ ἡδέως ζῆν* を補って理解する。
C 3 *δυνάμενον πληροῦντα*]　*πληροῦντα* を *inf.* の *πληροῦν* に直して *δυνάμενον* にかける者も少くないが (Stephanus, Heind., Herm., Schanz, Lodge, Nestle, Croiset, Dodds), しかし *δυνάμενον* には *πληροῦντα* から意味の上で別の *πληροῦν* を補って (Heindorf もまたこれを推定している), そこの三つの分詞 (*ἔχοντα, πληροῦντα, χαίροντα*) は並列して, しかもこの順序で考えていいのではなかろうか。
C 4 *εὖγε*]　この語は感動詞として (皮肉の意味がこめられることが多い) 用いられ, 動詞は省略されるのが普通である。*‘good!’ ‘well said!’* の意味。Callicles は Socrates がいちいち例を上げるのに辛抱しきれず, *τὰς ἄλλας ἐπιθυμίας ἁπάσας ἔχοντα κτλ.* と大きく出たのであるが, それが直ちに Socrates に攻擊の機會をあたえることになる。——次の C 5 *ὡς ἔοικε* という表現は, 一方では Callicles に 482E (*cf.* 489A) の彼自身の言葉を思い出させながら, どんな結論になってもひるまない彼の決心を賞めると共に, 他方ではそれによって議論が次に見るようなあまり好ましくない方向に進むことをも, あらかじめ斷る氣持がある。それは Callicles の說が必然に導くところのものなのだから, 仕方もあるまいという感じである。——次の疥癬にかかっている人が搔くことによって感ずる快樂は, 所謂「混合的快樂」の代表として *Phileb.* 46A 以下にもあげられている。その快樂の詳しい分析についてはその箇所を見よ。
D 1 *δημηγόρος*]　*cf.* 482C 5 (およびその箇所の註を見よ)。
D 4 *ἀνδρεῖος*]　*ἐκπλαγῆναι* と對照して使われているわけだが, しかし 491B の Callicles の言明にも關係づけて, 皮肉な調子をもっている。Callicles は政治家として世に出たばかりなのが (*cf.* 515A), その政治家に必要な德は *φρόνησις* のほかには *ἀνδρεία* だけだと言われているからである。
E 1 *ἢ ἔτι τί σε ἐρωτῶ;*]　‘Perspicuum est, illo *τι* a Socrate per euphe-

mismum significari *τὰ αἰδοῖα*' (Heind.).
E 3 *τὰ ἐχόμενα τούτοις ἐφεξῆς ἅπαντα*]　ここは *τὰ ἐχόμενα τούτοις* とつづいて，*ἐφεξῆς* は *ἅπαντα* を修飾するものと考えることができれば都合がよいが (L. & S. はそのように解釈している。*τὰ ἐχόμενα τούτοις=what follows*, *ἐφεξῆς =successively*, esp. with *πᾶς*)，しかし *ἐχόμενα* は *gen.* をとって *τὰ τούτων ἐχόμενα* となるのが慣例であり (*cf. Rep.* 389E)，また *ἐφεξῆς* は *dat.* をとって (= *next to*) *τὰ τούτοις ἐφεξῆς* と用いられるのが普通だから (*cf. Tim.* 30C, *Phileb.* 34D)，それらの慣用に従えば，ここの *τὰ ἐχόμενα* は冗語 (pleonasm) であり，absolute に用いられていて (*cf.* Isoc. VI. 29 *ἐκ τῶν ἐχομένων γνώσεσθε*)，それと同格的に 〈*τὰ*〉 *τούτοις ἐφεξῆς ἅπαντα* がおかれているのだと考えるより他はないのかもしれない。そこで Lodge, Croiset は Schanz に従って *ἐχόμενα* を削ることを提案している。あるいは Bekker, Ast のように *ἐχόμενα* を *ἑπόμενα* に代えれば，*τὰ ἑπόμενα τούτοις* となり，*ἐφεξῆς* は *ἅπαντα* にかけることもできるだろう。しかし意味の上からは，L. & S. の解するように，「それら頭とか何 (*τι*) とかにつながることをつぎつぎと全部訊ねるとすれば」と譯すのはごく自然であるように思われる。
E 7 *εἰς τοιαῦτα ἄγων*]　*cf.* 482E. 461C では Polos も同じ言葉を使って Socrates を非難していた。
E 10 *ἀνέδην οὕτω*]　i. e. *ἁπλῶς οὕτως* (468C). *ἀνέδην* は *ἀνίημι* より派生した語。「無制限に」あるいは「單純に」の意。*cf. Hipp. Min.* 368A *ἀνέδην οὑτωσὶ ἐπίσκεψαι*. *οὕτως* だけでもその意味になることがある。
495A 2 *ἀλλ' ἔτι καὶ νῦν λέγε*]　「しかしまあそれはそれとして，今からでもいいから (遅くはないから)，言ってみてくれ」の意。*cf. Crito* 44B *ἀλλ'…ἔτι καὶ νῦν ἐμοὶ πιθοῦ*.——Callicles のこれまでの主張の根底には快＝善の前提があることが推測される。そこで問答法の手續きとして，まずこの前提がたしかめられるわけである。この對話篇の一つの中心問題である快と善との關係が，以下問題にされることになる。
A 7 *διαφθείρεις……τοὺς πρώτους λόγους*]　Schol. *τοὺς ἑαυτοῦ δηλονότι, ἐν οἷς ἐμέμφετο Γοργίαν καὶ Πῶλον ὡς παρὰ τὰ δοκοῦντα αὐτοῖς δι' αἰσχύνην ἀποκριναμένους, αὐτὸς δ' ἐπηγγέλλετο παρρησιαζόμενος ἐρεῖν πᾶσαν τὴν ἀλήθειαν*. 483D—E, 491E, 492D 参照。この云い方については，*cf. Prot.* 360A *διαφθεροῦμεν τὰς ἔμπροσθεν ὁμολογίας*.
B 1 *καὶ γὰρ σύ*]　Stallbaum や Ast は *τοὺς λόγους διαφθείρεις* を補っているが，むしろすぐ前の *παρὰ τὰ δοκοῦντα σαυτῷ ἐρεῖς* を補う方がよいだろう。

これは特にどの箇所をさすというよりも，Socrates に對する一般的な不信を述べたものと解される (*cf.* 480B σπουδάζει ταῦτα Σωκράτης ἢ παίζει;)。
B 4 αἰνιχθέντα] Schol. τῷ γὰρ τοῦ κιναίδων βίου ὀνόματι κακὰ πολλὰ συνεσημαίνετο.
B 7 ὡς σύ γε οἴει] 473B で Socrates が Polos に對して答えた云い方をまねている。
C 3 ἴθι δή μοι, κτλ.] これまでは Socrates は相手の道德的な感情に訴えて反駁を行っていた。つまり快卽善とすることは，Callicles 自身も認めがたいような結論を生むことになったのである。しかし Callicles があくまでも自分の說を守るので，つまり自分の說が自己矛盾を含むことが暴露されるのをおそれるあまり，頑強に，しかも自己の意に反してまでも，なおそれを固守しようとするので，この箇所から議論は Socrates 得意の dialectical な反駁に移ることになる。以下議論は二段に分けられる。最初は (495E 2—497D 8) 直接證明による反駁であり，次は [497E 1—499B 3, それはさらに (イ) 497E 1—498C 8 と (ロ) 498D 2—499B 3 の二段に分れる] 歸謬法による反駁が用いられている。
διελοῦ τάδε] διαιρεῖσθαι の語が用いられているのは，次に述べられる諸概念の「區別」を問題にしているから。ὁρίζεσθαι (*cf.* 453A, 475A) とほとんど同じと考えてよいだろう。'*distincte haec explica*' (Heind.), '*explica hoc accuratius*' (Stallb.).
C 5 νυνδὴ ἔλεγες] *cf. supra* 491A—B ἀλλ' ἔγωγε καὶ πάλαι λέγω……μὴ μόνον φρόνιμοι, ἀλλὰ καὶ ἀνδρεῖοι. つまり Callicles が οἱ κρείττους を φρόνιμοι としてのみならず ἀνδρεῖοι としても特徵づけたかぎりにおいては，ἀνδρεία τις μετὰ ἐπιστήμης もまたあると言えるはず。
C 6 ὡς ἕτερον] ここは ὡς を伴った分詞の獨立的使用 (*acc. abs.*) と考えれば，そういう場合，分詞 ὄν の省略は珍らしいので，Heindorf, Bekker, Ast はそれを挿入している。しかし Stallbaum の引用している例 (*Prot.* 323B, *Rep.* 358C, 449C, *Hipp. Mai.* 284D など) が正しければ，省略される場合もないわけではない。しかしこの場合でも Thompson の指摘するように，ἕτερον の語の末尾 (ον) と混同して，その語に吸收されてしまったとも考えられる。
D 3 Καλλικλῆς……Ἀχαρνεύς] アテナイでは Cleisthenes の政治改革 (B.C. 508/7) 以來，それまでの父稱に代えて，自己の屬する δῆμος (區) の名を自分の名に加えて言うのが，公式的な云い方となった (*cf.* Arist. *Ath. Pol.* 21. 4. καὶ δημότας ἐποίησεν ἀλλήλων τοὺς οἰκοῦντας ἐν ἑκάστῳ τῶν δήμων, ἵνα μὴ πατρόθεν προσαγορεύοντες ἐξελέγχωσιν τοὺς νεοπολίτας, ἀλλὰ τῶν δήμων ἀναγο-

ρεύωσιν· ὅθεν καὶ καλοῦσιν Ἀθηναῖοι σφᾶς αὐτοὺς τῶν δήμων)。そしてそれは法廷や公けの集會などにおいては特にそうでなければならなかった。ここでも Socrates は多少からかい氣味にその公式的な云い方を使ったのである。そこで Callicles もまた直ちに Σωκράτης……ὁ Ἀλωπεκῆθεν と應じているわけである。Ἀχαρνεύς の前には冠詞があってもなくてもよい。なお Schol. によると，Ἀχάρναι は φυλὴ Οἰνηΐς に，Ἀλωπεκή は φυλὴ Ἀντιοχίς に屬していた。
D 5 τοῦ ἀγαθοῦ]　ここの議論だけからすると，τοῦ ἀγαθοῦ よりも τοῦ ἡδέος (H. Schmidt に従い Nestle はこれを採る) とした方がよいように思われる。つまりこれまでのところでは ἐπιστήμη と ἀνδρεία はそれぞれ別のものであり，またそれらはどちらも ἡδονή (τὸ ἡδύ) とは異ったものであるということが分っただけであるから。しかしそれ以前に Callicles は τὸ ἡδύ と τὸ ἀγαθόν との同一性を主張していたのであるから，ここで τοῦ ἡδέος の代りに τοῦ ἀγαθοῦ とおきかえても差支えないわけである。
E 1 οὐχ ὁμολογεῖ]　*cf. Phileb.* 60B Σωκράτης δ' ἓν μὲν οὔ φησι τοῦτ' εἶναι, δύο δὲ καθάπερ τὰ ὀνόματα, καὶ τό τε ἀγαθὸν καὶ ἡδὺ διάφορον ἀλλήλων φύσιν ἔχειν, μᾶλλον δὲ μέτοχον εἶναι τῆς τοῦ ἀγαθοῦ μοίρας τὴν φρόνησιν ἢ τὴν ἡδονήν, *infra* 507B—C.
E 11 ἀπολαβών]　言葉どおりには「取り出して」の意味であるが，この分詞はほとんど副詞のようになって，「個々に」とか「別々に」の意味で用いられることが多い。*cf. Rep.* 392E, 420C. この語の必要な所以は矛盾律の原則にもとづく。すなわち，例えば眼は病氣だが，鼻は健康だというのでは，人は同時に病氣でもあり，また健康でもあると言われることになる。健康と病氣とが一人の人において矛盾概念となるのには，同じものに對して，同時に，同じ關係においてでなければならない (*cf. Rep.* 436B)。
496D 1 μανθάνω· ἀλλ' οὖν κτλ.]　μανθάνω の前に寫本には καὶ ἐγώ (BTPF)，または ἐγώ (Y) がある。Bekker は前者の通りに καὶ ἐγὼ μανθάνω· と讀んでいるが，しかし Stallbaum の言うように，このような受け答えの場合にはたんに μανθάνω とだけ言われるのが慣例である (e.g. 474C, 490D)。そこで Hermann, Lodge, Nestle, Dodds は ἐγώ のあとにコロンをおいて，καὶ ἐγώ· μανθάνω· (もしくはピリオッドにする) と讀もうとしているが，しかしその場合には，καὶ ἐγώ (sc. λέγω) と μανθάνω との間の文意のつながりが不自然であるように思われる。(「ぼくだってそう言うよ」と言っておきながら，その次に「それで分ったとも」と始めて理解したような言い方をするのはおかしいからである)。そこで他の多くの校本 (Stallbaum, Ast, Thompson, Schanz, Burnet, Croiset, Lamb) では，この καὶ ἐγώ は削られ

ている。おそらくこれが正しいと思う。Stallbaum の推測では，その前の Callicles の言葉，Ἀνιαρὸν ἔγωγε· τὸ μέντοι πεινῶντα ἐσθίειν ἡδύ に λέγω とという語が附け加えられていたが，その λέγω が Socrates の言葉の方に入って，καὶ ἐγώ (κἀγώ) または ἐγώ と誤寫されたのではないかと見ている (Badham の推測では καλῶ とあって，それから同じ結果が生れたと見る)。したがって Stallbaum は，その前の Callicles の言葉に λέγω を補って讀んでいるのであるが，Burnet, Lamb はこれに從っている。譯文は一應それを採用しておいた。なおこの點に關しては Ast はまた別の推測を試みている。すなわちこの箇所の問答は，たとえば Heindorf の text に見られるように，ΚΑΛ. Ἀνιαρὸν ἔγωγε. ΣΩ. Τὸ μέντοι πεινῶντα ἐσθίειν ἡδύ; ΚΑΛ. Ἔγωγε. ΣΩ. Μανθάνω, ἀλλ᾽ οὖν κτλ. という風に讀まれていたのであるが，そのように問答を區切るのでは全體の文意に反するから，當然 τὸ μέντοι……ἡδύ は Callicles の言葉にしなければならないのであるが，そうすると次の ἔγωγε は Socrates の言葉になり，それを μανθάνω と結びつけるにあたって，そのままではつづかないから，καὶ ἐγὼ μανθάνω, または ἐγὼ μανθάνω としたのではないかと。
D 7 τούτου οὖ λέγεις]　τούτου はむろんの上述の διψῶντα πίνειν をさす。以下，その中に含まれている二つの觀念，διψῶντα と πίνειν がはっきり區別されて，それぞれの意味が明らかにされることになる。
E 4 αἰσθάνῃ οὖν τὸ συμβαῖνον, κτλ.]　ここの Socrates の議論では，快苦が肉體的なものであろうと，精神的なものであろうと，それには關係なく，ただ快苦というものは同じ場所，同じ時間に一緒に生じ (ἅμα γίγνεται)，または一緒に消滅する (ἅμα παύεται) ということが主張されている。しかしこの點については，*Phaedo* 60B の記述 (ἅμα μὲν αὐτὼ (sc. τὸ ἡδὺ καὶ τὸ λυπηρὸν) μὴ 'θέλειν παραγίγνεσθαι τῷ ἀνθρώπῳ) とも比べて，快苦は嚴密な意味では一緒に生ずることはないのではないか (後に共在するにはしても)，という心理上の事實や，さらにまた，もし快苦が反對のものだとすれば (*cf. Rep.* 583C)，矛盾律の原則からみて，反對のものが同時に同じものの中に同じ關係で，一緒にあることはできないのではないか，という論理的な困難が，すでに古くから (*cf.* Olymp., 31. 2—3, Schol. ad hoc) 指摘されている。しかしこれらについての最終的な答は *Philebus* を待たねばならない。
497A 1 φῄς]　*cf.* 495E. ἔφης とするのが寫本の讀み方である。しかしこの動詞の *2nd pers. impf.* は ἔφησθα が用いられるのが普通であり (Phrynichus: Ἔφης· ἔστι μὲν παρὰ τοῖς ἀρχαίοις, ἀλλ᾽ ὀλίγον· τὸ δὲ πλεῖστον ἔφησθα.——Thompson 引用)，今日では Baiter に從って φῄς と現在形に讀む人の方が多い (Thompson, Schanz, Burnet, Croiset, Lodge, Lamb, Dodds)。それなら *supra* 466E 6 の ἔφης も同じように Baiter に從って φῄς と直すべきであるように思われる

が，この方は訂正していない人 (Burnet, Croiset, Lamb) があるのはどうしたわけだろうか (時間上の點は兩方とも同じであるのに)。なお ἔφης の語が用いられている例は，Thompson や Lodge (pp. 279—80 Appendix) の註を參照。
A 8 [ὅτι ἔχων ληρεῖς] Bekker, Stallbaum はこの語句をそのまま殘して，「君は相變らず冗談口をたたいているのだから」，「君が知らないふりをしているのは明らかに冗談ごとなのだから」というような意味にとろうとするが，しかし ἔχων ληρεῖς を Socrates の言葉にするのは不自然であろう。むしろそれは Callicles の言葉であるのがふさわしい (Dodds の註を參照)。そこで Heindorf は次の Callicles の言葉，*οὐκ οἶδα ὅτι λέγεις* の *ὅτι λέγεις* の代りに，この *ὅτι ἔχων ληρεῖς* をおき換えて讀もうとしており，また Hermann も *ὅτι λέγεις* のあとにこの句を持って行こうとしているが，それは少し無理な試みであろう。それで一番簡單なのは，この句を行間の註釋と見て削除することである。Cope, Thompson, Burnet, Lamb はそうしている。譯文はこれに從った。しかし，もしこの語句を保存するとすれば，Badham の提案した如く，それを *τί ἔχων ληρεῖς*; と讀んで，Callicles の言葉にすることであろう。Schanz, Lodge, Nestle, Croiset, Dodds はそれに從っている。つまりその讀み方によると，この箇所は次のような問答になる。——*ΣΩ. Οἶσθα, ἀλλὰ ἀκκίζῃ, ὦ Καλλίκλεις· καὶ πρόιθί γε ἔτι εἰς τὸ ἔμπροσθεν. ΚΑΛ. Τί ἔχων ληρεῖς; ΣΩ. Ἵνα εἰδῇς κτλ.* だがこれでは，Callicles の言葉が少し唐突すぎはしまいか。
B 4 *μηδαμῶς*] sc. *τοῦτο ποιήσῃς* s. *οὕτω λέγῃς*. しばしば動詞は省略される。*cf. Symp.* 175B *μηδαμῶς, ἀλλ' ἐᾶτε αὐτόν.*——この場の成行きを察して Gorgias が調停者として現われる。この對話篇で彼に拂われている尊敬の念から見れば，その役割は彼にふさわしいとも言える。
B 8 *πάντως οὐ σὴ αὕτη ἡ τιμή*] *τιμή* を名譽，評判の意味にとるのと，*τίμησις, τίμημα* (辨償，罰金) の意味にとるのとで，譯文は二つに分れている。前者では，‘*In any case it is not your credit that is at stake*’ (Lamb), ‘*That is not your affair—not your reputation, but that of Socrates is at stake*’ (Thompson) の意味になり，後者では，‘*Du darfst dafür nicht bezahlen*’ (Heind.), ‘*Dafür wirst du ja keineswegs büssen müssen*’ (Ast)——Stallb., Cope, Lodge, Nestle. Apelt の譯も同様——の意味になる。しかしそのどちらも適切とは思えないので，本文では「何にしたって，そのことの大小輕重を決めるのは，君の役目ではない」と譯しておいた。
C 1 *τὰ σμικρά τε καὶ στενὰ ταῦτα*] Schol. *οὕτως ἀπέσκωπτον οἱ σοφιστικοὶ ῥήτορες τοὺς διαλεκτικοὺς λόγους. καὶ Ἱππίας γοῦν περιτμήματα αὐτοὺς ἐκάλεσεν* (*cf. Hipp. Mai.* 304A). *cf. supra* 486D *τὰ μικρὰ ταῦτα.*
C 3 *τὰ μεγάλα μεμύησαι πρὶν τὰ σμικρά*] *τὰ μεγάλα* sc. *μυστήρια.*

上述の Callicles の τὰ σμικρά の語にかけて言われている。τὰ μυστήρια は「大」(τὰ μεγάλα) と「小」(τὰ μικρά——普通はこの語が用いられる。σμικρά の語は前とのひっかかりで使われたもの) とに分れていて，後者は前者のための準備的な儀式であり，それを受けた者だけがさらに一定の月日をへて，前者のいわゆる「奥儀」にあずかることを許された。*cf.* Schol. διττὰ ἦν τὰ μυστήρια παρ' Ἀθηναίοις, καὶ τὰ μὲν μικρὰ ἐκαλεῖτο, ἅπερ ἐν ἄστει ἐτέλουν, τὰ δὲ μεγάλα, ἅπερ Ἐλευσῖνι ἤγετο. καὶ πρότερον ἔδει τὰ μικρὰ μυηθῆναι, εἶτα τὰ μεγάλα· ἄλλως δὲ τῶν μεγάλων μετασχεῖν οὐκ ἦν θεμιτόν. κτλ., Synesius (Dion. 52C), δεῖ τὰ μικρὰ ἐποπτεῦσαι πρὸ τῶν μειζόνων, καὶ χορεῦσαι πρὶν δᾳδουχῆσαι, καὶ δᾳδουχῆσαι πρὶν ἱεροφαντῆσαι. Plut. *vit. Demetrii*, c. 26 τότε δ' οὖν ἀναζευγνύων εἰς τὰς Ἀθήνας, ἔγραφεν ὅτι βούλεται παραγενόμενος εὐθὺς μυηθῆναι, καὶ τὴν τελετὴν ἅπασαν ἀπὸ τῶν μικρῶν ἄχρι τῶν ἐποπτικῶν παραλαβεῖν, τοῦτο δὲ οὐ θεμιτὸν ἦν οὐδὲ γεγονὸς πρότερον. ἀλλὰ τὰ μικρὰ τοῦ Ἀνθεστηριῶνος ἐτελοῦντο, τὰ δὲ μεγάλα τοῦ Βοηδρομιῶνος· ἐπώπτευον δὲ τοὐλάχιστον ἀπὸ τῶν μεγάλων ἐνιαυτὸν διαλιπόντες. さらに *Symp.* 209E ταῦτα…τὰ ἐρωτικὰ ἴσως…κἂν σὺ μυηθείης· τὰ δὲ τέλεα καὶ ἐποπτικά, ὧν ἕνεκα καὶ ταῦτα ἔστιν,…οὐκ οἶδ' εἰ οἷός τ' ἂν εἴης (以上 Thompson 引用), *Euthyd.* 277E τὰ πρῶτα τῶν ἱερῶν を参照。なお μυστήρια そのものについての説明と，それが行われた順序次第については，「註解」にも簡単にふれておいた。
D 9 καὶ τῆδε ἐπίσκεψαι] ここから Socrates の第二の反駁 (歸謬法による) が始る。τῆδε はむろん次の行の τοὺς ἀγαθοὺς κτλ. で始る議論の方法をさす。ところでこの文章は，οἶμαι γάρ σοι οὐδὲ ταύτῃ ὁμολογεῖσθαι· ἄθρει δέ· の挿入句でちよっと中断されている。ὁμολογεῖσθαι は *pass.* にとる。主語は一般的にいま問題とされている事柄でよかろう。
E 1 ἀγαθῶν παρουσίᾳ] *infra* 498D—E, 506C—D にも同じような云い方がなされており，それが *Phaedo* (100D) などに見られるところの，イデアの共有について語られる表現と同じなので，ここにもイデア論へのきざしを見ようとする人 (e. g. Nestle) もあるが，しかし ἀγαθῶν という複數形の使用に問題が殘るだろう。
E 2 [τοὺς] καλούς] 冠詞は削る (Hirschig, Dodds)。述語であるから。
E 4 τοὺς ἄφρονας καὶ δειλούς] 次の ἀλλὰ τοὺς ἀνδρείους κτλ. を見ても，ここでも τοὺς ἄφρονας (Par^2 F^2 : τοὺς om. BTWF) と冠詞を補う方がよいと思われる。Heind., Bekk., Ast, Stallb., Schanz, Croiset はこれを補っている。しかし省略される例もないわけではない (Heindorf の註をみよ)。勿論，これを主語に讀む。次の ἄρτι は 491B—C をさす。

E 8 *ἀλλὰ τί τοῦτο*]　sc. *διαφέρει*. *cf*. 448B.
498A 8
(1) *ἀμφότεροι ἔμοιγε μᾶλλον* (BTPF) : Heind., Bekk., Stallb., Ast, Thomp., Lodge, Croiset
(2) *ἀμφότεροι ἔμοιγε* [*μᾶλλον*] (Laur. 85. 12) : Hermann (少くとも text では削除している), Burnet, Lamb
(3) *ἀμφότεροι ἔμοιγε ὁμοίως* (Sauppe) : Nestle
(4) *ἀμφότεροι ἔμοιγε* 〈*χαίρειν, ἴσως δ' ἐκεῖνοί γε*〉 *μᾶλλον* (Dodds)
(1) の寫本どおりでよく，そしてそれについては次の Coraes (Stallb. 引用) の解釋で正しいと思う。*παίζων τοῦτο λέγει· καὶ οἱ δειλοὶ ἐδόκουν μοι χαίρειν μᾶλλον τῶν ἀνδρείων καὶ οἱ ἀνδρεῖοι μᾶλλον τῶν δειλῶν*. Routh (Heind. 引用) も '*Which of these two things do you like best?*' と訊かれたとき，そのどちらを選んでよいか分らぬときは，'*Both are best.*' と答えるのに似ていると言っている。これはほとんど答を拒絶したのに近いような無禮な答え方である。しかし Callicles は次に *εἰ δὲ μή, κτλ.* と餘分なことを附け加えるものだから，Socrates に反駁の機會を與えてしまうことになる。(2) の *μᾶλλον* を削る案や，(3) の *ὁμοίως* に代える案は，次の B 4 では同じような質問に對して，Callicles は *Ἀμφότεροι* (B 4) とだけ答えていることや，あるいはそれに對して Socrates は *Ἆρα ὁμοίως*; (B 5) と訊ねていることによるものか。しかしこの場合とは問い方が少しちがうし，また *μᾶλλον* を削ったのでは，次の *εἰ δὲ μή* (sc. *μᾶλλον*), *παραπλησίως γε* が生きてこないと思われる。またここを特に *ὁμοίως* に代えるべき必然性もないと思われる。なお (4) の Dodds の提案は，Hermann の *μᾶλλον* 〈*δ' ἴσως οἱ δειλοί*〉 という推測にもとづいて生れたものである。これはたしかにここの文脈には適切であり，たいへん魅力的ではあるが，少し大膽すぎるように思えるので，直ちには採用しがたい。
C 4 *οἱ ἀγαθοὶ καὶ οἱ κακοί*]　この場合の冠詞は指示的な意味をもつ。つまり前者は「思慮があり，勇氣があるという意味での善い人」であり，後者は「臆病で無思慮であるという意味での惡い人」の意。
C 6 *ἆρ' οὖν παραπλησίως εἰσὶν ἀγαθοὶ καὶ κακοὶ οἱ ἀγαθοί τε καὶ οἱ κακοί*]　*ἀγαθοί* と *κακοί* の二つの述語は，それぞれ別々に二つの文章にぞくするものと考えるべし。すなわち，*οἱ ἀγαθοί τε καὶ οἱ κακοὶ παραπλησίως εἰσὶν ἀγαθοί* と *οἱ ἀγαθοί τε καὶ οἱ κακοὶ παραπλησίως εἰσὶν κακοί* ということになる。
C 7 *ἢ καὶ ἔτι μᾶλλον ἀγαθοί*]　このあと寫本では
οἱ ἀγαθοὶ καὶ οἱ κακοί (B)
οἱ ἀγαθοὶ καὶ κακοί (TWF²)　} *εἰσιν οἱ κακοί*;
καὶ οἱ ἀγαθοὶ καὶ κακοί (F)

となっているが，このままでは讀めないか，または讀めたとしても意味が通らないので，大體次のような二通りの削除の試みがなされている。
(1) ἢ καὶ ἔτι μᾶλλον ἀγαθοὶ καὶ κακοί εἰσιν οἱ κακοί; (Routh——それらの語句の中で καὶ κακοί 以外は削る)： Heind., Bekk., Herm., Stallb., Thomp., Lodge, Lamb
(2) ἢ καὶ ἔτι μᾶλλον ἀγαθοὶ εἰσιν οἱ κακοί; (H. Schmidt——それらの語句をすべて削る)： Burnet, Nestle, Croiset, Dodds
(2) を採用しておいた。(1) で讀むと，前段で οἱ κακοί は οἱ ἀγαθοί と παραπλησίως に ἀγαθοί であり，また κακοί であると言われていたのに加えて，今度は οἱ κακοί の方が οἱ ἀγαθοί よりももっと (μᾶλλον) ἀγαθοί であり，またもっと κακοί であると言われるにすぎないが，つまり παραπλησίως が μᾶλλον で言いかえられているにすぎないが，(2) のように讀むと，οἱ κακοί の方がむしろもっと (καὶ ἔτι μᾶλλον) ἀγαθοί であるという意味になって，Socrates の意圖する paradox がよりはっきりと表現されるように思われる。*infra* 499A—B に語られる結論，οὐκοῦν ὁμοίως γίγνεται κακὸς καὶ ἀγαθὸς τῷ ἀγαθῷ (sc. ὁ κακός) ἢ καὶ μᾶλλον ἀγαθὸς ὁ κακός; も (2) の讀み方を支持しているように見える。——なお Ast のように，ここの箇所を ἢ καὶ ἔτι μᾶλλον ἀγαθοὶ οἱ κακοί εἰσιν καὶ κακοὶ οἱ ἀγαθοί と，οἱ ἀγαθοί と οἱ κακοί の場所をおき換えて讀むことができれば，その paradox はもっと强められるかもしれない。
D 1 ἀλλὰ μὰ Δί' οὐκ οἶδ' ὅτι λέγεις] この Callicles の言葉は正直なところを白狀しているものとも取れるが (上述の Socrates の結論が paradox であるかぎり)，しかしそれよりも，自分の都合の惡いときには分らないふりをして，あくまでも强情をはろうとしているのだと解釋する方がもっとよいように思われる。οὐκ οἶδ' ὅτι λέγεις はいわゆるリフレーンのようにしばしばくり返えされているのだから (*cf.* 497B, 505C)。ところでこの Callicles の遁辭は反って彼の立場を惡くすることになるのであり，Socrates に前の論證をさらに强固にさせ，決定的な反駁を與えさせる機會となっている。
D 3
(1) κακοὺς δὲ κακῶν (BTP)： 一般の讀み方
(2) καὶ κακοὺς δὲ κακῶν (F)： Burnet, Dodds
(3) τοὺς κακοὺς δὲ κακῶν (Flor F²)： Hirschig, Sauppe, Nestle
(1) の讀み方で充分であろう。しかし Dodds は (2) を採用し，καὶ κακοὺς δὲ (εἶναι τοὺς κακοὺς) κακῶν (παρουσίᾳ) と解釋して，κακούς を述語にしている。なお κακούς を主語に讀んでも，(3) のように冠詞をつける必要はないと思う。τοὺς ἀγαθούς の τούς が κακούς にもかかると考えてよいから ('Attamen crebro articulus

ita priori voci praemittitur ut simul ad posteriorem pertineat; sic statim in seqq. τὰ δὲ ἀγαθὰ……κακὰ δέ' Ast)。
E 4 *οἳ μέν γε μᾶλλον μᾶλλον*] i.e. *οἳ μέν γε ἂν μᾶλλον χαίρωσιν ἢ ἀνιῶνται* (s. *οἳ μέν γε μᾶλλον χαίρουσι ἢ ἀνίονται*), *μᾶλλον ἀγαθοὶ ἢ μᾶλλον κακοί εἰσιν*. なお BTP 寫本では *οἱ* と冠詞になっているが (したがってその場合には *οἱ μέν γε μᾶλλον χαίροντες κτλ.* と分詞を補うことになる)——Bekker, Stallb. はこう讀む——, 現在ではすべての校訂者が F 寫本の *οἳ* という關係代名詞の方を採用している。上の文章のつづきからすればこの方が自然である。
E 11 *καὶ δὶς γάρ τοι καὶ τρίς φασιν καλὸν εἶναι*] Schol. *παροιμία δὶς καὶ τρὶς τὸ καλόν, ὅτι χρὴ περὶ τῶν καλῶν πολλάκις λέγειν. Ἐμπεδοκλέους τὸ ἔπος ἀφ' οὗ καὶ ἡ παροιμία· φησὶ γάρ· καὶ δὶς γάρ, ὃ δεῖ, καλόν ἐστιν ἐνισπεῖν* (*cf. fr.* 25 Diels). Platon はこの諺的な云い方をほかでもよく用いている。*cf. Phileb.* 59E—60A *εὖ δ' ἡ παροιμία δοκεῖ ἔχειν, τὸ καὶ δὶς καὶ τρὶς τό γε καλῶς ἔχον ἐπαναπολεῖν τῷ λόγῳ δεῖν. Leg.* 956E *καλὸν δὲ τό γε ὀρθὸν καὶ δὶς καὶ τρίς.*
499B 1 *τὰ πρότερα ἐκεῖνα*] これはどの箇所に言われていることを指すのか。495E より始った dialectical な反駁は, 二つの部分に分れることはすでに言った。そしてここで結論されていること (*ταῦτα*) は, そのうちの後半のもの (497D——498D) を補足的に說明したものであるとすれば, この論證の前半 (495E—497D) が *τὰ πρότερα ἐκεῖνα* であるとも考えられる。しかしながら, その內容は後半の論證と同じものであり, ただ反駁の方法が直接證明でなされているだけのちがいであるから, むしろこの *τὰ πρότερα ἐκεῖνα* で示されているのは, Heindorf, Ast, Lodge, Nestle, Dodds などの言うように, いまの dialectical な議論に入る前の, いわば rhetorical に論じられた, 494E の放蕩者の生活が一番理想的なものになるという結論を, さすものと考えた方がよくはないであろうか。なお, 快卽善とするときに生れる矛盾については, *Phileb.* 55A—B を見よ。
B 4 *πάλαι τοί σου ἀκροῶμαι, κτλ.*] Callicles は自己の主張のあやまりがもはやどうにも防ぎきれないと見るや, これまで言ってきたことはすべて冗談にすぎないとして, ごまかそうとしている (*cf. supra* 489B—C)。そして今度は, すべての快樂が善なのではなくて, ある快樂は善であるが, ある快樂は惡であると言い出すのである。
B 6 *ὡς δὴ σὺ κτλ.*] *supra* 468E *ὡς δὴ σύ……οὐκ ἂν δέξαιο ἐξεῖναί σοι ποιεῖν ὅτι δοκεῖ σοι……ἢ μή* の場合と同じ用法であるとみてよい (*ὡς δή*=*quasi vero*, *δή* には皮肉の感じがこめられる)。その箇所の註を參照。しかしまた Ast の言

うように (ὡς=nam, scilicet ; δή=revera), ὡς は理由句をみちびくものと考えてよいかもしれない (「ほんとうにあなたといったら……なのだからね」の意)。——次の τὰς μὲν βελτίους ἡδονάς において，ἡδονάς の語の位置は，普通であれば τὰς μὲν ἡδονὰς βελτίους となるべきだが，始めは τὰς μέν とだけ言われていたのを，それだけでは充分でないと悟って，後から思いついて ἡδονάς を附け加えたものだから，そのような語順になったのだと考えられる。——Callicles はそのように，自分で自分の最初の言明を裏切ることになるのもかまわずに，むしろ始めのは冗談であったということを强調しようとする。むろん，眞正の快樂論者ならこのような變節はしないであろう。*cf. Phileb.* 13B (Protarchos) πῶς λέγεις, ὦ Σώκρατες ; οἴει γάρ τινα συγχωρήσεσθαι, θέμενον ἡδονὴν εἶναι τἀγαθόν, εἶτα ἀνέξεσθαί σου λέγοντος τὰς μὲν εἶναί τινας ἀγαθὰς ἡδονάς, τὰς δέ τινας ἑτέρας αὐτῶν κακάς ; しかし Callicles にとっては，理論は自分のそのときどきの實踐に都合のよいものでありさえすればよいのである。だからその快樂主義も，何の理論的確信もなしに，ただひとの説を受け賣りして，自分に都合がよいと思われるかぎりこれを利用していたのであるが，都合が悪くなれば輕々と捨て去ることになる。そしてそのような思想的無定見さこそが，今のような決定的な敗北にもかかわらず，彼を沈默させるどころか，逆に，このような激しい厭がらせの言葉を直ちに吐かせることにもなっているのである。

B 9 { (1) ἰοῦ ἰοῦ (B) : Burnet, Croiset, Lamb
(2) ἰοὺ ἰού (T) : 一般の讀み方

ἰοῦ または ἰού は，悲しみや喜び，あるいは驚きの氣持から發せられる間投詞である。しかし ἰοῦ と ἰού の差異について，Suidas は次のように述べている。Ἰού. σχετλιαστικὸν ἐπίρρημα, ἀντὶ τοῦ οἴμοι, φεῦ. καὶ ἰοὺ ἰού, σχετλιαστικὸν ὁμοίως ἐπίρρημα. Ἰοῦ ἰοῦ· τὸ ἰοῦ ἐπὶ χαρᾶς ἐπισπᾶται. また Hesychius も ἰοὺ ἰού について大體同じように言っている。つまりこれらの定義によってみると，ἰοὺ ἰού の方は，不當な仕打ちに對する不平や抗議や怒り，あるいは悲しみや苦痛などの氣持から發せられる間投詞 (σχετλιαστικὸν ἐπίρρημα) であるが，それに對して ἰοῦ ἰοῦ の方は，喜びを伴う驚きとか，意外の感じから生れる言葉であると言うことができよう。たとえば，後者の例としては，*Rep.* 432D καὶ ἐγὼ κατιδών, Ἰοῦ ἰοῦ, εἶπον, ὦ Γλαύκων· κινδυνεύομέν τι ἔχειν ἴχνος, κτλ. [この箇所について Adam もまた次のように註している。'ἰού dolentis, ἰοῦ gaudentis, according to the Scholiast on Ar. *Peace* 318 : *cf.* Suidas s.v. (上記參照)。Ancient authorities differed on the point, but modern scholars for the most part agree with Suidas.'——ただし Burnet はどういう理由からか，この箇所を Ἰοὺ ἰού と讀んでいる]，さらに *Symp.* 223A Ἰοῦ ἰοῦ, φάναι τὸν Ἀγάθωνα, Ἀλκιβιάδη, οὐκ ἔσθ' ὅπως ἂν ἐνθάδε μεί-

ναιμι, κτλ., Aristoph. *Equit.* 1096 Ἰοῦ ἰοῦ. οὐκ ἦν ἄρ' οὐδεὶς τοῦ Γλάνιδος σοφώτερος を見よ。また前者の例としては, L. & S. s.v. (i) ('of grief or annoyance') にあげられているもののほかに, *Hipp. Mai.* 291E Ἰοὺ ἰού, ὦ Ἱππία, ἢ θαυμασίως τε καὶ μεγαλείως καὶ ἀξίως σαυτοῦ εἴρηκας. Aristoph. *Plut.* 477 οὐ δεῖ σχετλιάζειν καὶ βοᾶν πρὶν ἂν μάθῃς.——καὶ τίς δύναιτ' ἂν μὴ βοᾶν ἰοὺ ἰοὺ τοιαῦτ' ἀκούων; などをあげることができるだろう。ところで, ここの箇所についてであるが, その間投詞は, 怒りや不平や抗議の氣持よりも, むしろ驚きや意外の感じが強いものとみて ('mirantis magis sunt voculae, quam indignantis' Heind., 'mirantis et exsultantis est' Stallb., その他 Ast, Cope, Lodge, Nestle も大體この解釋をとる), その故に Burnet, Croiset, Lamb は, (1) のように Ἰοῦ ἰοῦ の方を讀んだものか (ただし寫本では, 前記 Adam の註にも觸れられているように, 必ずしも Suidas の言うような區別が嚴格に守られているとは言えない)。L. & S. も (ii) 'of joyful surprise' の例の中にここの箇所をあげている。なるほど Thompson や Dodds の言うように, (2) の Ἰοὺ ἰού を讀んで, ここの場合も σχετλιαστικὸν ἐπίρρημα と解釋して差支えはないようにも思われるけれども, ただこの箇所では, Callicles の腹の底を充分に見抜いているはずの Socrates が, Callicles のそのような豹變ぶりに對して, 眞底から怒っていると解釋するのは, 少し的がはずれているように思う。Socrates は多少とぼけたふりをして言っているからである。

C 1
(1) τοτὲ μὲν αὖ (BTP): Herm., Stallb., Lodge
(2) τοτὲ μὲν τὰ αὐτά (F): Burnet, Nestle, Lamb, Dodds, ταὐτά (Y): Croiset
(3) τοτὲ μὲν ταῦτα: Stephanus, Heind., Bekk., Ast, Thomp.

(1) のように αὖ と讀むのが有力寫本の讀み方であり, Stallbaum, Cron はそれを *supra* 491B の Socrates の言葉, οὐδέποτε ταὐτὰ λέγεις περὶ τῶν αὐτῶν にかけて, Callicles が同じ誤りを再び (αὖ) くりかえしているのを非難しているのだと解しているが, しかしその箇所に關係づけるのは, Ast の言うように, あまりに遠すぎるし, その内容もちがうし, またそこに關係づけるのだとしたら, そのことがもっとはっきりと言われてしかるべきだったと思われる。あるいはまたこれとはちがった意味で αὖ の語が殘されるべきだとしても, それなら Thompson の言うように, むしろその語は次の文の中に移して, τοτὲ δ' αὖ ἑτέρως と書くべきであったと思われる。そこで (2) か (3) を選ぶことになるが, (2) のように ταὐτά または τὰ αὐτά と讀んだ場合に, もしその語をいまのその同じ箇所 (上述の 491B) に關係づけて解釋するのだとしたら, 上に述べられたと同じような理由で, やはり問題になるのかもしれないが, しかしここでは, その語の内容は明らかに快樂をさしているのであ

るから，その點は別に差支えないと思われる。ただこれに關して Heindorf は，もしそう書かれるべきだったなら，ταῦτα ποτὲ μὲν φάσκων κτλ. という語順になるべきだと主張して，(3) のように ταῦτα と讀む方をよしとしているが，しかしこれは寫本のとおりではないところにちょっと難點があるし，また (2) と比較してみて，Callicles の變節を指摘する上では少し意味が弱くなるような感じがする。それで結局 (2) を採用しておいた。
C 2 *καίτοι κτλ.*] すでに 495A (*ἵνα δή μοι μὴ ἀνομολογούμενος ᾖ ὁ λόγος, ……τὸ αὐτό φημι εἶναι*) で Callicles に期待していた *παρρησία* への信頼は破られた。そして 497A (*οὐκ οἶδ' ἅττα σοφίζῃ, οὐκ οἶδα ὅτι λέγεις*) では彼の *σοφία* も怪しいものであることが分った。ところでさらに第三の *εὔνοια* への期待もここで完全に裏切られるわけである (Lodge)。——*ἑκόντος εἶναι* の *εἶναι* は *inf. absolutus*,「自分からすすんで」「故意に」の意味。*cf. Apol.* 37A.
C 5 *τὸ παρὸν εὖ ποιεῖν καὶ τοῦτο δέχεσθαι τὸ διδόμενον*] 二つの格言的な云い方が一緒に用いられている。*τὸ παρὸν εὖ ποιεῖν* の方は，「現在手もとにあるものを上手に使う」とか，「いまあるもので滿足し，それをうまく利用する」というような意味。Diogenes Laertios (I, 77) によれば，この格言は Pittacos に始ると言われ，また Philodemos (*De Vitiis* 10, 24) によれば，それは Epicharmos (*fr.* 201 Kaibel) の言葉だったと傳えられている (Nestle)。普通は *εὖ τίθεσθαι* という云い方がなされていたらしい [Hesychius : *τὸ παρὸν εὖ τίθεσο. παροιμία, ἧς καὶ Πλάτων ἐν Γοργίᾳ μνημονεύει. cf.* Lucian. *Necyom.* 21 (Thompson 引用) *τὸ παρὸν εὖ θέμενος.* Cratinos, *Pylaia fr.* 172 Kock (Nestle 引用) *Ἄνδρας σοφοὺς χρὴ τὸ παρὸν πρᾶγμα καλῶς εἰς δύναμιν τίθεσθαι*]。しかし *Leg.* 959C にも *τὸ δὲ παρὸν δεῖν εὖ ποιεῖν* と言われている。——次の *δέχεσθαι τὸ διδόμενον* も同じように格言的な表現。「與えられたものは默って受取る」とか，「もらったものにはけちをつけない」の意味。*cf. Phileb.* 11C *δέχῃ δὴ τοῦτον τὸν νῦν διδόμενον…… λόγον, Euthyd.* 285A, *Alcib.* II. 141C.
C 7 *ἡδοναί τινές……αἱ μὲν……αἱ δὲ……*] このような *τις* の subdivision の用法は，*Rep.* 431A *ὥς τι ἐν αὐτῷ τῷ ἀνθρώπῳ……τὸ μὲν βέλτιον ἔνι, τὸ δὲ χεῖρον, Leg.* 720A *καθάπερ ἰατρὸς δέ τις, ὁ μὲν οὕτως, ὁ δ' ἐκείνως ἡμᾶς εἴωθεν ἑκάστοτε θεραπεύειν* (Stallb. 引用) に見られる。

D 5
(1) *ἡδονάς, εἰ ἄρα……ποιοῦσαι* (BTPF Stobaeus) : Stallbaum
(2) *ἡδονάς· εἰ ἄρα……ποιοῦσιν* (Y) : Bekker, Ast, Thompson
(3) *ἡδονάς, ἢ ἄρα……ποιοῦσαι* (Sauppe) : Burnet
ἡδονάς ; ἦ ἄρα……ποιοῦσαι (Nestle) : Lamb

(4) ἡδονάς; ἆρα……ποιοῦσαι (Heindorf): Hermann, Schanz, Lodge, Croiset, Dodds (ἡδονάς——ἆρα)
[ただし (2) では Bekker, Ast はその前の文章の Ἄρ' οὖν τὰς τοιάσδε λέγεις のあとに疑問符をおき，そこで文章を一度切っている]。
上述の如くここの箇所は校訂者によって各人各様に讀まれている。大きく分けると，(A) 寫本どおりに εἰ ἄρα と讀んで條件文にするか [その場合 (1) では，その條件文は文末の αἱ δὲ τἀναντία τούτων κακαί までを含み，——finite verb は ἀγαθαί と κακαί のあとにそれぞれ εἰσίν を補って考える——そしてその條件文全體は前の文章にかかるとする。(2) では，その條件文は ἄλλην τινὰ ἀρετὴν τοῦ σώματος までを含み——そのために ποιοῦσαι を ποιοῦσιν (Y) と finite verb に直す——そしてその apodosis は αὗται μὲν ἀγαθαί 以下と考える。この場合，前の文章とのつづきは一種の anacoluthon にならざるをえない]，それとも，(B) この箇所で，もう一度疑問の particle を入れて ἦ ἄρα または ἆρα と讀むか，の差異である [(3) で ἡδονάς のあとにコンマをおいてつづければ anacoluthon と解釋することになる。(4) の ἆρα は Ficinus の譯 (*Numquid enim ex his* etc.) から類推されている]。それぞれ理由のあることではあるが，Dodds の意見に従って (εἰ は ἄρα が interrogative で inferential ではないことを示す gloss であり，また ἦ ἄρα は Attica 散文には稀れである)，一應，(4) を採用しておく。
E 6 ἡμῖν ἔδοξεν……ἐμοί τε καὶ Πώλῳ] *cf.* 468B ΣΩ. ἕνεκα ἄρα τοῦ ἀγαθοῦ ἅπαντα ταῦτα ποιοῦσιν οἱ ποιοῦντες. ΠΩΛ. φημί. 善が手段ではなく目的であることについては Olympiodorus (32.8) はこう言っている：ἰστέον γάρ, ὅτι τὸ ἀγαθὸν οὐκ ἔστιν ἕνεκά του, ἀλλὰ οὗ ἕνεκα· ἕνεκα μὲν γάρ του ἐστὶν ἡ ὁδός ἡ ἄγουσα ἐπὶ τὸ τέλος, οὗ δὲ ἕνεκα αὐτὸ τὸ τέλος (Thomp. 引用)。
500A 1 σύμψηφος……ἐκ τρίτων] σύμψηφος の語は，*supra* 473E—474A に言われている投票のことを想い起させる。そのためいくらか重々しい云い方になっている。*infra* 501C συγκατατίθεσθαι……τὴν αὐτὴν δόξαν の云い方とも比較せよ。——ἐκ τρίτων は慣用句になっていて，「第三番目の人として（ぼくやポロスに次いで）」の意。*cf. Symp.* 213B ὑπολύετε, παῖδες, Ἀλκιβιάδην, ἵνα ἐκ τρίτων κατακέηται. *Tim.* 54A (ἐκ τρίτου), Eur. *Orest.* 1178.
A 6 τεχνικοῦ] τεχνικός は一般的には「專門家」のことであり，*supra* 455B にその例が見出されるが，しかしその τέχνη にはすでに (465A) 明らかにされたような意味が了解されている。*cf. infra* 504D ὁ τεχνικός τε καὶ ἀγαθός. なおここに述べられているような考え方は，*Crito* 47A 以下にも見られる。
A 7 ὧν αὖ ἐγὼ πρὸς Πῶλον καὶ Γοργίαν ἐτύγχανον λέγων] *supra*

464B—465C を見よ。
A8 ἔλεγον γὰρ αὖ]　αὖ は F 寫本にあり，Burnet だけがこれを採用している。他はみな BTP 寫本どおりに ἔλεγον γάρ とだけ讀んでいる。上に αὖ と言われているので，また αὖ と言うのは二重になるような氣がするが，その點を强調するのなら，あっても差支えないだろう。
B1 παρασκευαί]　いま言及されている箇所の前後を見ると，463A—B では ἐπιτήδευμα, ἐπιτήδευσις の語が，464B では θεραπεῖαι の語が用いられていた。またこのすぐ後では πραγματεῖαι (501B), ἐπιτηδεύσεις (501D) という語がその代りに使われている。ここでは Thompson の言うように，眞の τέχναι と，そしてそうではないが，それであると自稱する ἐμπειρίαι との兩方を含む，一般的な語と理解してよかろう。もともとは「準備」「用意」「工作」などの意味である。
B6 πρὸς Φιλίου]　sc. Διός. *infra* 519E εἰπὲ πρὸς Φιλίου も同じ。*cf. Phaedr.* 234E εἰπὲ πρὸς Διὸς Φιλίου. Schol. Διὸς ἦν ἐπώνυμον παρ' Ἀθηναίοις ὁ φίλιος, ἐκ τοῦ εἶναι τῶν φιλικῶν καθηκόντων αὐτὸν ἔφορον. Diodorus *ap. Athen.* VI 239B (Thompson 引用) ὁ Ζεὺς ὁ φίλιος, ὁ τῶν θεῶν μέγιστος ὁμολογουμένως.——Callicles の εὔνοια に對する期待は實際は裏切られたのだけれども (499C)，それにしても彼は再三 (485E, 486A, *cf.* 487E) Socrates に對して友人としての好意を言明していたので，この誓いの語が用いられたのであろう。
C2 περὶ τούτου……οὗ……μᾶλλον……, ἢ τοῦτο]　τούτου は關係代名詞 οὗ の先行詞であり (μᾶλλον はその οὗ にかかる)，そしてその内容はさらに ἢ τοῦτο で補足的に說明されている。このように代名詞の *gen.* のあとに比較級の語がきて，そしてその代名詞はさらに ἢ を伴う句で具體的に說明される構文の例はめずらしくない。*cf. Crito* 44C καίτοι τίς ἂν αἰσχίων εἴη ταύτης δόξα ἢ δοκεῖν χρήματα περὶ πλείονος ποιεῖσθαι ἢ φίλους. *Leg.* 738E οὗ μεῖζον οὐδὲν πόλει ἀγαθὸν ἢ γνωρίμους αὐτοὺς αὑτοῖς εἶναι, ib. 811D.
C3 ὅντινα χρὴ τρόπον ζῆν]　*cf. supra* 492D πῶς βιωτέον. これがこの對話篇における Socrates と Callicles の問答の主題をなすものであることはすでに述べた。ここではそれははっきりと，政治と哲學のいずれの生活を選ぶべきかという形で表現されている。*cf. Rep.* 352D.
C4 πότερον ἐπὶ ὃν σὺ παρακαλεῖς ἐμέ]　i.e. πότερον τοῦτον τὸν τρόπον (s. βίον) χρὴ ζῆν, ἐπὶ ὃν σὺ παρακαλεῖς ἐμέ.
τὰ τοῦ ἀνδρὸς δὴ ταῦτα]　Callicles は 484C—486D で哲學に專心する Socrates に對して，哲學は若い時に教養の範圍內で學ぶのなら結構であるが，成人してからは，一人前の男子のなすべきこと，つまり國家公共の仕事に從事すべきことを忠告

していたのであるが，その Callicles の言葉にかけて言われている (*cf*. 485C1 *ἀνδρός*, C2 *ἄνανδρον*, D6 *τοὺς ἄνδρας*)。*δή* は相手の言葉を引用するときにしばしば用いられるが (*cf*. 508D, 514E)，その上また皮肉の感じがこめられている。
C7 *ἢ* [*ἐπὶ*] *τόνδε τὸν βίον τὸν ἐν φιλοσοφίᾳ*] 寫本にはすべて *ἐπί* があり，そして Stallbaum, Hermann, Lodge のごとくそれを殘す人もあるが，多くの校訂者は Findeisen に從って *ἐπί* を削っている。それは上記の *πότερον* (sc. *τοῦτον τὸν τρόπον* s. *βίον χρὴ ζῆν*) につづくから，當然 *ἢ τόνδε τὸν βίον τὸν ἐν φιλοσοφίᾳ* (sc. *χρὴ ζῆν*) と書くべきだからである。*ἐπί* が入ったのは *παρακαλεῖς* という語の影響で，あたかもそこは *ἢ παρακαλεῖς ἐμὲ ἐπὶ τόνδε τὸν βίον τὸν ἐν φιλοσοφίᾳ* であるかのように考えられて混同されたのであろう。
D2 *εἰ ἔστιν*……*τῷ βίῳ*] *εἰ* は,「かどうか」の意味にとって *ὁμολογήσαντας* にかけるのではなく (*ὁμολογήσαντας* は *διαιρεῖσθαι, διελομένους* と同じく absolute に解する)，*βέλτιστόν ἐστιν*……*σκέψασθαι κτλ.* の apodosis に對する，條件文の protasis と考える。*τί τε διαφέρετον ἀλλήλοιν κτλ.* の探求はこの protasis が成立してはじめて可能であるから。——なお Hirschig, Dodds は *ἔστιν* を *ἐστόν* に直す。
D10 *τὴν δὲ τοῦ ἀγαθοῦ——αὐτὸ δέ μοι τοῦτο πρῶτον κτλ.*] 上記 499B までの反駁で，Callicles にも一應，善と快とは別のもであり，したがってそれら兩者を獲得する方法も別であることが認められた (*ὡμολογήκαμεν*) はずであるが，しかし Socrates はその點をもう一度念を押して，この前提をしっかりと確立しておきたいと思ったから，そのためにここで文章は途切れて，以下相手の同意を求める言葉がつづくことになる。*θήρα* という狩獵から借りた表現を Platon は多くの箇所で好んで用いている。
E3 *πρὸς τούσδε*] i.e. *Γοργίαν καὶ Πῶλον*. *cf*. 463A sqq.
501A1 *ἡ δ' ἰατρική*] sc. *δοκεῖ μοι τέχνη εἶναι*. 以下の內容については 464B 以下，特に 465A を見よ。
A3 *ἡ ἰατρική*] *ἡ μέν* の內容をはっきりさせるために，もう一度 *ἡ ἰατρική* とつけ加えられたのであるが，そのような用例は多い。*cf*. 476E *ὁ δὲ πάσχει, ὁ κολαζόμενος*. *Prot*. 323B, 351A, *Rep*. 604D, *Cratyl*. 437B, *Leg*. 631C, 931A.
ἡ δ' ἑτέρα τῆς ἡδονῆς] ここの文の構造は anacoluthon になっている。Ast が正しく指摘したように，前の文章 *ἡ μὲν τούτου οὗ θεραπεύει καὶ τὴν φύσιν ἔσκεπται καὶ τὴν αἰτίαν* の構文に合わせると，ここも *οὔτε τὴν φύσιν ἔσκεπται οὔτε τὴν αἰτίαν* とつづくべきところを (*τῆς ἡδονῆς* の *gen*. はそれにかかるはずのもの)，次に *πρὸς ἣν ἡ θεραπεία αὐτῇ ἐστιν ἅπασα* という句が挿入されたために構文が變化して，その代りに *κομιδῇ ἀτέχνως ἐπ' αὐτὴν ἔρχεται* と言われることに

なり，τῆς ἡδονῆς の語はかかるものなく，宙ぶらりになってしまっている。そして書かれるべきはずの οὔτε τὴν φύσιν ἔσκεπται οὔτε τὴν αἰτίαν は，οὔτε τι τὴν φύσιν σκεψαμένη τῆς ἡδονῆς οὔτε τὴν αἰτίαν という分詞構文の形で，後に附け加えられている。
A 7 *τριβῇ καὶ ἐμπειρίᾳ*] Heindorf, Bekker, Ast, Thompson は τριβὴ καὶ ἐμπειρία と後世の寫本 (Par. 1811) に從って讀み，ἡ δ' ἑτέρα (=ὀψοποιική) の同格的說明語と解するが，比較的新しい校本ではすべて，有力寫本どおりに *dat. instrumentalis* に讀んでいる。この方が適當であると思う。なおこれに關聯して，そのすぐ前の ἀλόγως τε παντάπασιν, ὡς ἔπος εἰπεῖν οὐδὲν διαριθμησαμένη の句も，Heindorf や Ast は Ficinus の譯 (‘*temeraria prorsus*’), Findeisen の訂正に從って，ἄλογός τε παντάπασιν (sc. οὖσα), ὡς ἔπος εἰπεῖν οὐδὲν διαριθμησαμένη, τριβὴ καὶ ἐμπειρία という風に讀み，ἄλογος (*cf.* 465A ὃ ἂν ᾖ ἄλογον πρᾶγμα) と τριβὴ καὶ ἐμπειρία とを結びつけることによって，所謂 ‘ἄλογος τριβή’ という云い方 (*cf.* Quint. *Inst. Or.* X. 7. 11 ‘est igitur usus quidam irrationalis, quem Graeci ἄλογον τριβήν vocant.’ Plut. *de virt. docend.* 440A, Appulei, *de doctr. Plat.* p. 19 Elmenh.) の出所になっているのだと主張しているが，無理にそう考える必要はないだろう。ἀτέχνως……ἀλόγως τε の構文で考えるので充分だと思う。なお διαριθμησαμένη の語については，*Phaedr.* 273E を見よ。
B 4 *προμήθειάν τινα ἔχουσαι τοῦ βελτίστου*] 上述の μνήμην μόνον σῳζομένη τοῦ εἰωθότος γίγνεσθαι とするどく對立している。そこに τέχνη と ἐμπειρία とのいま一つの差異が語られている。それは上記 464C に言われた兩者の認識の仕方の差異，すなわち γιγνώσκειν と αἰσθάνεσθαι (στοχάζεσθαι) の差異に，還元して考えることができるかもしれない。
C 5 *συγκατατίθεσαι ἡμῖν……τὴν αὐτὴν δόξαν*] 再び投票のことになぞらえて言われている。*cf. supra* 500A σύμψηφος. ただ ψῆφον の代りに δόξαν の語が用いられている。しかしこの συγκατατίθεσθαι という語が *acc.* をとることはめずらしく (普通は θέσθαι ψῆφον となる)，それは *dat.* だけを伴うか，ὅτι の clause をとるか，それとも absolute に使われるのが普通なので，Thompson は τὴν αὐτὴν δόξαν を行間の書きこみが本文に紛れこんだものとみて，これを削除することを提案している。
D 4 *μηδὲν σκοπούμενον*] BTP 寫本は μηδέ であり，Hermann (‘*ne considerantem quidem*’), Ast (‘*ohne im mindesten auf das Beste zu sehen*’), Lodge (‘*without*’), Nestle はそれに從うが，その他の校本はすべて F 寫本の μηδέν を讀んでいる。譯文はこれに從った。*cf.* 464D1 τοῦ μὲν βελτίστου οὐδὲν φροντίζει.

E 1 *τὴν αὐλητικήν*]　以下，群をなして集っている人々（の心）を相手にして，ことの善悪は無視しながら，ひたすら喜ばせること（快樂）だけを目的にしているものの例が，次ぎ次ぎにあげられ，最後に辯論術もまたそのようなものの一つであることが明らかにされるわけであるが，まずその例として第一に，笛吹きの術があげられている。ところでこの笛吹きの術は，音樂のなかでも Platon によって特に輕蔑されていたものである。彼は笛作り人や笛吹き人を彼の理想國から追放した（*Rep.* 399C—D. *Οὐκ ἄρα, ἦν δ' ἐγώ, πολυχορδίας γε οὐδὲ παναρμονίου ἡμῖν δεήσει ἐν ταῖς ᾠδαῖς τε καὶ μέλεσιν.——Οὔ μοι, ἔφη, φαίνεται.……Τί δέ; αὐλοποιοὺς ἢ αὐλητὰς παραδέξῃ εἰς τὴν πόλιν; ἢ οὐ τοῦτο πολυχορδότατον, καὶ αὐτὰ τὰ παναρμόνια αὐλοῦ τυγχάνει ὄντα μίμημα;——Δῆλα δή, ἦ δ' ὅς.*）。つまりその理由は，笛の出す調子は千變萬化であって，それを聽く人々の性格をありとあらゆる望ましくないものに仕上げるからだ，ということにあるようである。それは特に笛の音が，Dionysos や Cybele の狂亂的な祭りにおいて見られたように，人々の心を興奮と激情に驅り立てたからであろう。とにかく Aristoteles (*Polit.* VIII. 6. 1341a—b) も，そのような理由 (a21—22 *οὐκ ἔστιν ὁ αὐλὸς ἠθικὸν ἀλλὰ μᾶλλον ὀργιαστικόν*) をも一つに數えて，青年教育の手段としては，笛の吹奏を學ぶことはよくないことだとしている。また Plut. *Alcib.* 2 にも同じように，Alcibiades が笛を自由人の教育にはふさわしくないものとして，その稽古を肯んじなかったことが語られている。その箇所では，笛を吹くときの顏つきの醜さや，また吹いていたのでは物も言えないというようなことが，非難の理由にされているが，これは Aristoteles が，先に引用した箇所で語っていることでもある。その他非難の理由は何であったにもせよ，とにかく笛吹きの術が，當時の教養ある階級の人たちにはあまり評判のよくなかったものであることは，確かなようである。それはむしろ宴會の座興を受持つ，ある種の女たちの仕事にふさわしいものだったのである。なお Platon は，*Phileb.* 55E—56A においても，音樂，そのなかでも *αὐλητική* を，嚴密な意味での *τέχνη* から區別して，それは *ἐμπειρία* や *τριβή* によって練磨される，感覺や當て推量の力（*ἡ στοχαστικῆς δύναμις*）を用いるものの代表として，一番先にあげている。
E 5 *ἡ κιθαριστικὴ ἡ ἐν τοῖς ἀγῶσιν*]　*ἡ ἐν τοῖς ἀγῶσιν* の限定がここでは重要である。なぜなら *ἡ κιθαριστική* そのものには，Platon の見解では，道德的な効果が認められているからである。*Rep.* 399D には，前の註で引用した文につづいて，こう述べられている。*λύρα δή σοι……καὶ κιθάρα λείπεται [καὶ] κατὰ πόλιν χρήσιμα.* *cf.* Schol. *αὐλητικὴν μὲν πᾶσαν ἐκβάλλει τῶν ὀρθῶν πολιτειῶν, κιθαριστικὴν δὲ οὐ πᾶσαν, ἀλλὰ τὴν ἐν τοῖς ἀγῶσι μόνην· οἶδεν γὰρ ἄλλην, ἣν σώζειν τὰς πολιτείας νενόμικεν.* アテナイで青年教育の手段に，笛の稽古は否定されても，

キタラやリュラなどの稽古は重んじられていたことについては (*cf. Leg.* 812B—E), アテナイ市の守護神である *Ἀθῆνα* 女神が笛を投げ捨てた話や，また，この笛を拾い，それを吹いては大へん天狗になっていた *Μαρσύας* が，キタラの演奏に秀でた *Ἀπόλλων* に技競べを挑んで負けた物語が，いま引用された *Rep.* 399E にも，また Arist. *Polit.*, Plut. *Alcib.* (前註引用箇所) にも一様に語られているのは興味ぶかい。
E 8 *τί δὲ ἡ τῶν χορῶν διδασκαλία καὶ ἡ τῶν διθυράμβων ποίησις;*] この文章については，*τί δέ; ἡ τῶν χορῶν……ποίησις οὐ τοιαύτη τίς σοι καταφαίνεται;* という風に語句を切って讀む人もかなりある [Bekker (*τί δαί;*), Hermann, Nestle, Lodge, Croiset]。そのように讀むと，*τί δέ;* は，たんに話を先へつづけるためだけの言葉になるが，しかしここでは *τί* を *ἡ τῶν χορῶν……ποίησις* の述語にして，「……はどうか」の意味にとる方がよいと思う。——*ἡ τῶν χορῶν διδασκαλία* とは，合唱隊に歌と踊りの稽古をつけること，大ディオニュシア祭やパンアテナイア祭などに上演するために。それはその歌を作った詩人の役目であった。そしてそのときに歌われた合唱隊歌の一種が *διθύραμβος* なのである。これはもともとは Dionysos 神をたたえた歌であったらしいが (*cf.* Archilochos, *fr.* 77), これに文學としての形式をあたえて，一定の合唱隊による一定の題目を扱うものとしたのは，紀元前 600 年頃コリントスを中心として活動した，レスボス島のメテュムネー出身の Arion であったと傳えられている (Herod. I. 23 *Ἀρίονα τὸν Μηθυμναῖον…… διθύραμβον πρῶτον ἀνθρώπων τῶν ἡμεῖς ἴδμεν ποιήσαντά τε καὶ ὀνομάσαντα καὶ διδάξαντα ἐν Κορίνθῳ*)。やがてそれは，ヘルミオネー出身の Lasos によってコリントスからアテナイへ導入され，その競演は Dionysos 神の祭禮の一大行事となることになった。以後 Simonides, Pindaros, Bacchylides などの偉大な詩人たちがこれに參加して，勝利を争うことになってからは，それは非常に盛え，またその題材も必ずしも Dionysos 神とは關係がなくなったのであるが，しかし次に名前をあげられている Cinesias などの登場後では，その詩の性格はいちじるしく變化して，特に音樂的要素が多くなり，形式の面でも前の時代のものとはすっかり變ってしまったと言われている (A.W. Pickard-Cambridge, *Dithyramb Trag. and Comed.* pp. 5—82, *Oxf. Class. Dic.* s.v. Dithyramb, 高津春繁『ギリシアの詩』pp. 154—5などを參照)。
E 10 *Κινησίαν τὸν Μέλητος*] テバイ (?) 出身の有名なディテュランボス詩人で，前 5 世紀末に活躍した。彼はそれまでのディテュランボス詩に新風を吹きこんだが，彼の詩は空想的で，はなやかな語句や，豐富な比喩や，煽情的な音樂を伴ったものであったから，古い傳統をもつその詩の品位を傷つけたものとして，當時の喜劇作家，殊に Aristophanes によってしばしば揶揄されている (*cf.* Schol. ad Aristoph. *Ran.* 153 *Ἦν Θηβαῖος, μελοποιὸς κάκιστος, ὃς ἐν τοῖς χοροῖς ἐχρῆτο*

πολλῇ κινήσει)。特に *Aves* 1372 以下においては，新奇な樂想を雲の中から求める人間として，Cinesias 自身を舞臺に登場させている。*Nub.* 333 の *κυκλίων τε χορῶν ᾀσματοκάμπτας* の語句も彼のことを指しているものと解されている。Aristophanes の言及によると，彼は哀れなほどに瘦せていて (*φιλύρινον Κινησίαν*, *Aves* 1377)，素行も悪く (*Eccles.* 330)，不信心な (*Ran.* 336) 人間であったらしい。*Lysist.* 838 以下に登場している彼も，男性の中の一番下等な代表としてであるように思われる。
502A 4 *τί δὲ ὁ πατὴρ αὐτοῦ Μέλης;*]　*τί δέ; ὁ πατὴρ αὐτοῦ Μέλης ἢ πρὸς τὸ βέλτιστον……;* (Hermann, Lodge, Nestle, Croiset) の讀み方は採らない。Cinesias の父 Meles については詳細不明。*cf.* Pherecrates (*fr.* 6 Kock) *Φέρ' ἴδω, κιθαρῳδὸς τίς κάκιστος ἐγένετο; Ὁ Πεισίου Μέλης* (Thompson, Nestle 引用)。
B 1 *τί δὲ δὴ ἡ σεμνὴ αὕτη……, ἐφ' ᾧ ἐσπούδακεν; πότερόν ἐστιν αὐτῆς τὸ ἐπιχείρημα καὶ ἡ σπουδή, ὡς σοὶ δοκεῖ, κτλ.*]　前の場合と同じように，Hermann, Schanz, Croiset は *τί δὲ δή;* で切る。そして Hermann は，次の *αὐτῆς τὸ ἐπιχείρημα καὶ ἡ σπουδή* を削り，*ἐφ' ᾧ* の先行詞が *πότερόν ἐστιν* の主語になるようにつづける。これに反して Schanz, Croiset は，Cobet に從って *ἐφ' ᾧ ἐσπούδακεν* を削り，*ἡ σεμνὴ αὕτη……ποίησις* を *πότερόν ἐστιν* の主語になるようにする。なおまた次の *ὡς σοὶ* (TWF, *ὥς σοι* B) *δοκεῖ* を *ὥς μοι δοκεῖ* と讀む。前の文章と並行させて考えれば (*infra* D 10—E 3 も參照)，Heindorf, Stallbaum, Nestle の言うように，*ἐφ' ᾧ ἐσπούδακεν;* のあとに，*τοῦτο τί ποτ' ἐστί;* を補って理解するのがよいように思われるが，しかしここの構文は，Ast, Lodge の言うように，*τί δὲ δὴ τοῦτο ἐστιν* (s. *ἐστιν ἐκεῖνο*)，*ἐφ' ᾧ ἐσπούδακεν ἡ σεμνὴ αὕτη……ποίησις;* (=*τί δὲ δὴ σπουδάζει ἡ σεμνὴ……ποίησις;*) と考える方が簡單だと思う。なお *ὡς σοὶ δοκεῖ* の挿入句は，別に抵抗をあたえるものでない (Ficinus は譯していないが)。それは *πότερόν ἐστιν* にかかる。なぜもっと簡單に *πότερον δοκεῖ σοι εἶναι αὐτῆς τὸ ἐπιχείρημα κτλ.* と Platon は書かなかったのかという點については，Heindorf の說明 ('quum non ponat Socrates, Callicli ita videri, sed, an ita ei videatur, ex ipso quaerat') が正しいであろう。もし Schanz や Croiset に從って，*ὥς μοι δοκεῖ* とすれば，それは *χαρίζεσθαι τοῖς θεαταῖς μόνον* にかかることになるであろうが，しかしここで特にそうしなければならぬ必要はない。なお *σεμνή* の語は悲劇の形容詞としてしばしば用いられるが，ここでは多少皮肉の氣持がこめられている。
B 5 *εἰ δέ……ἀηδὲς καὶ ὠφέλιμον, τοῦτο δὲ κτλ.*]　これと對立する前の文の *ἡδὺ μὲν……πονηρὸν δέ* と比較すれば，*ἀηδές* と *ὠφέλιμον* がここで *καί* で

結ばれているのはいくらか奇妙に思われるだろう。しかしここではこの二つの觀念の差異が問題なのではなく，むしろこれら二つのことが結合して同一の事柄の中に共在していることが强調されているのであろう。なお *τοῦτο δέ* と，*δέ* が apodosis にも用いられているのは，本來は不要であるが，このように二重にくりかえされることによって，對立の効果は一層强く出る (Denniston, p. 183—5)。*cf. Apol.* 38A, *Phaedo* 78C. なお *τυγχάνει* に *ὄν* が省略される例は 512D 4 にもある。

C 5 { (1) *περιέλοιτο* (BTPF²)： 一般の讀み方
(2) *περιέλοι* (F Aristides et Schol.)： Burnet, Lamb, Dodds

(1) のように *med.* の形をとるとしても，ここでは *act.* とあまり變らない意味で用いられている。*cf.* Xen. *Cyrop.* VIII. 1. 47 *τὸ περιέλεσθαι αὐτῶν τὰ ὅπλα* (Ast 引用)。しかし *Soph.* 264E 3, *Polit.* 281D 3, 288E 1 などでは，いずれも (2) のように *act.* の形が用いられている。
τό τε μέλος καὶ τὸν ῥυθμὸν καὶ τὸ μέτρον]　*μέλος* とは，ここではいわゆる「節(フシ)」,「旋律」,「メロディ」のこと。この語の代りに *ἁρμονία* を用いてもよかったであろう (*cf. Leg.* 665A *τῇ δὲ αὖ τῆς φωνῆς* (sc. *τάξει*), *τοῦ τε ὀξέος ἅμα καὶ βαρέος συγκεραννυμένων, ἁρμονία ὄνομα προσαγορεύοιτο, Symp.* 187B *οὐ γὰρ δήπου ἐκ διαφερομένων γε ἔτι τοῦ ὀξέος καὶ βαρέος ἁρμονία ἂν εἴη*)。しかし時には *μέλος* は「歌曲」の總稱であることもある (*cf. Rep.* 398D *τὸ μέλος ἐκ τριῶν ἐστιν συγκείμενον, λόγου τε καὶ ἁρμονίας καὶ ῥυθμοῦ*)。*ῥυθμός* とは，いわゆる「リズム」のこと。「律動」という風に譯されることもある (*cf. Leg.* ib. *τῇ δὴ τῆς κινήσεως τάξει ῥυθμὸς ὄνομα εἴη, Symp.* ib. *καὶ ὁ ῥυθμὸς ἐκ τοῦ ταχέος καὶ βραδέος……γέγονε*)。*μέτρον* は，*ῥυθμός* の基礎にあり，それを生み出すもの。つまり，音節には長 (—) 短 (◡) があり (その場合長音節は短音節の二倍と計算される)，それら長短の音節の一定の配列 (たとえば dactylos は |—◡◡|, spondeios は |——|, iambos は |◡—|, trochaios は |—◡| のごとき) を單位 (*μέτρον*) として (それらの單位は *ποῦς* とも呼ばれる。前二者の場合では 1 *ποῦς*＝1 *μέτρον* であるが，後者の iambos, trochaios の場合では，その「脚」があまり短いため，2 *ποῦς* で 1 *μέτρον* となる)，詩は作られている。從って，それが規則的に繰り返されることによって，*ῥυθμός* (リズム) が生れるわけである。近代の詩に見られるような强弱のアクセントによる韻は，古代ギリシアの詩には何の關係もない。なお，*Rep.* 601A, *Leg.* 669D, Arist. *Poet.* 1. 1447b 24—27, 6. 1449b 24—29 をも參照せよ。

D 2 *ῥητορικὴ δημηγορία*]　主語は前の文の *ἡ ποιητική*. *δημηγορία* の意味については 482C の註を參照。*ῥητορική* という形容詞は——次の *ῥητορεύειν* とい

う動詞によって一層明確に言われることになるが——それはわれわれに特に Euripides の作品を想い出させるであろう。
D 6 *οἷον παίδων τε ὁμοῦ καὶ γυναικῶν κτλ.*] この語句から見ると，ギリシア(アテナイ)では，悲劇は女子供にも，また奴隷にも制限なく観ることが許されていたようである。なおこの點については，*Leg.* 658D *τραγῳδίαν δὲ* (sc. *τὸν ἐπιδεικνύντα*) *αἵ τε πεπαιδευμέναι τῶν γυναικῶν καὶ τὰ νέα μειράκια καὶ σχεδὸν ἴσως τὸ πλῆθος πάντων* (sc. *κρινοῦσιν*), 817C *ἐπιτρέψειν ὑμῖν δημηγορεῖν* (sc. *τοὺς ὑποκριτὰς*) *πρὸς παῖδάς τε καὶ γυναῖκας καὶ τὸν πάντα ὄχλον* の記述もその證據になるであろう。しかし喜劇の方は，その卑猥な性格もあって，通常，婦人は観ることを許されていなかったようである (*cf.* Aristoph. *Pax* 50)。また年のゆかない少年たちにも同じように禁ぜられていたように見える (*cf. Leg.* 658D)。
E 1 *τοὺς τῶν ἐλευθέρων ἀνδρῶν*] *cf.* Schol. *τοῦτό φησι πρὸς ἀντιδιαστολὴν τῶν ἐν τοῖς θεάτροις ὄχλων, διὰ μὲν τῶν ἐλευθέρων τοὺς δούλους περιελών, διὰ δὲ τῶν ἀνδρῶν παῖδάς τε καὶ γυναῖκας.*
E 5 *ἢ καὶ οὗτοι πρὸς τὸ χαρίζεσθαι κτλ.*] 同じように Isocrates, VIII (*de Pace*). 5 にもこう言われている。*καὶ γάρ τοι πεποιήκατε τοὺς ῥήτορας μελετᾶν καὶ φιλοσοφεῖν οὐ τὰ μέλλοντα τῇ πόλει συνοίσειν, ἀλλ' ὅπως ἀρέσκοντας ὑμῖν λόγους ἐροῦσιν* (Heindorf, Lodge, Nestle 引用)。*cf.* Demosth. *Ol.* III. 3 *πρὸς χάριν δημηγορεῖν.*
503B 2 *τί οὐχὶ……ἔφρασας*] *τί οὐ* で始まるところの，待ちきれなくて答をせきたてる疑問文には，普通 *aor.* の動詞が用いられる。このときの *aor.* は時間的な意味よりも，むしろ aspect (modus) の意味が中心となっている。われわれの國語でも「どうして打明けてくれなかったのか，(早く言ってくれよ)」という云い方をする。つまり *τί οὐχὶ……ἔφρασας=φράσον ὅτι τάχιστα——οὐχ ἂν φθάνοις φράζων* (Thompson)。*cf. infra* 509E, *Phaedo* 86D *τί οὐκ ἀπεκρίνατο* ; *Menex.* 236C *τί οὖν οὐ διῆλθες* ; *Prot.* 310A *τί οὖν οὐ διηγήσω* ;
B 7 *αἰτίαν ἔχουσιν*] もとは「非難を受ける」とか「責任がある」の意味だったが，そういう悪い意味はだんだん消えて行って，たんに *λέγεσθαι* ということの遠廻しの云い方になる。*cf. Theaet.* 169A, *Rep.* 435E, *Alcib.* I. 119A. *αἰτιᾶσθαι* も同じような意味で用いられることがある (*cf. Rep.* 599E)。しかしもとの悪い意味をそのまま保っている例もある (*cf. Apol.* 38C)。
C 1 *οὐκ ἀκούεις*] *ἀκούεις* は現在形であるが，現在完了の意味で使われている。「聞いて知っている」の意味。*ἥκω, μανθάνω* などにも同じことが云える。
C 2 *Περικλέα τουτονὶ τὸν νεωστὶ τετελευτηκότα*] この語句が，この對話

の行われたと想定される年代を推定させる一つの根據となっている。この箇所だけから推測すれば，この對話は Pericles の死後間もなく行われたことになる。つまり 429 B.C. 以後數年の間と考えなければならない。ところが先の Polos との問答 (470D) では，明瞭に，この對話は Archelaos がマケドニアを支配している時期——それは少くとも 414 B.C. 以降のことである——に行われたことになっている。だからこれら兩者の記述だけをとり上げてみても，その間にはどう見ても 10 年以上の食違いがあると言わなければならない。Athenaeus (*Deipnosoph.* V. p. 217) はこれを Platon の anachronism としてはげしく攻撃した。しかし Casaubon (Tom. III. p. 235 *ed.* Schweigh) は Athenaeus のこの記事に註釋して，そのヂレンマをさけるために，νεωστί は今を起點として「最近」と考えるべきではなく，ここであげられている他の三人と比較すれば (respectu superiorum)，彼の死は比較的に新しいという意味に解することで，この anachronism を辯護しようとした。Heindorf, Stallbaum, Ast, Lodge などはこの Casaubon 説を採ろうとしている (optime ibi ita defendit Casaubonus, ‘non hoc velle Platonem, heri aut nudius tertius desiise illum vivere vel recentem ἁπλῶς esse illius excessum, sed respectu superiorum recentem esse, quando post omnes illos intervallo satis longo mori ei contigerit. Voces illas, nuper, νεωστὶ, modo brevius, modo longius tempus designare’ Heind.)。しかし Thompson も言うように，この二つの年代はかなりはっきりと示されているし (*cf.* 473E)，また Platon にはほかにも anachronism の例がないわけではないから，このようにしてここの場合を取りつくろうことが，正しいかどうかは疑問であろう。むしろ Athenaeus の，ὅτι πολλὰ ὁ Πλάτων παρὰ τοὺς χρόνους ἁμαρτάνει という批評が正しいのではないかと思われる。「序說」(第一章) を參照。——οὗ καὶ σὺ ἀκήκοας については，455E5 を見よ。

C6 εἰ δὲ μὴ τοῦτο, ἀλλ' ὅπερ……ὁμολογεῖν——ὅτι……(D1) μή] このあとに ἀρετὴ ἀληθής ἐστιν を補って理解すればよいだろう。もう少し丁寧に考えれば，εἰ δὲ μὴ τοῦτο (＝τὸ τὰς ἐπιθυμίας ἀποπιμπλάναι) のあとに上の文から ἀρετὴ ἀληθής ἐστιν を補い，さらにまた ὅπερ……ὁμολογεῖν のあとにも同じように ἀρετὴ ἀληθής ἐστιν を補うことになる。ところが ὁμολογεῖν の語が使われたために，そのあとには本來なら τὸ……ἀποπιμπλάναι に對應する不定法の句が來るところを，その代りに ὅτι を伴う節がつづいて，anacoluthon になっているわけである。この點についてはなお，Heindorf, Stallbaum の言うように，εἰ δὲ μὴ τοῦτο (sc. ἀληθές ἐστιν)，ἀλλ' ὅπερ……ὁμολογεῖν ὅτι (sc. ἀρετὴ ἀληθής ἐστιν) αἳ μὲν… βελτίω ποιοῦσι……，ταύτας μὲν ἀποτελεῖν, αἳ δὲ χείρω, μή (sc. ἀποτελεῖν, τοῦτο ἀληθές ἐστιν) と考えてもよかろう。——ἐν τῷ ὑστέρῳ λόγῳ は 499E にかかる。

503D 1—D 2

D 1 τοῦτο δὲ
- (1) τέχνη τις εἶναι (BTPF): Bekk. (τούτου δὲ Y), Herm., Stallb., Thomp., Schanz, Lodge
- (2) τέχνη τις εἴη ἄν (Heindorf)
- (3) τέχνη τις εἴη (Burnet): Nestle, Lamb, Croiset
- (4) τέχνης εἶναι (Ast)
- (5) τέχνη τις εἶναι 〈ἔδοξεν ἡμῖν——ἆρ' ἔχεις φάναι〉 (Dodds)

寫本のままに (1) で讀めば εἶναι の不定法をどこにかけるか，また εἶναι なら τέχνην τινα と *acc.* にすべきではないか，というような疑問が生れるだろう。(1) で讀もうとする論者，例えば Stallbaum はこれを anacoluthon と解し，前の文にある ἠναγκάσθημεν ἡμεῖς ὁμολογεῖν の語句から，この文の前にも ὡμολογεῖτο ἡμῖν の語句があるかのように讀んで片づけている [‘hoc autem (τὸ τὰς μὲν τῶν ἐπιθυμιῶν ἀποτελεῖν, τὰς δὲ οὔ) esse quandam artem’]。Ast も大體同じように考えるが，「そうすることが技術である」というよりも，「そうすることは技術のなすことである」という方がよいとして，(4) のように τέχνης εἶναι の讀み方を提案している。これに對して Heindorf は，ここを anacoluthon として片づけることを拒み，εἶναι は ἐστί であるか，または τέχνην τινὰ εἶναι であるか，どちらかでなければならないから，もし ἐφάνη とか ὡμολόγηται のような語が text から脱落したのでなかったとすれば，むしろ (2) のように εἶναι を εἴη ἄν と書きかえて讀むべきであると主張する (以上までの案では，いずれも前の文章を，μή のあとにコロンをおいて一度切っている)。しかし Burnet は，おそらく Thompson の暗示 (‘But if any alteration were needed, I should prefer changing εἶναι for the oblique εἴη’) にもとづいて，間接話法の *opt.* と考え (その場合それは ἠναγκάσθημεν ἡμεῖς ὁμολογεῖν ὅτι につづくことになるから，上のように μή のあとで文章を切らず，コンマだけでつづけることになる)，(3) のような τέχνη τις εἴη を提案している。これが一番適切な校訂のように思われるので，これに従う。(5) の Dodds の提案は，498A 8 の場合と同じく，大膽すぎるので，直ちには採用しがたい。——なおここに言われていることは *supra* 500A への言及である。
D 2 τοιοῦτον ἄνδρα τούτων τινὰ κτλ.] 以下，この箇所の問答については，言葉の割りふりに二通りの解釋が行われている。一般には BT (?) 寫本に従って，次の如くなっている。ΣΩ.……τοιοῦτον ἄνδρα τούτων τινὰ γεγονέναι 〈ἔχεις εἰπεῖν (Par² F²Y)〉; (Dodds は上述の如く，ἆρ' ἔχεις φάναι の語を前に補う。) *ΚΑΛ. Οὐκ* ἔχω ἔγωγε πῶς εἴπω. ΣΩ. Ἀλλ' ἐὰν ζητῇς καλῶς, εὑρήσεις· ἴδωμεν δὴ κτλ. これに對して Burnet, Lamb は F 寫本に従って (Burnet が W 寫本とするは誤り。W

はBTと同じ), 次の如く讀んでいる。*ΣΩ.*……*τοιοῦτον ἄνδρα τούτων τινὰ γεγονέναι οὐκ ἔχω ἔγωγε πῶς εἴπω. ΚΑΛ. Ἀλλ' ἐὰν ζητῇς καλῶς, εὑρήσεις. ΣΩ. Ἴδωμεν δὴ κτλ.* (ただし Burnet は *γεγονέναι* を削る)。前後の文脈や, 問答全體の調子などから見て, 後者の讀み方がいいと思われるので, それに從った。*ἐὰν ζητῇς καλῶς, εὑρήσεις* を Callicles の言葉にする不自然さは, これを皮肉として理解することで解消されると思う。
D 5 *οὑτωσὶ ἀτρέμα*] 「その言葉どおりに, ゆっくり腰を落ちつけて」の意。
E 1 *ὥσπερ καὶ οἱ ἄλλοι*……*βλέποντες πρὸς τὸ αὑτῶν ἔργον ἕκαστος οὐκ εἰκῇ ἐκλεγόμενος προσφέρει ἃ προσφέρει πρὸς τὸ ἔργον τὸ αὑτοῦ*] Burnet は Sauppe に從い, *βλέποντες* と *πρὸς τὸ ἔργον τὸ αὑτῶν* (B: *αὑτοῦ*, Par²) を削り, また *προσφέρει ἃ προσφέρει* (Y) を, 有力寫本どおりにたんに *προσφέρει* とだけ讀む。Croiset, Dodds は最後の *πρὸς τὸ ἔργον τὸ αὑτῶν* だけを削る。他の校本はみな上記のとおりに讀んでいる。Sauppe, Burnet が *βλέποντες* を削るのは, 前の文と比較したときに, そこには *οὐκ εἰκῇ ἐρεῖ* とだけ言われているから, ここも *οὐκ εἰκῇ* (*ἐκλεγόμενος*) *προσφέρει* でいいし, 前の文の *ἀποβλέπων πρός τι* (*ἐρεῖ*) は, ここでは *ὅπως ἂν εἶδός τι αὐτῷ σχῇ* で受けられている, という理由によるのだろうか。そのとき *πρὸς τὸ αὑτῶν* (*ἑαυτοῦ*, Wilam.) *ἔργον* は *προσφέρει* にかかるから, 從って後の *πρὸς τὸ ἔργον τὸ αὑτῶν* (*αὑτοῦ*, Par²) は不要となるわけである。また Croiset, Dodds はその句だけを餘分 (前の同じ語に對する行間の variant) と見て削っている。しかしそれらのどれ一つをも削らないでこのままに讀んでも, 多少くどい感じはするが, 構文には何も無理はないと思う。なお, *οἱ ἄλλοι πάντες*……*ἕκαστος*……*προσφέρει* と, *pl.* のあとに同格の *sing.* が來る例は *Rep.* 346D などにも見られる。
E 4 *οἷον εἰ βούλει ἰδεῖν κτλ.*] 普通は '*veluti si vis considerare* etc.' (Stallb.) というように譯されており, そしてこのような會話體の文章では, その apodosis は別に補わなくても心の中で充分に了解されると言われているが, しかしここでは *εἰ βούλει* を公式どおりの慣用句と考え, *ἰδεῖν* の不定法は命令の意味にとってみるのも一案かと思われる。
504A 2 *οὓς νυνδὴ ἐλέγομεν*] *cf.* 500E—501A, また 464B.

C 2
(1) *ὥσπερ ἐκεῖνο τὸ ὄνομα* (codd.) : Ast, Hermann, Stallb., Lamb
(2) *ὥσπερ ἐκείνῳ τὸ ὄνομα* (Heindorf) : Bekk., Thomp., Schanz, Lodge, Croiset, Dodds
(3) *ὥσπερ ἐκεῖ τὸ ὄνομα* (Burnet)

Heindorf は *καλεῖν τινι ὄνομά τι* というのが慣用の云い方だから (*cf. Cratyl.*

385D) という理由で，寫本にある ἐκεῖνο を *dat.* の ἐκείνῳ に訂正した。Burnet は ὥσπερ ἐκεῖ と切って，「前の場合（身體）と同じく」という意味で場所の *adv.* の ἐκεῖ に讀もうとする。しかしこれらの訂正の試みに對して，Stallbaum は寫本のままでよしとし，そこを ὥσπερ εὗρες καὶ εἶπες καὶ ἐκεῖνο τὸ ὄνομα とパラフレーズしている。Ast も訂正の必要を認めないで，次のように説明している。すなわち，ἐκεῖνο は τὸ ἐν τῷ σώματι ἐκ τῆς τάξεώς τε καὶ τοῦ κόσμου γιγνόμενον にかかる。そしてそれがいま τὸ ἐν τῇ ψυχῇ ἐγγιγνόμενον に對立されている。ところでその事柄自體が名前の代りにあげられているのだから，ἐκεῖνο とは ἐκείνου τὸ ὄνομα の意味である。つまり彼はこう考えるのである。πειρῶ εὑρεῖν καὶ εἰπεῖν τούτου τὸ ὄνομα, ὥσπερ ἐκείνου τὸ ὄνομα εἶπες. 寫本を守ればこのような解釋になるだろう。

C 7
(1) ἐμοὶ γάρ (FΠ[1])：一般の讀み方
(2) ἔμοιγε (TWF[2])：Heind., Bekk., Ast, Stallb., Croiset
(3) ἔμοιγε γάρ (B)

(1) がよいと思う。γάρ は前の文の説明として文章の連絡にほしいもの。γέ という制限は特に必要であるとは思われない。

D 2 νόμιμόν τε καὶ νόμος]　sc. ὄνομα εἶναι. この二つの語は，しばしば一緒に用いられて，そこに含まれる意味を充分に表現するのに役立てられている。*cf.* *Crito* 53C ἡ ἀρετὴ καὶ ἡ δικαιοσύνη πλείστου ἄξιον τοῖς ἀνθρώποις καὶ τὰ νόμιμα καὶ οἱ νόμοι. しかしここで νόμος の語が加えられているのには特別な意圖があるのかもしれない。Callicles は先にそれを不當にないがしろにしていたのだから。——次の ταῦτα は τὸ νόμιμον εἶναι καὶ κόσμιον のこと。以上の論證によって Callicles が特別に輕蔑していた δικαιοσύνη と σωφροσύνη の重要性が再認識されざるをえないことになる。

D 5 οὐκοῦν πρὸς ταῦτα βλέπων ὁ ῥήτωρ ἐκεῖνος]　先に名前があげられたアテナイの過去の偉大な ῥήτωρ (πολιτικός) たちを批評する前に，彼らがもしその道の專門家といえるなら，先ず一般にその他の專門家たちはそれぞれの領域において一體どのようにしているものかを調べて，それとの比較の上で，眞正の ῥήτωρ のとるべき態度をここで結論しようとする。そこで πρὸς ταῦτα βλέπων とか προσοίσει とか，上記 503E で使われた言葉が用いられている。また ὁ ἀγαθός の語は 503D 6 に，ὁ τεχνικός の語は 500A 6 (*cf.* 503D 1) に出ている。なお ῥήτωρ と他の專門家との比較は，すでに Gorgias との對話においても (455B) ある程度なされたことであった。

D 7 καὶ δῶρον……δώσει,……ἀφαιρήσεται]　δῶρον としては，例えば θεωρικόν, δικαστικόν, στρατιωτικόν, βουλευτικόν などの公務手當 (*cf. infra* 515E) が思い出されるかもしれない。また ἀφαιρεῖσθαι の對象となるものとしては εἰσφορά,

λητουργία などを考えてよいかもしれない。Polos が誇張的に主張した，死刑，財産沒收，國外追放などまでは，ここでは含まれていないように思われる (Lodge)。πρὸς τοῦτο ἀεὶ τὸν νοῦν ἔχων, ὅπως ἂν κτλ. は πρὸς ταῦτα βλέπων をもう一度説明したものであるが，Socrates (Platon) の考えている眞正の政治家の果すべき任務が，ここにはっきりと語られている (*cf. infra* 507D)。

E 8
(1) ἔσθ' ὅτι (codd.)： Ast, Bekk. (ただし text は (2) になっている), Burnet, Nestle, Lamb, Dodds
(2) ἔσθ' ὅτε (Cornarius)： Heind., Herm., Stallb., Thomp., Lodge, Croiset.

もし Ast の説明で正しければ，つまり ἔσθ' ὅτι は '*est qua,* h.e. *aliqua ratione, irgend wie, in irgend einer Rücksicht*' の意味であり，それは前の μή と結びついて '*nulla plane ratione*' の義となるのであれば，すなわち，「何らかの點で……であるということはない。＝どんなにしても……ではない。決して……ではない」の意味になるのであれば，寫本どおりに (1) でよいだろう (*cf. Theaet.* 209B αὕτη…ἡ διάνοια ἔσθ' ὅτι μᾶλλον ποιήσει με Θεαίτητον ἢ Θεόδωρον διανοεῖσθαι, Aristoph. *Nub.* 1290 τὴν θάλατταν ἔσθ' ὅτι πλείονα νυνὶ νομίζεις ἢ πρὸ τοῦ;)。他方，(2) の Cornarius の訂正した ἔσθ' ὅτε (＝*interdum, sometimes, now and then*) は，しばしば用いられる慣用句であり，μή を伴えば，意味の上では前者と大差はないようだけれども，しかしこの箇所では，適切でないように思われる。
——次の πλέον ἢ τοὐναντίον κατά γε τὸν δίκαιον λόγον καὶ ἔλλατον については，註釋家によって τοὐναντίον の意味のとり方，したがってそれにもとづく句讀點のおき方により，異った解釋がなされているが，それらは大體二通りに分類されるようである。つまりその一つは，τοὐναντίον を名詞と考え，それを '*abstinentia* (＝ἐὰν μὴ δοθῇ)' の意味にとれば，ἤ は πλέον にかかって比較を示す語となり，したがって τοὐναντίον のあとにコンマをおいて考えることになる (Schleierm., Heind., Bekker, Ast, Stallb., Cope, Thompson, Schanz, Lamb)。直譯，「あるいはその他ほかのどんなものでも——もしそれが與えられることによって，その反對の與えられない場合よりも，何らかの點でより多く身體の役に立つというのでなければ，いやむしろ，少くとも正當に評價してみれば，與えられない場合よりも役に立つことはより少いのかもしれないが，もしそんなものであるとすれば——そのようなものを云々」。καὶ ἔλαττον の καί は，Stallbaum の言うように，ὀλίγον καὶ οὐδέν (*cf. Apol.* 23A) などに見られるような所謂 Steigerung の καί にとる (「いやむしろ」の意味)。そう考えれば，Cornarius, Heindorf が κατά γε……λόγον の前に ἤ を挿入したのは不要となろう。ἔλαττον の後にも ἢ τοὐναντίον を補って考える。

ところで，これに對してもう一つの解釋は，τοὐναντίον を副詞にとり，それを後の καὶ ἔλαττον にかけて，ἤ は「あるいは」の意味の選擇の語と解する。この場合多くの人が πλέον の後をコンマで切っている (Lodge, Nestle, Croiset, Dodds)。直譯，「もしそれが身體にとって何らかの點でより多く役に立つものでないとすれば，あるいは反對に，少くとも正しく評價してみれば，役に立つことは實際はより少いのかもしれないが，もしもそのようなものであれば云々」。καὶ ἔλαττον の καί は ἔλλατοι を强めると考える。「さえ」の意。譯文では後者を選んでおいた。後者の方が前者よりも多少スムーズに行くように見えるからである。この點については Lodge (Appendix, pp. 290—91) の註釋を參照せよ。
505B 11 *ἡ ἀκολασία, ὥσπερ σὺ νυνδὴ ᾤου*] *ἀκολασία* の語は *κολάζεσθαι* の反對を示すために使われている。それらの語のつながりに注意せよ。Socrates が心においているのは 491E 以下の Callicles の言葉であろう。*cf.* 491E *δεῖ*……*τὰς ἐπιθυμίας*……*μὴ κολάζειν*, 492D *τὰς μὲν ἐπιθυμίας φῂς οὐ κολαστέον*.——以上によって Callicles は，先の Polos の場合 (476E, 477E, 478E) と同じ論證によって反駁されたことになる。
C 3 *οὗτος ἀνὴρ κτλ.*] *supra* 489B で Callicles が Socrates に向って使っていたのと同じこの言葉——それは腹立たしさを伴う輕蔑を表わす——が，ここで Socrates によってしっぺい返しされている。467B 1 の註を參照。次の *καὶ αὐτὸς τοῦτο πάσχων κτλ.* は *ὠφελούμενος* の補足的説明である。Croiset は *καὶ αὐτὸ* (Par², Coisl.) *τοῦτο κτλ.* と讀んでいるが，それでもよいかもしれない。*cf. Phaedo* 73B.
C 6 *Γοργίου χάριν*] *cf.* 497B, 501C.
C 8 *καταλύομεν*] Schanz, Croiset は Stephanus に從って，前の *ποιήσομεν* に時稱を合わせて，*καταλύσομεν* と *fut.* に讀んでいるが，それはよくないだろう。その理由は次の Stallbaum の説明で正しいと思う。'Futurum……usurpatur, quando quid futurum sit quaeritur.……Diversum usum habet praesens tempus, quo de eo quaeritur, quod iam nunc fit, ut h.l.. Quum igitur in eo sit Callicles, ut disputationem abrumpat ac finiat, facile apparet, cur dicatur *καταλύομεν*, neque *καταλύσομεν*.'
C 9 *αὐτὸς γνώσῃ*] 答を拒否するときに使われる言葉。「それは君で決めたらいいだろう，ぼくは知らないさ」の意。Schol. *ἀντὶ τοῦ εἴ τι θέλεις, ποίει· ἐμοὶ γὰρ οὐ μέλει. cf. Phileb.* 12A *ἐμοὶ μὲν πάντως νικᾶν ἡδονὴ δοκεῖ καὶ δόξει, σὺ δέ, Πρώταρχε, αὐτὸς γνώσῃ.*
D 1 *ἐπιθέντας κεφαλήν*] '*μῦθος ἀκέφαλος*' とは諺的な云い方になっていた。もとは宗教的な感情をもって言われていたのであろう。神についての *μῦθος* を

終りまで述べないで中途で止めるのは，その神の怒りを招くであろうというような氣持で。すぐ前の *θέμις* の語にはそのようなニュアンスが感じられると思う（この *θέμις* の語は Ast の反對もあるが不變詞と考えておく）。*cf. Leg.* 752A *οὔκουν δήπου λέγων γε ἂν μῦθον ἀκέφαλον ἑκὼν καταλίποιμι. Phaedr.* 264C *δεῖν πάντα λόγον ὥσπερ ζῷον συνεστάναι σῶμά τι ἔχοντα αὐτὸν αὑτοῦ, ὥστε μήτε ἀκέφαλον εἶναι μήτε ἄπουν κτλ. Phileb.* 66D *οὐδὲν λοιπὸν πλὴν ὥσπερ κεφαλὴν ἀποδοῦναι τοῖς εἰρημένοις. Tim.* 69B *καὶ τελευτὴν ἤδη κεφαλήν τε τῷ μύθῳ πειρώμεθα ἁρμόττουσαν ἐπιθεῖναι τοῖς πρόσθεν. Polit.* 227B—C, *Euthyd.* 301D.
D 4 *ὡς βίαιος εἶ,……ἐὰν δὲ ἐμοὶ πείθῃ*]　*βίαιος* と *πείθεσθαι* の對置に注意せよ。*cf.* Gorg. *Hel.* 6 *ἢ βίᾳ ἁρπασθεῖσα ἢ λόγοις πεισθεῖσα, Rep.* 304D, *Apol.* 35D, *Phileb.* 58D. ここで *βίαιος* とは Socrates のしつこい論理に對して言われている。それに反して Callicles が「自分の言うことの方は納得してくれるなら (*πείθῃ*)」というときは，理論はとにかくとして，實際の現實を見てそれに從ってくれるなら，という感じである。
D 6 *τίς οὖν ἄλλος ἐθέλει;*]　Callicles がそれ以上は問答の相手となることを拒否したので，Socrates はその場に居合せた聽衆に呼びかけて，誰か話の相手になってくれる人はいないかと，訊ねるわけである。
D 7 (1) *καταλίπωμεν* (W)：一般の讀み方
(2) *καταλείπωμεν* (BTF²)：Heind., Lodge, Nestle, Croiset.
aspect の差であるが，(2) を採用する。
D 8 *αὐτὸς δὲ κτλ.*]　*αὐτός* は先の *ἄλλῳ τῳ διαλεγόμενος* に對立する。Callicles は先に，自分は答えることを拒否しておいて，もはやこの話をやめるか，それともだれか他の人とでも話してみたらどうか (*ἄλλῳ τῳ διαλέξῃ*) と言っていたのであるが，しかし今はそれも否定して，Socrates に自分一人でその話をつづけることはできないものかと詰めよるのである。ところでその要求を充たすには二つの方法が考えられる。一つは 464B—466A で見られたように，一人で連續的に話すか (*ἢ λέγων κατὰ σαυτόν*)，それとも次に (506C—507C) 試みられるように，自問自答の形の對話法をとるか (*ἢ λέγων ἀποκρινόμενος σαυτῷ*) である。
E 1 *τὸ τοῦ Ἐπιχάρμου*]　ここに引用された詩句は，Athenaeus (*Deipnosoph.* VII. 16. 308C=*fr.* 253 Kaibel) によると次の如きものであったと思われる。彼もまたそれを次のように引用しているからである——*ἐγὼ δὲ κατὰ τὸν σοφὸν Ἐπίχαρμον, μηδὲν ἀποκριναμένου τοῦ κυνός,*
τὰ πρὸ τοῦ δύ' ἄνδρες ἔλεγον
εἷς ἐγὼν ἀποχρέω.

ἀποχρέω は Attica 語では ἀποχράω となるところだろう。Platon はそれを平易に言い代えて ἱκανὸς γίγνομαι としている。(なお文中の κύων は文字通りの犬のことではなくて，キュニコス派の Cynulcus という人のことだろうと Thompson は言っている)。そしてこの箇所に註釋を加えた Casaubon によると，この詩句は諺のように使われていたということである。ここに引用されている理由はむろん言うまでもないだろう。
E 2 ἀτὰρ……εἶναι οὕτως. εἰ μέντοι ποιήσομεν,] ほとんどすべての校本がこう讀んでいるが，これなら οὕτως のあとに ποιεῖν を補って譯すことになろう (Cornarius)。しかし Heindorf も言うように，次に ποιήσομεν が來ているから，εἶναι οὕτως よりもむしろ εἶναι τοῦτο (h.e. ἐμὲ ἕνα ὄντα κατ' ἐμαυτὸν λέγειν). εἰ μέντοι οὕτω ποιήσομεν とする方がはっきりするかもしれない。Stallbaum は，……εἶναι. οὕτως εἰ μέντοι ποιήσομεν と，οὕτως をあとの文にかけている*。
506A 2 μὴ τὰ ὄντα……ὁμολογεῖν ἐμαυτῷ] μή は τὰ ὄντα にかかる。「事實に反して」と副詞的に讀んでも，または「事實でないことを，實際にはありもせぬことを」と名詞に讀んでも，どちらでもよいと思う。ὁμολογεῖν ἐμαυτῷ と言われているのは，むろん Socrates はこの後で，問い手と答え手の兩方の役を一人で果すことになり，そうすれば自分で自分自身に同意することになるからである。そしてこのように，何を主張するにしても首尾一貫性が大切であることについては，Gorgias に對しては 457E, 461A で，Callicles に對しては 482B ですでに指摘されていたことである。ἀντιλαμβάνεσθαι の語については，*Rep.* 336B ὁ Θρασύμαχος……διαλεγομένων ἡμῶν μεταξὺ ὥρμα ἀντιλαμβάνεσθαι τοῦ λόγου を參照。また，次の οὐδὲ γάρ τοι ἔγωγε εἰδὼς λέγω ἃ λέγω に見られる Socrates の態度については 458A を參照。なお Dodds は，εἰδώς のあとに πάνυ τι (F) を補う。
A 8 ἀλλ' ἐμοὶ μὲν οὐ δοκεῖ, κτλ.] Gorgias の仲介者としての役割については，497B 4 及びその註を見よ。なおこれによって，これまで論じられてきたことが要約される機會をあたえられ，次の議論に進むのに必要な理解が提供されることになる。οὐ……πω と πώ と否定詞がこのように離れている例はめずらしいが，*Meno* 72D οὐ μέντοι ὥς βούλομαί γέ πω κατέχω τὸ ἐρωτώμενον, ib. 83E などに類例が見られる。なお βούλομαι γὰρ……ἀκοῦσαί σου αὐτοῦ διιόντος κτλ. の言葉から見ると，Gorgias も Callicles の言い分を認めて，Socrates が一人で (αὐτοῦ) 議論をつづけることを希望しているようである。
B 5 ἕως αὐτῷ τὴν τοῦ Ἀμφίονος ἀπέδωκα ῥῆσιν] *cf.* 485E, Schol. τὸν ὑπὲρ φιλοσοφίας λόγον βουληθῆναι ἄν φησιν ἀποδοῦναι Καλλικλεῖ, ὥσπερ ὁ Ἀμφίων τῷ Ζήθῳ τὸν ὑπὲρ μουσικῆς παρὰ τῷ Εὐριπίδῃ.

C 2 *εὐεργέτης……ἀναγεγράφῃ*] ギリシアでは，誰か市民あるいは外國人に對して，就中，他國の政治家や君主に對して，彼らがなしてくれた恩惠や功績に感謝しながら，特に *εὐεργέτης*（恩人）という名をその人に冠して，その名譽をたたえる布告を石の上に刻み，保存する慣わしがあった。*cf.* Herod. VIII. 85 *Φύλακος δὲ εὐεργέτης βασιλέος ἀνεγράφη*. Thuc. I. 129 (*ὧδε λέγει βασιλεὺς Ξέρξης Παυσανίᾳ*) *κείσεταί σοι εὐεργεσία ἐν τῷ ἡμετέρῳ οἴκῳ ἐς αἰεὶ ἀνάγραπτος* (Nestle 引用)。この *εὐεργέτην τινα ἀναγράφειν* という云い方は，いま引用されたあとの例からも分るように，諺のようにもなっていた。ここで Socrates がいくらか皮肉をこめて Callicles を *μέγιστος εὐεργέτης* と呼ぶのは，458A にも見られるように，人生いかに生くべきかというような重要問題について，Callicles から自分の間違った考えを反駁してもらい，その誤りから解放されることは，人間にとって最大の善であると考えているからであろう。
C 5 *ἄκουε δὴ ἐξ ἀρχῆς κτλ.*] 以下，Callicles の要求に應じて，Socrates は一人で自問自答の形で議論をすすめることになる。*ἐξ ἀρχῆς* は Callicles との對話の始めからではなく，話の重心が倫理的な問題（快と善とは同じものか否か）に移ってからの，494C あたりからのことをさすものと思われる。*cf.* Schol. *οὐ τοῦ διαλόγου φησί· τοῦ δὲ τελικοῦ αἰτίου τῶν ἠθικῶν ἀρχῶν.*
D 1 *παραγενομένου……, παρόντος*] このように言葉が使い分けられるのは，後期作品の *Philebus* でなら，*ἡδύ* と *ἀγαθόν* との性質上の差（*γένεσις* と *οὐσία*, *cf. Phileb.* 53C *ἆρα περὶ ἡδονῆς οὐκ ἀκηκόαμεν ὡς ἀεὶ γένεσίς ἐστιν, οὐσία δὲ οὐκ ἔστι τὸ παράπαν ἡδονῆς*; ib. 54C *οὐκοῦν ἡδονή γε, εἴπερ γένεσίς ἐστιν, ἕνεκά τινος οὐσίας ἐξ ἀνάγκης γίγνοιτ' ἄν.——τό γε μὴν οὗ ἕνεκα τὸ ἕνεκά του γιγνόμενον ἀεὶ γίγνοιτ' ἄν, ἐν τῇ τοῦ ἀγαθοῦ μοίρᾳ ἐκεῖνό ἐστι*) にもとづく意識的なものと考えられるが，しかしここの場合では，次に *ἀρετῆς τινος παραγενομένης* (D 3) とも言われているので，そのような區別が意識されているとは思えない。なおここの箇所からも分るように，*ἀρετή* とはたんに人間のもつ卓越性（德）を示すにとどまらず，何であるにせよ，およそよいものをよいものたらしめている，その所以のものである (*cf. Rep.* 335B, 353B sqq.)。つまりここでは形容詞 *ἀγαθός* の抽象名詞化されたものが *ἀρετή* であると考えていいだろう。*cf. Rep.* 601D.

D 6
(1) *οὐ τῷ εἰκῇ κάλλιστα* (BTP Iamblichus): Herm., Stallb., Lodge, Burnet, Nestle, Lamb
(2) *οὐχ οὕτως* (*οὕτω* F) *εἰκῇ κάλλιστα* (FY): Heind., Bekk., Ast, Thomp., Dodds
(3) *οὔτοι* (Vind. phil. gr. 109) *εἰκῇ* [*κάλλιστα*] (secl. Coraes):

Sauppe, Schanz, Croiset
(1) を採る。ただこの場合 τῷ εἰκῇ と *adv.* に冠詞がついているのが異様に見えるが，*Phileb.* 28D τὴν τοῦ ἀλόγου καὶ εἰκῇ δύναμιν, *Tim.* 34C μετέχοντες τοῦ προστυχόντος τε καὶ εἰκῇ などにもその例が見られるので差支えないと思う*。しかしそれを不自然と見て，(2) のように οὕτως c. *adv.* の慣用的な表現 (*cf.* 503D οὑτωσὶ ἀτρέμα, *Alcib.* II. 143C οὕτως εἰκῇ φέροντας) にするか，もしくは (3) のように οὗτοι に讀む案もある。なお Schanz, Croiset は Coraes, Hirschig に従って κάλλιστα を省いているが，しかしこの語がつけ加えられているのは，τάξει καὶ ὀρθότητι καὶ τέχνῃ 以外の仕方でも ἀρετή は具わることがあるが，その場合には κάλλιστα ではないと考えられるからであろう。その ὀρθότητι と τέχνῃ とは，次の文からも分るように，τάξει の意味を充分にするための補足であると考えられる。だからそれらは τάξει にかかる形容詞のように譯してよいかもしれない (‘*durch richtige und sachverständige* (*wissenschaftliche, cf.* 500A) *Ordnung*’—Nestle)。
507C 2 ἀγαθὸν ἄνδρα εἶναι τελέως] 以上言われたように，その人は所謂「基徳」(cardinal virtues) と呼ばれている節制，正義，勇氣，敬神の四つの徳を全部備えることになるから，その意味で「完全に善い人である」ということになるのである (*cf. Rep.* 427E οἶμαι ἡμῖν τὴν πόλιν, εἴπερ ὀρθῶς γε ᾤκισται, τελέως ἀγαθὴν εἶναι.——δῆλον δὴ ὅτι σοφή τ' ἐστὶ καὶ ἀνδρεία καὶ σώφρων καὶ δικαία)。ただここでは σοφία が缺けているように見えるのはどうしてだろうか (*supra* 477B にはそれも含まれているのに)。σώφρων ということの中に σοφία の觀念は含まれているのか (σώφρων の反對は ἄφρων τε καὶ ἀκόλαστος (A 7) と言われているから，それならば σώφρων=ἔμφρων (σοφός) τε καὶ κόλαστος となるのか)。それとも Socrates のテーゼの如く，すべての悪行は ἀμαθία にもとづくとすれば，反對に美徳，善行にはすべて σοφία が前提となっているのか。——なお以上見られたように，この箇所では σωφροσύνη が中心となって，その他の徳はそれから派生されている。ところが周知のように，*Rep.* では δικαιοσύνη が諸徳の根元になっている。それでは兩者の關係は如何に考えるべきか。一つには *Gorg.* と *Rep.* との主題の差異から考えることもできよう。ある意味においては兩者とも，人間の ψυχή の中における τάξις と κόσμος であるという點では共通だと言えるからである。しかしこの點については，「西洋古典學研究」IV 所收の拙稿 ‘τὰ αὑτοῦ πράττειν’ を參照されたい。
B 2 περὶ δὲ θεοὺς ὅσια] *cf. Euthyphr.* 12E εὐσεβές τε καὶ ὅσιον, τὸ περὶ τὴν τῶν θεῶν θεραπείαν.
B 8 καρτερεῖν] *cf. Lach.* 192D ἡ φρόνιμος ἄρα καρτερία……ἀνδρεία ἂν εἴη.
C 4 τὸν δ' εὖ πράττοντα μακάριόν τε καὶ εὐδαίμονα εἶναι] εὖ πράττειν

は一般には εὐδαίμονα εἶναι と同義に用いられているが，それではここの推論は成立たなくなり，たんなる同語反覆にすぎなくなる。しかしここは言葉の上だけの詭辯ではなく，εὖ πράττειν ἃ ἂν πράττῃ が μακάριον εἶναι の必然的な前提であり，後者は前者の自然的な歸結であると考えなければならない。「立派な正しい行爲をする人が幸福である」という，この一見單純素朴な命題が，ある意味ではこの對話篇の結論であり，そしてそれがまた Socrates (Platon) の哲學の核心であったといってよいだろう。*Charm*. 172A ὀρθότητος δὲ ἡγουμένης, ἐν πάσῃ πράξει καλῶς καὶ εὖ πράττειν ἀναγκαῖον τοὺς οὕτω διακειμένους, τοὺς δὲ εὖ πράττοντας εὐδαίμονας εἶναι. *Alcib*. I. 116B ὅστις καλῶς πράττει, οὐχὶ καὶ εὖ πράττει; …οἱ δ᾽ εὖ πράττονες οὐκ εὐδαίμονες; *Rep*. 353E などを參照。
C 6 ὃν σὺ ἐπῄνεις]　特に 491E—492C を見よ。
C 8 ταῦτα οὕτω τίθεμαι καὶ φημι ταῦτα κτλ.]　ταῦτα がくりかえされているのは，それが特に强調されていることを示す。*cf*. Xen. *Cyrop*. VIII. 3. 48 τούτων οὕτω ῥηθέντων ταῦτα συνέθεντο καὶ ταῦτα ἐποίουν. *Meno* 78D (Stallb., Ast 引用)。
D 2 ὡς ἔχει ποδῶν]　「足の許すかぎり，できるだけ速く」の意。この句の起源は Herod. VI. 116 Ἀθηναῖοι δὲ ὡς ποδῶν εἶχον τάχιστα ἐβοήθεον ἐς τὸ ἄστυ (Heindorf 引用), Thuc. II. 90. 4 などに見られると言う (Nestle, Lodge)。
D 3 παρασκευαστέον]　τέον を語尾とする動狀詞 (verbals) は，たんに *act*. の動詞からだけでなく，*med*. の動詞からも作られる (Stallb., Ast)。ここも *med*. の παρασκευάζεσθαι δεῖ の意味にとる。そうとれば Stobaeus, Heindorf の如く ἑαυτόν を補う必要はなくなるだろう。
D 4 ἢ ἰδιώτης ἢ πόλις]　ἰδιώτης (個人) と πόλις とが對置されている例は，*Rep*. 501A, 536A, *Alcib*. I. 134E, ib. II. 150A などしばしば見られる。πόλις が懲らされる必要のある場合については，480B πατρίδος ἀδικούσης を見よ。
D 7 πάντα εἰς τοῦτο……συντείνοντα……, ὅπως……, οὕτω πράττειν] 上の σκοπός という語が，弓をひいて的を狙うといったイメージをもつ συντείνω の語を用いさせたものか。この συντείνειν τι εἴς τι という云い方は，*Rep*. 591C οὐκοῦν ὅ γε νοῦν ἔχων πάντα τὰ αὑτοῦ εἰς τοῦτο συντείνας βιώσεται; *Leg*. 903C などにも見出される。τοῦτο の內容は次の ὅπως の關係文で說明される。次の οὕτω はそれまで分詞構文で言われていたことの內容を一語にまとめて要約したもの (*cf*. *Phaedo* 67E, *Phaedr*. 253B, *Leg*. 803C, *Menex*. 244D)。πράττειν には前の δεῖ ζῆν と同じく δεῖ を補ってみれば分りやすいだろう。次の οὐκ ἐπιθυμίας……ζῶντα の分詞節は前に言われたことを裏側からたしかめる Platon 常套の文體であ

る。そしてそれら全體が *σκοπός* の内容を説明していると考えられる。
E 3 *ἀνήνυτον κακόν*]　前の分詞節全體と同格の挿入句となっている (=*ὅπερ ἐστὶν ἀνήνυτον κακόν*, Heind.)。'malum, quod non potest perfici et ad exitum perduci, h.e. nullo unquam tempore sanabile' (Stallb.). *cf*. *Leg*. 714A *ψυχὴν ἔχουσα ἡδονῶν καὶ ἐπιθυμιῶν ὀρεγομένην καὶ πληροῦσθαι τούτων δεομένην, στέγουσαν δὲ οὐδὲν ἀλλ' ἀνηνύτῳ καὶ ἀπλήστῳ κακῷ νοσήματι συνεχομένην κτλ*. (Ast 引用)。内容については 493D 6 以下の *βίος τοῦ ἀκολάστου* の記述を參照。しかしさらに，493B で言われたような，*ἀμύητοι* はハデスの國で篩でもって水を永遠に運ばされているという，あの刑罰のことも連想されているかもしれない。また意味内容はちがうけれども，よく知られている Penelope の仕事 (*Od*. II. 96 sqq.) も *ἀνήνυτον ἔργον* と言われている (*cf*. *Phaedo* 84A, *Rep*. 531A, *Soph*. 264B, *Leg*. 735B)。——なお次の *ληστοῦ βίον* には，先に Socrates の道德が「奴隷道德」だときめつけられた (483B) のに對して，それなら Callicles の生活は「盗人の生活」だというしっぺい返しがあるように感じられる (Nestle)。
E 6 *οἱ σοφοί*]　*cf*. 493A 及びその箇所の註。Schol. *σοφοὺς ἐνταῦθα τοὺς Πυθαγορείους φησί, καὶ διαφερόντως τὸν Ἐμπεδοκλέα, φάσκοντα τὴν φιλίαν ἑνοῦν τὸν σφαῖρον, ἑνοποιὸν εἶναι*. 次に言われているところの，この萬有 (宇宙全體) を *κόσμος* と名づけたのは (*τὸ ὅλον τοῦτο……κόσμον καλοῦσιν*), Pythagoras が最初であったと傳えられている (*cf*. Diog. L. VIII. 48, Aetius II. 1. 1=Diels, 14. 21)。そしてそのピュタゴラス學派と密接な關係にあった Empedocles が，萬有の結合と分離の原因を「愛，親和」(*Φιλότης, Ἀφροδίτη, Φιλίη*) と「争い」(*Νεῖκος*) に求めたことは周知のとおりである (*cf*. *fr*. 17, 35, Diels)。そして Gorgias はその Empedocles の弟子であったと言われ，Callicles はまたその Gorgias から學んでいるはずなのである。——なお言うまでもなく，*οὐρανὸν……ἀνθρώπους* は客語で，主語は *τὴν κοινωνίαν……δικαιότητα* である。*δικαιοσύνη* の代りに，*δικαιότης* という語が特にここで用いられているのはどういう理由からであろうか。*κοσμιότης, ἰσότης* などに語呂を合わせたものか。しかし *Prot*. 331B, Xen. *Anab*. II. 6. 26, *Cyrop*. VIII. 8. 7 にもその語は見える。
508A 6 *ἡ ἰσότης ἡ γεωμετρική*]　Schol. *τουτέστιν ἡ δικαιοσύνη. ταύτην δὲ τὴν γεωμετρικὴν ἀναλογίαν Διὸς κρίσιν ἐν Νόμοις ἐκάλεσεν, ὡς δι' αὐτῆς τῶν πάντων κεκριμένων τε καὶ ὡρισμένων*. 正義が平等 (*τὸ ἴσον ἔχειν*) であると信じられていることはすでに何度も言われた (483C, 489A)。ところでその平等には二種類あることが *Leg*. 757B—C に詳しく述べられている。すなわち，その一つはいわゆる「算術的平等」であり，つまりそれは「目盛りや重さや數による平等 (*τὴν*

μέτρῳ ἴσην καὶ σταθμῷ καὶ ἀριθμῷ)」であって，そしてどんな國でも，またどんな立法家でも，官職を授與する際，その割當てにあたっては，籤でもってこれを決めるなら，その平等を十分に實現することができるから，その故にまたこの平等は，「籤の平等 (τὸ τοῦ κλήρου ἴσον)」とも呼ばれている。これに反してもう一つの平等は，いわゆる「幾何學的平等」であり，そしてこれの方が「一番眞實で，一番すぐれた平等 (τὴν δὲ ἀληθεστάτην καὶ ἀρίστην ἰσότητα)」なのであるが，それは「より大きなものにはより多くを，より小さなものにはより少くを，それらのものの本性に應じて，それぞれに適度なものを與えながら，分配すること (τῷ μὲν γὰρ μείζονι πλείω, τῷ δ' ἐλάττονι σμικρότερα νέμει, μέτρια διδοῦσα πρὸς τὴν αὐτῶν φύσιν ἑκατέρῳ)」なのである。そして特に官職・榮譽 (τιμή) は，人々の ἀρετή に應じて，比例的に (κατὰ λόγον) 分ち與えられるのがこの意味の眞實の平等であって，これがまさに τὸ πολιτικὸν δίκαιον だと言われている。よく知られている Aristoteles (*Eth. Nic.* V) の正義(＝平等)の二種類の區別，τὸ διανεμητικὸν δίκαιον (＝τὸ ἴσον κατὰ τὴν ἀναλογίαν i.e. κατὰ τὴν γεωμετρικήν) と τὸ διορθωτικὸν δίκαιον (＝τὸ ἴσον κατὰ τὴν ἀριθμητικήν) の分類も，以上のような Platon の考え方に淵源するものであると思われる (この點についても，「西洋古典學研究」IV 所載の拙稿 'τὰ αὑτοῦ πράττειν' ch. II, III を見られたい)。しかしながら，このような區別はたんに Platon や Aristoteles にだけ見られるのではなく，同時代の Isocrates によっても同じように言われていることが注意されねばならない。VII (*Areop.*)21 μέγιστον δ' αὐτοῖς συνεβάλετο πρὸς τὸ καλῶς οἰκεῖν τὴν πόλιν, ὅτι δυοῖν ἰσοτήτοιν νομιζομέναιν εἶναι, καὶ τῆς μὲν ταὐτὸν ἅπασιν ἀπονεμούσης, τῆς δὲ τὸ προσῆκον ἑκάστοις, οὐκ ἠγνόουν τὴν χρησιμωτέραν, κτλ. なお Plut. *Symp.* VIII. 719B ὁ Λυκοῦργος τὴν ἀριθμητικὴν ἀναλογίαν ὡς δημοκρατικὴν καὶ ὀχλικὴν οὖσαν ἐξέβαλεν ἐκ τῆς Λακεδαίμονος· ἐπεισήγαγε δὲ τὴν γεωμετρικήν, ὀλιγαρχίᾳ σώφρονι καὶ βασιλείᾳ νομίμῃ πρέπουσαν· ἡ μὲν γὰρ ἀριθμῷ τὸ ἴσον, ἡ δὲ λόγῳ κατ' ἀξίαν ἀπονέμει (*cf. Rep.* 558C)——以上 Thompson, Lodge, Nestle 引用——をも參照。
A 7 γεωμετρίας γὰρ ἀμελεῖς]　上述の ἡ γεωμετρική にかけて言われた皮肉であることは勿論だが，人はこの言葉によってアカデメイアの入口に掲げられてあったという，例の有名な 'μηδεὶς ἀγεωμέτρητος εἰσίτω μου τὴν στέγην' の語句を想い起すかもしれない。數學的な諸學問が哲學への豫備課程として Platon によって特に重用視されたことについては *Rep.* VI を見よ。これが Platon と當時の辯論家たち，特に Gorgias の弟子である Isocrates [*cf.* XV (*Antid.*) 261, 265, XII (*Panath.*) 26] との間に見られる教育観の根本的な差異である (Nestle)。

A8 ἐξελεγκτέος]　467A9 の註で言われた如く，「反駁して……ではないことを證明すべきである」の意。
B2 {
(1) κακίας δὲ οἱ ἄθλιοι (codd.) : Ast, Burnet
(2) κακίας δὲ ⟨ἄθλιοι⟩ οἱ ἄθλιοι (Bekker) : Stallb., Thompson
(3) κακίας δὲ οἱ ἄθλιοι ⟨ἄθλιοι⟩ (Heindorf) : 一般の讀み方
前の文章の εὐδαίμονες οἱ εὐδαίμονες にならって，(2)，(3) は ἄθλιοι を入れて讀んでいるが，Ast の言うように，ここでは前後の關係から文意は明瞭であるから，寫本どおりに省略してよいと思う。
B3 τὰ πρόσθεν ἐκεῖνα]　以下言及されている箇所を具體的に示せば，ἤρου εἰ σπουδάζων λέγοιμι は 481B に，λέγοντα ὅτι κτλ. は 480B—D に，また ἃ Πῶλον …ᾤου συγχωρεῖν は 482D に，その内容の τὸ εἶναι τὸ ἀδικεῖν κτλ. は 475E に言われている。さらにまた次の καὶ τὸν μέλλοντα ὀρθῶς ῥητορικὸν ἔσεσθαι …… δικαίων の點はすでに 460B—C で結論づけられており，それに關して ὃ αὖ Γοργίαν ἔφη Πῶλος……ὁμολογῆσαι というのは 461B にある。
C4 ἃ σὺ ἐμοὶ ὀνειδίζεις]　*cf.* 486A—C.
C8 εἰμὶ δὲ ἐπὶ τῷ βουλομένῳ ὥσπερ οἱ ἄτιμοι τοῦ ἐθέλοντος]　εἶναι ἐπί τινι とは「誰々の意のままになる，……の支配下にある」(*in alicuius potestate esse*, Stallb., Ast) の意。*cf. Rep.* 460A τὸ δὲ πλῆθος τῶν γάμων ἐπὶ τοῖς ἄρχουσι ποιήσομεν, Xen. *Anab.* I. 4. 4. 次の εἶναι τοῦ ἐθέλοντος も εἶναι ἐπὶ τῷ βουλομένῳ とほぼ同じ意味であると考えてよいだろう。ただしこれを重複とみて，ἐπὶ τῷ βυολομένῳ を削る者 (Morstadt, Schanz) や，あるいは τοῦ ἐθέλοντος を削る者 (Hirschig, Lodge) もあるが，その必要はないだろう。この點について Heindorf は *Leg.* 707E πότερον ἐξ ἁπάσης Κρήτης ὁ ἐθέλων, …; οὐ γάρ που τὸν βουλόμενόν γε Ἑλλήνων συνάγετε を例に引いている。
D1 {
(1) τὸ νεανικὸν δὴ τοῦτο τοῦ σοῦ λόγου (BTP) : 一般の讀み方
(2) τὸ νεανικὸν δὴ τοῦτο τὸ τοῦ σοῦ λόγου (F) : Heind., Burnet
Heindorf は *Apol.* 34D καὶ γὰρ τοῦτο αὐτὸ τὸ τοῦ Ὁμήρου の云い方にならって，τό が入るべきであると言っているが，この例は適切でないと思う。Ast も言うように，その場合では τοῦτο は後に來る同格の τὸ τοῦ Ὁμήρου にかかり，それによって說明されるものであるが，ここの場合では τοῦτο は前の τὸ νεανικόν にかかる指示代名詞で (δή はそのように相手の言葉を引用して皮肉な感じを出すときに用いられる。*cf.* 500C, 514E, 515D)，後の τὸ τοῦ σοῦ λόγου にかかって，それによって說明されるものではない。だから (1) のように τοῦ σοῦ λόγου (*in oratione tua*)で十分であり，τὸ τοῦ σοῦ λόγου と同格の句を並べて「それは君の言葉の中

にあったことだが」とわざわざ断って言う必要はないと思う。*τὸ νεανικὸν δὴ τοῦτο* とはむろん次の *ἐπὶ κόρρης* をさし，それは 486C の *εἴ τι καὶ ἀγροικότερον εἰρῆσθαι, ἔξεστιν ἐπὶ κόρρης τύπτοντα κτλ.* という Callicles の言葉に言及したもの。ここで *ἀγροικότερον* の代りに *νεανικόν* の語が用いられたのは，Callicles が特に好んでその語を用いたためか (*cf.* 486A, 482C)。その意味については 482C の註を見よ。しかし次の 509A 1 では再び *ἀγροικότερον* の語が用いられている。
D 3 *τὸ ἔσχατον*]　Stallbaum はこれを '*id quod extremum malorum est*' の意味に限定して，Findeisen 以來の '*tandem* (*at last, in the end*)' の譯に反對している。しかし *supra* 473C の *ἄλλας πολλὰς*……*λώβας*……*λωβηθεὶς*…*τὸ ἔσχατον ἀνασταυρωθῇ* の場合は，後者の意味であった。
E 6 *ἄνω ἐκεῖ ἐν τοῖς πρόσθεν λόγοις*]　この云い方は正確ではあるが，多少念の入りすぎた廻りくどい感じをあたえる。Hirschig, Thompson は *ἐν τοῖς πρόσθεν λόγοις* を行間の註釋と見ている。言及されている箇所は Polos に對する第一の反駁 (474C——475E, *cf.* 489A) であるように思われる。
E 7 *καὶ εἰ ἀγροικότερόν τι εἰπεῖν ἔστιν*]　この挿入句は，次に *σιδηροῖς καὶ ἀδαμαντίνοις λόγοις* という多少どぎつい表現が使われることになるので，それに對してあらかじめ断ったもの (*cf. Apol.* 32D)。それは鉄の鎖をつけられ，牢獄につながれるというイメージをあたえるものであるから (*cf.* 484A. そこでは法律や道徳は何かそのような束縛として考えられている) という解釋もあるが，そこまで考えることはないと思う。全體の意味は次の Ast の解釋で正しいだろう。'etiamsi dictio aliquanto durior est, tamen res sic se habet, ut supra disputata ferreis et adamantinis vincta sint rationibus.' なおこの句には，Callicles が前に言った同じような言葉 (486C *εἴ τι καὶ ἀγροικότερον εἰρῆσθαι*) に對するしっぺい返しの氣持があるだろう。ちょうど Polos が 461C で *ἀλλ' εἰς τὰ τοιαῦτα ἄγειν πολλὴ ἀγροικία ἐστὶν τοὺς λόγους* と言ったのに對して，Socrates は 462E で *μὴ ἀγροικότερον ᾖ κτλ.* と應酬したように。
509A 2 *ὡς γοῦν ἂν δόξειεν οὑτωσί*]　「とにかく，これまでのところでは，たしかにそう見えるのだから」の意。その命題はこれで完全に正しいのだとは言わないが，さらに他の反駁を受けて，それの誤りが指摘されるのでないかぎり，今までのところはとにかくそうなっているのだ，という感じである。
A 4 *ὁ αὐτὸς λόγος*]　この *λόγος* の内容は，次につづく二つの *ὅτι* の文章で示されているものと解する。最初の點については，506A にも *οὐδὲ γάρ τοι ἔγωγε εἰδὼς λέγω ἃ λέγω, ἀλλὰ ζητῶ* と言われている。Socrates の「無知の自覺」の態度がここにもはっきり示されている。*cf. Apol.* 21A 以下。しかしそれにもかかわ

らず，彼が人々との問答によって發見したものは，次の ὅτι μέντοι κτλ. に述べられていることなのであった。
B 6 ταύτην εἶναι τὴν αἰσχίστην βοήθειαν μὴ δύνασθαι βοηθεῖν]　ταύτην は上述の ἆρα οὐ ταύτην を受け，そしてこれが念頭にあったために，次もそれに同化して τὴν αἰσχίστην と言われたもの。ταύτην τὴν βοήθειαν μὴ δύνασθαι βοηθεῖν αἴσχιστον εἶναι と直して考えるか，あるいは同じことだが，τοῦτο εἶναι αἴσχιστον μὴ δύνασθαι βοηθεῖν ταύτην τὴν βοήθειαν としてみれば分りやすいだろう。次の δευτέραν, τρίτην についても同じ。ここで言われている最大の害惡，第二，第三の害惡とは，Schol. に言われているように，精神，身體，そして財產その他の外的なものについての惡が，その順序で考えられているのではなく，次の問答からも分るように，前の Polos との對話で明らかにされたような (*cf.* 479C—D)，不正を行って罰を受けぬのが最大の惡で，不正を行うことそのことだけなら第二の惡であり，そして第三の惡は不正を受けることである。
C 5 οὐκ ἄλλως]　Callicles は 505D での發言の後は，もはや問答に入らない決心をしていたのであるが，ここで無意識のうちに返事をしてしまい，以下再び議論の中に引きずりこまれてしまうのである。
D 2 πότερα δύναμιν ἢ βούλησιν;]　466B 以下 (特に D) における Polos との對話で述べられた，δύνασθαι と βούλεσθαι との關係は，ここでも多少考慮に入っているのかもしれないが，先の場合のように密接にむすびついているのではなく，むしろ反對概念に近いものとして用いられている。
D 4 ἀδικήσεται]　形は *med.* であるが，*pass.* の意味に用いられている。
E 1 ὡς,……ἀδικήσει]　この ὡς は理由 (γάρ) を表わすものとみるか(Heind., Stallb., Ast)，それとも結果 (=ὥστε, *ita ut*) を示す意味にとるか (Findeisen, Buttmann) で意見が分れている。前の文の οὐ γὰρ ἀδικήσει に對應する句であると考えれば，前者の解釋の方がよいと思われる。
E 2 τί οὐκ αὐτό γέ μοι τοῦτο ἀπεκρίνω…;]　この云い方については上記 503B 3 の註を見よ。αὐτό γε τοῦτο を Heindorf が '*hoc unum*' と譯しているのに對して，Stallbaum, Ast はそれをよくないとして，'*hoc ipsum,*' '*hoc maxime* s. *potissimum*' の意味にとることを强調している。しかし果してどうであろうか。
E 5 ἡνίκα ὡμολογήσαμεν μηδένα βουλόμενον ἀδικεῖν, κτλ.]　*cf.* 468B 以下。βουλόμενον の代りに，普通は次に見られる ἄκοντας の反對語である，ἑκόντα を用いるのが常であるが，βούλησις と δύναμις の對立をこわさないために，特にこの語が用いられているのであろう。Olymp. (Thomson 引用)，ἐνταῦθα ἀναφαίνεται Πλατωνικὸν δόγμα τὸ λέγον, ὅτι πάντα τὰ ἁμαρτήματα ἀκούσιά ἐστιν……καὶ

ἔστι παράδοξον (37. 2)——なおこの點については 468B 7 の註の引用例を見よ。
510A 4 (1) *ὅπως μὴ ἀδικήσωμεν* (codd.) : Stallb., Ast, Burnet, Nestle, Croiset, Dodds
(2) *ὅπως μὴ ἀδικήσομεν* (Heindorf) : Bekk., Herm., Thomp., Schanz, Lodge, Lamb
ὅπως c. *subj.* と *ὅπως* c. *ind. fut.* との差異については, *supra* 480A 3 の註においても見たように, それが目的文 (副詞節) であるときは, その副文章の動詞は普通 *subj.* であり, 「氣づかい, はからう」意味の動詞の客語 (名詞節) となるときは, その副文章の動詞は *ind. fut.* が普通である。もしこの慣用に従うなら, (1) の場合では *ὅπως μὴ ἀδικήσωμεν* は文頭の *ἐπὶ τοῦτο* にかかり, それを補足説明した句となるだろうし, (2) の場合ではそれは *παρασκευαστέον* の語にかかると考えるべきだろう。Thompson は後者の Heindorf の訂正を支持して, *ὁρᾶν, σκοπεῖν, παρασκευάζειν, μηχανεῖσθαι* のごとき動詞の後に *ὅπως* を伴う副文章が來るときは, その副文章の動詞は *ind. fut.* であって, *subj.* ではなく, *ὅπως* は '*quo modo*' の意味であると斷定しているが (*cf. infra* D *παρασκευάζειν ὅπως…ἔσται*, 513A *ὅρα……ὅπως μή…πεισόμεθα*), しかし必ずしもそうであるとはかぎらないだろう。その意味でも *subj.* をとることはありうると思われる (*cf.* 515B *ἄλλου του ἄρα ἐπιμελήσει……ἢ ὅπως ὅτι βέλτιστοι οἱ πολῖται ὦμεν*;)。ただここでは Stallbaum の言うように, *ind. fut.* と *aor.* との aspect の差にも注意し, また前後の文脈も考えて, 寫本どおりに (1) の方を選びたい。
A 10 *ἑταῖρον*] 党派的關係を示す語にとる。「一味徒党, 仲間, 一派」の意。*cf. Apol.* 21A *ὑμῶν τῷ πλήθει ἑταῖρος*.
A 11 *ὁρᾷς, κτλ.*] Callicles は問答の內容が自分に都合が惡くなってからは, *ἔστω* とか, *οὐκ οἶδα ὅτι* とか答えて, Socrates の言葉を, あるいはいやいやながらもしぶしぶ認めたり, あるいはぼくには分らないといってとぼけたり, または全く話し合いを拒否したりしていたのであるが, ここに來て, 平素の自分の考えと一致したことが言われたように思い, 急に生き生きとした表情で返答をすることになる。しかしそれはほんの束の間のことで, やがてまた彼の顔は曇りをおびてくる。
B 3 *ὅνπερ οἱ παλαιοί τε καὶ σοφοὶ λέγουσιν, ὁ ὅμοιος τῷ ὁμοίῳ*] この格言的な云い方はすでに Homeros に見られる (*Od.* XVII 218 *ὡς αἰεὶ τὸν ὁμοῖον ἄγει θεὸς ὡς τὸν ὁμοῖον*)。Platon は對話篇の中にしばしばこの言い方を利用している。*cf. Symp.* 195B *ὁ γὰρ παλαιὸς λόγος εὖ ἔχει, ὡς ὅμοιον ὁμοίῳ ἀεὶ πελάζει. Lys.* 214B *οὐκοῦν καὶ τοῖς τῶν σοφωτάτων συγγράμμασιν ἐντετύχηκας ταῦτα αὐτὰ λέγουσιν, ὅτι τὸ ὅμοιον τῷ ὁμοίῳ ἀνάγκη ἀεὶ φίλον εἶναι*; *Prot.* 337D *τὸ*

γὰρ ὅμοιον τῷ ὁμοίῳ φύσει συγγενές ἐστιν. その他類似のものは *Phaedr*. 240C, *Leg*. 773B などに見られる。なおここの文章は，正常な語順に直せば，次のようになるだろう。ὁ ὅμοιος τῷ ὁμοίῳ, ὅνπερ οἱ παλαιοί…λέγουσιν, δοκεῖ μοι ὡς οἷόν τε μάλιστα φίλος εἶναι ἕκαστος ἑκάστῳ.
B 9 φοβοῖτο δήπου ἂν αὐτὸν ὁ τύραννος καὶ τούτῳ κτλ.]　αὐτόν はむろん τις βελτίων であるが，καὶ τούτῳ 以下では，Routh, Heindorf, Stallbaum, Thompson の意見では，文章の主語がとつぜんに變り，つまり ὁ βελτίων が主語になって，τούτῳ は ὁ τύραννος をさすものと考えられている。その理由は次の Socrates の言葉 οὐδέ γε εἴ τις πολὺ φαυλότερος εἴη, οὐδ᾽ ἂν οὗτος において，その主語 οὗτος は ὁ φαυλότερος であり，その述語は上の文章から補って (οὐκ ἄν) ποτε δύναιτο φίλος γενέσθαι となるはずであるから，それと對應して考えれば，ここでも主語は ὁ βελτίων となるはずだというわけである。なるほどそのように主語と客語とがとつぜんに入れ代る例は多いけれども，しかしここの場合では，どうしてもそのように入れかえなければならぬ必然性はないと思う。つまり τούτῳ は αὐτόν と同じ人で，ὁ βελτίων を受け，その主語にはやはり ὁ τύραννος を考えていいのではないか (Cope, Lodge, Lamb, Croiset, Apelt の譯はみなそうしている)。それは Ast の言うように，φοβοῖτο δήπου ἂν αὐτὸν ὁ τύραννος καὶ (sc. ὁ τύραννος) τούτῳ…οὐκ ἄν ποτε δύναιτο φίλος γενέσθαι という文章と，次の καταφρονοῖ γὰρ ἂν αὐτοῦ ὁ τύραννος καὶ (sc. ὁ τύραννος) οὐκ ἄν ποτε ὡς πρὸς φίλον σπουδάσειεν という文章とは對應しているし，その間にはさまれた問題の οὐδέ γε εἴ τις…, οὐδ᾽ ἂν οὗτος (sc. ποτε δύναιτο φίλος γενέσθαι) にしても，φίλος の意味のとり方によって，上に言われた困難を脱することができると思われるからである。すなわち，獨裁者がすぐれた人と φίλος になることはできないと言われているし，また劣った人も獨裁者と φίλος になることはできないと言われているのであるが，その場合前者では φίλος は能動的な意味であり，後者では受動的な意味である (*cf*. C 7 φίλος τῷ τοιούτῳ sc. τυράννῳ) と考えればよいだろう。このように理解すれば，Lodge が Schanz に従って οὐδ᾽ ἂν οὗτος の οὗτος を οὕτως に代えて讀もうとする試みも必要ないことになるだろう。
C 9 οὗτος μέγα ἐν ταύτῃ τῇ πόλει……, τοῦτον οὐδεὶς χαίρων ἀδικήσει.] οὗτος……, τοῦτον と指示代名詞がくりかえされているのは，輕蔑の意がこめられているからである。ἐν ταύτῃ τῇ πόλει は，次の D 4 の場合も，*supra* B 7—8 の ἐν τῇ πόλει ὅπου τύραννός ἐστιν をさす (*cf*. 468E)。χαίρων という分詞は ἀδικήσει という動作の結果を示す。「平氣でおられる，罰せられないでいる (*impune*)」の意。このように χαίρων という分詞は，否定詞のあと，または否定の意味を表わす疑問

文の中に用いられると，いまのような意味となる。*cf.* Aristoph. *Ach.* 563, *Vesp.* 186, *Plut.* 64, Soph. *Oed. Tyr.* 363, *Antig.* 759 (Stallb. 引用)。
D 11 *τούτῳ*] 中性にとって，上述の *ὁδός* の意味に解し，*dat. instrumentalis* に譯しておいたが，男性にとって，上の *τις…τῶν νέων* にかけ，*dat. agens* に解釋することも可能であろう (Thompson, Cope, Lodge, Lamb, Croiset, Apelt はそう解釋している)。
E 1 *ὡς ὁ ὑμέτερος λόγος*] これは特に *μέγα δύνασθαι* にかかる。しかし Socrates の考えでは，それは *ἐλάχιστον δύνασθαι* にすぎないものであろう (*cf.* 466B sqq.)。
E 7 *ἐπὶ τὸ οἵῳ τε εἶναι…καὶ ἀδικοῦντα*] *οἵῳ* (これは前の *αὐτῷ* の格に同化している) から *ἀδικοῦντα* (BTP : *ἀδικοῦντι* F) への格の變化は 492 B にも類例が見られた。*ἐπεὶ ὅσοις ἐξ ἀρχῆς ὑπῆρξεν……ἢ αὐτοὺς τῇ φύσει ἱκανοὺς κτλ.*
511A 4 *οὐκ οἶδ' ὅπῃ στρέφεις……ἄνω καὶ κάτω*] Callicles は Socrates がたった今，自分の說に贊成してくれたと思って喜んでいたのに，たちまち議論をひっくり返して自分に不利な結論を引き出したので,「どういう風にしてそうなるのかは知らないが」という例のとぼけた返事をして，それに對する答を逃れようとする。*στρέφειν τοὺς λόγους ἄνω καὶ κάτω* というのは，Eristicoi の議論の運び方に對するきまり文句の非難である。*cf. Euthyd.* 276D.
A 6 *ἐὰν βούληται*] この言葉から推測すると，Socrates が前に (466 B 以下) Polos に對して *βούλεσθαι* と *δοκεῖν* の差異を詳しく說明したのを，Callicles は全く聞いていなかったのではないかと疑わせる。しかし Socrates はこの點について，もはや追求しようとはしない。——なお，この *ἢ οὐκ οἶσθα ὅτι* に始る文章を，Burnet, Dodds 以外はすべて疑問文に解して，文末に疑問符をおいている。
B 1 *καὶ σοῦ ἀκούων καὶ Πώλου ἄρτι πολλάκις*] *cf.* 486B—C, 466B—C. 次の *ἐν τῇ πόλει* はここではアテナイをさす。
B 6 *οὐκοῦν τοῦτο δὴ καὶ τὸ ἀγανακτητόν;*] ここの *δή* には，Thompson が正しく指摘したように，Stallbaum や Ast の言う皮肉 (irrisio) や悪意 (malitia) の氣持はなく，むしろ *τοῦτο* の純粋な强調であると思う。そして Denniston (p. 209, *cf.* p. 307) が言うように，この種の用法の *δή* には *καί* を伴うことがよくある。ここの場合で言えば，*τοῦτο δὴ καὶ τὸ ἀγανακτητόν*=*τοῦτο ἐστί ὃ δὴ καὶ τὸ ἀγανακτητόν* であると考えてよいだろう。「それこそまさに嘆かわしいことではないのか」の意。——なお Denniston (p. 432) は，ここの *οὐκοῦν* も，むしろ *οὔκουν* に直すことをすすめ，Dodds はこれを採る (たんなる肯定の答を期待する疑問文としてではなく，劇作品によく見られるような，emotional な疑問文であって，驚きと我

慢のならぬ氣持を生き生きと表現するものとして)。*supra* 459C 3 の註を參照。
C 8 *τι τοιοῦτον*]　Burnet, Dodds は F 寫本に從い *τι* を入れている。その他の校本はすべて BTP 寫本どおりに *τοιοῦτον* だけ。
D 1 *μείζω*]　これも Burnet だけが F 寫本に從いこう讀む。他はすべて BTP 寫本どおりに *μείζονα* とする。Attica の日常語では前者の方が普通用いられていたようである。
τὰς ψυχάς]　ここでは「生命」の意味。*cf.* Olymp. (38.5) *ψυχὰς νῦν καλεῖ τὰς ζωάς*. では次の *τὰ σώματα* の意味はどうなるのか。Thompson はこれを船客の家族である他の成員たち(つまり女子供たち)の身體のことをさしている ("This refers to the 'bodies' of other members of the passenger's family——*παῖδας καὶ γυναῖκας* named presently after") と推測しているが (Dodds も大體これに從う), しかし Lodge が言うように, *καὶ τὰ σώματα καὶ τὰ χρήματα* はいわゆる「家具, 家財」の一切 ('*goods and chattles*') をさすきまり文句と解釋するので差支えないと思われる。
D 3 *προσεσταλμένη*]　本來この語は, ぴったりと身に合っている着物 (*vestis appressa corpori*) とか, だぶだぶたるんでいるのではなく, ひきしまった皮膚や外皮など (*cf.* Galen. *προσστέλλεται τῷ χρωτὶ τὸ δέρμα*, Arist. *Hist. Anim.* 9 *θρὶξ προσεσταλμένη*) について用いられる形容詞であるが, それから轉じてここでは「控え目な, つつましい, 飾らない」などの義に用いられている。しかしその意味では *συνεσταλμένος* の方がもっと普通に用いられる。*cf.* Isoc. XII (*Panath.*) 230 *συνεσταλμένην ἔχων τὴν διάνοιαν, ὥσπερ χρὴ τοὺς εὖ φρονοῦντας* (Thompson).
D 6 *δύ' ὀβολούς*]　アイギナ島はアテナイの外港ペイライエウスから約 20 哩ほどの海上にある島だからでもあるが, この運賃は——それも旅客一人だけのものではなく, 家族も財産も含めての運賃なのであるが——非常に安いものであったように思われる。「註解」の說明を見よ。Thompson の引用しているものに從えば, Lucianos の時代(紀元後二世紀の頃)には, その運賃はかなり値上りして, 一人 4 オボロスになっていたということである (*cf. Navig.* 15 *ἐς Αἴγιναν ἐπὶ τὴν τῆς Ἐνοδίας τελετὴν……πάντες ἅμα οἱ φίλοι τεττάρων ἕκαστος ὀβολῶν διεπλεύσαμεν*)。もっとも貨幣價値の變動もあるから, 一概にそうとは斷定できないかもしれない。他方, エジプト, 黑海地方からアテナイまでの運賃も, いまの 6 倍の 2 ドラクメであったとすれば, 當時海上交通がいかに發達していたとはいえ, たしかに安いものであったと言わなければならないだろう。——*ἐπράξατο* は所謂 *aor. gnomicus* である。
E 2 *καὶ αὐτὸν καὶ παῖδας καὶ χρήματα καὶ γυναῖκας*]　このような場

合の *αὐτός* は他の家族員と對比して家の主人をさす。*cf. Rep.* 578E, *Leg.* 637E. なおここで婦人が一番あとにあげられていることについて，西洋の學者には納得のゆかないものがあるようであるが (Ficinus の譯では子供の次におかれている)，しかし當時のギリシアにおける婦人の地位からみて，別に不思議はないであろう。また複數形が使われているのは *παῖδας* に同化したものか，それとも (女奴隷も含めて)「女たち」とでもいう感じか。Schanz は Naber に從い *γυναῖκα* と *sing.* に讀む。
512A 1 *ἢ οἷοι ἐνέβησαν*]　Schanz, Lodge は BTP 寫本どおりに *ἢ οἵ* と讀んでいるが，他はみな YT^2 寫本に從って *ἢ οἷοι* と讀んでいる。後者の方が適切だろう。
A 2 *λογίζεται οὖν ὅτι οὐκ, κτλ.*]　この否定詞 *οὐκ* は以下の文章全體にかかるが，特に *εἰ δέ τις ἄρα κτλ.* (A 5) に始る第二の條件文の apodosis, *τούτῳ δὲ βιωτέον ἐστὶν καὶ τοῦτον ὀνήσει* にかかる。第一の條件文 *εἰ μέν*……, *οὗτος μέν*……はこれと對照的におかれて，それを强調する役割を果たしている。このように文頭にある否定詞がその文章内の主要部分にかかる例は *infra* 516E *οὔκουν οἵ γε ἀγαθοὶ ἡνίοχοι κτλ.* にも見られる。*μέν*……*μέν*, *δέ*……*δέ* と對立を表わす particle が二重に用いられている例は *Apol.* 28E, *Meno* 94C—D, *Theaet.* 152A などに見られる。なお A 7 *τοῦτον ὀνήσει* は古い校本では *ὀνήσειεν* (BTP) と間接話法の *opt.* に讀まれていたが，最近の校本 (Schanz, Lodge, Burnet, Lamb, Nestle, Croiset, Dodds) はすべてみな Deuschle の訂正に從って *ind. fut.* に讀んでいる。
B 4 *τὸν μηχανοποιόν*]　文字どおりには「機械の製作者，機械技師」であるが，ここで言われているのはおそらく，軍事機械 (兵器)，特に都市の攻防に用いられた投石機の製作者のことであろうと想像される。*cf.* Plut. *Per.* 27 (441B. C. のサモス島攻略に關して)，*Ἔφορος δὲ* (sc. *φησὶ*) *καὶ μηχαναῖς χρήσασθαι Περικλέα τὴν καινότητα θαυμασταῖς Ἀρτέμωνος τοῦ μηχανικοῦ παρόντος* (Nestle 引用)。後の時代のそのような *μηχανοποιός* としては，特に Alcimedes が有名である (*cf.* Livius, 25. 31)。
C 1 *καταχώσειεν*]　本來は「埋めつくす」の意であるが，ここでは「あびせかける，壓倒する」というような意味であろう。この語がここに用いられたのも，戰爭とそしてそのときに用いられる上記の *μηχανοποιός* の作った投石機のイメージがあるからではなかろうか。もとよりこの場合には *λίθοι* ではなくて，*λόγοι* をもってそうするのだろうけれども。*cf.* Herod. vii. 225 *καὶ χερσὶ καὶ στόμασι κατέχωσαν οἱ βάρβαροι βάλλοντες* (Lodge 引用)。
λέγων καὶ παρακαλῶν ἐπὶ τὸ δεῖν κτλ.]　ここはむしろ *λέγων δεῖν γίγνεσθαι μηχανοποιοὺς καὶ παρακαλῶν ἐπὶ τοῦτο* (*τὸ δεῖν γίγ. μηχ.*) と書かれるべき

だったのを，それがつづまって text のような云い方になったのであろう (Stallb.)。
C 6
(1) οὔτ᾽ ἂν αὐτὸς λαβεῖν (BTF) : Heind., Burnet, Nestle, Lamb, Croiset, Dodds
(2) οὔτ᾽ ἂν αὐτὸς τῷ σαυτοῦ λαβεῖν (Flor) : Bekk., Ast, Herm., Stallb., Thomp.
(3) οὔτ᾽ ἂν αὖ τῷ σαυτοῦ λαβεῖν (Schanz) ; Lodge
上の文の τῷ ὑεῖ αὐτοῦ οὔτ᾽ ἂν δοῦναι と對比すれば，(2) のように τῷ σαυτοῦ を入れるのが一番正確であるように思われる。自分が彼の娘をもらうのではなく，自分の息子に彼の娘をもらうのだから。しかし τῷ σαυτοῦ の語は有力寫本になく，後代の註釋であると思われるので，譯文は (1) に從った。(1) で讀んでも，τῷ ὑεῖ の語を後の句まできかせるなら，同じような意味に譯せるのではないかと思う。
D 1 βελτίων……καὶ ἐκ βελτιόνων]　このような云い方はしばしば行われる。*cf. Phaedr.* 246A θεῶν μὲν οὖν ἵπποι τε καὶ ἡνίοχοι πάντες αὐτοί τε ἀγαθοὶ καὶ ἐξ ἀγαθῶν, Lys. *in Agor.* 18 δοῦλον καὶ ἐκ δούλων ὄντα, Soph. *Philoct.* 384 πρὸς τοῦ κακίστου κἀκ κακῶν Ὀδυσσέως, ib. 874 ἀλλ᾽ εὐγενὴς γὰρ ἡ φύσις κἀξ εὐγενῶν (Lodge 引用)。
D 7
(1) ᾖ ἢ τὸ σῴζειν (Heindorf) : Schanz, Burnet, Nestle, Croiset, Dodds
(2) ᾖ τοῦ σῴζειν (Coisl.) : 一般の讀み方
寫本は ἢ τὸ (B) または ᾖ τὸ (TPF) であるが，これでは不充分であるから，上記のどれかに直さなければならないだろう。そして寫本にできるだけ從おうとすれば，τό を τοῦ に直すよりも，(1) のように ἢ を入れる方が (二重になると思われて脱落したものと考える) よいと思う。
D 8 μὴ γὰρ τοῦτο μέν,……ἐατέον ἐστίν]　この μή には，すぐ前の ὅρα μή によって表わされている恐れ，危惧の感じがここにもなお殘っているものと考える。本來は，そのような恐れや危惧を言い表わす動詞が先行して，μή はそれに支配されるのであるが，ここではその動詞から離れて，副文章だけが獨立的に使用されているわけである。そしてその場合の μή は，あとに *subj.* の動詞をとるのが普通であるが，ここで *indic.* (ἐστίν) が用いられているのは，その危惧されていることが現實に事實として現われているということを示している。「というのはおそらく (μή)，いったいどれほどの時間を生きながらえるかという，そういうことは，少くとも眞實の男子たる者なら，心にかけるべきことではなくて，云々」の意味。*cf.* GG. 1350—1351, GMT. 269. Hermann がそこを ἠδὺ γὰρ τοῦτο μὲν τὸ ζῆν. ὁπόσον δὲ χρόνον κτλ. と直したのは根據のない大膽な訂正であるとしても，Croiset が

Schanz に従って ἦ γὰρ τοῦτο μέν, κτλ. と直しているのも不必要なことであると思われる。また次の ὁπόσον δή (WYF² Antoninus) も B 寫本では ὁπόσον δέ となっているところから，Stallbaum はここの文章を μὴ γὰρ τοῦτο μέν, τὸ ζῆν· ὁπόσον δὲ χρόνον, κτλ. と讀み，τὸ ζῆν のあとには οἴου (s. νομίζε) τὸ ἀγαθὸν καὶ γενναῖον εἶναι を補って考えることを主張しているが (*noli enim putare istud quidem, videlicet ut vivas, honestum atque bonum esse*: *imo quam diu* (*vivat*), *id eum, qui vere vir sit, curare non oportet* ')，それでは多少文意が變ってくるように思われる。
E 3 πιστεύσαντα ταῖς γυναιξὶν ὅτι τὴν εἱμαρμένην οὐδ' ἂν εἷς ἐκφύγοι] ここに述べられている考え方 (運命観) は，Homeros の英雄 (Hector) によって語られて以來 (*Il.* VI. 488 μοῖραν δ' οὔ τινά φημι πεφυγμένον ἔμμεναι ἀνδρῶν)，悲劇作家たちにも共通に見られる，ギリシア人の心深く根ざした信念であった。そして女たちはいつの時代でも舊い考え方を墨守するものなのであるが (*cf. Cratyl.* 418C αἱ γυναῖκες, αἵπερ μάλιστα τὴν ἀρχαίαν φωνὴν σῴζουσι. Cicero, *de Nat. Deor.* I. 20. 55 Hinc vobis extitit primum illa fatalis necessitas quam εἱμαρμένην dicitis, …. Quanti autem haec philosophia aestimanda est cui tamquam *aniculis*, et iis quidem *indoctis*, fato fieri videantur omnis?—Heind. 引用)，しかしそういう舊い考え方を固守する女たちの方にこそ，若い教養のある Callicles によりも，Callicles 自身の主張する「眞の男らしさ」はあるのだということは，一つの皮肉であろう。
513A 1 καὶ νῦν δὲ ἄρα] καὶ……δέ とつながる。「したがってまた，今の場合でいうと，それならば」の感じ。上に一般的に言われたことを，さらに具體的に Callicles とアテナイ國家との關係で考えてみようとするわけ。
A 5 τὰς τὴν σελήνην καθαιρούσας, τὰς Θετταλίδας] *cf.* Aristoph. *Nub.* 749 γυναῖκα φαρμακίδ' εἰ πριάμενος Θετταλήν, καθέλοιμι νύκτωρ τὴν σελήνην, κτλ. Horat. *Epod.* 5. 45. そしてその行爲の代償として彼女らが受けた罰については Suidas には次の如く記されている。αἱ τὴν σελήνην καθέλκουσαι Θετταλίδες λέγονται τῶν ὀφθαλμῶν καὶ τῶν ποδῶν (παίδων, Zenobius) στερίσκεσθαι. εἴρηται οὖν ἡ παροιμία ἐπὶ τῶν ἑαυτοῖς κακὰ ἐπισπωμένων (Heind. 引用)。
A 6 σὺν τοῖς φιλτάτοις] 「最も大切なものを賭けて，最愛のものを犠牲にして」というような意味。τὰ φίλτατα とは魂の ἀρετή をさしているのであろう。*cf. Prot.* 313E ὅρα, ὦ μακάριε, μὴ περὶ τοῖς φιλτάτοις κυβεύῃς τε καὶ κινδυνεύῃς. この意味の σύν c. *dat.* の用例は，Xen. *Cyrop.* III. 1. 34 σὺν τῷ σῷ ἀγαθῷ τὰς τιμωρίας ποιεῖσθαι (Thomp. 引用)，Hom. *Il.* IV. 161 σύν τε μεγάλῳ ἀπέτισαν,/

σύν σφῇσιν κεφαλῇσι γυναιξί τε καὶ τεκέεσσιν (Stallb. 引用) などに見られる。——なお αἵρεσις の語が用いられたのには，上述の καθαιρεῖν の語へのもじりがあるように見える。この文全體は ὅπως μή, κτλ. に對する補足的說明である。
B 5 εἰς φιλίαν τῷ Ἀθηναίων δήμῳ] 「アテナイの民衆に好意をもたれるような仕方で」(*'ad parandam tibi cum populo Atheniensi amicitiam'* Stallb.) の意味。このように動詞的な役割を果す名詞の用例は，*infra* 522D τῆς βοηθείας ἑαυτῷ, *Apol.* 30A τὴν ἐμὴν τῷ θεῷ ὑπηρεσίαν などにも見られる。——次の καὶ …γε πρός の云い方については *supra* 469B を見よ。τῷ Πυριλάμπους のあとにはむろん Δήμῳ を補う (*cf.* 481D)。
B 7 ὡς ἐπιθυμεῖς πολιτικὸς εἶναι] 次にも πολιτικόν とくり返されるので，Ast, Schanz, Croiset は πολιτικός の語を削っているが，πολιτικός という點が特に强調されていると考えればよかろう。
C 2 ὦ φίλη κεφαλή] Homeros の用語から借りたものか (*cf. Il.* VIII. 281 Τεῦκρε, φίλη κεφαλή)。人間全體を言い表わすのに，その中の一番重要な部分をとってこれに代えることは，例えば英語の 'good heart' というような云い方に似ているのだろうか。*Phaedr.* 264A にも Φαῖδρε, φίλη κεφαλή という云い方がなされている。しかしここではどんな感じをこめて，この呼びかけの語は用いられているのであろうか。多少からかうような調子があるように思われる。
C 8 ἀλλ' ἐὰν πολλάκις ἴσως καὶ βέλτιον κτλ.] このままでは ἴσως の位置に多少問題があるように思われる。そこで Schaefer (ad Apollon. Rhod. T. II. p. 582) はこの語を削っているが ['ἴσως delendum puto, natum illud ex antecedentibus litteris ις maleque intellecta nota copulae sequentis' (καί enim in codd. saepenumero cum part. ὡς confunditur).——Ast, Stallb. 引用], Dodds も πολλάκις の gloss とみて削る。同様に Burnet は ἴσως καί を削り (ἐὰν πολλάκις＝*si forte*)，また Croiset は Schanz に従って πολλάκις ἴσως を削る。けれども他の校本ではみなこのままに讀んでいる。しかしこのままに讀むとしても，Heindorf の言うように，ἴσως を前に出して，ἀλλ' ἴσως, ἐὰν πολλάκις καὶ βέλτιον κτλ. のようにするか (Cobet, Stallb., Thompson)，それとも ἴσως を apodosis に廻して ἀλλ' ἐὰν πολλάκις καὶ βέλτιον……, ἴσως πεισθήσῃ のようにするか (Ficinus, Ast)，そのどちらかにするのが正しいのかもしれない。いまは一應このままの位置において，前者のようなつもりで (意味の上では後者も變りない) 解釋しておいた。
D 1 δ' οὖν] 「ところで，しかし」の意味。前に一度問題とされていたことに再び歸って行くときに使われる (*'in epanalepsi'* Stallb.)。*cf. Prot.* 359 B, *Euthyd.* 275D (Denniston, p. 463). 以下述べられることは 500A 以下に，そしてそれ以前に

は 464B 以下に，すでに言われていたことである。
E 2 *ἡ δέ γε ἑτέρα*]　これの述語としては *οὕτως ἐστίν* (Heind.), *ἐστὶ πρὸς τοῦτο* (Nestle), あるいはもっと正確には *ὁμιλεῖ* (Stallb.), *πρὸς τοῦτο ὁμιλεῖ* (Ast) を考えるべきだろう。上の文の *ἀγεννὴς……κολακεία* に對應するものは *ὅπως ὡς βέλτιστον ἔσται τοῦτο* で言われている*。
E 6 *θεραπεύειν*]　この不定法はあとで思いついて，補足的な說明としてつけ加えられたもの。したがって，この動詞の目的語 (*τῇ πόλει καὶ τοῖς πολίταις*) の格 (*dat.*) は，前の動詞 (*ἐπιχειρητέον*) に支配されている。*cf. Crito* 52B *οὐδ' ἐπιθυμία σε ἄλλης πόλεως οὐδὲ ἄλλων νόμων ἔλαβεν εἰδέναι*, *Rep.* 416A *ἐπιχειρῆσαι τοῖς προβάτοις κακουργεῖν* (Stallb. 引用)。
E 7 *ἐν τοῖς ἔμπροσθεν*]　*cf.* 504D—E.

514A 3
(1) *φῶμεν* (Madvig) : Schanz, Burnet, Lamb, Croiset
(2) *θῶμεν* (BTP et revera F) : 一般の讀み方

(2) の寫本どおりでよいと思う。*τίθημι* が *inf.* を伴う例は，*Rep.* 532D *ταῦτα θέντες ἔχειν ὡς νῦν λέγεται*, *Leg.* 897B *τιθῶμεν ταῦτα οὕτως ἔχειν* などにも見られる。

A 6
(1) *πράξοντες* (F) : Heind., Herm., Schanz, Lodge, Burnet, Lamb, Croiset, Dodds
(2) *πράξαντες* (BTP) : Bekk., Ast, Stallb., Cope, Nestle
(3) *πράξοντας* (Y) : Thompson

(1) のように *fut.* にとれば，むろん意志を表わす。「これから公人として働こうとしていて」の意味となる。それに反して (2) のように *aor.* にとれば，Nestle の言うように，それは *aor. ingressivus* と解するよりほかはないだろう。「公人として働き出していて，働くことを始めていて」の意味か。Stallbaum は *infra* D 3 *ἐπιχειρήσαντες δημοσιεύειν* に對應させて *aor.* を正當としているが，しかしここの場合をそれに合わせなければならぬ必然性はないだろう。また Thompsoon は *infra* 521B *κολακεύσοντα ἄρα με……παρακαλεῖς* に比較して，(3) のように *πράξοντας* と *acc.* に讀もうとしているが，しかしここでは Ast も言うように，その分詞は *παρεκαλοῦμεν* の內容を表わすのではなく，むしろ *παρεκαλοῦμεν* の主語の動作として理解すべきだろう。從って (1) をとるのが正しいと思われる。——なお次の *τῶν πολιτικῶν πραγμάτων* という *part. gen.* は，Cron や Nestle の解した如く，次の *ἐπὶ τὰ οἰκοδομικά* にかけるのではなく，*τι* が省かれている氣持で前の分詞 (*πράξοντες*) にかけるのがよいと思う。

(1) *ἴδια ἡμῶν* (M) : Heind., Thomp., Burnet, Croiset, Lamb, Dodds
(2) *ἰδίᾳ ἡμῶν* (BTPF) : Ast, Stallb. (始めは *ἰδίᾳ ἐφ' ἡμῶν*)

C2 (3) ἰδίᾳ ὑφ' ἡμῶν (V) : Bekker
(4) ἰδίᾳ διὰ ἡμῶν (Schanz), ἰδίᾳ δι' ἡμῶν (Madvig) : Lodge, Nestle
(5) διὰ ἡμῶν (Voemel) : Hermann

以上見られるとおり，ここの讀み方はまちまちである。しかし大別すると，ἴδια か ἰδίᾳ かに分れるだろう（最後にあげた Voemel の訂正案は，前の語 καί の語尾の ι が διά と重って，ἴδια または ἰδίᾳ と誤讀されたものとみる）。ところでそれらのいずれを採るにしたところで，ここで必要なのは，上の μετὰ τῶν διδασκάλων ᾠκοδομημένα と對立するものであり，つまり次の ἐπειδὴ τῶν διδασκάλων ἀπηλλάγημεν によって説明される内容のものでなければならない。そこで ἰδίᾳ が δημοσίᾳ との對立で言われているのではなく，μετά と對立的な意味で，つまり '*separatim*' (Ast) の意味で言われているのなら，それでも差支えないであろう。しかし上の πολλὰ μὲν καὶ καλά と對比して考えるなら，(1) のように πολλὰ δὲ καὶ ἴδια とする方が言葉のつり合いはとれるように見える。ἴδιόν τινος という云い方は別にめずらしくはない。

C6 (1) οὕτω δή (codd.) : 一般の讀み方
(2) οὕτω δέ (Basil. II) : Heind., Bekk., Ast, Stallb., Lodge, Croiset

寫本は (1) のように δή であり，Denniston (p. 225) はこれを條件文の apodosis が始ることを示すものにとっているが，しかし (2) のように εἰ μὲν (B7)……，οὕτω μὲν (C3)……，εἰ δὲ (C5)……，οὕτω δὲ…… と，μὲν……δέ の對立の particle が二重に用いられていると考えるのがよくはないかと思われる (*cf.* 512A)。

C7 (1) ἀνόητον ἦν δήπου (BTP) : 一般の讀み方
(2) ἀνόητον ἦν ἄν που (Schanz) : Lodge, Nestle

寫本どおりに (1) の δήπου を讀めば，その前に ἄν が省略されたものと考えるよりほかはないだろう。しかし非現實的な，たんなる想定を表わすだけの條件文の apodosis に，ἄν の省略される例はないわけではないけれども，この箇所の前後の例を見ても，たとえば 514B2 ἔδει ἂν ἢ οὔ, C4 νοῦν ἐχόντων ἦν ἄν, E3 οὐ καταγέλαστον ἂν ἦν, E8 οὐκ ἀνόητον…ἂν εἶναι でも，みな ἄν があるので，ここだけ省略されているのはおかしいように思われる。(2) のように ἄν (*AN*) があったのだが，それが δή (*ΔH*) と混同されて，(1) のように δήπου となったと見る方がよくはないか。ただし (2) の讀み方では語順の不自然さが多少氣になる。

D3 κἂν] この καί は前の τε につながり (τά τε ἄλλα καί は慣用句)，次の εἰ にかかるのではない。また ἄν は apodosis の ἐπεσκεψάμεθα にかかるのであるが，ἄν はもう一度くり返されている。

D4 δημοσιεύειν] 上に言われたように，國家公共の仕事をすることの總稱で

あるが（＝δημοσίᾳ πράττειν），次に ὡς……ἰατροὶ ὄντες で限定されている如く，ここでは特に國家の醫者（公務醫員）として働くことである。*supra* 455B 2 の註を參照。
D 5 φέρε]　「言う」とか「訊ねる」とかいう意味の動詞を伴わずに，直接疑問文を導くのにこの語がしばしば用いられる。次の 515A 4 でも同じ。——次の αὐτὸς δὲ ὁ Σωκράτης κτλ. の δέ は，「(Socrates は醫者のつもりでいるようだが,) しかし，彼自身の身體の健康狀態はどうなのか」の感じ。相手の言葉を引きとって直ちに訊ねるような疑問文によく用いられる。*cf.* Xen. *Mem.* II. 1. 26 καὶ ὁ Ἡρακλῆς ἀκούσας ταῦτα, Ὦ γύναι, ἔφη, ὄνομα δέ σοι τί ἐστιν; (Lodge 引用)。
E 6 ἐν τῷ πίθῳ τὴν κεραμείαν……μανθάνειν]　*cf. Lach.* 187B τὸ λεγόμενον κατὰ τὴν παροιμίαν ὑμῖν συμβαίνῃ ἐν πίθῳ ἡ κεραμεία γιγνομένη. Schol. ad loc. (Zenobius, Cent. III. 65) παροιμία ἐπὶ τῶν τὰς πρώτας μαθήσεις ὑπερβαινόντων, ἁπτομένων δὲ εὐθέως τῶν μειζόνων, κτλ. (Heind. 引用)。
515A 2 ἄρτι ἄρχῃ πράττειν]　この言葉から察すると，Callicles はこのとき政治家としての活動を始めてからまだ幾年も經っていなかったことが知られる。この對話が行われたと想定される時の Callicles の年齢については「序說」(第二章)を見よ。——次の παρακαλεῖς καὶ ὀνειδίζεις については，485D 以下を參照。
B 8 ἢ ἄλλου του ἄρα ἐπιμελήσῃ ἡμῖν κτλ.]　ἤ を ἦ と讀む人 (Heind., Stallb., Dodds) や，また前をコンマで切り εἰ にする人 (Schleierm., Bekk., Ast, Thomp.) もあるが，新しい校本では多く TP 寫本どおりに ἤ と讀んでいる。ἄρα は，「ほら，どうだろうか，そんなことはとても期待されまい」というような感じ。*cf. Apol.* 34C, 37D, *Phaedo* 68A. ἡμῖν は *dat. ethicus* ととるべきか。——次の βέλτιστοι οἱ πολῖται ὦμεν では冠詞の οἱ (BTP et revera F) を削り，βέλτιστοι πολῖται を「われわれ」の述語にする者 (Hirschig, Schanz, Lodge, Croiset) もある。
C 6 ὀλίγῳ πρότερον]　*cf.* 503 C.
D 6 ὅτε Περικλῆς ἤρχετο λέγειν……ἢ ὅτε τὰ τελευταῖα ἔλεγεν]　前者は大體 460 B. C. 前後のことであり，後者はペロポンネソス戰爭の初期，大體 430 B.C. 前後のことをさすであろう。Pericles の政治的生涯については「註解」を見よ。
D 9 ἀλλ' ἀνάγκη]　Croiset, Dodds は Schanz に從って，前の ἴσως の語に合わせて，ἀνάγκη を ἀνάγκῃ と *dat.* にしているが，その必要はないだろう。
E 5 ἀργοὺς καὶ δειλοὺς καὶ λάλους καὶ φιλαργύρους]　*cf.* Plut. *Pericl.* 9 πολλοὶ πρῶτον ὑπ' ἐκείνου φασὶ τὸν δῆμον ἐπὶ κληρουχίας καὶ θεωρικὰ καὶ μισθῶν διανομὰς προαχθῆναι, κακῶς ἐθισθέντα καὶ γενόμενον πολυτελῆ καὶ ἀκόλαστον ὑπὸ τῶν τότε πολιτευμάτων ἀντὶ σώφρονος καὶ αὐτουργοῦ. つまり

ἀργούς というのは，この *μισθοφορία* の制度（次註参照）によって，アテナイ市民は國家の支給する手當だけで生活を維持することができるようになったから，働かなくなり，怠惰になったというわけか。なおこの非難は，Nestle も指摘するとおり，Polycrates が Socrates を彈劾した文書の中にも見出されるものである（Libanios, *Apol. Soc.* 139 *ἀργοὺς ἐποίει τοὺς Ἀθηναίους*）。また先に引用された Eur. *Antiop.* (*fr.* 184 Nauck) にも，Zethos は *μοῦσαν……εἰσάγεις…ἀγρόν* とその相手（Amphion）を非難している。すなわちこれらの言明から察すると，Nestle の言うように，哲學が一般に人々を柔弱にし，怠惰にしたという世の批評に答えて，Socrates は逆に，Pericles のような政治家こそむしろその責任を負うべきものであると，しっぺい返しをするつもりがあったのかもしれない。
δειλούς というのも，すでに何度も Callicles が Socrates の説に對して浴びせてきた非難であったが（*cf.* 492B），それが Pericles の責任に歸せられている。これは直接には，ペロポンネソス戰爭の初期において，彼がアッチカの土地における陸上戰をさけ，住民を城壁內に退避させて，もっぱら海軍力にたよる作戰をとろうとしたことに關聯があるのかもしれない。しかし兵士に日當を支拂うことになってからは，特に後に傭兵制度が採用されてからは，有事のときにはいつでも自ら武裝して戰う習慣であった市民たちを臆病なものにした，という含みで言われているのであろう。
λάλους については，これもまた Callicles によって Socrates の議論は *ληρήματα* とか *φλυαρία* とか（*cf.* 486C, 492C）非難されていたのだが，民會への出席手當，裁判官への日當などが，それでなくてさえ *φιλόλογος* で *πολύλογος* のアテナイ市民を（*cf.* 461E），いよいよそのような場所へ驅り立てて，眞の政治（行政）や司法を忘れて，たんなるお喋べりと噂ずきにしてしまったと言われるわけであろう。
φιλαργύρους については，上に引用された Plut. の記述どおりに，その手當支給制度が自力で生計をたてる勤勉，質實な生活を捨てさせて，公金をくいものにしての放埓，贅澤な生活を助長することになったことをさすものか。
E 6 *εἰς μισθοφορίαν πρῶτον καταστήσαντα*]　この手當制度の內容全般に關しては「註解」の說明を見よ。ここでは主としてその「註解」に述べられたことの參考資料をあげておく。まず (1) 陪審員手當（*μισθὸς δικαστικός, τὸ δικαστικόν*）については，それが Pericles によって創められたものであることを，Aristoteles も次のように證言している（*Ath. Pol.* 27. 3 *ἐποίησε δὲ καὶ μισθοφόρα τὰ δικαστήρια Περικλῆς πρῶτος*, *Pol.* II. 12. 1274 a 8—9 *τὰ δὲ δικαστήρια μισθοφόρα κατέστησε Περικλῆς*）。この制度が設けられた年代については，C. Hignett, *A History of the Athenian Constitution*, Oxford. 1952. p. 219 及び Appendix IX の所論を採用した［ただし，*The Cambridge Ancient History*, vol. V, ch. IV, pp. 101

—106 (by E. M. Walker) では，その時期は 451—450 B. C. 頃と推定されている]。またその額については，Arist. *Ath. Pol.* 62. 2, Aristoph. *Equ.* 51, 255, *Vesp.* 608 などを參照せよ。
次に (2) 諸役人への手當については，[Xen.] *Ath. Pol.* I. 3, Thuc. VIII. 67. 3, Arist. *Ath. Pol.* 24. 3, 29. 5, 62. 2 などを見よ。また (3) 政務審議會の各員への手當(*μισθὸς βουλευτικός*) については，Thuc. (VIII. 69. 4) もそれが 411 B. C. 以前に存在していたことを裏書きしている。なお Arist. *Ath. Pol.* 24. 3, 29. 5, 62. 2 を參照せよ。さらに (4) 軍務手當 (*μ. στρατιωτικός*) については，*The Cambridge Ancient History*, vol. V, ch. 1, pp. 23—24 (by C. A. H. Tod) によくまとめられている。Arist. *Ath. Pol.* 27. 2, Thuc. III. 17, VIII. 29, 45 などを見よ。それから (5) 觀劇手當 (*θεωρικόν*) については，Plut. *Pericl.* 9 によると，これも Pericles が創めたことになっているが，Arist. *Ath. Pol.* 28. 3 の記述によって，Cleon 亡きあと民主派の主戰論者として活躍した Cleophon の提唱によって生れたものではないかとも推測されている。最後に (6) 民會出席手當 (*μ. ἐκκλησιαστικός*) が，403/2 B. C. に Agurrios によって創められたことについては，Arist. *Ath. Pol.* 41. 3 を見よ。*cf.* ib. 62. 2, Aristoph. *Eccl.* 184—6, 289—310, 379 sqq. ——なおこの手當支給制度の全般的な內容と，その歷史的な評價については，最近の研究では，A. H. M. Jones, *Athenian Democracy*, Blackwell, 1957, pp. 5—6, 17—18, 49—50, 80—82 が參考になるであろう。
E 8 *τῶν τὰ ὦτα κατεαγότων*] i. e. *τῶν λακωνιζόντων, λακωνομανούντων*. *cf. Prot.* 342 B—C *ἐξηπατήκασιν τοὺς ἐν ταῖς πόλεσι λακωνίζοντας, καὶ οἱ μὲν ὦτά τε κατάγνυνται μιμούμενοι αὐτούς, καὶ ἱμάντας περιειλίττονται καὶ φιλογυμναστοῦσιν καὶ βραχείας ἀναβολὰς φοροῦσιν, ὡς δὴ τούτοις κρατοῦντας τῶν Ἑλλήνων τοὺς Λακεδαιμονίους*. Aristoph. *Aves* 1281 *ἐλακωνομάνουν ἅπαντες ἄνθρωποι τότε, ἐκόμων, ἐπείνων, ἐρρύπων, ἐσωκράτων*.
516A 1 *κλοπὴν αὐτοῦ κατεψηφίσαντο*] この事件の概要については「註解」を見よ。ただ，この時の告發の理由が，果して *κλοπή* (公金費消) であったかどうかは，この Platon の記述以外には，どこにも保證されない。Thucydides も罰金を課せられたという事實を記すにとどめて，その罪名を述べてはいない (II. 65. 3, *οὐ μέντοι πρότερόν γε οἱ ξύμπαντες ἐπαύσαντο ἐν ὀργῇ ἔχοντες αὐτὸν πρὶν ἐζημίωσαν χρήμασιν. ὕστερον δ' αὖθις οὐ πολλῷ, ὅπερ φιλεῖ ὅμιλος ποιεῖν, στρατηγὸν εἵλοντο καὶ πάντα τὰ πράγματα ἐπέτρεψαν, κτλ.*)。一部の學者 (Heind., Stallb.) がこの *κλοπή* の內容を，この戰爭の起る前年 (432 B. C.), Pericles の政敵たちが彼を失脚させるための口實として，彼の庇護していた有名な彫刻家 Pheidias

が，アテナ女神の像を作るために依囑されていた黄金の一部をくすねたといって，その彫刻家を告發した事件——その非難をかわすために Pericles は戰爭を始めたのだとも言われているのだが (*cf.* Plut. *Per.* 31—2, Aristoph. *Pax* 605)——に關係づけているのは正しくないだろう（この告發で Pericles が有罪にされたという證據はない)。むしろそれは Thompson が推測しているように，戰爭の經過が思わしくないので，彼を攻擊するために，將軍職にある彼に委ねられていた公金を，彼は濫用 (*cf. Leg.* 857B *κλοπῇ δημοσίᾳ*) したという口實であったと見る方がより妥當な解釋だろう。次の *ὀλίγου δὲ καὶ θανάτου ἐτίμησαν* は Platon の誇張であるように思われる。
A 5 *ὄνων γοῦν ἂν ἐπιμελητὴς κτλ.*]　ここに語られているのとほとんど同じようなたとえ話は，Xen. *Mem* I. 2. 32 にも傳えられている。*εἶπέ που ὁ Σωκράτης ὅτι θαυμαστόν οἱ δοκοίη εἶναι, εἴ τις γενόμενος βοῶν ἀγέλης νομεὺς καὶ τὰς βοῦς ἐλάττους τε καὶ χείρους ποιῶν μὴ ὁμολογοίη κακὸς βουκόλος εἶναι, ἔτι δὲ θαυμαστότερον, εἴ τις προστάτης γενόμενος πόλεως καὶ ποιῶν τοὺς πολίτας ἐλάττους τε καὶ χείρους μὴ αἰσχύνεται μηδ' οἴεται κακὸς εἶναι προστάτης τῆς πόλεως.* なお，ib. III. 2. 1, *Oec.* 3. 11, *Rep.* 343 A—B を參照。政治家を所謂「人間の牧者」として定義することは，Homeros (e.g. *Il.* II. 243 *ποιμένα λαῶν*) 以來行われていることであるが，その可否については，後に *Politicus* 267C sqq. で問題にされている。*γοῦν* は「とにかく……だからね」という感じ。
A 6 *λακτίζοντας ἑαυτόν*]　BT 寫本どおりに *ἑαυτόν* と讀む (Bekk, Herm., Burnet, Nestle, Lamb, Dodds)。*cf. infra* C7 *εἰς αὑτόν.* しかし Y 寫本に見られるように，これを不要として削る人も多い (Ast, Stallb., Thom., Schanz, Lodge, Croiset)。また Heindorf は par^2 F^2 寫本に從い，これを *αὑτούς* と讀んでいる。
C 3 *οἵ γε δίκαιοι ἥμεροι, ὡς ἔφη Ὅμηρος*]　Heindorf の言うように，現存の Homeros の text のなかには，この言葉どおりのものは見出されない。しかし同じような意味のことは，たとえば *Od.* VI. 120, IX. 175 には *ἤ ῥ' οἵ γ' ὑβρισταί τε καὶ ἄγριοι οὐδὲ δίκαιοι* と言われ，また VIII. 575 には *ἠμὲν ὅσοι χαλεποί τε καὶ ἄγριοι οὐδὲ δίκαιοι* と言われている。
C 7 *εἰς αὑτόν, ὃν ἥκιστ' ἂν ἐβούλετο*]　i. e. *εἰς αὑτόν, εἰς ὃν ἥκ. ἂν. ἐβ. εἶναι ἀγριωτέρους αὑτούς.* このように關係代名詞の前の前置詞が省略される例は，*supra* 453E *ἐπὶ τῶν αὐτῶν τεχνῶν λέγωμεν ὧνπερ* (=*ἐπὶ ὧνπερ*) *νυνδή* (sc. *ἐλέγομεν*) にも見られる (Heind.)。
D 8 *φυγῇ προσεζημίωσαν*]　*προσ*—というのは，Themistocles はすでに ostracismos によって國外追放になっていたのだが，その後の取調べによって，さら

に φυγή (財産没収を含む追放) の刑を加えられたという意味。*cf. infra* 518C 7 προσαπολοῦσιν.
D 9 τὸν ἐν Μαραθῶνι] 寫本では (F も) τὸν ἐν Μαραθῶνι と前置詞 ἐν が入っており，それに従う校本も多いが，新しい校本の多くは (Burnet, Lamb, Croiset など)，Thompson, Schanz に従って ἐν を削り，Μαραθῶνι をそれだけで位格(locativus) の意味の *dat.* に讀んでいる。Thompson の註を參照。しかし前置詞を伴う例は，ほかにも *Leg.* 698E, 707C, Thuc. I. 18.1, II. 34.5 (Dodds 引用) などに見られる。この語句はいわゆる epitheton の如く使われていて，別に νικήσαντα などの語を補わなくても，それだけですでに「マラトンの勝者(英雄)」の意味で通用していた。
τὸ βάραθρον] Tim. *Lex.* ὄρυγμα φρέατι ὅμοιον, ἔνθα οἱ καταδικασθέντες ἐβάλλοντο. Sohol. ad Ariotoph. *Plut.* 431 χάσμα φρεατῶδες. *cf.* Aristoph. *Ran.* 574, *Nub.* 1450. なお「註解」の説明及び Thompson の註を見よ。
E 1 εἰ μὴ διὰ τὸν πρύτανιν] 註釋家たちの言うように，この πρύτανις とは，政務審議會 (βουλή) の執行委員 (πρυτάνεις) の中で，その日の議長 (ἐπιστάτης) の役をつとめていた者をさしていると思われる。εἰ μή というような云い方の場合には動詞が省かれるのが普通であり，ここでは「もし議長の干渉がなかったならば」の意味となる。つまり議長はある種の動議を採決に附することを拒む權限をもっていたからである (*cf.* 474A)。——以上，Cimon, Themistocles, Miltiades の晩年の運命については「註解」の中でかなり詳しく説明しておいた。
E 9 οἱ ἔμπροσθεν λόγοι] *cf.* 503B—D.
517A 3 τῶν μέντοι ἔμπροσθεν] τινὰς τῶν μ. ἔ. ἀγαθοὺς γεγονέναι ἔφησθα と補って考える。
A 6 ἐξέπεσον] 上述の馬車からふり落される馭者のことが念頭にあるので，それとの比較でこの語が用いられたであろうから，馬車 (ἐκ τῶν ζευγῶν) の代りに，ἐκ τῆς πατρίδος, ἀρχῆς, δόξης などの語句を補ってみれば分りやすいかもしれないが，しかしたんに「失脚する」というような意味だけで充分だろう。
A 7 πολλοῦ γε δεῖ,……μή……ἐργάσηται] οὐ μή c. *subj.* の構文と同じであると考えてよかろう。πολλοῦ δεῖ は强い否定を表わすから。Platon はあるいは οὐ μή ποτε……ἐργάσηται, πολλοῦ γε καὶ δεῖ という風に書くつもりだったかもしれない (Thompson)。πολλοῦ δεῖ には不定法がつづくのが普通である。——次に Burnet, Dodds は F 寫本に従い ὅστις βούλει と讀んでいるが，他の校本はみな ὃς βούλει (BTP) にしている。しかしその場合でも ὅς は ὅστις (*quivis*) の意味に使われているのだろう。
B 2 ὥς γε διακόνους εἶναι πόλεως] この箇所では，κόλαξ (*cf.* 466A ὡς

κόλακες ἐν ταῖς πόλεσι……οἱ ἀγαθοὶ ῥήτορες), κολακεία, ἡ κολακική という表現よりも多少やわらかで，おだやかな διάκονος, ἡ διακονική (D 2) という言葉が用いられている。しかしその內容には變りない。*infra* 521A—B (διακονεῖν=πρὸς χάριν ὁμιλεῖν=κολακεύειν) を參照。
B 5 ἀλλὰ γάρ] 副次的な事柄より話を本筋にもどして，重要な點，本質的なことはこちらの方にあるという感じを表わすときに用いられる (*cf.* Denniston p. 102)。「しかしそれは問題ではない。なぜなら……」という風に譯してよかろう (448D 2 の註を見よ)。
C 4 πρᾶγμα οὖν γελοῖον ποιοῦμεν κτλ.] このように言われるのは，Callicles はこれまでに何度も Socrates のたてた區別，つまり眞の θεραπεία と κολακεία の區別 (それはすでに 464B 以下でなされていた) を承認した (500D, 513D) のにもかかわらず，世間で尊敬されている昔の偉大な政治家たちの評價となると，彼自身がその人たちに見ならおうとしているせいか，ついその區別を忘れて，κολακεία にすぎないその人たちの政治の術を賞めることになり，議論はいつでも振り出しに戻ることになって (εἰς τὸ αὐτὸ ἀεὶ περιφερόμενοι)，對話の目的は一向に達せられないからである。
C 7 ἐγὼ γοῦν] γοῦν を οὖν (BTP) と讀む人 (Heind., Herm., Nestle, Lodge) もあるが，しかし οὖν では文章のつづきがはっきりしないように思われる。他の校訂者たちの採用する γοῦν (Y, Venet. 189) の方が適切だと思う。(F 寫本の ετ οὖν は γε οὖν (=γοῦν) のあやまりだろう)。
D 2 ἡ μὲν ἑτέρα διακονική ἐστιν, ᾗ δυνατὸν εἶναι ἐκπορίζειν] ἡ μὲν ἑτέρα に對立するもう一つの項は，後に (E 4) ὅτι ἔστιν τις παρὰ ταύτας ἁπάσας τέχνη γυμναστική τε καὶ ἰατρική, κτλ. で示される。εἶναι の不定法については，全體が間接話法となっている文章において，關係代名詞のあとでは定動詞が不定法に變化している例はめずらしくない。
D 5 διὰ τῶν αὐτῶν εἰκόνων] *cf.* 490 B—E.
D 6 τούτων γὰρ ποριστικὸν εἶναι] この εἶναι は不定法の獨立的使用 (*inf. absolutus*) であって，文章全體の限定に用いられていると考える。「……という點においては」と譯してよかろう (ただし Nestle は Sauppe に從ってこの εἶναι を削る)。それは οὐδὲν θαυμαστόν ἐστιν……δόξαι κτλ. (*infra* E 2) とつづくはずであったが，その間に說明のための分詞構文 (ἢ κάπηλον ὄντα ἢ κτλ.) が入ったために，ちょっと複雜になっている*。——κάπηλος と ἔμπορος との差異は *Rep.* 371D に明瞭に言われている。ἢ οὐ καπήλους καλοῦμεν τοὺς πρὸς ὠνήν τε καὶ πρᾶσιν διακονοῦντας ἱδρυμένους ἐν ἀγορᾷ, τοὺς δὲ πλανήτας ἐπὶ τὰς πόλεις ἐμπόρους.

E 5 *ἦ δὴ τῷ ὄντι γε ἐστὶν κτλ.*]　Burnet だけが F 寫本に從い *γε* を入れている。*γέ* は强調 (*cf.* Denniston p. 117)。前の *δόξαι……θεραπευτὴν εἶναι σώματος* と鋭く對置されている。
E 7
(1) *ὅτι χρηστόν* (V) : Bekk., Ast, Thomp., Burnet, Lamb, Croiset
(2) *ὅτι τε χρηστόν* (F) : Dodds
(3) *ὅτι τὸ χρηστόν* (BTP) : Heind., Herm., Stallb., Lodge, Nestle
(1) か (2) であるが，後者を採る。つまり *χρηστὸν καὶ πονηρόν* は述語であり，*ὅτι……τῶν σιτίων ἢ ποτῶν* がその主語になると考える。
518A 5 *ταὐτὰ οὖν ταῦτα ὅτι ἔστιν……, τοτὲ μέν μοι δοκεῖς μανθάνειν ὅτι λέγω*]　多くの註釋家たちはこれを *τοτὲ* (*τότε*, codd.) *μὲν οὖν μοι δοκεῖς μανθάνειν ὅτι λέγω, ὅτι ταὐτὰ ταῦτα ἔστιν καὶ περὶ ψυχὴν κτλ.* という風に語順を直して理解している。譯文はこれに從った。しかし Schanz, Lodge, Nestle, Dodds は Madvig にならって *ὅτι λέγω* を *τότε* に合わせて *ὅτε λέγω* と讀んで解釋している。——次の *ἥκεις δὲ ὀλίγον ὕστερον λέγων* の內容は 503C に言われている。
B 5 *Θεαρίων ὁ ἀρτοκόπος*]　この人物の名前は二人の喜劇詩人，Aristophanes と Antiphanes によってあげられているという。*cf.* Athenaeus, III. 112 D—E *Ἀριστοφάνης ἐν Γηρυτάδῃ καὶ Αἰολοσίκωνι* (*cf. Gerytades fr.* 155=*Aiolosicon fr.* 1 Kock) *διὰ τούτων ἥκω Θεαρίωνος ἀρτοπώλιον λιπὼν ἵν' ἐστὶ κριβάνων ἑδώλια.* また Antiphanes は *Omphale* で (*cf.* Athen. 112C—D), *ἄρτους…… οὓς δημόταις Θεαρίων ἔδειξε* と言っている(*fr.* 176 Kock)。おそらく彼はアテナイの市民であったろう。*ἄρτος* というのは，パンというよりもむしろ，お祭り用の上等の菓子 (opp. *μᾶζα*) であったと思われる (Thompson, Nestle)。
B 6 *Μίθαικος ὁ τὴν ὀψοποιίαν συγγεγραφὼς τὴν Σικελικήν*]　Mithaicos は，Maximus Tyrius, *Diss.* VII によれば，シシリー島の人で，料理法においては彫刻界の Pheidias にも比較さるべき人物であったと言われている。彼が始めその技術を公開したスパルタからは追放されたが，その他の國々ではいたるところで彼は歡迎されたという。おそらくここに言及されている書物が，料理法の書物としては最初のものであったろうと思われる (*cf.* Athenaeus, XII. 516C)。しかし Athenaeus がそれから引用していないところを見ると，その時代までにはその書物は失われてしまっていたのかもしれない。なお，所謂「シケリヤ料理」('Siculae dapes' Horat. *Carm.* III. 1. 18) というのは諺のようになっていた。*cf. Rep.* 404D *Συρακοσίαν δέ, ὦ φίλε, τράπεζαν καὶ Σικελικὴν ποικιλίαν ὄψου……οὐκ αἰνεῖς. Epist.* VII. 326B *βίος εὐδαίμων, Ἰταλιωτικῶν τε καὶ Συρακουσίων τραπεζῶν πλήρης* (Thompson).

B 7 *Σάραμβος ὁ κάπηλος*] 一名 *Σάραβος* とも言われる。プラタイアの人で，その町の自慢になるほどに評判のよい酒屋 (*οἰνοπώλης*) であった [*cf.* Poseidippos comicus (*fr.* 29. 2 Kock), *τὸ Σαράβου κλέος*.——ただし Dodds はこれとは別人とする]。*κάπηλος* というのは，酒を造って賣るだけではなく，食卓に供するように酒の混合をも仕事にしていたと思われる (*cf.* Jul. Poll. vii. 193 *κάπηλοι οὐ μόνον οἱ μεταβολεῖς, ἀλλὰ καὶ οἱ τὸν οἶνον κεραννύντες· ὅθεν καὶ Σάραβον ὁ Πλάτων κάπηλον ὠνόμασεν, ἐπαινῶν αὐτὸν ἐπ' οἰνουργίᾳ*) (Thompson, Nestle)。
C 4 *ἀνθρώπους*] この語がつけ加えられているのは軽蔑の意を添えるためである。
C 5 *ἂν οὕτω τύχωσιν*] sc. *ποιήσαντες*=*ὅπως ἂν τύχωσι*. *cf.* 514E *ὅπως ἐτύχομεν*.「行きあたりばったりに」の意。
C 7 *προσαπολοῦσιν……σάρκας*] Demosthenes もまた，少しちがった比喩によってではあるが，これと同じような考えを述べている。*Ol.* I. 15 *ὥσπερ οἱ δανειζόμενοι ῥᾳδίως ἐπὶ τοῖς μεγάλοις τόκοις μικρὸν εὐπορήσαντες χρόνον ὕστερον καὶ τῶν ἀρχαίων ἀπέστησαν*. また次ぎの D 2—3 *ἀλλ' οἳ ἂν αὐτοῖς τύχωσι τότε παρόντες κτλ.* も，*Ol.* I. 16 *ἐγὼ δὲ οὐκ ἀγνοῶ μέν, ὦ ἄνδρες Ἀθηναῖοι, τοῦθ' ὅτι πολλάκις ὑμεῖς οὐ τοὺς αἰτίους, ἀλλὰ τοὺς ὑστάτους περὶ τῶν πραγμάτων εἰπόντας ἐν ὀργῇ ποιεῖσθε, ἄν τι μὴ κατὰ γνώμην ἐκβῇ*, *Phil.* II. 34 *ὁρῶ γὰρ ὡς τὰ πολλὰ ἐνίους οὐκ εἰς τοὺς αἰτίους, ἀλλ' εἰς τοὺς ὑπὸ χεῖρα μάλιστα τὴν ὀργὴν ἀφιέντας* と比較せよ (Lodge 引用)。
E 2 *οἳ τούτους εἱστιάκασιν*] *τούτους* は *τοὺς δήμους*，つまり *τοὺς Ἀθηναίους* のこと。すなわち *supra* C 7 の *οἱ δ' αὖ*, D 3 の *αὐτοῖς* によって示されている人たちであり，次の文章で *φασί* の主語になっているものである。關係代名詞 *οἵ* はむろん前の *ἀνθρώπους* を受けるが，次の文章では *αὐτούς* と指示代名詞で言われている。
E 4 *οἰδεῖ καὶ ὕπουλός ἐστιν*] 主語は *ἡ πόλις*. *οἰδεῖ* は上述の比喩の *παχύναντες τὰ σώματα* から結果すること。*ὕπουλος* については 480B 2 の註を見よ。
519A 4 *ἡ καταβολὴ αὕτη τῆς ἀσθενείας*] 518D 4 *ὅταν δὴ αὐτοῖς ἥκῃ ἡ τότε πλησμονὴ νόσον φέρουσα* にかけて言われている。*καταβολή* とは醫學用語で「發作」のこと。Tim. *Lex.* には「周期的な發熱」(*περιοδικὴ λῆψις πυρετοῦ*) と說明されている。この比喩は，マケドニアの脅威を警告した Demosthenes の演說の中にも次のように用いられている。*Phil.* III. 29 *ὅτι γ' ὥσπερ περίοδος ἢ καταβολὴ πυρετοῦ ἢ ἄλλου τινὸς κακοῦ καὶ τῷ πάνυ πόρρω δοκοῦντι νῦν ἀφεστάναι προσέρχεται, οὐδεὶς ἀγνοεῖ*. *cf.* *Hipp. Min.* 372E (Thompson 引用)。

A 7 *σοῦ……ἐπιλήψονται*] *supra* 486A において言われた Callicles の忠告の言葉，*εἴ τις σοῦ λαβόμενος κτλ.* にひっかけて言われているのかもしれない。
A 8 *τοῦ ἐμοῦ ἑταίρου Ἀλκιβιάδου*] Alcibiades の將來の運命についてのこの豫言的な云い方——それはこの對話篇が書かれた時代の讀者には，ここの Socrates の言明の正しさを證明するのにもっとも適切な例だと思われたのであろうが——と，この對話が行われたと推定される年代との關係については，「序說」(第一章) を見よ。
B 7 *ἄρα*] この particle は文章の始めから二番目の位置におかれるのが通例であるけれども，ここではひどく後におかれている。*cf.* 487A 2. その意味を Thompson は 'its usual inferential sense' と考えているが，むしろ，そんなことは嘘なのだけれども，彼らの言い分では (*ὡς ὁ τούτων λόγος*)，そうだということだと，ここに言われていることの責任を自分では引き受けないで，それを他人に歸するときの用法であると思われる。
C 5 *φάσκοντες γὰρ κτλ.*] *cf.* Xen. *Mem.* I. 2. 7 *ἐθαύμαζε* (Socrates) *δ' εἴ τις ἀρετὴν ἐπαγγελλόμενος……ἀλλὰ φοβοῖτο μὴ ὁ γενόμενος καλὸς κἀγαθὸς τῷ τὰ μέγιστα εὐεργετήσαντι μὴ τὴν μεγίστην χάριν ἕξοι.* Isoc. XII (*c. Soph.*) 6 *τοὺς δὲ τὴν ἀρετὴν καὶ τὴν σωφροσύνην ἐνεργαζομένους πῶς οὐκ ἄλλογόν ἐστι μὴ τοῖς μαθηταῖς μάλιστα πιστεύειν; οὐ γὰρ δή που περὶ τοὺς ἄλλους ὄντες καλοὶ κἀγαθοὶ καὶ δίκαιοι περὶ τούτους ἐξαμαρτήσονται, δι' οὓς τοιοῦτοι γεγόνασιν* (Routh, Heind. 引用)。

C 6
(1) *σφᾶς αὐτούς* (TPF *αὐτοὺς* B)： Heind., Herm., Stallb., Lodge, Nestle, Croiset, Lamb
(2) *σφᾶς* [*αὐτούς*] (Bekk.)： Ast, Thomp., Burnet, Dodds

αὐτούς は *σφᾶς* をさらに强めているとも考えられるが (*cf.* 457D)，しかし *σφᾶς* だけで充分であろう。Thompson の言うように，それは前後の文字の dittography であるかもしれない。——次の *καὶ ἄλλην* は副詞的な意味にとる。「またほかにも」の意味。「その他の感謝」ではない。*cf.* 447C 3.
D 1 *καί*] Heindorf, Schanz は *καίτοι* と直すが，しかし *καί* でも文頭にあるときにはその意味になることがある。*cf.* *Apol.* 29B *καὶ τοῦτο* (BTW, *καίτοι* Eusebius) *πῶς οὐκ ἀμαθία ἐστὶν αὕτη ἡ ἐπονείδιστος*; Denniston, p. 309.

D 4
(1) *τούτῳ ὅ* (BTP)： Heind., Herm., Stallb., Lodge, Nestle, Croiset, Lamb, Dodds
(2) *τούτῳ ᾧ* (F^2)： Bekk., Ast, Thomp., Burnet

關係代名詞が先行詞に attractio しているとしても，またはしていないとしても，

文法的にはどちらでもよいと思われる。それならば有力寫本どおりに (1) で讀んでよいのではないか。ὃ οὐκ ἔχουσιν とはつまり ἀδικία のことであるが，この云い方をすることによってソフィストの主張の論理的な矛盾が強くあばかれることになる。
D 5 ὡς ἀληθῶς δημηγορεῖν] Socrates は自分が非難していた長廣舌を自分でしてしまったことについて，それはすでに 482C で Callicles によって ὡς ἀληθῶς δημηγόρος ὢν κτλ. と非難されていたのだから，その言葉を引用しながら，ここで辯明をしているわけである。しかしそれはやむをえずに (ἠνάγκασας) したのであって，もし Callicles が話の相手になって質問に答えてくれさえすれば，いつでも一問一答の短い話し方にかえるのだがと，さらにもう一度相手を問答に誘いこもうとする言葉ともなっている。
E 1 ἔοικά γε· νῦν γοῦν συχνοὺς τείνω τῶν λόγων] 前の Callicles の問いは，反語的な意味を含んだ疑問文であるから，つまりそれは「ひとに答えてもらわなくても，あなたはむろん話をすることはできるだろう」というような意味となるから，それに對して Socrates は，「うん，それはできるかもしれないよ (ἔοικά γε sc. οἷός τ' εἶναι λέγειν)」と答え，先の長廣舌がそれの一つの證據である (νῦν γοῦν……τείνω τῶν λόγων) という風に言ったものと解釋しておいた (γοῦν は「とにかく……だからね」と譯す)。しかしあるいは，Callicles の問いを單純な疑問文と考えて，つまりそれを「誰かひとが答えてくれるのでなければ，あなたは話をすることのできないような人なのですか」という意味にとり，Socrates はこれに對して，「うん，そうらしい，それはできないようだね」と答えたものとして，次の γοῦν を δ' οὖν (P) に直し，「しかし今はとにかく，君が答えてくれようとはしないものだから，話を長くしてしまったのだけれども」という風に譯すこともできるかもしれない (Apelt の譯——‘*Vielleicht, vielleicht auch nicht. Jetzt wenigstens verfalle ich in die Unsitte, lange Reden zu halten,* usw.——はそう解釋しているように見える)。しかしながら，すべての校本が γοῦν (BF) と讀み，前者の解釋に從っているようである。
E 3 πρὸς Φιλίου] sc. Διός. *cf.* 500B 6 の註。
E 5 ἔπειτα] ‘Positum ἔπειτα pro ὅμως, usu frequentissimo’ (Heindorf). *cf. Phaedo* 70E.
520A 1 ἀλλὰ τί ἂν λέγοις ἀνθρώπων πέρι οὐδενὸς ἀξίων;] Callicles は Gorgias を自分の家に逗留させて，辯論術の修得にはげみ，ῥήτωρ (πολιτικός) になろうと努めているのであるが，その Gorgias は Protagoras などが堂々と σοφιστής と名乘り，德の教師であると公言しているのを苦々しく思い，自分はたんに辯論術の教師にすぎないと主張していたのである (*cf. Meno* 95C)。そこで Callicles

も彼にならって，德を教えると稱するソフィストたちに對して，このような輕蔑感を示すわけであろう。しかし次に見られるように，ソフィストの方がレートールよりもまだしもましであると，簡單に Socrates によっていなされてしまうのである。
A 8 *ὥσπερ ἐγὼ ἔλεγον πρὸς Πῶλον*] *cf.* 465C.
B 2 *κάλλιόν ἐστιν σοφιστικὴ ῥητορικῆς*] *σοφιστική* が *ῥητορική* よりもどれだけ立派であるかが，*γυμναστική* と *ἰατρική*, *νομοθετική* と *δικαστική* の間の優劣をもとにして論じられている。つまり體育術は，身體の健康を保持し，それを增進させるという積極的な仕事をするが，これに反して醫術は，身體が病氣になったときに，それを回復させるだけの消極的な役割を果すにすぎないから，その意味で前者が後者よりも立派であるし，また同樣な理由で，立法術の方が司法・裁判の術よりも立派であると言えるわけだが，すでに 465C で言われた *τέχνη* と *κολακεία* の分類，およびそれら相互の關係を表わした比例式でみると，立法の技術に對する迎合の術が *σοφιστική* であり，司法・裁判の技術に對する迎合の術は *ῥητορική* であるから，從って上に述べられたのと同じ理由で，また同じ程度に，*σοφιστική* の方が *ῥητορική* よりも立派であるということになるわけである。しかしながら，このようにしてそれらの優劣が論じられるときには，いま見たように，その *σοφιστική* は，たんに個人を對象として德を教えるというような狹い意味のものに止らず，廣く *νομοθετική* に匹敵するような廣義のものであり，またその *ῥητορική* の方も，これまでに論じられていたように，廣く國政全般にわたって勸告するというような廣義のものと解されるべきではなく，本來の法廷辯論に關する狹義のものに限らなければならないだろう。
B 4 *μόνοις δ' ἔγωγε καὶ ᾤμην*] この *καί* は *μόνοις* にかかり，それを强めるためのものであるが，*μόνοις* の語が特に强調されて文頭に來たので，この位置になっている (Denniston, p. 327——‘*καὶ μόνοις*, “*actually the only people*”: the order is perhaps dictated by a desire to put the emphatic *μόνοις* at the beginning.’ *cf.* 461B *οὕτω καὶ σὺ……δοξάζεις*;——*καὶ δοξάζεις*: “*Do you really think?*”)。
B 5 *τῷ πράγματι*] 教育 (*παιδεύουσι*) の對象となっているもの，つまり *σοφισταί* にとってはそれは個人であろうし，*δημηγόροι* にとってはそれは國家國民の全體であろう。*cf. Prot.* 312C *καίτοι εἰ τοῦτ' ἀγνοεῖς, οὐδὲ ὅτῳ παραδίδως τὴν ψυχὴν οἶσθα, οὔτ' εἰ ἀγαθῷ οὔτ' εἰ κακῷ πράγματι* (この場合の *πρᾶγμα* はソフィストの意味である)。
B 7 *κατηγορεῖν*] 多くの註釋家が上述の *οὐκ ἐγχωρεῖν* から *ἀνάγκην εἶναι* を補って考えるべきだと主張しているが，Ast の言うように，直ちに *ᾤμην* (B 4) にかけるのでよくはないだろうか。

C2 *προέσθαι*]　いわゆる「無償の行爲」にあたるだろう。*ἄνευ μισθοῦ* はなくてもよいのであるが，特にソフィストたちが現にやっているやり方と鋭く對照させるために附加されている。Socrates の行爲はまさにこれであった (*cf. Apol.* 19E, 31B, 33A)。その點で *Prot.* 328B—C に語られている Protagoras のやり方も注目に値いする。
C7 *ὅτι μάλιστα*]　次の *ἅμα μεταδιδοὺς* にかかる (*'simul atque ei tradit'* Stallb.)。
D1 *γὰρ δή*]　BTP 寫本は *γάρ* だけであり，多くの校本がそれに從っているが，Burnet, Croiset, Dodds は F 寫本をとり，*δή* を附加している (*cf.* Denniston, p. 243)。
D9 *τὰς μὲν ἄλλας συμβουλάς*]　i.e. *τὰς μὲν περὶ ἄλλων συμβουλάς*.
E2 *ὅντιν' ἂν τις τρόπον κτλ.*]　むろん *ταύτης τῆς πράξεως* の補足的說明である。ソフィストたちが教えると公言していた *πολιτικὴ ἀρετή* が，家を齊えることと，國を治めることの二面を含んでいたことについては，*Rep.* 600D, *Meno* 91A などを參照。特に Protagoras はこう公言していた。*Prot.* 318E *τὸ δὲ μάθημά ἐστιν εὐβουλία περὶ τῶν οἰκείων, ὅπως ἂν ἄριστα τὴν αὑτοῦ οἰκίαν διοικοῖ, καὶ περὶ τῶν τῆς πόλεως, ὅπως τὰ τῆς πόλεως δυνατώτατος ἂν εἴη καὶ πράττειν καὶ λέγειν.*
E9 *εἰ……πείσεται· εἰ δὲ μή, οὔ.*]　第二の條件文が第一の條件文の反對の意味を表わすときには，普通，第一の條件文は *ἐὰν μέν* の形で言われる (*ἐὰν μὲν*……, *εἰ δέ μή*……)。ここで第一の條件文が *εἰ* c. *fut. ind.* の形になっているのは，そのような場合がきわめて稀れであることを强調したものであろう。*τὸ σημεῖον* というのは，その *εὖ ποιεῖν* が本物であったことを示す，その「しるし」である。
521A2 *ἐπὶ ποτέραν……τὴν θεραπείαν*]　i.e. *ποτέρα οὖν ἐστιν ἡ θεραπεία, ἐφ' ἥν με παρακαλεῖς*; (Stallb.). *τὴν θεραπείαν* の *τήν* は指示的な力をもつ。つまりそれは，次に再びくり返して說明されるけれども，これまでに何度も述べられてきたものであるから。
A4 *ἢ ὡς διακονήσοντα κτλ.*]　これは *ἢ τὴν τοῦ διακονεῖν καὶ……ὁμιλεῖν* (sc. *θεραπείαν*)，あるいは 513D にならって *ἢ τὴν τοῦ καταχαρίζεσθαι* とでも言われるべきところを，前に *ὡς ἰατρόν* の句がきたために，構文が變化したのである。*fut.* は意志 (「しようとする」) を表わす。——次の *ὥσπερ ἤρξω παρρησιάζεσθαι* については 487D 參照。
A7 *εὖ καὶ γενναίως*]　*'bene et confidenter, haud timide'* (Stallb.). *cf.* 475D *ἀλλὰ γενναίως……ἀποκρίνου* (*γενναίως* の意味についてはそこの註をみよ),

Theaet. 157D εὖ καὶ ἀνδρείως ἀποκρίνου, *Leg.* 618C, 855A.
B 1 κολακεύσοντα……, ὦ γενναιότατε]　ὡς κολακεύσοντα と ὡς を補う人 (Heindorf) もあるが，しかしここの會話のやりとりでは，それはなくてもよいだろう。なお κολακεύσοντα……γενναιότατε と兩極端の語が對立させられていることに注意せよ。
B 2 εἴ σοι Μυσὸν γε ἥδιον καλεῖν]　昔の註釋家たちはこの語句の解釋に非常に苦しんで，いろいろと修正の試みを出しているが，このままで文意はいたって明瞭であると思う。つまり apodosis が省略されていると考えて，「うん，そんな奴 (=κολακεύσοντα) は，ミュシア人と呼ぶ方がお氣に召すのなら，それはそう呼びかえてもかまわないです」というような意味であろう。——ミュシア人はカリア人とともに非常に輕蔑されていた人種で，Μυσῶν ἔσχατος とか Μυσῶν λεία とかいう言葉は，人間の屑を示すものとして諺のように用いられていた。*cf. Theaet.* 209B τὸ λεγόμενον (Cornarius) Μυσῶν τὸν ἔσχατον, Arist. *Rhet.* I. 12. 1372b 32 ὡς ὄντας κατὰ τὴν παροιμίαν τούτους Μυσῶν λείαν.——次の ὡς は理由を示す。*cf.* 509E1.
B 4 ὃ πολλάκις εἴρηκας]　*cf.* 486A—B, 511B. しかし Polos もすでに同じように言って Socrates をおどしていた (*cf.* 466C)。
C 3 ὥς μοι δοκεῖς κτλ.]　驚きと嘲笑の氣持を含んだ感嘆文として理解する ('exclamatio, quae mirandi ridendique comprehendit significationem' Stallb.)。*cf.* 490E ὡς ἀεὶ ταὐτὰ λέγεις.——なお，καὶ οὐκ ἂν εἰσαχθείς=καὶ ὡς οὐκ ἂν εἰσαχθείης (*opt. potentialis*)。
C 8 ὁντινοῦν ἂν ὅτι τύχοι, τοῦτο παθεῖν]　この副文章を直接話法の形に直してみれば，ὁστισοῦν πάθοι ἂν τοῦτο, ὅτι τύχοι (sc. πάσχων) となるであろう。ところでこの場合 ὅτι τύχοι の關係文は，未來を想定する條件文だから，普通なら *opt.* ではなくて，ὅτι ἂν τύχῃ と *subj.* が使われるところであるが，その關係文が從屬する主文が ἂν を伴う *opt.* となっているので，attractio によって關係文も *opt.* になっている。*cf.* GMT, 558.「ひとは誰にもせよ，いつ何時どんな目にあわないものでもない」の意味。
D 1 ὃ σὺ λέγεις]　寫本 (BTPF) どおりに ὅ のままで讀む。しかしこの關係代名詞は τούτων を受けるとすると (內容は先に言われた生命，財產などをさす)，ὧν (ἅ の attractio) と直して讀むのが正確かもしれない (Heind., Ast, Herm., Stallb., Thomp., Schanz, Croiset はそう訂正する)。だがこれと同じような例は *supra* 486D τούτων τινὰ τῶν λίθων ᾗ βασανίζουσιν τὸν χρυσόν にも見られる。
D 7 ἐπιχειρεῖν τῇ ὡς ἀληθῶς πολιτικῇ τέχνῃ καὶ πράττειν τὰ πολιτικὰ μόνος τῶν νῦν]　これまで Socrates は，所謂政治を自分が拒否しているのを，

Callicles によって非難されつづけてきたのであるが，ここで一轉して Socrates は，自分こそ本當の意味での πολιτικὴ τέχνη に手を染めている人間であり，そして現代の人たちの中では，自分だけがひとり眞の政治の仕事を行っているのだと斷言する。彼が眞の政治の技術を如何なるものでなければならぬと考えていたかは，その「にせもの」(εἴδωλον 463D) であるところの辯論術を批判するという形で，すでに明らかにされてきたことである。それは一言にすれば，國(市)民をできるだけすぐれた人間にするということであった。そしてそのような意味においての，歴史的な Socrates の政治行動と政治觀とは，*Apol.* 29D 以下に詳しく語られている。しかしこの箇所で Platon が，Socrates をしてこのように語らせている意圖の底には，Platon 自身が實際政治に携わることを斷念し，そして學問研究に従事していることについて，おそらく彼に向けられたであろう世の非難に對しての，彼自身の自己辯明の氣持も含まれていたと想像される。しかしそれを，一部で言われているように，μετ' ὀλίγων Ἀθηναίων の語は，歴史的なSocrates によりも，むしろ Platon 自身にこそふさわしい言葉だから，という理由だけで説明するのは單純すぎるだろう。
E 1 τὰ κομψὰ ταῦτα]　前に (486C) Callicles が引用していた，Euripides の ἄλλοις τὰ κομψὰ ταῦτα ἀφείς の語句から借りて，Callicles にしっぺい返しをしている。なぜなら，Callicles は τὰ κομψὰ ταῦτα を哲學の議論に用いていたのだが，ここでは辯論術にぞくする事柄がそれによって示されているからである。
E 3 λόγος ὅνπερ πρὸς Πῶλον ἔλεγον]　ここで言及されている箇所は，464D (ὥστ' εἰ δέοι ἐν παισὶ διαγωνίζεσθαι ὀψοποιόν τε καὶ ἰατρόν, κτλ.) であると思われる。そこでは本當は Gorgias を相手にして話されているのだけれども，しかし Gorgias はその時 Polos の代役をつとめているにすぎないから，このように πρὸς Πῶλον ἔλεγον と言われてもさしつかえないのだろう。——次の κρινοῦμαι の語は，形は *med.* であるが，ここでは *pass.* の意味に用いられていると考えるべきだろう。きわめて珍しい例だと言わなければならない。その意味でなら κριθήσομαι が用いられるのが普通だから。*cf.* 509D ἀδικήσεται.
E 7 ὅδε……ἀνήρ]　Schanz, Croiset は Bekker, Ast (ὁ ἀνήρ) に従って ἀνήρ としているが，οὗτος ἀνήρ, ἀνὴρ ὅδε と冠詞なしに用いられるのが普通なので，そのように訂正する必要はないだろう。輕蔑の意がこめられている。
E 8 διαφθείρει……ἀπορεῖν ποιεῖ]　διαφθείρει は，直接にはむろん τέμνων τε καὶ κάων という，醫者が行う外科的處置にもとづくものであるが，しかしそれと同時にまた，Socrates が法廷で訴えられた罪狀の文句にもひっかけてあるのだろう。他方，ἀπορεῖν ποιεῖ も，ἰσχναίνων (=πεινῆν καὶ διψῆν ἀναγκάζων) と πνίγων

(=πικρότατα πώματα διδούς), つまり醫者が患者にほどこす斷食療法や吐瀉療法にもとづくものであるが，それと同時にまた，Socrates の問答法に對して常にあびせられていた非難の言葉にも關係があるのだろう。*infra* 522B 7 の註參照。
522A 6
(1) ὁπόσον (BTP): Heind., Bekk., Herm., Stallb., Nestle, Lamb
(2) πόσον (F): Thompson, Schanz, Lodge, Croiset
(3) πόσον τι (K. Fuhr): Burnet, Dodds

(3) は B 寫本の ποιεῖ を τι οἴει に分解したもの (Π→ΤΙ)。それが認められるなら，この場合一番適切かもしれない。不定代名詞 (τι) は πόσον を强めたものと解する。直接疑問詞 (πόσον) と間接疑問詞 (ὁπόσον) とのうち，どちらを選ぶべきかについては，本來なら前者であるけれども，ここでは οἴει の語がその質問に間接性の外見をあたえたとも考えられる (Adam, *Rep.* 348B 10 note, *cf.* ib. 578E 5 ἐν ποίῳ ἄν τινι καὶ ὁπόσῳ φόβῳ οἴει γενέσθαι αὐτον……;)。——次の ἀναβοῆσαι の語にも，實際の Socrates の裁判で陪審員たちがしばしばそのような叫び聲をあげたことへの暗示が見られるように思う。なぜなら，Socrates はそれに對して，くり返し μὴ θορυβεῖτε (*cf. Apol.* passim) と賴まなければならなかったからである。
A 8 οἴεσθαί γε χρή] Callicles が自分で自分自身に納得させるように答えたものとみる。*cf. Crito* 53D, 54B, *Phaedo* 68B, *Prot.* 325C*.
B 4 οὔτε γὰρ κτλ.] これに對應するもう一つの項は，B 7 ἐάν τέ τις κτλ. によって言われる。
B 7 ἢ νεωτέρους φῇ διαφθείρειν ἀπορεῖν ποιοῦντα, ἢ τοὺς πρεσβυτέρους κακηγορεῖν κτλ.] νεωτέρους も次の τοὺς πρεσβυτέρους と同じように冠詞をつけて，τοὺς νεωτέρους (Hirschig) となるべきであるように見えるが，このままで正しいとすれば，νεωτέρους の方は「若い者たち，青年たち」と不定的に言われているが，τοὺς πρεσβυτέρους はその若者たちの父兄とでもいう意味だろうか。——νεωτέρους διαφθείρειν については，Xen. *Mem.* I. 1. 1 に傳えられている Socrates に對する告發狀を見よ [ἀδικεῖ δὲ (Σωκράτης) καὶ τοὺς νέους διαφθείρων]。また ἀπορεῖν ποιοῦντα の非難は Socrates に對して常にむけられていたものである (*cf. Meno* 79E ὦ Σώκρατες, ἤκουον μὲν ἔγωγε πρὶν καὶ συγγενέσθαι σοι ὅτι σὺ οὐδὲν ἄλλο ἢ αὐτός τε ἀπορεῖς καὶ τοὺς ἄλλους ποιεῖς ἀπορεῖν. *Theaet.* 149A λέγουσι περὶ ἐμοῦ, ὅτι…ἀτοπώτατός εἰμι καὶ ποιῶ τοὺς ἀνθρώπους ἀπορεῖν)。さらに τοὺς πρεσβυτέρους κακηγορεῖν については，たとえば *Apol.* 29D sqq., Xen *Mem.* I. 2. 49 sqq. を見よ。λέγοντα πικροὺς λόγους は *supra* 522A 1 の πικρότατα πώματα διδούς に對應する。*Apol.* 30E で Socrates が自分を神からアテナイという名馬に

附着させられた一匹の「あぶ」(μύωψ τις) にたとえているのが想い出される。
C 1 *πράττω τὸ ὑμέτερον δὴ τοῦτο*] *cf. Apol.* 31B *τὸ ἐμὲ τῶν μὲν ἐμαυτοῦ πάντων ἠμεληκέναι……τὸ δὲ ὑμέτερον πράττειν ἀεί.* 云い方については, *cf. supra* 455C *τὸ σὸν σπεύδειν**.
C 7
(1) *εἰ ἐκεῖνό γε ἕν* (Coraes): Schanz, Lodge, Burnet, Nestle, Croiset
(2) *εἰ ἐκεῖνό γε ἐν* (BTPF): Bekk., Herm., Stallb., Lamb
(3) *εἰ ἐκεῖνό γε* [*ἐν*] (Heindorf): Thompson
語の順序に多少難點があるかもしれないけれど, (1) の ἕν の讀み方を採る。Stallbaum の言うように, *ὑπάρχειν* は *ἐνεῖναι* と同じである (*ἐν αὐτῷ ὑπάρχοι*=*ἐν αὐτῷ ἐνείη*) と考えて, (2) の有力寫本どおりに *ἐν* を保存するのは少し無理であろう。前置詞なしに *ὑπάρχειν τινι* となるのが通例だからである。そこで (3) のように *ἐν* を削る提案もなされるわけである。Ast はしかし *ἐκεῖνό γε εἰ αὐτῷ ὑπάρχοι* と讀むことを提案している。なお apodosis は前の文から容易に補うことができるだろう (たとえば, *καλῶς ἂν ἔχοι*)。——次の *πολλάκις* については 509B—C參照。
D 2
(1) *αὕτη γὰρ τῆς βοηθείας* (F): Burnet, Croiset, Dodds
(2) *αὕτη γάρ τις βοήθεια* (BTP): 一般の讀み方
(1) を採る。その *βοήθεια* の內容はすでに明確に限定されているのだから, (2) のように *τις* が附け加わるのは適當でないように思う。
D 7 *κολακικῆς ῥητορικῆς ἐνδείᾳ*] *cf. Apol.* 38D *ἀπορίᾳ μὲν ἑάλωκα……τοῦ μὲν ἐθέλειν πρὸς ὑμᾶς τοιαῦτα οἷ' ἂν ὑμῖν μὲν ἥδιστα ἦν ἀκούειν.*
E 1 *αὐτὸ μὲν γὰρ τὸ ἀποθνῄσκειν οὐδεὶς φοβεῖται*] 死をおそれることは, 無知 (知らないことを知っていると思うこと) の一種にほかならない, というのが Socrates の信念 (*cf. Apol.* 29A *τὸ γάρ τοι θάνατον δεδιέναι……οὐδὲν ἄλλο ἐστὶν ἢ δοκεῖν σοφὸν εἶναι μὴ ὄντα*) であった。
523A 1 *ἄκουε δή, φασί, μάλα καλοῦ λόγου*] *φασί* は *ἄκουε δή* にかかる。つまり聞き手の注意を促し, いくらか莊重な調子で話を切り出そうとするときには, その冒頭に *ἄκουε δή* という言葉が常套的に用いられていたからである (ただし Cope, Lodge は *μάλα καλοῦ λόγου* をも *φασί* の內容に含めている)。*cf. Tim.* 20D *ἄκουε δή, ὦ Σώκρατες, λόγου μάλα μὲν ἀτόπου, παντάπασί γε μὴν ἀληθοῦς.* ubi Schol. *τοῦτο παροιμιῶδές ἐστιν ἐφ' ὧν ἐκκαλέσασθαι βουλόμεθα τὸν ἀκούοντα, ἴσον ὂν τῷ δέχου δὴ τὰ ἄξια ἀκοῆς* (Heind., Ast 引用), *Theaet.* 201D *ἄκουε δὴ ὄναρ ἀντὶ ὀνείρατος.*
A 2 *μῦθον……λόγον*] *μῦθος* と *λόγος* とをこのような意味で對立させる例

は *Tim.* 26E にも見られる。その差異は，簡單に言って，前者が「作り話」であるのに對して，後者は「眞實の話」である，というところにあるとしてよかろう（田中美知太郎『ギリシア人の智慧』所載の論文「ミュートス」を參照)。Socrates がここでこの區別をしたのは，次に說明されているように，以下語られる話には眞實が含まれているということを特に注意したためであろう。むろん，以下に語られることがそのまま事實であると主張するわけではないけれども。この點については，*Phaedo* においてミュートスが語り終えられた後に (114D) 言われている言葉，*τὸ μὲν οὖν ταῦτα διισχυρίσασθαι οὕτως ἔχειν ὡς ἐγὼ διελήλυθα, οὐ πρέπει νοῦν ἔχοντι ἀνδρί· ὅτι μέντοι ἢ ταῦτ' ἐστὶν……, τοῦτο καὶ πρέπειν μοι δοκεῖ καὶ ἄξιον κινδυνεῦσαι οἰομένῳ οὕτως ἔχειν. καλὸς γὰρ ὁ κίνδυνος. κτλ.* が最も適切な註釋となるように思われる。
A 3 *ὥσπερ γὰρ Ὅμηρος λέγει*]　Hom. *Il.* XV. 187 sqq. (Poseidon) *τρεῖς γάρ τ' ἐκ Κρόνου εἰμὲν ἀδελφεοί, οὓς τέκετο Ῥέα,/Ζεὺς καὶ ἐγώ, τρίτατος δ' Ἀΐδης, ἐνέροισιν ἀνάσσων./τριχθὰ δὲ πάντα δέδασται, ἕκαστος δ' ἔμμορε τιμῆς·/ἤ τοι ἐγὼν ἔλαχον πολιὴν ἅλα ναιέμεν αἰεὶ/παλλομένων, Ἀΐδης δ' ἔλαχε ζόφον ἠερόεντα,/Ζεὺς δ' ἔλαχ' οὐρανὸν εὐρὺν ἐν αἰθέρι καὶ νεφέλῃσι·/γαῖα δ' ἔτι ξυνὴ πάντων καὶ μακρὸς Ὄλυμπος.*——なお *παρέλαβον* の語に見られるごとく，ここでは Cronos と，Zeus たち兄弟の親子の間で，力によって天地の支配權が奪い合われたという傳統的な解釋 (e.g. Hesiod. *Theog.* 453 sqq.) はとられていない。これは Platon の教育的配慮 (*cf. Rep.* 378A) によるのかもしれない。
A 6 *καὶ ἀεὶ καὶ νῦν ἔτι*]　'*nunc adhuc ut semper*' (Stallb.).「そのときからずっと今日でもなお」の意味。*cf. Phaedr.* 254A *ἀεί τε καὶ τότε.*
ἐν θεοῖς]　「(Cronos の治世だけではなく)，Zeus を中心とする神々の間においても」と附け加えることによって，その *νόμος* が永遠のものであることを示している。
B 1 *μακάρων νήσους*]　この「幸福者の島」という言葉は，Hesiod. *Op.* 171 に始めて現われたものであるという。その箇所によると，いわゆる第四の世代の人たち，つまり英雄たち (*ἥρωες*) は，そのうちには Troia や Thebai で戰死した者もあるけれども，その他の者たちは Zeus の特別な計らいで，人界遠く離れた大地の果て，深く渦卷く Oceanos の傍らの，この島に移り住むようにさせられたのであった。そこでは一年のうちに三度も蜜のように甘い穀物が實り，彼らは全く憂いを知らずに餘生を送ることができたと言われている (167—173 *τοῖς δὲ δίχ' ἀνθρώπων βίοτον καὶ ἤθε' ὀπάσσας/Ζεὺς Κρονίδης κατένασσε πατὴρ ἐς πείρατα γαίης./καὶ τοὶ μὲν ναίουσιν ἀκηδέα θυμὸν ἔχοντες/ἐν μακάρων νήσοισι παρ' Ὠκεανὸν βαθυδίνην,/ὄλβιοι ἥρωες, τοῖσιν μελιηδέα καρπὸν/τρὶς ἔτεος θάλλοντα φέρει ζείδωρος*

ἄρουρα)。Homeros の詩の中でそれにあたるものは *Ἠλύσιον πεδίον* であろう。*Od*. IV. 563 sqq. によると，そこは「金髪のラダマンテュスが治めていて，人はこの上なく安らかに暮せるところである。雪も降らず，多の暴風もきびしくなく，また大雨も決してなく，オケアノスが爽やかに吹く西の微風の息吹きをたえず送り，人の氣を清新にするところなのである」が，そこへかの Helene の夫，Menelaos は，不死なる神々によって送られることになろうと言われている。しかし後代になると，おそらくオルペウス教やピュタゴラス派の教義を通して，これらの「極樂」行きの條件には，宗教的あるいは倫理的な基準が加味されることになったようである。つまりここに見られるように，一生を正しく，また神々を敬いながら送った者が，死後に移り住むところの土地とされたのである。この考え方の變化には，特に Pindaros の影響があったろうと言われている (*cf*. *Ol*. II. 68 sqq. Bowra, *ὅσοι δ' ἐτόλμασαν ἐστρὶς ἑκατέρωθι μείναντες ἀπὸ πάμπαν ἀδίκων ἔχειν ψυχάν, ἔτειλαν Διὸς ὁδὸν παρὰ Κρόνου τύρσιν· ἔνθα μακάρων νᾶσον ὠκεανίδες αὖραι περιπνέοισιν, κτλ.*)。そしてまた後世では，その土地の位置も大地の果てから，どこか地下の世界 (Hades) にあるものと考えられるようになったようである。
B 3 *Τάρταρον*] Hades (地下の世界) の最奥にある底無しの奈落，つまりいわゆる無限地獄で，Zeus または彼を中心とする神々への反逆者，冒瀆人が送りこまれる場所，牢獄であった。その場所について Homeros は次のように描寫している (*Il*. VIII. 13—16 *ἤ μιν ἑλὼν ῥίψω ἐς Τάρταρον ἠερόεντα,/τῆλε μάλ', ἧχι βάθιστον ὑπὸ χθονός ἐστι βέρεθρον,/ἔνθα σιδήρειαί τε πύλαι καὶ χάλκεος οὐδός,/τόσσον ἔνερθ' Ἀΐδεω ὅσον οὐρανός ἐστ' ἀπὸ γαίης*. *cf*. ib. 478—481)。そこには始め，クロノスの兄弟たち，かの醜悪怪奇なる Titanes の一族どもが閉じこめられていたのであるが，後に (525E) あげられている Tantalos, Sisyphos, Tityos もまた神々に對する冒瀆の廉で，この「タルタロス」へつながれ，永却の責苦を受けたと言われる。しかしこれも後には，すべて惡人が死後送られる牢獄の意味になった。*cf*. *Orph*. *Frag*. 222 Kern, *οἳ δ' ἄδικα ῥέξαντες ὑπ' αὐγὰς ἠελίοιο Ὕβριν θ', οἳ κατάγονται ὑπὸ πλάκα Κωκύτοιο Τάρταρον ἐς κρυόεντα*. *Phaedo* 113E—114B 參照。
B 4 *καὶ ἔτι νεωστὶ τοῦ Διὸς τὴν ἀρχὴν ἔχοντος*] この語句については大體三とおりの解釋が行われている。(1) *νεωστί* で文を切り，それは前の *ἐπὶ Κρόνου* と對照的におかれているものと考え，*τοῦ Διὸς……ἔχοντος* は *νεωστί* の補足說明と見る (Stallbaum, '*et nuper etiam, Iove imperium tenente*': Cope, '*and still are in more recent times under the empire of Zeus*': Lodge, '*still more recently, when* etc.')。全體の意味は「昔も今も」である。すなわち「昔」は *ἐπὶ Κρόνου*

で表現され,「今も」にはさらに「ゼウスの支配下にある」が附け加えられているわけである。(2) は (1) の解釋と結論は同じようなことになるかもしれないが, Heindorf のように, *νεωστί* を *ἔχοντος* にかけて讀む (*'recenti adhuc Iovis imperio'*: Nestle, Apelt, *'und auch noch unter dem seit kurzem herrschenden Zeus'*, つまり「また最近ゼウスが支配することになってからも」の意)。(3) は以上の解釋に對して,「ゼウスの支配の始め頃にも」(Thompson, *'and even in the early days of Zeus'*: Croiset, *'au commencement du règne de Zeus'*)——というのは, 後になると, 次に見られるように, 生きた人が生きた人を裁くということは訂正されるから——と譯す。この最後の解釋が一番よいと思うけれども, ただ *νεωστί*を「最初の頃, 始めの間」という風に譯すことができるかどうかは疑わしいので,「ゼウスが支配することになってからもごく最近までは」と譯しておいた。
D 7 *τοῦτο μὲν οὖν καὶ δὴ εἴρηται τῷ Προμηθεῖ ὅπως ἂν παύσῃ αὐτῶν*] *τοῦτο* はすぐ前の彼らが死を豫知していることをさす。そしてそれは後の *παύσῃ* の目的語になる。つまり普通の構文なら *ὅπως ἂν αὐτοὺς τούτου παύσῃ* (*acc. pers.* et *gen. rei*) と書かれるところであったろう。*εἴρηται τῷ Προμηθεῖ* には Aisch. *Prom.* 248 *θνητούς γ' ἔπαυσα μὴ προδέρχεσθαι μόρον* の句が念頭にあったであろうと思われる。そこで, ここに要求されていることはすでに實行されているのだという感じで, *καὶ δή* が用いられているわけである (*cf.* Denniston, pp. 250—1 '*καὶ δή* here signifies, vividly and dramatically, that something is actually taking place at the moment, (iii) marking the provision or completion of something required by the circumstances')。「ほら, 芝居の文句にもあっただろう」という風に言葉を補って譯してよいかもしれない。
E 3 *αὐτῇ τῇ ψυχῇ αὐτὴν τὴν ψυχὴν θεωροῦντα*] *cf. Phaedo* 66E *ἀπαλλακτέον αὐτοῦ* (sc. *τοῦ σώματος*) *καὶ αὐτῇ τῇ ψυχῇ θεατέον αὐτὰ τὰ πράγματα. Alc.* I. 130D *προσομιλεῖν ἀλλήλοις……τῇ ψυχῇ πρὸς τὴν ψυχήν.*
E 4 *ἔρημον……καὶ καταλιπόντα*] これらの語は前の *τὴν ψυχήν* にかかるから, *ἐρήμην……καὶ καταλιποῦσαν* と女性形を期待したいところだが, *ἀποθανόντος ἑκάστου* が間に挿入されたために, それにひかれて男性形になっている。
E 8 *δύο μὲν ἐκ τῆς Ἀσίας*] 「アジア生れ」というのは, Minos と Rhadamanthys とは Zeus と Europa の子として Creta 島に生れたのだが, その Creta 島は, 當時の地理概念では, *Ἀσία* (アジア) にぞくすると考えられていたからか。それとも, 彼らの母 Europa の父 Agenor は, Phoenicia の Tyros の王であって, 彼女もまたそこから, 牡牛の姿に身を變えた Zeus の背にのって, Creta 島に連れて來られたのだから, 母の出生地から言えば「アジア生れ」ということになるのか。

——Aiacos は Zeus とニュンフの Aigina (河神 Asopus の娘) の子。「ヨーロッパ生れ」というのは, Aigina 島は明瞭に *Εὐρώπη* (ヨーロッパ) にぞくするからである。ちなみに當時の地理概念では, この地球の表面を *Ἀσία* と *Εὐρώπη* と呼ばれる二つの部分に分けて考えていた。*cf*. Isoc. IV (*Paneg*.) 179 *τῆς γὰρ γῆς ἁπάσης τῆς ὑπὸ τῷ κόσμῳ κειμένης δίχα τετμημένης, καὶ τῆς μὲν Ἀσίας τῆς δ' Εὐρώπης καλουμένης*. How and Wells, *Commentary on Herodotus*, Apend. xiii. 5 を參照。——なお死者の裁判官としては以上の三人のほかに, *Apol*. 41A では Attica の英雄で, Eleusis の秘儀に特別の關係をもっていた Triptolemos が加えられている。ただここで注意したいのは, Minos だけは Homeros (*Od*. XI. 568—71, *cf*. *infra* 526D) でも「死者」の間の争いを調停する裁判官とされているが, Rhadamanthys は Homeros (*Od*. IV. 560—65) でも Pindaros (*Ol*. II. 75 sqq.) でも, Elusion の野や幸福者の島での支配者, 裁判官である (*cf*. *supra* 523B 1 註) とされているだけであり, また Aiacos も Pindaros (*Isthm*. VIII. 23 sqq.) では Aigina 島の立法者, 裁判官として語られているにすぎなくて, 少くとも古典期ギリシアの文獻では, Platon 以外には誰も彼らを,「死者」の生前の行爲を裁く者として語っている者のないことである。Burnet の *Apol*. 41A 3 の註を參照。

524A 2 *ἐν τῷ λειμῶνι*] Homeros (*Od*. XI. 539, 573, XXIV. 13) のいう *ἀσφοδελὸς λειμών* が念頭にあったのかもしれない。冠詞は指示的な意味を表わす。しかし Homeros では, それは Hades の國の中にあり, 亡靈の住みか (ib. XXIV. 14 *ἔνθα τε ναίουσι ψυχαί, εἴδωλα καμόντων*) であったが, 裁判を受ける場所とはされていない。同様に, Aristoph. *Ran*. 326, Pind. *fr*. 114 Bowra, *Orph*. *Frag*. 32 (=B 20 Diels), 222, 293 Kern などに見られる *λειμών* の語は, いずれも祝福された魂の住みかとして理解されているようである。ところがここでは, それは裁判の行われる場所となっている。また *Rep*. 614C でも, 肉體を離れた *ψυχή* が進んで行って, 裁判を受けることになる場所は, *τόπον τινὰ δαιμόνιον, ἐν ᾧ τῆς τε γῆς δύ' εἶναι χάσματα ἐχομένω ἀλλήλοιν καὶ τοῦ οὐρανοῦ αὖ ἐν τῷ ἄνω ἄλλα καταντικρύ. δικαστὰς δὲ μεταξὺ τούτων καθῆσθαι, κτλ*. と記されていて, そしてその *τόπος δαιμόνιος* は, 次の 614E, 616B によると, *λειμών* の一部に (あるいはごく近くに) あったように解せられる。しかし *Phaedo* 107D では, *οὗτος* (=*ὁ ἑκάστου δαίμων*) *ἄγειν* (sc. *ἕκαστον*=*τὴν ψυχὴν*) *ἐπιχειρεῖ εἰς δή τινα τόπον, οἶ δεῖ τοὺς συλλεγέντας διαδικασαμένους εἰς Ἅιδου πορεύεσθαι κτλ*. と言われているだけで, *λειμών* の語は見えない。

ἐν τῇ τριόδῳ] *cf*. *Phaedo* 108A 4 *σχίσεις τε καὶ τριόδους*, *Rep*. 614C (前註引用)。

A 5 *Μίνῳ δὲ πρεσβεῖα δώσω*] Minos にこの特權(決裁の權利)が與えられた理由については，Thompson は Platon の僞作 *Minos* 319D, 320B—C を引用して，Minos は *Διὸς μεγάλου ὀαριστής* (Hom. *Od.* XIX 179) であったからであり，それに對して Rhadamanthys はむしろ彼の補助者として働いていたことを注意している (320B—C *Ῥαδάμανθυς δὲ ἀγαθὸς μὲν ἦν ἀνήρ·……ἐπεπαίδευτο μέντοι οὐχ ὅλην τὴν βασιλικὴν τέχνην, ἀλλ᾽ ὑπηρεσίαν τῇ βασιλικῇ, ὅσον ἐπιστατεῖν ἐν τοῖς δικαστηρίοις· ὅθεν καὶ δικαστὴς ἀγαθὸς ἐλέχθη εἶναι. νομοφύλακι γὰρ αὐτῷ ἐχρῆτο ὁ Μίνως κατὰ τὸ ἄστυ*)。
B 2 *ὁ θάνατος……διάλυσις*] *cf. Phaedo* 64C *ἡγούμεθά τι τὸν θάνατον εἶναι;……Ἆρα μὴ ἄλλο τι ἢ τὴν τῆς ψυχῆς ἀπὸ τοῦ σώματος ἀπαλλαγήν; καὶ εἶναι τοῦτο τὸ τεθνάναι, χωρὶς μὲν ἀπὸ τῆς ψυχῆς ἀπαλλαγὲν αὐτὸ καθ᾽ αὑτὸ τὸ σῶμα γεγονέναι, χωρὶς δὲ τὴν ψυχὴν ἀπὸ τοῦ σώματος ἀπαλλαγεῖσαν αὐτὴν καθ᾽ αὑτὴν εἶναι;*
B 4 *ἄρα*] 'primary use, expressing a lively feeling of interest' (Denniston, pp. 33—35).
B 6 *τό τε σῶμα κτλ.*] これに對應する *ψυχή* の方の説明は *infra* D 3 で，*ταὐτὸν δή μοι δοκεῖ τοῦτ᾽ ἄρα καὶ περὶ τὴν ψυχὴν εἶναι* という風に，ちがった構文で與えられている。なお，*σῶμα* の *ἕξις* は，*φύσις* と *θεραπεύματα* と *παθήματα* の三つに區別されているが，*φύσις* は生れつき具わっているもの，*θεραπεύματα* は自分の力で後天的に訓練努力によって獲得したもの，そして *παθήματα* は外部からの偶然な影響によってもたらされたものをさす。
C 2 *ἀμφότερα*] 副詞的用法の *acc. cf.* 477D3.

C 7
(1) *κατεαγότα* (BTPF): Heindorf, Ast
(2) *κατεαγότα τε* (V): Bekk., Herm., Stallb., Thomp., Nestle
(3) *καὶ κατεαγότα* (Schanz): Lodge
(4) *ἢ κατεαγότα* (Eusebius): Burnet, Croiset, Dodds

(4) のような仕方で前の文章につづけるのが一番適切と思われるので，一應それに從って譯した。

D 1
(1) *ταῦτα* (BTP): Heind., Bekk., Lodge, Nestle, Croiset
(2) *ταὐτὰ ταῦτα* (*ταυτὰ ταῦτα*, F): Ast, Herm., Stallb., Thomp., Burnet, Lamb, Dodds

(2) をえらんだ (*cf.* Ficinus, '*eadem haec apparent*')。
D 3 *ἐπί τινα χρόνον*] context の上では多少異るけれども，*Phaedo* 80C *τὸ μὲν ὁρατὸν αὐτοῦ, τὸ σῶμα……ὃ δὴ νεκρὸν καλοῦμεν,……ἐπιεικῶς συχνὸν ἐπιμένει*

χρόνον を参照。
D 4 ἄρα] 'After verbs of thinking and seeming, ἄρα denotes the apprehension of an idea not before envisaged' (Denniston, p. 38).
D 6 τὰ παθήματα] 身體の場合には上述のように，τὰ τῆς φύσεως のほかに θεραπεύματα と παθήματα との二つが區別されていたのに，魂の方については παθήματα だけがあげられているのはどういうわけだろうか。Lodge は，魂は本來完全であり，πάσχειν することによって悪くなる可能性はあるとしても，θεραπεύειν する餘地はないという風に解釋しているが，しかしそれなら，Socrates の説く ἐπιμέλεια τῆς ψυχῆς は全く無駄なことになるだろう。むしろそれよりも，ここの魂に關する議論では，悪い結果の方が問題になっているのだが，θεραπεύματα は本來よい結果を示す語だから，それで省略されているのだと考えたらどうだろうか。
D 7 ἔσχεν] *aor. ingressivus.* 「もつに至った」「もつことになった」の意。
E 4 κατεῖδεν] *aor. gnomicus. infra* 525A 6 εἶδεν, ἀπέπεμψεν も同じ。
E 5 διαμεμαστιγωμένην] 上述の身體の場合について言われた μαστιγίας (C 5), ὑπὸ μαστίγων (C 6) にかけて比喩的に言われている。同様に次の σκολιὰ……καὶ οὐδὲν εὐθύ も上述の διεστραμμένα (C 8) に對應し，また ἀσυμμετρίας τε καὶ αἰσχρότητος も上述の παχύς (C 3) にいくらかのつながりがもたせてあるのかもしれない。Thompson はここの記述を，海神 Glaucos の姿になぞえられた *Rep.* 611C—D の魂の描寫と比較することをすすめている。
525A 6 ἀτίμως] 地上の裁判官が下す ἀτιμία (*cf.* 486C 2 ἄτιμον ζῆν ἐν τῇ πόλει) の刑への連想があるだろう。
B 2 ἢ βελτίονι……ἢ παραδείγματι τοῖς ἄλλοις γίγνεσθαι] Platon の刑罰理論は，應報刑理論ではなくて，むしろ教育刑理論である。つまり刑罰の目的は，それを受ける當人が，それによって一層よい人になるか，それとも，もはやそれが望めないほどの悪人は，他の人々への見せしめとなることで，他の人々が悪いことをしないようにするのに役立つか，そのどちらかである。この點は *Leg.* の中に再三語られている。*cf.* IX. 854D—855A οὐ γὰρ ἐπὶ κακῷ δίκη γίγνεται οὐδεμία γενομένη κατὰ νόμον, δυοῖν δὲ θάτερον ἀπεργάζεται σχεδόν· ἢ γὰρ βελτίονα ἢ μοχθηρότερον ἧττον ἐξηργάσατο τὸν τὴν δίκην παρασχόντα.……τοὺς δὲ ἄλλους παράδειγμα ὀνήσει γενόμενος κτλ. また 862D—E, 934A および *Critias* 106B δίκη δὲ ὀρθὴ τὸν πλημμελοῦντα ἐμμελῆ ποιεῖν を参照。なおこれと同じような意見を，彼はソフィストの Protagoras にも述べさせている。(*Prot.* 324B ὁ δὲ μετὰ λόγου ἐπιχειρῶν κολάζειν οὐ τοῦ παρεληλυθότος ἕνεκα ἀδικήματος τιμωρεῖται——οὐ γὰρ ἂν τό γε πραχθὲν ἀγένητον θείη——ἀλλὰ τοῦ μέλλοντος χάριν, ἵνα μὴ

αὖθις ἀδικήσῃ μήτε αὐτὸς οὗτος μήτε ἄλλος ὁ τοῦτον ἰδὼν κολασθέντα).
——ところで，Platon はここでこの理論を，この世の裁判のみならず，あの世の裁判にも (B7 καὶ ἐνθάδε καὶ ἐν Ἅιδου) 適用しようとしている。しかし，もしあの世にまでこの理論が適用されるとなると，この *Gorg.* にははっきり語られていないけれども，彼は當然魂の轉生說を豫想している，ということになるだろう。なぜなら死者が，裁きを受けることによって，自分自身益せられるのであろうと，あるいは他の死者への見せしめとなることで，他の死者を益するのであろうと，そのことが意味をもつためには，死者は次の世において，よりよく生きることができるという前提がなければならぬからである (Friedländer, I. p.185 (英譯), Dodds の註を參照)。
C 1 οἳ δ' ἂν……ἀνίατοι γένωνται] *cf. Phaedo* 113E, *Rep.* 615E. なお καὶ διὰ τὰ τοιαῦτα と τά (F) を入れて讀む (Stallb., Burnet, Lamb, Dodds) ほうを採用する。
D 1 εἰ ἀληθῆ λέγει Πῶλος] *cf.* 470D—471D. *Rep.* のミュートスでは Ἀρδιαῖος ὁ μέγας がその例にあげられている (615C)。
D 2 οἶμαι δὲ καὶ κτλ.] καί は前に言われたことに加えて「さらにその上」という意味。*cf. Rep.* 615D.
D 6 μαρτυρεῖ……καὶ Ὅμηρος] *cf. Od.* XI. 576—600. そこに語られている Tantalos, Sisyphos, Tityos の人となりや，彼らの受けた刑罰の內容については，「註解」の說明を見よ。また Thersites は Hom. *Il.* II. 212 sqq. に現われている。その名の示すごとく「恐れを知らぬ」(θάρσος) 厚かましい男で，何かとあれば指揮官たちに反抗して惡態をつくところの，極めて野卑で醜惡な人物として描かれている。またもし *Rep.* 620C に語られている ὁ γελωτοποιὸς Θερσίτης が同一人物なら，彼の魂は次の生活の選擇において猿の身體を選んだと言われている。
E 4 ἐξῆν αὐτῷ] sc. τὰ μέγιστα καὶ ἀνοσιώτατα ἁμαρτήματα ἁμαρτάνειν.
526B 2 Ἀριστείδης ὁ Λυσιμάχου] 彼の人となりや，經歷については，「註解」を參照。この對話篇において，前五世紀の他の著名な政治指導者たちがすべてきびしく非難されている中にあって，彼だけが一人このように讃えられているのは，まことに注目に値いすることである (*cf.* Plut. *Arist.* 25 Πλάτων δὲ τῶν μεγάλων δοκούντων καὶ ὀνομαστῶν Ἀθήνησι μόνον ἄξιον λόγου τοῦτον ἀποφαίνει τὸν ἄνδρα)。しかしこれは，Dodds も言うとおり，彼が Socrates (Platon) の言う意味での眞の政治家であったことを證明するものではなく，いわゆる 'power corrupts' の原則の例外であったことを示すだけであろう。なぜなら，彼もまた陶片追放にあったのだから，その意味では彼も市民たちをよりよくすることには失敗したのであり，また自分の息子に政治家としての德を教えることもできなかった (*cf. Meno* 94A) か

らである。
B 4 *ὅπερ οὖν ἔλεγον*]　再び 524E 以下で言われたことに返って，それを要約している。
B 7 *ἐπισημηνάμενος*]　検査の結果，治る者であるか，不治の者であるか，それを示す「しるし」をつけること。それによって魂の *πορεία* の運命が決まることになる。*Rep*. 614C によると，正しい魂は前面に「しるし」をつけられて天上の世界に進み，不正な魂は背後につけられて地下の旅に出ることになる (*δικαστὰς……τοὺς μὲν δικαίους κελεύειν πορεύεσθαι τὴν εἰς δεξιάν τε καὶ ἄνω διὰ τοῦ οὐρανοῦ, σημεῖα περιάψαντας τῶν δεδικασμένων ἐν τῷ πρόσθεν, τοὺς δὲ ἀδίκους τὴν εἰς ἀριστεράν τε καὶ κάτω, ἔχοντας καὶ τούτους ἐν τῷ ὄπισθεν σημεῖα πάντων ὧν ἔπραξαν*)。
C 3 *τὰ αὑτοῦ πράξαντος*]　これは *σώφρων* であり，*δίκαιος* であることの言い代えである。これが *σωφροσύνη* の定義であることは，*Charm*. 161B *ἤκουσα λέγοντος ὅτι σωφροσύνη ἂν εἴη τὸ τὰ ἑαυτοῦ πράττειν*, *Tim*. 72A *εὖ καὶ πάλαι λέγεται τὸ πράττειν καὶ γνῶναι τά τε αὑτοῦ καὶ ἑαυτὸν σώφρονι μόνῳ προσήκειν* などを見よ。また *Rep*. では *δικαιοσύνη* がこれによって定義されていることは周知のとおりである。たとえば 433A *τὸ τὰ αὑτοῦ πράττειν καὶ μὴ πολυπραγμονεῖν δικαιοσύνη ἐστί*. かくして Platon のあの世に關するミュートスは，正義と節制の德を身につけた哲學者の生活の祝福で終っている。*Phaedo* 114C, *Rep*. 619D—E *Phaedr*. 249A—C を參照。
C 6 *ῥάβδον……*(**D 1**) *σκῆπτρον*]　*ῥάβδος* (杖) は，使者，占師，將軍，そして特に裁判官が携えていて，それらの職務の權威を表わす象徴であった。*cf*. Demosth. *de Cor*. (18), 210 (Lodge 引用) *καὶ παραλαμβάνειν γε ἅμα τῇ βακτηρίᾳ καὶ τῷ συμβόλῳ τὸ φρόνημα τὸ τῆς πόλεως νομίζειν ἕκαστον ὑμῶν δεῖ* (*ἡ βακτηρία*＝*ἡ ῥάβδος*). なお，*Prot*. 338A, Aristoph. *Pax*. 734 には *ῥαβδοῦχος* の語が審判官の意味で用いられ，また Pind. *Ol*. IX. 33 には Hades が *ῥάβδος* を手にして死者を裁いている。*σκῆπτρον* (笏) も始めは大體 *ῥάβδος* と同じ價値のものだったが，しかし後には特に支配者 (王) だけが持つものとなった (e.g. Hom. *Il*. I. 278 *σκηπτοῦχος βασιλεύς*)。*cf*. *Minos* 319D.
D 1 *ὥς φησιν Ὀδυσσεὺς ὁ Ὁμήρου ἰδεῖν*]　次の引用文は *Od*. XI. 569 に見られる。
D 6 *τὴν ἀλήθειαν ἀσκῶν*]　一般の讀み方は BTP 寫本どおりに *τὴν ἀλήθειαν σκοπῶν* であるが，新しい校本では Burnet と Dodds が F 寫本 (Eusebius, Routh, Cobet) に從って *ἀσκῶν* と讀んでいる (*cf*. *infra* 527D 2 *ἀσκῶν ἀρετήν*)。

それに従っておいた。
E 2 *ἀντιπαρακαλῶ*]　521A *ἐπὶ ποτέραν οὖν με παρακαλεῖς κτλ.* にかけて言われている。しかしそれはさらに 500C, また 485E 以下の內容にもかかる。
E 3 *τὸν ἀγῶνα*]　456B—D の Gorgias の言葉の中でも，一種の *ἀγών* における *ῥητορική* の勝利が語られていた。また *Apol.* 34C では裁判も一つの *ἀγών* と言われている。ここでは人生の生き方全體が，一つの *ἀγών* に見たてられているのであろう。*cf. Rep.* 608B *μέγας γάρ, ἔφην, ὁ ἀγών……τὸ χρηστὸν ἢ κακὸν γενέσθαι.*
E 4 *καὶ ὀνειδίζω σοι ὅτι κτλ.*]　486A 以下で Callicles が Socrates に對してなしていた忠告，非難が，ほとんどそのままの言葉で Socrates から Callicles に返されている。——*καὶ ἐπὶ κόρρης* の語句は，*ἀτίμως* の語が次にあるから餘分であるとも見られるが (Heind.)，しかし Callicles の用いていた (486C) この語句は——それはすでに (508D) Socrates によって引用されていたし，またあとでももう一度暗示される (*cf.* 527C *πατάξαι τὴν ἄτιμον ταύτην πληγήν*) のであるが——ここでもそれを附加することによって，侮辱の感じをさらに高めるのに役立っている。Cobet, Schanz, Croiset, Dodds は W 寫本によりこの語句から *καί* を削っているが，それはたたみかけるようにして附加されているのだから，むしろある方がよいと思われる。
527A 5 *ὥσπερ γραός*]　sc. *μῦθος*. これはひとつの諺的な云い方となっていた。*cf. Theaet.* 176B *ταῦτα μὲν γάρ ἐστιν ὁ λεγόμενος γραῶν ὕθλος. Rep.* 350E (Thrasymachos) *ἐγὼ δέ σοι, ὥσπερ ταῖς γραυσὶν ταῖς τοὺς μύθους λεγούσαις, „εἶεν" ἐρῶ καὶ κατανεύσομαι καὶ ἀνανεύσομαι.*
A 7 *εἴ πῃ ζητοῦντες……ἀληθέστερα εὑρεῖν*]　*supra* 523A 2 の註で引用した *Phaedo* 114D に述べられている言葉と比較せよ。なお，ib. 85C—D をも參照。
A 9 *σοφώτατοί ἐστε τῶν νῦν Ἑλλήνων*]　これは大へんな皮肉だとも思われるが，しかしソフィストたちは自分たちがそう呼ばれることを少しも憚らなかったように見えるので (*cf. Prot.* 337D (Hippias) *ἡμᾶς……σοφωτάτους δὲ ὄντας τῶν Ἑλλήνων*)，案外自然に受けとられたのかもしれない。
B 5 *οὐ τὸ δοκεῖν εἶναι ἀγαθὸν ἀλλὰ τὸ εἶναι*]　Aischylos (*Sept. cont. Theb.* 592) が Amphiaraos の使者に言わせている，*οὐ γὰρ δοκεῖν ἄριστος, ἀλλ' εἶναι θέλει* の語句を引用したもの (*cf. Rep.* 361B *ἄνδρα ἁπλοῦν καὶ γενναῖον κατ' Αἰσχύλον οὐ δοκεῖν ἀλλ' εἶναι ἀγαθὸν ἐθέλοντα*)。なお，この言葉が舞臺で述べられると，アテナイ人は「正義の人」Aristeides こそ，その言葉にふさわしい人間であるとして，同じく見物中の彼の方に，一齊に目をやったということが傳えられている (Plut. *Arist.* 3)。

B 8 *τὸ γίγνεσθαι*]　sc. *δίκαιον*. 次の語とはいわゆる *ὕστερον πρότερον* の關係になっている。
D 3 *ἐπιθησόμεθα κτλ.*]　これが 484C 以下の Callicles の忠告に對する Socrates の最終的な答である。そしてそれはまた同時に，Platon が自分自身の生き方について下した結論でもあったろう。
E2 *ἡγεμόνι τῷ λόγῳ……τῷ νῦν παραφανέντι*]　「傍に現われてきた」というのは，Socrates が Gorgias に Polos，そして Callicles と三人を相手にして，彼らの主張を吟味している間に，おのずから彼らの説に對立して現われてきたという感じ。この *λόγος* は道案内人になぞえられて，人格化されているけれども，しかしそれを *θεὸς ἡγεμών* (Festugière, p. 384) とまで考えるには及ばないだろう。
E 3 *καὶ τὴν δικαιοσύνην κτλ.*]　*Phaedo* (114C) の結論もまた，同じようにこう言われている。*ἀλλὰ τούτων δὴ ἕνεκα χρὴ ὧν διεληλύθαμεν……πᾶν ποιεῖν ὥστε ἀρετῆς καὶ φρονήσεως ἐν τῷ βίῳ μετασχεῖν· καλὸν γὰρ τὸ ἆθλον καὶ ἡ ἐλπὶς μεγάλη.*
E 7 *οὐδενὸς ἄξιος*]　この結語も注目すべきである。Socrates は Callicles の説に對する批評を終えるにあたって，ちょうど Callicles が 492C で彼自身の Socrates に對する批判を閉じるときに使っていたのと，同じ言葉 (*φλυαρία καὶ οὐδενὸς ἄξια*) を用いているからである。

補　　遺

448A 5　λαμβάνειν]*　これが BTP 寫本の讀み方であり，一般にはこれが採用されているが，Dodds はF寫本の λαβεῖν を採る。そしてそれは Olymp. (2. 10) によっても支持されるという。*cf. Prot.* 342A1 εἰ βούλει λαβεῖν μου πεῖραν. たしかにこの方がいいかもしれない。——しかし彼が，次の Polos の言葉を νὴ Δί' ἂν δέ γε βούλῃ とつづけて讀んで（一般には νὴ Δία のあとにコロンをおいて文を切る），ἐμοῦ には δεῖ (rather than πάρεστι) πεῖραν λαβεῖν を補うようにすすめているのは，どうだろうか。Polos は次に，Gorgias が質問を受けることは望まない理由を述べているから，νὴ Δία で切って，Gorgias の言葉を肯定するような返答をするのはおかしい，というのが彼の說明であるが，しかし，この νὴ Δία の言葉は，Chairephon に對して答えられたものとみるべきではないだろうか。Polos は Gorgias にではなく，Chairephon に向って話しかけているのである。

A 8　(1)　διελήλυθεν (BTP)：一般の讀み方
　　　(2)　διεξελήλυθεν (διεξελήλυθε, F)：Dodds

意味に相違はなく，兩方が用いられているが (*cf.* 505D 8, 506B 1)，—εξ—が脫落したとみる方が，それを插入したとみるよりも，可能性は多いと Dodds は言う。

C 4]*　この Polos の答辯が，彼の書物の中からの引用であるというのは，この對話篇を一つの文學作品とみて，その約束に立った上での解釋であって，事實この通りのことを歷史上の Polos が書物の中に書いていて，Platon はそれを逐語的に正確に引用しているのだ，ということまで主張するものではない。Polos の書物が現存しないかぎり，それを確めるすべはない。だからこの解釋は，これを逐語的な引用であるよりも，むしろ Platon のパロディであるとする Dodds の解釋と，別に矛盾するものではないと思う。

450A 1　(1)　ἣν νυνδὴ ἐλέγομεν, ἡ ἰατρική (Vind. 109)：一般の讀み方
　　　(2)　ἡ νυνδὴ λεγομένη ἰατρική (F)：Dodds

(1) は ἣν νυνδὴ λέγομεν ἡ ἰατρική (BTP, ἡ om. T) を修正したものと思われるが，(2) の方が原本の讀み方であった可能性は强いかもしれない。

E 4　(1)　ἀλλ' οὔτοι (Par. 1815, Burnet がFとするは誤り)：一般の讀み方
　　　(2)　ἀλλ' οὔτι (BTP et revera F)：Dodds

(2) が有力寫本の一致した讀み方なら，これを採るべきであろう。οὔ τι の例は，*Phaedr.* 242D10, 272C5, *Phileb.* 52A8, Arist. *Pol.* 1282a11, *Phys.* 258b22 な

どに見られる。
451A 3]*　Dodds は *Soph.* 224C 9 ἴθι νυν (BT) συναγάγωμεν を例に引いて，そこの νυν には，T 寫本では δή という註釋がついており（時間的な意味ではないことを示すために），そしてW寫本では，その δή が νυν の語に代えられていることを注意している（Burnet の ἴθι δὴ νῦν の讀み方は誤りとする）。そこで，この箇所でも同樣に，νυν が F 寫本では οὖν によって，また Par. 寫本では δή によって，おき換えられたのだと彼は解釋するのである。*Alc.* I. 114D 4 でも同じことが見られると彼は言う。
なお，次の τὴν ἀπόκρισιν ἥν ἠρόμην については，彼は本文に示されたような Lodge の解釋を疑い，Sauppe の推測に従って，τὴν ἀπόκρισιν ᾗ ἠρόμην διαπέρανον ('complete your answer *in the terms of my question*'——the one asked at 449D 1) と text を直している（つまり，*NHIH* が *NHNH* と誤寫されたものと見るわけである)。

D 6
(1)　περὶ οὗ　(BTPF)：　一般の讀み方
(2)　περὶ ὅ　(Hirschig)：　Dodds

(1) が有力寫本の讀み方であるが，しかしこれまでの例ではずっと *acc.* が用いられてきた。それをここで *gen.* に變更する理由はなく，またそれでは慣用にもそむくと Dodds は言う（*cf.* 'λόγος περί τι et λόγος περί τινος ita differunt, ut per accusatium significetur genus quoddam rerum, circa quod ars vel scientia versatur, per genitium vero res quaedam, de qua sermo est' Hirschig)。そして οὗ になったのは，次の語の οὗτοι の影響によるものと彼は考えている。たしかに彼の言うとおりかもしれない。
452A 9]*　Dodds は Vahlen の推測に従って，⟨ἧς γ'⟩ ὑγίεια (sc. τὸ ἔργον ἐστί) と語を補っている。本文に記されたような，πῶς γὰρ οὔ……ὑγίεια μέγιστον ἂν εἴη ἀγαθόν; では，次の τί δ' ἐστὶν μεῖζον ἀγαθὸν……ὑγιείας; の問いと，內容的に同じものとなるからという理由で。だから，上述のように語を補って，'the doctor's product is the supreme good because it is health.——and what is better than health?' という風に考えるのが logical であると。しかし，會話體の省略された文章には，多少の illogical な點があっても許されるのではなかろうか。
454B 10　τοιοῦτόν τί σε ἀνέρωμαι]　Dodds は τοιοῦτόν τί σε の次に F 寫本に従い，ἕτερον (om. BTP) の語を入れている。われわれはすでに ὃ δοκεῖ δῆλον εἶναι の質問の例を持っているから，'a *similar* question' とする方がいいと。しかしこの語はなければならぬものとは思えない。

E 1　*οἵ τε [γε] μεμαθηκότες*]　Dodds は Wilamowitz (II. p. 346 n. 1) に従い，γε を削る。τε と γε の組合せはごく稀れであり [*cf. Phaedo* 59C1 (τε om. W), 106D 8 (γε om. TW), Denniston, p. 161]，そして γε はここではほとんど意味を持たないように思えるからである。F 寫本で τε の語が省略されているところをみると，兩者のどちらかは variant であったのかもしれない。
455A 4]*　この πιστικός という語形については，疑問がないわけではない。Dodds は次のような理由で，これに反對している。すなわち，(1) すぐ前 (A 1) では，この語の代りに πιστευτικός の語が用いられたばかりであること。また，(2) Platon において πιστικός の語が使われているのは，ほかにもう一つ 493A 7 (BTW, πειστικόν F) だけであるが，そこでもこの語を採用することには問題があること (同箇所の註を參照)。さらに，(3) 他のアッチカの作家では，それは一般に πειστικός の misspelling とみなされていること (*cf.* L. & S. s. v. πειστικός)，というような理由で。
457D 7　*περὶ σφῶν αὐτῶν*]　Dodds は Sauppe に従い，この語句を削る。同一文章内に περὶ σφῶν αὐτῶν と ὑπὲρ σφῶν αὐτῶν (D 8) の兩方を，Platon は用いたとは思われないという理由で。Cobet は後者を削っているが，しかしそれはなくてはならないであろう。なぜなら，聽衆が怒るのは，對話者の一方に味方してではなく，「自分たち自身のために」であるから。しかし前者は，なくてもすまされるであろう。そこでそれは，εἰπόντες καὶ ἀκούσαντες の gloss であるか (Sauppe)，または ὑπὲρ σφῶν αὐτῶν の variant が誤って本文の中に入ったものと考えられるわけである。しかし，この語句がここにあっても一向差支えないように思われる。なぜなら，對話者がそういうことを言ったり，言われたりするのは，お互い「自分たちについて」であるから。

461A 5
(1)　αὖ (BTP)：一般の讀み方
(2)　πάλιν αὖ (F)：Dodds

Platon は矛盾を强調するために，(2) のように組合された語句をよく使っているからという理由で (*cf. Prot.* 318E 1, *Rep.* 507B 6, etc.)，Dodds は (2) を採用している。

C 7
(1)　ἐπανορθοῖτε (BTP)：Stallb., Thomp., Dodds
(2)　ἐπανορθῶτε (F)：一般の讀み方

(1) は，主文章の動詞 κτώμεθα には，現在の事實だけではなく，過去へのつながりもあるから，そのため副文章の動詞は *opt.* になっているのだ，という考え方である。*cf.* GMT. 323.
D 2]*　Dodds はここを F 寫本に従い，ἐγώ σοι ἐθέλω と σοι の語を入れて

讀んでいる。それは入れてもよいけれども (*cf. Hippar.* 229E—本註引用)，しかし，ἀναθέσθαι は普通自分の駒をおき換えることであるが，ここで Socrates は，Polos のためになるように (σοι)，Gorgias の駒をおき換えるのだから，その意味をはっきりさせるのに，この σοι の語は役立っているのだ，という彼の説明はうなずけない。
E 3]* Dodds はこれを引用句とみる。そして Wilamowitz (II. p. 416) はそれに「悲劇の調子」をみたが，事實は喜劇作家 Crates の作品 *Theria* (*fr.* 15. 1 Kock)——それは *Polit.* 272BC において，Cronos の治世の黄金時代の描寫がなされたときにも，多分使われたであろうと想像されている作品であるが——の中から借りられたものであることを注意している。しかし，これはやはり一つの想像とみるよりほかはないであろう。
462B 11]* Dodds は一般に行われている譯 ('Something which you yourself in your treatise assert has created art') に反對し，そして 448C の Polos の言葉がこの書物からの引用であるという通說を退ける。つまり彼は，Polos は 448C でも ἐμπειρία 'created' τέχνη とは實際に言っていないし，またこの箇所が 448C への言及であることを Polos 自身は認めていないからと言い，さらに ἐν τῷ συγγράμματι の語の位置は，それが φῇς ではなく，ποιῆσαι を修飾することを暗示しているから，ποιῆσαι の主語は ὅ ではなくて，σύ であると考えねばならない，と言う。そこで彼は，Robin などと共に，この箇所を 'Something of which you claim to have made an art in your treatise' という風に譯している。しかしこの譯では，結局，經驗から技術が生まれたのは事實としてではなく，たんに Polos が彼の書物の中でそのように主張しているだけだ，という風にも考えられることになるが，果してそう考えてよいのだろうか。448C の Polos の言葉が，ここにあげられている書物からの引用ではなく，Platon のパロディであることを主張するあまり，彼は多少行きすぎることになったのではあるまいか。
D 11]* この箇所 (D 9—11) は，Hirschig, Schanz, Sauppe, Friedländer, Dodds によって，Olymp. (67. 28) の權威 (ἀλλὰ τί; φάθι. τοῦ Σωκράτους ἐστι τοῦτο λέγοντος) に賴りながら，次のように言葉の割りふりが改められている。*ΣΩ. Οὐδεμία, ὦ Πῶλε. Ἀλλὰ τί; φάθι.——ΠΩΛ. Φημὶ δή.——ΣΩ. Ἐμπειρία τις. Τίνος; φάθι.——ΠΩΛ. Φημὶ δή.——ΣΩ. Χάριτος καὶ ἡδονῆς……ὦ Πῶλε.* この場合，Ἀλλὰ τί; φάθι は "Now say 'what is it then?'", Φημὶ δή は "All right, I say it" の意味である (Dodds)。Dodds は，中世寫本どおりの言葉の配分では，この箇所のユーモアが失われると言うが，しかし果してそうであろうか。ユーモアは寫本どおりに讀んでも充分出ているように思う。

463D 3　(1)　*δοκεῖ* (BTP)：一般の讀み方
　　　　(2)　*δοκεῖν* (F B² Aristid.)：Dodds
B² が F, Aristides と一致することは，(2) の方が原本 (archetype) の讀み方であったことを暗示すると Dodds は言う。
468A 5　*ἕνεκεν*]　Nestle, Lamb, Dodds は有力寫本 (BTWF) どおりに (ただし P は *ἕν ἐκ*)，この語形を守っている。Platon の寫本では一般に *ἕνεκα* の方が多く用いられているが，しかし Burnet のように，*Symp.* 210E 6 では *ἕνεκεν* のままにしておきながら，ここでは何の斷りもなしに *ἕνεκα* に直すのは，校訂者として多少輕率であると言われても止むをえないかもしれない。
470D 1　*τὰ γὰρ ἐχθές*]　一般には *ἐχθές* (BTP) となっているが，Dodds は F, Aristides に從い，*χθές* の綴りを採る。これが Platon のいつでも用いている綴り方であるという理由から。

471C 1　(1)　*τὸν γνήσιον τοῦ Περδίκκου ὑόν*：一般の讀み方
　　　　(2)　*τὸν γνήσιον* [*τὸν*] *Περδίκκου ὑόν*：Dodds
多くの校本は (1) のように，Par.² 1811 の *τοῦ* を採用している (Burnet がこれを F 寫本の讀み方とするのは誤り。F は BTP と同じく *τόν*)。Dodds は (2) のように *τόν* を削るか，それとも *τὸν Π. ὑόν* を gloss とみて削るか (Cron)，いずれかにすべきであると言う。
472D 7]*　Dodds はこの箇所を，*ἀδικῶν δὲ δὴ εὐδαίμων ἔσται· ἆρ'* (sc. *εὐδαίμων ἔσται*) *ἄν*……という風に句讀をかえている。
476D 6　*ἀνάγκη*……*πάσχειν*]　Dodds は Richards に從い，*ἀνάγκη* を *dat.* の *ἀνάγκῃ* に直す (*infra* 519D 9 の場合と同様に)。*εἶναι* の省略が多少不自然であるという理由で。しかし，*dat.* に代える必要はないと思う。會話體の文章に文法的正確さを期待しなくてもよいから。
478C 5]*　C4 の *μηδὲ κάμνων ἀρχήν* (BTP) も，F 寫本では冠詞 (*τήν*) がついていることを Dodds は示して，これを採用している。
481C 3　*ἄλλο τι ἤ κτλ.*]　Dodds は Bekker, Thompson とともに，*ἤ* を餘分の挿入とみて (C6 のそれが實際にそうであるように)，F 寫本に從いこれを削る。*cf.* 470B 1, 495C 6. ただし 496D 6 には *ἤ* が入っている。
482C 4　*δοκεῖς*]　Dodds は *δοκεῖς μοι* と *μοι* (F Olymp., om. BTP) の語を入れている。
483A 7—8　*φύσει μὲν γὰρ πᾶν αἴσχιόν ἐστιν ὅπερ καὶ κάκιον, τὸ ἀδικεῖσθαι*]　Dodds は *τὸ ἀδικεῖσθαι* の前に *οἷον* の語を加える。それを加えた理由は，*τὸ ἀδικεῖσθαι* は *πᾶν ὅπερ κάκιον* と論理的には同格となりえず，それ

は *τὸ κάκιον* の一つの特殊な事例にすぎないからということにある。そこで彼は，(1) *πᾶν* を取り去るか，またはそれを他の語にかえるか (e. g. *παναίσχιον*, pseudo—Alexander)，それとも (2) *τὸ ἀδικεῖσθαι, νόμῳ δὲ τὸ ἀδικεῖν* を削るか（これは行間の gloss とも考えられるから)，あるいは (3) *οἷον* の語を挿入するか（この語は—*ιον* のあとでは容易に脱落しうるから)，それらのどれかを選ばなければならないとして，結局，(3) を採用している。しかしそのようにしてみても，次につづく文章との間に完全な論理的齊合性が得られないことは，彼自身も認めるとおりである。
C 8]*　Dodds は，もし text どおりに讀むなら，その句讀は，*ἡ δέ γε οἶμαι φύσις αὐτὴ ἀποφαίνει αὐτὸ ὅτι δίκαιόν ἐστιν, τὸν ἀμείνω κτλ.* になり，そして Stallbaum の言うように，*αὐτὸ ὅτι δίκαιόν ἐστιν* は，*ὅτι τὸ πλέον ζητεῖν ἔχειν τῶν πολλῶν δίκαιόν ἐστιν* の意味であって，*τὸν ἀμείνω κτλ.* は *δίκαιόν ἐστιν* にかかるのではなく，*αὐτό* の補足説明にしなければならぬと言う。しかしそれよりも，*αὐτό* は行間にあった *αὐτή* の variant が本文に入ったものであると考えて，これを削るか，あるいは *αὐτὸ* ⟨*τοὐναντίον*⟩ という風に語を補足して考えるように提案している。
E 5]*　譯文では *ὥσπερ λέοντας* の前にもコンマをおき (Burnet)，この句をあとの *κατεπᾴδοντες κτλ.* にかけて譯したが，Dodds はそのコンマを取り去って (Theiler に従う)，この句を前の言葉にかけて讀んでいる (‘catching them young, like lions’)。
なお，ここに用いられているライオンの比喩については，Platon はまず Aisch., *Agam.* 717 sqq. に語られているライオンの仔の話，つまり羊飼の男が拾って大事に育てたライオンの仔は，始めのうちは可愛くて，みなの者になついていたが，成長するにつれてだんだんと野獣の本性を表わし，しまいには家族の者全部を害してしまったという話——これは後に Aristophanes によって「ライオンの仔は國内に飼うべからず」(*Ran.* 1431) という言葉で言及されているものであるが——を念頭においていたのであり，そして Platon はさらにこのライオンの比喩を，法の定めは *δεσμὰ τῆς φύσεως* (*fr.* 44, col. 4. 5) であると語ったところの Antiphon に多分暗示されて，鎖につながれた囚人の比喩と結びつけながら，この箇所を記述したのであろう，という風に Dodds は推測している。なお彼は，この箇所が Nietzsche の ‘beautiful blond beast’ のイメージの源泉にもなったであろうと想像している。
485 E 6]*　Nauck の修復した原文は，Dodds の引用によると，二行目は *ψυχῆς φύσιν* ⟨*γὰρ*⟩ *ὧδε γενναίαν* ⟨*λαχών*⟩ となっており，また五行目の始めも

ὀρθῶς ではなく，καλῶς になっている。Dodds は *Tragicorum Graecorum Fragmenta*. ed. A. Nauck, editio altera (1888) によって引用しているようであるが，その書物を見ることができなかったので，今は一應前記の Teubner の二版 (1908) によって示した。
486D 3　ἁσμενον]　一般には ἄσμενον と有氣音になっているが，Thompson, Lamb. Dodds とともに無氣音にするのが正しいと思う。*cf.* L. & S. s. v. ἄσμενος, 'Not to be connected with ἁνδάνω, since there is no ancient authority for rough breathing ἁσμ—.'
D 7]*　Dodds はその代名詞 (με) を削り，ἔτι (F, om. BTP) を加えて，οὐδὲν [μ'] ἔτι δεῖ ἄ. β. と讀んでいる。彼は Eur. *Or.* 659 についての Porson の註 ('Communes Graeci dixere δεῖ σοι τοῦδε') を引用し，これが Platon の普通の用法だと言う (e. g. *Rep.* 370D 2)。そして δεῖ c. *acc. pers.* et *gen. rei* の用法は Euripides にはよくあり，Aischylos にも二回出るが，Aristoteles 以前のアッチカ散文にはそのような用例がないことを指摘する。だが彼は，με を μοι に直すよりも，むしろそれは前の語 οὐδέν の最後の文字の誤った dittography によって生じたものと考えて，これを削ることを提案するのである。*cf. infra* 487E 2—3. ——なお彼は，そのすぐ前 (D 6) も，ἤδη (F Π3, om. BTP) εὖ εἴσεσθαι と讀んで，ἤδη ('at last', *cf.* E 6, 487E 2) の語を加えている。
E 2　ἐγώ σοι ἐρῶ: νῦν οἶμαι κτλ.]　Dodds は Stallbaum, Thompson の句讀に從い，ἐγώ σοι ἐρῶ νῦν: οἶμαι κτλ. と讀んでいる。*cf.* 453B5.

487B 1 { (1)　αἰσχυντηροτέρῳ (BTP)：　一般の讀み方
(2)　αἰσχυντηλοτέρῳ (F)：　Dodds

Platon の寫本ではつねに (2) の綴りの方が用いられていると言われる (*cf. Charm.* 158C 6, 160E 4, *Leg.* 665E 9)。
488C 6　καὶ ἰσχυρότερον]　Burnet だけが F 寫本に從い καὶ τὸ ἰσχυρότερον と冠詞を入れているが，それなら Naber のように次の βέλτιον にも冠詞 τό をつけるか，それとも Theiler のように ταὐτόν の語を削るかするのでなければ，改善にはならないであろう。
490C 3　[ἐν] τῷ δὲ ἀναλίσκειν]　BTPF 寫本では ἐν τῷ δέ の順序になっているが (Burnet. Nestle, Croiset がこれに從う)，しかし普通なら ἐν δὲ τῷ (W) の語順になるべきだろう (多くの校本はこれを採用する)。アッチカ散文で，ここのように δέ が三番目の位置に來る例はきわめてめずらしく，Denniston (p. 186) も *Leg.* 816C 7 ἐν ταῖς δ' αὐταῖς ἡδοναῖς をあげているだけである。Sauppe や Dodds の言うように，この ἐν はおそらく，ここの *dat.* がすぐ前 (C 2) のよう

に *dat. causae* ではなく，*dat. instrumentalis* であることを示すための gloss であったと考えるべきであろう。
491D 4]*　Wilamowitz (II. p. 375) の提案にもとづいてなされた Dodds の主張も，未だ充分にわれわれを納得させるものではないように思われる。有力寫本 (BTWF) ではすべて，この言葉は全部 Socrates のものとなっているのに對して，Dodds は主として Olympiodorus の註釋を頼りにして，問題の τί ἤ (ἢ) τί を τιὴ τί; と直し，これを Callicles の言葉とするわけであるが，しかしこれは，その註釋の本文を訂正して生れた推測的な解釋にすぎず，また τιὴ τί; というような喜劇用語は，Platon の寫本のどこにも見出されないのが難點である。なお，Burnet の校訂に對する彼の批判についてだけ言えば，彼が Burnet の ᾗ……ἤ を πότερον……ἤ のように解釋するのは，思いちがいではないだろうか。
492C 1　τοῦ καλοῦ τούτου, τῆς δικαιοσύνης κτλ.]　寫本も，ほとんどすべての校本も，τοῦ καλοῦ τοῦ τῆς δ. となっているが，Dodds は，この言い方がギリシア語として不可能であるとは言わないまでも，そのような言い方の例がほかには見あたらないという理由で，Hissink, Richards に從って見出しのように訂正している。この訂正を採用する。
493A 5]*　ここの譬え話についても，また最後のミュートスについても，それらがピュタゴラス學派の思想と大いに關係があることは認めても，オルペウス敎との關係は全く拒否するのが，Dodds の一貫した解釋である。しかしこの點についての判斷は，今は留保しておきたい。
E 7　δυνατὰ μὲν πορίζεσθαι εἴη]　εἴη (F Iamb., om. BTP) の語を入れて讀む方がよいだろう (Heind., Dodds)。
494E 3　καὶ 〈τὸ〉 τούτων……κεφάλαιον]　τό を補う方がよいと思われる (Buttmann, Heind., Dodds)。それは haplography による脱落とみることができよう。

496B 2　{ (1)　ἀπολλύει (BTP)：　一般の讀み方
　　　　　(2)　ἀπόλλυσι (Hirschig)：　Croiset, Dodds

Platon は，ὄλλυμι の複合語の直接法現在には，いつでも古い形を使っていると言われる。(1) はアンシャル字體の誤寫か ($\Sigma \rightarrow E$)。
E 6　κατὰ τὸν αὐτὸν τόπον καὶ χρόνον εἴτε ψυχῆς εἴτε σώματος βούλει]　譯文は大體 Sauppe の解釋にそって，二つの *gen.* を前の名詞に直接かけることなく，領域，範圍を表わす *gen.* とみて獨立に扱ったのであるが，やはり苦しい試みかもしれない。Dodds の提案するように，καὶ χρόνον の語を削り，その二つの *gen.* は τόπον にかけて理解すれば，ἅμα と τὸν αὐτὸν χρόνον の譯し

分けにも困ることなく，譯はなめらかに行くであろう。
498B 4　*μόνοι*]　一般には *μόνον* (BTP) が採用されているが，*μόνοι* (F) の方がより正確であろう (Hirschig, Dodds)。
502A 6　*ἀλλὰ δὴ σκόπει : οὐχὶ*……]　Dodds は *σκόπει εἰ* (F, om. BTP) *οὐχὶ*……とつづけて讀む。筆寫上の誤りとしては，haplography (BTP) の方が dittography (F) よりも可能性は多いという理由。
504D 9　*ὅπως ἂν αὑτοῦ τοῖς πολίταις*]　*αὑτοῦ* (TPF, *αὐτοῦ* B, *δι' αὐτοῦ* Schanz) の語が節の始めの强調的な位置にあるのが多少氣になる。Dodds は Deuschle に從い *αὑτῷ* に直す。*cf.* 503E 4 *ὅπως ἂν εἶδός τι αὑτῷ σχῇ*.
E 7　*ἢ σιτία*]　Dodds の言うように，最初にも *ἢ* (F Π^1 Iamb., om. BTP) の語を入れて讀む方がよいと思う。
E 8　*ὀνήσει αὐτό*]　Dodds は *αὐτό* (TP) の代りに *αὐτόν* (BF Π^1 Iamb.) の方を採り，身體から人間へと意味が移っていると言う。
505E 2]*　Dodds はここを Theiler に從い，*ἀτὰρ*……*εἶναι. οὑτωσὶ* (F Coraës, *οὕτως. εἰ* BTP) *μέντοι ποιήσωμεν* (BTF, *ποιήσομεν* W) と讀む。ただこの讀み方では，次の文章とのつながりが多少スムーズさを缺くのではなかろうか。
506D 6]*　Dodds は *Phileb.* 28D, *Tim.* 34C の例は，(1) を採用する根據にはならないと言う。それらの場合には，そこにある冠詞が *εἰκῇ* を名詞 ('the random') に變えているからという理由で。しかしこの箇所も，*τῷ εἰκῇ* は名詞として用いられていると考えても差支えないのではあるまいか。
E 1　*τάξει ἄρα τεταγμένον τι*]　Dodds は *ἆρα* を *ἄρα* に直し，そして *τι* (Iamb., om. BTPF) の語を入れている。*τι* は *τάξει τεταγμένον* の tautology を和らげ，中性の述語をより自然にすると言う。
509D 5　*οὐκ ἀδικήσεται*]　Dodds は Cobet に從いこの語句を削る。この同じ語句のくり返しは不必要なばかりか，耳ざわりでもあるという理由で。しかし寫本を尊重したいと思う。
512E 5　(1) *βιώη* (codd.) :　一般の讀み方
　　　　(2) *βιοίη* (Schanz) :　Lodge, Burnet
しかし Burnet は，*Tim.* 89C 4 では (1) の形を殘している。
513E 2]*　寫本のままでは，上記 D 4 で言われていることの單なるくり返しにすぎないとも見えるので，Dodds は，*ἡ μὲν ἑτέρα*……*ἀγεννής* (D 7) と比較しながら，その *ἀγεννής* に對應する *γενναιοτέρα* の語を述語として text の中に插入することを提案している。
517C 8　*διττή τις αὕτη*]　*διττὴ αὕτη* (*αὐτή* B) *τις* (B *TP*) という一般の

讀み方よりも，見出しのF寫本の讀み方のほうがより自然な語順であろう (Dodds)。
D 6]* Dodds は *ποριστικὸν εἶναι* のあとに，C 8 から *οἶμαι σε ὡμολογηκέναι* を補って理解する。そしてそれにつづく文章も，anacoluthon になることを避けるために，E 2 に ⟨*ὃν*⟩ *οὐδὲν θαυμαστὸν*……と關係代名詞を補い (*ὃν* は haplography による脱落とみる)，かくして 518A 5 まで，この文章全體は *ὡμολογηκέναι καὶ ἐγνωκέναι* (C 8) の內容になると考える。
518A 3 *περὶ σώματος πραγματείαν*] この言い方については，すでに Cobet が疑いを持った。*πραγματεύεσθαι τὸ σῶμα* ということは，たしかに解剖學者については言えるが，商人その他のすることではないかもしれない。そこで Cobet や Lodge は，これを *περὶ σῶμα πραγματείας* と訂正している (*cf.* 501B 3 *περὶ ψυχὴν*……*πραγματεῖαι*, 517D 1 *ἡ πραγματεία*……*καὶ περὶ τὸ σῶμα καὶ περὶ τὴν ψυχήν*)。しかし Dodds は，これを次の *τὰς ἄλλας τέχνας* の gloss とみて削っている。
520C 6 *συνθέμενος αὐτῷ*] この *αὐτῷ* (TPF², *αὑτῷ* B) を Dodds は不必要とみて，F寫本に從い削っている。
522A 8]* *οἴεσθαί γε χρή* という言い方は，Platon のほかの例 (本文引用箇所參照) ではすべて，話者が自分で自分の質問に肯定的に答える場合にのみ用いられている。そこでここの場合も，この語句は Socrates に歸すべきだという提案がなされている。すなわち，Forman, Theiler はこれを前の Socrates の言葉の終りに移し，他方 Dodds は，次の Socrates の言葉の始めに置いている。しかし寫本や多くの校本どおりに，これを Callicles の言葉にして，彼は *ἴσως* と答えたのちに，さらにそれを補なう形で，相手 (Socrates) の言い分を確認したのだと考えてよいだろう。——なお Dodds は，次の Socrates の問いを *οὔκουν* で始めているが，ここは *οὐκοῦν* で充分だと思われる。
C 1]* Dodds はこの箇所を，Paul Maas, *CR* LIII (1939), p. 58 の提案に從い，*ὅτι* "*Δικαίως πάντα ταῦτα λεγω καὶ πράττω*"——*τὸ ὑμέτερον δὴ τοῦτο*——"*ὦ ἄνδρες δικασταί*" という風に句讀をかえて讀んでいる。すなわち彼は，*ταῦτα* を *λέγω* (=*κακηγορεῖν*) のみならず，*πράττω* (=*διαφθείρειν*) の目的語にし，そして *τὸ ὑμέτερον δὴ τοῦτο* は *ὦ ἄνδρες δικασταί* という言い方を修飾する插入句 ('to use *your* word for them', *cf.* 508D 1 *τὸ νεανικὸν δὴ τοῦτο*, 514E 6 *τὸ λεγόμενον δὴ τοῦτο*) とみる。*ὦ ἄνδρες δικασταί* という呼びかけは，Socrates はこれを自分に無罪の票を投じてくれた眞正の裁判官のみに許しているから (*cf.* *Aopl.* 40A)，ここでこれを用いるのは，「君たち *ῥήτορες* の用法に從ってであるが」と斷ったのだという解釋である。なるほど，この箇所は全般的に法廷における

「ソクラテスの辯明」を摸して書かれていることは明らかであるけれども，しかしここでそこまで考えなければならぬかどうかは疑わしいように思われる。
なお，Ast や Apelt もこれと同じ句讀によって讀むが，解釋はちがっている。すなわち Ast は，τὸ ὑμέτερον δὴ τοῦτο (sc. πράττω) を，πάντα ταῦτα λέγω καὶ πράττω の補足的説明とみる (‘indem ich nehmlich euer Bestes bezweck’)。また Apelt は，この句を ‘darüber zu urteilen ist ja eben eure Sache, ihr Richter’ と譯している。Apelt の解釋は唐突にすぎるが，Ast のそれは許されるかもしれない。
523C 1　σφιν]　この語形はアッチカ散文には使われないという理由で，Lodge, Nestle, Dodds は σφισιν (Plut., Stob.) または σφίσιν に代えている。
524C 3　εἰ παχύς, παχύς]　Lodge, Nestle, Dodds は Hirschig に從い，εἰ παχύ (sc. τὸ σῶμα ἦν), παχύς (sc. ὁ νεκρός) と讀む。正確にいえば，その通りであろう。
525A 4　ἀκρατείας]　有力寫本は ἀκρατίας (BWF)，または ἀκρασίας (T) であるが，Dodds は ἀκρατείας (Y Euseb.) の語形を採る。ἀκράτεια の方が Platon の有力寫本では廣く用いられているし，アッチカの作家一般においてもそうであるからという理由。また ἀκρασία は，イオニアの作家や Aristoteles には用いられるが，Platon には見あたらぬと言われている。
526C 6　ἑκάτερος τούτων ῥάβδον ἔχων δικάζει]　Burnet, Lamb, Croiset はこれを挿入句とみて，この前後にダッシュまたはコロンをおいているが，それ以前の多くの校本は，asyndeton を避けるために，ἑκάτερος の次に δέ (Y) の語を挿入している。しかし Dodds はそれでも充分でないとして，John Gould の提案に從い，δικάζει の語を削っている。ただし，この句全體を後代の gloss とみる人たち (Heind., Ast, Wilamowitz) もある。
E 6—527A 1　ἐλθὼν παρὰ τὸν δικαστήν,……ἄγῃ]　Dodds は F 寫本，Eusebius に從い，τὸν δικαστὴν ἐκεῖνον,……ἐκεῖνος ἄγῃ という風に，兩方に ἐκεῖνον, ἐκεῖνος の語を入れている。そのように代名詞をくり返すことが，莊重さを加えることになるという理由で。